6

Walt Disney

Lustiges Taschenbuch WELTREISE

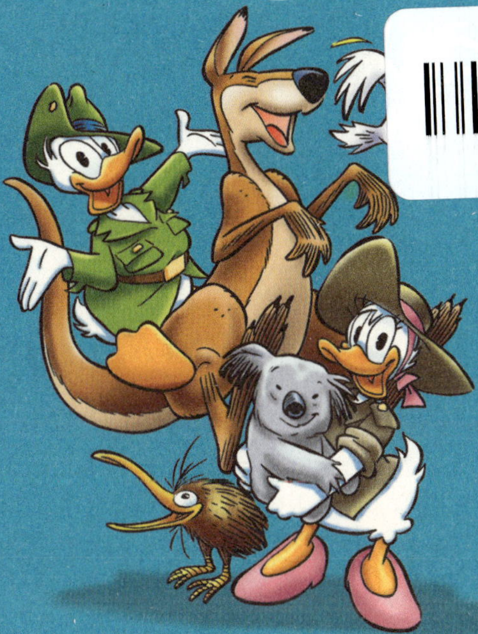

OZEANIEN

IMPRESSUM © Disney Enterprises, Inc. 2026, Walt Disney Lustiges Taschenbuch Weltreise erscheint bei Egmont Ehapa Media GmbH, Ritterstraße 26, 10969 Berlin I **Geschäftsführer** Per Gustav Kjellander I **Publishing Director Magazines** Jörg Risken (V.i.S.d.P.) j.risken@egmont.de I **Marketing & Kooperationen** Nora Gollek (Sales & Marketing Director) n.gollek@egmont.de, Christoph Bergholz (Senior Product Manager) c.bergholz@egmont.de I **Redaktion** Stephanie Bens I **Druck** GGP Media GmbH, Karl-Marx-Straße 24, 07381 Pößneck I **Anzeigenverkauf** Per Gustav Kjellander (verantwortlich) I **Head of Media Sales** Jörg Risken I **Freie Mitarbeiter dieser Ausgabe** Janine Eck, Johanna Martina (Redaktion), Manuela Buchholz, Petra Müller, Eckart Sackmann, Gerlinde Schurr, Susanne Walter (Übersetzungen), Sigi Hepner, Ursula Ries (Grafik), Michael Bregel, Kai Richter (Lektorat) I **Bilder** AdobeStock/vaclav, AdobeStock/REMINDFILMS I **Kontakt Walt Disney Publishing** Susanne Michels I Die Redaktion arbeitet auf Grundlage der neuen amtlichen Rechtschreibregeln und hält sich bei Auswahlfällen an die vom Duden bevorzugte Schreibweise.

www.lustiges-taschenbuch.de,
www.egmont-mediasolutions.de,
www.egmont.de

EGMONT Ehapa Media

FSC MIX Papier | Fördert gute Waldnutzung FSC® C014496

SERVICE-BOX

LTB im Abo – www.egmont-shop.de/ltb-lesen

Leserservice Lustiges Taschenbuch Weltreise Leserservice, 20086 Hamburg, E-Mail: info@egmont-service.de, Tel. 030-99194680, Fax 030-99194681 (reguläre Gesprächsgebühren für einen Anruf im deutschen Festnetz gemäß Ihrem Anbieter und Tarif)

LTB Weltreise verpasst?
www.egmont-shop.de/comics/ltb

LTB Weltreise als eComic?
Erhältlich z. B. bei Amazon, Apple und Google Play

Viele weitere tolle Comic-Angebote:
www.egmont-shop.de

Produktsicherheit:
safety@egmont.de

Einige der in diesem Titel enthaltenen Geschichten werden in ihrer ursprünglichen Bearbeitung präsentiert und können Stereotypen oder negative Darstellungen enthalten.

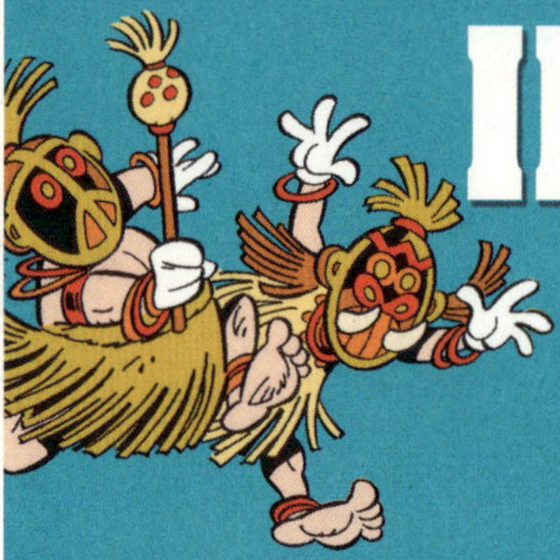

INHALT

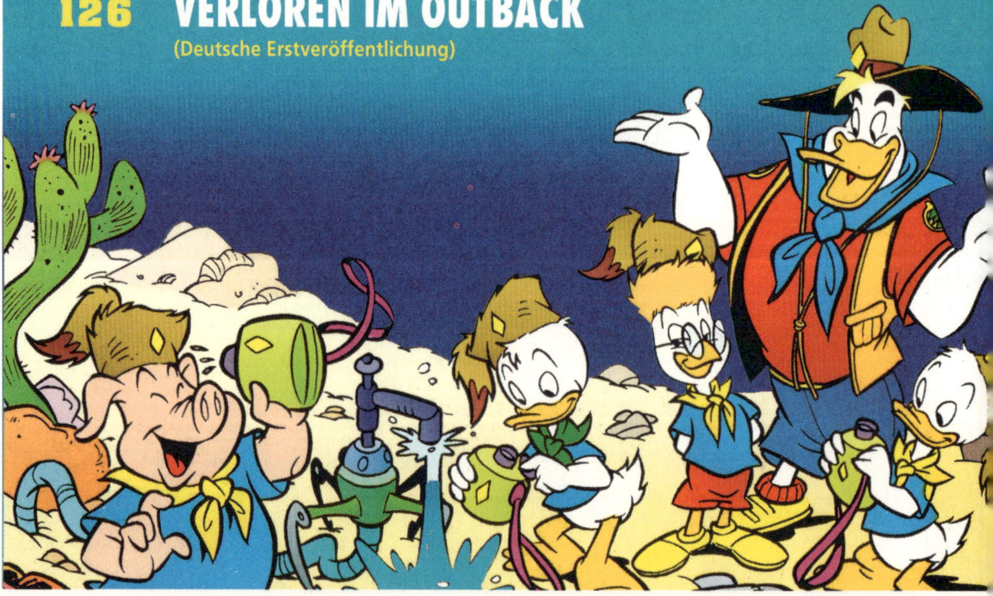

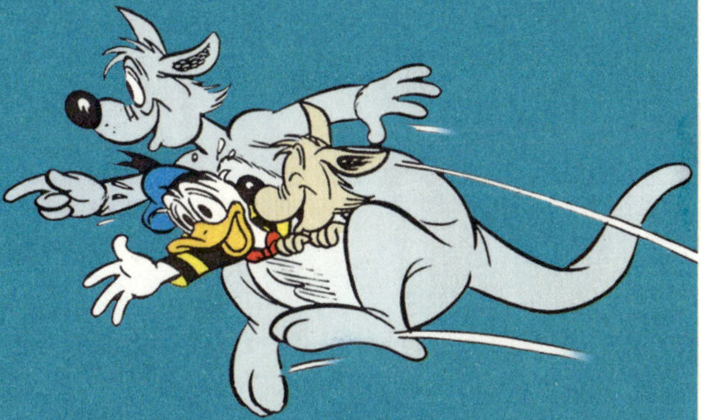

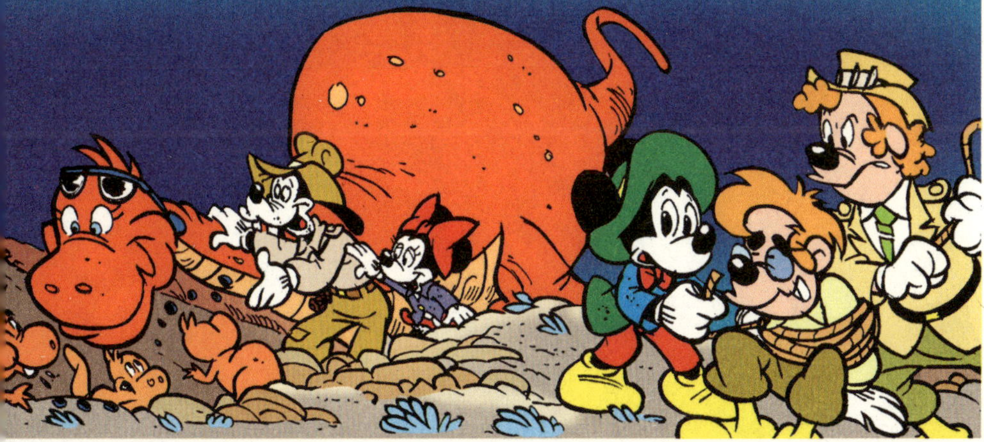

EDITORIAL

Hallo Freunde,

die große Weltreise von Donald Duck, Micky Maus und Co. geht mit diesem Band zu Ende. Nach Europa, Nordamerika, Afrika, Asien und Südamerika landen unsere Freunde aus Entenhausen zu guter Letzt in Australien, auf dem kleinsten Kontinent der Erde. Dort erleben sie die Tücken des australischen Outbacks, treffen auf sagenumwobene Tiere und ergründen manch längst vergessenes Geheimnis.
So begeben sich Indiana Goof, Minnie Maus und Micky Maus auf die Suche nach dem berühmten Bumerang von Tjati. Der Legende nach hat die gigantische rote Echse Tjati das Wurfholz am Fuße des mächtigen Berges Uluru verloren. Auf ihrer Suche hat die Riesenechse dann überall Tunnel und noch heute sichtbare Löcher in den Berg gegraben.
Und auch das Fähnlein Fieselschweif ist in Australien unterwegs. Es hilft der ortsansässigen Fieselschweif-Sektion, eine Gruppe verschwundener Pfadfinder wiederzufinden. Ihre Suche führt sie weit in die Wüste. Dort macht man die Bekanntschaft süßer Wallabys und entdeckt das Tor zu einer anderen Dimension.
Aber nicht nur Australien steht auf dem Programm, sondern auch die faszinierende Inselwelt Ozeaniens. Auf ihrer Rundreise nehmen es unsere Freunde auch schon mal mit Piraten oder wütenden Inselgöttern und bissigen Haien auf. Nach so viel Abenteuer freut man sich am Ende irgendwann auch wieder auf zu Hause.

Eine unterhaltsame Lesereise wünscht

die LTB-Redaktion

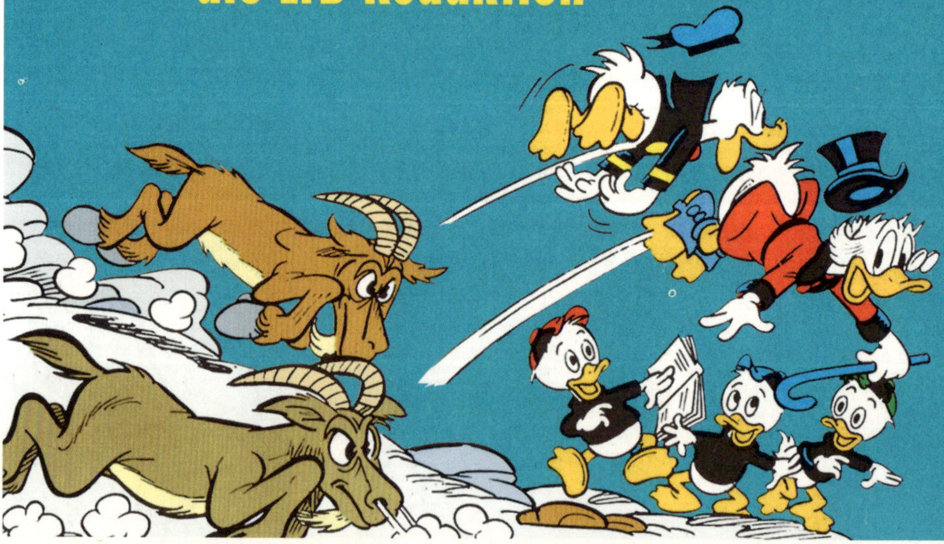

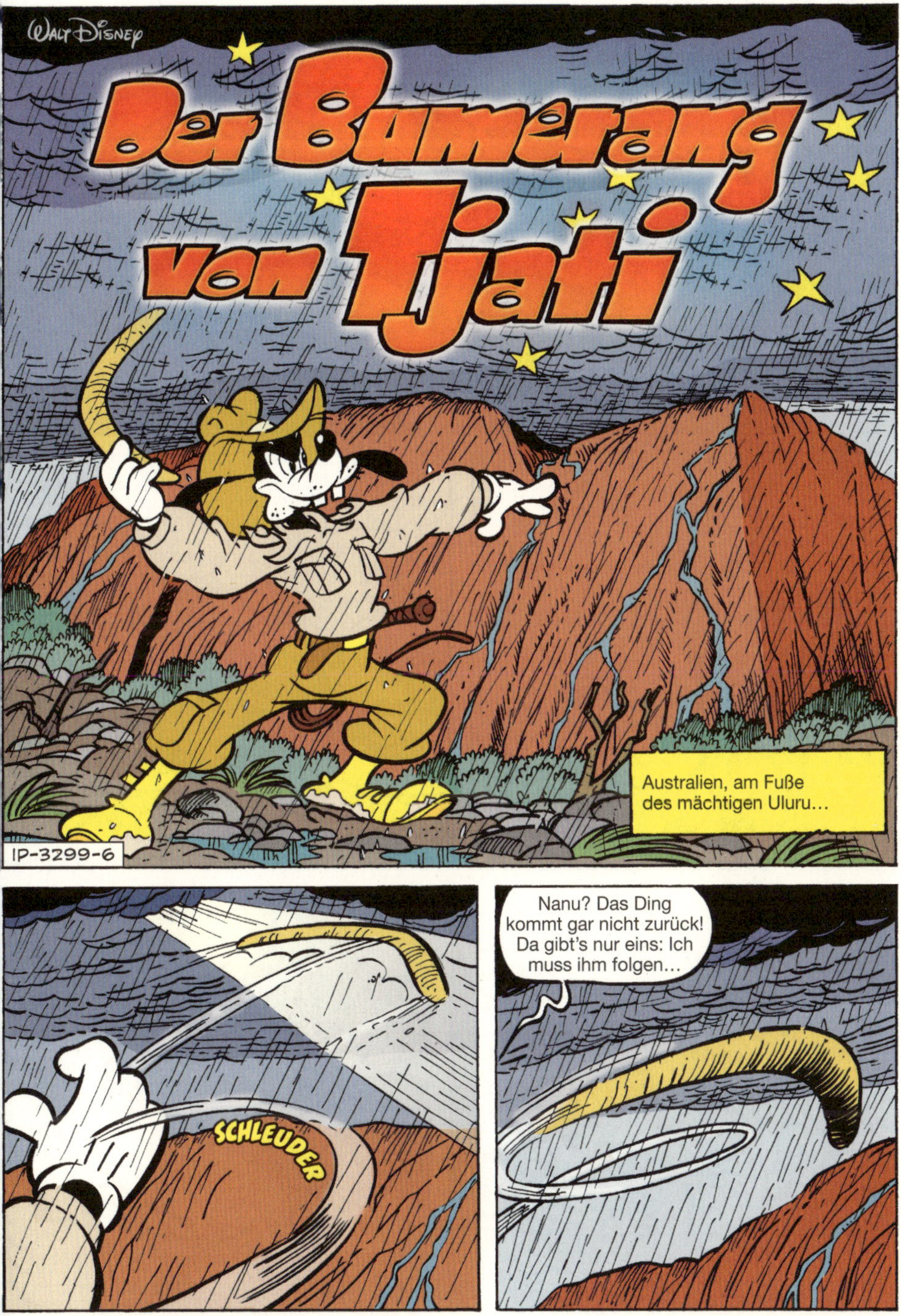

Silvia Martinoli (Story), **Valerio Held** (Zeichnungen)

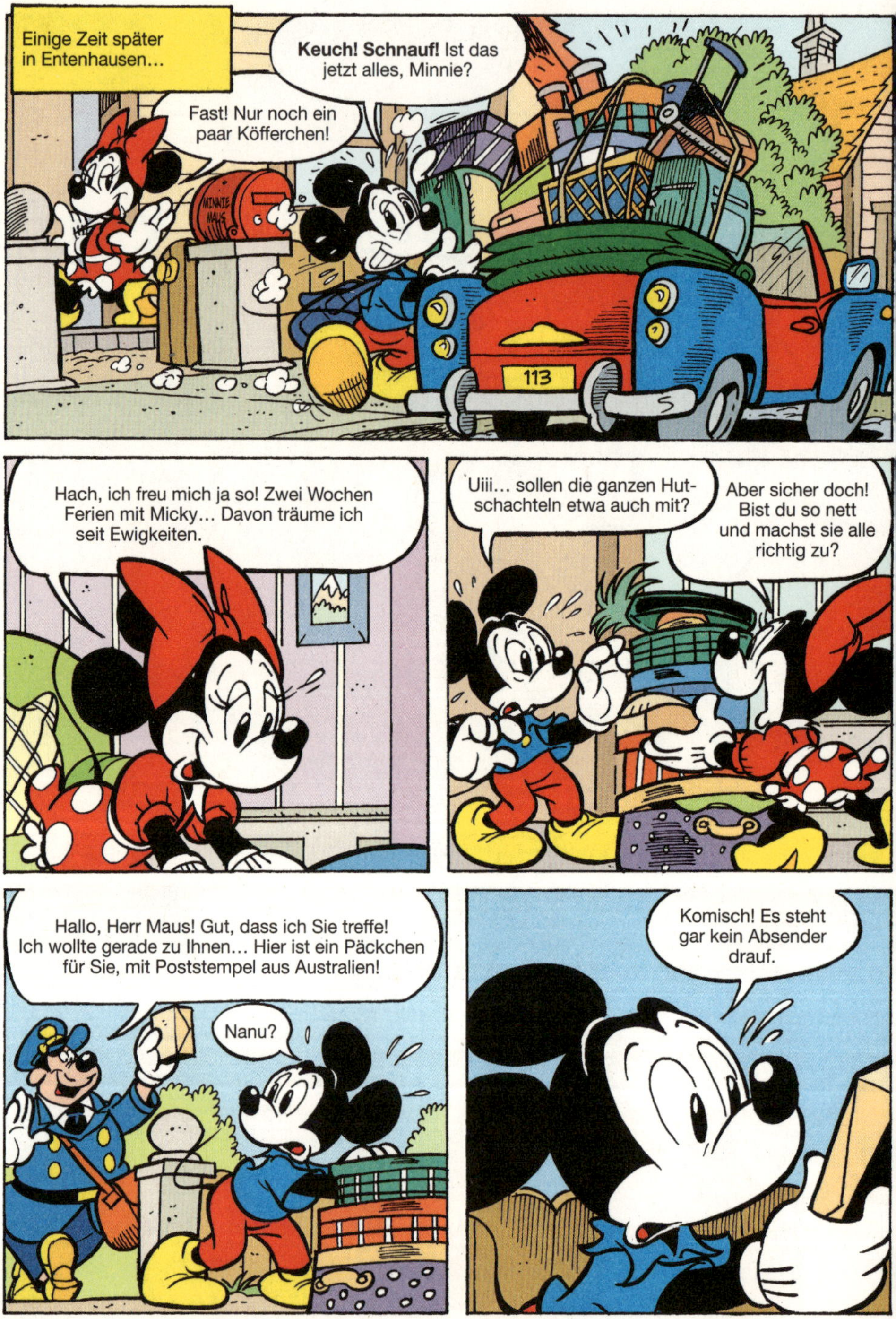
Einige Zeit später in Entenhausen…
Keuch! Schnauf! Ist das jetzt alles, Minnie?
Fast! Nur noch ein paar Köfferchen!
MINNIE MAUS
113
Hach, ich freu mich ja so! Zwei Wochen Ferien mit Micky… Davon träume ich seit Ewigkeiten.
Uiii… sollen die ganzen Hutschachteln etwa auch mit?
Aber sicher doch! Bist du so nett und machst sie alle richtig zu?
Hallo, Herr Maus! Gut, dass ich Sie treffe! Ich wollte gerade zu Ihnen… Hier ist ein Päckchen für Sie, mit Poststempel aus Australien!
Nanu?
Komisch! Es steht gar kein Absender drauf.

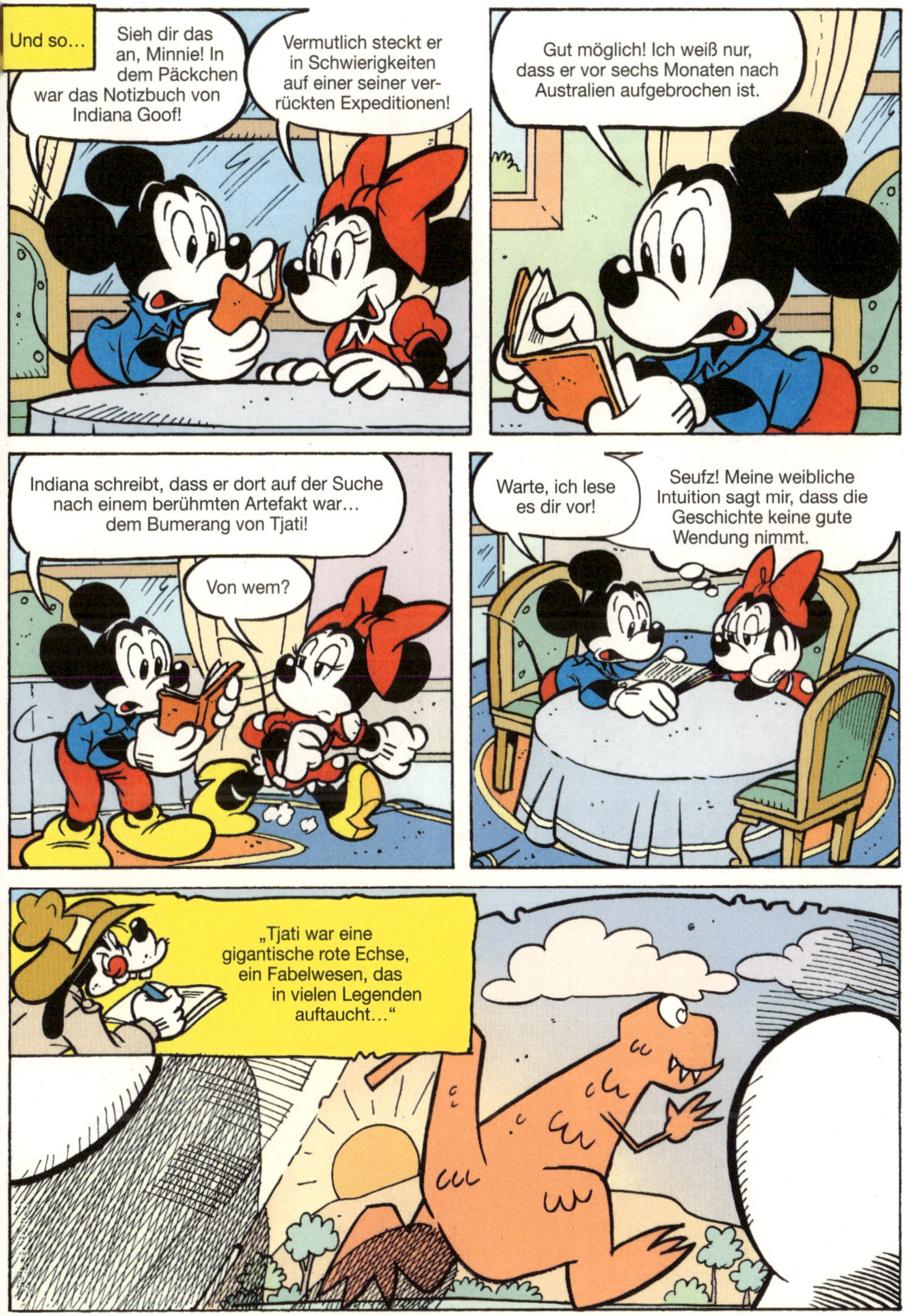
Und so...
Sieh dir das an, Minnie! In dem Päckchen war das Notizbuch von Indiana Goof!
Vermutlich steckt er in Schwierigkeiten auf einer seiner verrückten Expeditionen!
Gut möglich! Ich weiß nur, dass er vor sechs Monaten nach Australien aufgebrochen ist.
Indiana schreibt, dass er dort auf der Suche nach einem berühmten Artefakt war... dem Bumerang von Tjati!
Von wem?
Warte, ich lese es dir vor!
Seufz! Meine weibliche Intuition sagt mir, dass die Geschichte keine gute Wendung nimmt.
„Tjati war eine gigantische rote Echse, ein Fabelwesen, das in vielen Legenden auftaucht..."

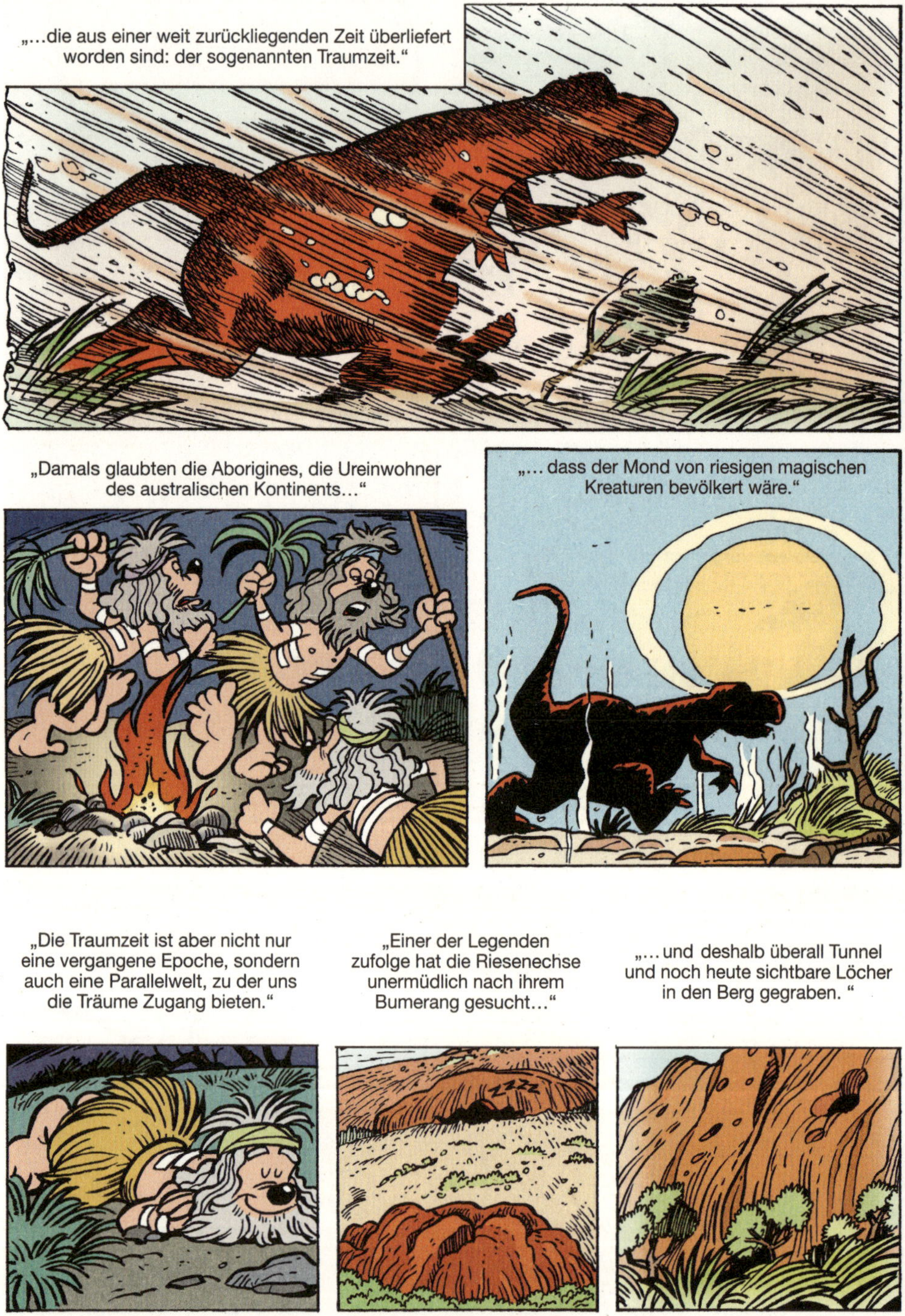
„...die aus einer weit zurückliegenden Zeit überliefert worden sind: der sogenannten Traumzeit.“
„Damals glaubten die Aborigines, die Ureinwohner des australischen Kontinents...“
„... dass der Mond von riesigen magischen Kreaturen bevölkert wäre.“
„Die Traumzeit ist aber nicht nur eine vergangene Epoche, sondern auch eine Parallelwelt, zu der uns die Träume Zugang bieten.“
„Einer der Legenden zufolge hat die Riesenechse unermüdlich nach ihrem Bumerang gesucht...“
„... und deshalb überall Tunnel und noch heute sichtbare Löcher in den Berg gegraben. “

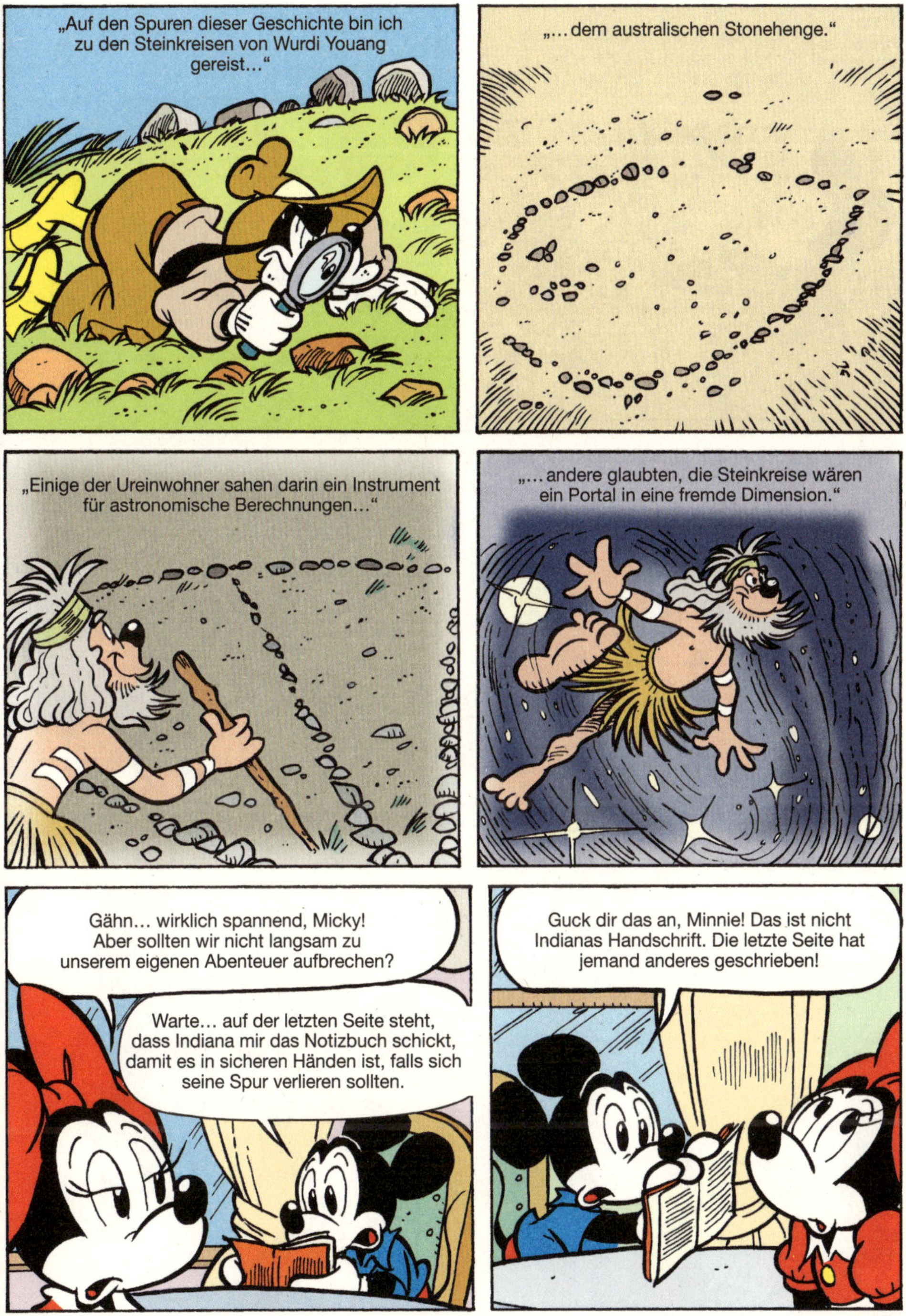
„Auf den Spuren dieser Geschichte bin ich zu den Steinkreisen von Wurdi Youang gereist…“
„… dem australischen Stonehenge.“
„Einige der Ureinwohner sahen darin ein Instrument für astronomische Berechnungen…“
„… andere glaubten, die Steinkreise wären ein Portal in eine fremde Dimension.“
Gähn… wirklich spannend, Micky! Aber sollten wir nicht langsam zu unserem eigenen Abenteuer aufbrechen?
Warte… auf der letzten Seite steht, dass Indiana mir das Notizbuch schickt, damit es in sicheren Händen ist, falls sich seine Spur verlieren sollten.
Guck dir das an, Minnie! Das ist nicht Indianas Handschrift. Die letzte Seite hat jemand anderes geschrieben!

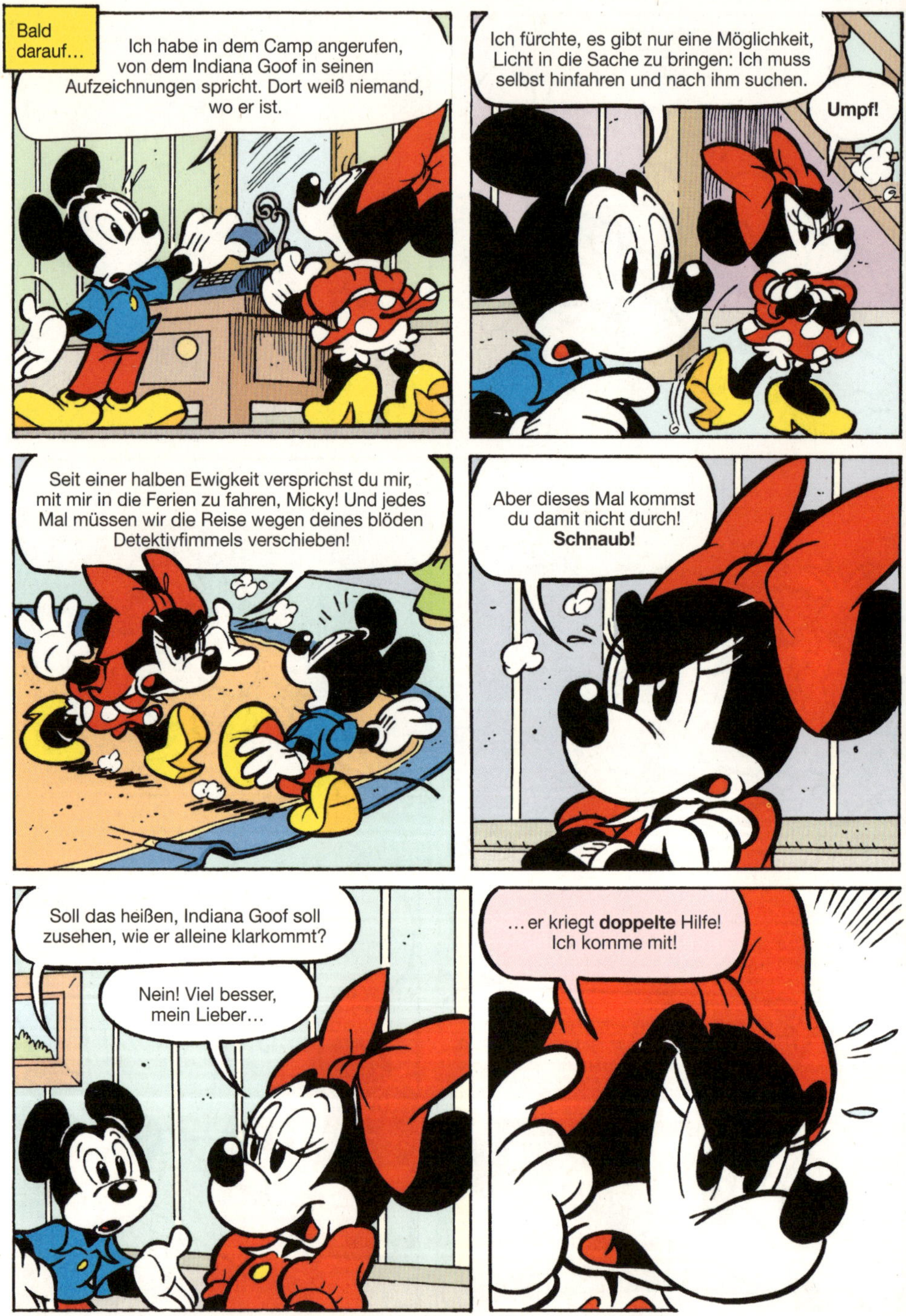

Bald darauf...
Ich habe in dem Camp angerufen, von dem Indiana Goof in seinen Aufzeichnungen spricht. Dort weiß niemand, wo er ist.
Ich fürchte, es gibt nur eine Möglichkeit, Licht in die Sache zu bringen: Ich muss selbst hinfahren und nach ihm suchen.
Umpf!
Seit einer halben Ewigkeit versprichst du mir, mit mir in die Ferien zu fahren, Micky! Und jedes Mal müssen wir die Reise wegen deines blöden Detektivfimmels verschieben!
Aber dieses Mal kommst du damit nicht durch! **Schnaub!**
Soll das heißen, Indiana Goof soll zusehen, wie er alleine klarkommt?
Nein! Viel besser, mein Lieber...
... er kriegt **doppelte** Hilfe! Ich komme mit!

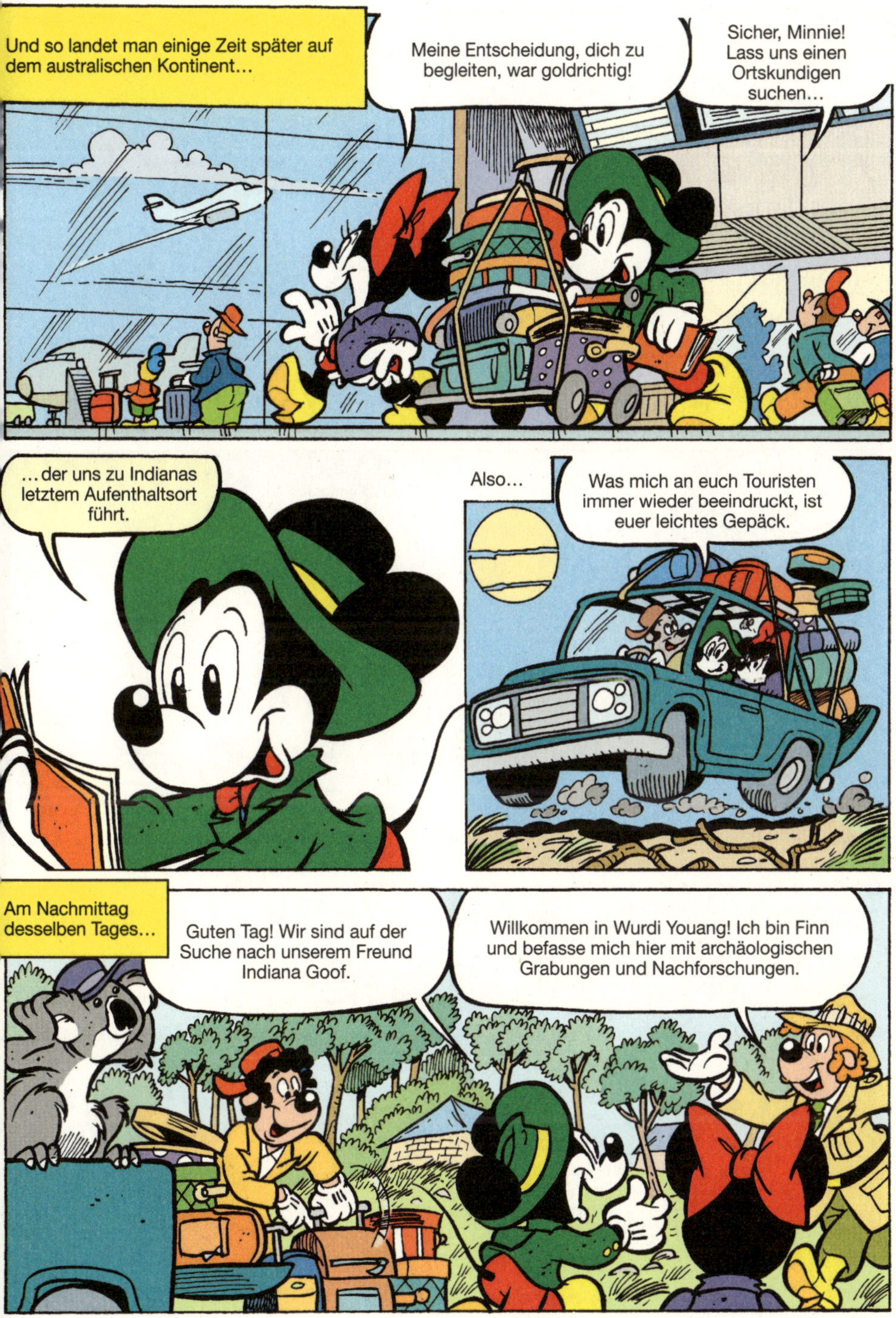
Und so landet man einige Zeit später auf dem australischen Kontinent…
Meine Entscheidung, dich zu begleiten, war goldrichtig!
Sicher, Minnie! Lass uns einen Ortskundigen suchen…
…der uns zu Indianas letztem Aufenthaltsort führt.
Also…
Was mich an euch Touristen immer wieder beeindruckt, ist euer leichtes Gepäck.
Am Nachmittag desselben Tages…
Guten Tag! Wir sind auf der Suche nach unserem Freund Indiana Goof.
Willkommen in Wurdi Youang! Ich bin Finn und befasse mich hier mit archäologischen Grabungen und Nachforschungen.

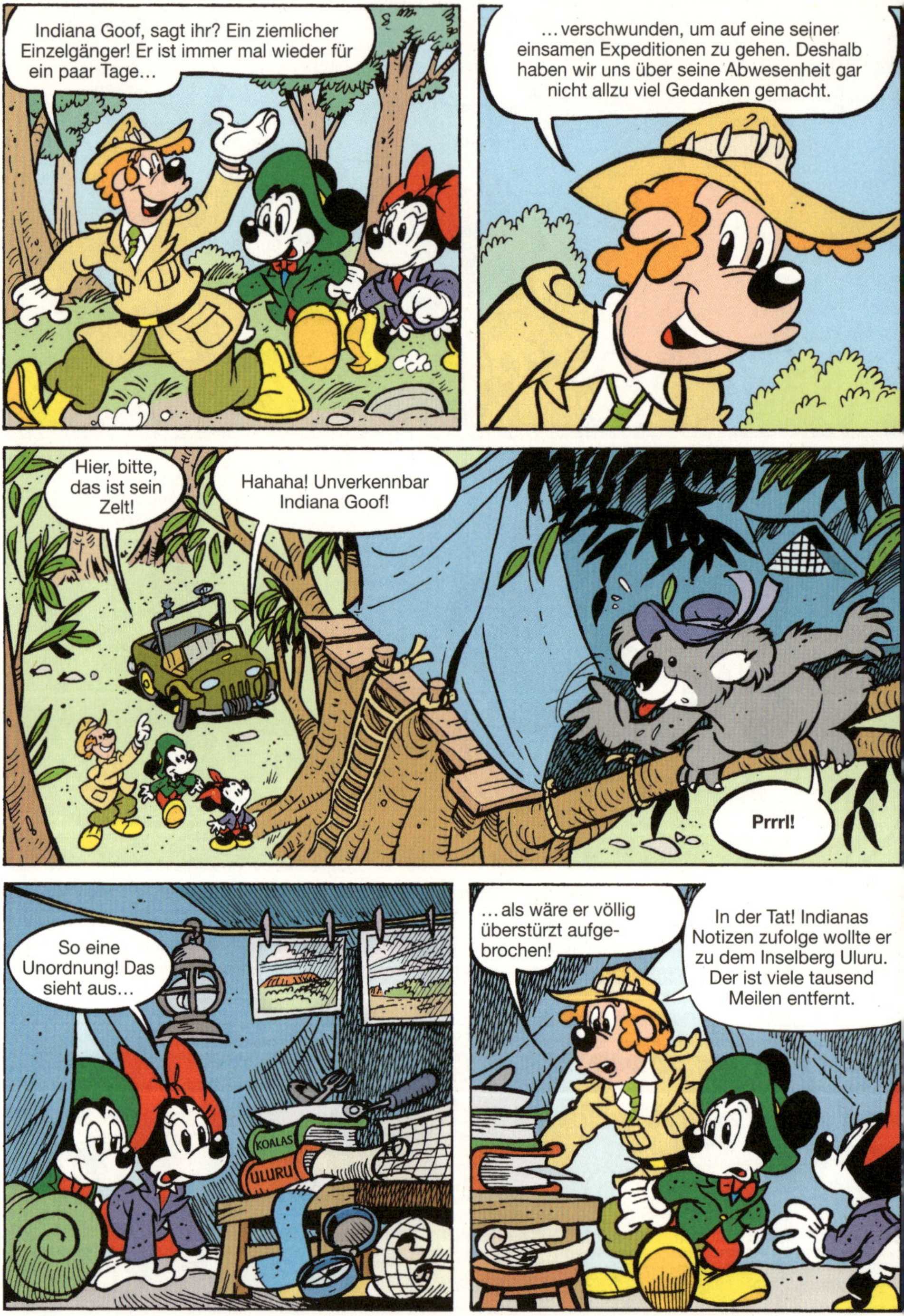
Indiana Goof, sagt ihr? Ein ziemlicher Einzelgänger! Er ist immer mal wieder für ein paar Tage…
… verschwunden, um auf eine seiner einsamen Expeditionen zu gehen. Deshalb haben wir uns über seine Abwesenheit gar nicht allzu viel Gedanken gemacht.
Hier, bitte, das ist sein Zelt!
Hahaha! Unverkennbar Indiana Goof!
Prrrl!
So eine Unordnung! Das sieht aus…
KOALAS
ULURU
… als wäre er völlig überstürzt aufgebrochen!
In der Tat! Indianas Notizen zufolge wollte er zu dem Inselberg Uluru. Der ist viele tausend Meilen entfernt.

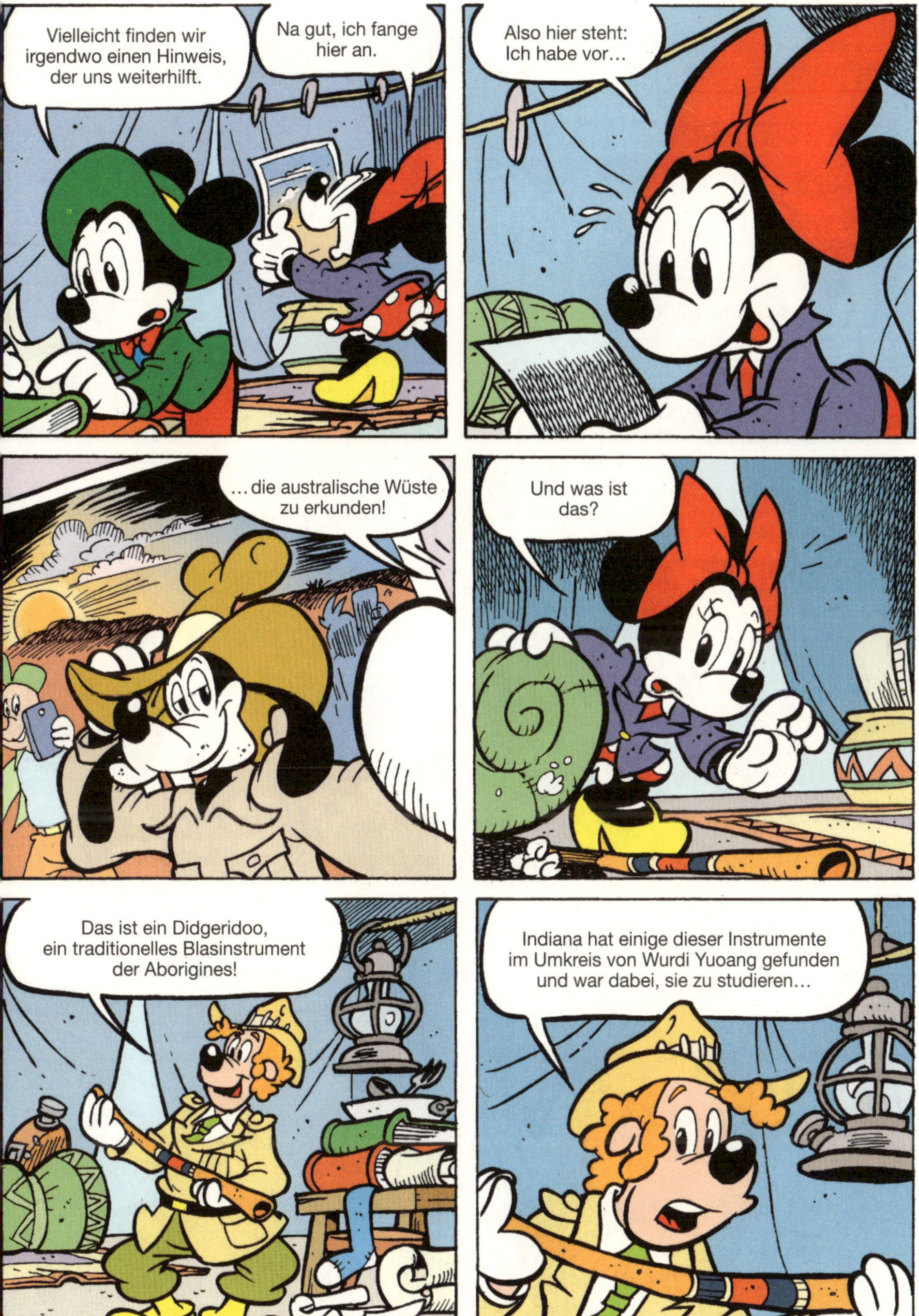

Vielleicht finden wir irgendwo einen Hinweis, der uns weiterhilft.
Na gut, ich fange hier an.
Also hier steht: Ich habe vor…
…die australische Wüste zu erkunden!
Und was ist das?
Das ist ein Didgeridoo, ein traditionelles Blasinstrument der Aborigines!
Indiana hat einige dieser Instrumente im Umkreis von Wurdi Yuoang gefunden und war dabei, sie zu studieren…

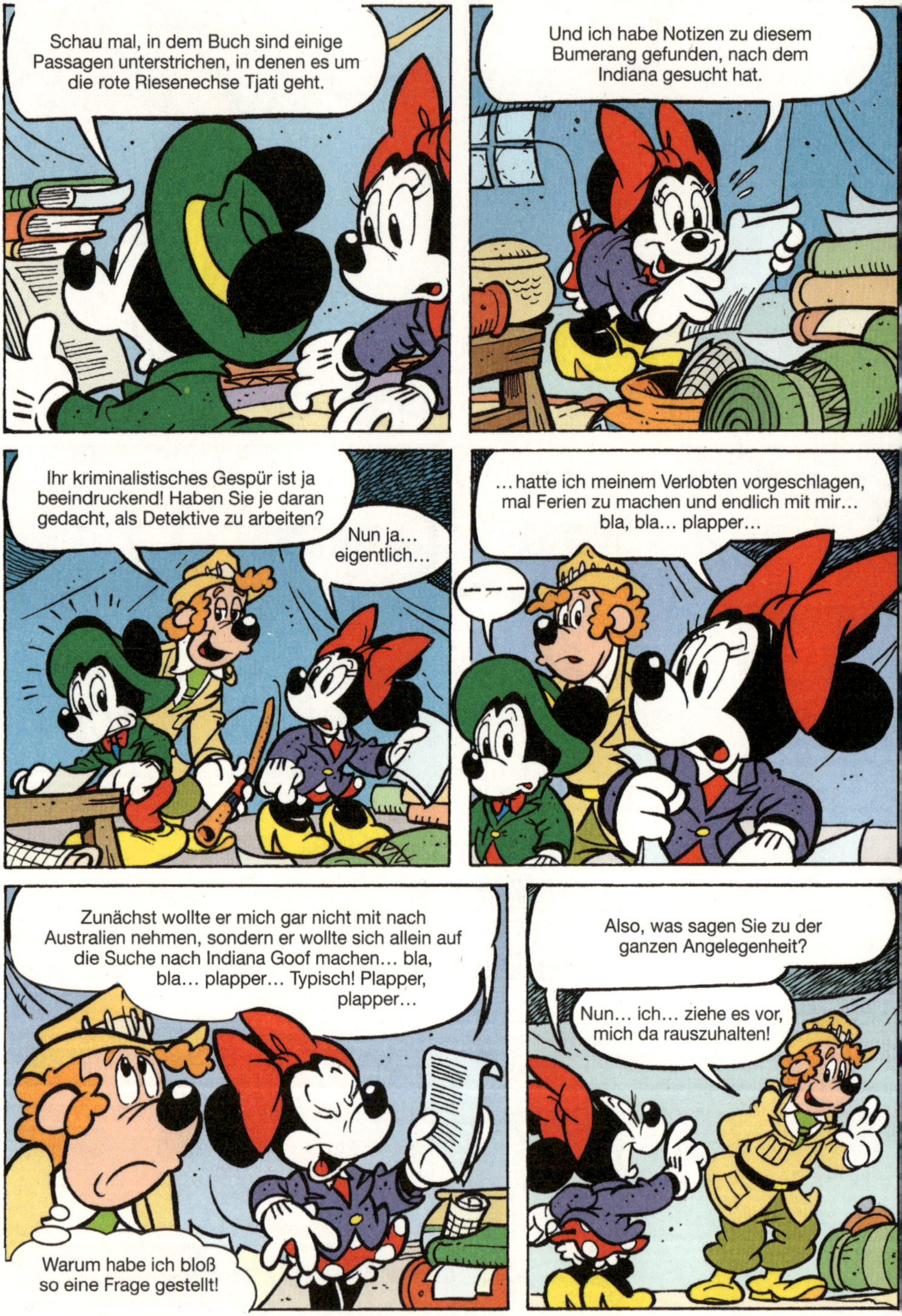
Schau mal, in dem Buch sind einige Passagen unterstrichen, in denen es um die rote Riesenechse Tjati geht.
Und ich habe Notizen zu diesem Bumerang gefunden, nach dem Indiana gesucht hat.
Ihr kriminalistisches Gespür ist ja beeindruckend! Haben Sie je daran gedacht, als Detektive zu arbeiten?
Nun ja… eigentlich…
…hatte ich meinem Verlobten vorgeschlagen, mal Ferien zu machen und endlich mit mir… bla, bla… plapper…
– – –
Zunächst wollte er mich gar nicht mit nach Australien nehmen, sondern er wollte sich allein auf die Suche nach Indiana Goof machen… bla, bla… plapper… Typisch! Plapper, plapper…
Warum habe ich bloß so eine Frage gestellt!
Also, was sagen Sie zu der ganzen Angelegenheit?
Nun… ich… ziehe es vor, mich da rauszuhalten!

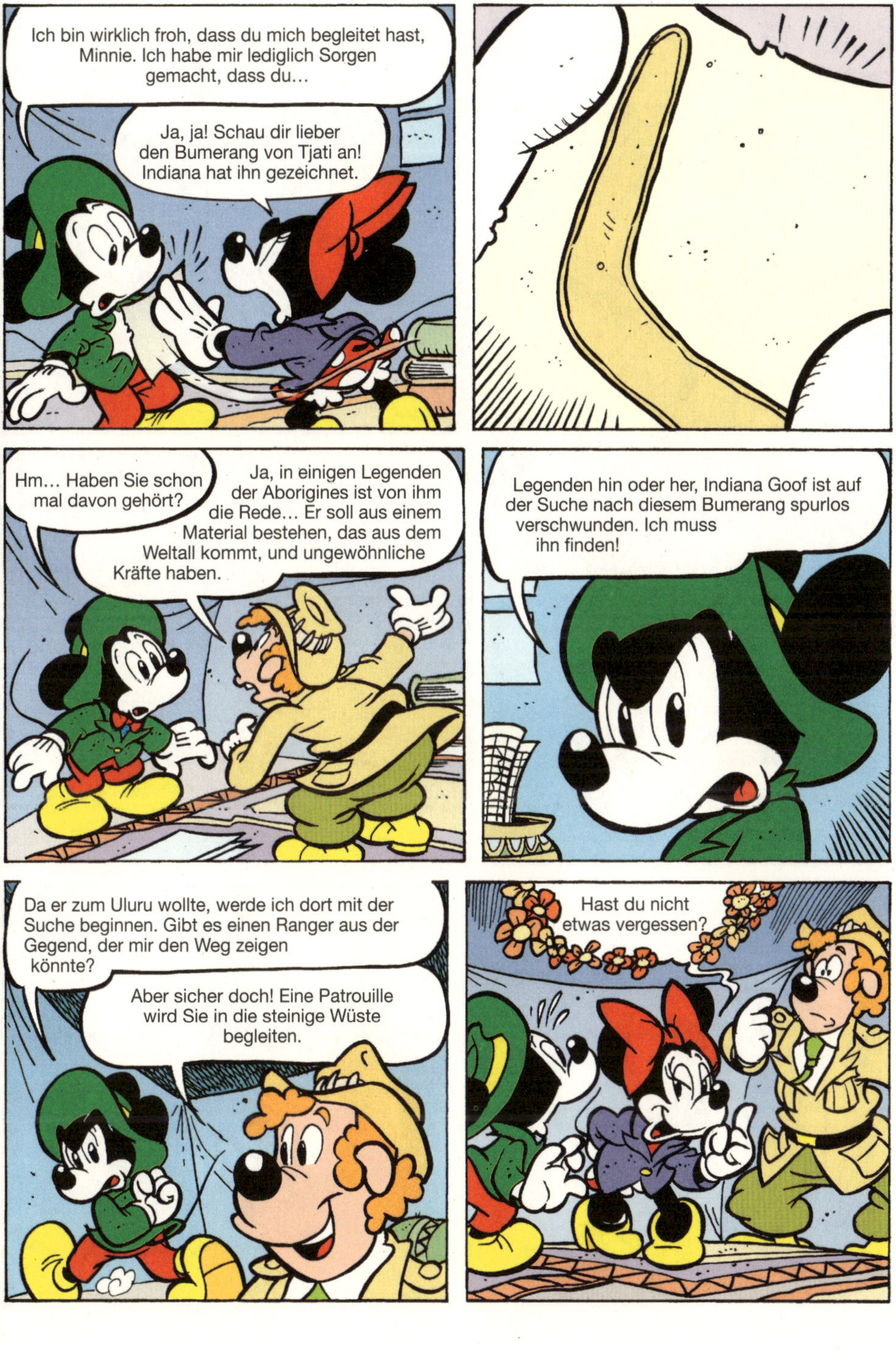

Ich bin wirklich froh, dass du mich begleitet hast, Minnie. Ich habe mir lediglich Sorgen gemacht, dass du…
Ja, ja! Schau dir lieber den Bumerang von Tjati an! Indiana hat ihn gezeichnet.
Hm… Haben Sie schon mal davon gehört?
Ja, in einigen Legenden der Aborigines ist von ihm die Rede… Er soll aus einem Material bestehen, das aus dem Weltall kommt, und ungewöhnliche Kräfte haben.
Legenden hin oder her, Indiana Goof ist auf der Suche nach diesem Bumerang spurlos verschwunden. Ich muss ihn finden!
Da er zum Uluru wollte, werde ich dort mit der Suche beginnen. Gibt es einen Ranger aus der Gegend, der mir den Weg zeigen könnte?
Aber sicher doch! Eine Patrouille wird Sie in die steinige Wüste begleiten.
Hast du nicht etwas vergessen?

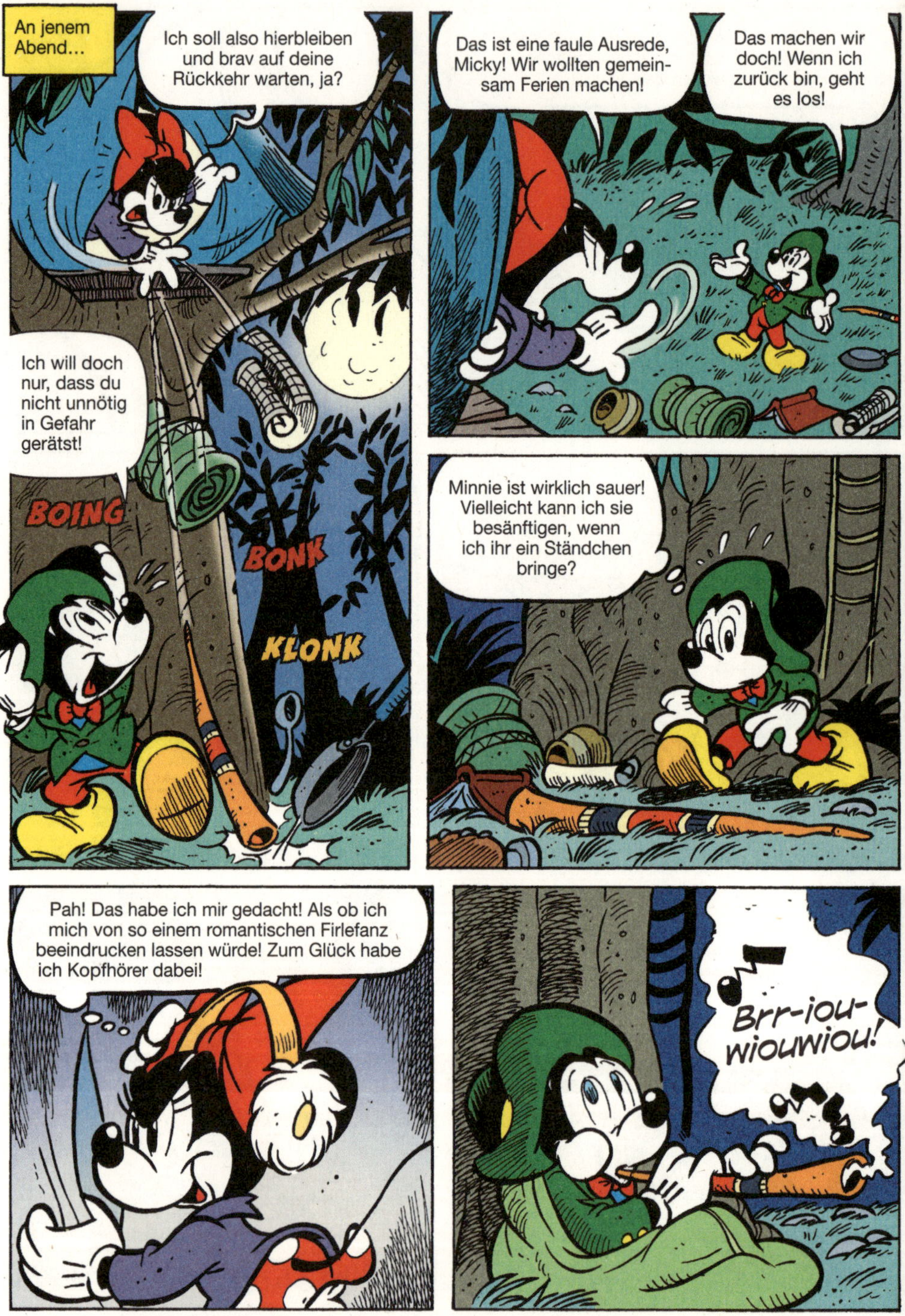

An jenem Abend...
Ich soll also hierbleiben und brav auf deine Rückkehr warten, ja?
Ich will doch nur, dass du nicht unnötig in Gefahr gerätst!
BOING
BONK
KLONK
Das ist eine faule Ausrede, Micky! Wir wollten gemeinsam Ferien machen!
Das machen wir doch! Wenn ich zurück bin, geht es los!
Minnie ist wirklich sauer! Vielleicht kann ich sie besänftigen, wenn ich ihr ein Ständchen bringe?
Pah! Das habe ich mir gedacht! Als ob ich mich von so einem romantischen Firlefanz beeindrucken lassen würde! Zum Glück habe ich Kopfhörer dabei!
Brr-iou-wiouwiou!

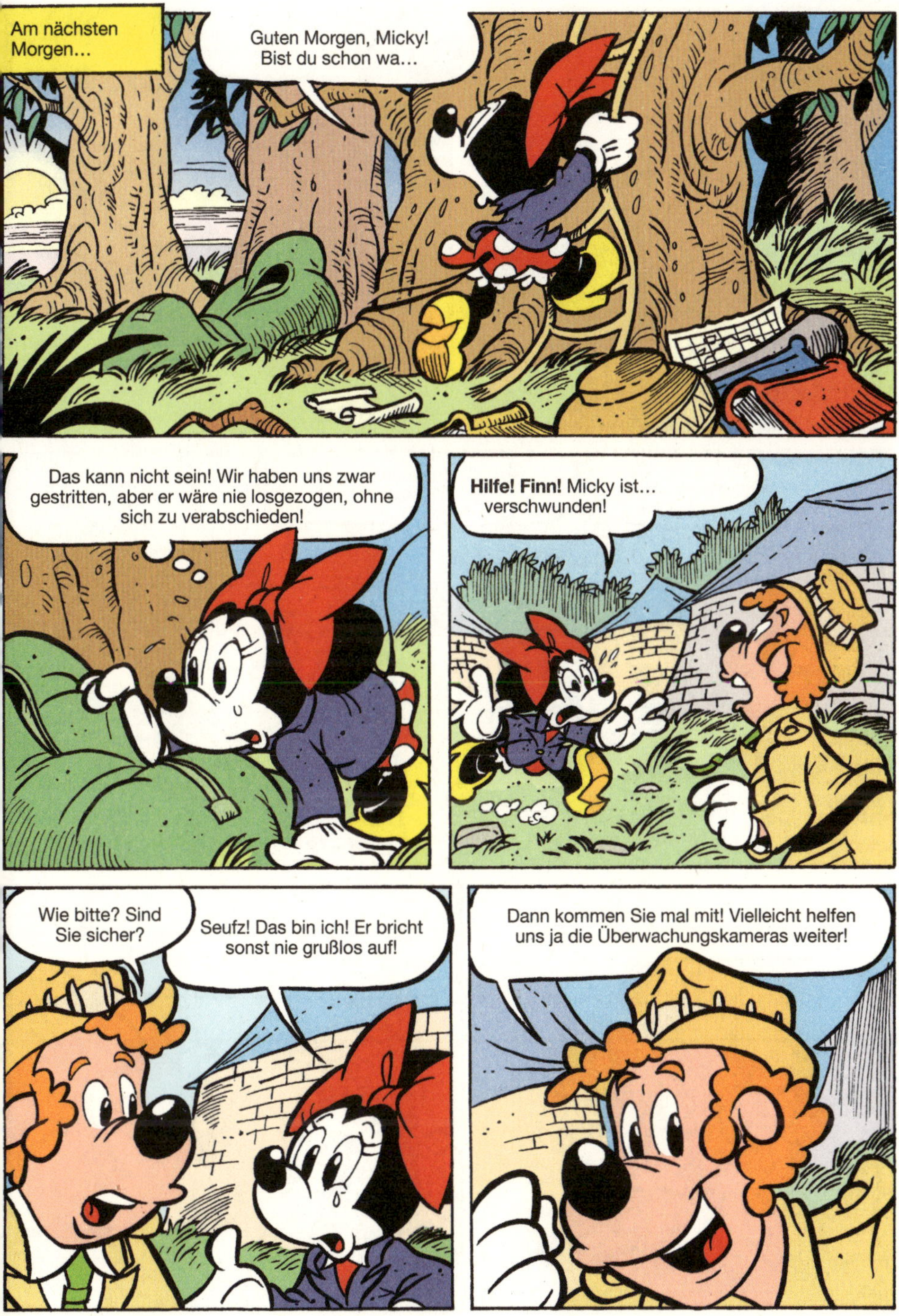

Am nächsten Morgen...
Guten Morgen, Micky! Bist du schon wa...
Das kann nicht sein! Wir haben uns zwar gestritten, aber er wäre nie losgezogen, ohne sich zu verabschieden!
Hilfe! Finn! Micky ist... verschwunden!
Wie bitte? Sind Sie sicher?
Seufz! Das bin ich! Er bricht sonst nie grußlos auf!
Dann kommen Sie mal mit! Vielleicht helfen uns ja die Überwachungskameras weiter!

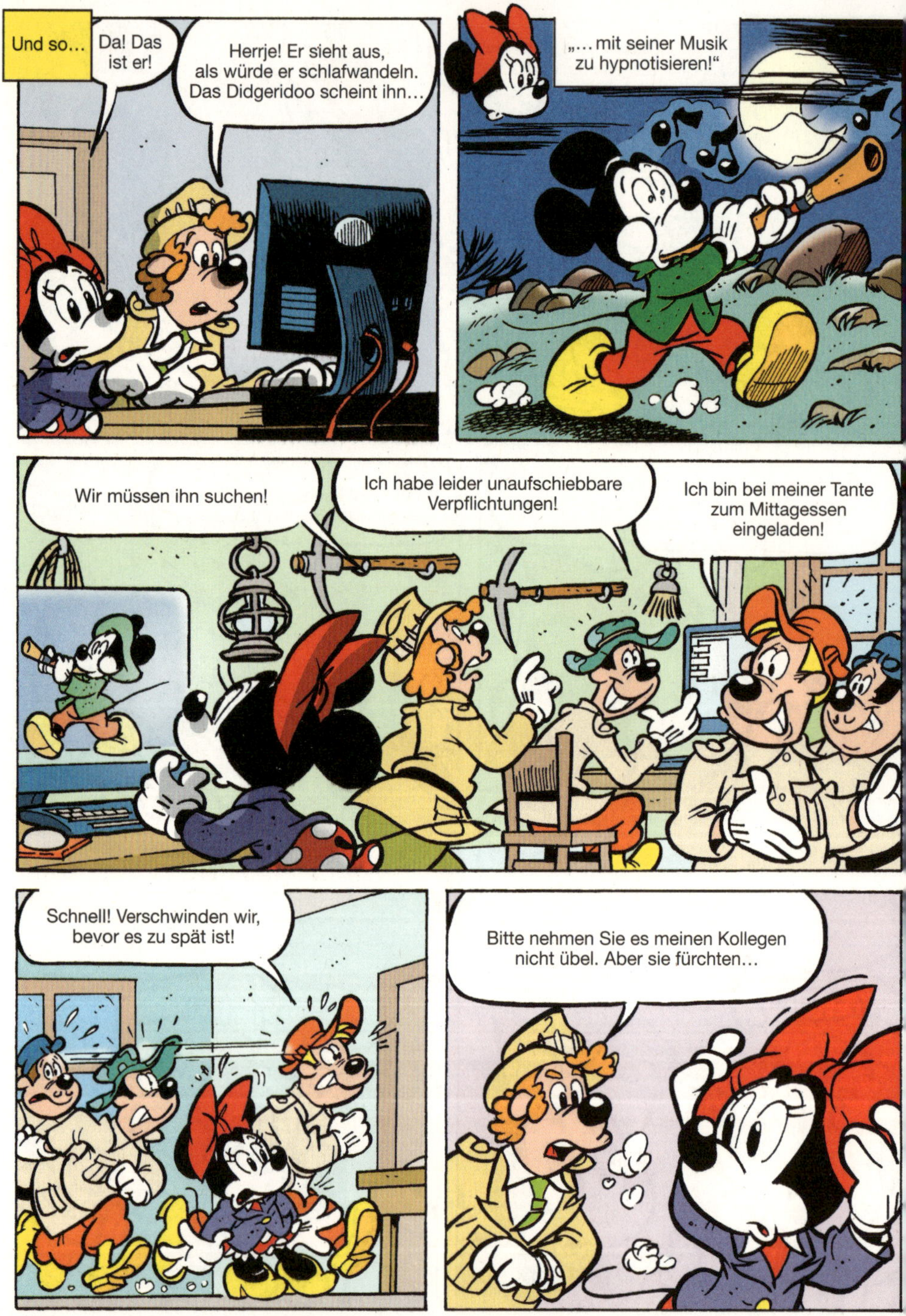
Und so…
Da! Das ist er!
Herrje! Er sieht aus, als würde er schlafwandeln. Das Didgeridoo scheint ihn…
„… mit seiner Musik zu hypnotisieren!“
Wir müssen ihn suchen!
Ich habe leider unaufschiebbare Verpflichtungen!
Ich bin bei meiner Tante zum Mittagessen eingeladen!
Schnell! Verschwinden wir, bevor es zu spät ist!
Bitte nehmen Sie es meinen Kollegen nicht übel. Aber sie fürchten…

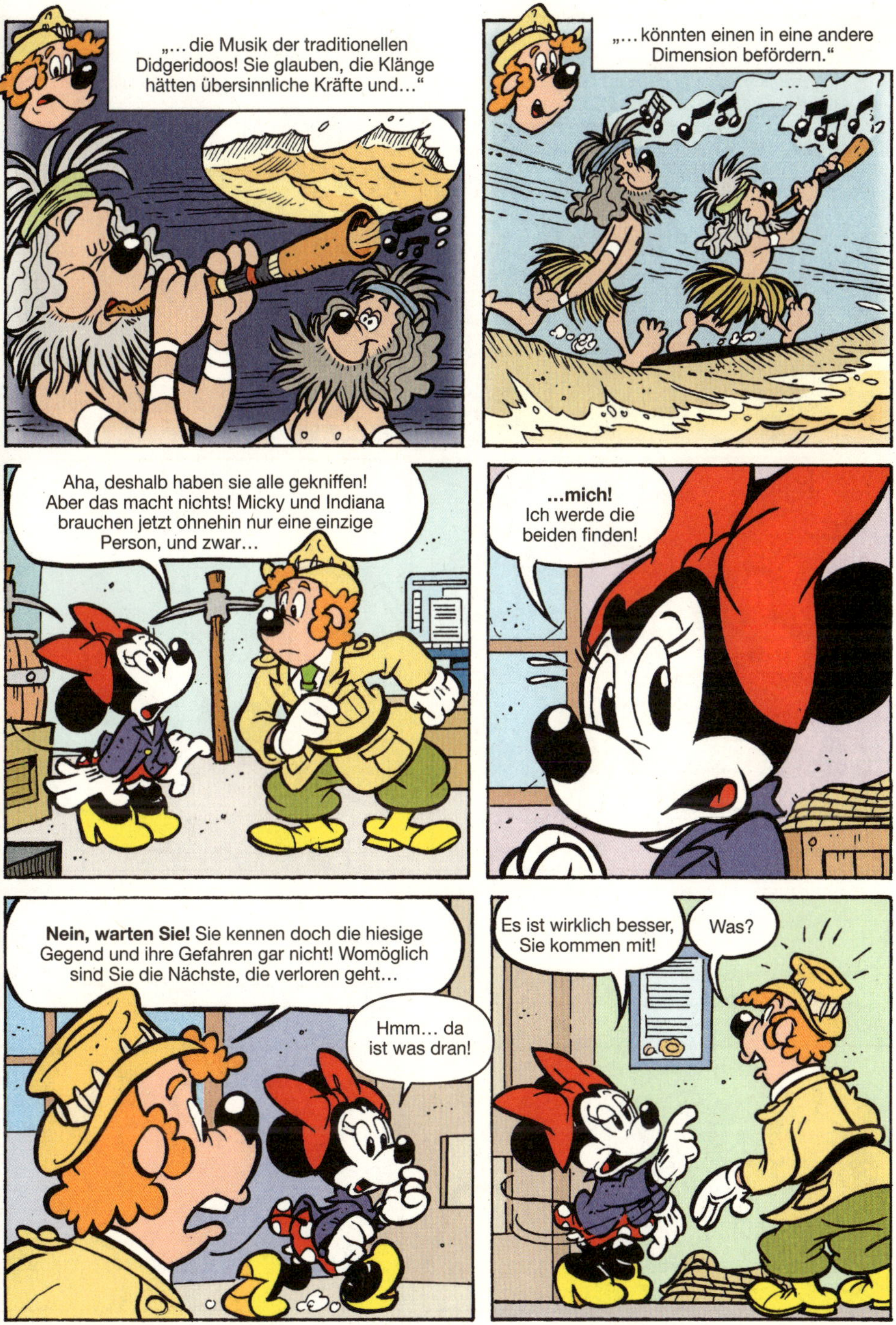
„…die Musik der traditionellen Didgeridoos! Sie glauben, die Klänge hätten übersinnliche Kräfte und…"
„…könnten einen in eine andere Dimension befördern."
Aha, deshalb haben sie alle gekniffen! Aber das macht nichts! Micky und Indiana brauchen jetzt ohnehin nur eine einzige Person, und zwar…
…mich! Ich werde die beiden finden!
Nein, warten Sie! Sie kennen doch die hiesige Gegend und ihre Gefahren gar nicht! Womöglich sind Sie die Nächste, die verloren geht…
Hmm… da ist was dran!
Es ist wirklich besser, Sie kommen mit!
Was?

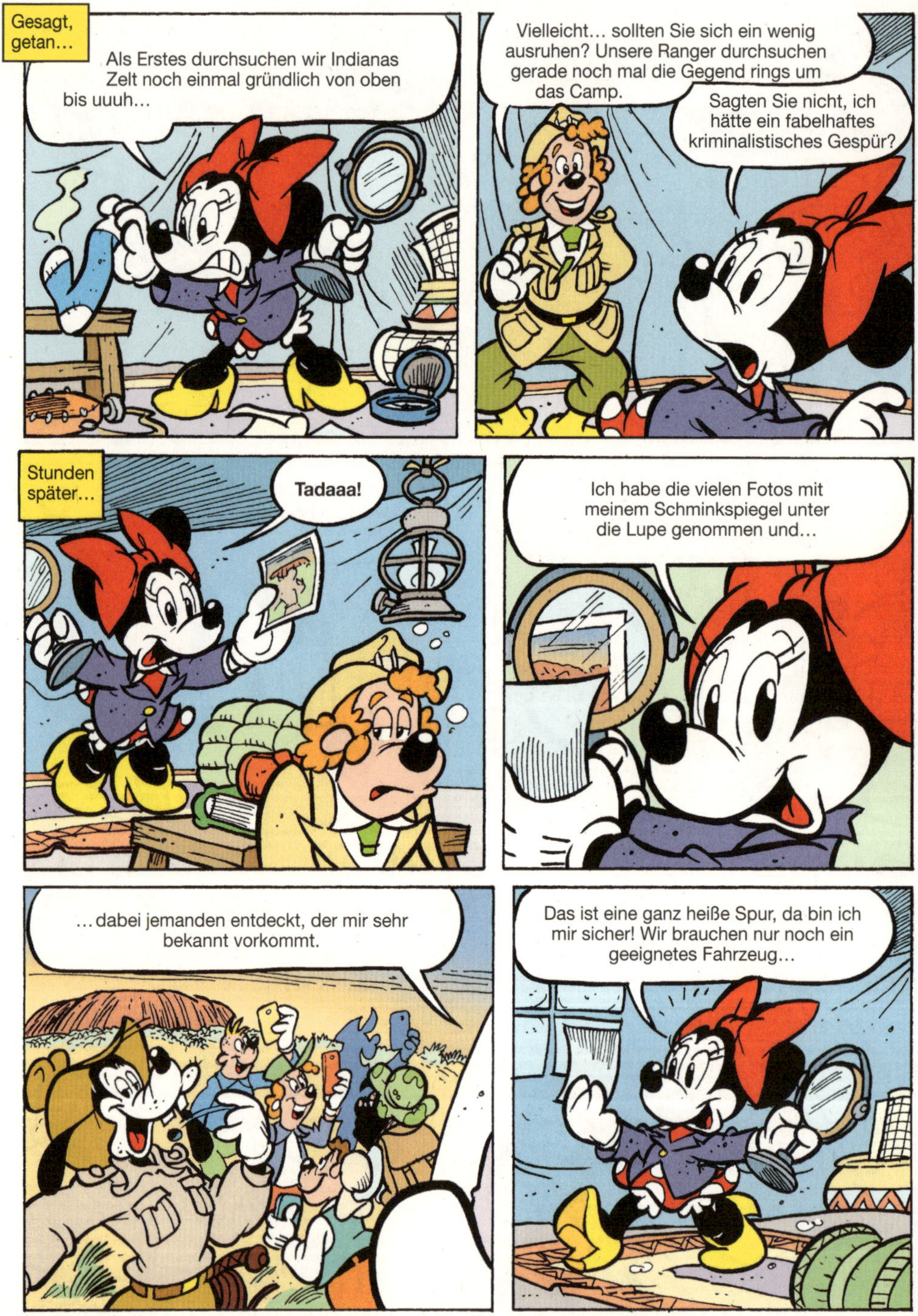
Gesagt, getan…
Als Erstes durchsuchen wir Indianas Zelt noch einmal gründlich von oben bis uuuh…
Vielleicht… sollten Sie sich ein wenig ausruhen? Unsere Ranger durchsuchen gerade noch mal die Gegend rings um das Camp.
Sagten Sie nicht, ich hätte ein fabelhaftes kriminalistisches Gespür?
Stunden später…
Tadaaa!
Ich habe die vielen Fotos mit meinem Schminkspiegel unter die Lupe genommen und…
…dabei jemanden entdeckt, der mir sehr bekannt vorkommt.
Das ist eine ganz heiße Spur, da bin ich mir sicher! Wir brauchen nur noch ein geeignetes Fahrzeug…

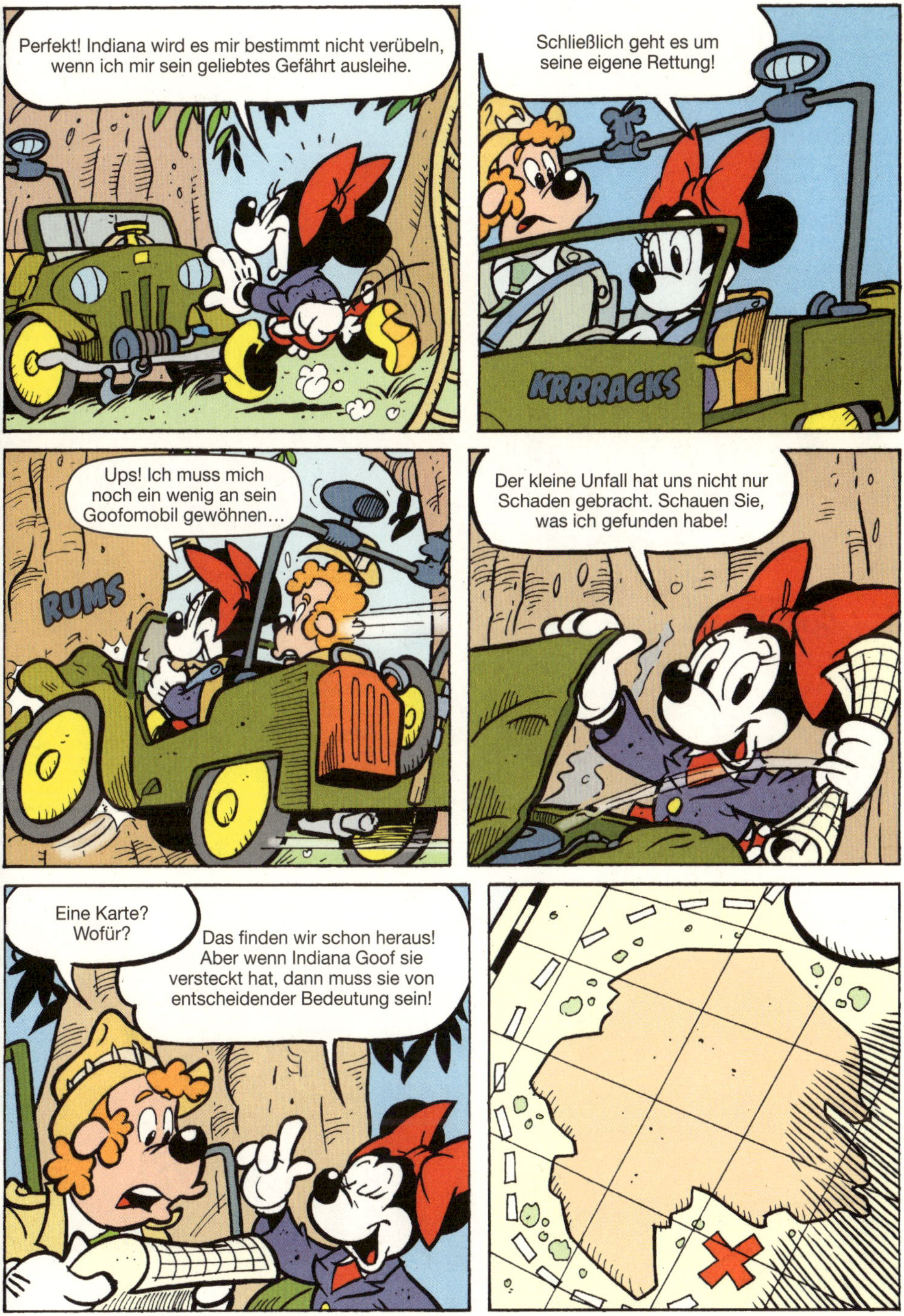
Perfekt! Indiana wird es mir bestimmt nicht verübeln, wenn ich mir sein geliebtes Gefährt ausleihe.
Schließlich geht es um seine eigene Rettung!
KRRRACKS
Ups! Ich muss mich noch ein wenig an sein Goofomobil gewöhnen…
RUMS
Der kleine Unfall hat uns nicht nur Schaden gebracht. Schauen Sie, was ich gefunden habe!
Eine Karte? Wofür?
Das finden wir schon heraus! Aber wenn Indiana Goof sie versteckt hat, dann muss sie von entscheidender Bedeutung sein!

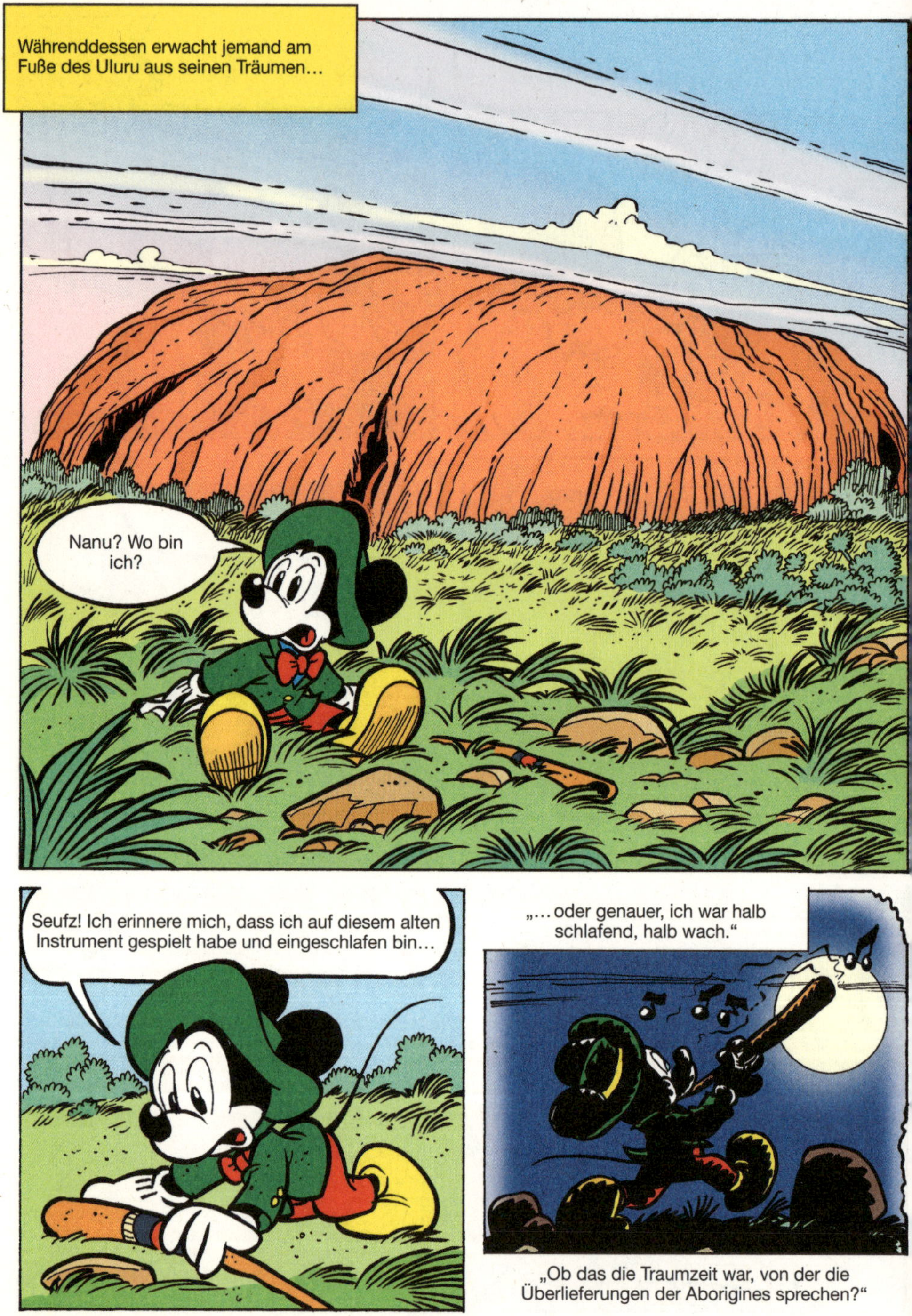
Währenddessen erwacht jemand am Fuße des Uluru aus seinen Träumen…
Nanu? Wo bin ich?
Seufz! Ich erinnere mich, dass ich auf diesem alten Instrument gespielt habe und eingeschlafen bin…
„… oder genauer, ich war halb schlafend, halb wach.“
„Ob das die Traumzeit war, von der die Überlieferungen der Aborigines sprechen?“

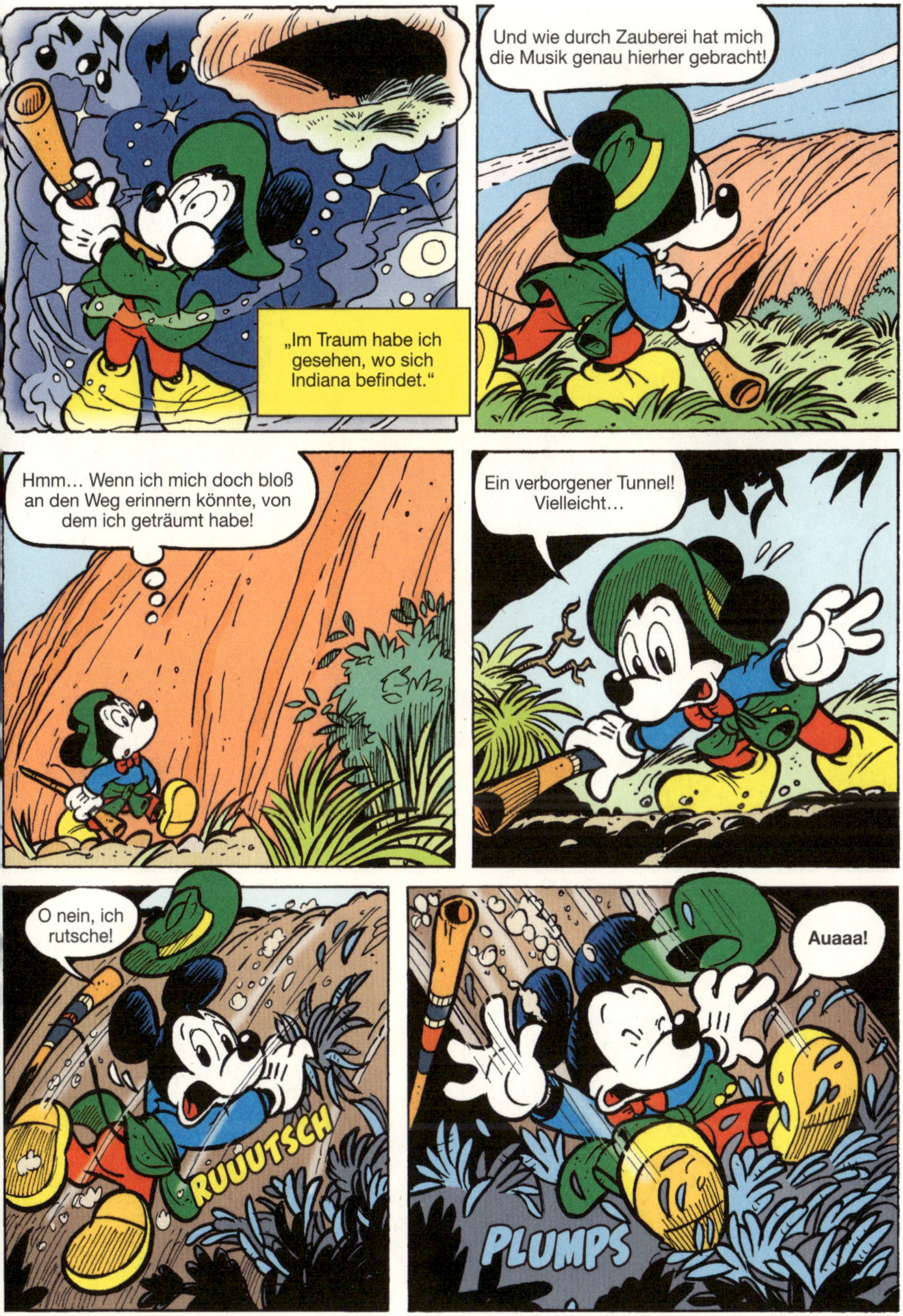
„Im Traum habe ich gesehen, wo sich Indiana befindet.“
Und wie durch Zauberei hat mich die Musik genau hierher gebracht!
Hmm… Wenn ich mich doch bloß an den Weg erinnern könnte, von dem ich geträumt habe!
Ein verborgener Tunnel! Vielleicht…
O nein, ich rutsche!
RUUUTSCH
Auaaa!
PLUMPS

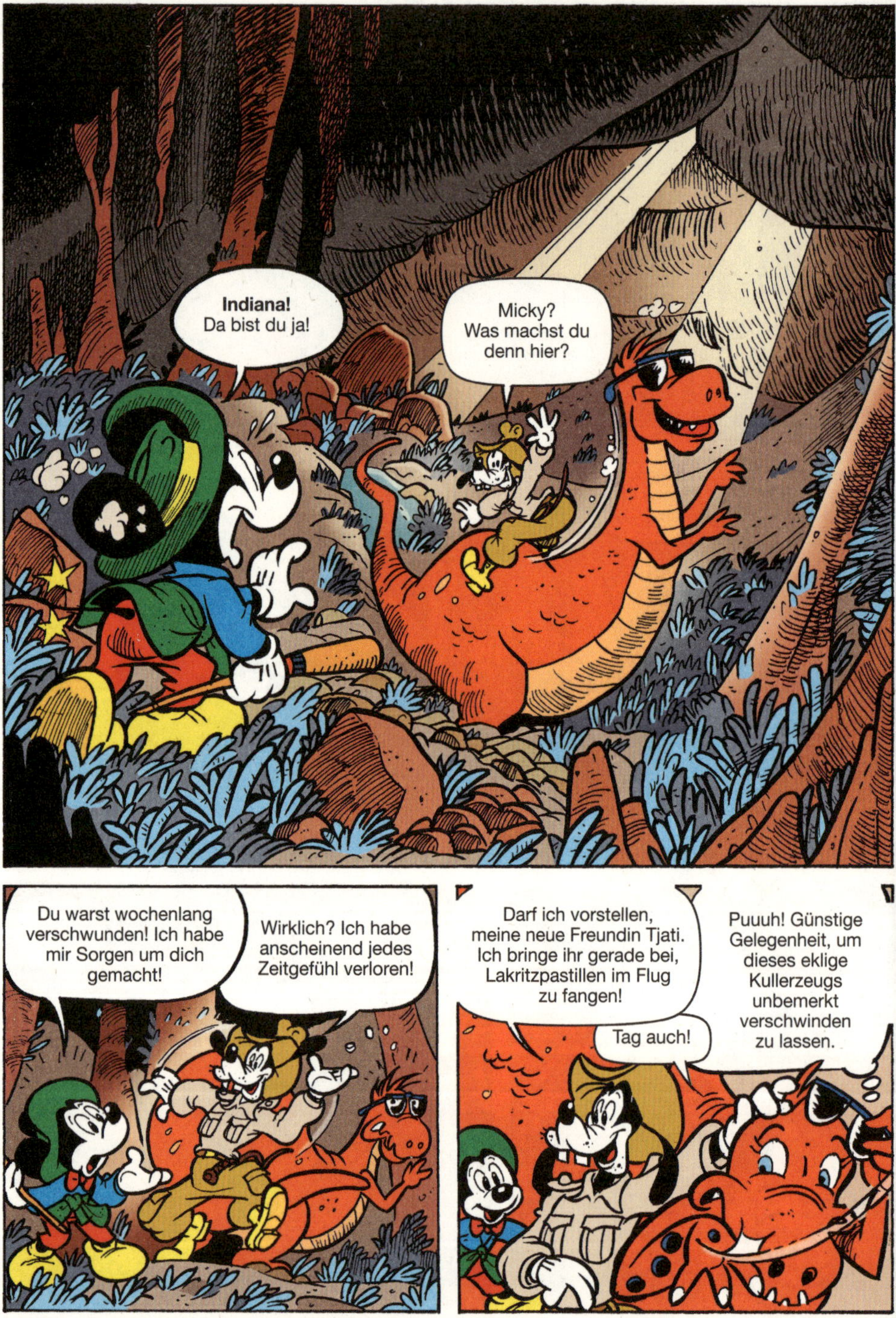
Indiana!
Da bist du ja!
Micky? Was machst du denn hier?
Du warst wochenlang verschwunden! Ich habe mir Sorgen um dich gemacht!
Wirklich? Ich habe anscheinend jedes Zeitgefühl verloren!
Darf ich vorstellen, meine neue Freundin Tjati. Ich bringe ihr gerade bei, Lakritzpastillen im Flug zu fangen!
Tag auch!
Puuuh! Günstige Gelegenheit, um dieses eklige Kullerzeugs unbemerkt verschwinden zu lassen.

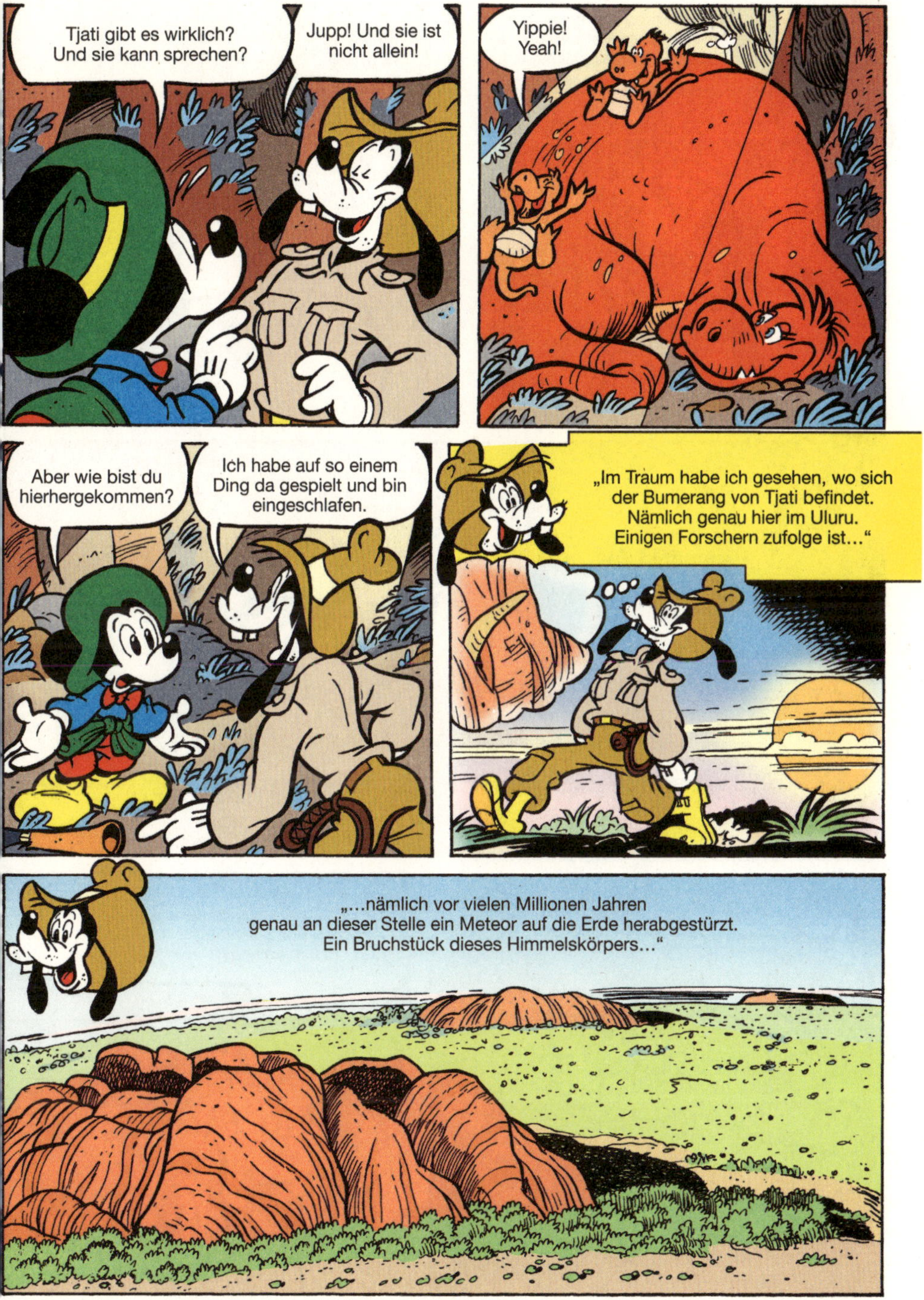
Tjati gibt es wirklich? Und sie kann sprechen?
Jupp! Und sie ist nicht allein!
Yippie! Yeah!
Aber wie bist du hierhergekommen?
Ich habe auf so einem Ding da gespielt und bin eingeschlafen.
„Im Traum habe ich gesehen, wo sich der Bumerang von Tjati befindet. Nämlich genau hier im Uluru. Einigen Forschern zufolge ist…“
„…nämlich vor vielen Millionen Jahren genau an dieser Stelle ein Meteor auf die Erde herabgestürzt. Ein Bruchstück dieses Himmelskörpers…“

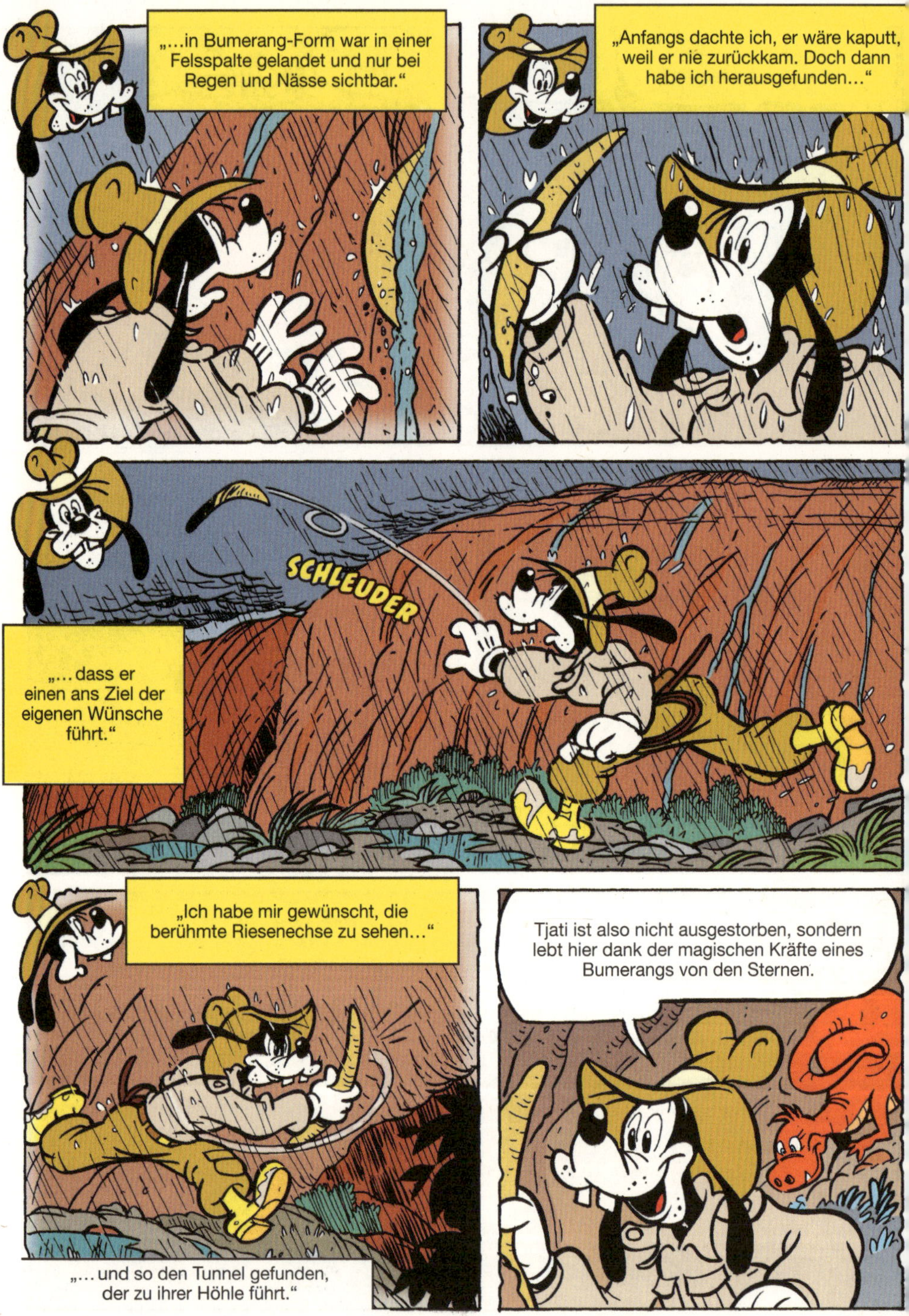
„…in Bumerang-Form war in einer Felsspalte gelandet und nur bei Regen und Nässe sichtbar.“
„Anfangs dachte ich, er wäre kaputt, weil er nie zurückkam. Doch dann habe ich herausgefunden…“
SCHLEUDER
„… dass er einen ans Ziel der eigenen Wünsche führt.“
„Ich habe mir gewünscht, die berühmte Riesenechse zu sehen…“
„… und so den Tunnel gefunden, der zu ihrer Höhle führt.“
Tjati ist also nicht ausgestorben, sondern lebt hier dank der magischen Kräfte eines Bumerangs von den Sternen.

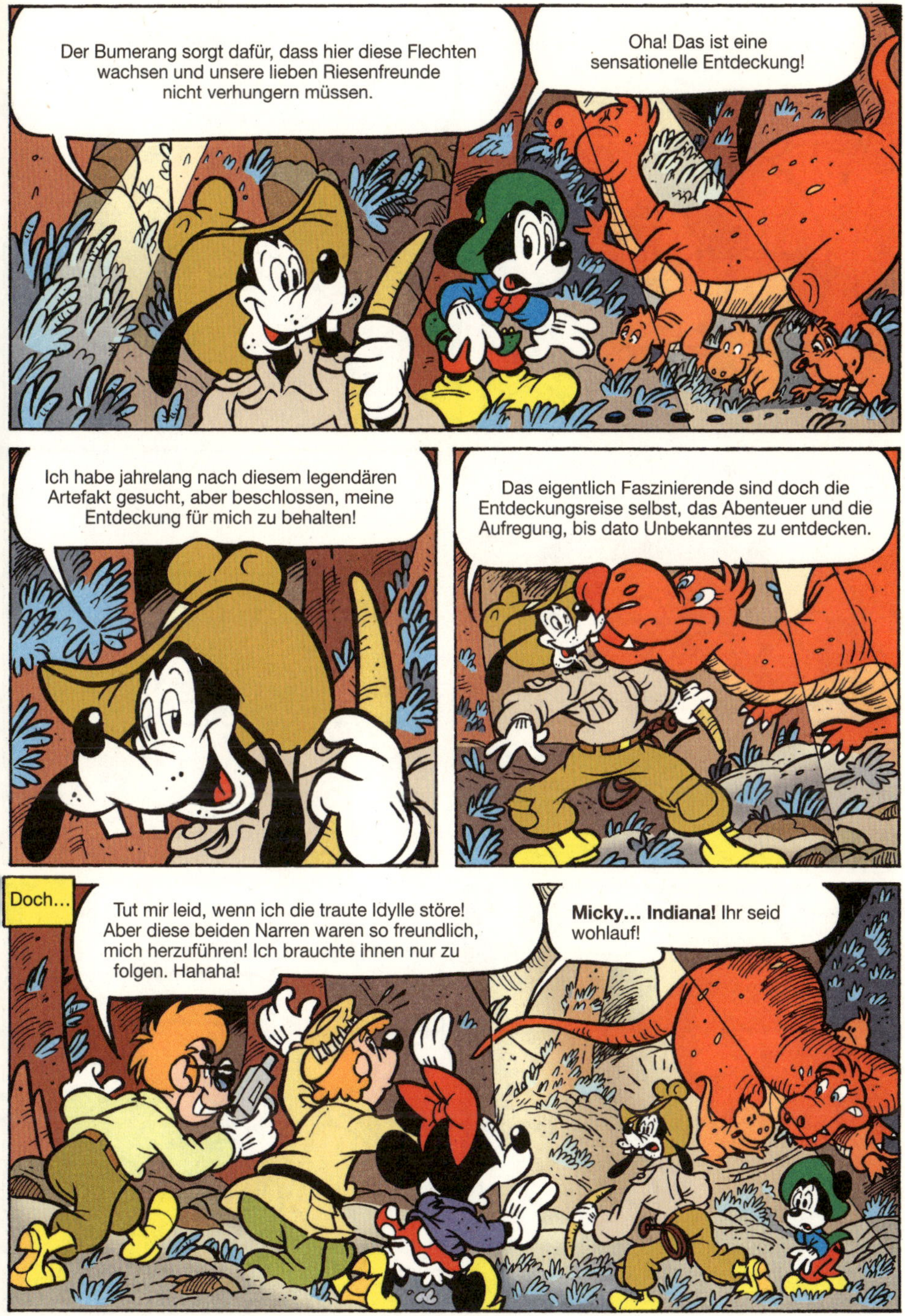
Der Bumerang sorgt dafür, dass hier diese Flechten wachsen und unsere lieben Riesenfreunde nicht verhungern müssen.
Oha! Das ist eine sensationelle Entdeckung!
Ich habe jahrelang nach diesem legendären Artefakt gesucht, aber beschlossen, meine Entdeckung für mich zu behalten!
Das eigentlich Faszinierende sind doch die Entdeckungsreise selbst, das Abenteuer und die Aufregung, bis dato Unbekanntes zu entdecken.
Doch...
Tut mir leid, wenn ich die traute Idylle störe! Aber diese beiden Narren waren so freundlich, mich herzuführen! Ich brauchte ihnen nur zu folgen. Hahaha!
Micky... Indiana! Ihr seid wohlauf!

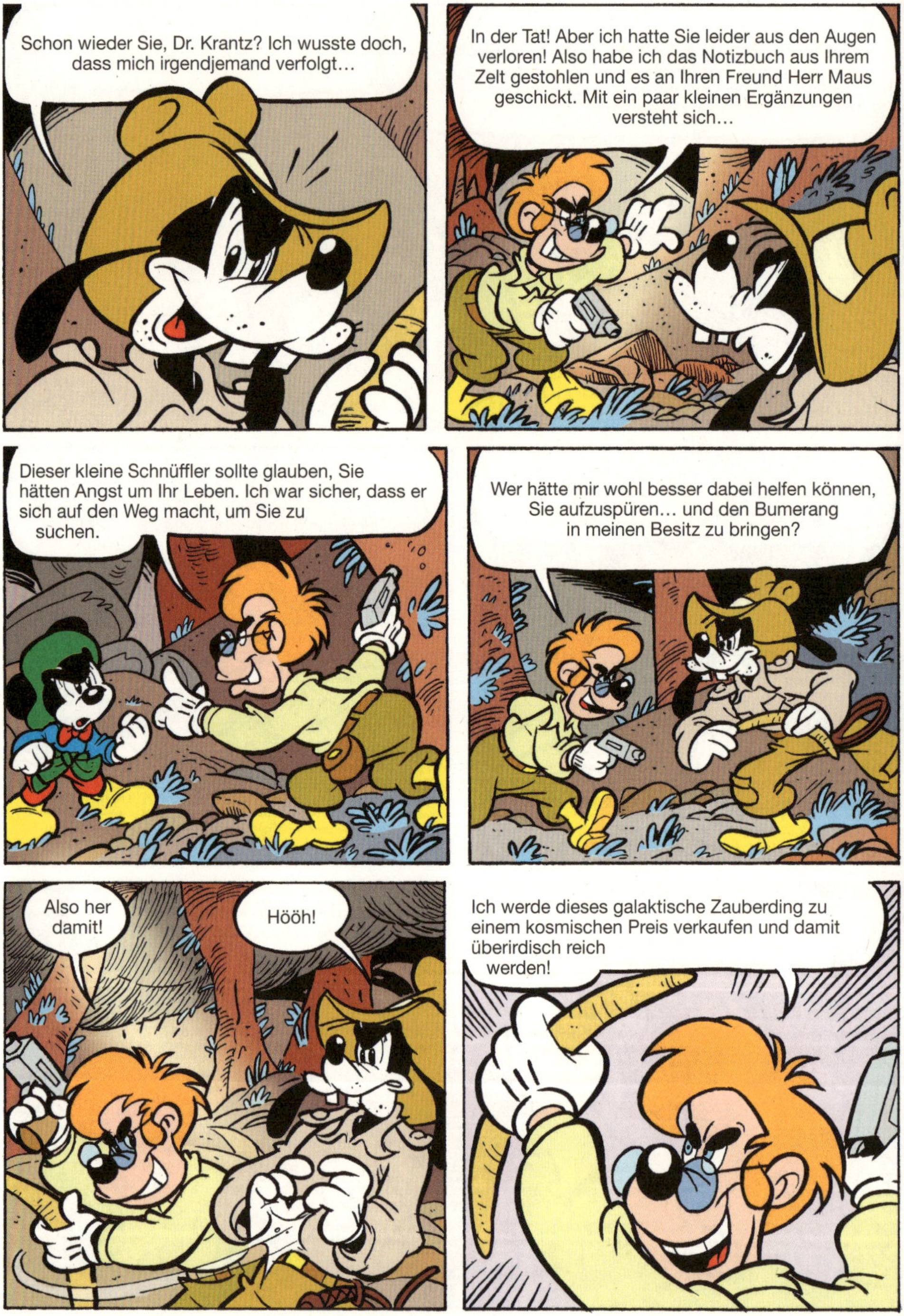
Schon wieder Sie, Dr. Krantz? Ich wusste doch, dass mich irgendjemand verfolgt…
In der Tat! Aber ich hatte Sie leider aus den Augen verloren! Also habe ich das Notizbuch aus Ihrem Zelt gestohlen und es an Ihren Freund Herr Maus geschickt. Mit ein paar kleinen Ergänzungen versteht sich…
Dieser kleine Schnüffler sollte glauben, Sie hätten Angst um Ihr Leben. Ich war sicher, dass er sich auf den Weg macht, um Sie zu suchen.
Wer hätte mir wohl besser dabei helfen können, Sie aufzuspüren… und den Bumerang in meinen Besitz zu bringen?
Also her damit!
Hööh!
Ich werde dieses galaktische Zauberding zu einem kosmischen Preis verkaufen und damit überirdisch reich werden!

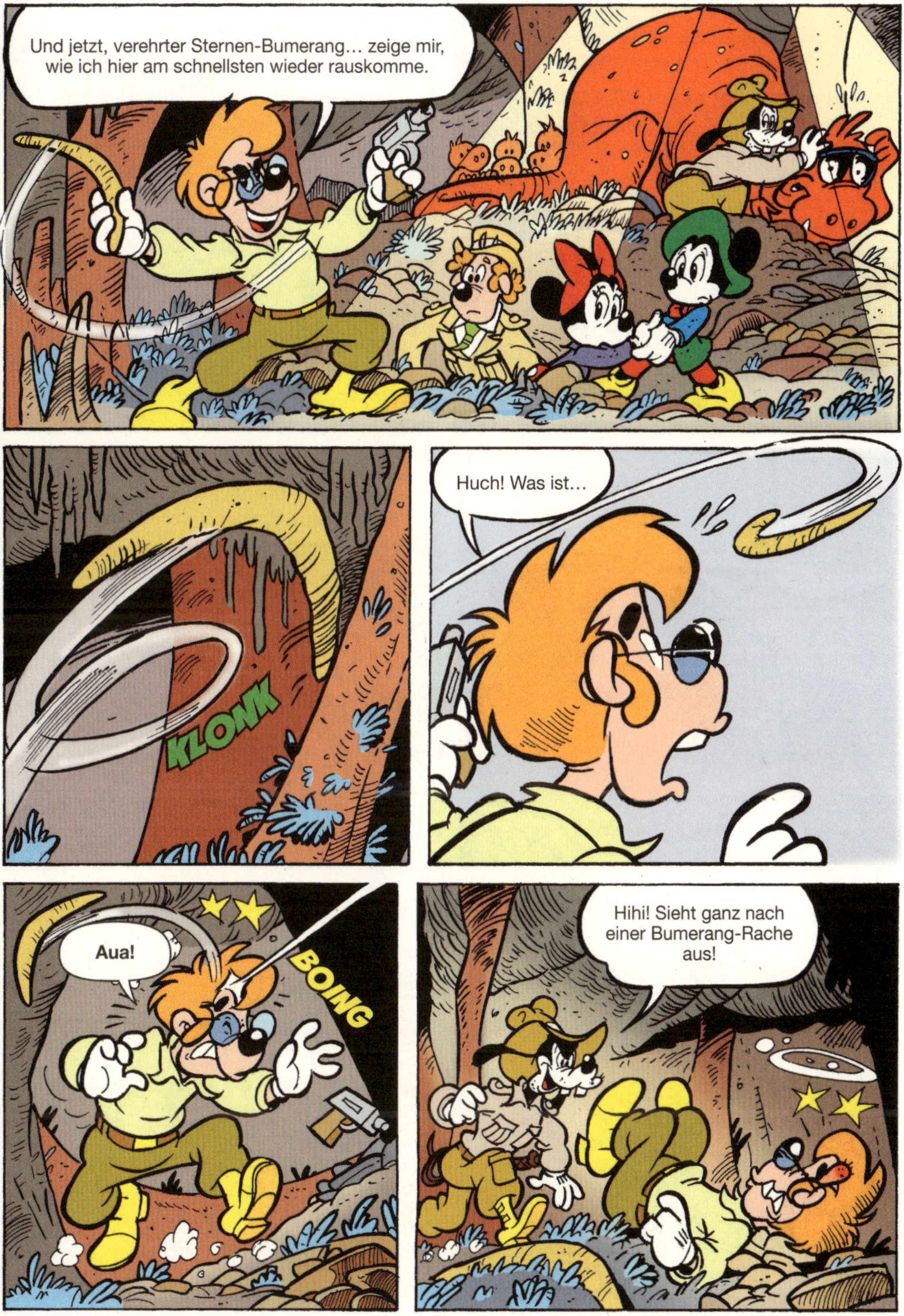
Und jetzt, verehrter Sternen-Bumerang… zeige mir, wie ich hier am schnellsten wieder rauskomme.
KLONK
Huch! Was ist…
Aua!
BOING
Hihi! Sieht ganz nach einer Bumerang-Rache aus!

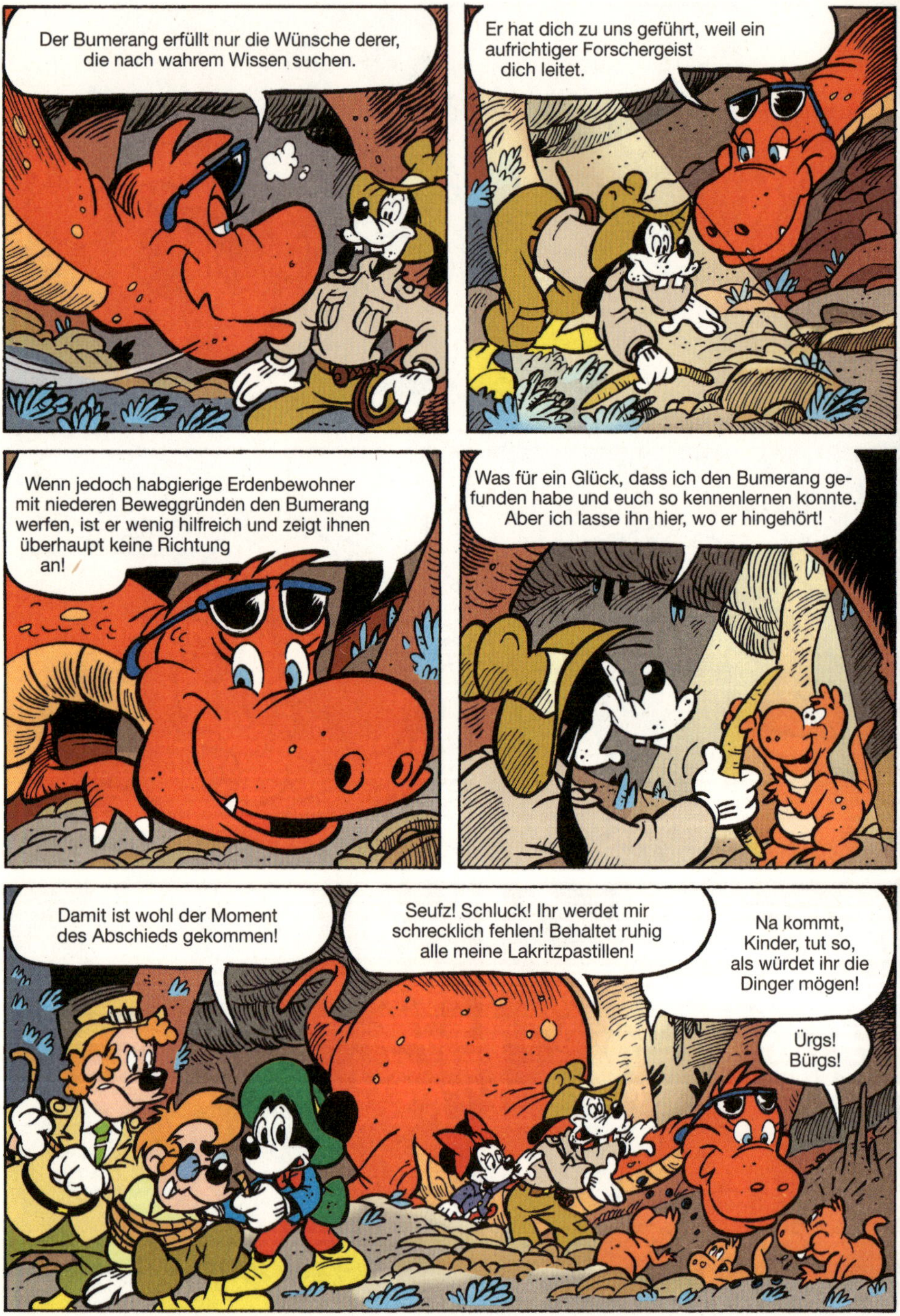

Der Bumerang erfüllt nur die Wünsche derer, die nach wahrem Wissen suchen.
Er hat dich zu uns geführt, weil ein aufrichtiger Forschergeist dich leitet.
Wenn jedoch habgierige Erdenbewohner mit niederen Beweggründen den Bumerang werfen, ist er wenig hilfreich und zeigt ihnen überhaupt keine Richtung an!
Was für ein Glück, dass ich den Bumerang gefunden habe und euch so kennenlernen konnte. Aber ich lasse ihn hier, wo er hingehört!
Damit ist wohl der Moment des Abschieds gekommen!
Seufz! Schluck! Ihr werdet mir schrecklich fehlen! Behaltet ruhig alle meine Lakritzpastillen!
Na kommt, Kinder, tut so, als würdet ihr die Dinger mögen!
Ürgs! Bürgs!

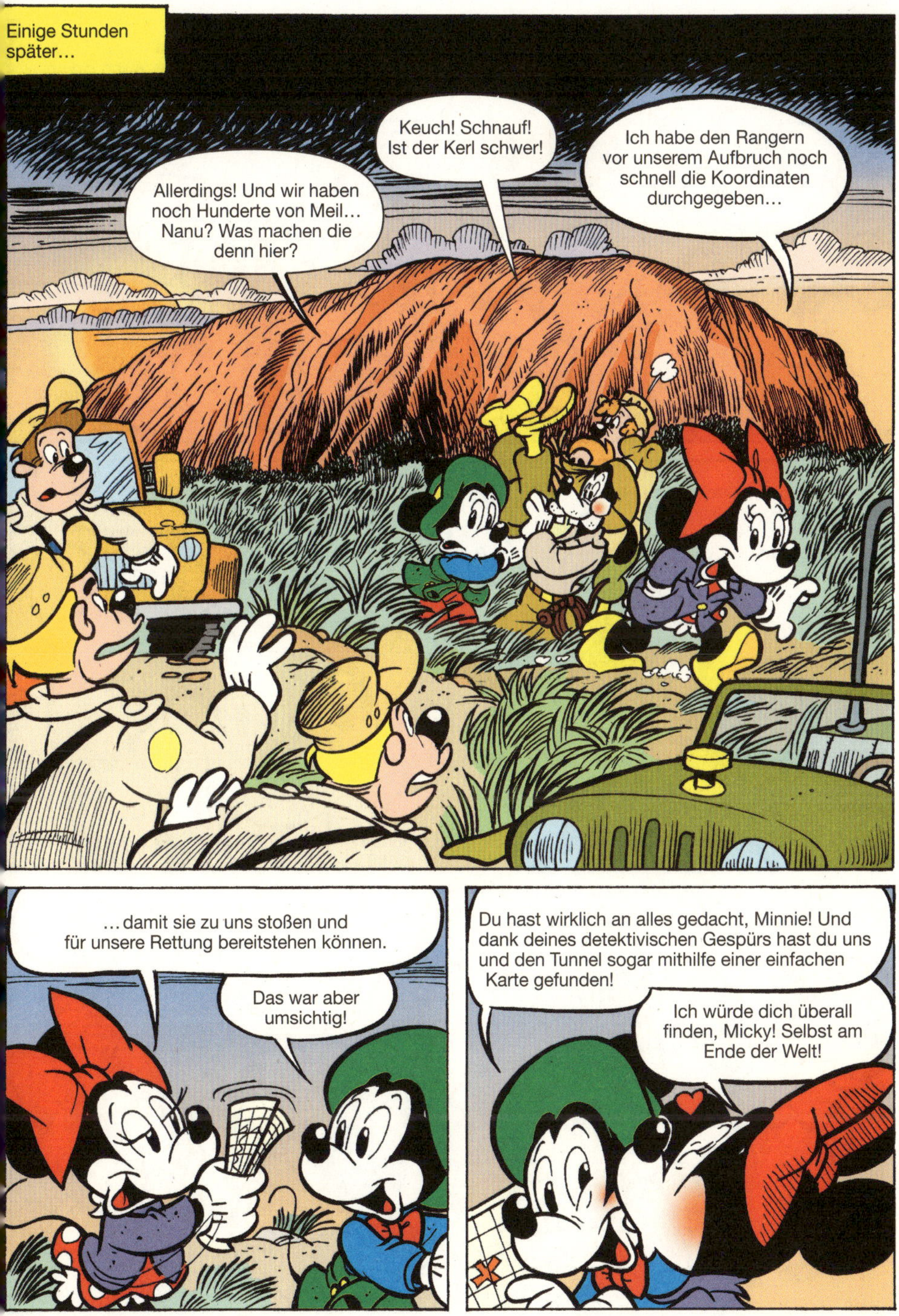

Einige Stunden später…
Allerdings! Und wir haben noch Hunderte von Meil… Nanu? Was machen die denn hier?
Keuch! Schnauf! Ist der Kerl schwer!
Ich habe den Rangern vor unserem Aufbruch noch schnell die Koordinaten durchgegeben…
…damit sie zu uns stoßen und für unsere Rettung bereitstehen können.
Das war aber umsichtig!
Du hast wirklich an alles gedacht, Minnie! Und dank deines detektivischen Gespürs hast du uns und den Tunnel sogar mithilfe einer einfachen Karte gefunden!
Ich würde dich überall finden, Micky! Selbst am Ende der Welt!

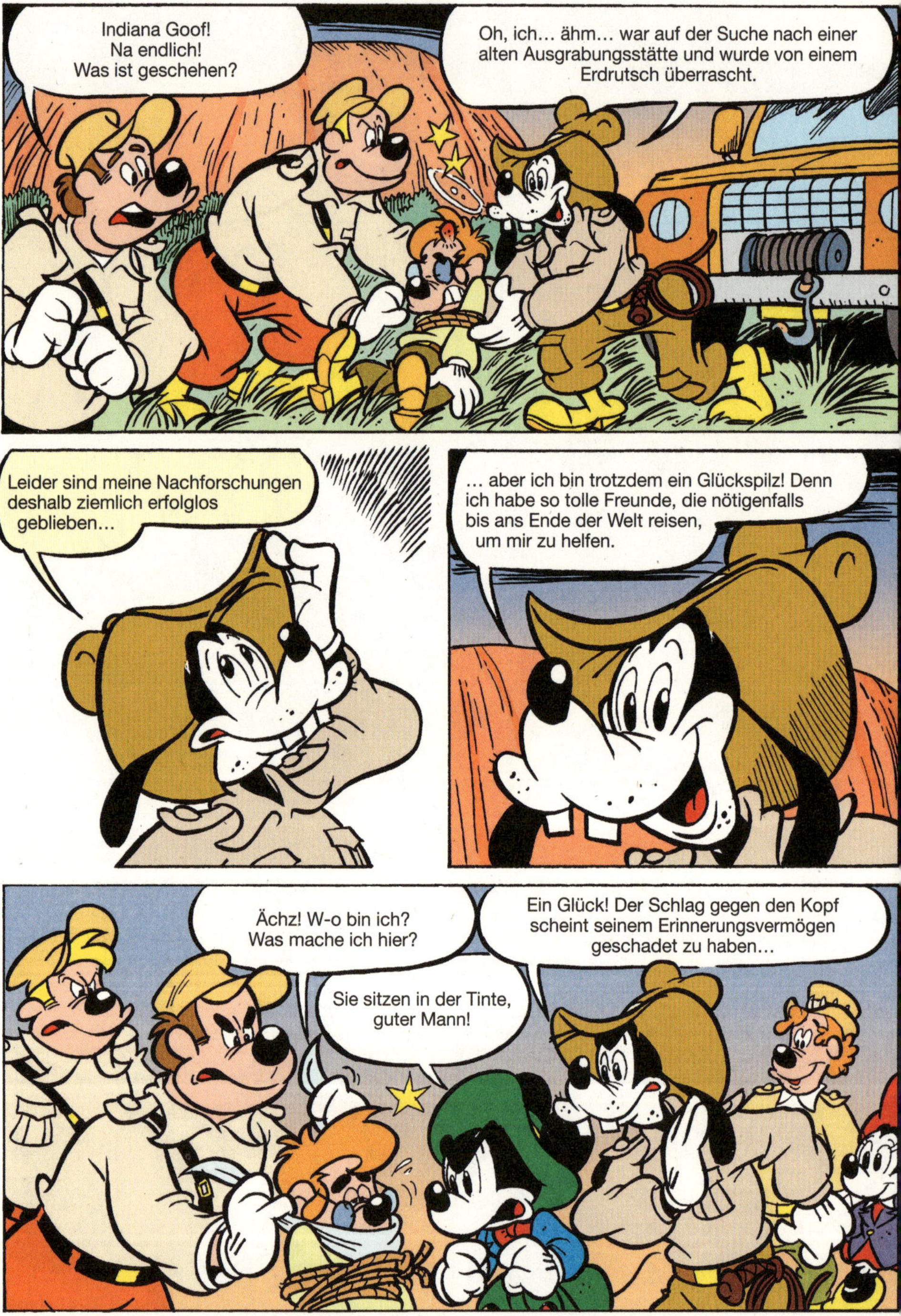
Indiana Goof! Na endlich! Was ist geschehen?
Oh, ich… ähm… war auf der Suche nach einer alten Ausgrabungsstätte und wurde von einem Erdrutsch überrascht.
Leider sind meine Nachforschungen deshalb ziemlich erfolglos geblieben…
… aber ich bin trotzdem ein Glückspilz! Denn ich habe so tolle Freunde, die nötigenfalls bis ans Ende der Welt reisen, um mir zu helfen.
Ächz! W-o bin ich? Was mache ich hier?
Sie sitzen in der Tinte, guter Mann!
Ein Glück! Der Schlag gegen den Kopf scheint seinem Erinnerungsvermögen geschadet zu haben…

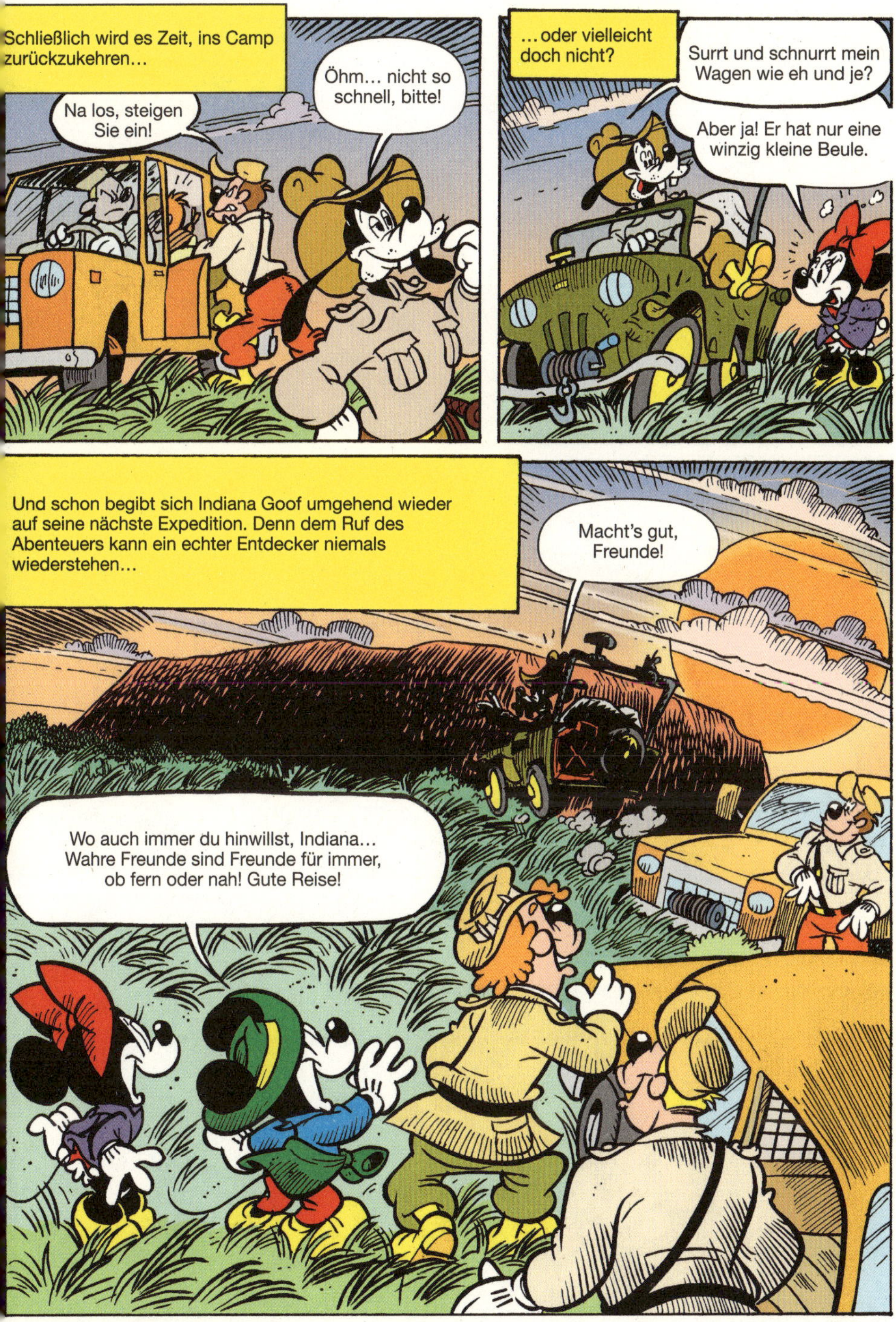
Schließlich wird es Zeit, ins Camp zurückzukehren…
Na los, steigen Sie ein!
Öhm… nicht so schnell, bitte!
…oder vielleicht doch nicht?
Surrt und schnurrt mein Wagen wie eh und je?
Aber ja! Er hat nur eine winzig kleine Beule.
Und schon begibt sich Indiana Goof umgehend wieder auf seine nächste Expedition. Denn dem Ruf des Abenteuers kann ein echter Entdecker niemals wiederstehen…
Macht's gut, Freunde!
Wo auch immer du hinwillst, Indiana… Wahre Freunde sind Freunde für immer, ob fern oder nah! Gute Reise!

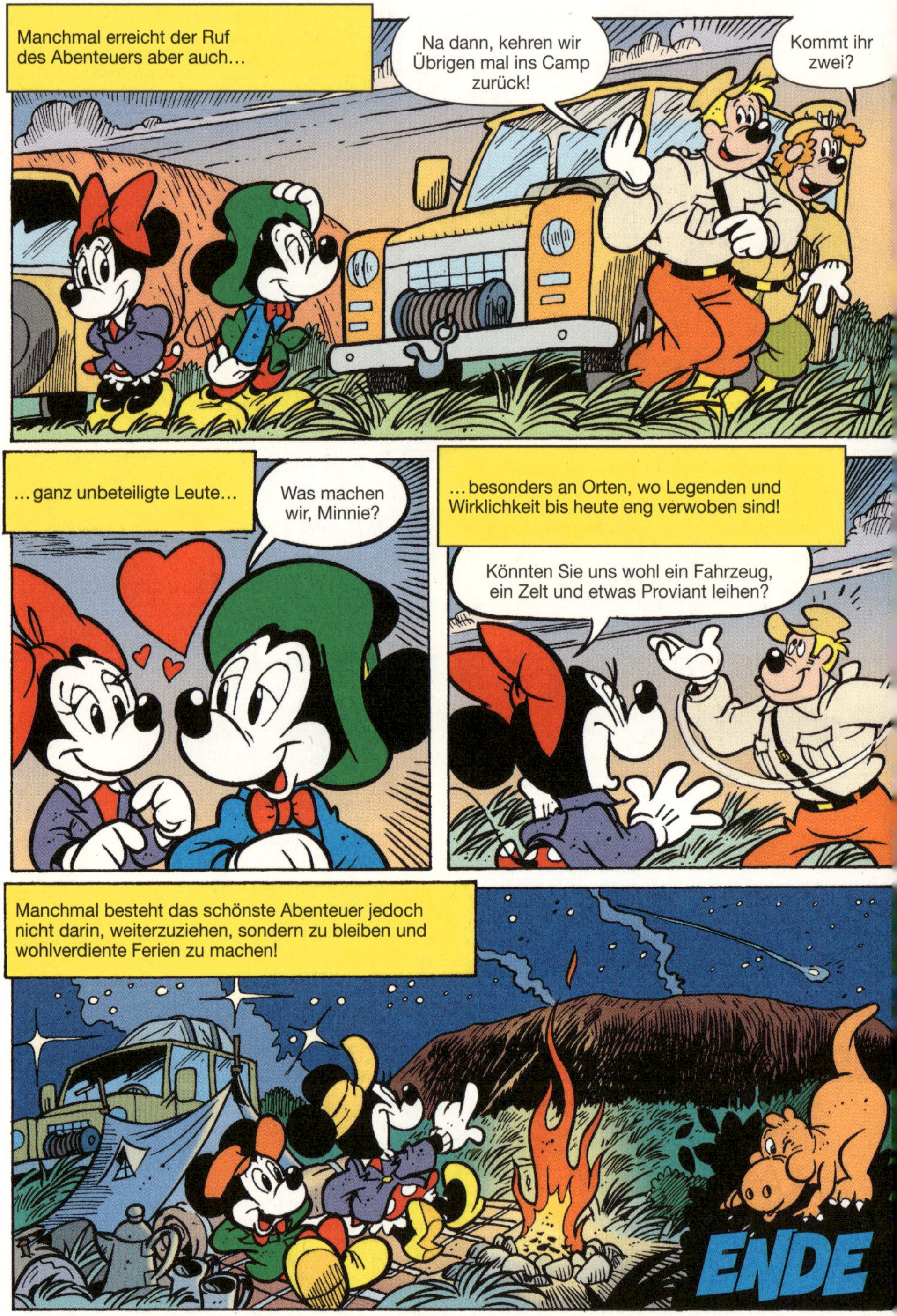
Manchmal erreicht der Ruf des Abenteuers aber auch…
Na dann, kehren wir Übrigen mal ins Camp zurück!
Kommt ihr zwei?
…ganz unbeteiligte Leute…
Was machen wir, Minnie?
…besonders an Orten, wo Legenden und Wirklichkeit bis heute eng verwoben sind!
Könnten Sie uns wohl ein Fahrzeug, ein Zelt und etwas Proviant leihen?
Manchmal besteht das schönste Abenteuer jedoch nicht darin, weiterzuziehen, sondern zu bleiben und wohlverdiente Ferien zu machen!
ENDE

Einmal Australien und zurück

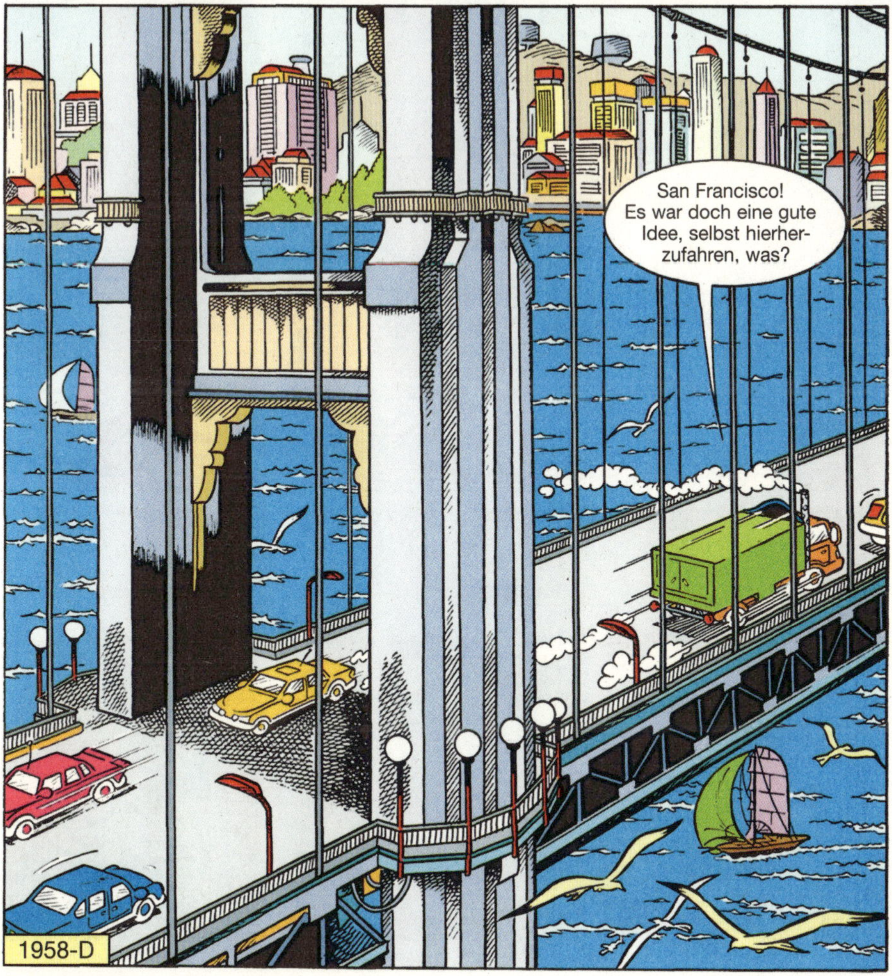

Created 1993

Guido Scala (Story & Zeichnungen)

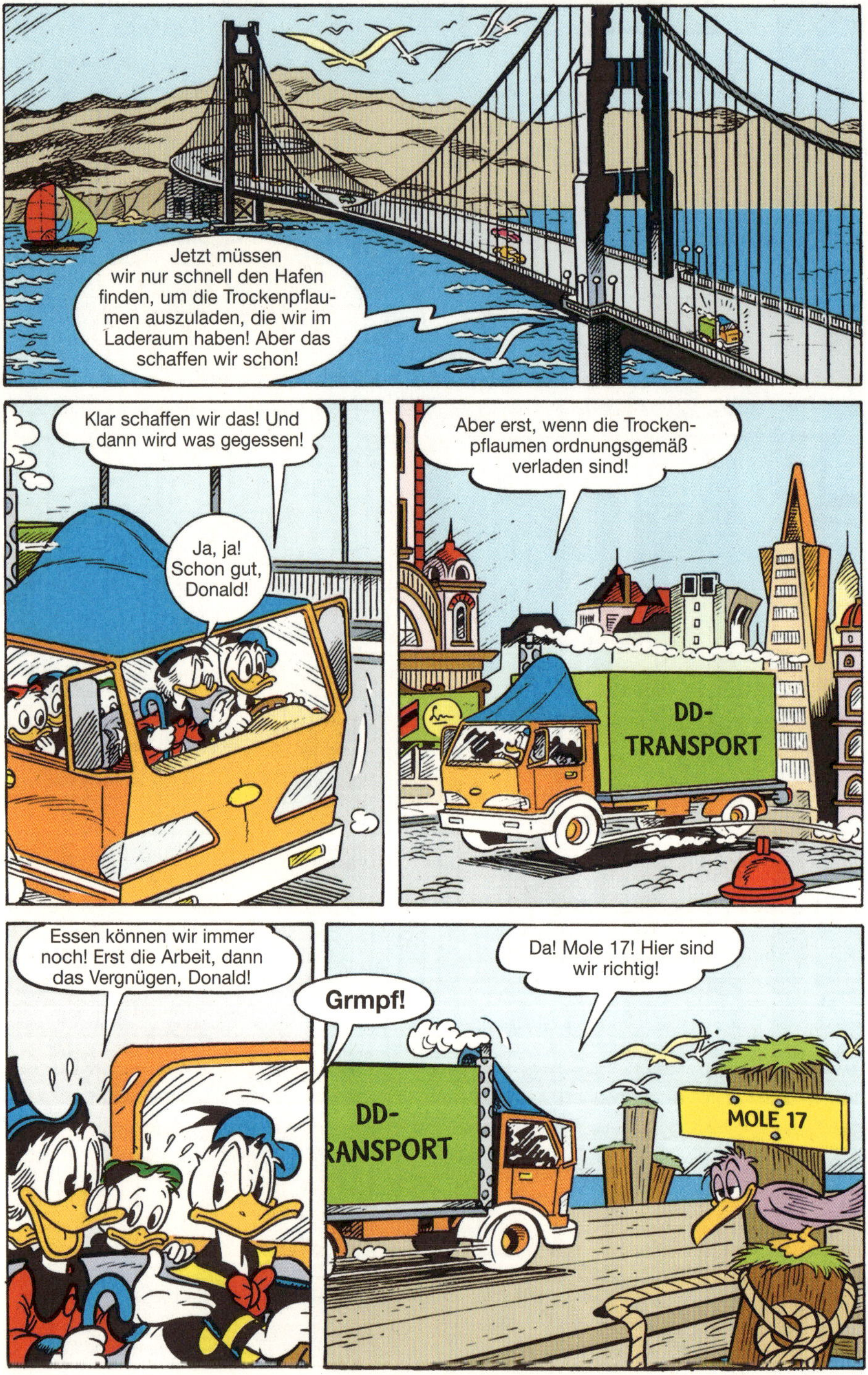
Jetzt müssen wir nur schnell den Hafen finden, um die Trockenpflaumen auszuladen, die wir im Laderaum haben! Aber das schaffen wir schon!
Klar schaffen wir das! Und dann wird was gegessen!
Ja, ja! Schon gut, Donald!
Aber erst, wenn die Trockenpflaumen ordnungsgemäß verladen sind!
DD-TRANSPORT
Essen können wir immer noch! Erst die Arbeit, dann das Vergnügen, Donald!
Grmpf!
DD-
RANSPORT
Da! Mole 17! Hier sind wir richtig!
MOLE 17

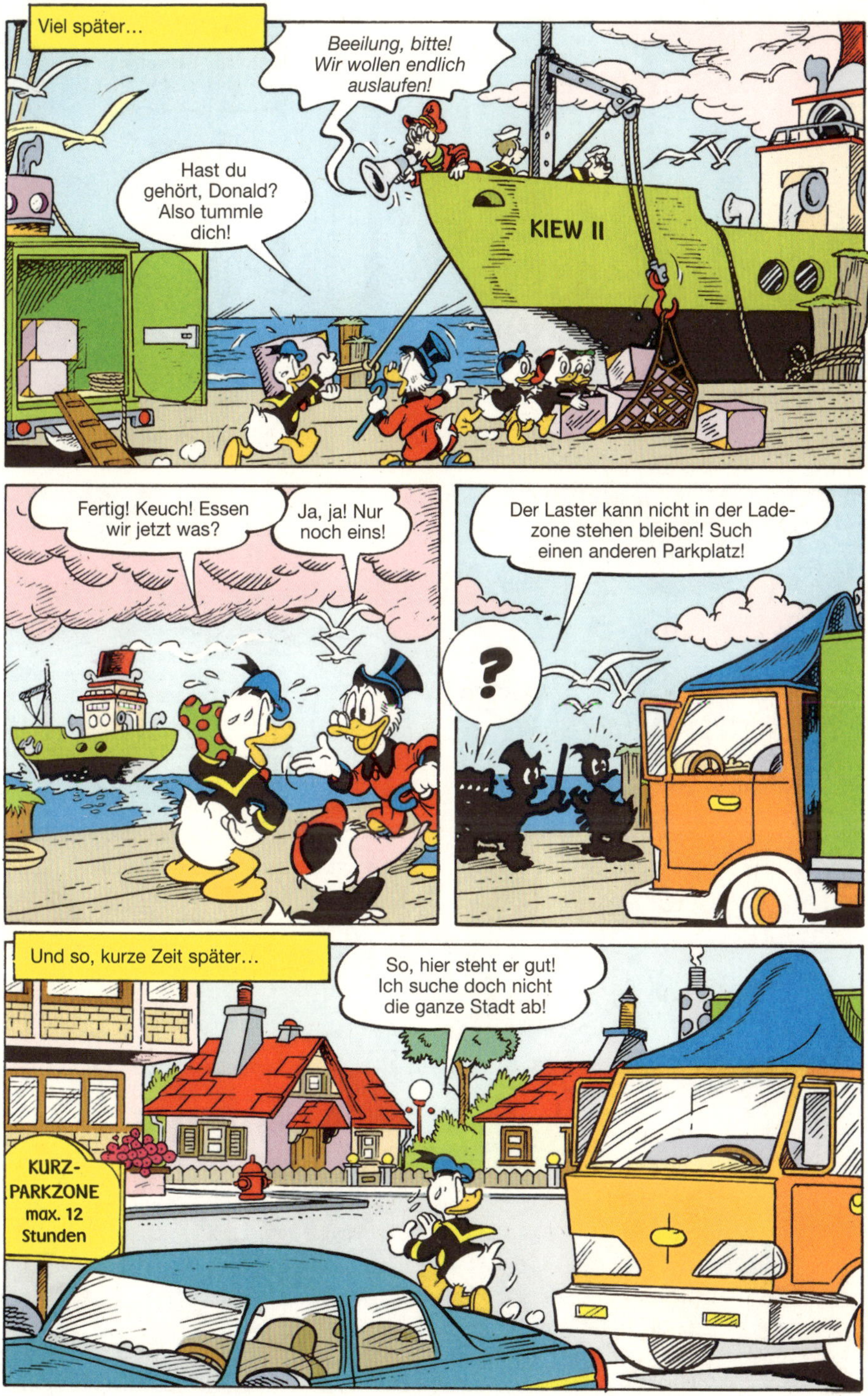

Viel später...
Beeilung, bitte! Wir wollen endlich auslaufen!
Hast du gehört, Donald? Also tummle dich!
KIEW II
Fertig! Keuch! Essen wir jetzt was?
Ja, ja! Nur noch eins!
Der Laster kann nicht in der Ladezone stehen bleiben! Such einen anderen Parkplatz!
?
Und so, kurze Zeit später...
So, hier steht er gut! Ich suche doch nicht die ganze Stadt ab!
KURZ-PARKZONE max. 12 Stunden

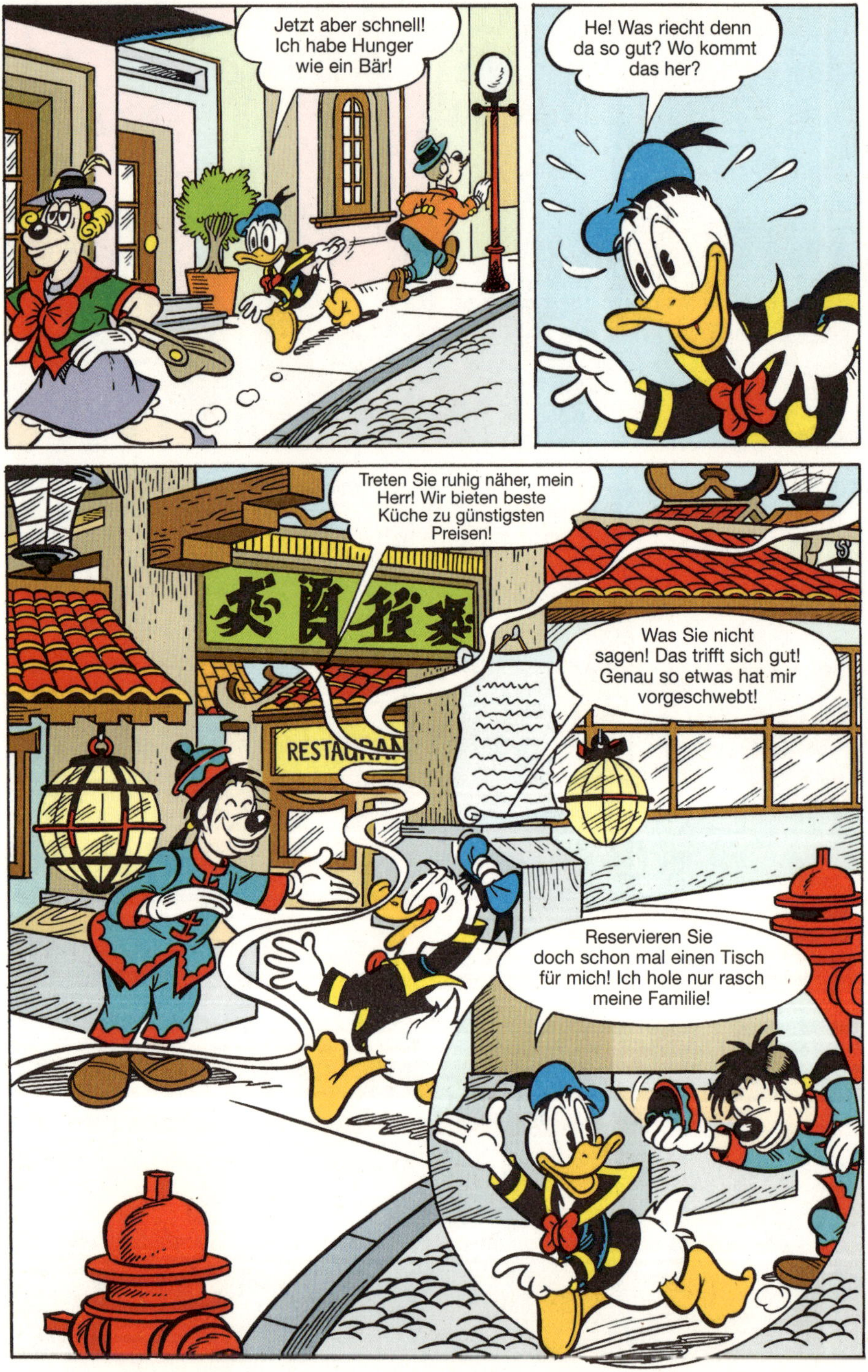
Jetzt aber schnell! Ich habe Hunger wie ein Bär!
He! Was riecht denn da so gut? Wo kommt das her?
Treten Sie ruhig näher, mein Herr! Wir bieten beste Küche zu günstigsten Preisen!
Was Sie nicht sagen! Das trifft sich gut! Genau so etwas hat mir vorgeschwebt!
RESTAURANT
Reservieren Sie doch schon mal einen Tisch für mich! Ich hole nur rasch meine Familie!

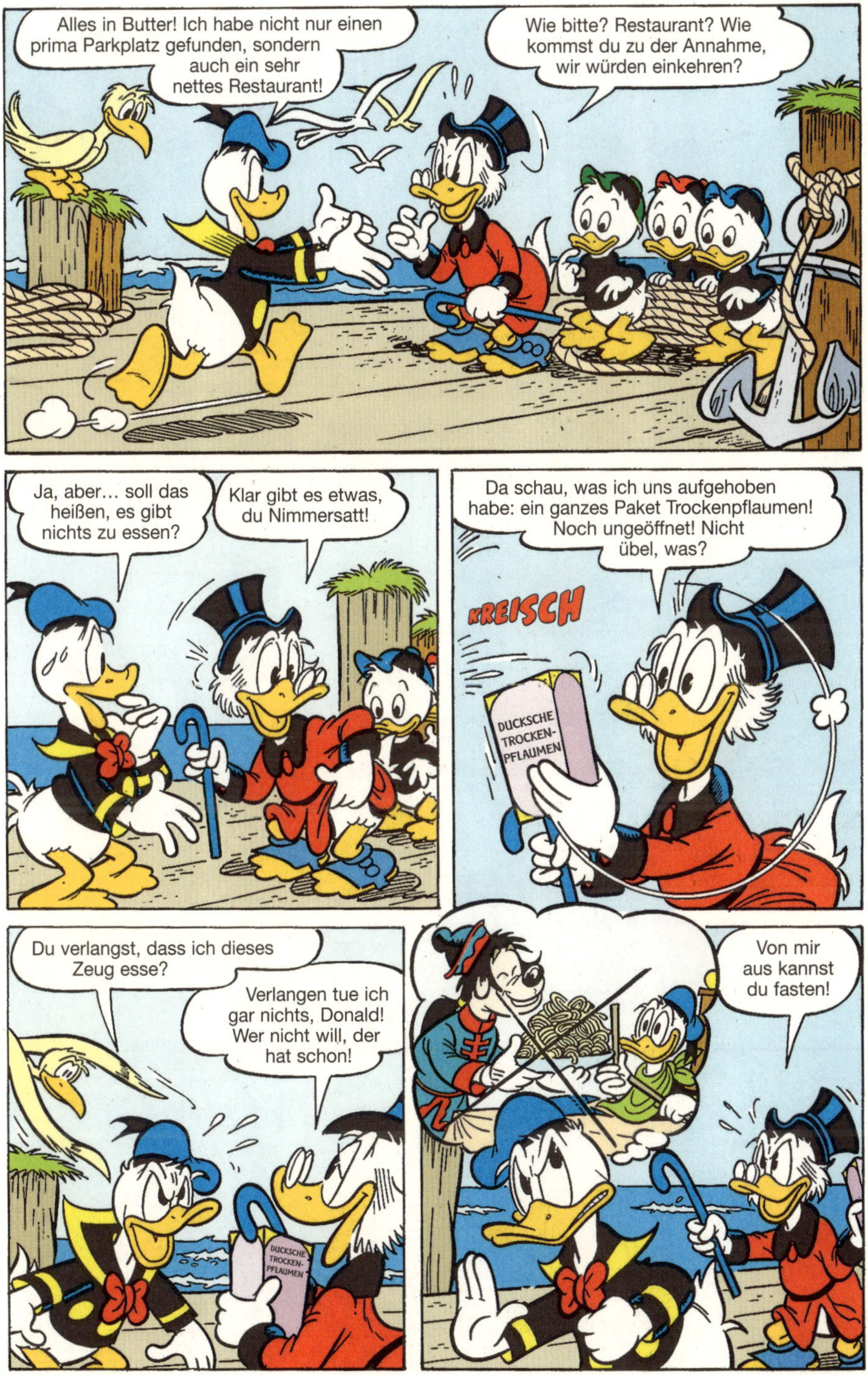

Alles in Butter! Ich habe nicht nur einen prima Parkplatz gefunden, sondern auch ein sehr nettes Restaurant!
Wie bitte? Restaurant? Wie kommst du zu der Annahme, wir würden einkehren?
Ja, aber… soll das heißen, es gibt nichts zu essen?
Klar gibt es etwas, du Nimmersatt!
Da schau, was ich uns aufgehoben habe: ein ganzes Paket Trockenpflaumen! Noch ungeöffnet! Nicht übel, was?
KREISCH
DUCKSCHE TROCKENPFLAUMEN
Du verlangst, dass ich dieses Zeug esse?
Verlangen tue ich gar nichts, Donald! Wer nicht will, der hat schon!
DUCKSCHE TROCKENPFLAUMEN
Von mir aus kannst du fasten!

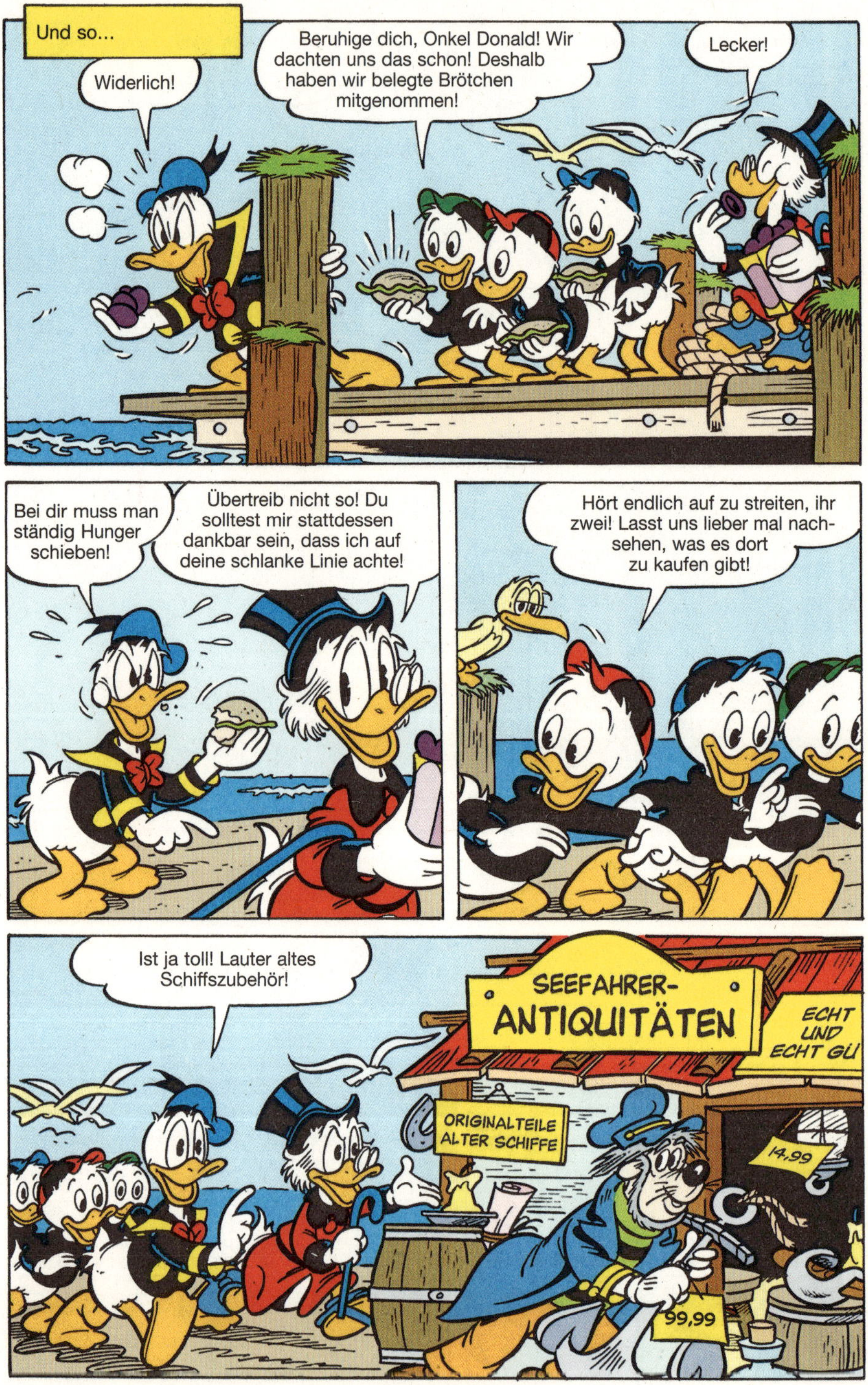
Und so...
Widerlich!
Beruhige dich, Onkel Donald! Wir dachten uns das schon! Deshalb haben wir belegte Brötchen mitgenommen!
Lecker!
Bei dir muss man ständig Hunger schieben!
Übertreib nicht so! Du solltest mir stattdessen dankbar sein, dass ich auf deine schlanke Linie achte!
Hört endlich auf zu streiten, ihr zwei! Lasst uns lieber mal nachsehen, was es dort zu kaufen gibt!
Ist ja toll! Lauter altes Schiffszubehör!
SEEFAHRER-ANTIQUITÄTEN
ORIGINALTEILE ALTER SCHIFFE
14,99
99,99

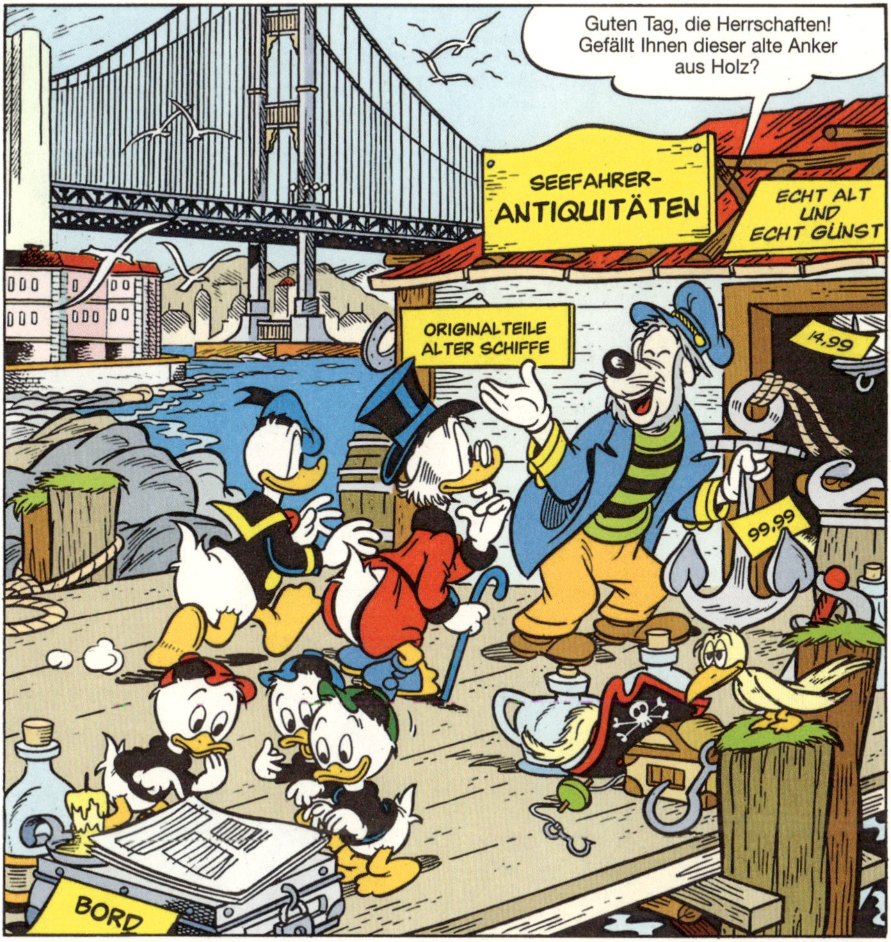
Guten Tag, die Herrschaften! Gefällt Ihnen dieser alte Anker aus Holz?
SEEFAHRER-ANTIQUITÄTEN
ECHT ALT UND ECHT GÜNST
ORIGINALTEILE ALTER SCHIFFE
14,99
99,99
BORD

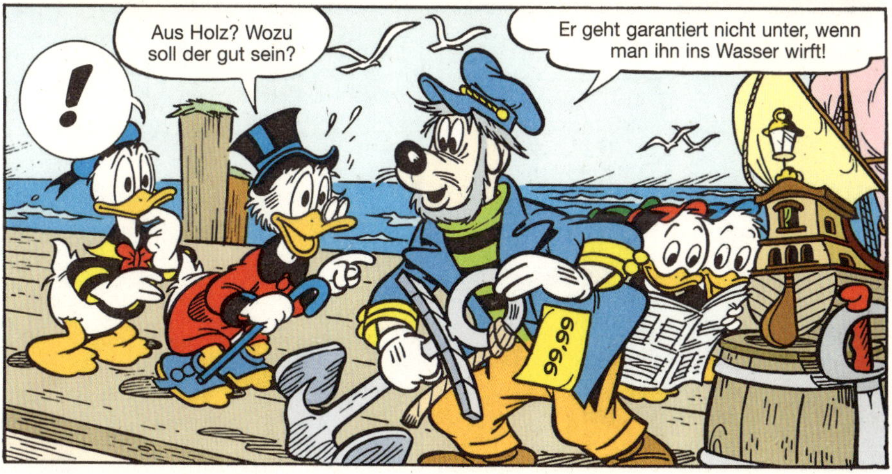
!
Aus Holz? Wozu soll der gut sein?
Er geht garantiert nicht unter, wenn man ihn ins Wasser wirft!
99,99

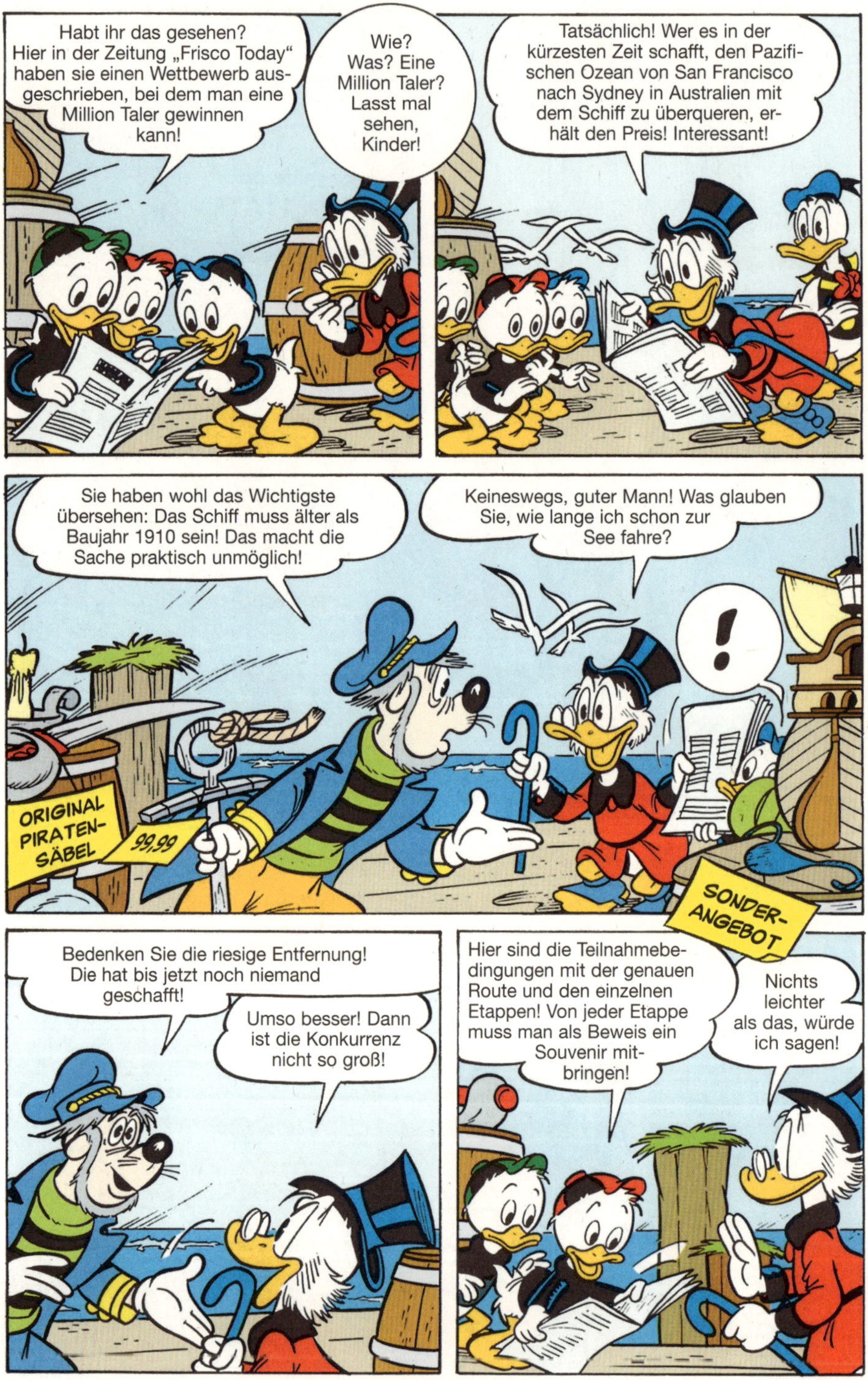
Habt ihr das gesehen? Hier in der Zeitung „Frisco Today" haben sie einen Wettbewerb ausgeschrieben, bei dem man eine Million Taler gewinnen kann!
Wie? Was? Eine Million Taler? Lasst mal sehen, Kinder!
Tatsächlich! Wer es in der kürzesten Zeit schafft, den Pazifischen Ozean von San Francisco nach Sydney in Australien mit dem Schiff zu überqueren, erhält den Preis! Interessant!
Sie haben wohl das Wichtigste übersehen: Das Schiff muss älter als Baujahr 1910 sein! Das macht die Sache praktisch unmöglich!
Keineswegs, guter Mann! Was glauben Sie, wie lange ich schon zur See fahre?
!
ORIGINAL PIRATEN-SÄBEL
99,99
SONDER-ANGEBOT
Bedenken Sie die riesige Entfernung! Die hat bis jetzt noch niemand geschafft!
Umso besser! Dann ist die Konkurrenz nicht so groß!
Hier sind die Teilnahmebedingungen mit der genauen Route und den einzelnen Etappen! Von jeder Etappe muss man als Beweis ein Souvenir mitbringen!
Nichts leichter als das, würde ich sagen!

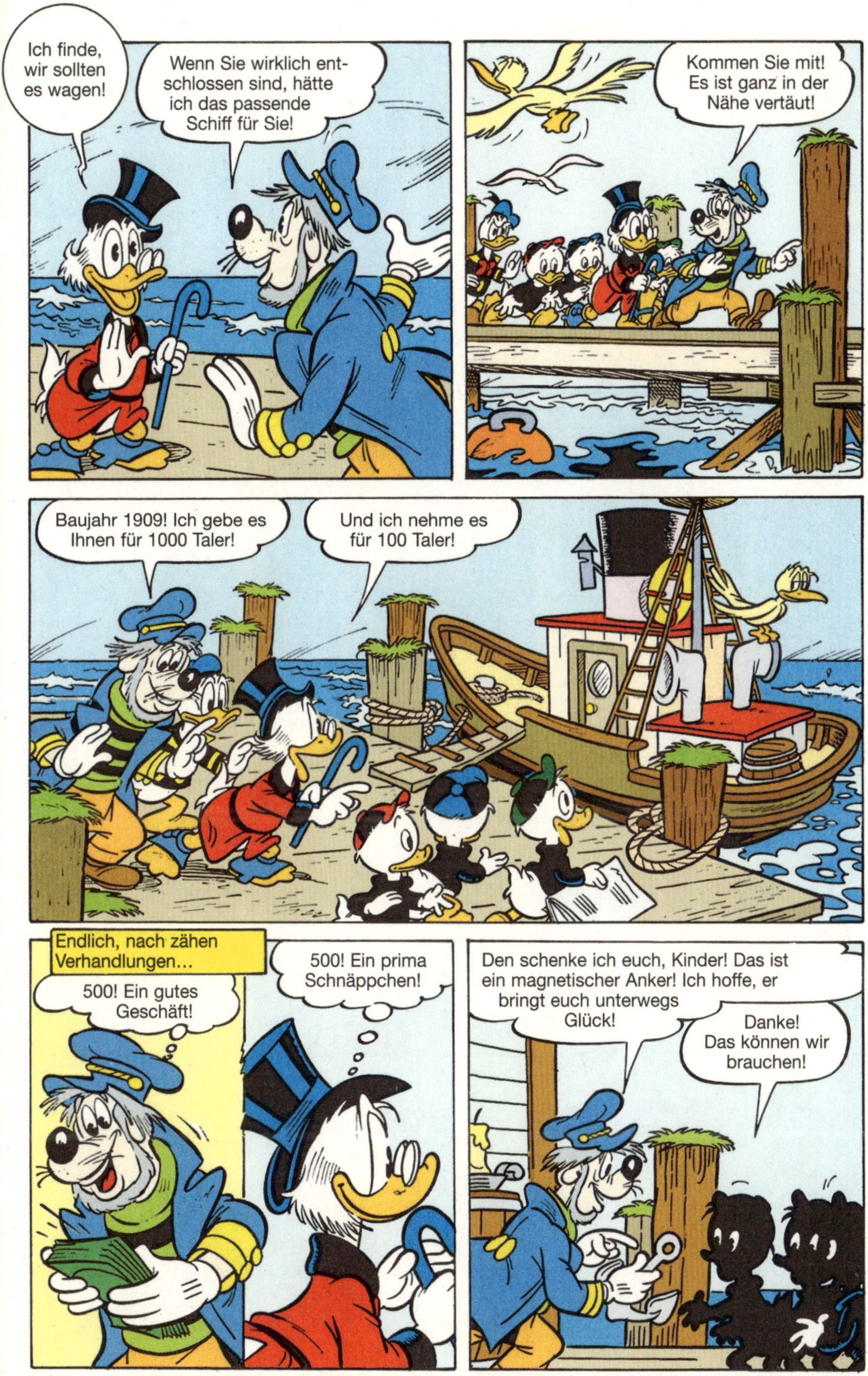
Ich finde, wir sollten es wagen!
Wenn Sie wirklich entschlossen sind, hätte ich das passende Schiff für Sie!
Kommen Sie mit! Es ist ganz in der Nähe vertäut!
Baujahr 1909! Ich gebe es Ihnen für 1000 Taler!
Und ich nehme es für 100 Taler!
Endlich, nach zähen Verhandlungen…
500! Ein gutes Geschäft!
500! Ein prima Schnäppchen!
Den schenke ich euch, Kinder! Das ist ein magnetischer Anker! Ich hoffe, er bringt euch unterwegs Glück!
Danke! Das können wir brauchen!

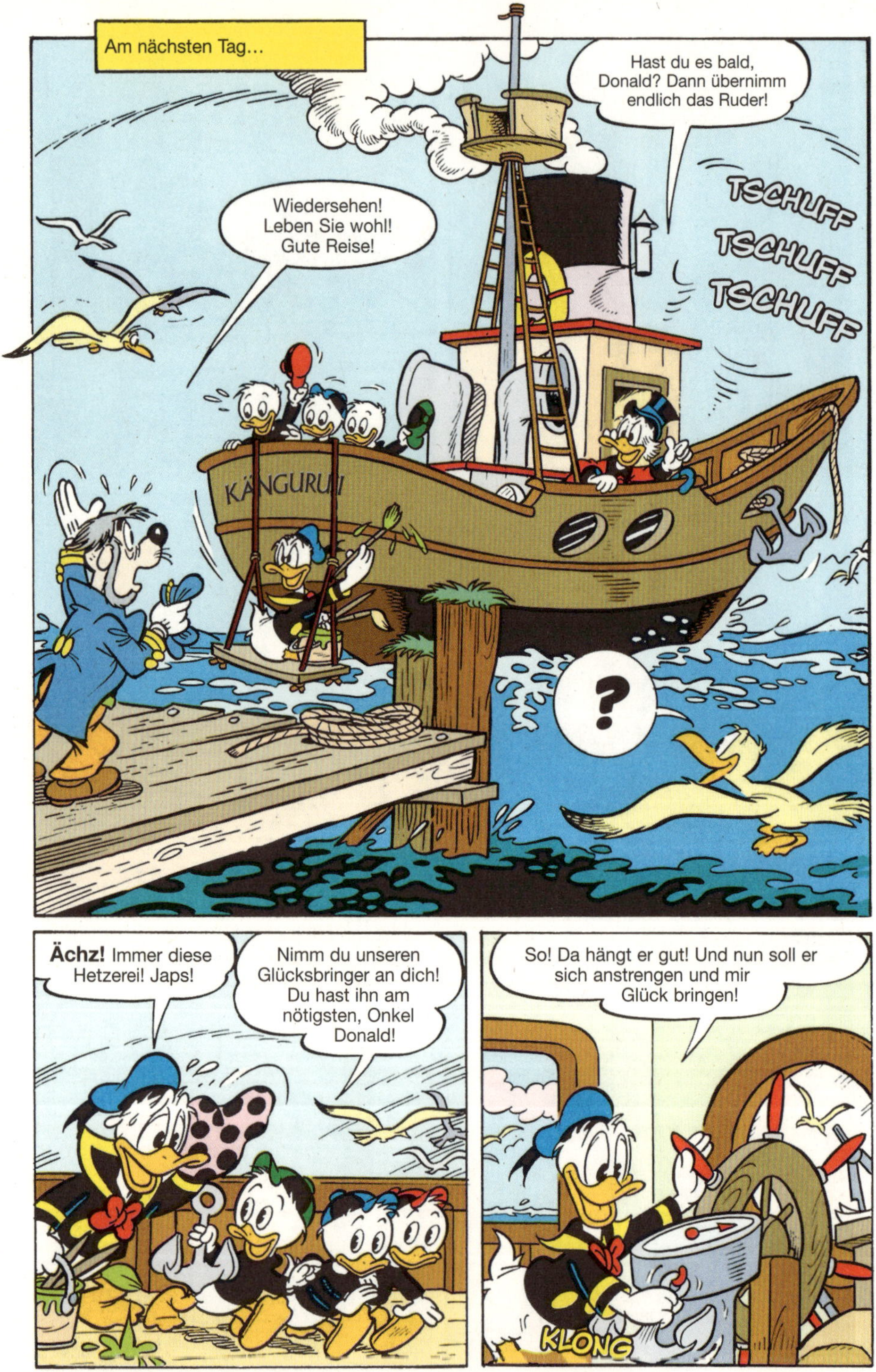

Am nächsten Tag…
Hast du es bald, Donald? Dann übernimm endlich das Ruder!
TSCHUFF
TSCHUFF
TSCHUFF
Wiedersehen! Leben Sie wohl! Gute Reise!
KÄNGURUH
?
Ächz! Immer diese Hetzerei! Japs!
Nimm du unseren Glücksbringer an dich! Du hast ihn am nötigsten, Onkel Donald!
So! Da hängt er gut! Und nun soll er sich anstrengen und mir Glück bringen!
KLONG

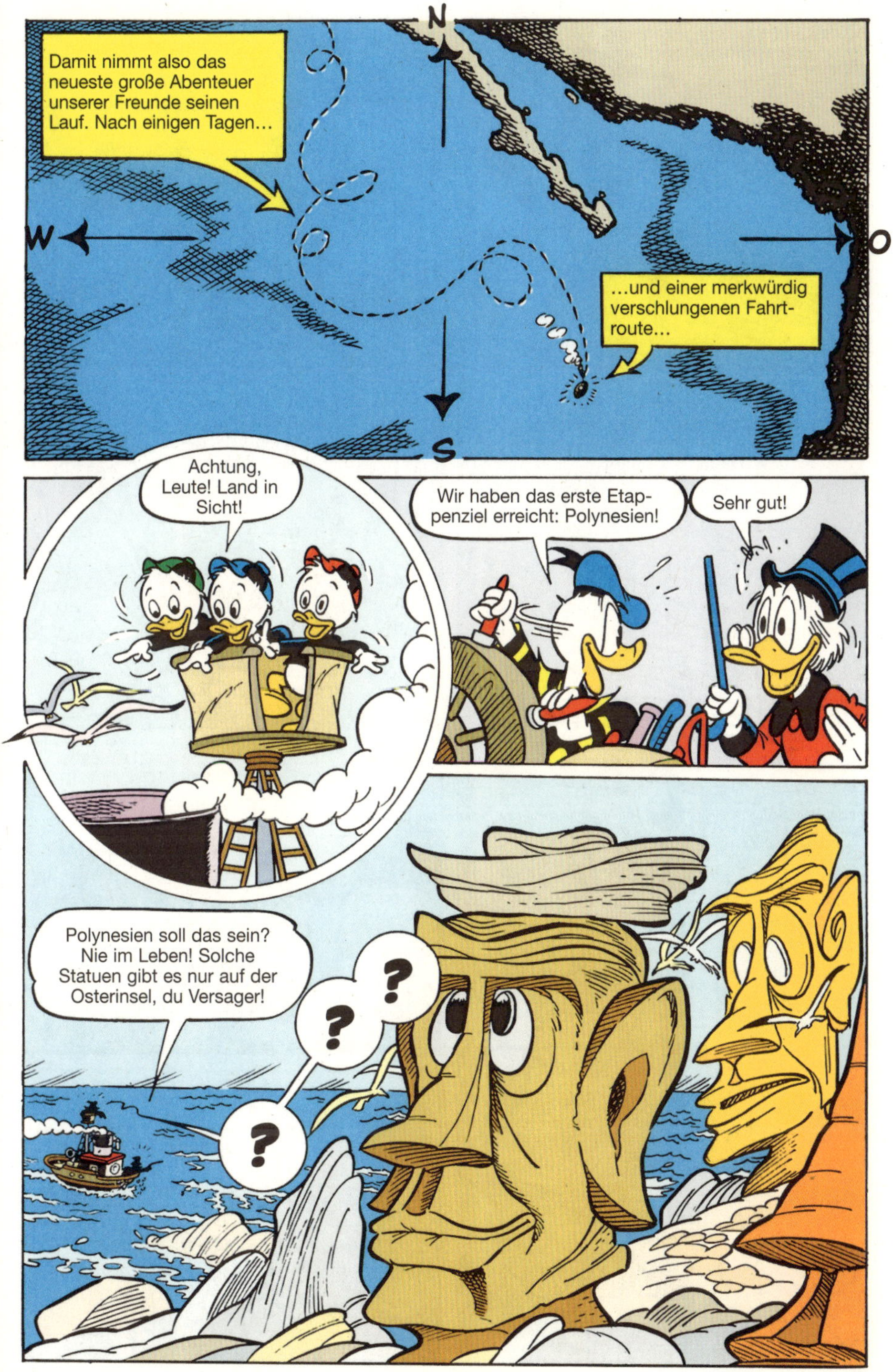

N
W
O
S
Damit nimmt also das neueste große Abenteuer unserer Freunde seinen Lauf. Nach einigen Tagen…
…und einer merkwürdig verschlungenen Fahrtroute…
Achtung, Leute! Land in Sicht!
Wir haben das erste Etappenziel erreicht: Polynesien!
Sehr gut!
Polynesien soll das sein? Nie im Leben! Solche Statuen gibt es nur auf der Osterinsel, du Versager!
?
?
?

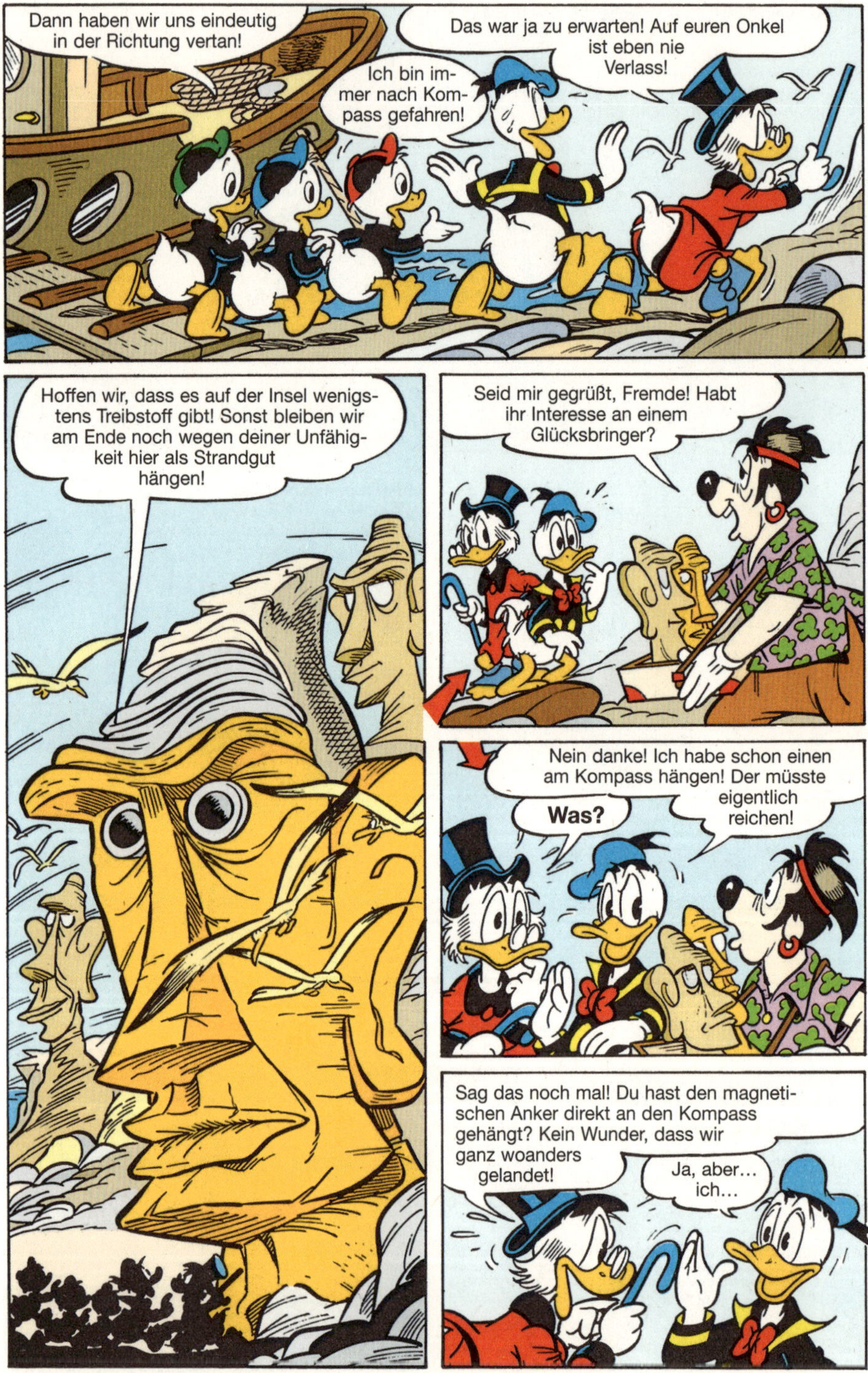
Dann haben wir uns eindeutig in der Richtung vertan!
Ich bin immer nach Kompass gefahren!
Das war ja zu erwarten! Auf euren Onkel ist eben nie Verlass!
Hoffen wir, dass es auf der Insel wenigstens Treibstoff gibt! Sonst bleiben wir am Ende noch wegen deiner Unfähigkeit hier als Strandgut hängen!
Seid mir gegrüßt, Fremde! Habt ihr Interesse an einem Glücksbringer?
Nein danke! Ich habe schon einen am Kompass hängen! Der müsste eigentlich reichen!
Was?
Sag das noch mal! Du hast den magnetischen Anker direkt an den Kompass gehängt? Kein Wunder, dass wir ganz woanders gelandet!
Ja, aber… ich…

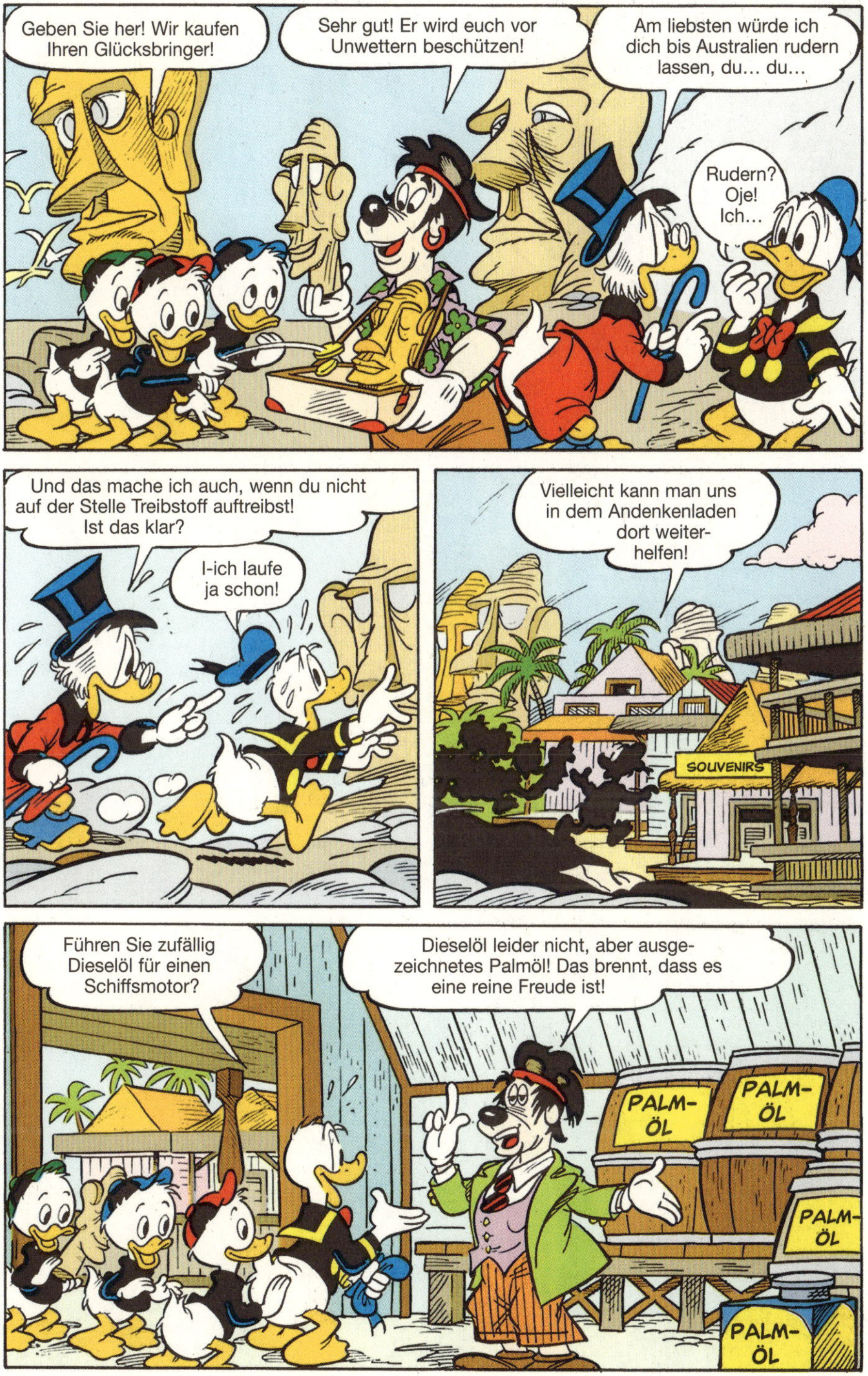
Geben Sie her! Wir kaufen Ihren Glücksbringer!
Sehr gut! Er wird euch vor Unwettern beschützen!
Am liebsten würde ich dich bis Australien rudern lassen, du… du…
Rudern? Oje! Ich…
Und das mache ich auch, wenn du nicht auf der Stelle Treibstoff auftreibst! Ist das klar?
I-ich laufe ja schon!
Vielleicht kann man uns in dem Andenkenladen dort weiter-helfen!
SOUVENIRS
Führen Sie zufällig Dieselöl für einen Schiffsmotor?
Dieselöl leider nicht, aber ausge-zeichnetes Palmöl! Das brennt, dass es eine reine Freude ist!
PALM-ÖL
PALM-ÖL
PALM-ÖL
PALM-ÖL

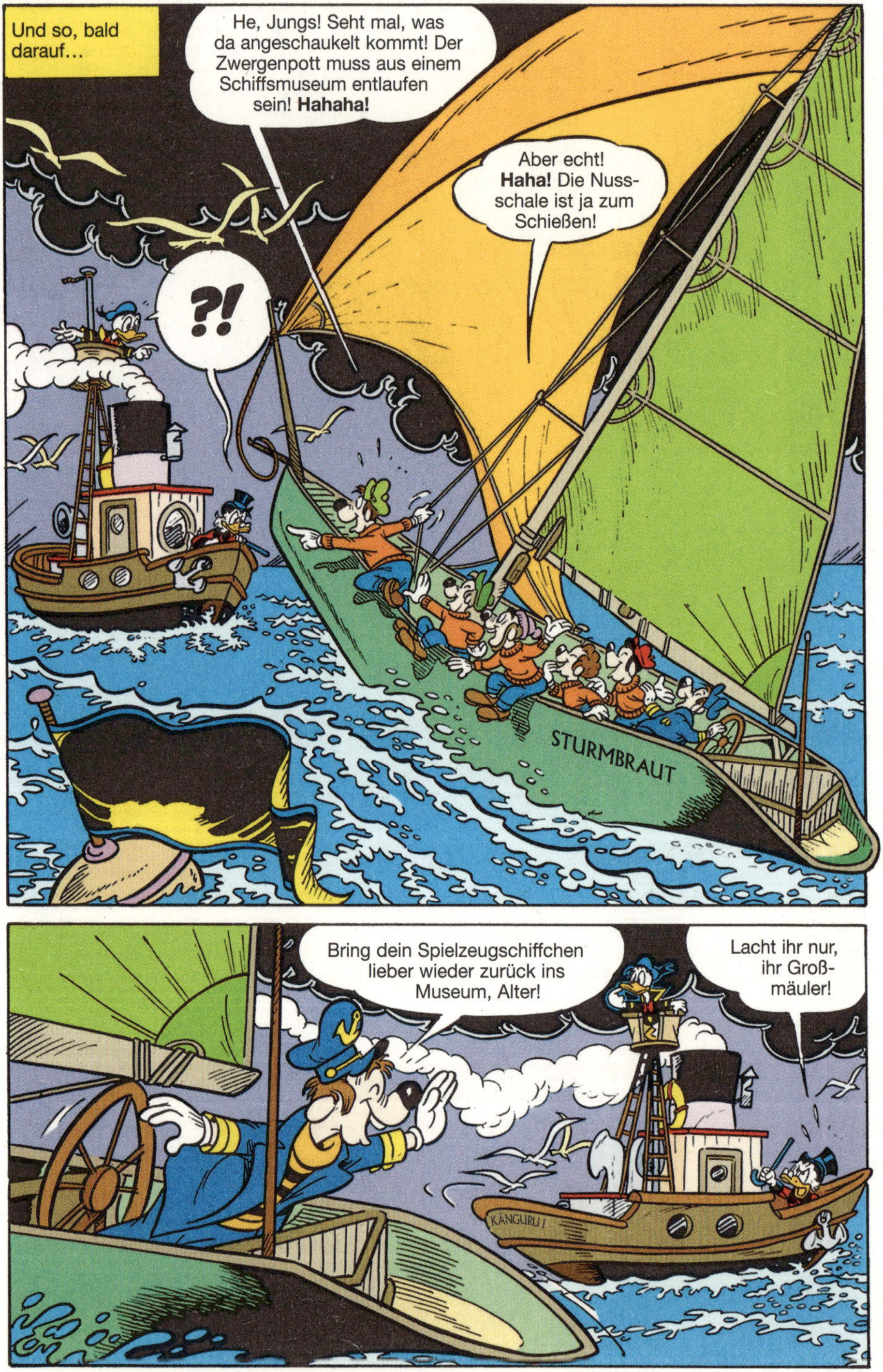
Und so, bald darauf…
He, Jungs! Seht mal, was da angeschaukelt kommt! Der Zwergenpott muss aus einem Schiffsmuseum entlaufen sein! **Hahaha!**
?!
Aber echt! **Haha!** Die Nuss-schale ist ja zum Schießen!
STURMBRAUT
Bring dein Spielzeugschiffchen lieber wieder zurück ins Museum, Alter!
Lacht ihr nur, ihr Groß-mäuler!
KÄNGURU I

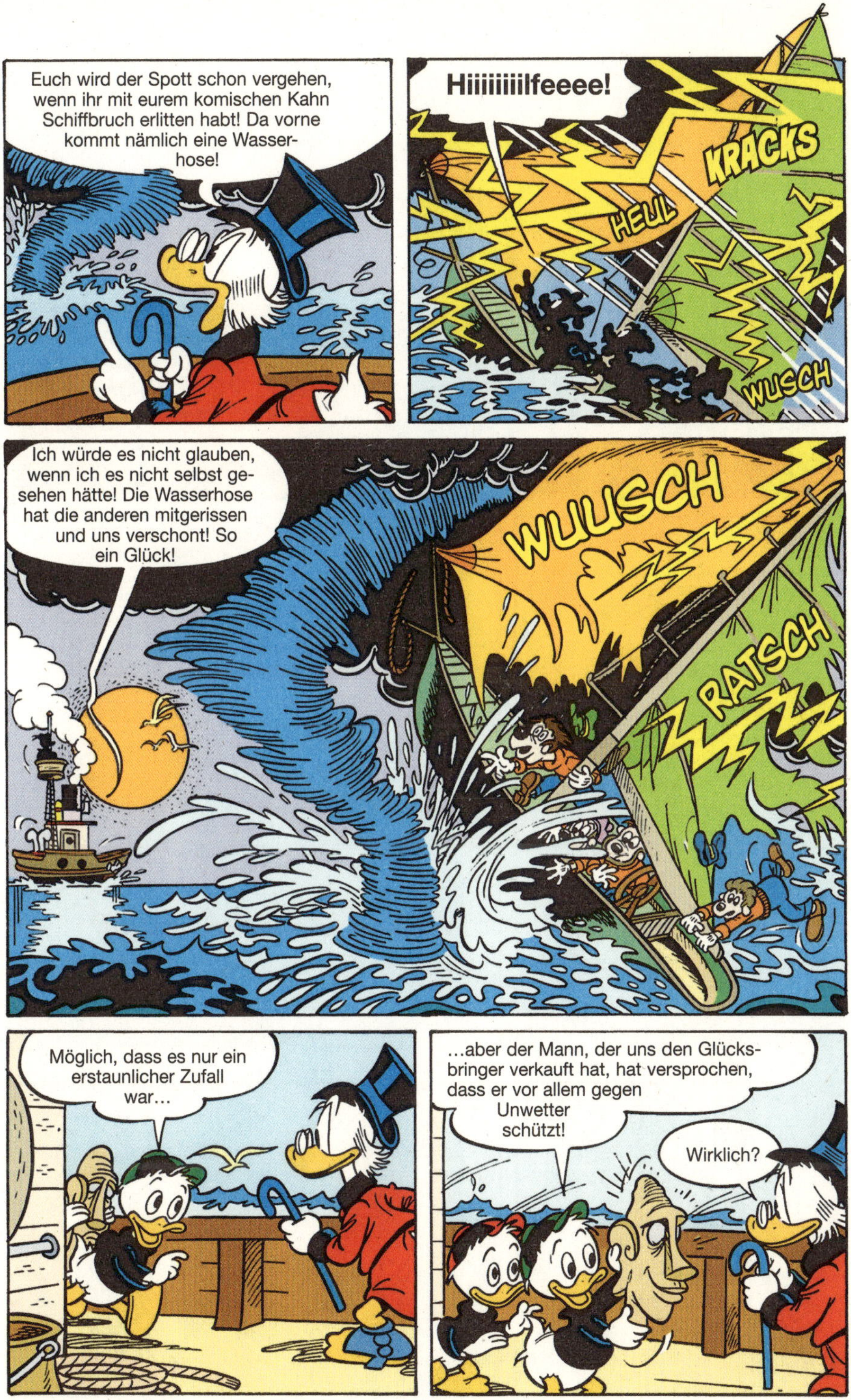
Euch wird der Spott schon vergehen, wenn ihr mit eurem komischen Kahn Schiffbruch erlitten habt! Da vorne kommt nämlich eine Wasserhose!
Hiiiiiiiilfeeee!
KRACKS
HEUL
WUSCH
Ich würde es nicht glauben, wenn ich es nicht selbst gesehen hätte! Die Wasserhose hat die anderen mitgerissen und uns verschont! So ein Glück!
WUUSCH
RATSCH
Möglich, dass es nur ein erstaunlicher Zufall war…
…aber der Mann, der uns den Glücksbringer verkauft hat, hat versprochen, dass er vor allem gegen Unwetter schützt!
Wirklich?

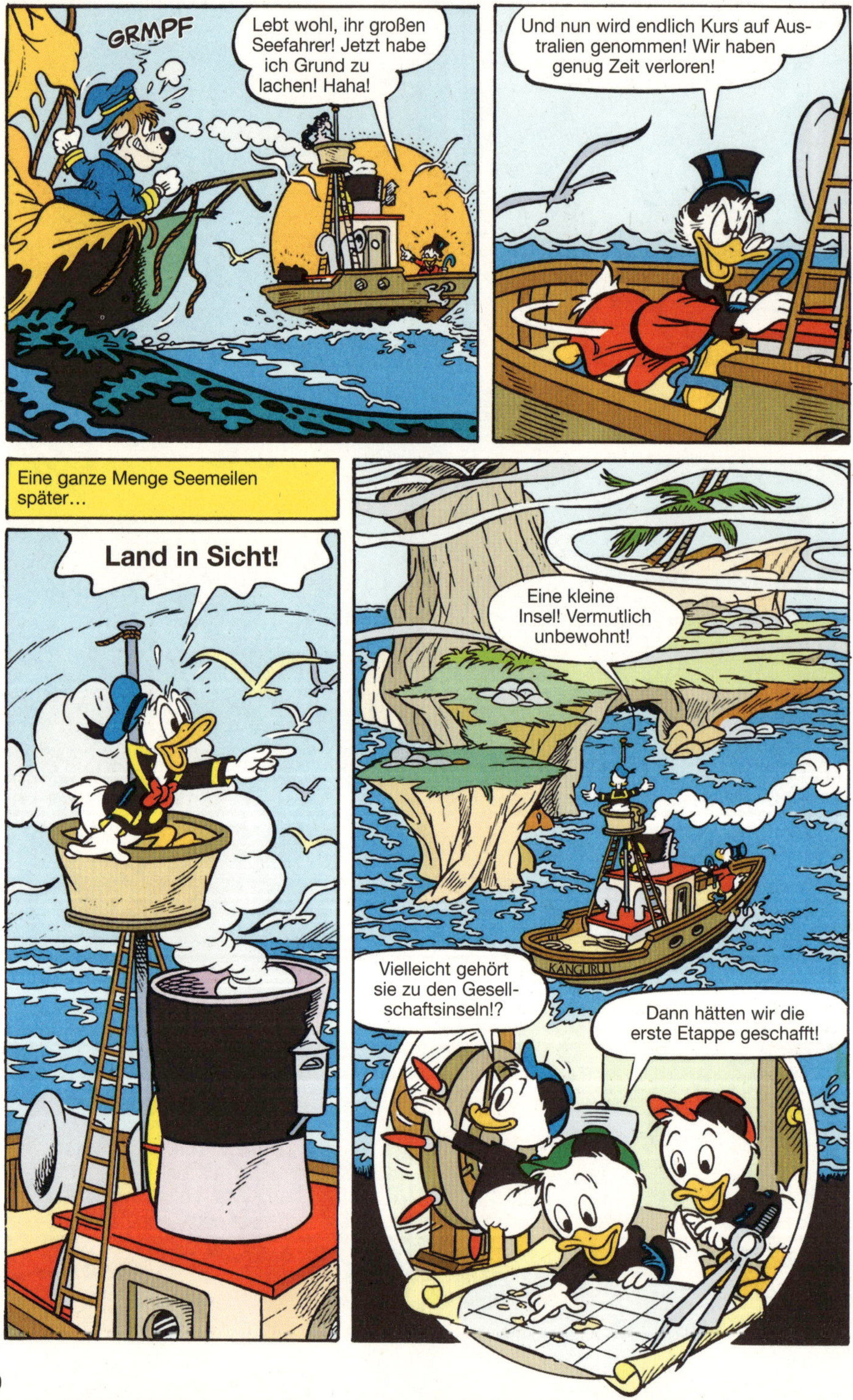
GRMPF
Lebt wohl, ihr großen Seefahrer! Jetzt habe ich Grund zu lachen! Haha!
Und nun wird endlich Kurs auf Australien genommen! Wir haben genug Zeit verloren!
Eine ganze Menge Seemeilen später…
Land in Sicht!
Eine kleine Insel! Vermutlich unbewohnt!
KÄNGURU
Vielleicht gehört sie zu den Gesellschaftsinseln!?
Dann hätten wir die erste Etappe geschafft!

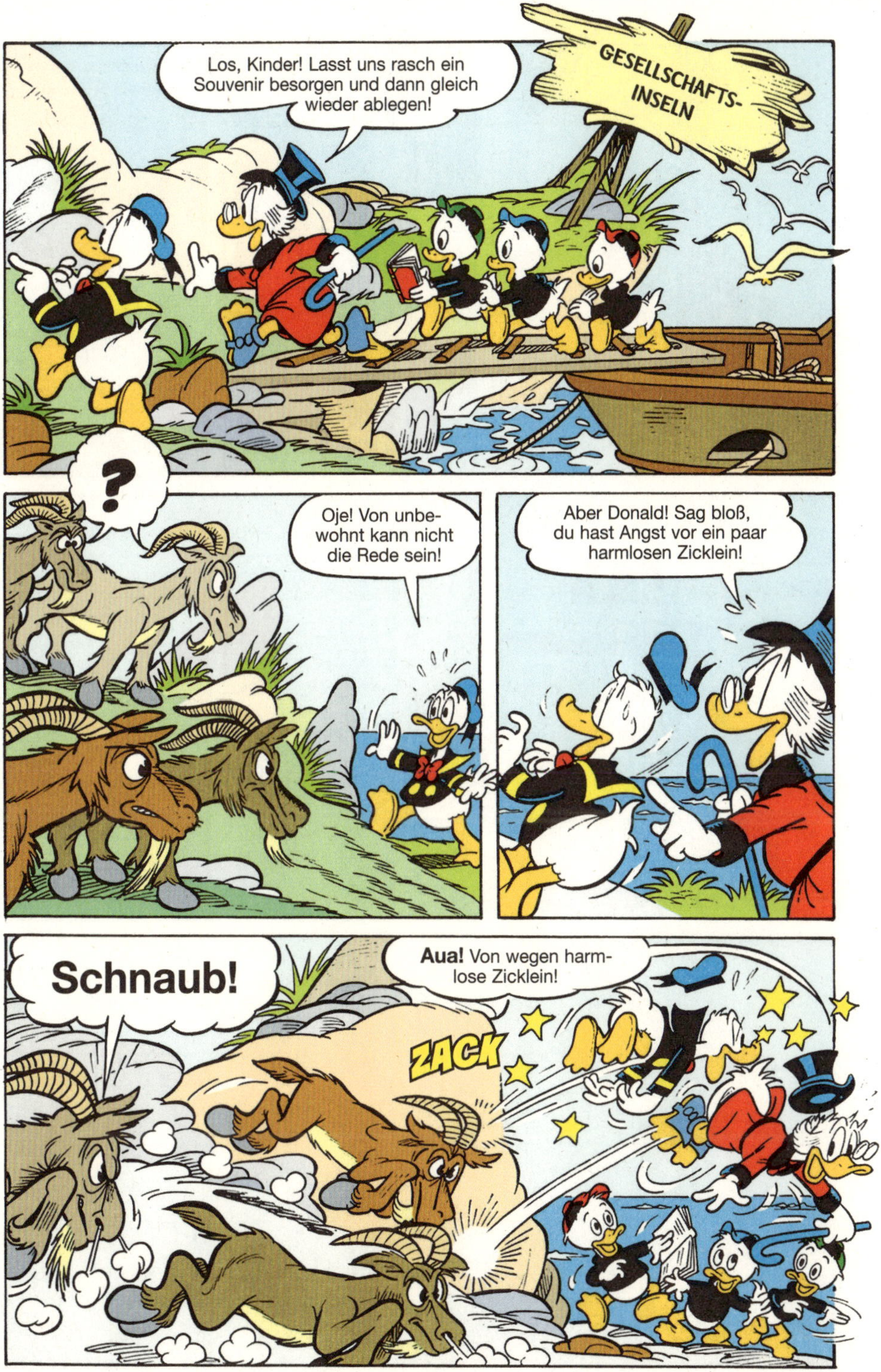

Los, Kinder! Lasst uns rasch ein Souvenir besorgen und dann gleich wieder ablegen!
GESELLSCHAFTS-INSELN
?
Oje! Von unbewohnt kann nicht die Rede sein!
Aber Donald! Sag bloß, du hast Angst vor ein paar harmlosen Zicklein!
Schnaub!
Aua! Von wegen harmlose Zicklein!
ZACK

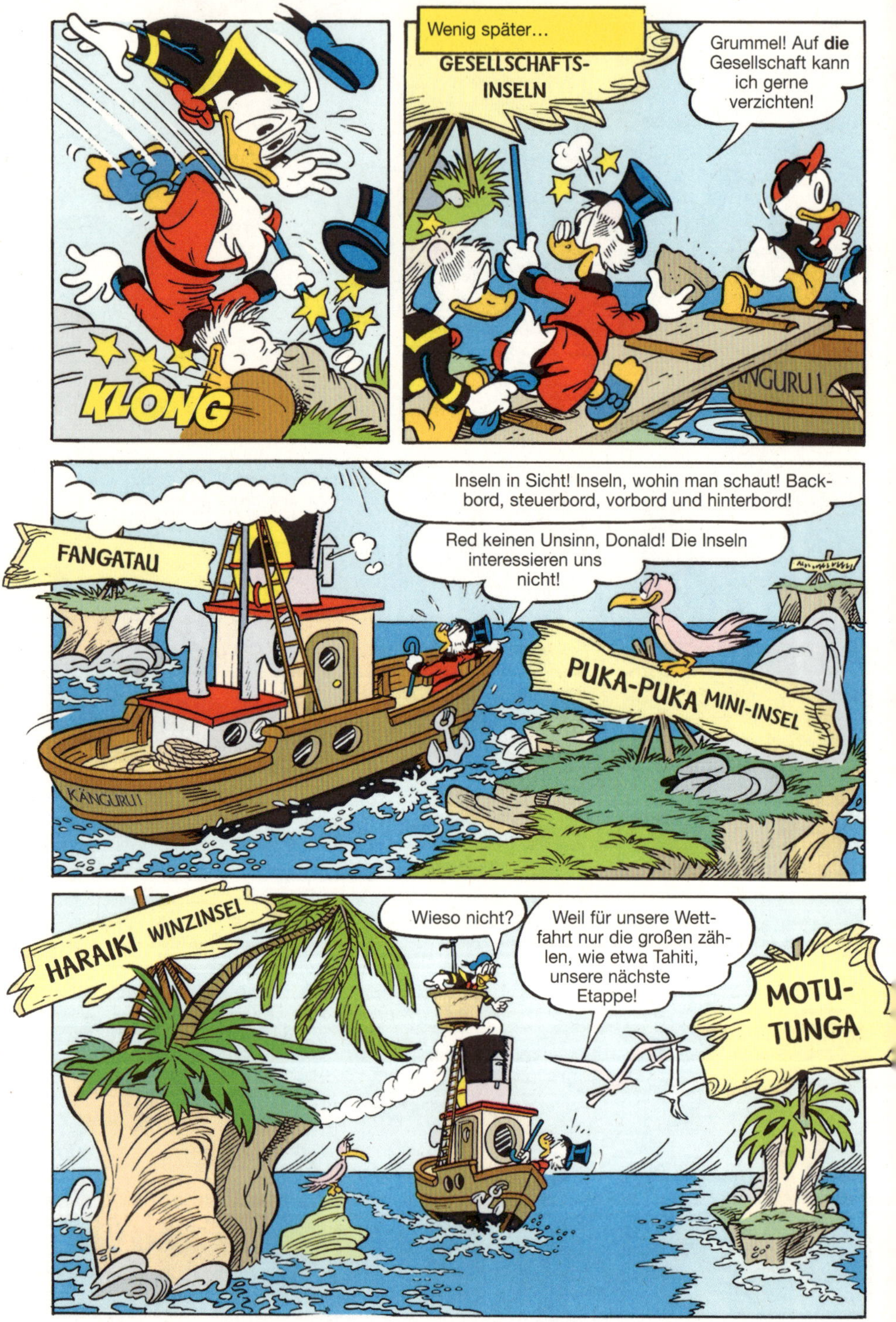
KLONG
Wenig später…
GESELLSCHAFTS-INSELN
Grummel! Auf **die** Gesellschaft kann ich gerne verzichten!
KÄNGURU I
FANGATAU
Inseln in Sicht! Inseln, wohin man schaut! Backbord, steuerbord, vorbord und hinterbord!
Red keinen Unsinn, Donald! Die Inseln interessieren uns nicht!
PUKA-PUKA MINI-INSEL
KÄNGURU I
HARAIKI WINZINSEL
Wieso nicht?
Weil für unsere Wettfahrt nur die großen zählen, wie etwa Tahiti, unsere nächste Etappe!
MOTU-TUNGA

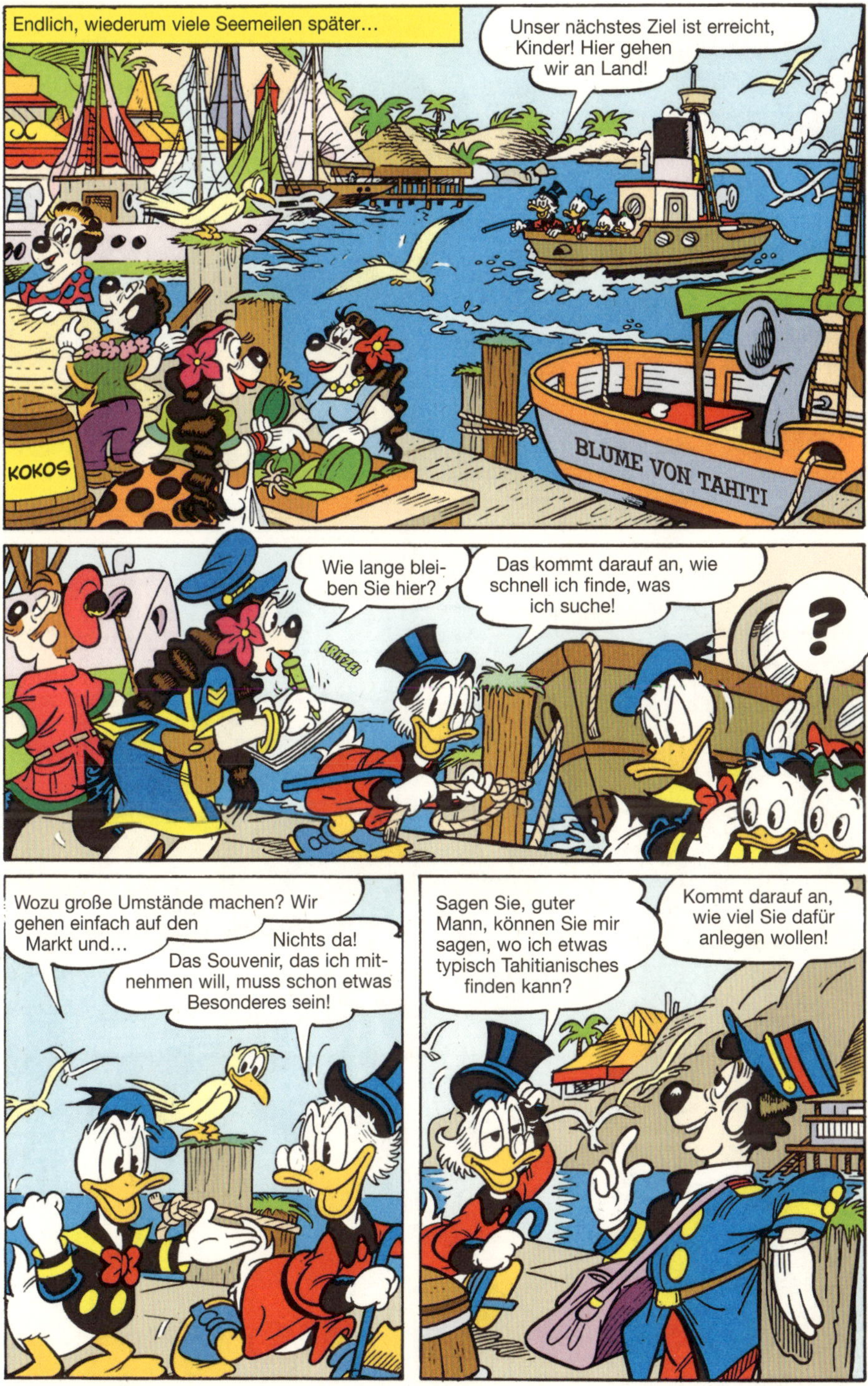

Endlich, wiederum viele Seemeilen später…
Unser nächstes Ziel ist erreicht, Kinder! Hier gehen wir an Land!
KOKOS
BLUME VON TAHITI
Wie lange bleiben Sie hier?
Das kommt darauf an, wie schnell ich finde, was ich suche!
KRITZEL
?
Wozu große Umstände machen? Wir gehen einfach auf den Markt und…
Nichts da! Das Souvenir, das ich mitnehmen will, muss schon etwas Besonderes sein!
Sagen Sie, guter Mann, können Sie mir sagen, wo ich etwas typisch Tahitianisches finden kann?
Kommt darauf an, wie viel Sie dafür anlegen wollen!

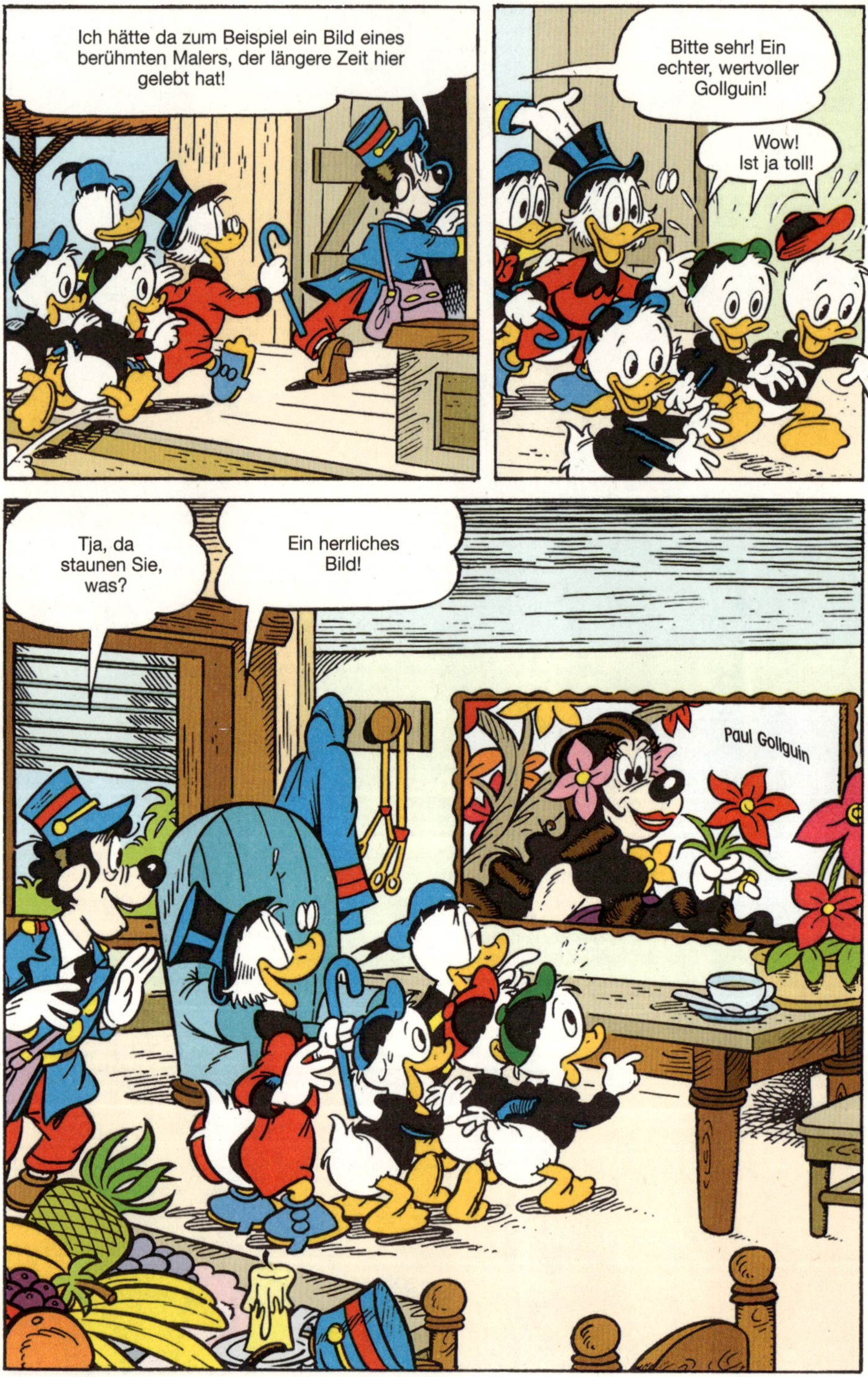

Ich hätte da zum Beispiel ein Bild eines berühmten Malers, der längere Zeit hier gelebt hat!
Bitte sehr! Ein echter, wertvoller Gollguin!
Wow! Ist ja toll!
Tja, da staunen Sie, was?
Ein herrliches Bild!
Paul Gollguin

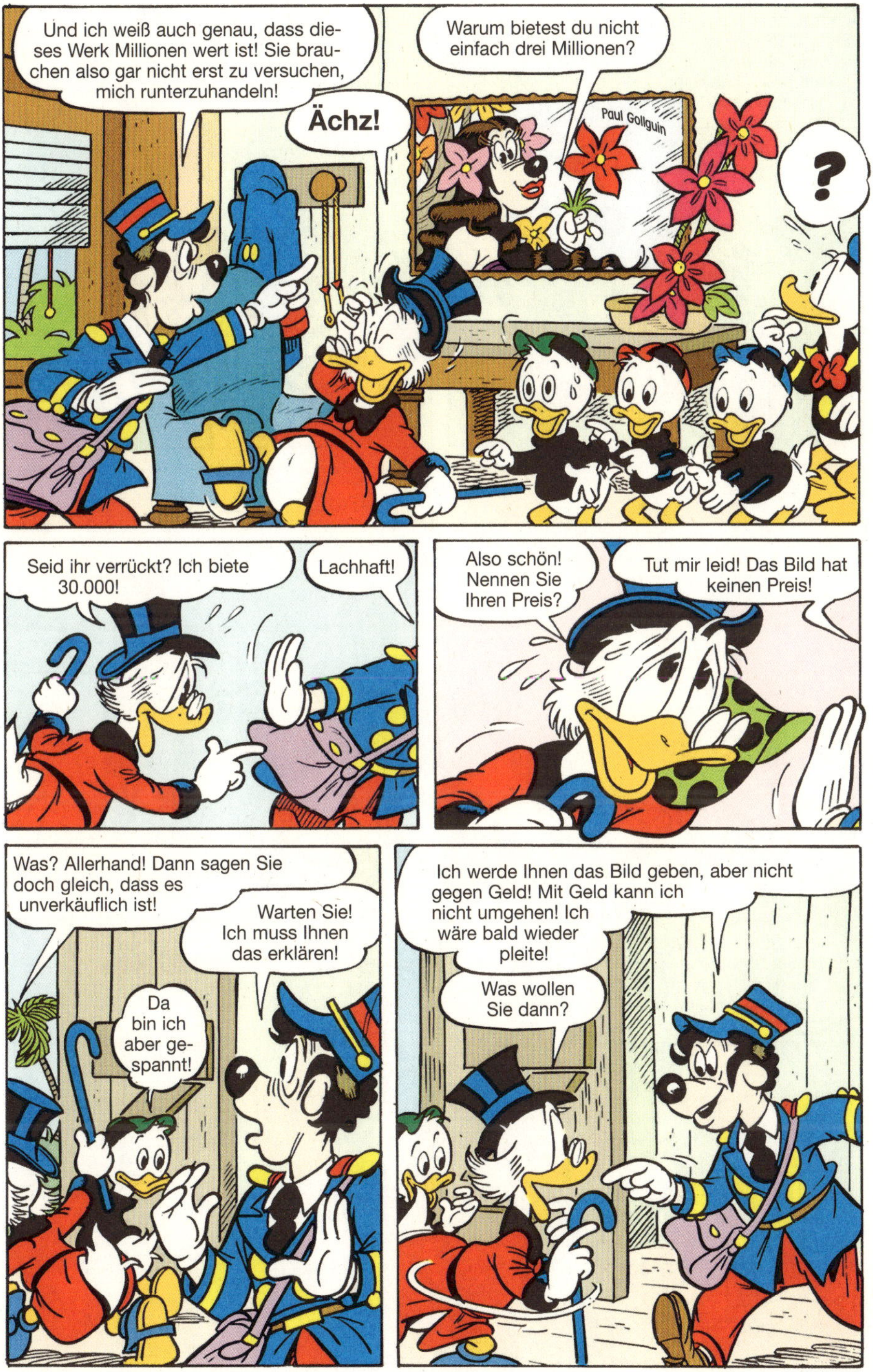
Und ich weiß auch genau, dass dieses Werk Millionen wert ist! Sie brauchen also gar nicht erst zu versuchen, mich runterzuhandeln!
Ächz!
Warum bietest du nicht einfach drei Millionen?
Paul Gollguin
?
Seid ihr verrückt? Ich biete 30.000!
Lachhaft!
Also schön! Nennen Sie Ihren Preis?
Tut mir leid! Das Bild hat keinen Preis!
Was? Allerhand! Dann sagen Sie doch gleich, dass es unverkäuflich ist!
Warten Sie! Ich muss Ihnen das erklären!
Da bin ich aber gespannt!
Ich werde Ihnen das Bild geben, aber nicht gegen Geld! Mit Geld kann ich nicht umgehen! Ich wäre bald wieder pleite!
Was wollen Sie dann?

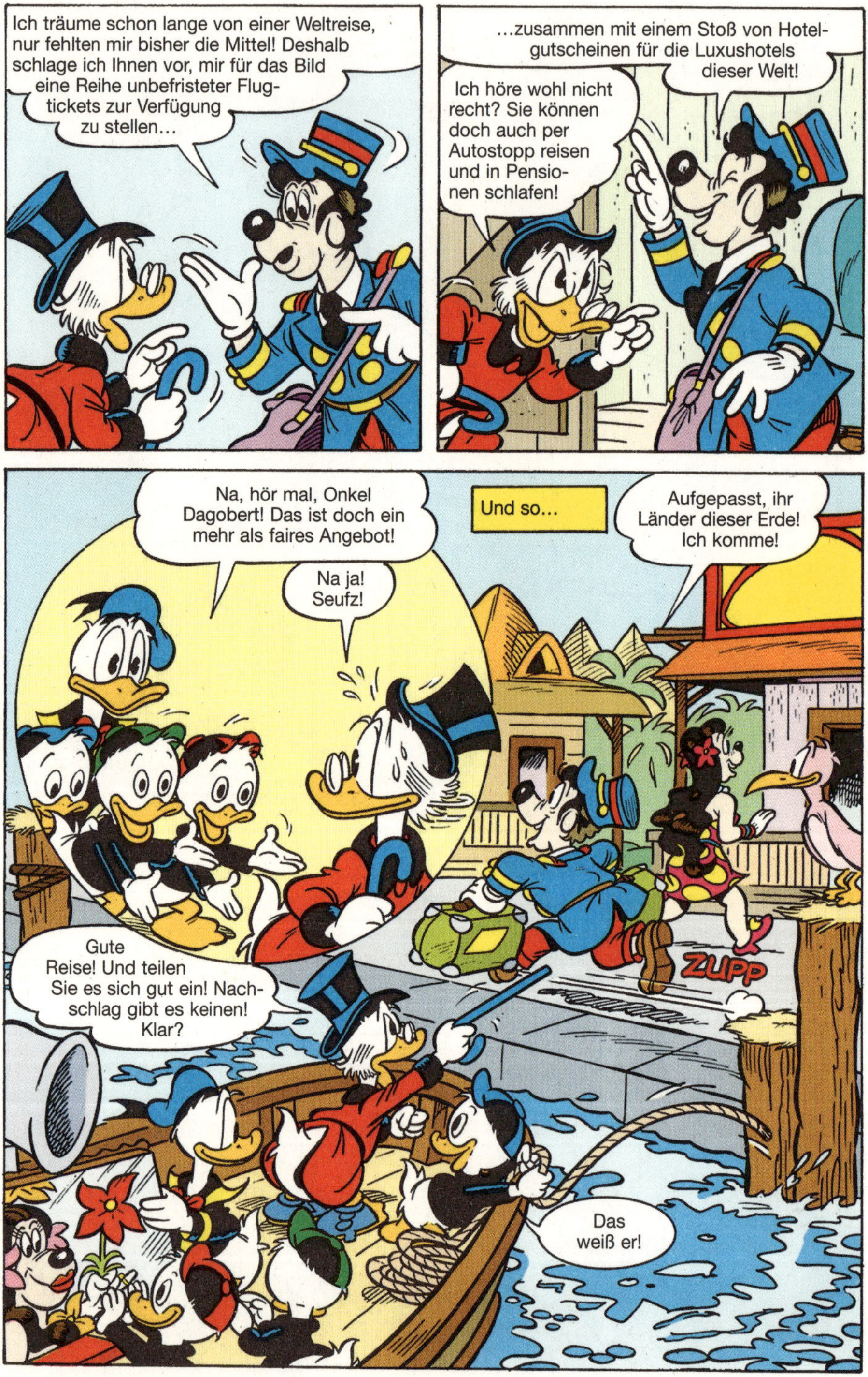
Ich träume schon lange von einer Weltreise, nur fehlten mir bisher die Mittel! Deshalb schlage ich Ihnen vor, mir für das Bild eine Reihe unbefristeter Flugtickets zur Verfügung zu stellen…
…zusammen mit einem Stoß von Hotelgutscheinen für die Luxushotels dieser Welt!
Ich höre wohl nicht recht? Sie können doch auch per Autostopp reisen und in Pensionen schlafen!
Na, hör mal, Onkel Dagobert! Das ist doch ein mehr als faires Angebot!
Na ja! Seufz!
Und so…
Aufgepasst, ihr Länder dieser Erde! Ich komme!
ZUPP
Gute Reise! Und teilen Sie es sich gut ein! Nachschlag gibt es keinen! Klar?
Das weiß er!

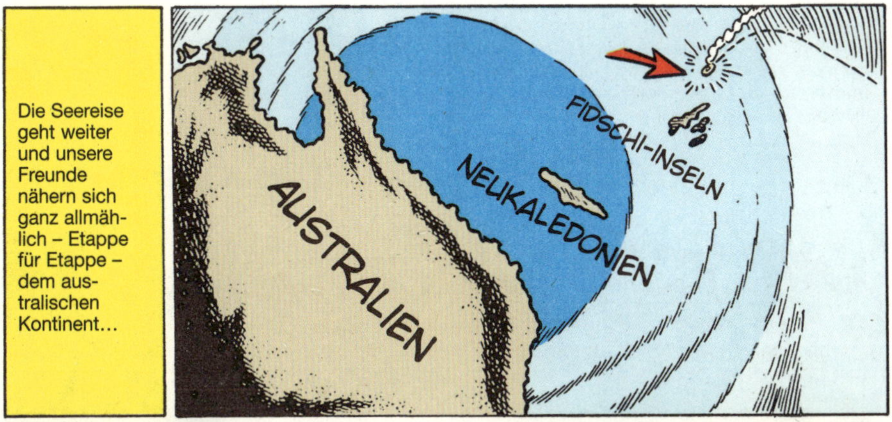
Die Seereise geht weiter und unsere Freunde nähern sich ganz allmählich – Etappe für Etappe – dem australischen Kontinent…
FIDSCHI-INSELN
NEUKALEDONIEN
AUSTRALIEN

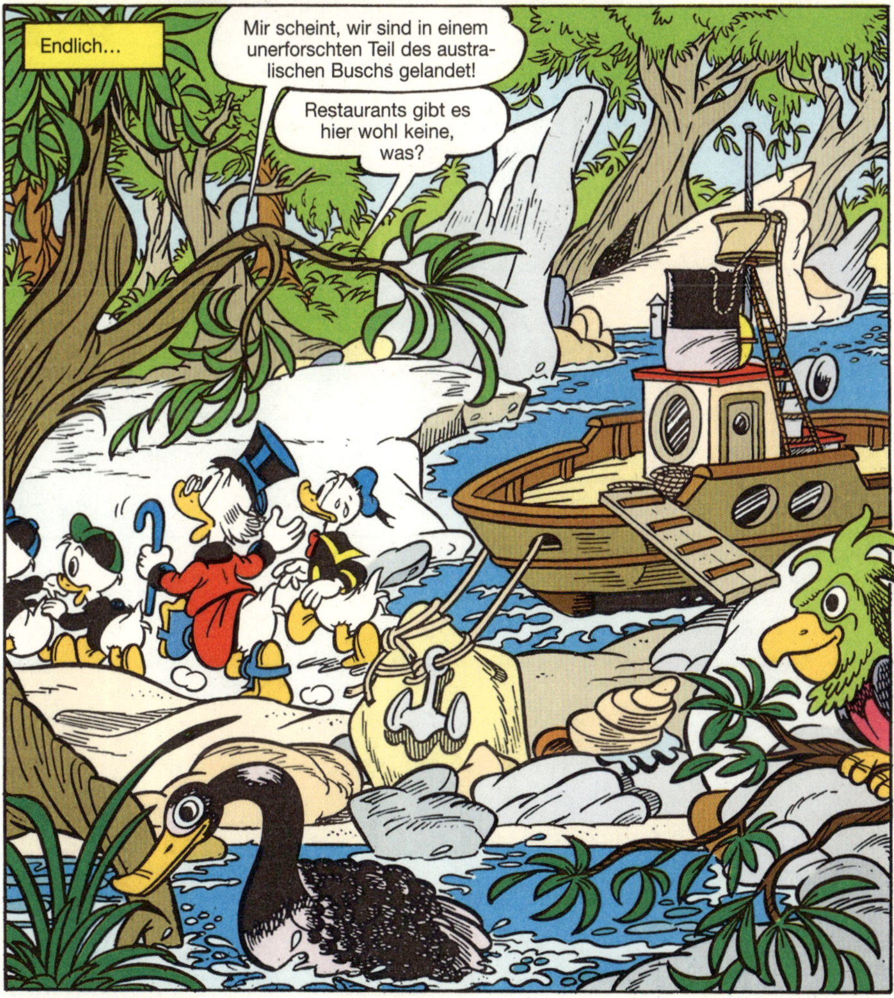
Endlich…
Mir scheint, wir sind in einem unerforschten Teil des australischen Buschs gelandet!
Restaurants gibt es hier wohl keine, was?

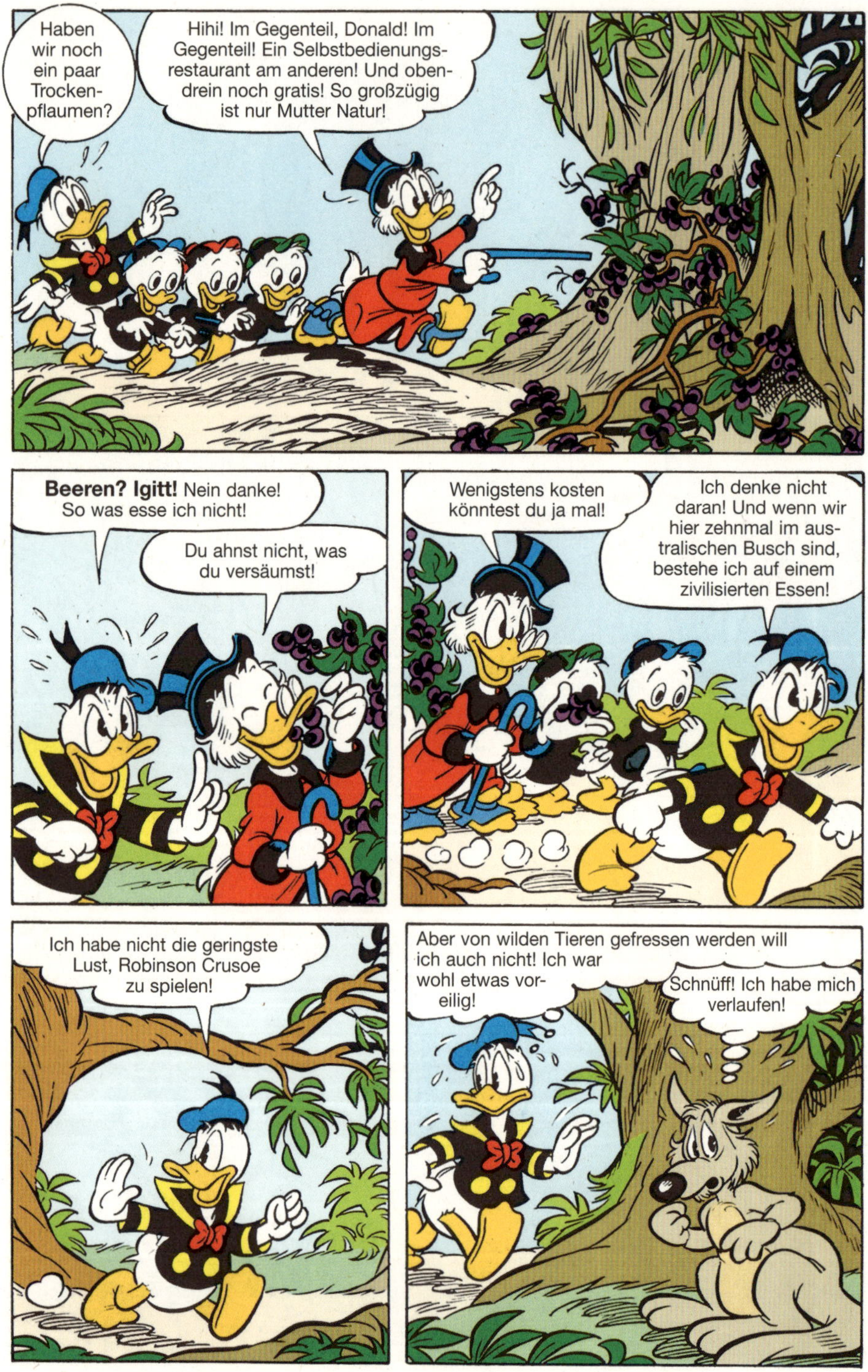
Haben wir noch ein paar Trocken-pflaumen?
Hihi! Im Gegenteil, Donald! Im Gegenteil! Ein Selbstbedienungs-restaurant am anderen! Und oben-drein noch gratis! So großzügig ist nur Mutter Natur!
Beeren? Igitt! Nein danke! So was esse ich nicht!
Du ahnst nicht, was du versäumst!
Wenigstens kosten könntest du ja mal!
Ich denke nicht daran! Und wenn wir hier zehnmal im aus-tralischen Busch sind, bestehe ich auf einem zivilisierten Essen!
Ich habe nicht die geringste Lust, Robinson Crusoe zu spielen!
Aber von wilden Tieren gefressen werden will ich auch nicht! Ich war wohl etwas vor-eilig!
Schnüff! Ich habe mich verlaufen!

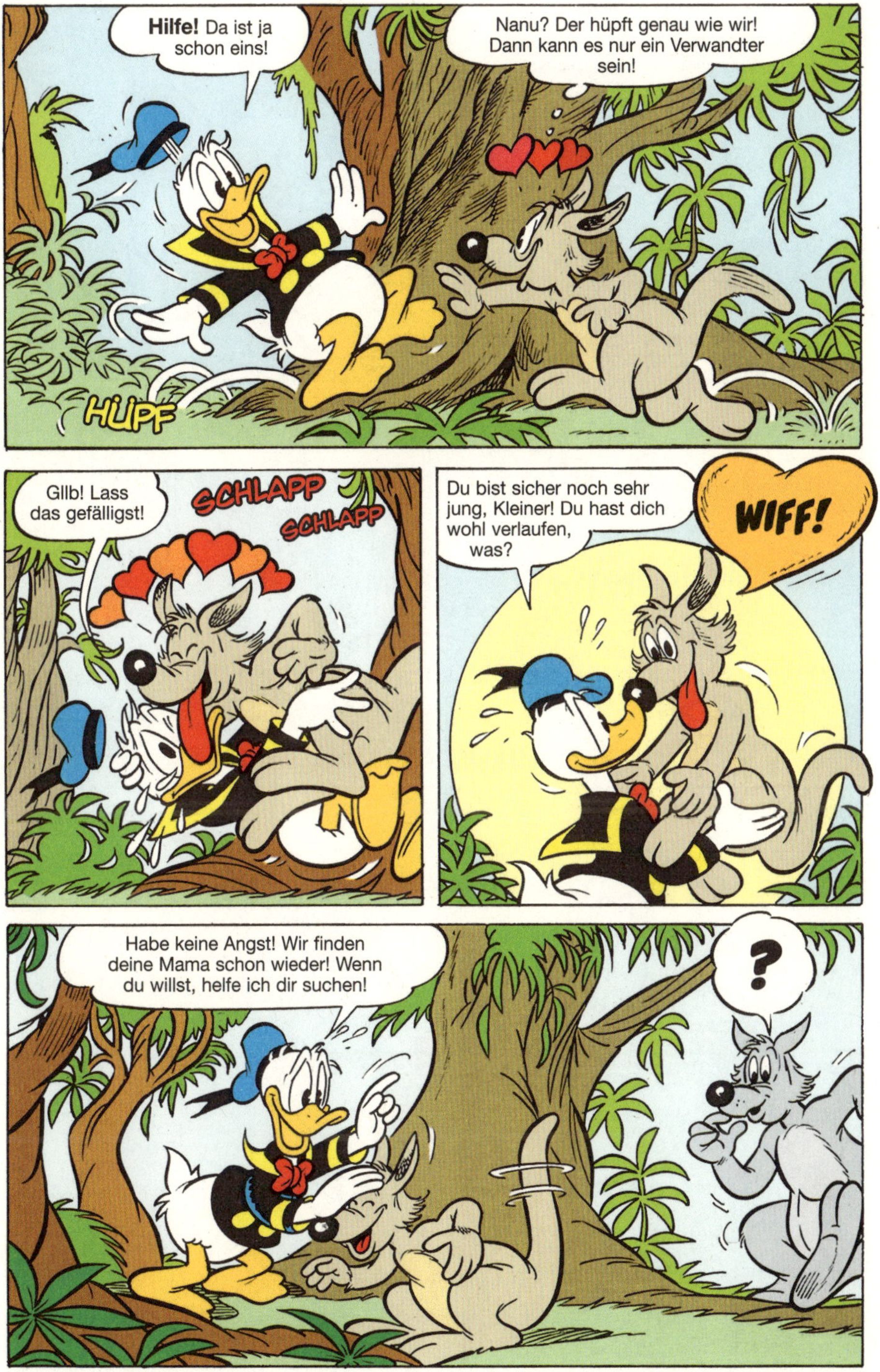
Hilfe! Da ist ja schon eins!
Nanu? Der hüpft genau wie wir! Dann kann es nur ein Verwandter sein!
HÜPF
Gllb! Lass das gefälligst!
SCHLAPP
SCHLAPP
Du bist sicher noch sehr jung, Kleiner! Du hast dich wohl verlaufen, was?
WIFF!
Habe keine Angst! Wir finden deine Mama schon wieder! Wenn du willst, helfe ich dir suchen!
?

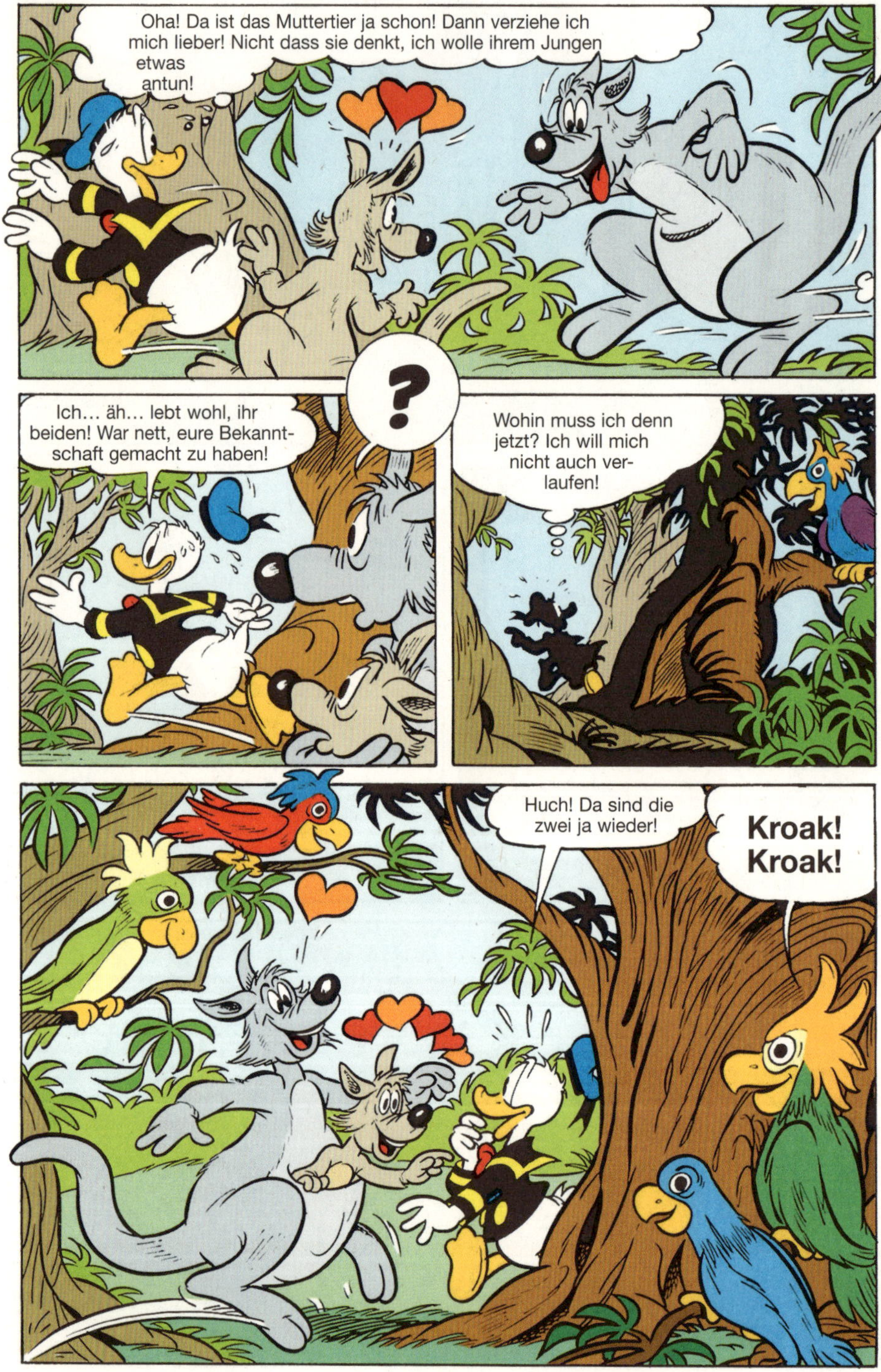
Oha! Da ist das Muttertier ja schon! Dann verziehe ich mich lieber! Nicht dass sie denkt, ich wolle ihrem Jungen etwas antun!
?
Ich… äh… lebt wohl, ihr beiden! War nett, eure Bekanntschaft gemacht zu haben!
Wohin muss ich denn jetzt? Ich will mich nicht auch verlaufen!
Huch! Da sind die zwei ja wieder!
Kroak! Kroak!

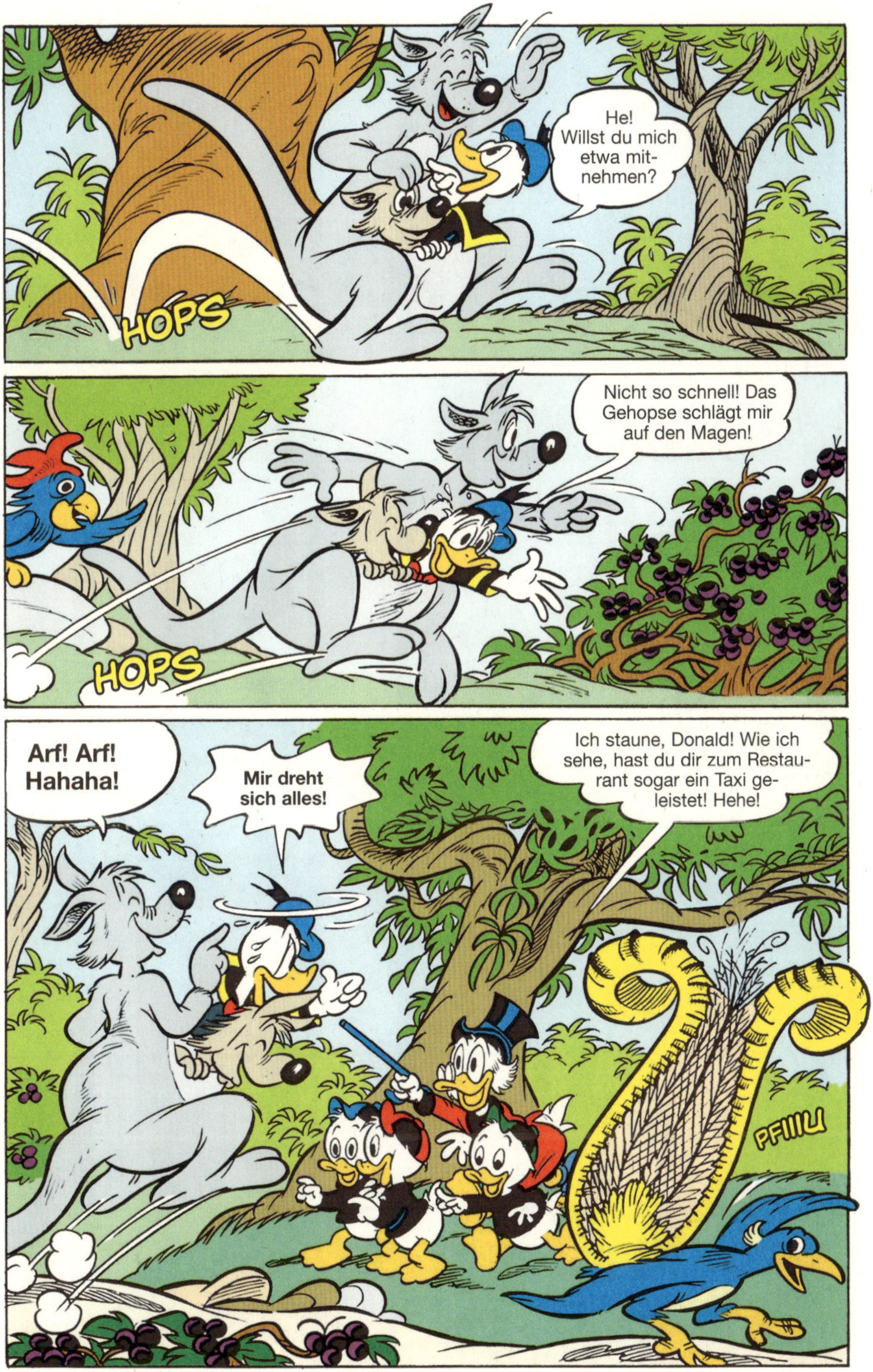
He! Willst du mich etwa mitnehmen?
HOPS
Nicht so schnell! Das Gehopse schlägt mir auf den Magen!
HOPS
Arf! Arf! Hahaha!
Mir dreht sich alles!
Ich staune, Donald! Wie ich sehe, hast du dir zum Restaurant sogar ein Taxi geleistet! Hehe!
PFIIIU

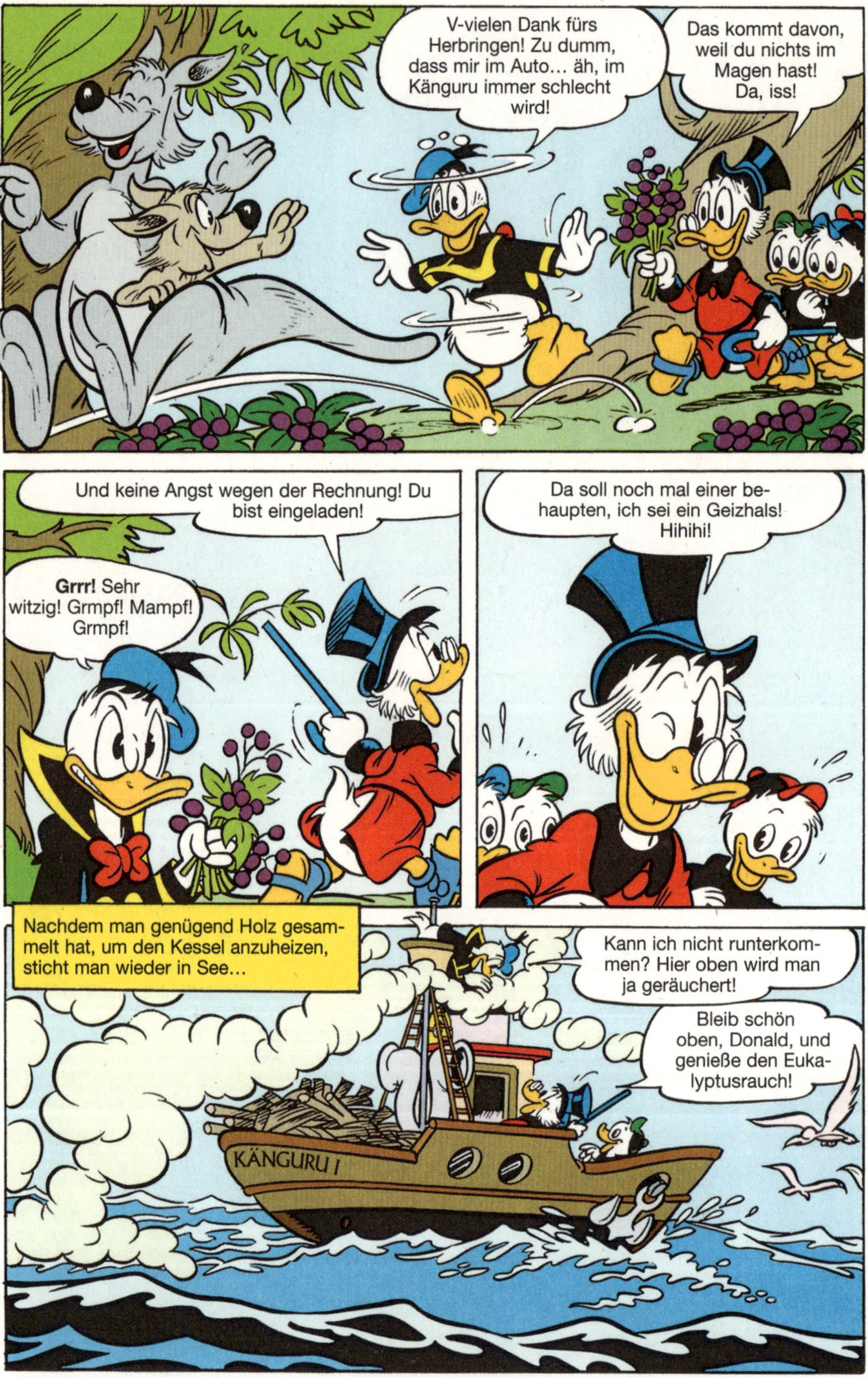
V-vielen Dank fürs Herbringen! Zu dumm, dass mir im Auto… äh, im Känguru immer schlecht wird!
Das kommt davon, weil du nichts im Magen hast! Da, iss!
Und keine Angst wegen der Rechnung! Du bist eingeladen!
Grrr! Sehr witzig! Grmpf! Mampf! Grmpf!
Da soll noch mal einer behaupten, ich sei ein Geizhals! Hihihi!
Nachdem man genügend Holz gesammelt hat, um den Kessel anzuheizen, sticht man wieder in See…
Kann ich nicht runterkommen? Hier oben wird man ja geräuchert!
Bleib schön oben, Donald, und genieße den Eukalyptusrauch!
KÄNGURU I

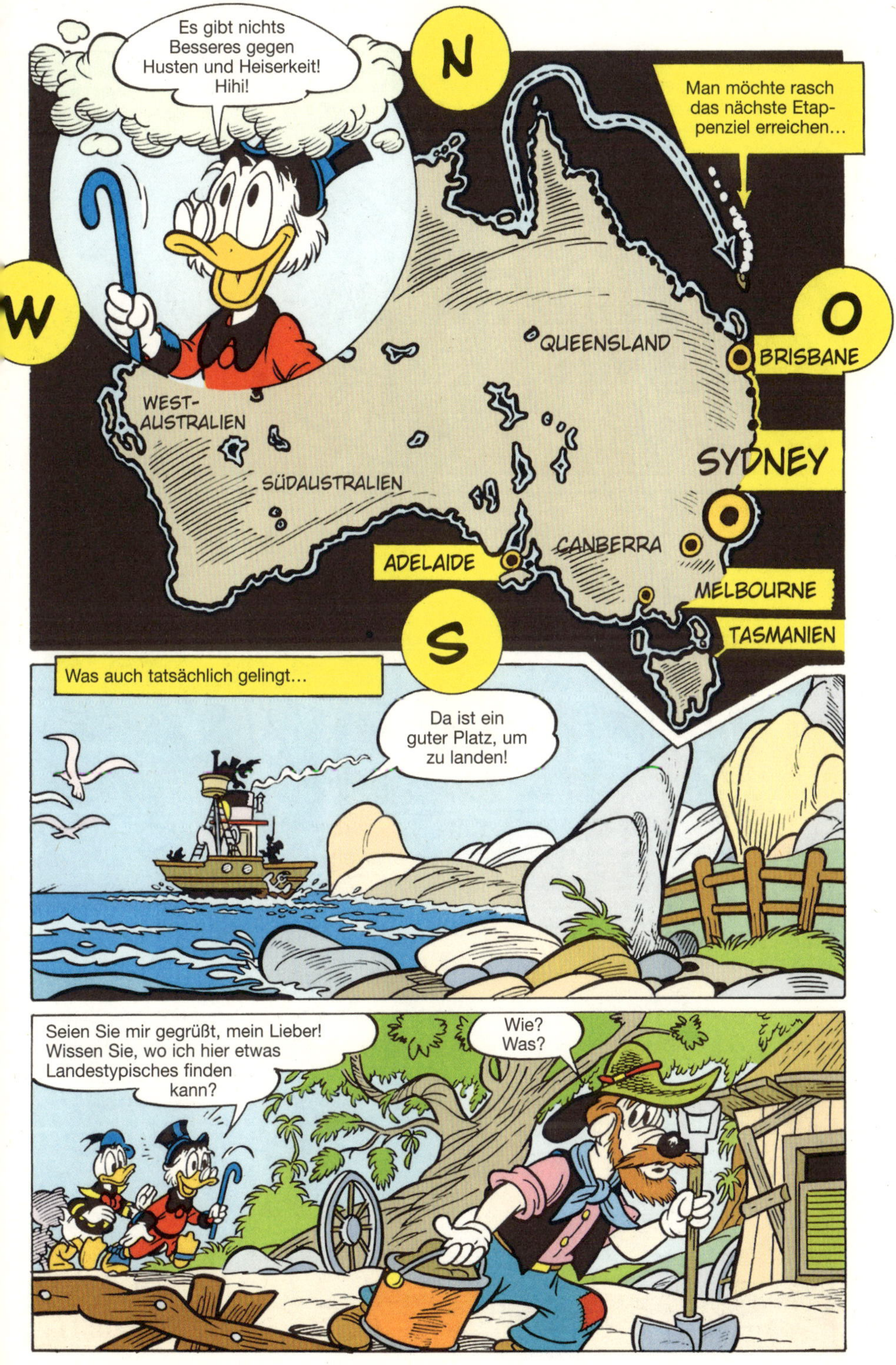
Es gibt nichts Besseres gegen Husten und Heiserkeit! Hihi!
N
Man möchte rasch das nächste Etappenziel erreichen…
W
O
QUEENSLAND
BRISBANE
WEST-AUSTRALIEN
SYDNEY
SÜDAUSTRALIEN
CANBERRA
ADELAIDE
MELBOURNE
TASMANIEN
S
Was auch tatsächlich gelingt…
Da ist ein guter Platz, um zu landen!
Seien Sie mir gegrüßt, mein Lieber! Wissen Sie, wo ich hier etwas Landestypisches finden kann?
Wie? Was?

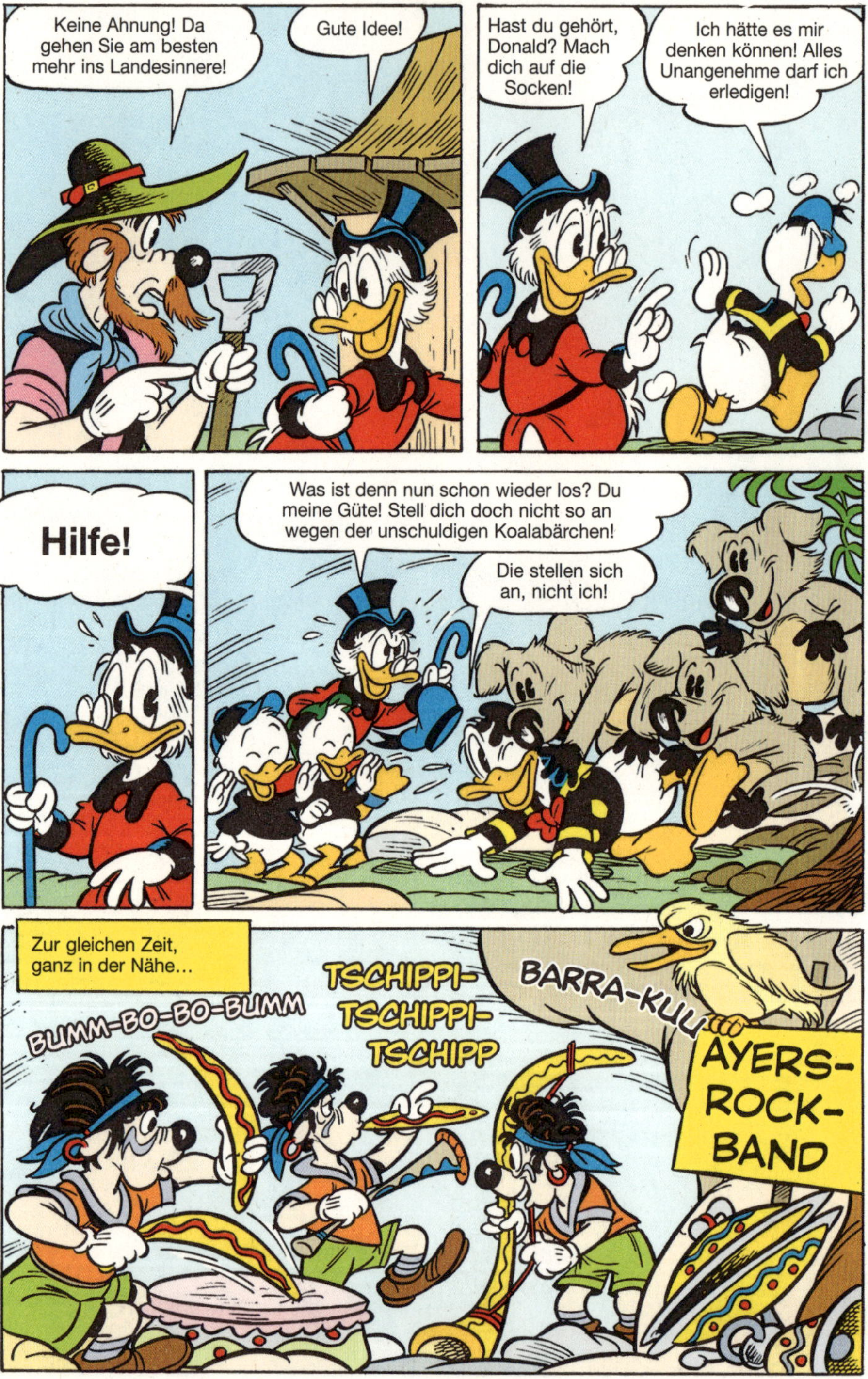
Keine Ahnung! Da gehen Sie am besten mehr ins Landesinnere!
Gute Idee!
Hast du gehört, Donald? Mach dich auf die Socken!
Ich hätte es mir denken können! Alles Unangenehme darf ich erledigen!
Hilfe!
Was ist denn nun schon wieder los? Du meine Güte! Stell dich doch nicht so an wegen der unschuldigen Koalabärchen!
Die stellen sich an, nicht ich!
Zur gleichen Zeit, ganz in der Nähe…
BUMM-BO-BO-BUMM
TSCHIPPI-TSCHIPPI-TSCHIPP
BARRA-KUU
AYERS-ROCK-BAND

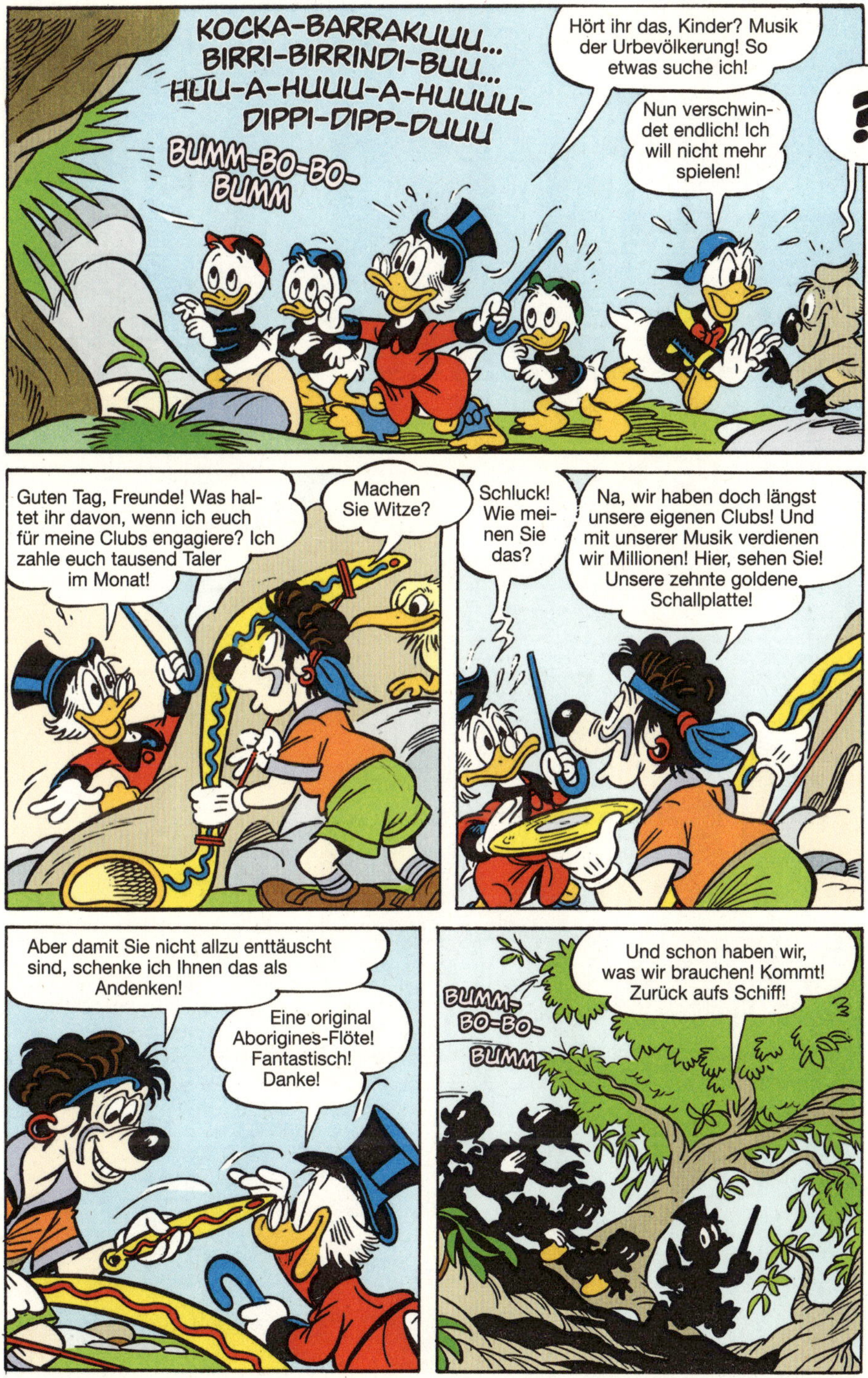
KOCKA-BARRAKUUU...
BIRRI-BIRRINDI-BUU...
HUU-A-HUUU-A-HUUUU-
DIPPI-DIPP-DUUU
BUMM-BO-BO-
BUMM
Hört ihr das, Kinder? Musik der Urbevölkerung! So etwas suche ich!
Nun verschwindet endlich! Ich will nicht mehr spielen!
?
Guten Tag, Freunde! Was haltet ihr davon, wenn ich euch für meine Clubs engagiere? Ich zahle euch tausend Taler im Monat!
Machen Sie Witze?
Schluck! Wie meinen Sie das?
Na, wir haben doch längst unsere eigenen Clubs! Und mit unserer Musik verdienen wir Millionen! Hier, sehen Sie! Unsere zehnte goldene Schallplatte!
Aber damit Sie nicht allzu enttäuscht sind, schenke ich Ihnen das als Andenken!
Eine original Aborigines-Flöte! Fantastisch! Danke!
BUMM-
BO-BO-
BUMM
Und schon haben wir, was wir brauchen! Kommt! Zurück aufs Schiff!

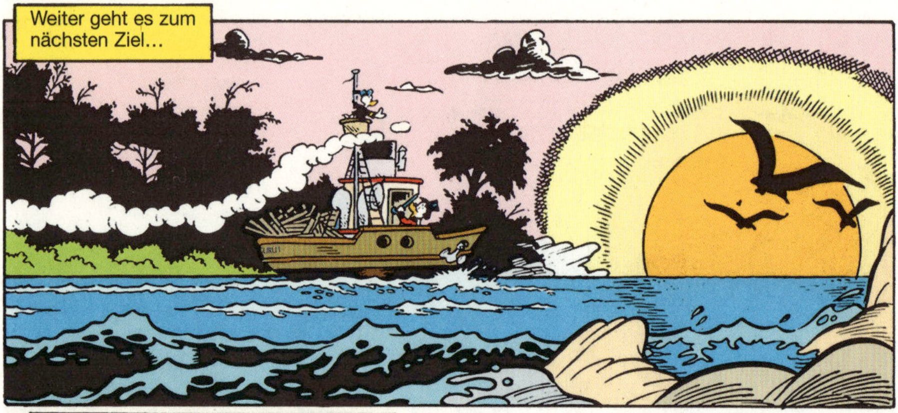
Weiter geht es zum
nächsten Ziel…

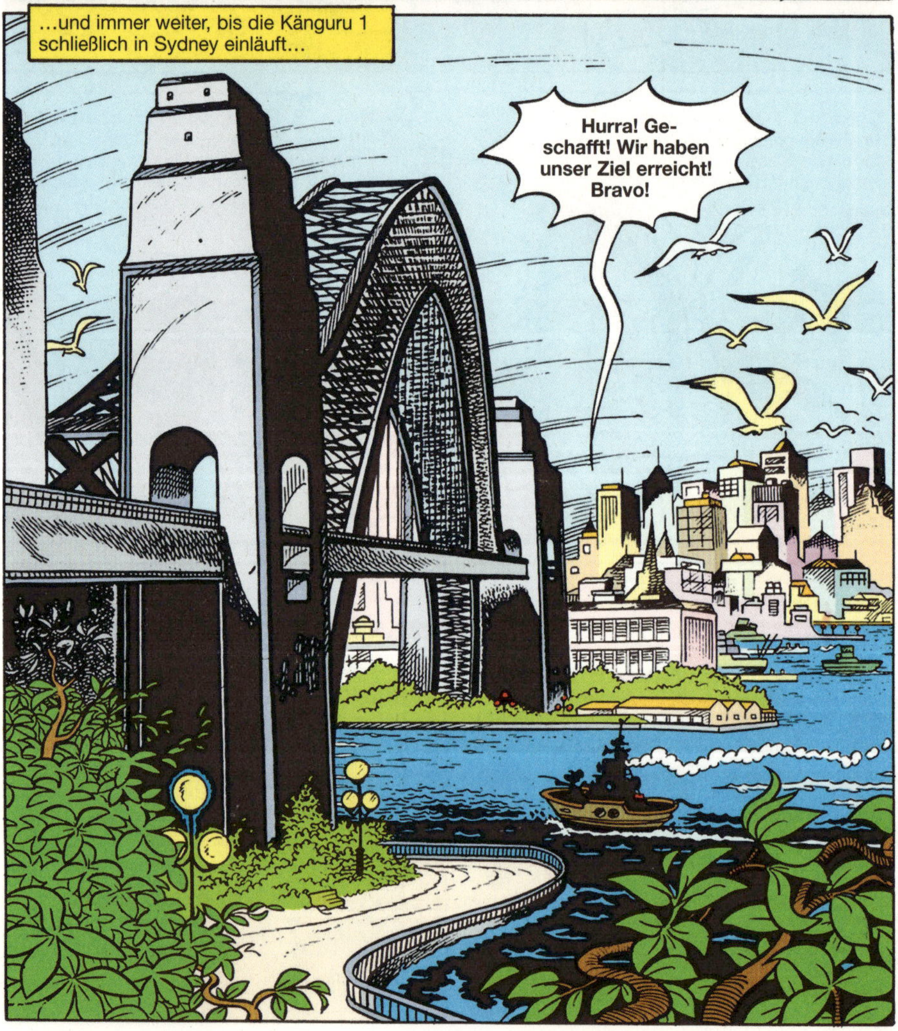
…und immer weiter, bis die Känguru 1
schließlich in Sydney einläuft…
Hurra! Geschafft! Wir haben unser Ziel erreicht! Bravo!

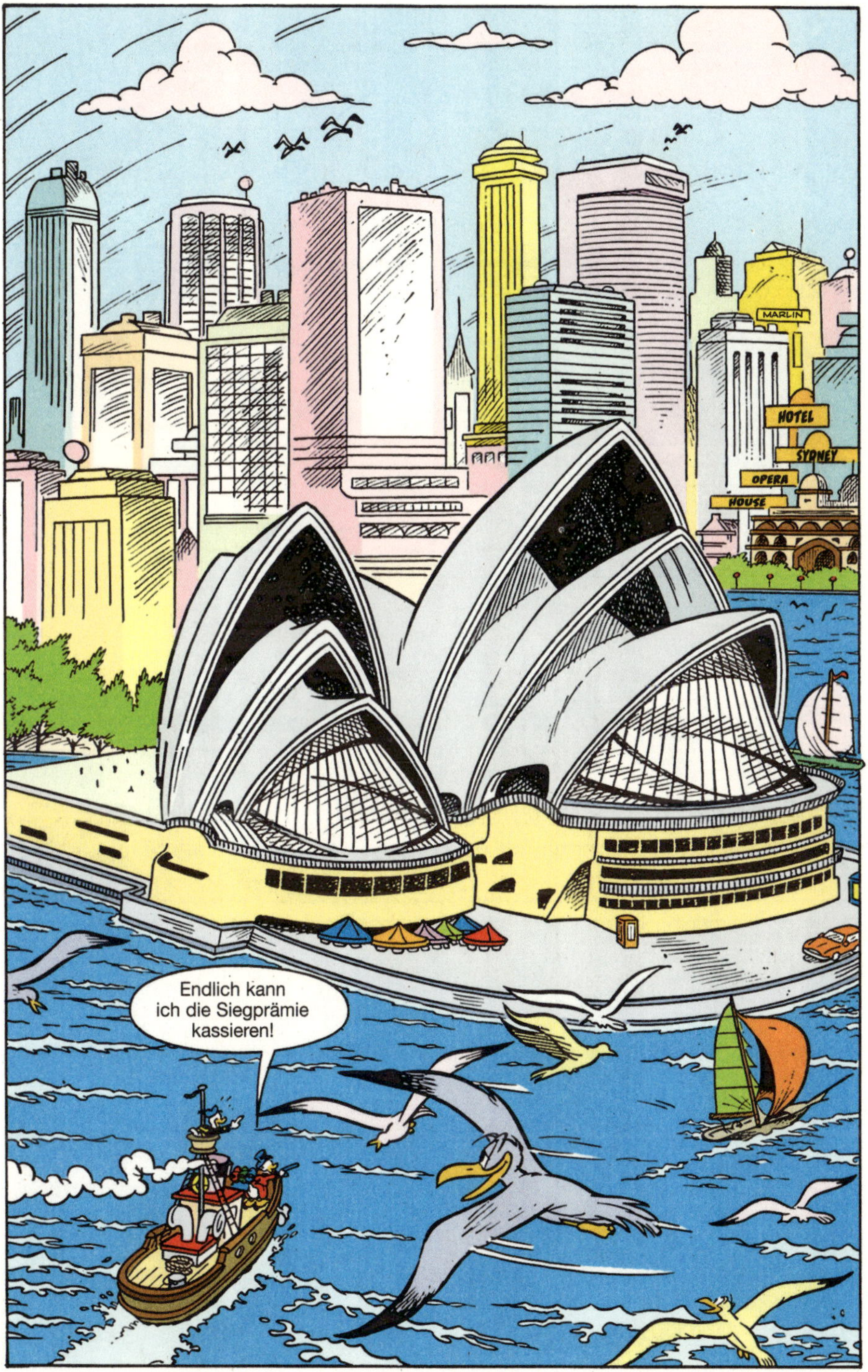
MARLIN
HOTEL
SYDNEY
OPERA
HOUSE
Endlich kann ich die Siegprämie kassieren!

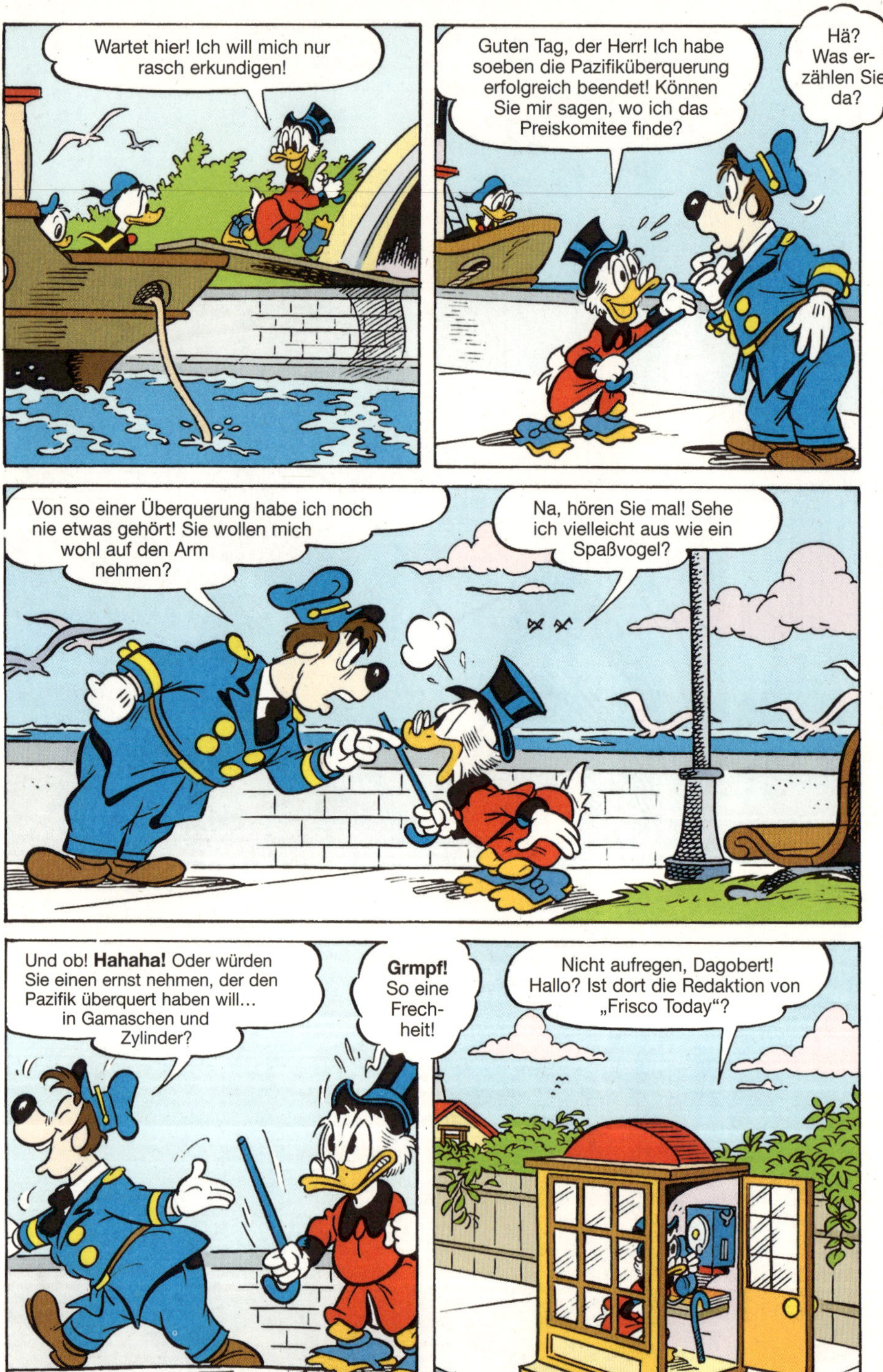
Wartet hier! Ich will mich nur rasch erkundigen!
Guten Tag, der Herr! Ich habe soeben die Pazifiküberquerung erfolgreich beendet! Können Sie mir sagen, wo ich das Preiskomitee finde?
Hä? Was erzählen Sie da?
Von so einer Überquerung habe ich noch nie etwas gehört! Sie wollen mich wohl auf den Arm nehmen?
Na, hören Sie mal! Sehe ich vielleicht aus wie ein Spaßvogel?
Und ob! **Hahaha!** Oder würden Sie einen ernst nehmen, der den Pazifik überquert haben will… in Gamaschen und Zylinder?
Grmpf! So eine Frechheit!
Nicht aufregen, Dagobert! Hallo? Ist dort die Redaktion von „Frisco Today"?

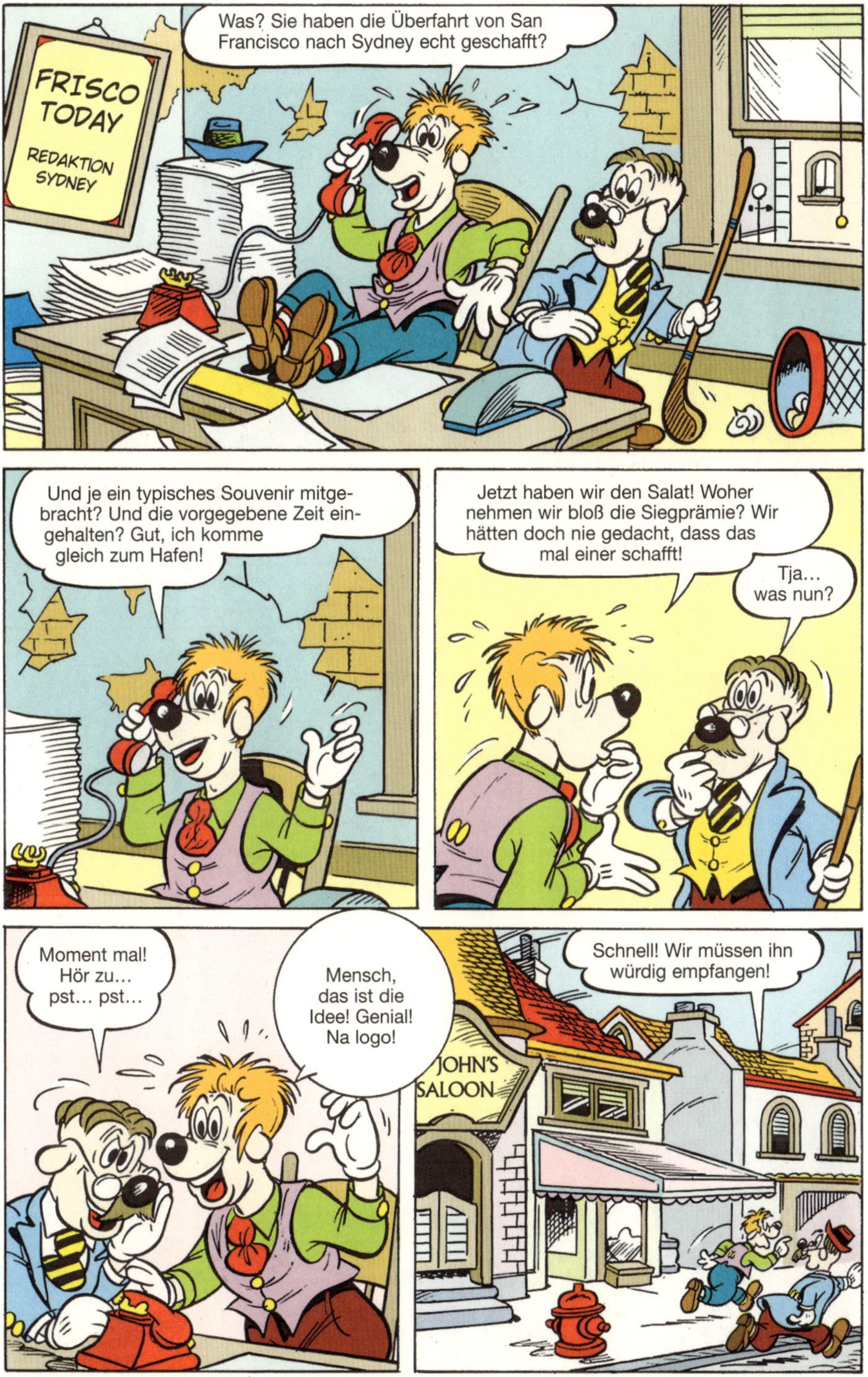
FRISCO TODAY
REDAKTION SYDNEY
Was? Sie haben die Überfahrt von San Francisco nach Sydney echt geschafft?
Und je ein typisches Souvenir mitgebracht? Und die vorgegebene Zeit eingehalten? Gut, ich komme gleich zum Hafen!
Jetzt haben wir den Salat! Woher nehmen wir bloß die Siegprämie? Wir hätten doch nie gedacht, dass das mal einer schafft!
Tja… was nun?
Moment mal! Hör zu… pst… pst…
Mensch, das ist die Idee! Genial! Na logo!
JOHN'S SALOON
Schnell! Wir müssen ihn würdig empfangen!

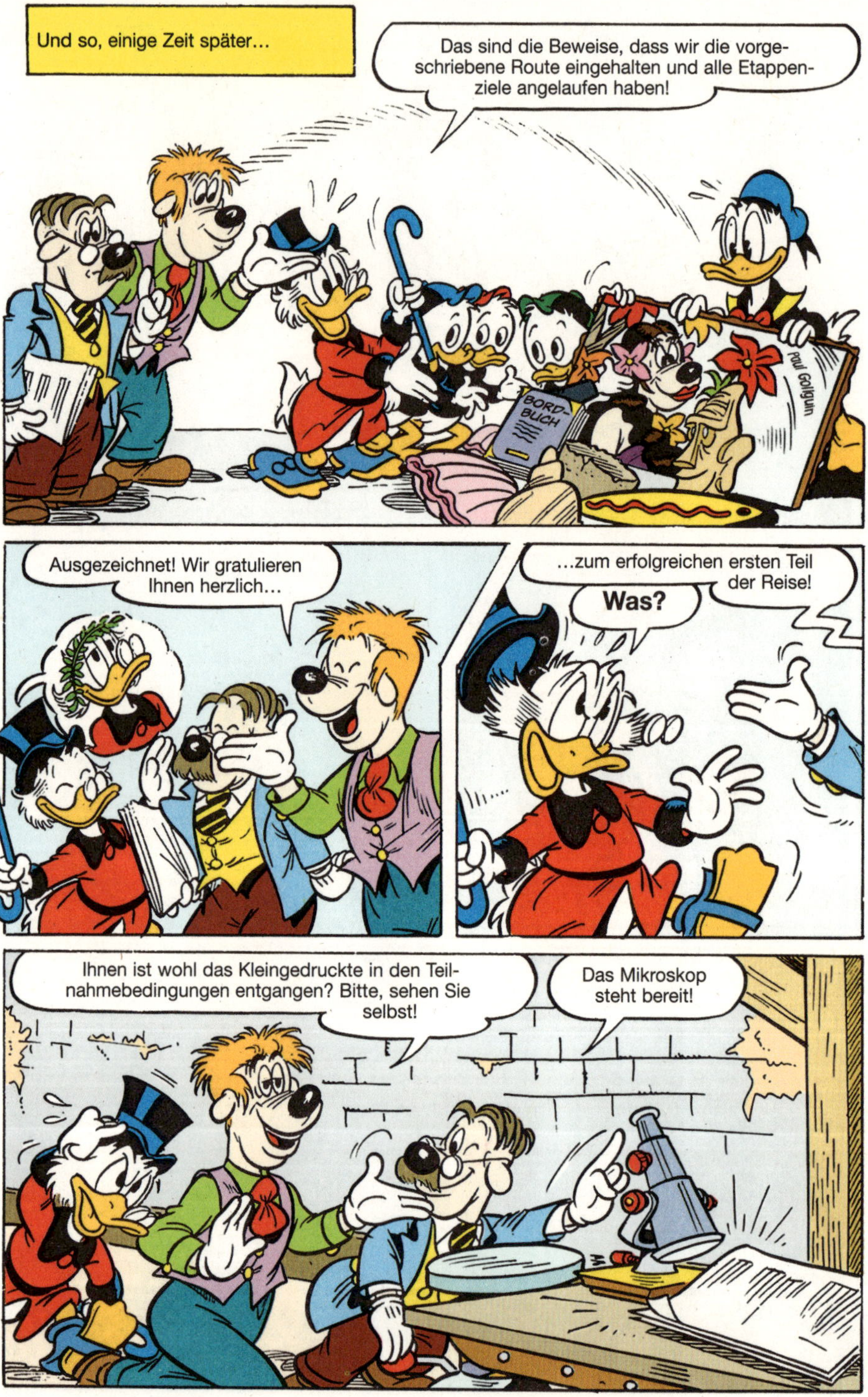
Und so, einige Zeit später...
Das sind die Beweise, dass wir die vorgeschriebene Route eingehalten und alle Etappenziele angelaufen haben!
BORD-BUCH
Paul Golfguin
Ausgezeichnet! Wir gratulieren Ihnen herzlich...
...zum erfolgreichen ersten Teil der Reise!
Was?
Ihnen ist wohl das Kleingedruckte in den Teilnahmebedingungen entgangen? Bitte, sehen Sie selbst!
Das Mikroskop steht bereit!

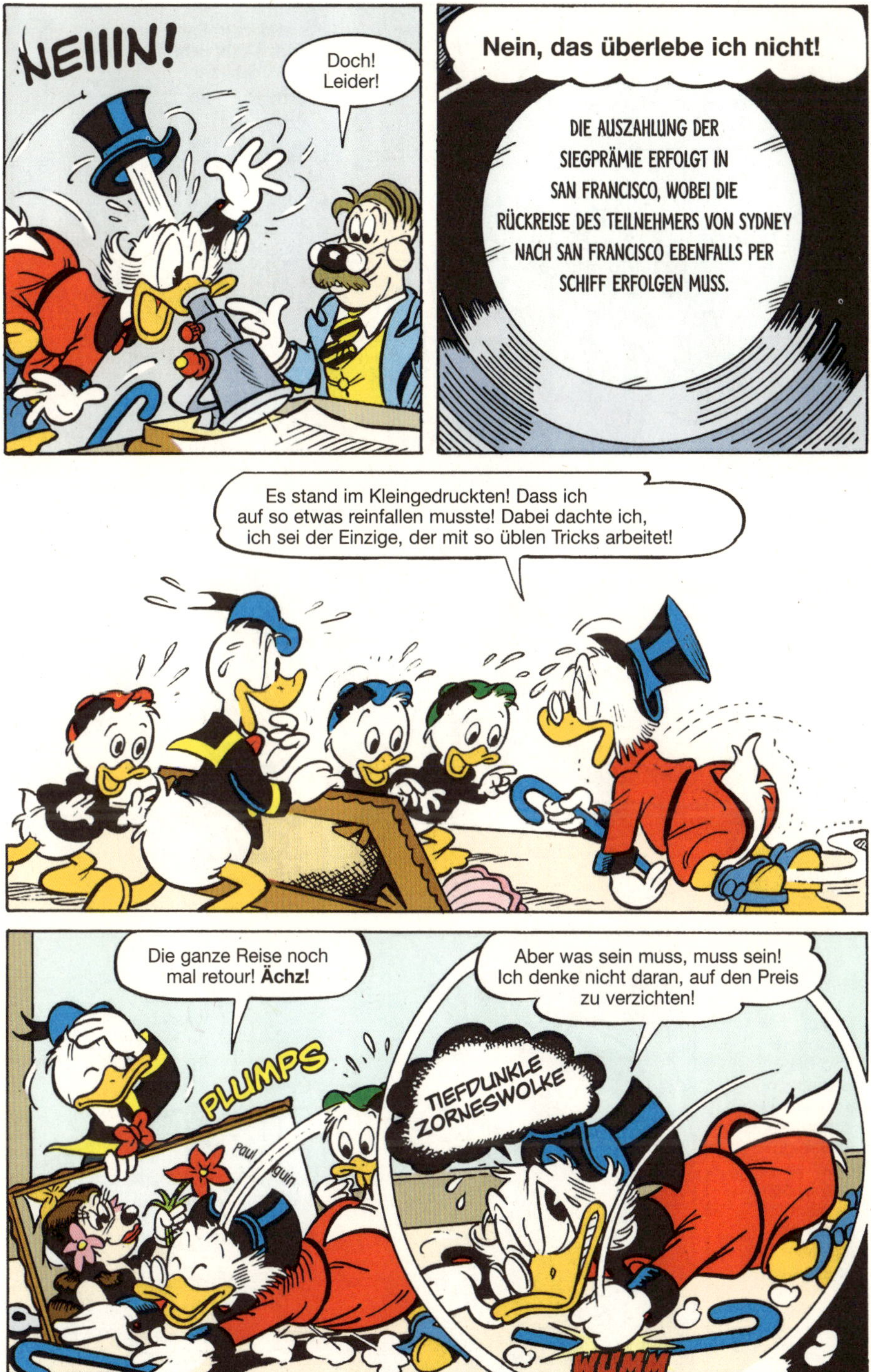
NEIIIN!
Doch! Leider!
Nein, das überlebe ich nicht!
DIE AUSZAHLUNG DER SIEGPRÄMIE ERFOLGT IN SAN FRANCISCO, WOBEI DIE RÜCKREISE DES TEILNEHMERS VON SYDNEY NACH SAN FRANCISCO EBENFALLS PER SCHIFF ERFOLGEN MUSS.
Es stand im Kleingedruckten! Dass ich auf so etwas reinfallen musste! Dabei dachte ich, ich sei der Einzige, der mit so üblen Tricks arbeitet!
Die ganze Reise noch mal retour! **Ächz!**
PLUMPS
Aber was sein muss, muss sein! Ich denke nicht daran, auf den Preis zu verzichten!
TIEFDUNKLE ZORNESWOLKE
WUMM

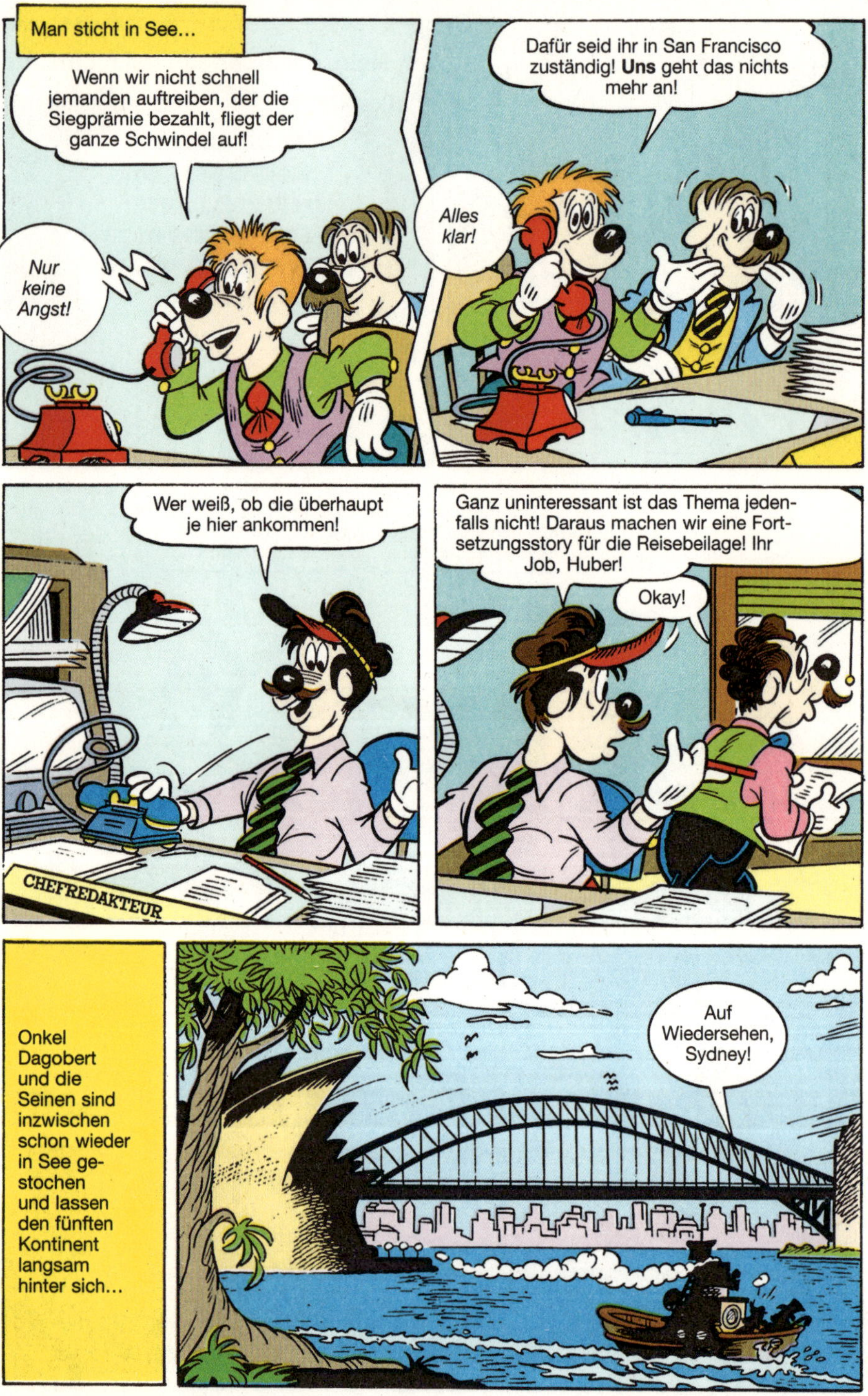
Man sticht in See…
Wenn wir nicht schnell jemanden auftreiben, der die Siegprämie bezahlt, fliegt der ganze Schwindel auf!
Nur keine Angst!
Dafür seid ihr in San Francisco zuständig! **Uns** geht das nichts mehr an!
Alles klar!
Wer weiß, ob die überhaupt je hier ankommen!
CHEFREDAKTEUR
Ganz uninteressant ist das Thema jedenfalls nicht! Daraus machen wir eine Fortsetzungsstory für die Reisebeilage! Ihr Job, Huber!
Okay!
Onkel Dagobert und die Seinen sind inzwischen schon wieder in See gestochen und lassen den fünften Kontinent langsam hinter sich…
Auf Wiedersehen, Sydney!

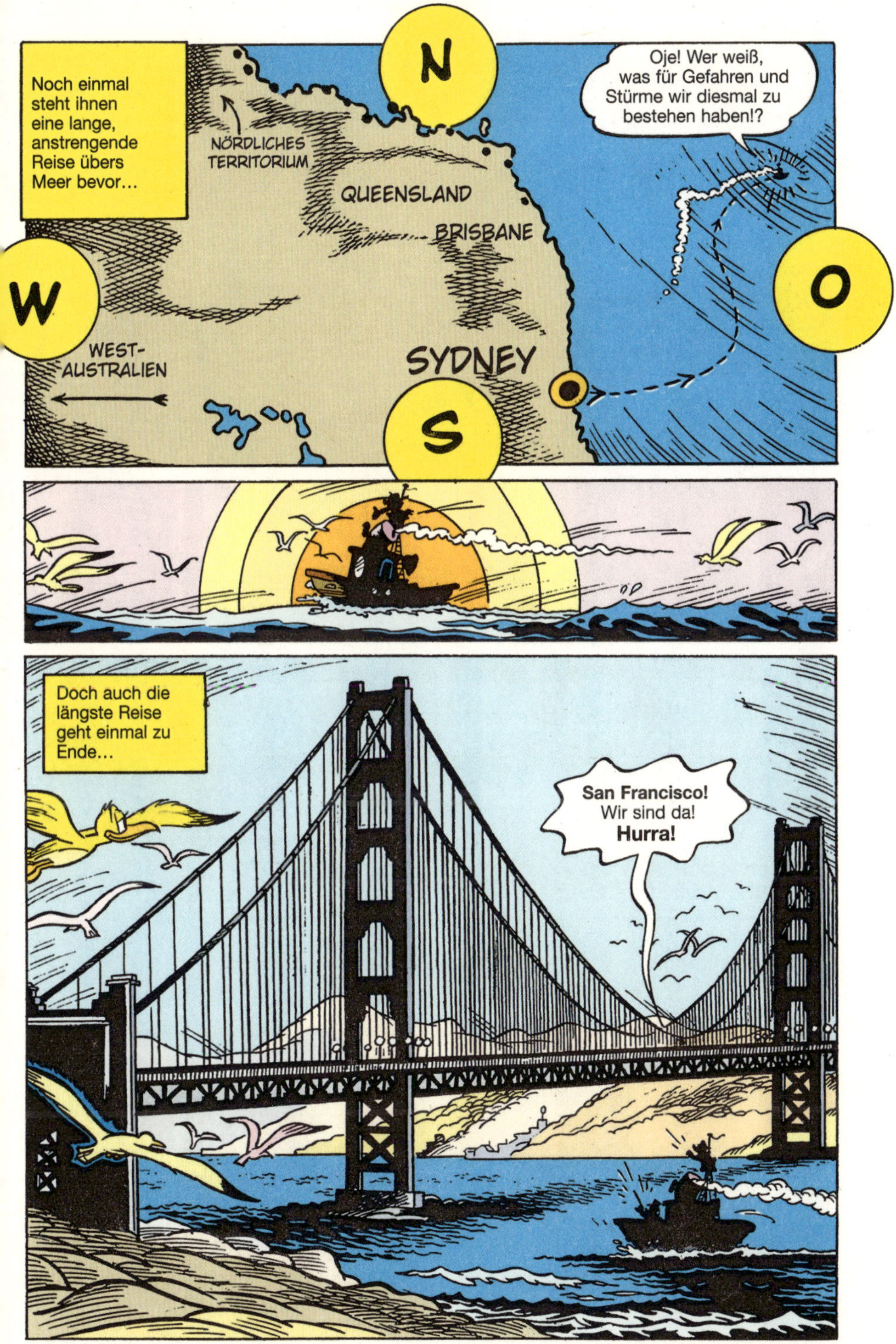
Noch einmal steht ihnen eine lange, anstrengende Reise übers Meer bevor…
Oje! Wer weiß, was für Gefahren und Stürme wir diesmal zu bestehen haben!?
N
W
O
S
NÖRDLICHES TERRITORIUM
QUEENSLAND
BRISBANE
WEST-AUSTRALIEN
SYDNEY
Doch auch die längste Reise geht einmal zu Ende…
San Francisco! Wir sind da! Hurra!

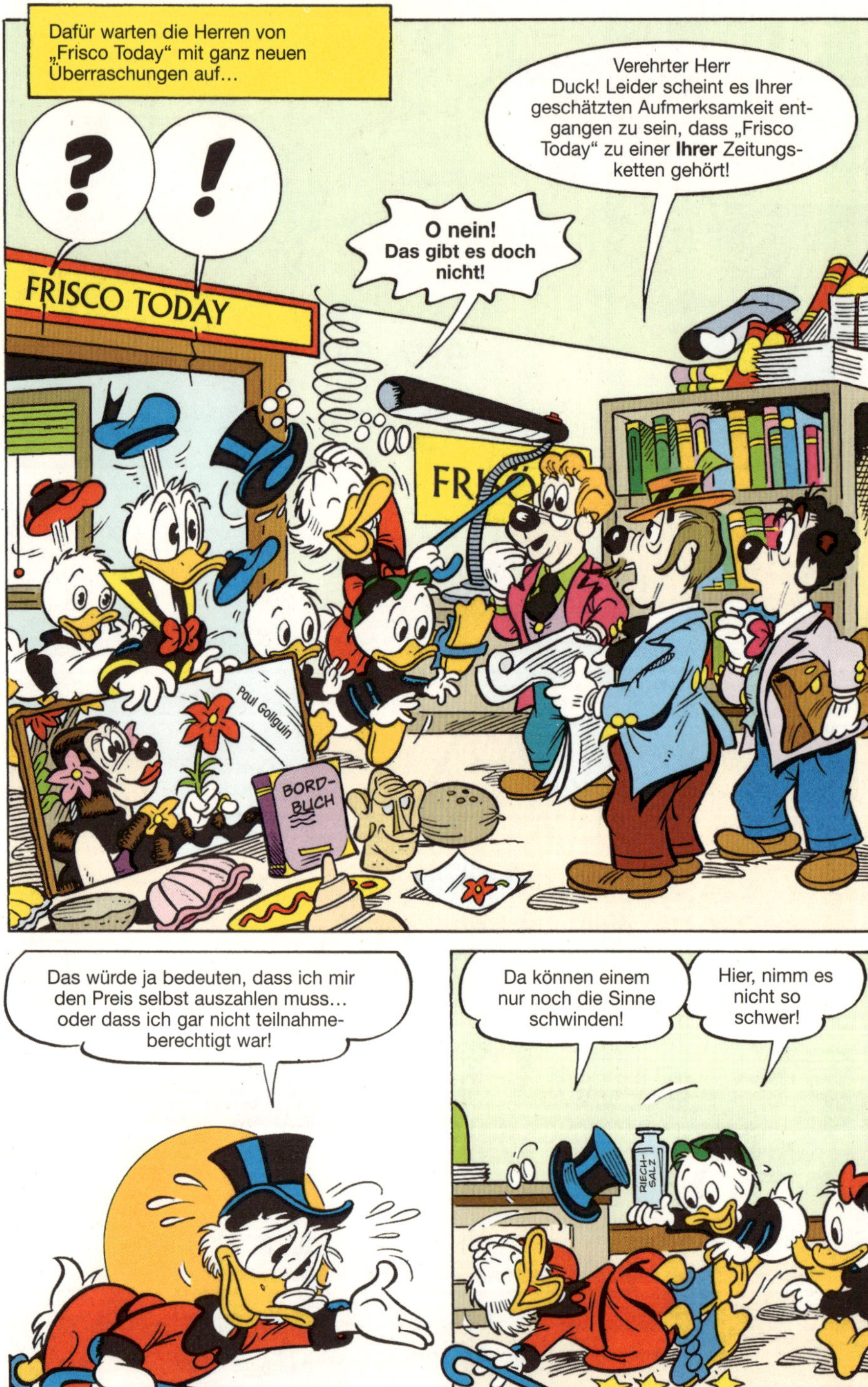
Dafür warten die Herren von „Frisco Today“ mit ganz neuen Überraschungen auf…
?
!
FRISCO TODAY
O nein! Das gibt es doch nicht!
Verehrter Herr Duck! Leider scheint es Ihrer geschätzten Aufmerksamkeit entgangen zu sein, dass „Frisco Today“ zu einer **Ihrer** Zeitungsketten gehört!
Paul Gollguin
BORD-BUCH
Das würde ja bedeuten, dass ich mir den Preis selbst auszahlen muss… oder dass ich gar nicht teilnahmeberechtigt war!
Da können einem nur noch die Sinne schwinden!
Hier, nimm es nicht so schwer!
RIECH-SALZ

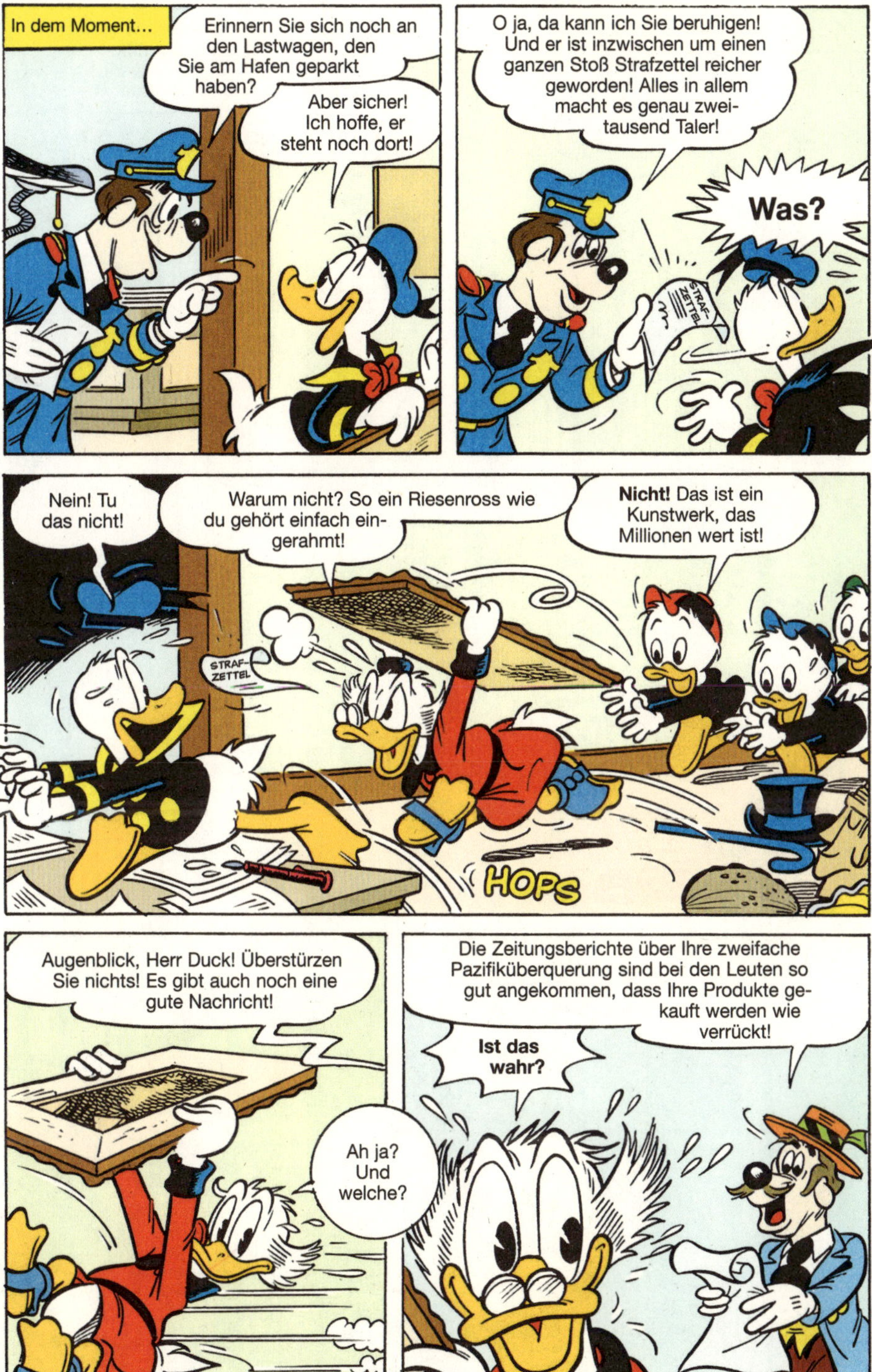
In dem Moment...
Erinnern Sie sich noch an den Lastwagen, den Sie am Hafen geparkt haben?
Aber sicher! Ich hoffe, er steht noch dort!
O ja, da kann ich Sie beruhigen! Und er ist inzwischen um einen ganzen Stoß Strafzettel reicher geworden! Alles in allem macht es genau zweitausend Taler!
Was?
STRAFZETTEL
Nein! Tu das nicht!
Warum nicht? So ein Riesenross wie du gehört einfach eingerahmt!
Nicht! Das ist ein Kunstwerk, das Millionen wert ist!
STRAFZETTEL
HOPS
Augenblick, Herr Duck! Überstürzen Sie nichts! Es gibt auch noch eine gute Nachricht!
Ah ja? Und welche?
Die Zeitungsberichte über Ihre zweifache Pazifiküberquerung sind bei den Leuten so gut angekommen, dass Ihre Produkte gekauft werden wie verrückt!
Ist das wahr?

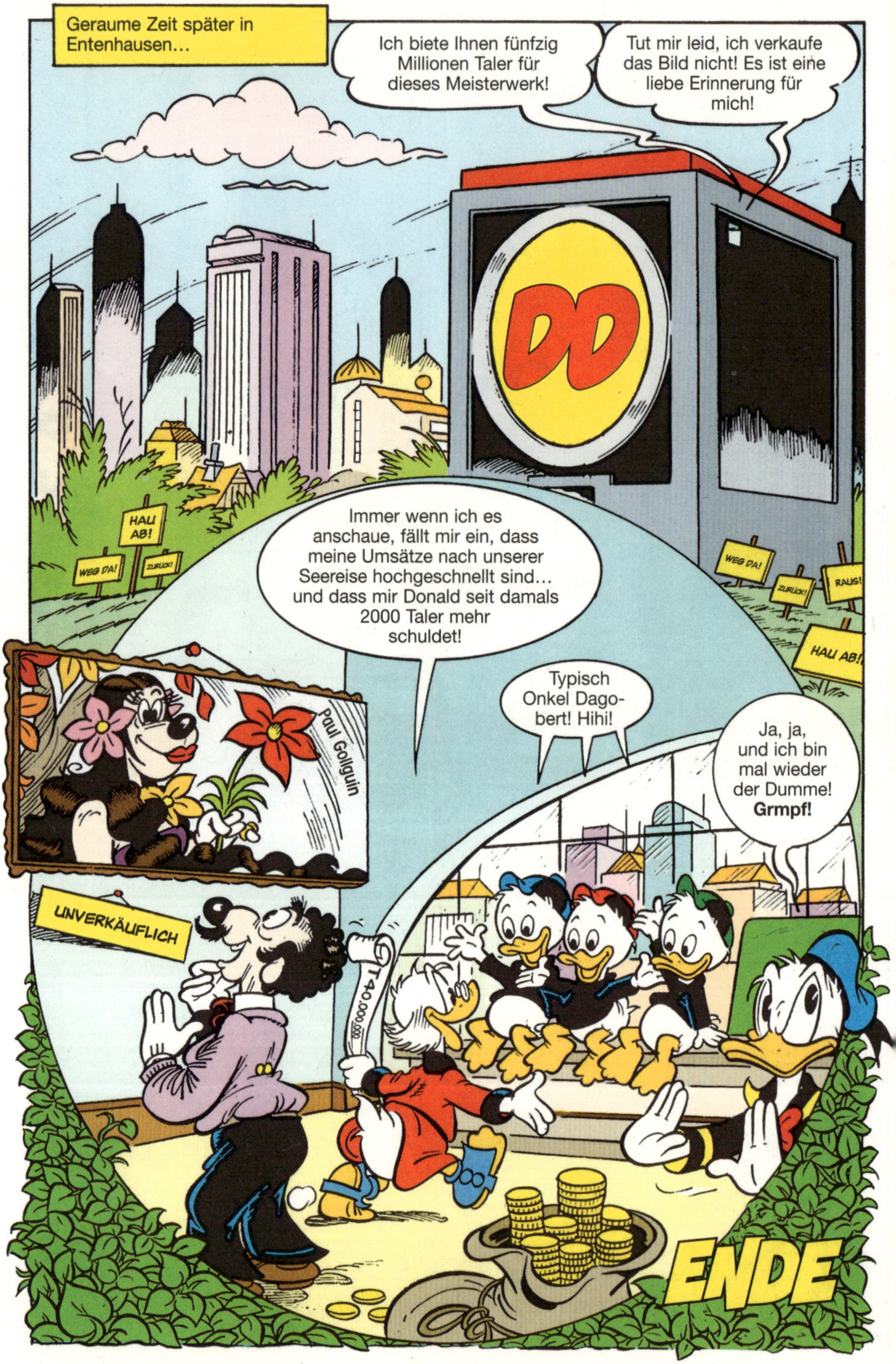
Geraume Zeit später in Entenhausen…
Ich biete Ihnen fünfzig Millionen Taler für dieses Meisterwerk!
Tut mir leid, ich verkaufe das Bild nicht! Es ist eine liebe Erinnerung für mich!
DD
HAU AB!
WEG DA!
ZURÜCK!
WEG DA!
ZURÜCK!
RAUS!
HAU AB!
Immer wenn ich es anschaue, fällt mir ein, dass meine Umsätze nach unserer Seereise hochgeschnellt sind… und dass mir Donald seit damals 2000 Taler mehr schuldet!
Typisch Onkel Dagobert! Hihi!
Ja, ja, und ich bin mal wieder der Dumme! **Grmpf!**
Paul Gollguin
UNVERKÄUFLICH
T 40.000.000
ENDE

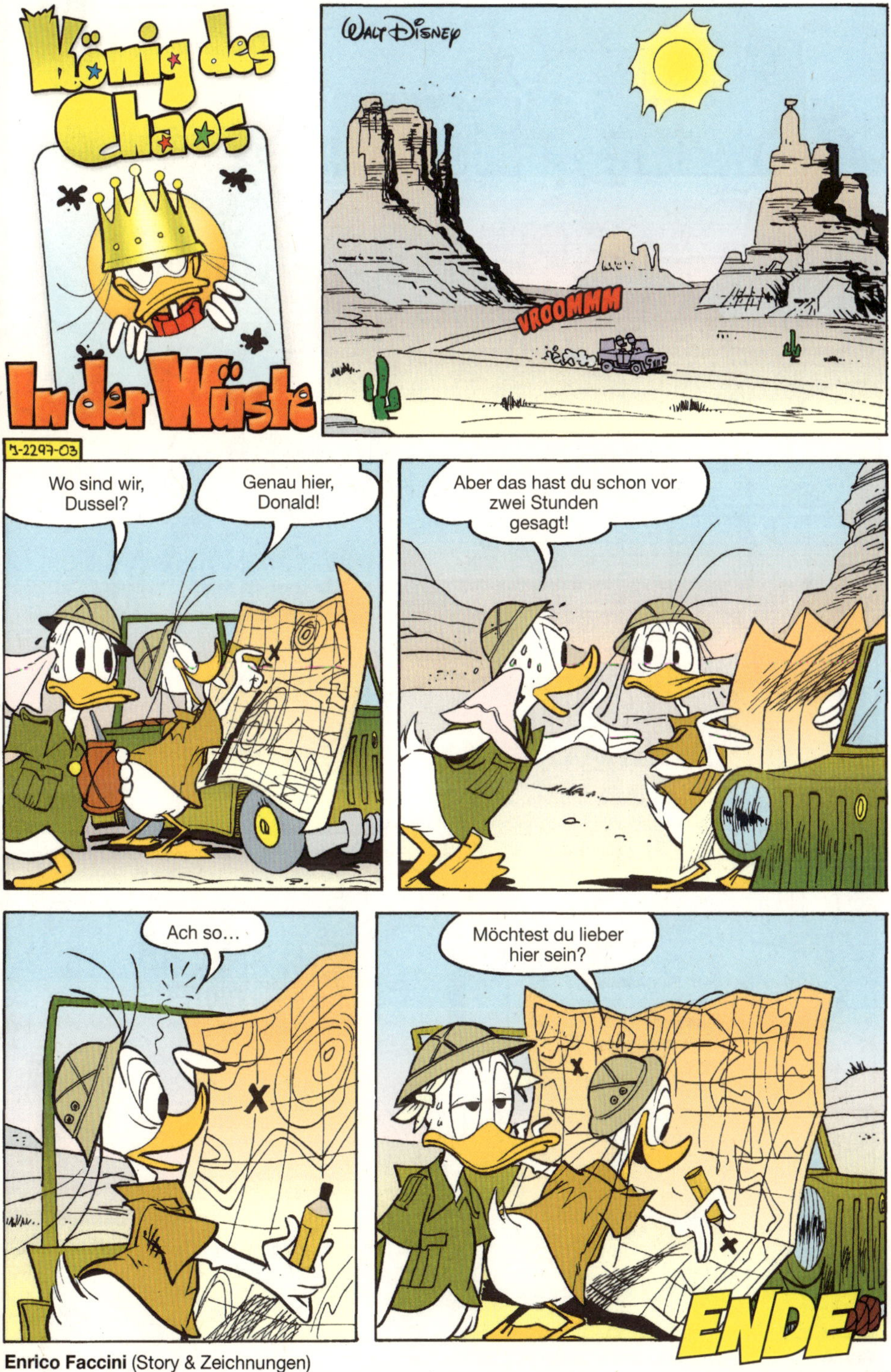

Enrico Faccini (Story & Zeichnungen)

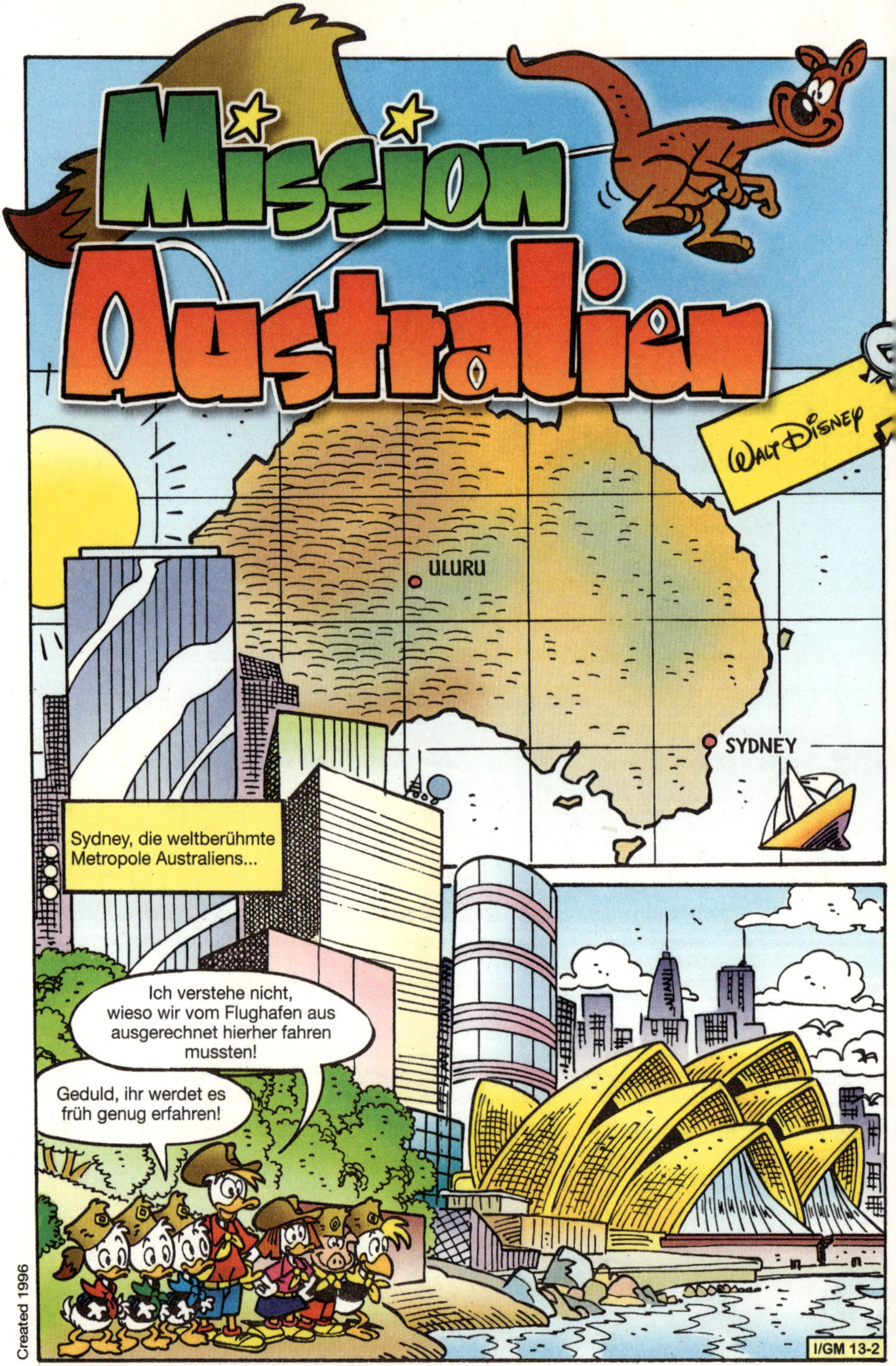

Created 1996

Bruno Sarda (Story), **Alessandro Gottardo** (Zeichnungen)

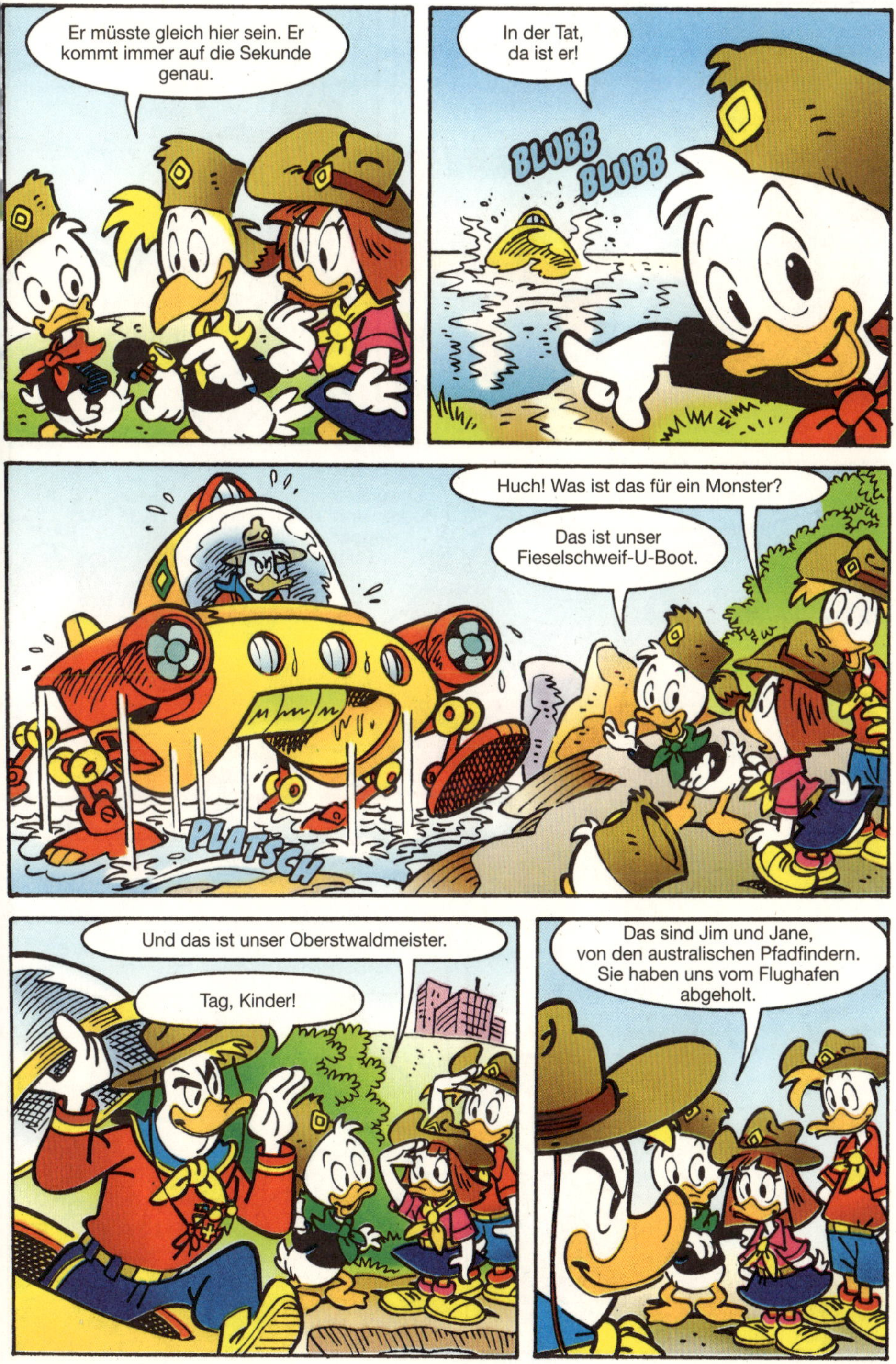
Er müsste gleich hier sein. Er kommt immer auf die Sekunde genau.
In der Tat, da ist er!
BLUBB BLUBB
Huch! Was ist das für ein Monster?
Das ist unser Fieselschweif-U-Boot.
PLATSCH
Und das ist unser Oberstwaldmeister.
Tag, Kinder!
Das sind Jim und Jane, von den australischen Pfadfindern. Sie haben uns vom Flughafen abgeholt.

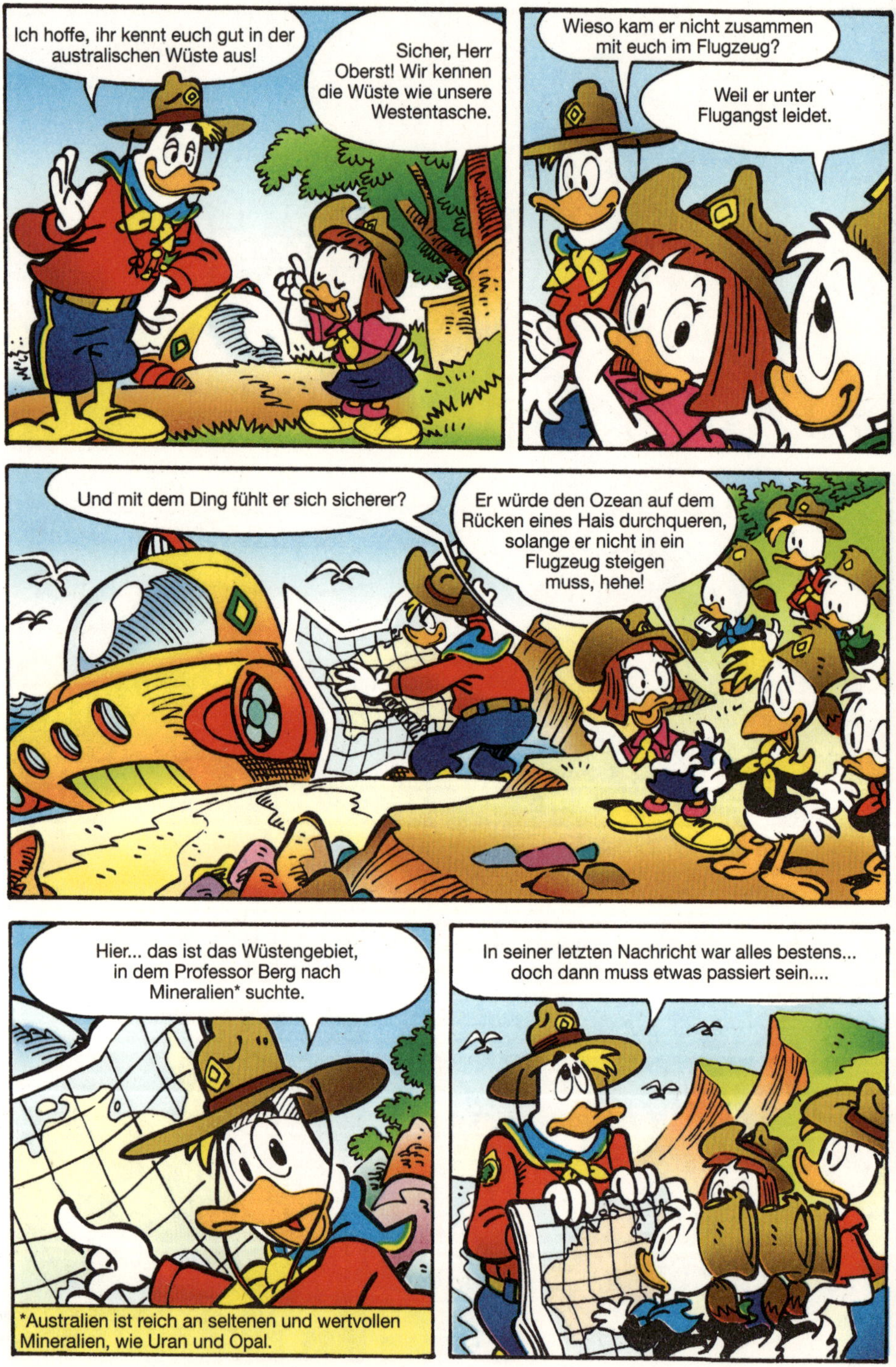
Ich hoffe, ihr kennt euch gut in der australischen Wüste aus!
Sicher, Herr Oberst! Wir kennen die Wüste wie unsere Westentasche.
Wieso kam er nicht zusammen mit euch im Flugzeug?
Weil er unter Flugangst leidet.
Und mit dem Ding fühlt er sich sicherer?
Er würde den Ozean auf dem Rücken eines Hais durchqueren, solange er nicht in ein Flugzeug steigen muss, hehe!
Hier... das ist das Wüstengebiet, in dem Professor Berg nach Mineralien* suchte.
*Australien ist reich an seltenen und wertvollen Mineralien, wie Uran und Opal.
In seiner letzten Nachricht war alles bestens... doch dann muss etwas passiert sein....

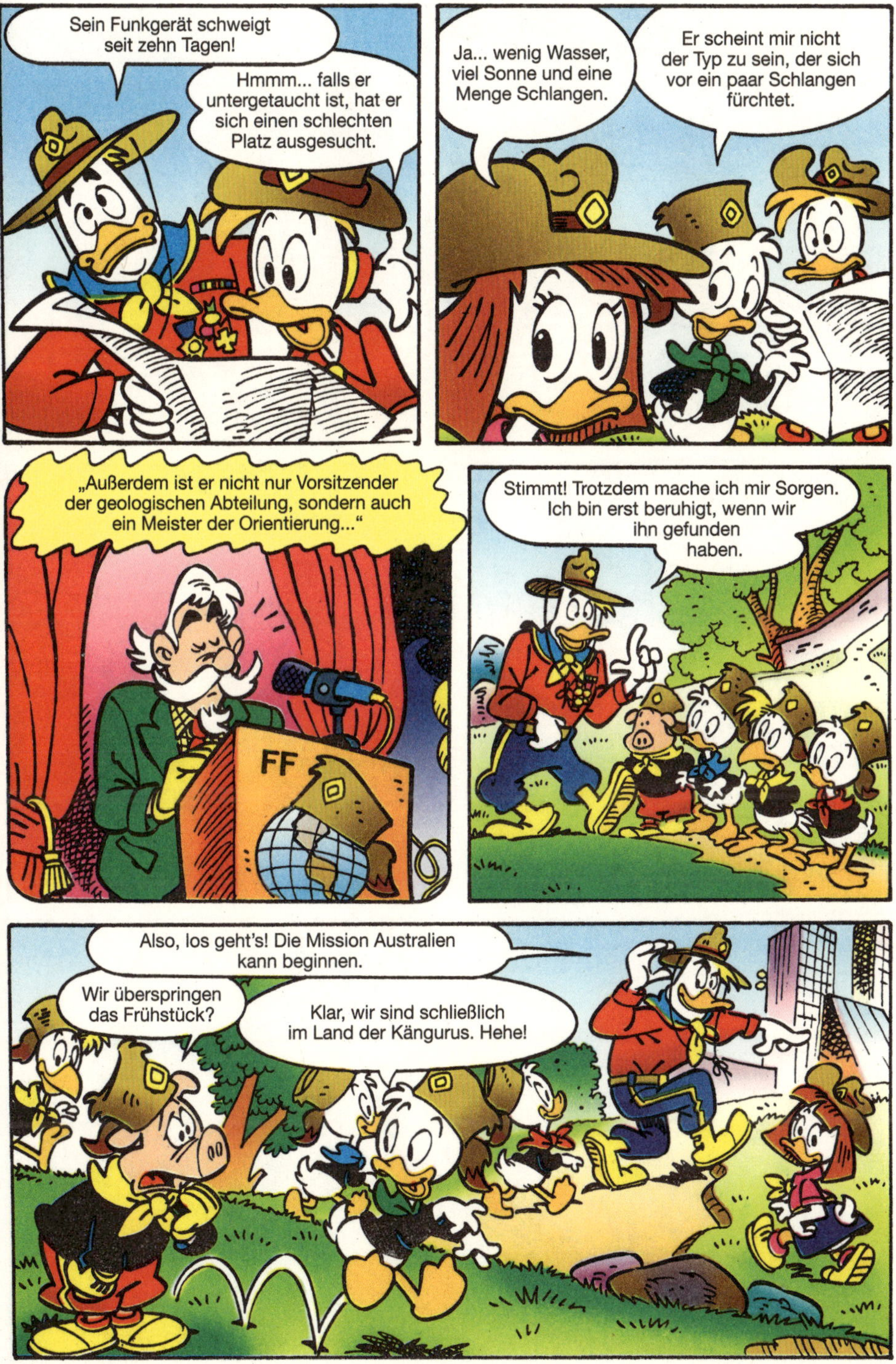
Sein Funkgerät schweigt seit zehn Tagen!
Hmmm... falls er untergetaucht ist, hat er sich einen schlechten Platz ausgesucht.
Ja... wenig Wasser, viel Sonne und eine Menge Schlangen.
Er scheint mir nicht der Typ zu sein, der sich vor ein paar Schlangen fürchtet.
„Außerdem ist er nicht nur Vorsitzender der geologischen Abteilung, sondern auch ein Meister der Orientierung..."
FF
Stimmt! Trotzdem mache ich mir Sorgen. Ich bin erst beruhigt, wenn wir ihn gefunden haben.
Also, los geht's! Die Mission Australien kann beginnen.
Wir überspringen das Frühstück?
Klar, wir sind schließlich im Land der Kängurus. Hehe!

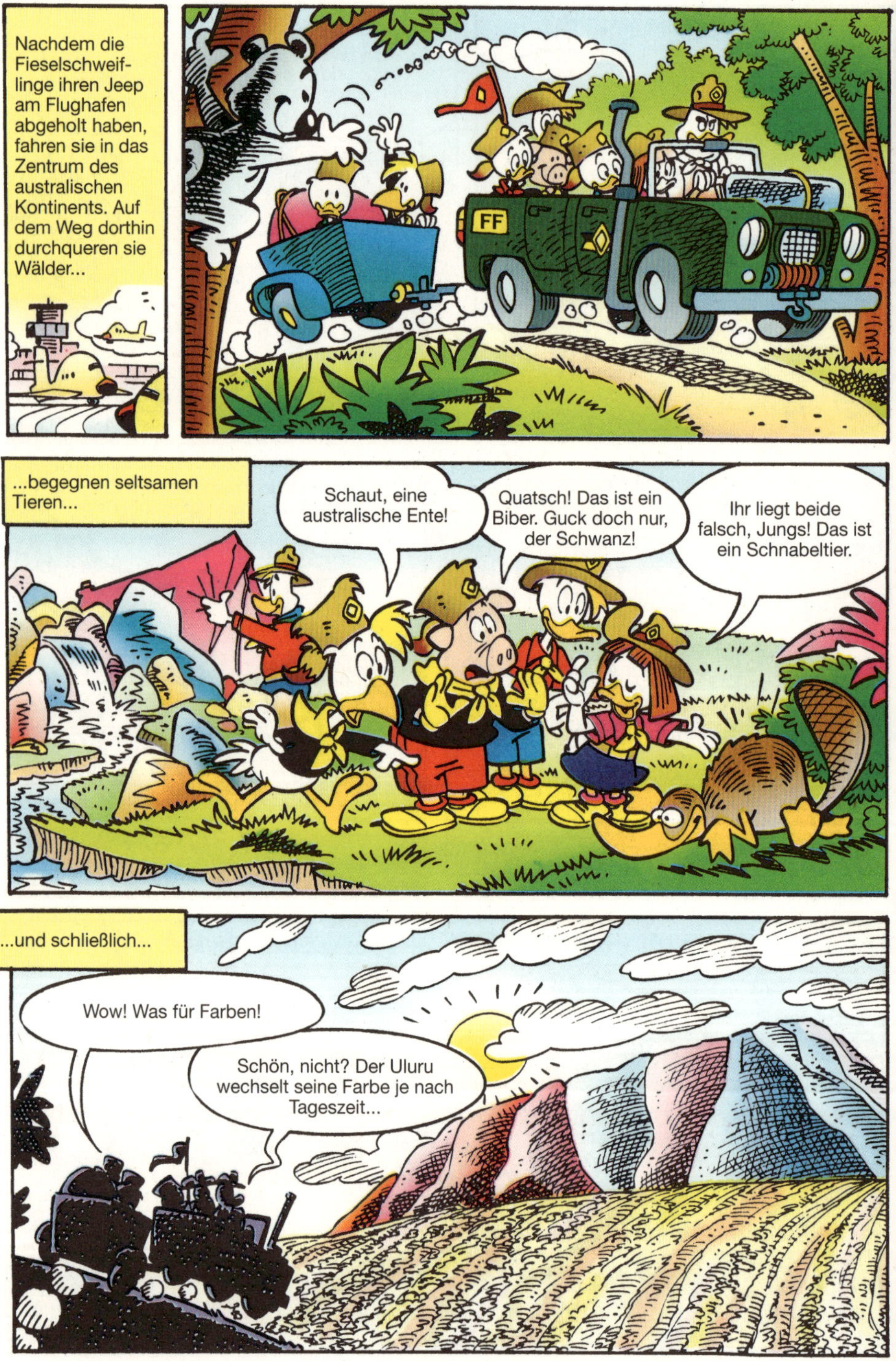
Nachdem die Fieselschweiflinge ihren Jeep am Flughafen abgeholt haben, fahren sie in das Zentrum des australischen Kontinents. Auf dem Weg dorthin durchqueren sie Wälder...
FF
...begegnen seltsamen Tieren...
Schaut, eine australische Ente!
Quatsch! Das ist ein Biber. Guck doch nur, der Schwanz!
Ihr liegt beide falsch, Jungs! Das ist ein Schnabeltier.
...und schließlich...
Wow! Was für Farben!
Schön, nicht? Der Uluru wechselt seine Farbe je nach Tageszeit...

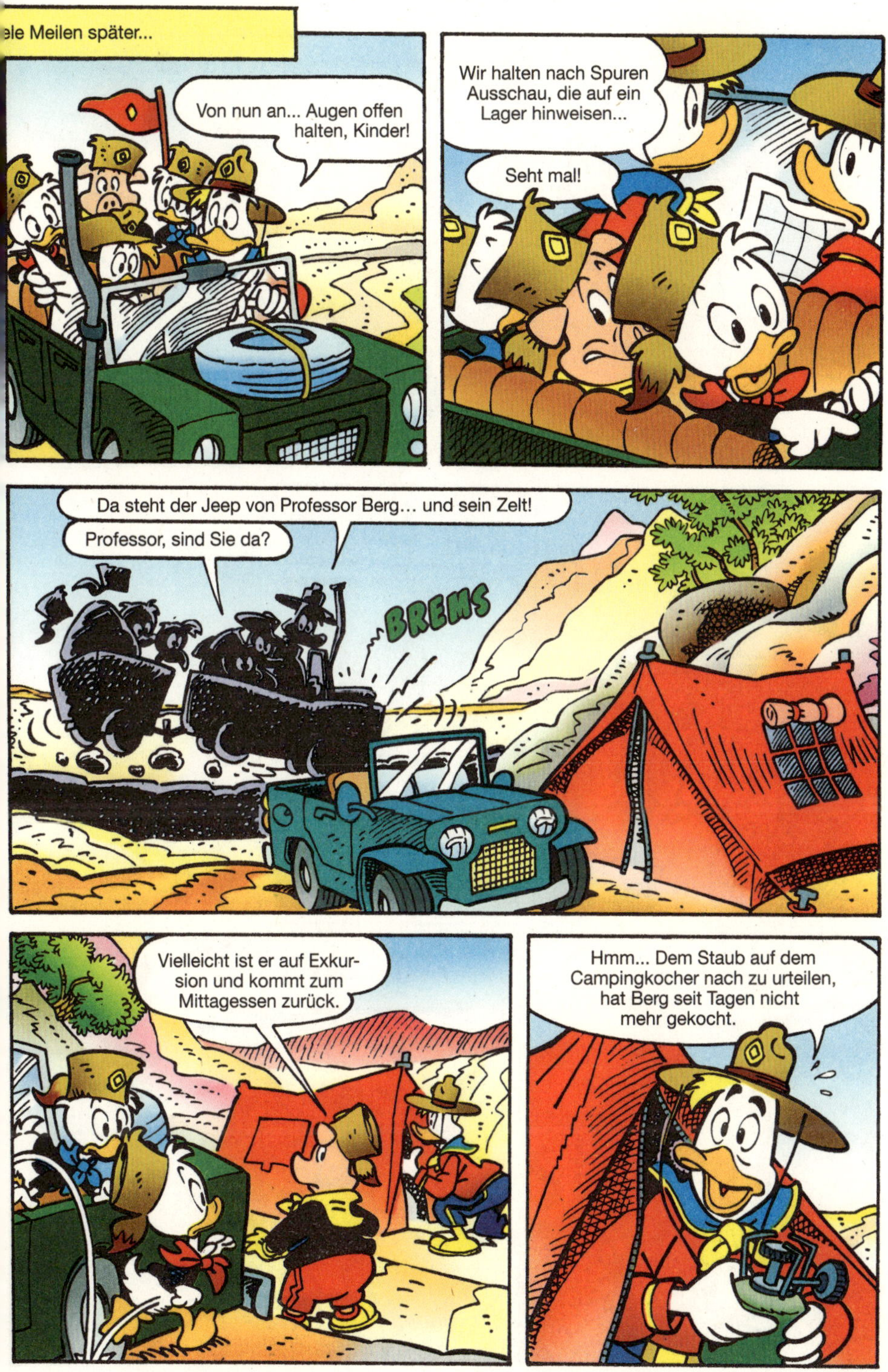
ele Meilen später...
Von nun an... Augen offen halten, Kinder!
Wir halten nach Spuren Ausschau, die auf ein Lager hinweisen...
Seht mal!
Da steht der Jeep von Professor Berg… und sein Zelt!
Professor, sind Sie da?
BREMS
Vielleicht ist er auf Exkursion und kommt zum Mittagessen zurück.
Hmm... Dem Staub auf dem Campingkocher nach zu urteilen, hat Berg seit Tagen nicht mehr gekocht.

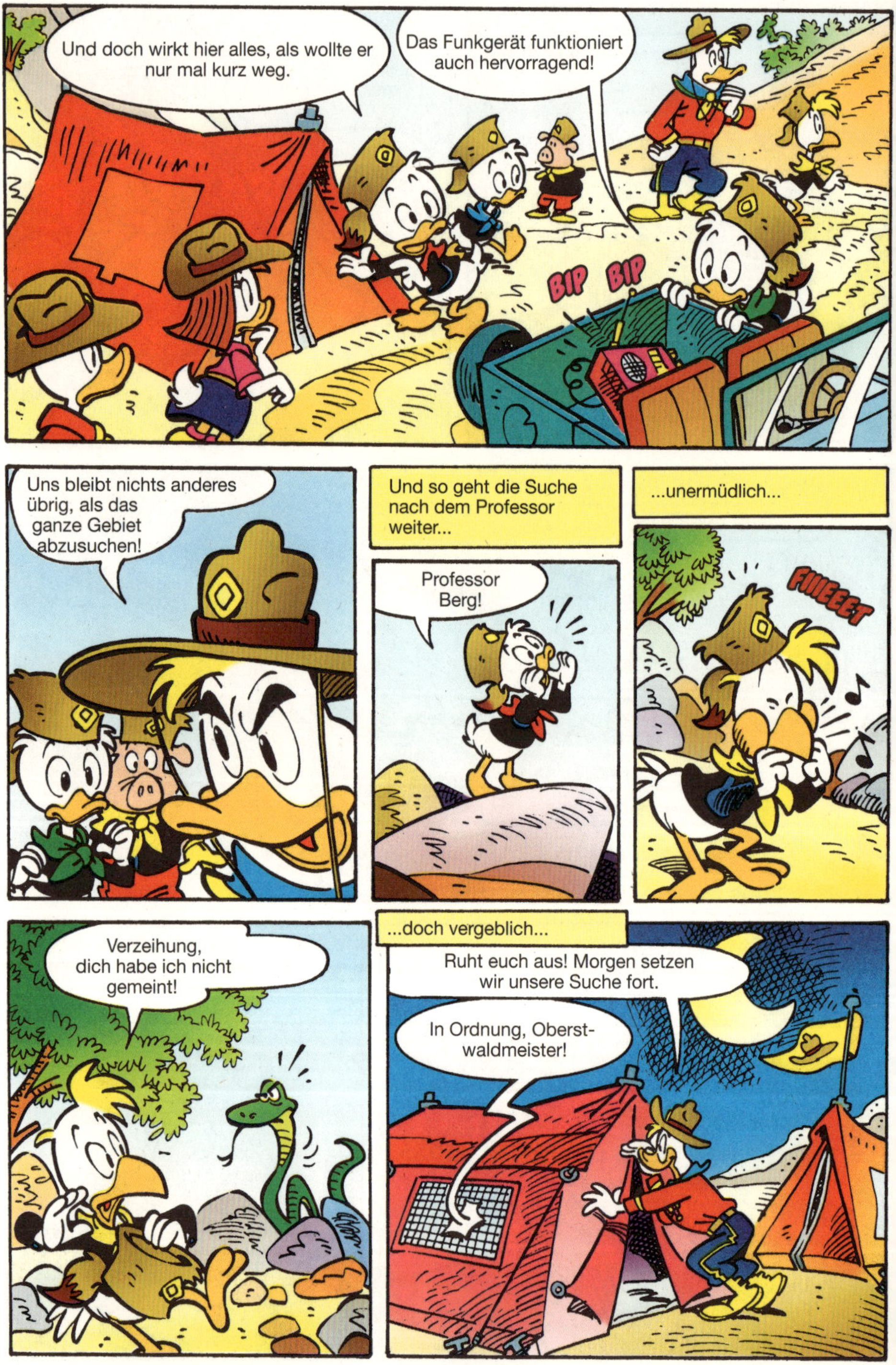
Und doch wirkt hier alles, als wollte er nur mal kurz weg.
Das Funkgerät funktioniert auch hervorragend!
BIP BIP
Uns bleibt nichts anderes übrig, als das ganze Gebiet abzusuchen!
Und so geht die Suche nach dem Professor weiter...
Professor Berg!
...unermüdlich...
FIIIEEET
Verzeihung, dich habe ich nicht gemeint!
...doch vergeblich...
Ruht euch aus! Morgen setzen wir unsere Suche fort.
In Ordnung, Oberst-waldmeister!

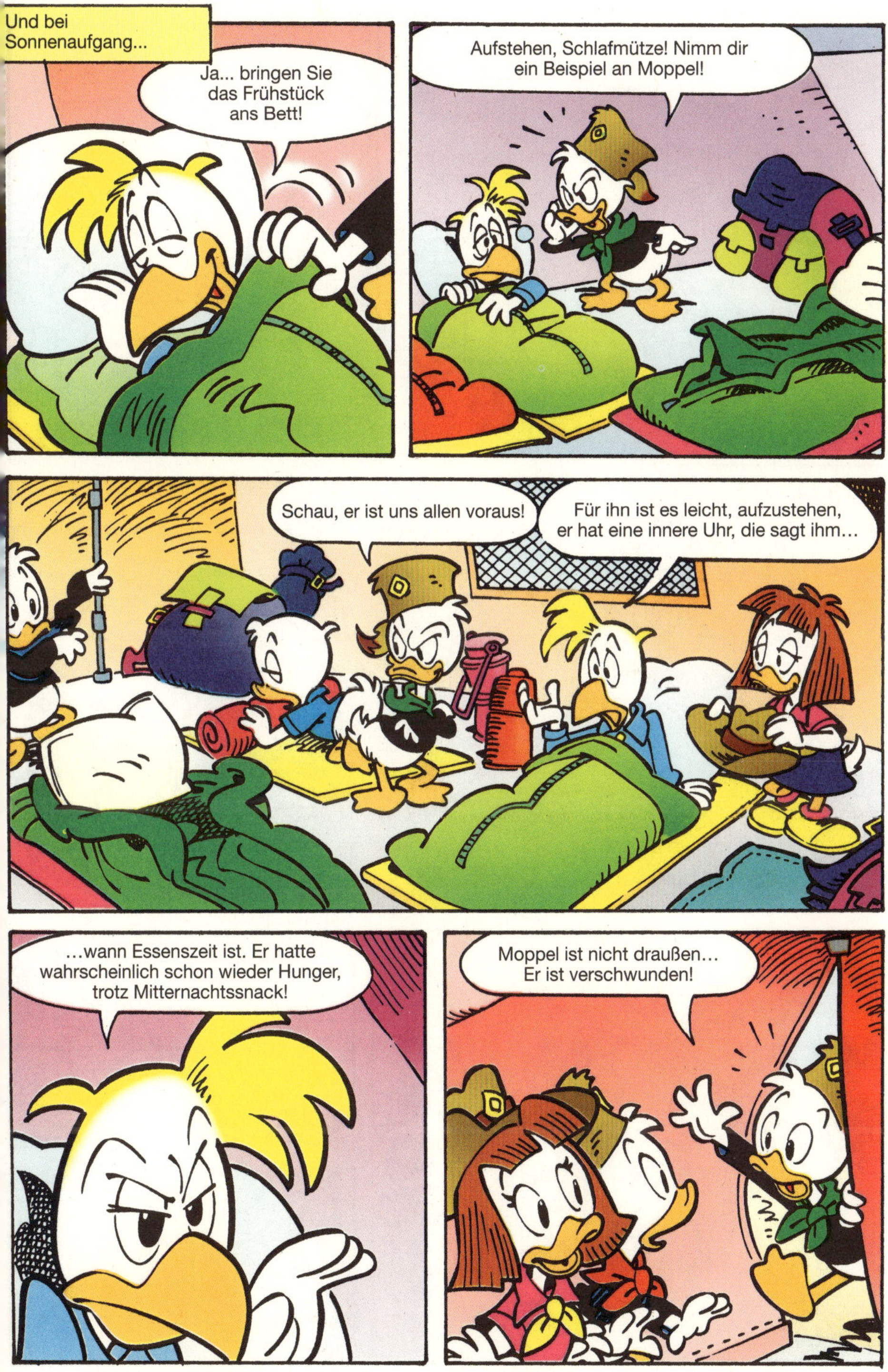
Und bei Sonnenaufgang...
Ja... bringen Sie das Frühstück ans Bett!
Aufstehen, Schlafmütze! Nimm dir ein Beispiel an Moppel!
Schau, er ist uns allen voraus!
Für ihn ist es leicht, aufzustehen, er hat eine innere Uhr, die sagt ihm...
...wann Essenszeit ist. Er hatte wahrscheinlich schon wieder Hunger, trotz Mitternachtssnack!
Moppel ist nicht draußen... Er ist verschwunden!

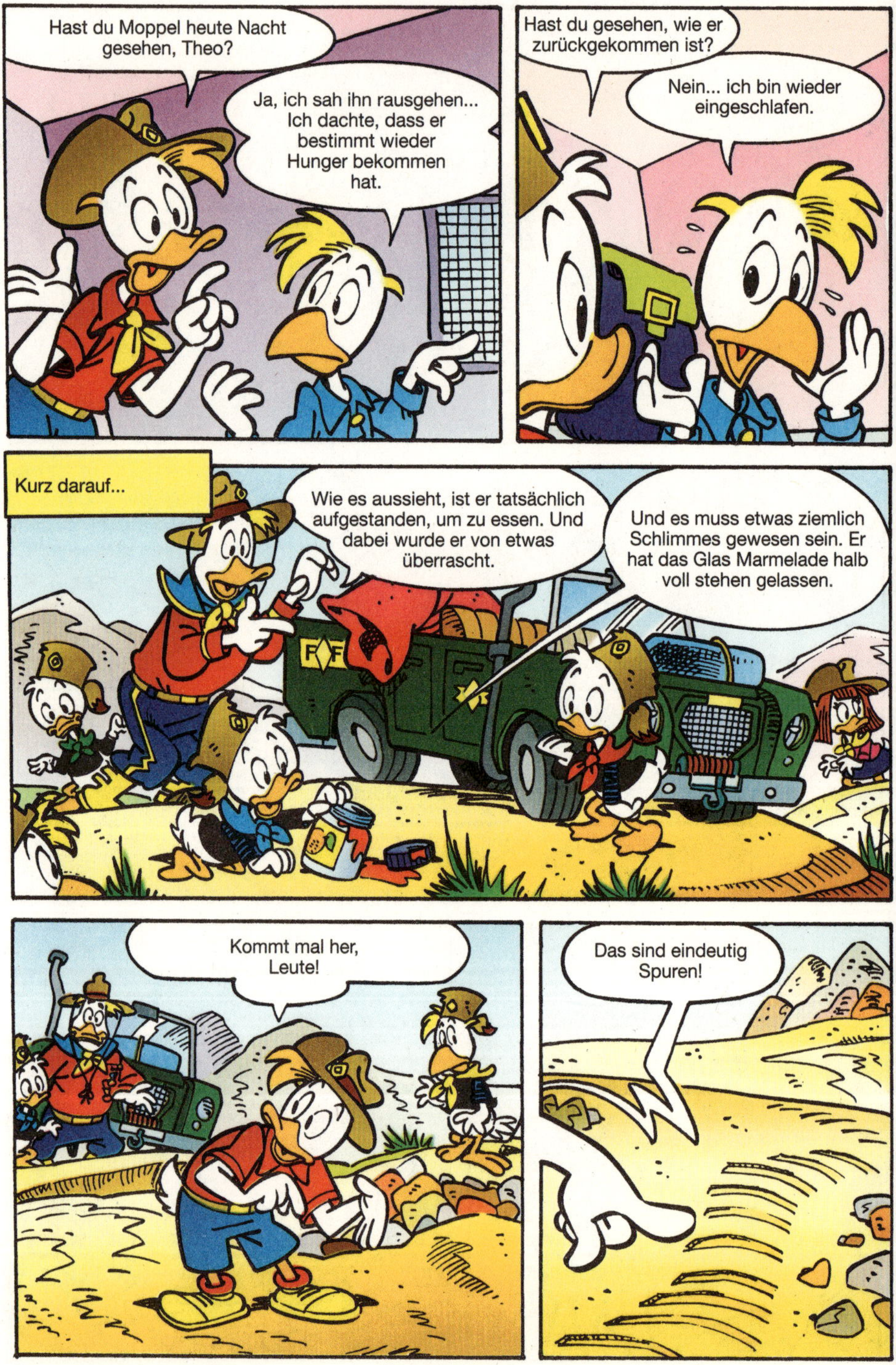
Hast du Moppel heute Nacht gesehen, Theo?
Ja, ich sah ihn rausgehen... Ich dachte, dass er bestimmt wieder Hunger bekommen hat.
Hast du gesehen, wie er zurückgekommen ist?
Nein... ich bin wieder eingeschlafen.
Kurz darauf...
Wie es aussieht, ist er tatsächlich aufgestanden, um zu essen. Und dabei wurde er von etwas überrascht.
Und es muss etwas ziemlich Schlimmes gewesen sein. Er hat das Glas Marmelade halb voll stehen gelassen.
Kommt mal her, Leute!
Das sind eindeutig Spuren!

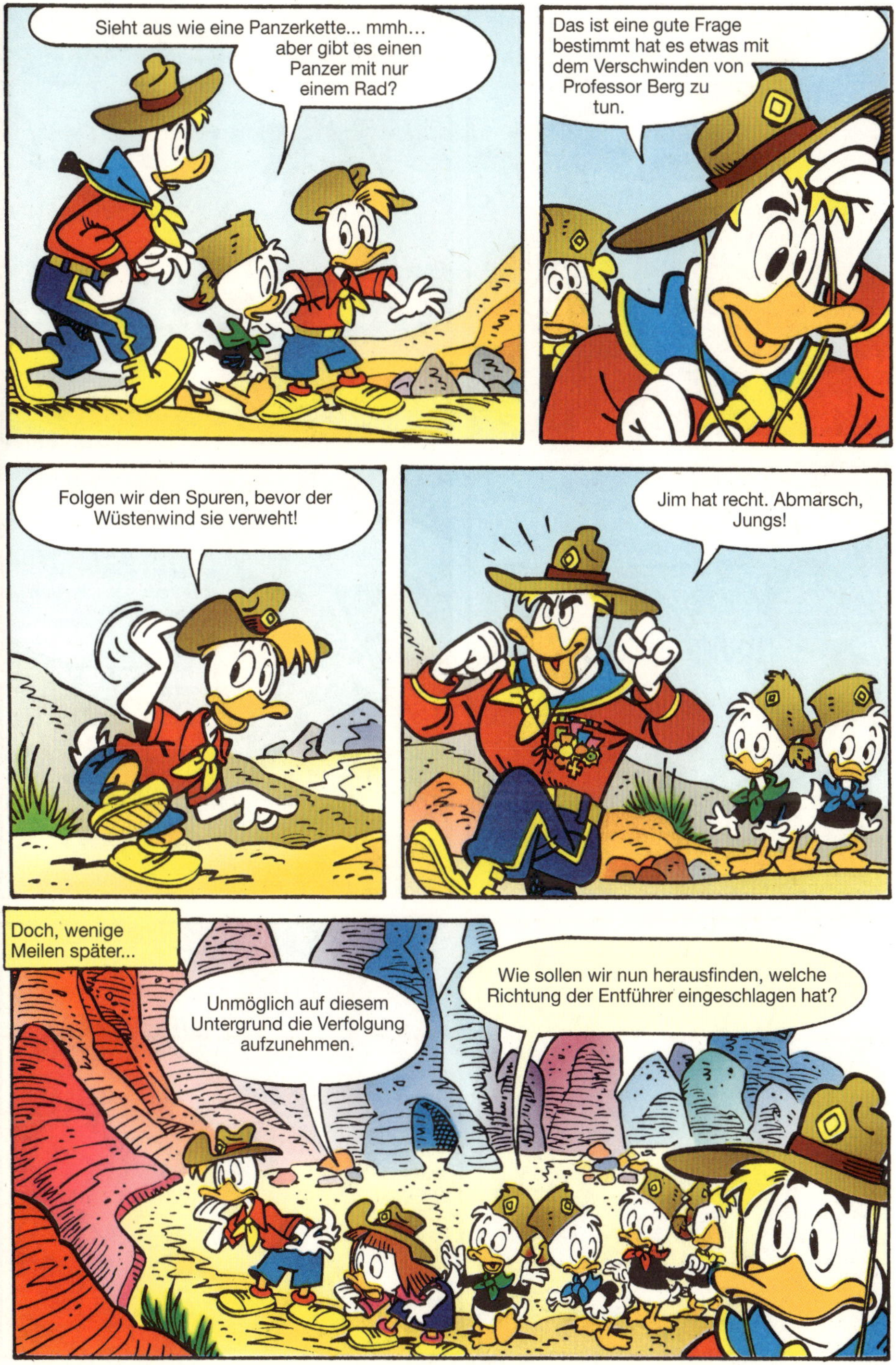
Sieht aus wie eine Panzerkette... mmh... aber gibt es einen Panzer mit nur einem Rad?
Das ist eine gute Frage bestimmt hat es etwas mit dem Verschwinden von Professor Berg zu tun.
Folgen wir den Spuren, bevor der Wüstenwind sie verweht!
Jim hat recht. Abmarsch, Jungs!
Doch, wenige Meilen später...
Unmöglich auf diesem Untergrund die Verfolgung aufzunehmen.
Wie sollen wir nun herausfinden, welche Richtung der Entführer eingeschlagen hat?

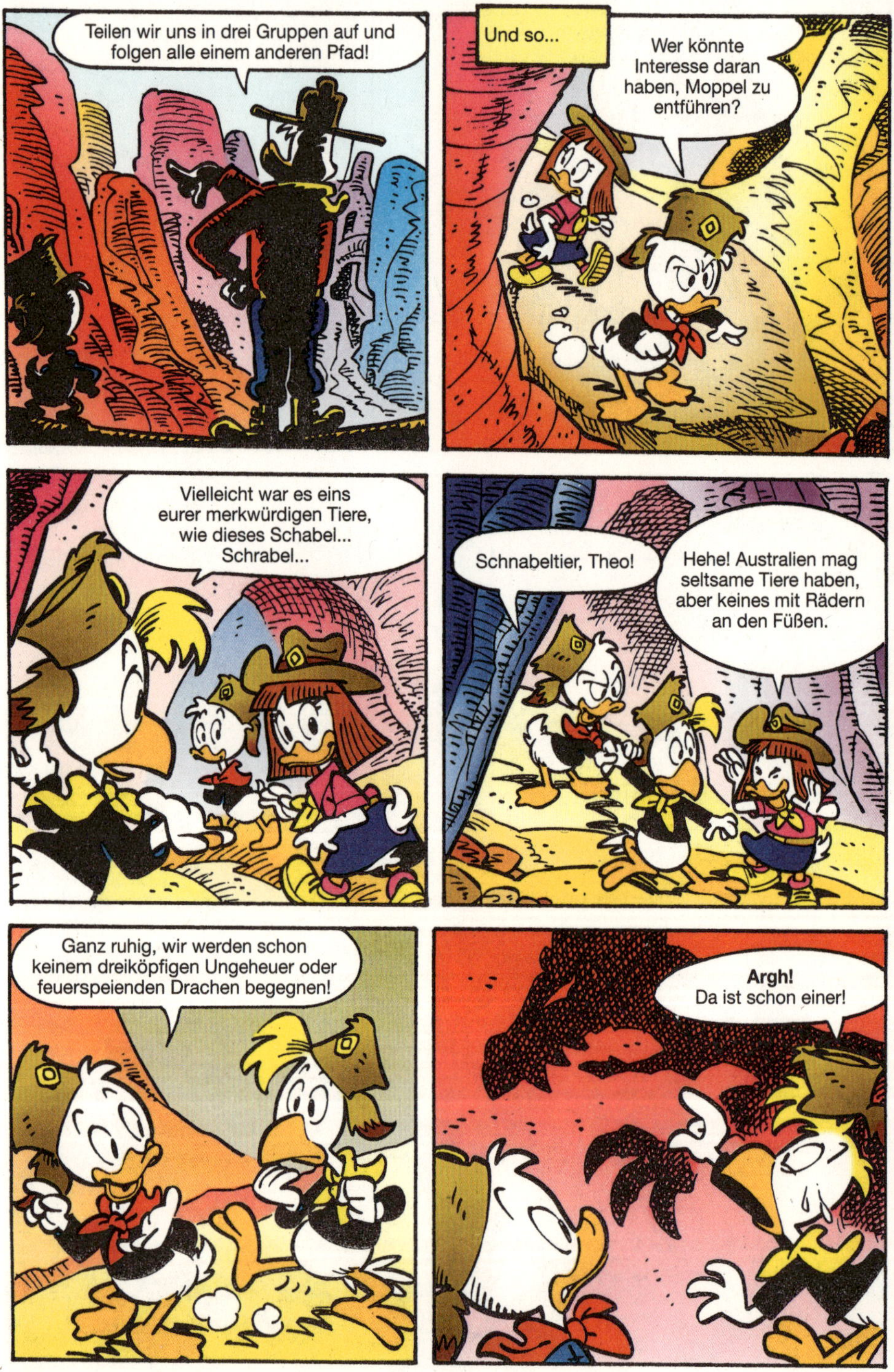
Teilen wir uns in drei Gruppen auf und folgen alle einem anderen Pfad!
Und so...
Wer könnte Interesse daran haben, Moppel zu entführen?
Vielleicht war es eins eurer merkwürdigen Tiere, wie dieses Schabel... Schrabel...
Schnabeltier, Theo!
Hehe! Australien mag seltsame Tiere haben, aber keines mit Rädern an den Füßen.
Ganz ruhig, wir werden schon keinem dreiköpfigen Ungeheuer oder feuerspeienden Drachen begegnen!
Argh! Da ist schon einer!

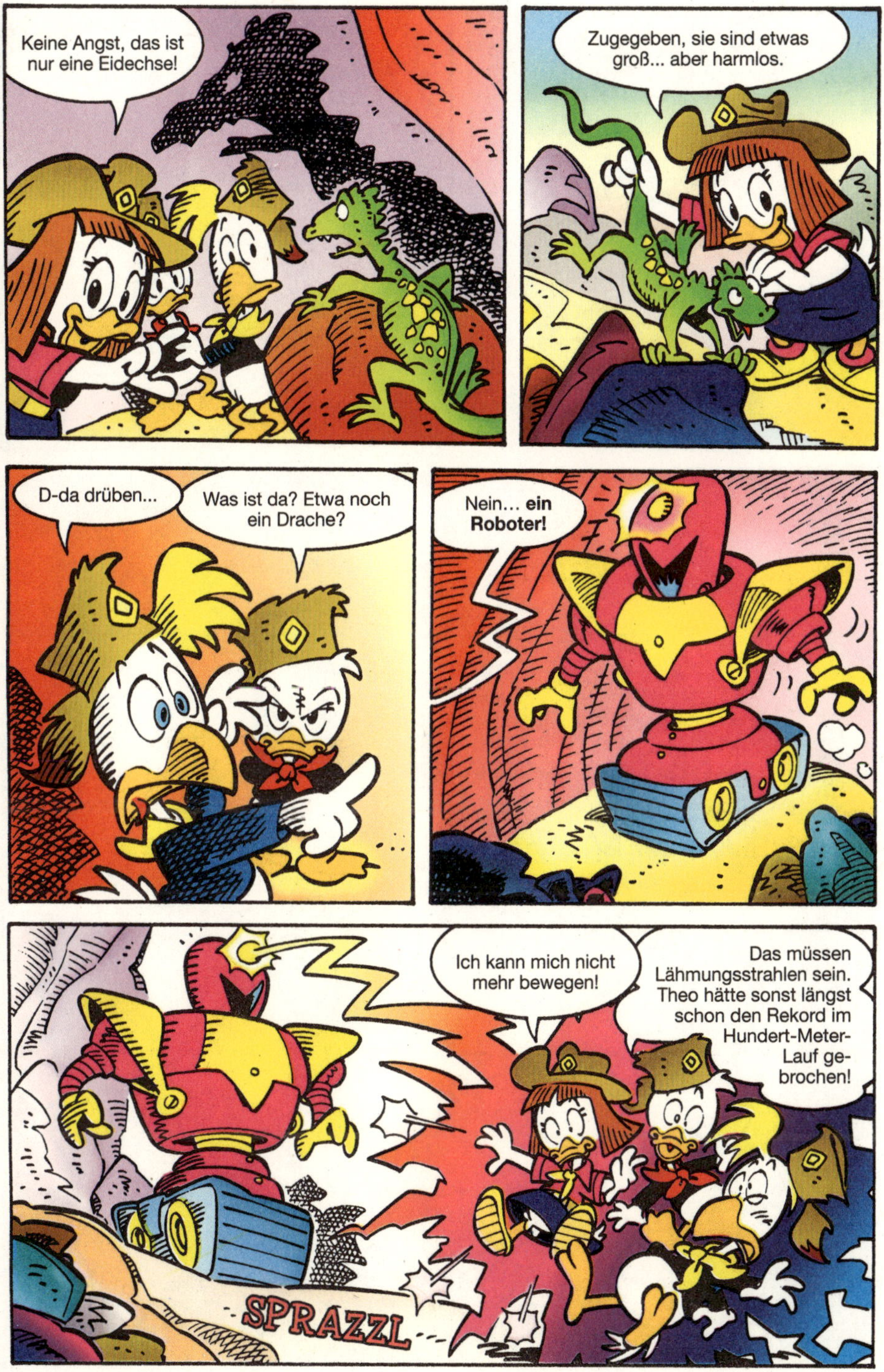
Keine Angst, das ist nur eine Eidechse!
Zugegeben, sie sind etwas groß... aber harmlos.
D-da drüben...
Was ist da? Etwa noch ein Drache?
Nein... **ein Roboter!**
Ich kann mich nicht mehr bewegen!
Das müssen Lähmungsstrahlen sein. Theo hätte sonst längst schon den Rekord im Hundert-Meter-Lauf gebrochen!
SPRAZZL

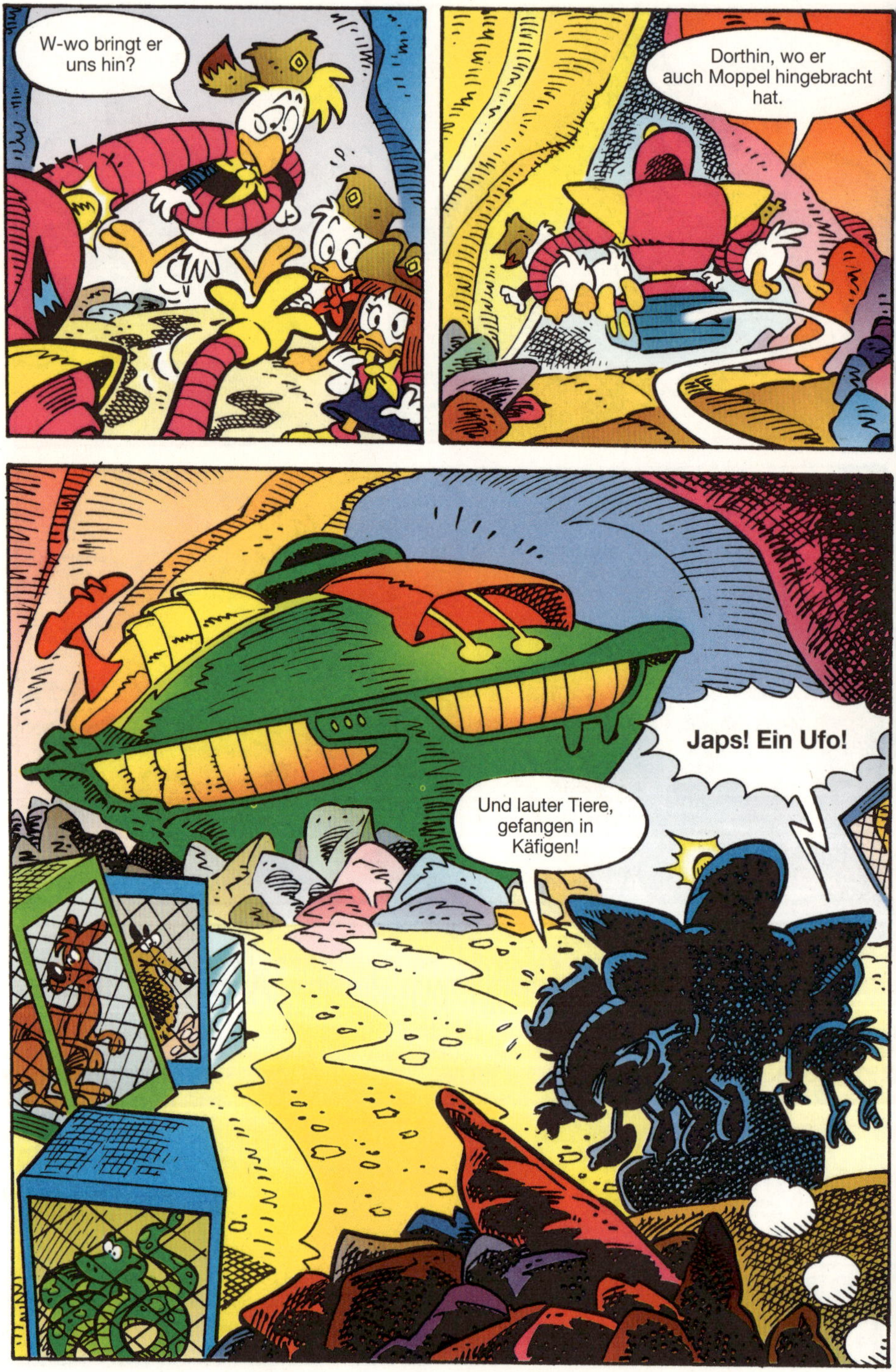
W-wo bringt er uns hin?
Dorthin, wo er auch Moppel hingebracht hat.
Japs! Ein Ufo!
Und lauter Tiere, gefangen in Käfigen!

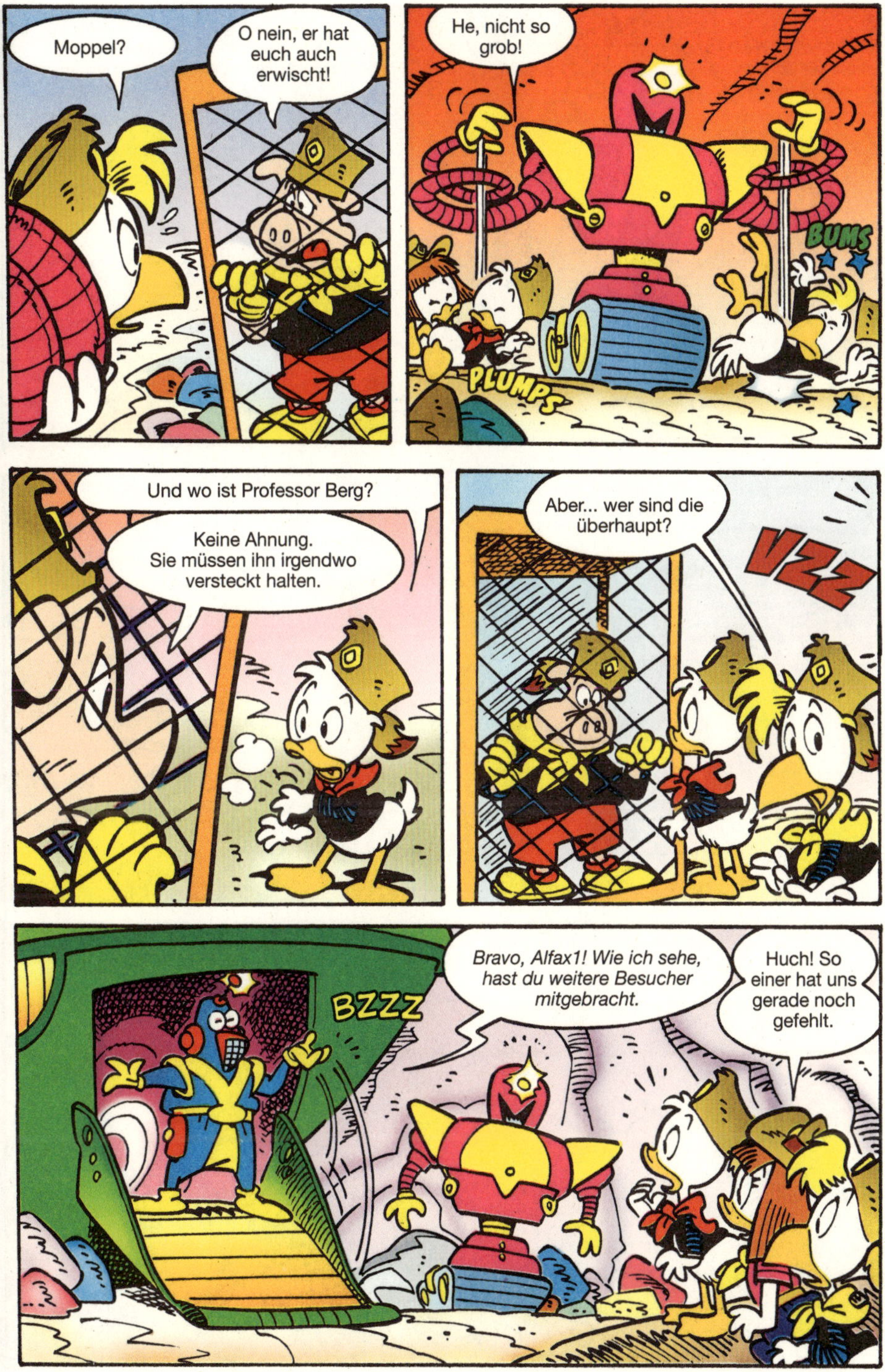
Moppel?
O nein, er hat euch auch erwischt!
He, nicht so grob!
BUMS
PLUMPS
Und wo ist Professor Berg?
Keine Ahnung. Sie müssen ihn irgendwo versteckt halten.
Aber... wer sind die überhaupt?
VZZ
BZZZ
Bravo, Alfax1! Wie ich sehe, hast du weitere Besucher mitgebracht.
Huch! So einer hat uns gerade noch gefehlt.

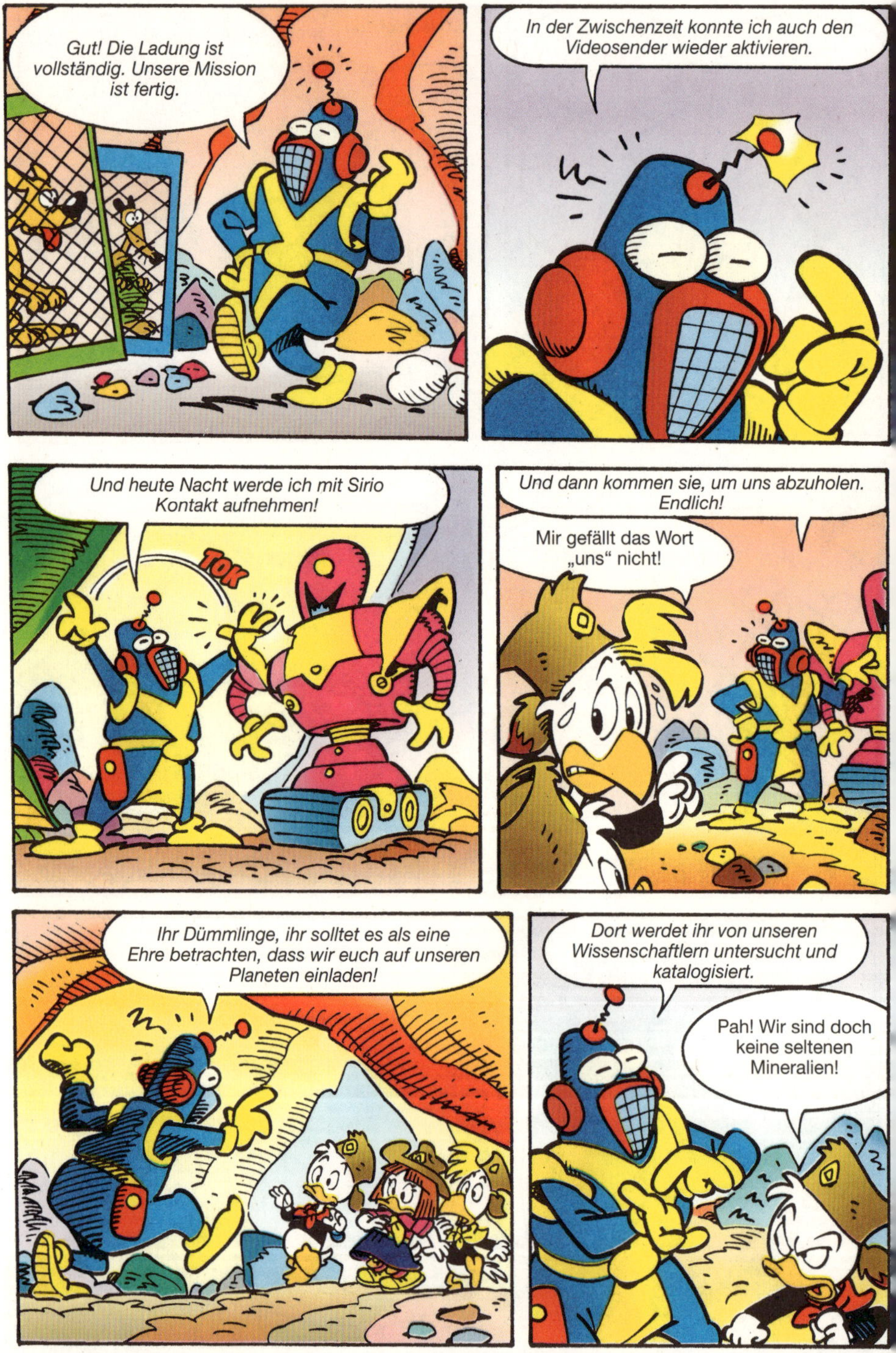
Gut! Die Ladung ist vollständig. Unsere Mission ist fertig.
In der Zwischenzeit konnte ich auch den Videosender wieder aktivieren.
Und heute Nacht werde ich mit Sirio Kontakt aufnehmen!
TOK
Und dann kommen sie, um uns abzuholen. Endlich!
Mir gefällt das Wort „uns“ nicht!
Ihr Dümmlinge, ihr solltet es als eine Ehre betrachten, dass wir euch auf unseren Planeten einladen!
Dort werdet ihr von unseren Wissenschaftlern untersucht und katalogisiert.
Pah! Wir sind doch keine seltenen Mineralien!

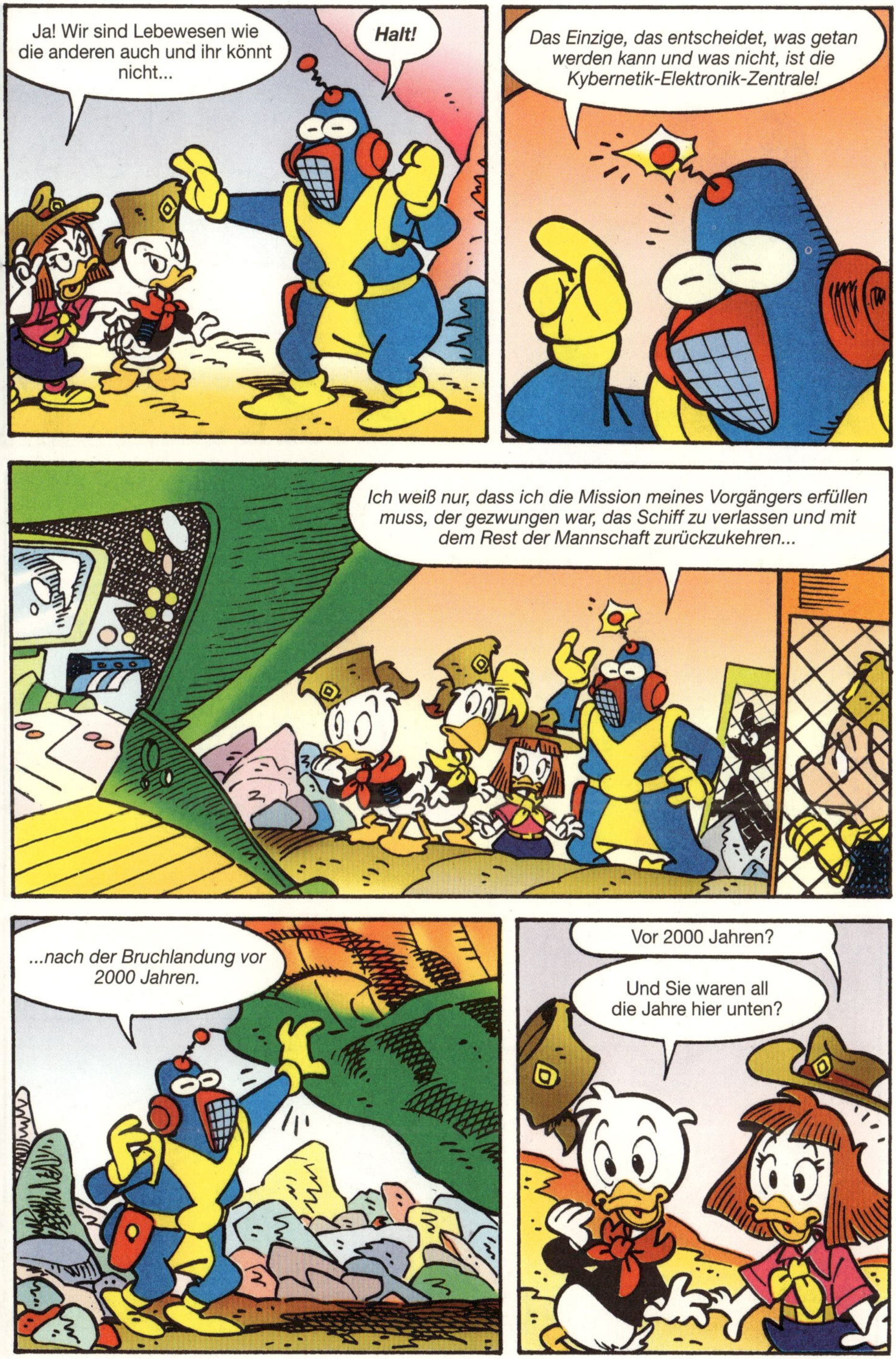

Ja! Wir sind Lebewesen wie die anderen auch und ihr könnt nicht...
Halt!
Das Einzige, das entscheidet, was getan werden kann und was nicht, ist die Kybernetik-Elektronik-Zentrale!
Ich weiß nur, dass ich die Mission meines Vorgängers erfüllen muss, der gezwungen war, das Schiff zu verlassen und mit dem Rest der Mannschaft zurückzukehren...
...nach der Bruchlandung vor 2000 Jahren.
Vor 2000 Jahren?
Und Sie waren all die Jahre hier unten?

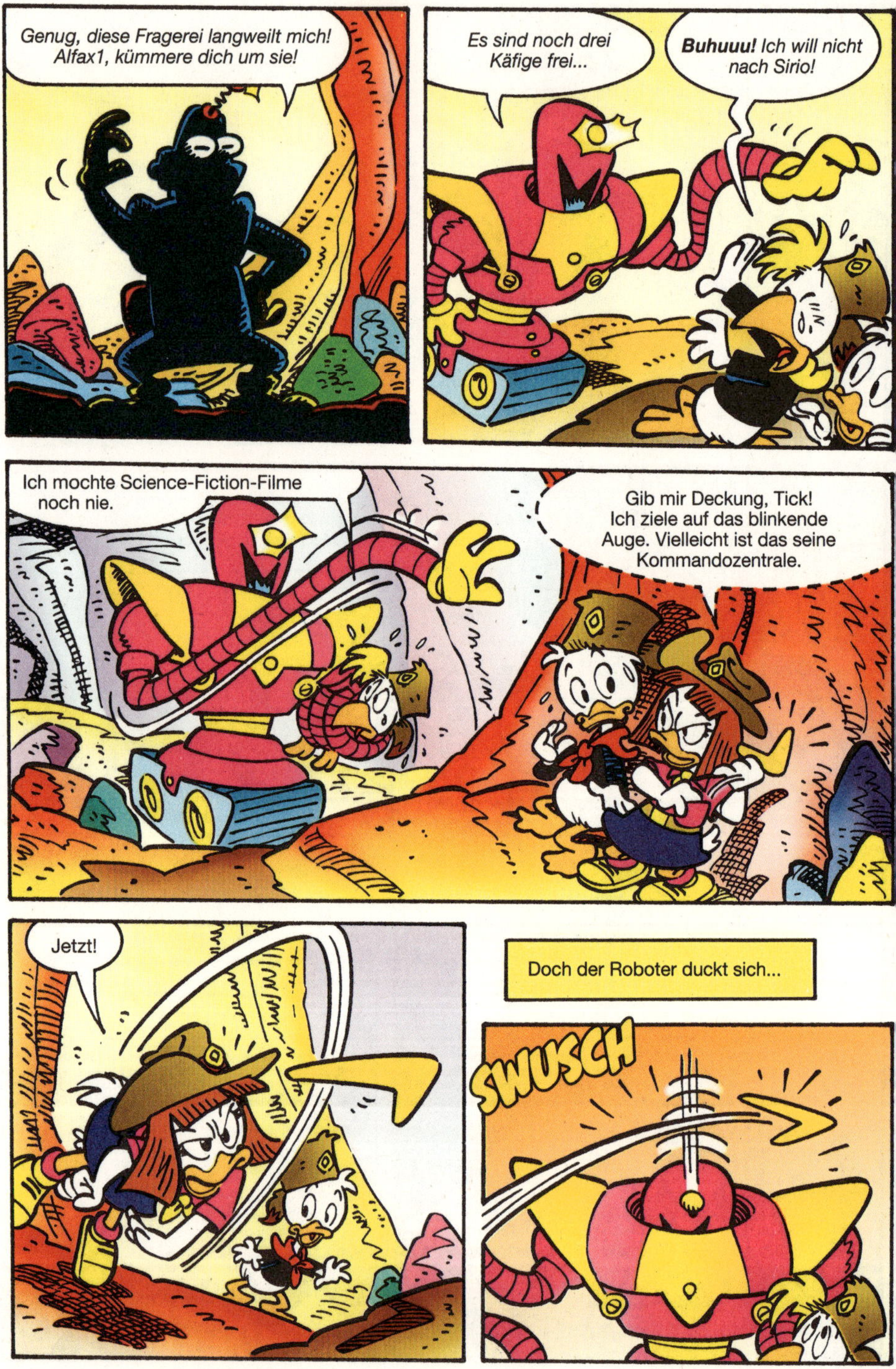
Genug, diese Fragerei langweilt mich! Alfax1, kümmere dich um sie!
Es sind noch drei Käfige frei...
Buhuuu! Ich will nicht nach Sirio!
Ich mochte Science-Fiction-Filme noch nie.
Gib mir Deckung, Tick! Ich ziele auf das blinkende Auge. Vielleicht ist das seine Kommandozentrale.
Jetzt!
Doch der Roboter duckt sich...
SWUSCH

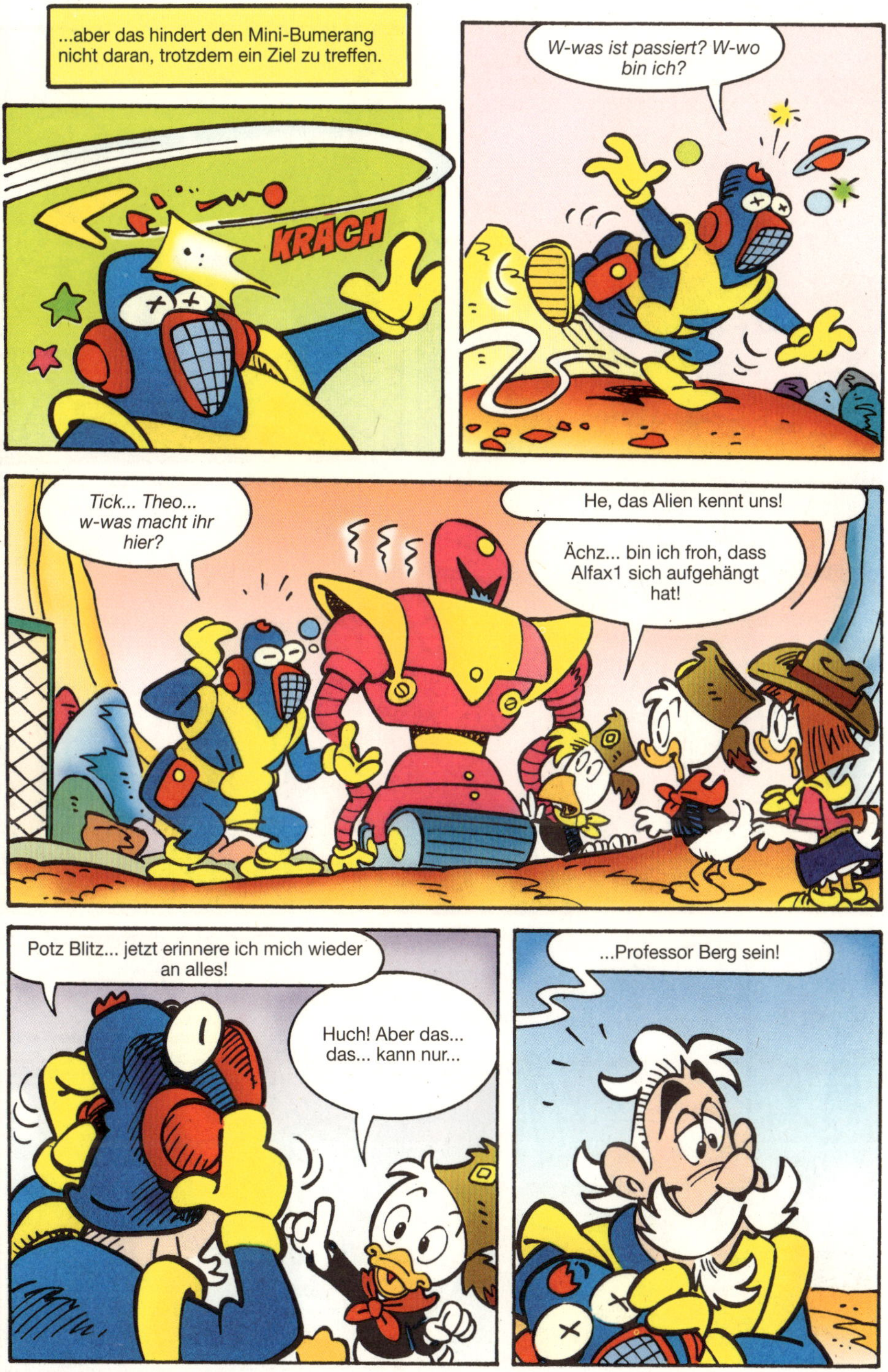
...aber das hindert den Mini-Bumerang nicht daran, trotzdem ein Ziel zu treffen.
KRACH
W-was ist passiert? W-wo bin ich?
Tick... Theo... w-was macht ihr hier?
He, das Alien kennt uns!
Ächz... bin ich froh, dass Alfax1 sich aufgehängt hat!
Potz Blitz... jetzt erinnere ich mich wieder an alles!
Huch! Aber das... das... kann nur...
...Professor Berg sein!

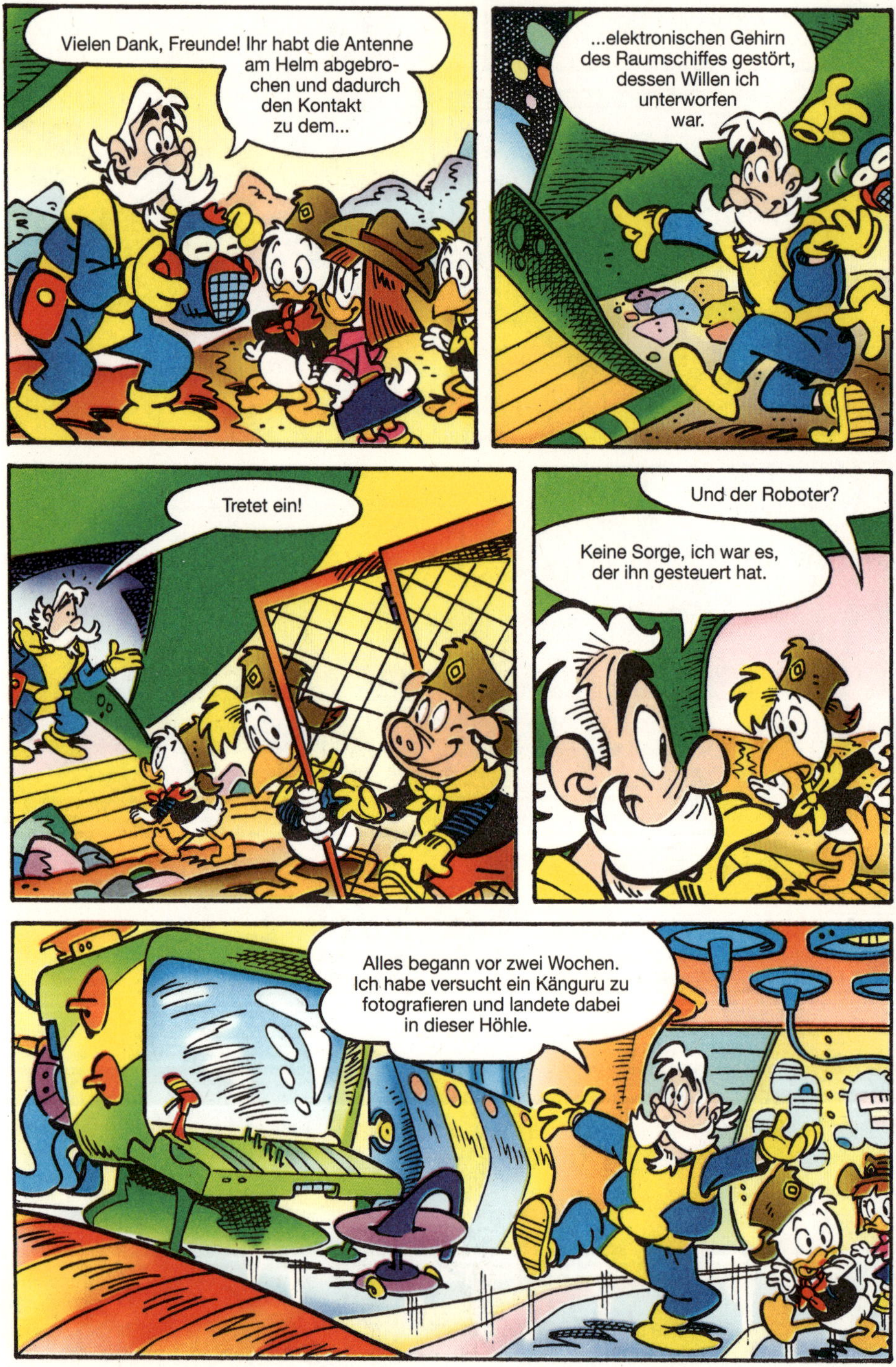
Vielen Dank, Freunde! Ihr habt die Antenne am Helm abgebrochen und dadurch den Kontakt zu dem...
...elektronischen Gehirn des Raumschiffes gestört, dessen Willen ich unterworfen war.
Tretet ein!
Und der Roboter?
Keine Sorge, ich war es, der ihn gesteuert hat.
Alles begann vor zwei Wochen. Ich habe versucht ein Känguru zu fotografieren und landete dabei in dieser Höhle.

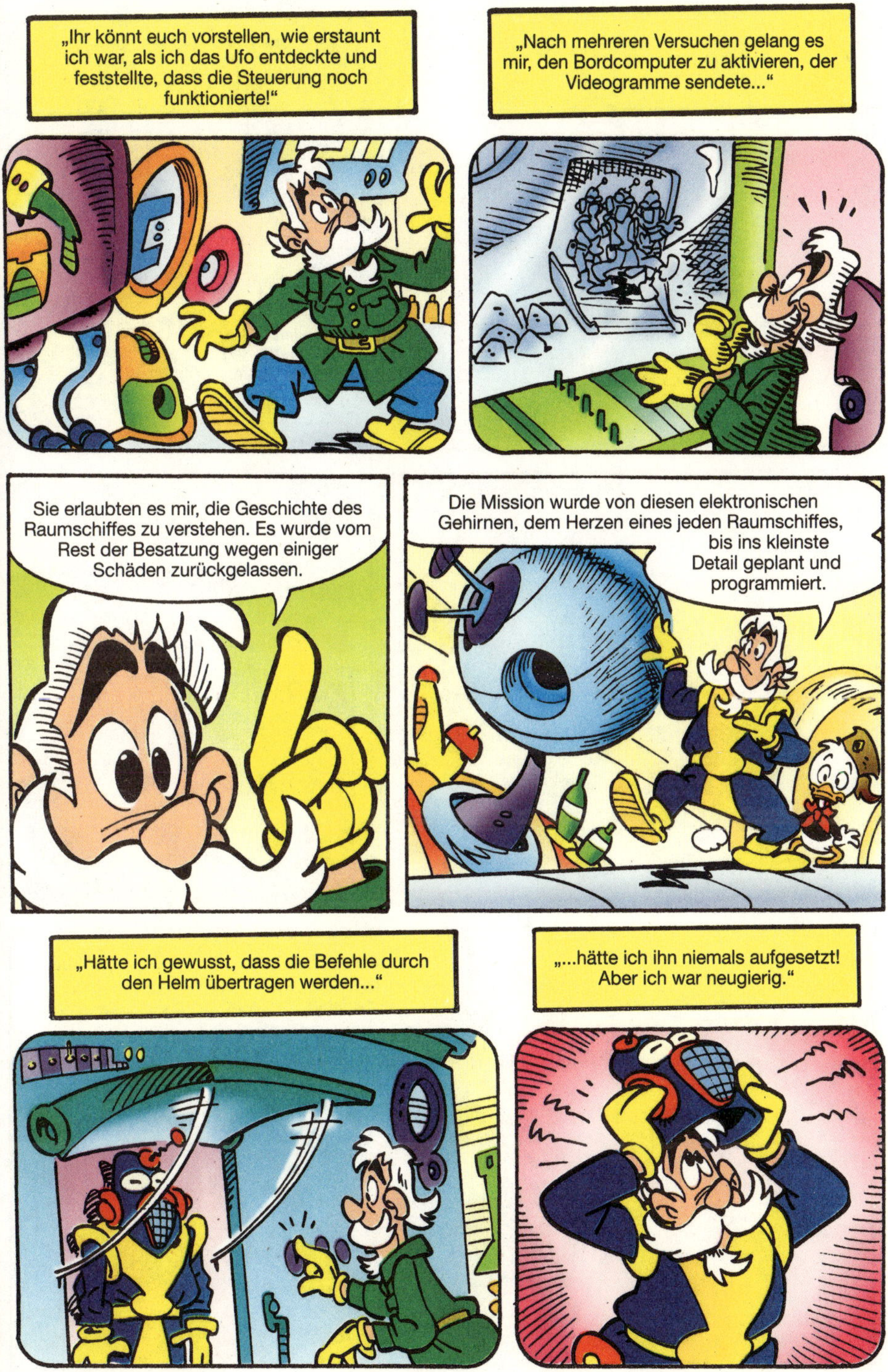
„Ihr könnt euch vorstellen, wie erstaunt ich war, als ich das Ufo entdeckte und feststellte, dass die Steuerung noch funktionierte!"
„Nach mehreren Versuchen gelang es mir, den Bordcomputer zu aktivieren, der Videogramme sendete..."
Sie erlaubten es mir, die Geschichte des Raumschiffes zu verstehen. Es wurde vom Rest der Besatzung wegen einiger Schäden zurückgelassen.
Die Mission wurde von diesen elektronischen Gehirnen, dem Herzen eines jeden Raumschiffes, bis ins kleinste Detail geplant und programmiert.
„Hätte ich gewusst, dass die Befehle durch den Helm übertragen werden..."
„...hätte ich ihn niemals aufgesetzt! Aber ich war neugierig."

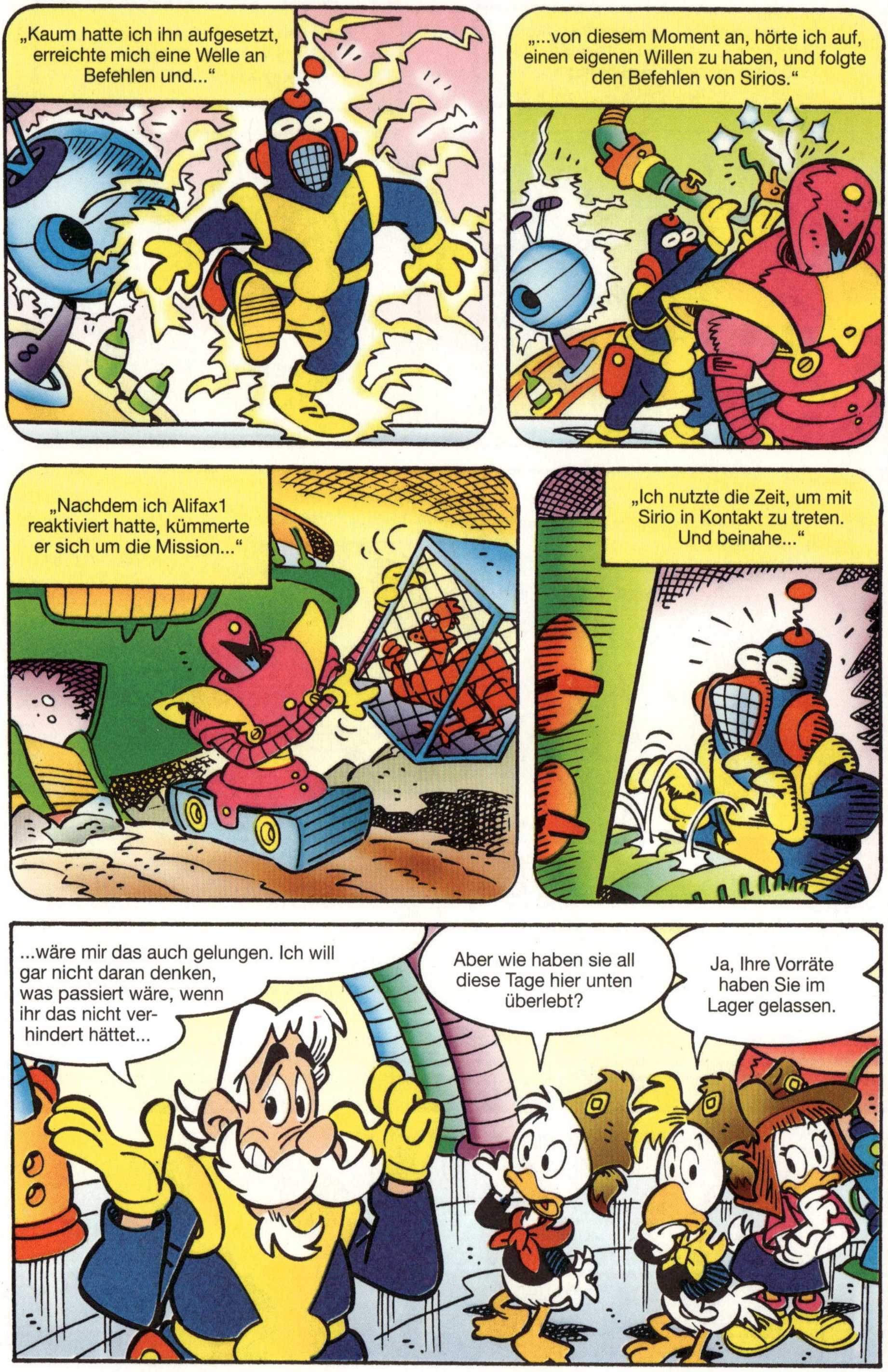
„Kaum hatte ich ihn aufgesetzt, erreichte mich eine Welle an Befehlen und...“
„...von diesem Moment an, hörte ich auf, einen eigenen Willen zu haben, und folgte den Befehlen von Sirios.“
„Nachdem ich Alifax1 reaktiviert hatte, kümmerte er sich um die Mission...“
„Ich nutzte die Zeit, um mit Sirio in Kontakt zu treten. Und beinahe...“
...wäre mir das auch gelungen. Ich will gar nicht daran denken, was passiert wäre, wenn ihr das nicht verhindert hättet...
Aber wie haben sie all diese Tage hier unten überlebt?
Ja, Ihre Vorräte haben Sie im Lager gelassen.

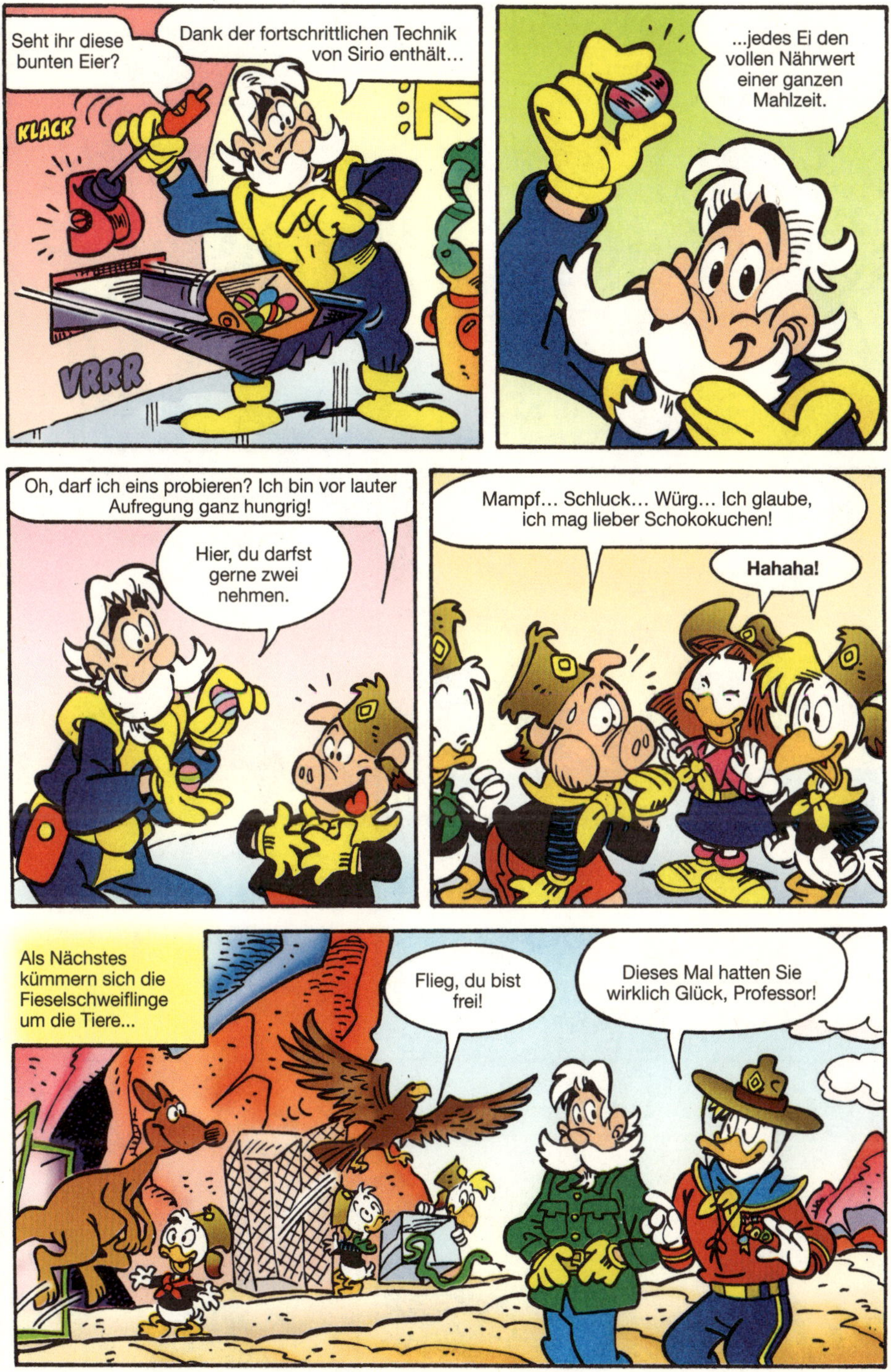

Seht ihr diese bunten Eier?
Dank der fortschrittlichen Technik von Sirio enthält…
KLACK
VRRR
...jedes Ei den vollen Nährwert einer ganzen Mahlzeit.
Oh, darf ich eins probieren? Ich bin vor lauter Aufregung ganz hungrig!
Hier, du darfst gerne zwei nehmen.
Mampf… Schluck… Würg… Ich glaube, ich mag lieber Schokokuchen!
Hahaha!
Als Nächstes kümmern sich die Fieselschweiflinge um die Tiere...
Flieg, du bist frei!
Dieses Mal hatten Sie wirklich Glück, Professor!

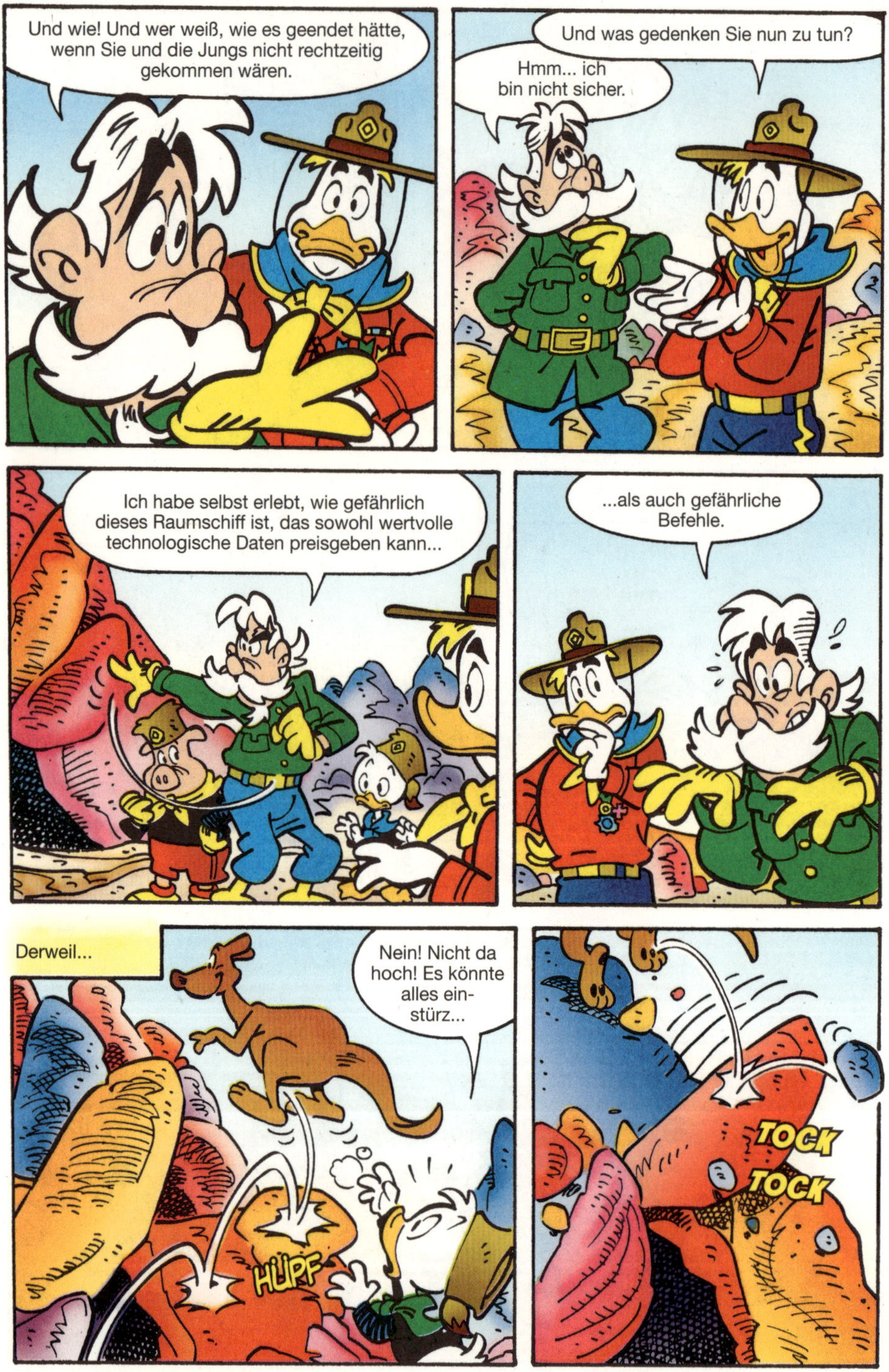
Und wie! Und wer weiß, wie es geendet hätte, wenn Sie und die Jungs nicht rechtzeitig gekommen wären.
Und was gedenken Sie nun zu tun?
Hmm... ich bin nicht sicher.
Ich habe selbst erlebt, wie gefährlich dieses Raumschiff ist, das sowohl wertvolle technologische Daten preisgeben kann...
...als auch gefährliche Befehle.
Derweil...
Nein! Nicht da hoch! Es könnte alles ein- stürz...
HÜPF
TOCK
TOCK

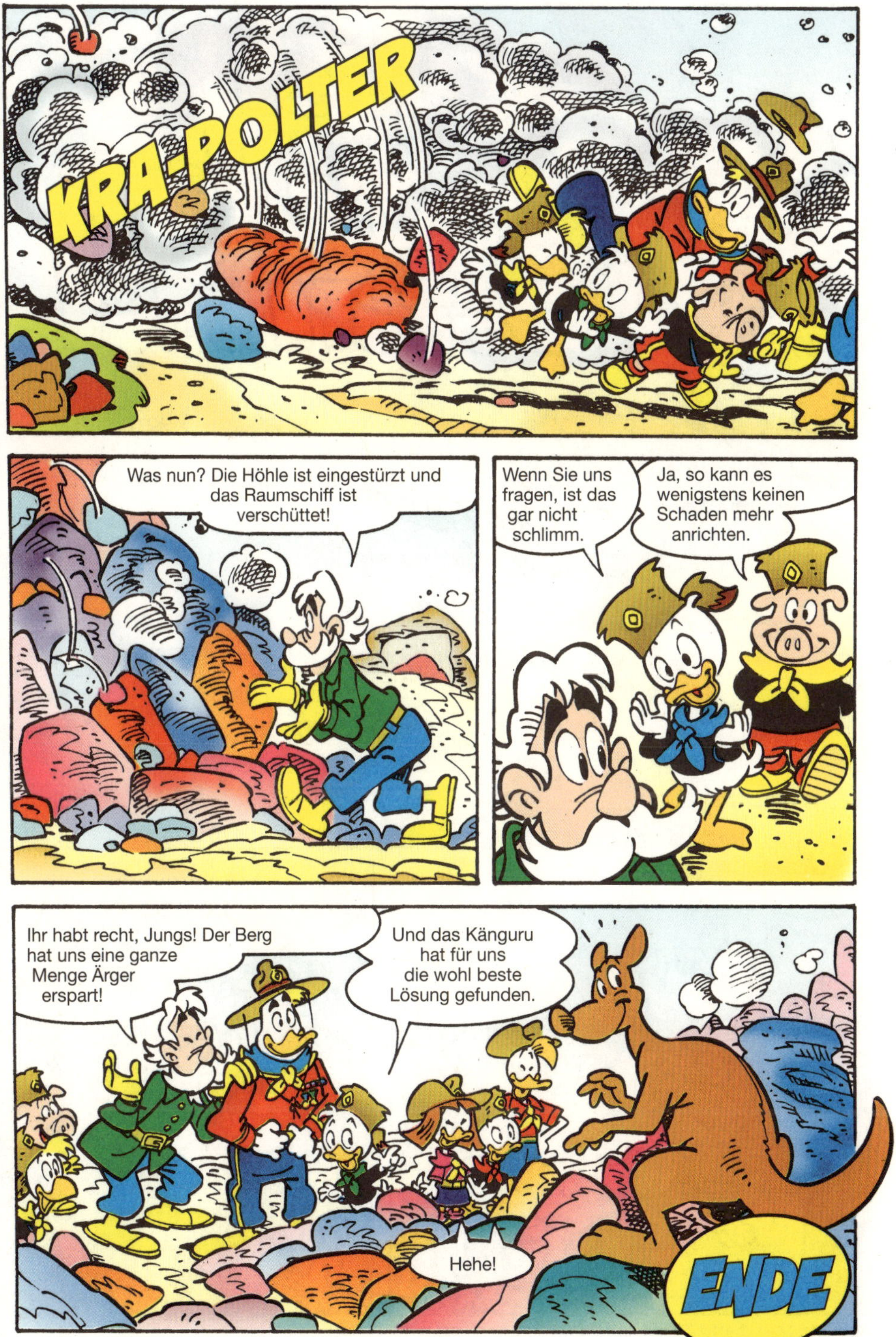
KRA-POLTER
Was nun? Die Höhle ist eingestürzt und das Raumschiff ist verschüttet!
Wenn Sie uns fragen, ist das gar nicht schlimm.
Ja, so kann es wenigstens keinen Schaden mehr anrichten.
Ihr habt recht, Jungs! Der Berg hat uns eine ganze Menge Ärger erspart!
Und das Känguru hat für uns die wohl beste Lösung gefunden.
Hehe!
ENDE

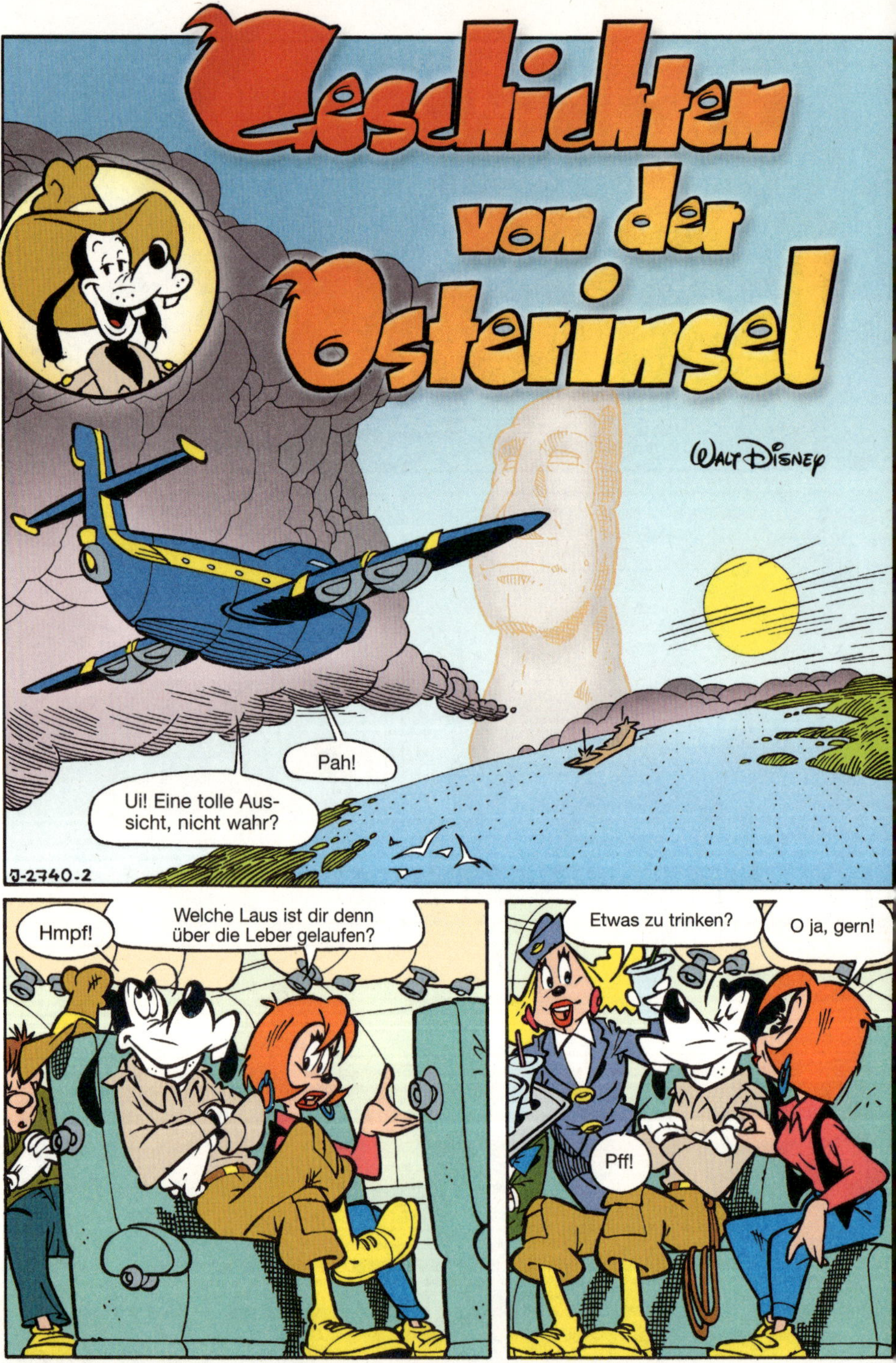

Created 2008

Augusto Macchetto (Story), **Luigi Piras** (Zeichnungen)

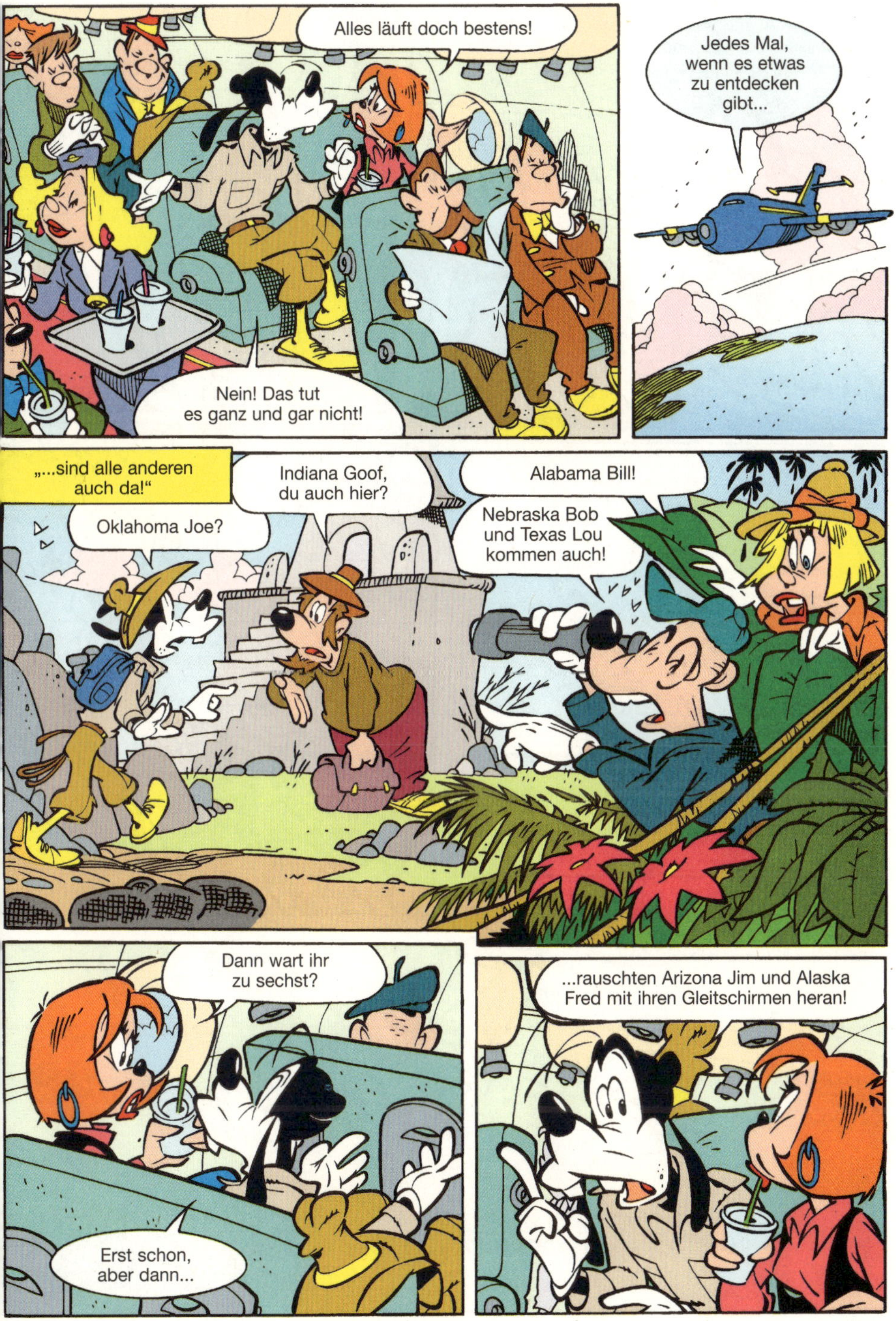

Alles läuft doch bestens!
Nein! Das tut es ganz und gar nicht!
Jedes Mal, wenn es etwas zu entdecken gibt...
„...sind alle anderen auch da!“
Oklahoma Joe?
Indiana Goof, du auch hier?
Alabama Bill!
Nebraska Bob und Texas Lou kommen auch!
Dann wart ihr zu sechst?
Erst schon, aber dann...
...rauschten Arizona Jim und Alaska Fred mit ihren Gleitschirmen heran!

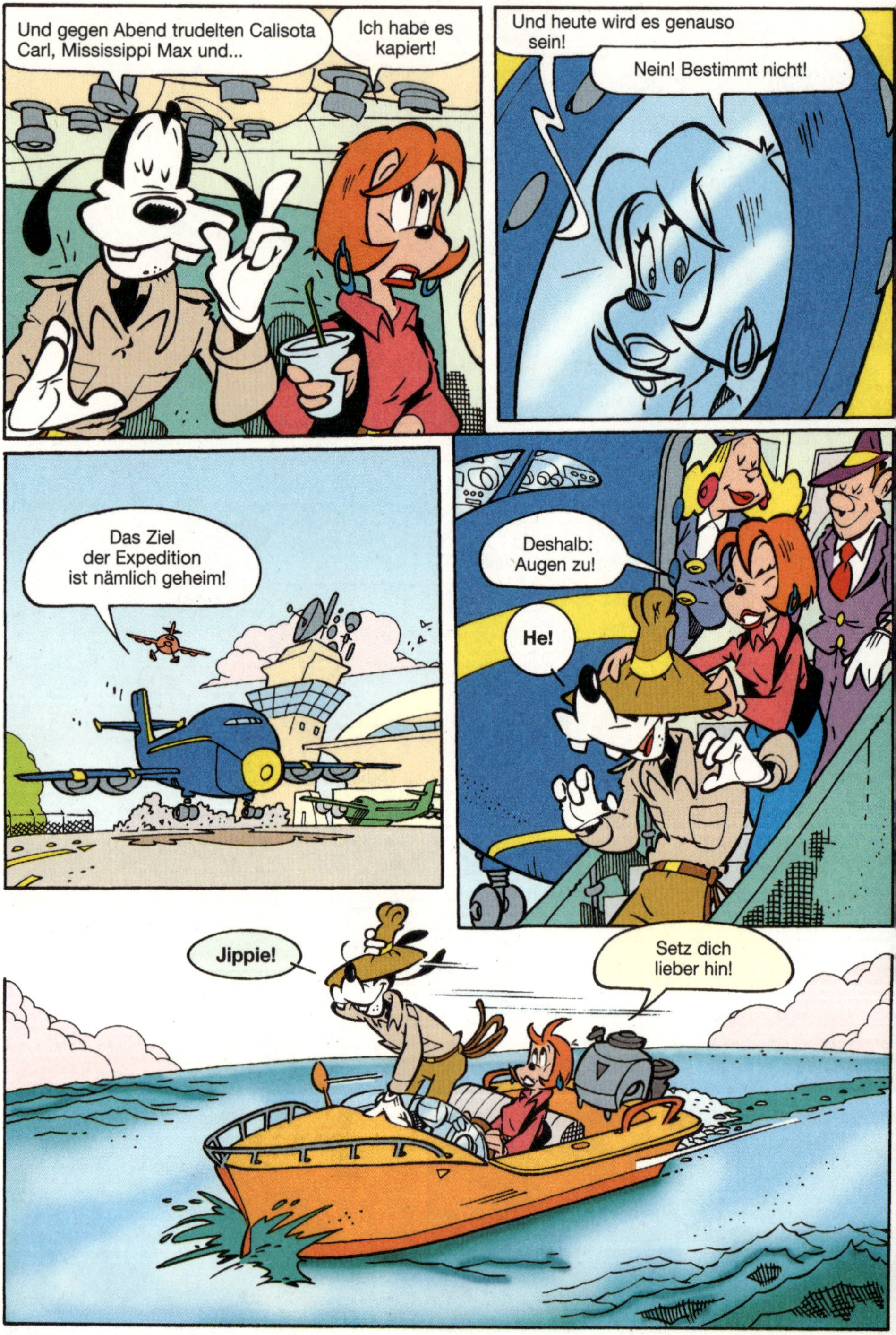

Und gegen Abend trudelten Calisota Carl, Mississippi Max und...
Ich habe es kapiert!
Und heute wird es genauso sein!
Nein! Bestimmt nicht!
Das Ziel der Expedition ist nämlich geheim!
Deshalb: Augen zu!
He!
Jippie!
Setz dich lieber hin!

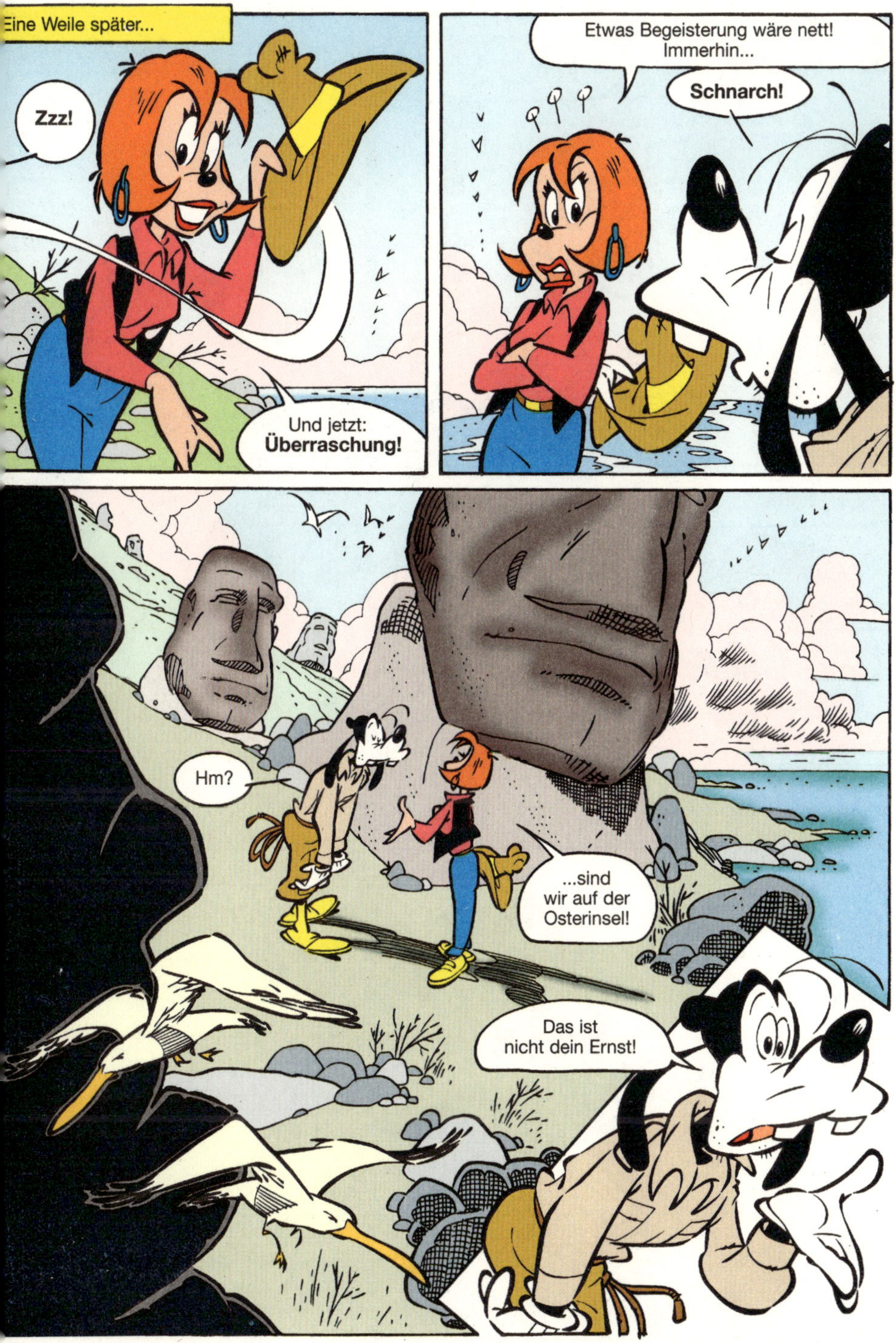
Eine Weile später...
Zzz!
Und jetzt: **Überraschung!**
Etwas Begeisterung wäre nett! Immerhin...
Schnarch!
Hm?
...sind wir auf der Osterinsel!
Das ist nicht dein Ernst!

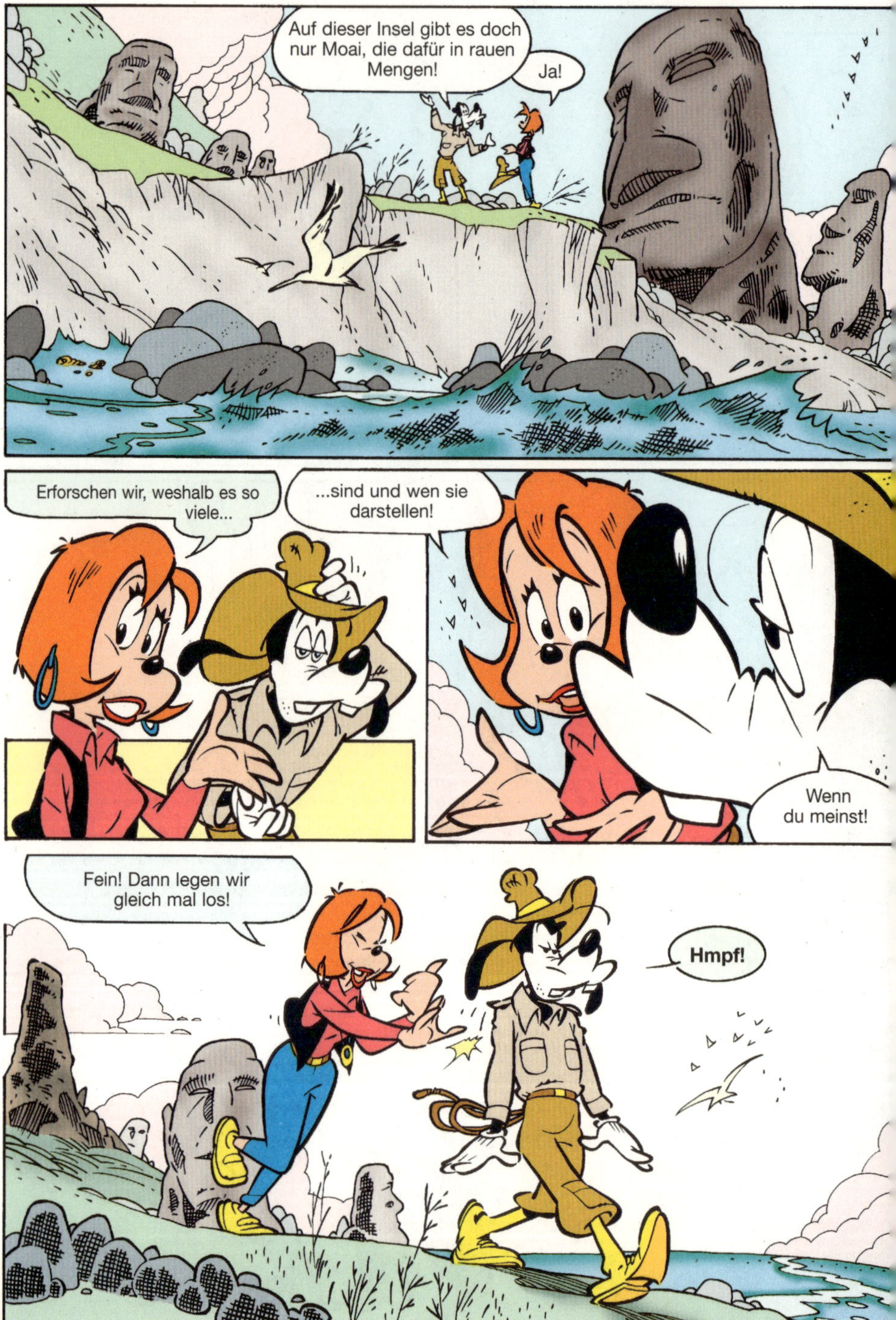
Auf dieser Insel gibt es doch nur Moai, die dafür in rauen Mengen!
Ja!
Erforschen wir, weshalb es so viele...
...sind und wen sie darstellen!
Wenn du meinst!
Fein! Dann legen wir gleich mal los!
Hmpf!

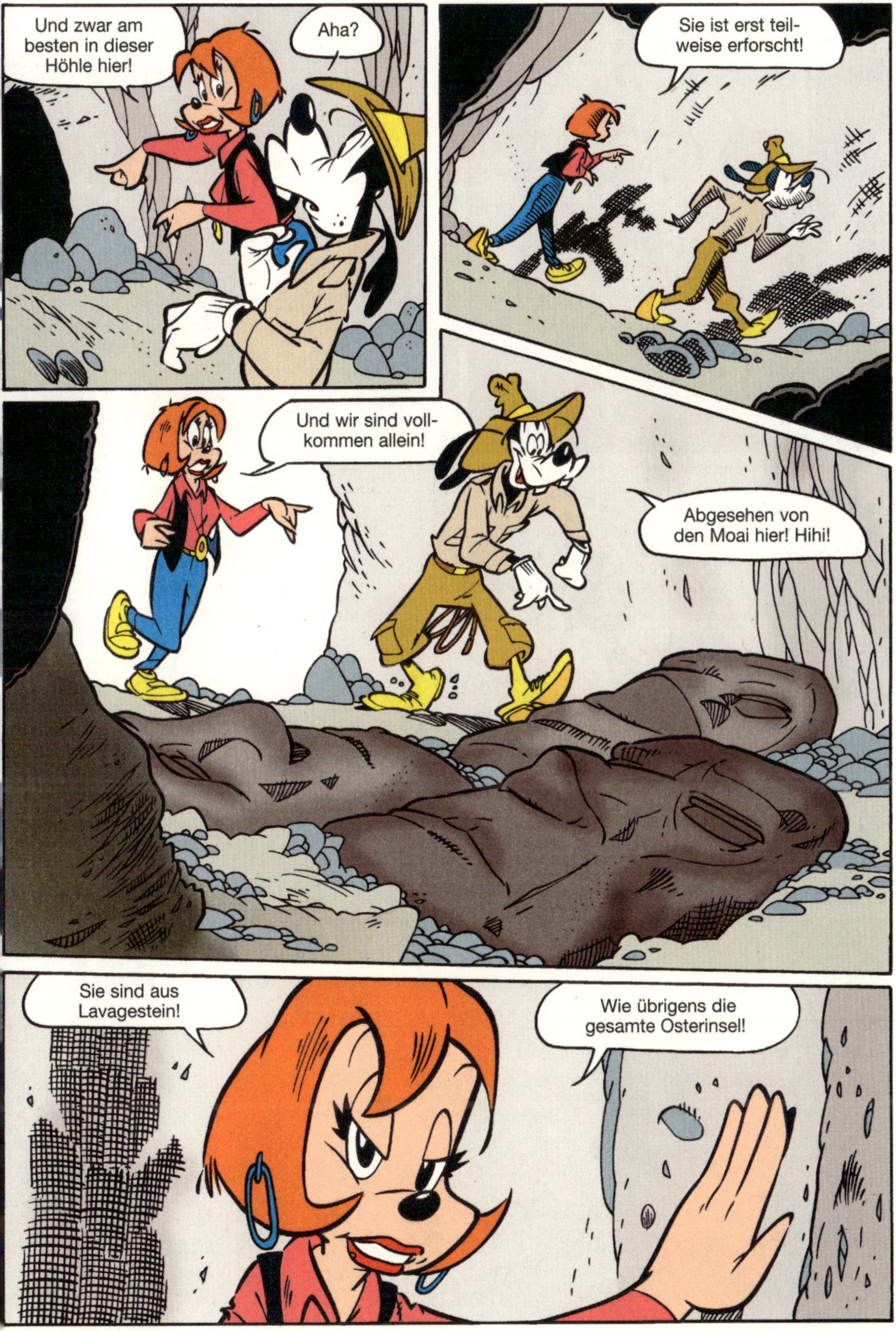
Und zwar am besten in dieser Höhle hier!
Aha?
Sie ist erst teilweise erforscht!
Und wir sind vollkommen allein!
Abgesehen von den Moai hier! Hihi!
Sie sind aus Lavagestein!
Wie übrigens die gesamte Osterinsel!

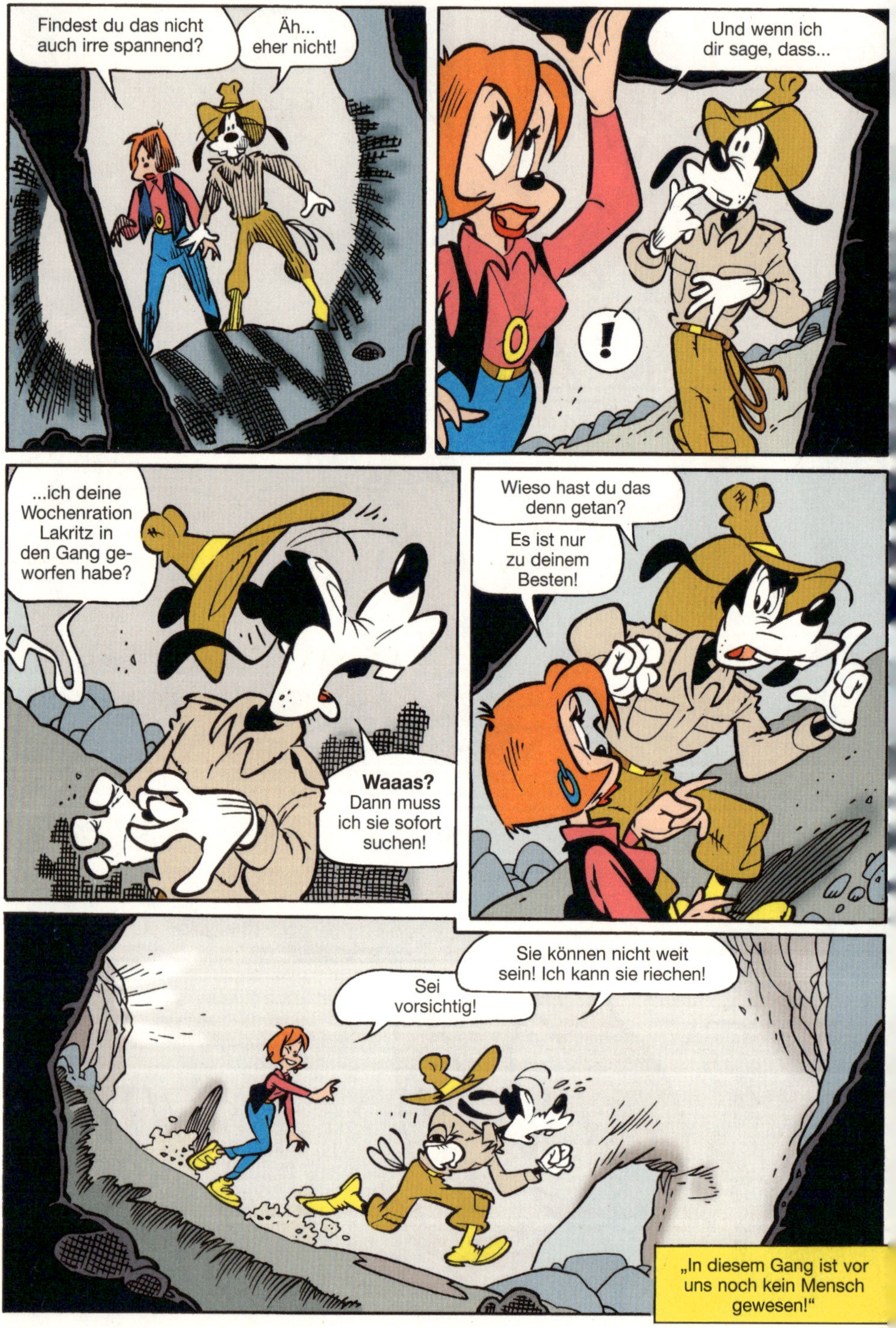

Findest du das nicht auch irre spannend?
Äh... eher nicht!
Und wenn ich dir sage, dass...
!
...ich deine Wochenration Lakritz in den Gang geworfen habe?
Waaas? Dann muss ich sie sofort suchen!
Wieso hast du das denn getan?
Es ist nur zu deinem Besten!
Sie können nicht weit sein! Ich kann sie riechen!
Sei vorsichtig!
„In diesem Gang ist vor uns noch kein Mensch gewesen!“

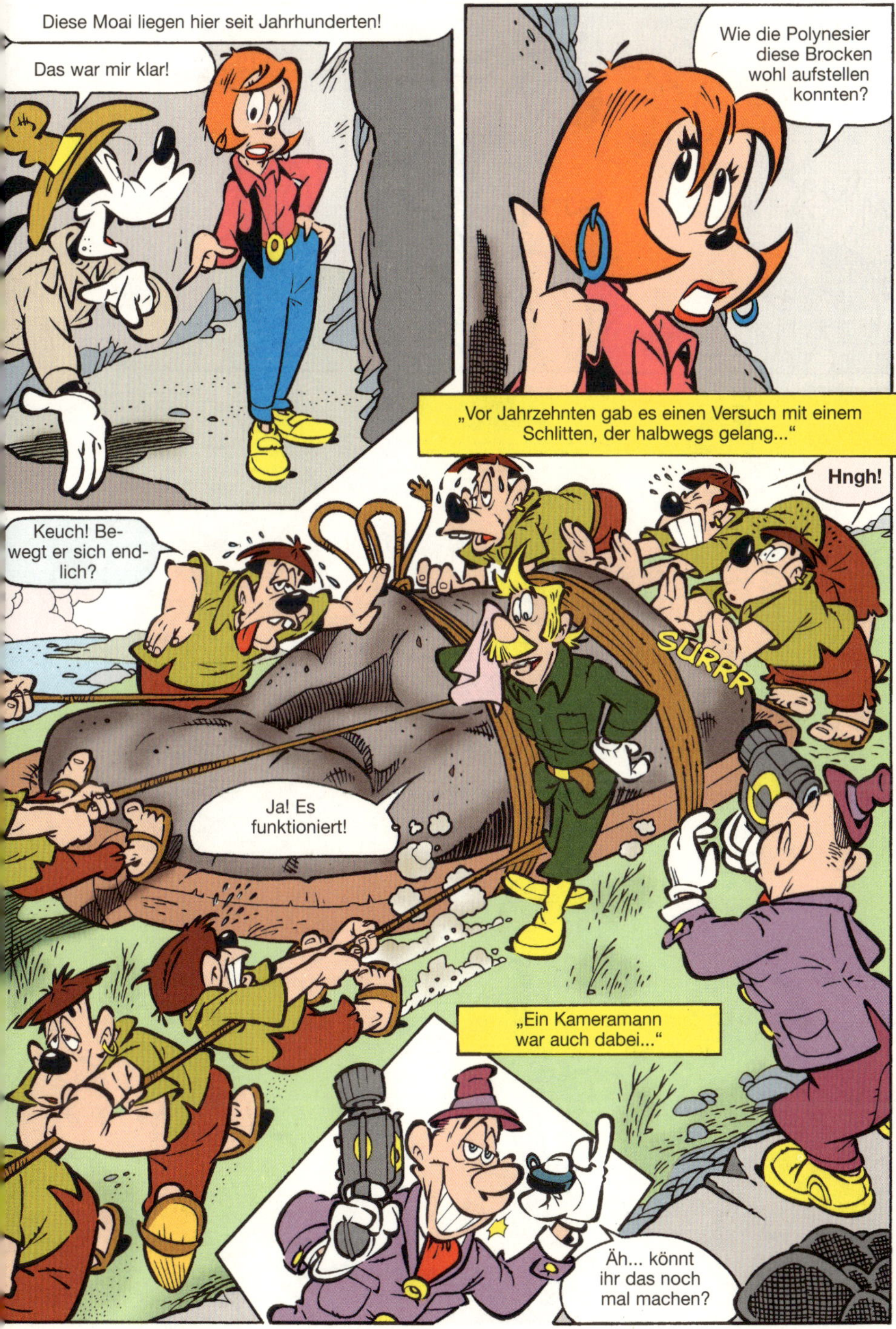
Diese Moai liegen hier seit Jahrhunderten!
Das war mir klar!
Wie die Polynesier diese Brocken wohl aufstellen konnten?
„Vor Jahrzehnten gab es einen Versuch mit einem Schlitten, der halbwegs gelang..."
Hngh!
Keuch! Bewegt er sich endlich?
SURRR
Ja! Es funktioniert!
„Ein Kameramann war auch dabei..."
Äh... könnt ihr das noch mal machen?

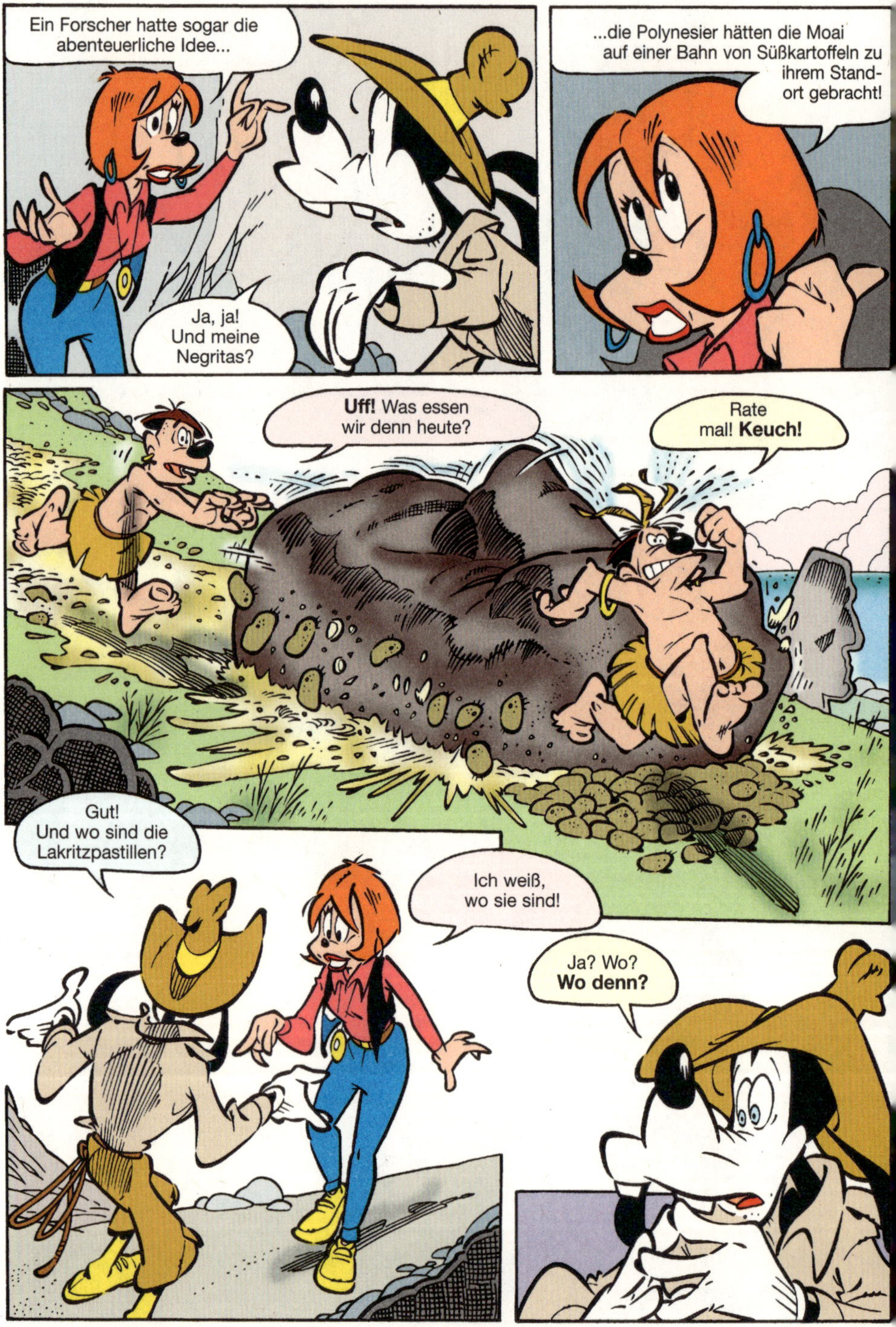
Ein Forscher hatte sogar die abenteuerliche Idee...
Ja, ja! Und meine Negritas?
...die Polynesier hätten die Moai auf einer Bahn von Süßkartoffeln zu ihrem Stand-ort gebracht!
Uff! Was essen wir denn heute?
Rate mal! **Keuch!**
Gut! Und wo sind die Lakritzpastillen?
Ich weiß, wo sie sind!
Ja? Wo? **Wo denn?**

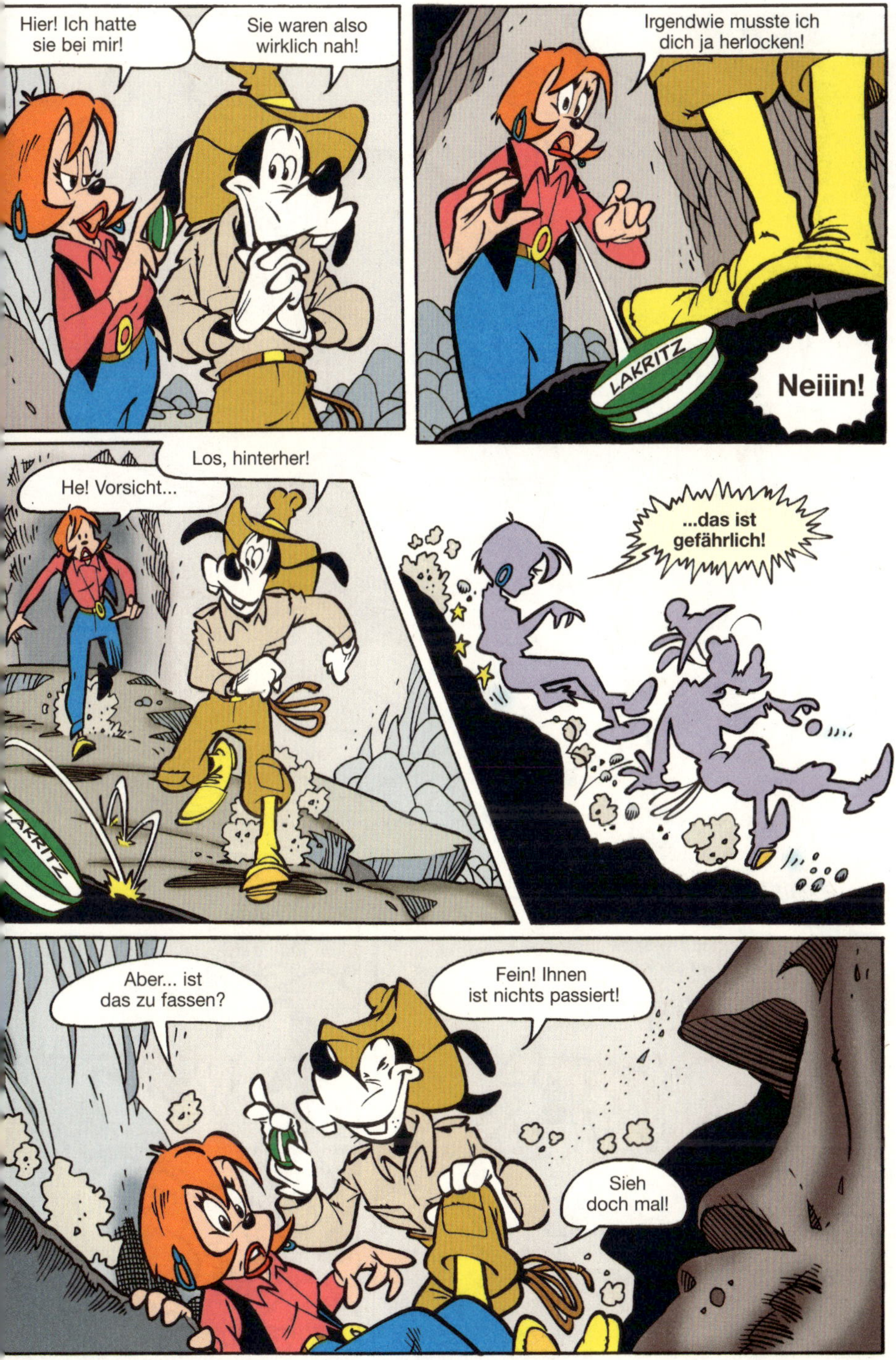

Hier! Ich hatte sie bei mir!
Sie waren also wirklich nah!
Irgendwie musste ich dich ja herlocken!
LAKRITZ
Neiiin!
He! Vorsicht...
Los, hinterher!
LAKRITZ
...das ist gefährlich!
Aber... ist das zu fassen?
Fein! Ihnen ist nichts passiert!
Sieh doch mal!

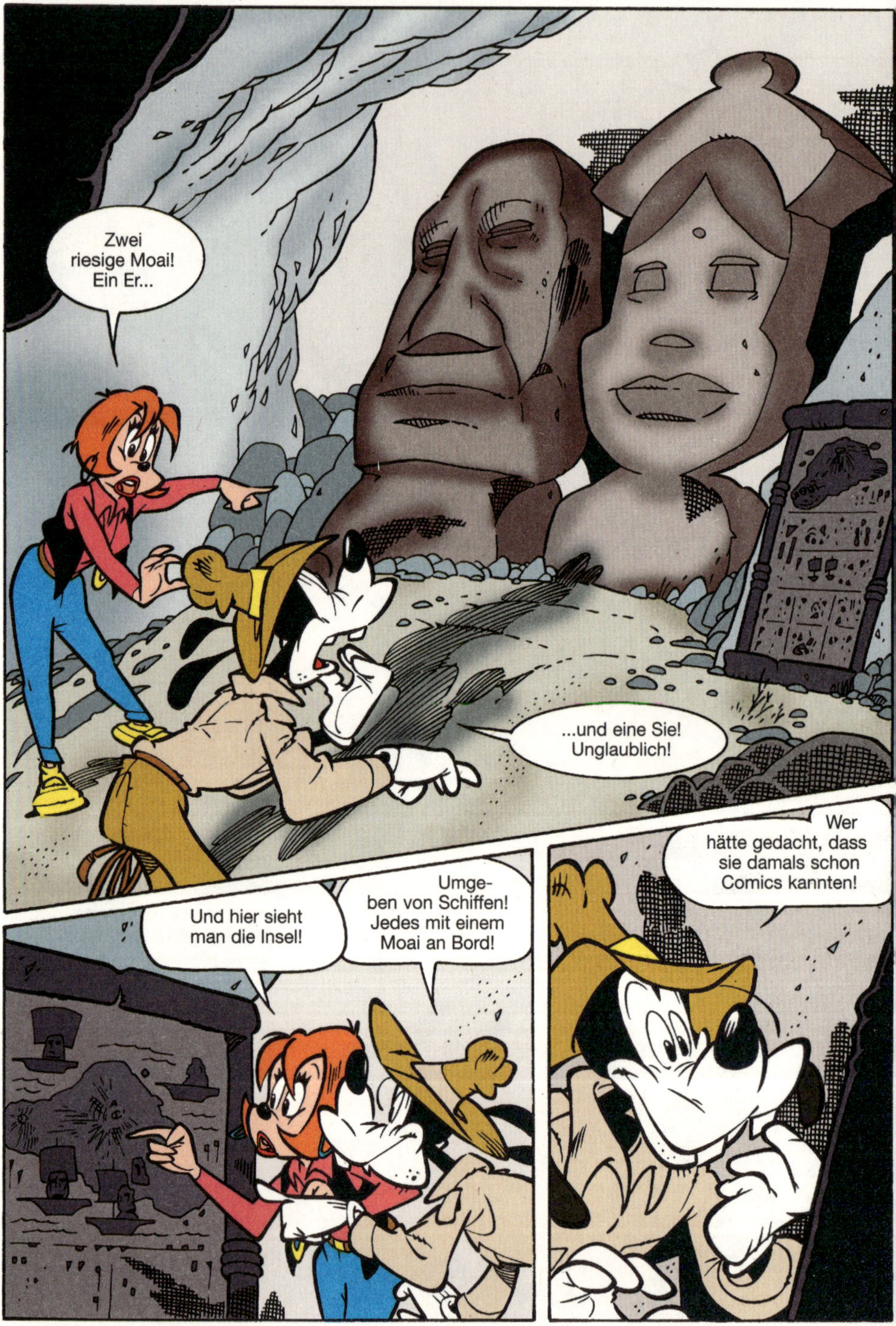
Zwei riesige Moai! Ein Er...
...und eine Sie! Unglaublich!
Und hier sieht man die Insel!
Umgeben von Schiffen! Jedes mit einem Moai an Bord!
Wer hätte gedacht, dass sie damals schon Comics kannten!

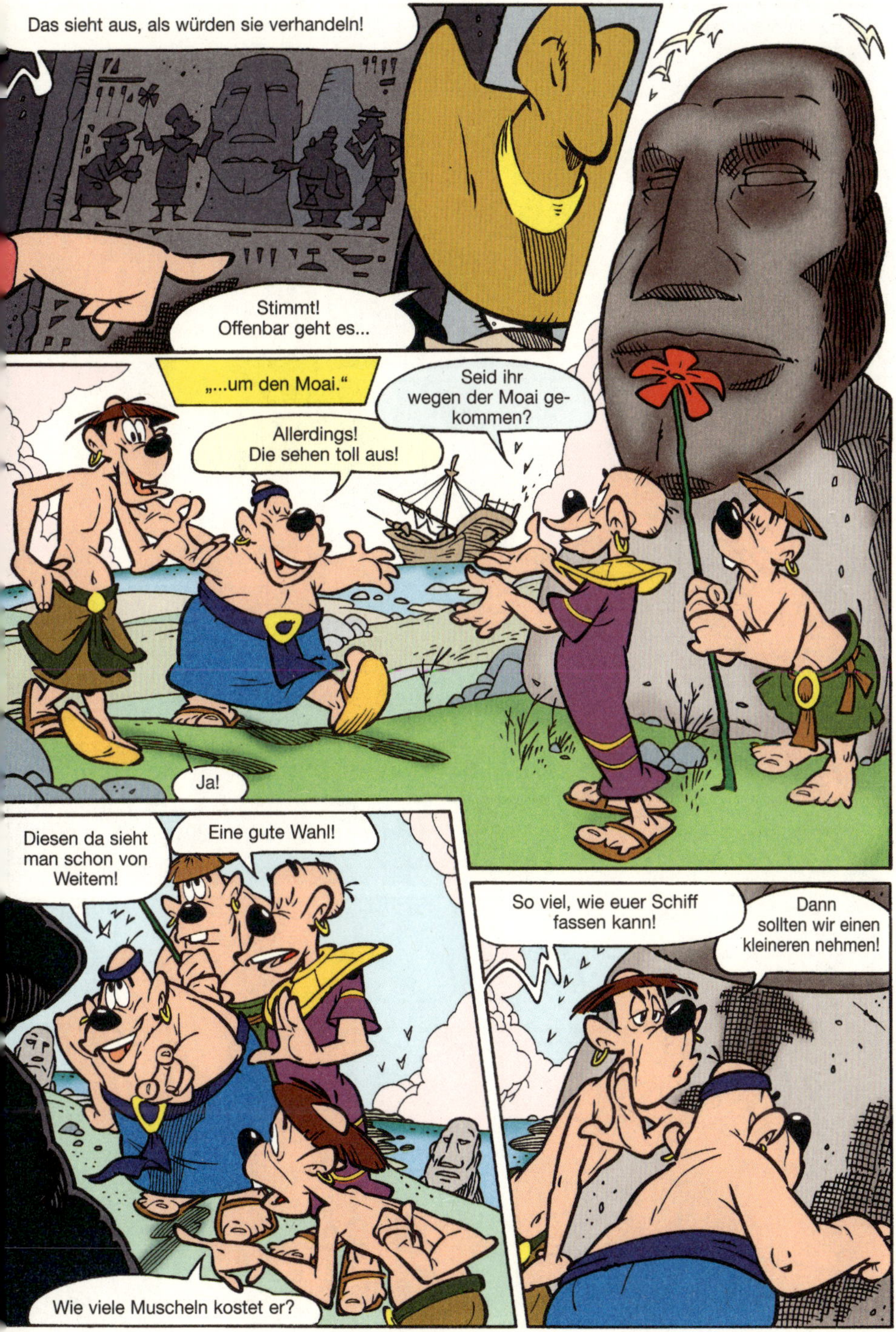
Das sieht aus, als würden sie verhandeln!
Stimmt! Offenbar geht es...
„...um den Moai."
Seid ihr wegen der Moai ge-kommen?
Allerdings! Die sehen toll aus!
Ja!
Eine gute Wahl!
Diesen da sieht man schon von Weitem!
Wie viele Muscheln kostet er?
So viel, wie euer Schiff fassen kann!
Dann sollten wir einen kleineren nehmen!

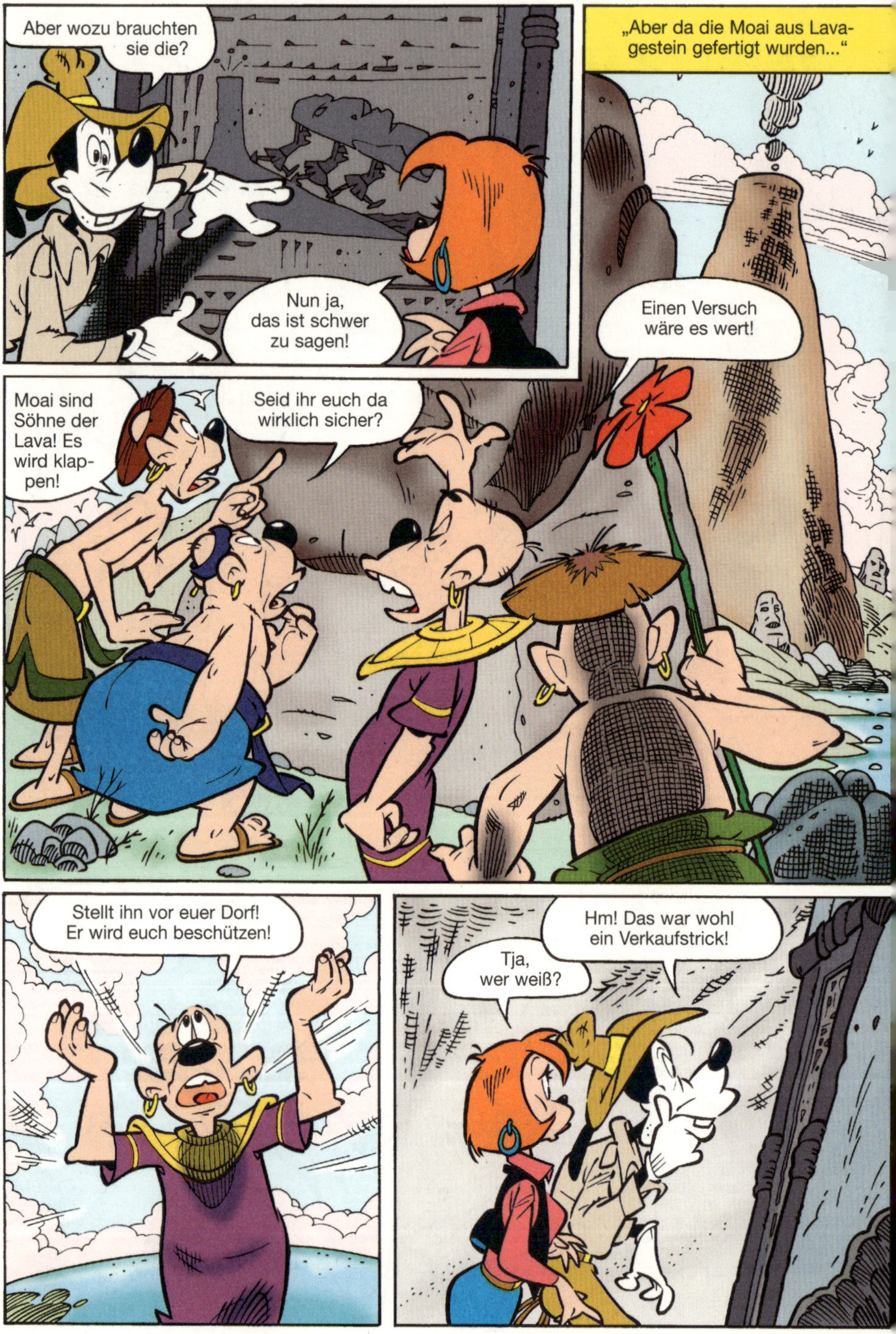

Aber wozu brauchten sie die?
Nun ja, das ist schwer zu sagen!
„Aber da die Moai aus Lavagestein gefertigt wurden...“
Moai sind Söhne der Lava! Es wird klappen!
Seid ihr euch da wirklich sicher?
Einen Versuch wäre es wert!
Stellt ihn vor euer Dorf! Er wird euch beschützen!
Hm! Das war wohl ein Verkaufstrick!
Tja, wer weiß?

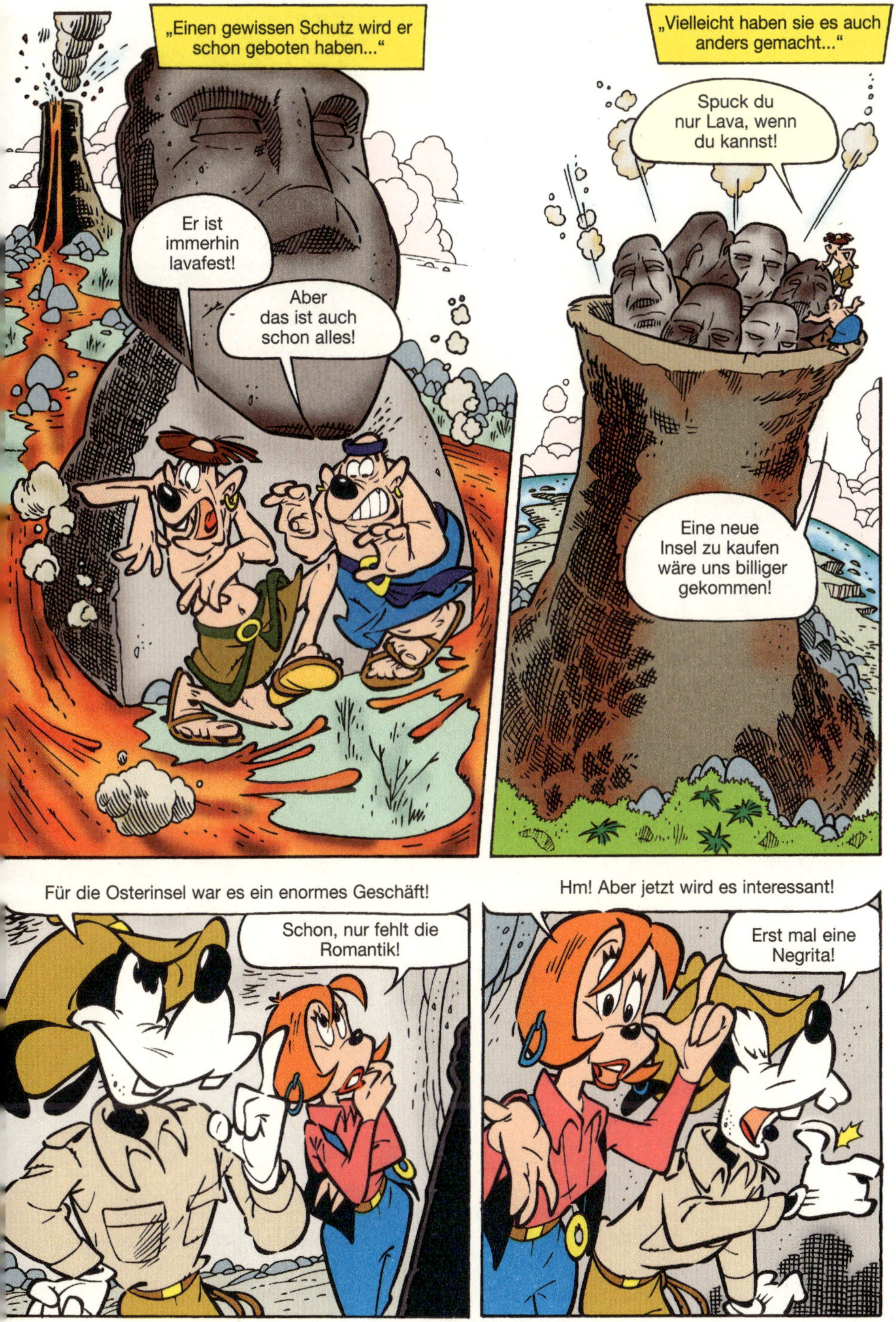
„Einen gewissen Schutz wird er schon geboten haben..."
Er ist immerhin lavafest!
Aber das ist auch schon alles!
„Vielleicht haben sie es auch anders gemacht..."
Spuck du nur Lava, wenn du kannst!
Eine neue Insel zu kaufen wäre uns billiger gekommen!
Für die Osterinsel war es ein enormes Geschäft!
Schon, nur fehlt die Romantik!
Hm! Aber jetzt wird es interessant!
Erst mal eine Negrita!

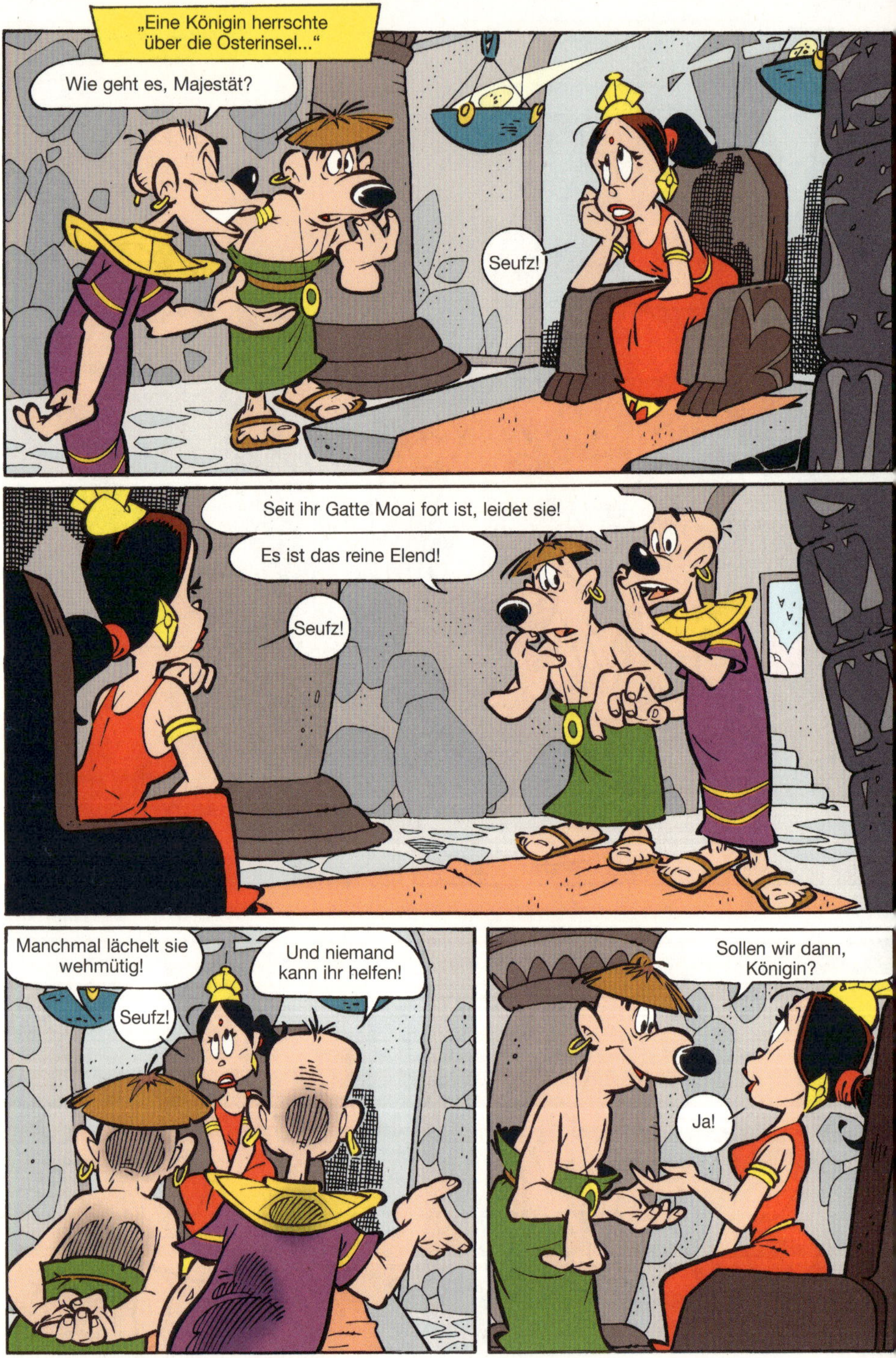
„Eine Königin herrschte über die Osterinsel...“
Wie geht es, Majestät?
Seufz!
Seit ihr Gatte Moai fort ist, leidet sie!
Es ist das reine Elend!
Seufz!
Manchmal lächelt sie wehmütig!
Seufz!
Und niemand kann ihr helfen!
Sollen wir dann, Königin?
Ja!

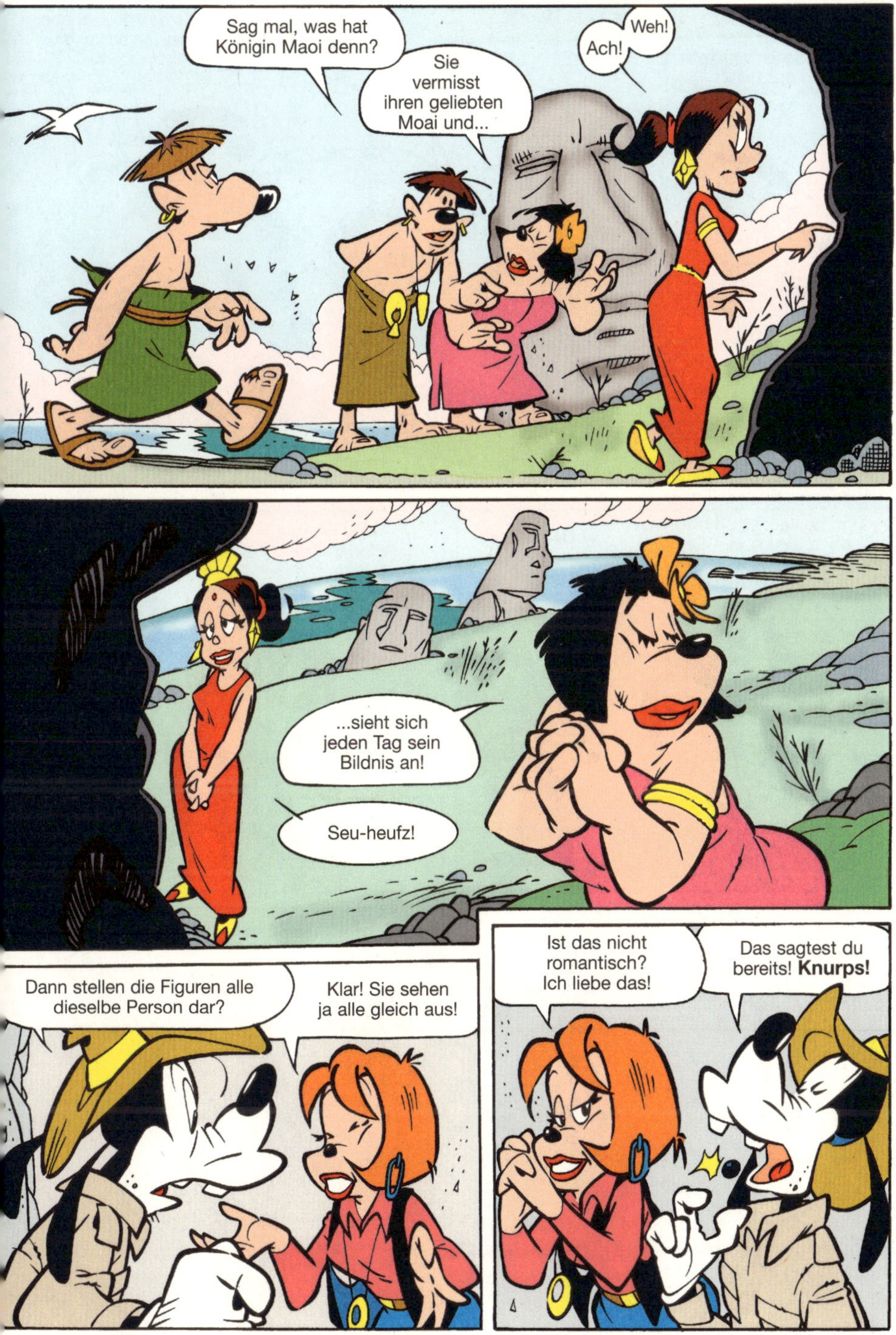

Sag mal, was hat Königin Maoi denn?
Sie vermisst ihren geliebten Moai und...
Ach!
Weh!
...sieht sich jeden Tag sein Bildnis an!
Seu-heufz!
Dann stellen die Figuren alle dieselbe Person dar?
Klar! Sie sehen ja alle gleich aus!
Ist das nicht romantisch? Ich liebe das!
Das sagtest du bereits! **Knurps!**

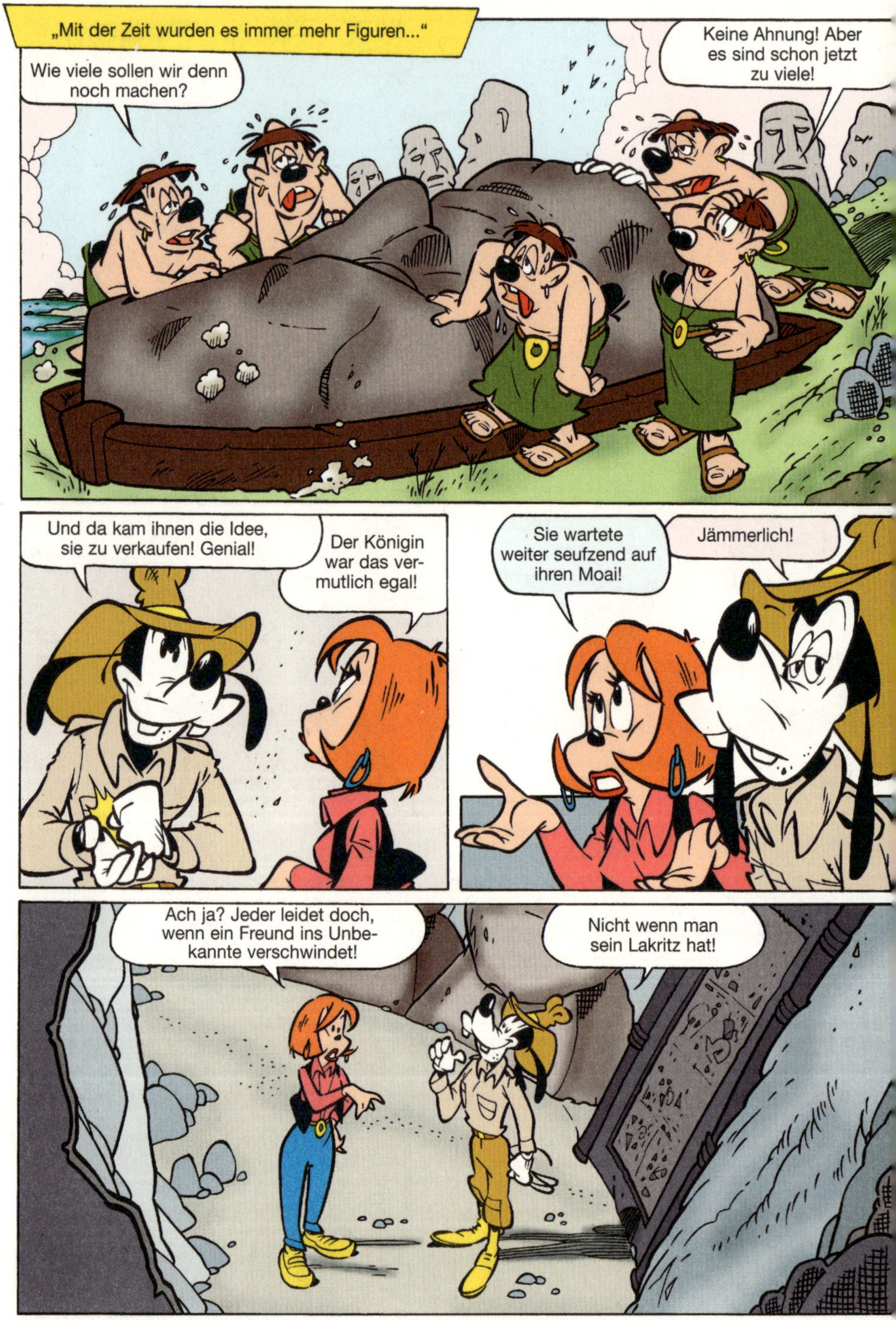
„Mit der Zeit wurden es immer mehr Figuren...“
Wie viele sollen wir denn noch machen?
Keine Ahnung! Aber es sind schon jetzt zu viele!
Und da kam ihnen die Idee, sie zu verkaufen! Genial!
Der Königin war das vermutlich egal!
Sie wartete weiter seufzend auf ihren Moai!
Jämmerlich!
Ach ja? Jeder leidet doch, wenn ein Freund ins Unbekannte verschwindet!
Nicht wenn man sein Lakritz hat!

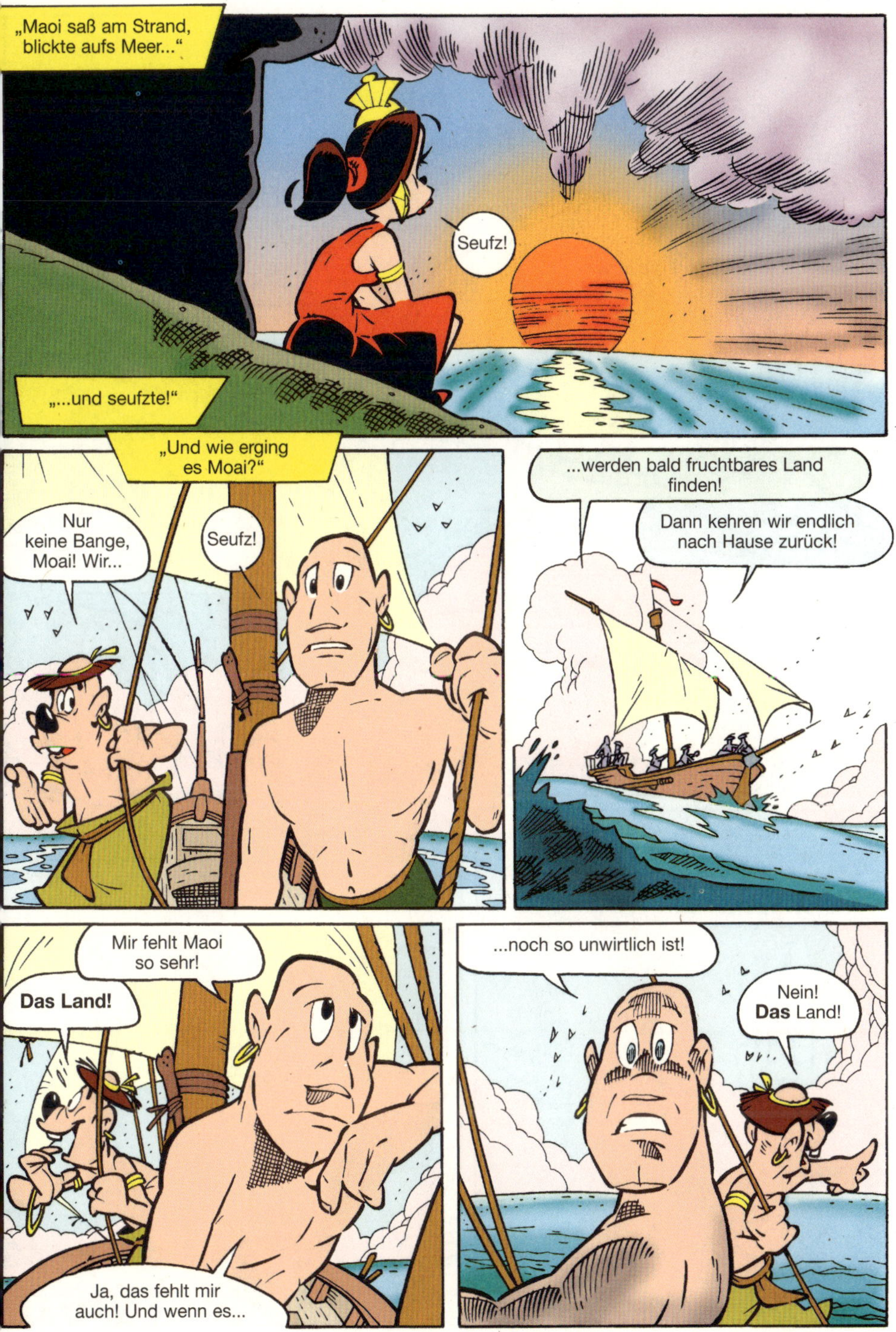
„Maoi saß am Strand, blickte aufs Meer...“
Seufz!
„...und seufzte!“
„Und wie erging es Moai?“
Nur keine Bange, Moai! Wir...
Seufz!
...werden bald fruchtbares Land finden!
Dann kehren wir endlich nach Hause zurück!
Das Land!
Mir fehlt Maoi so sehr!
Ja, das fehlt mir auch! Und wenn es...
...noch so unwirtlich ist!
Nein! Das Land!

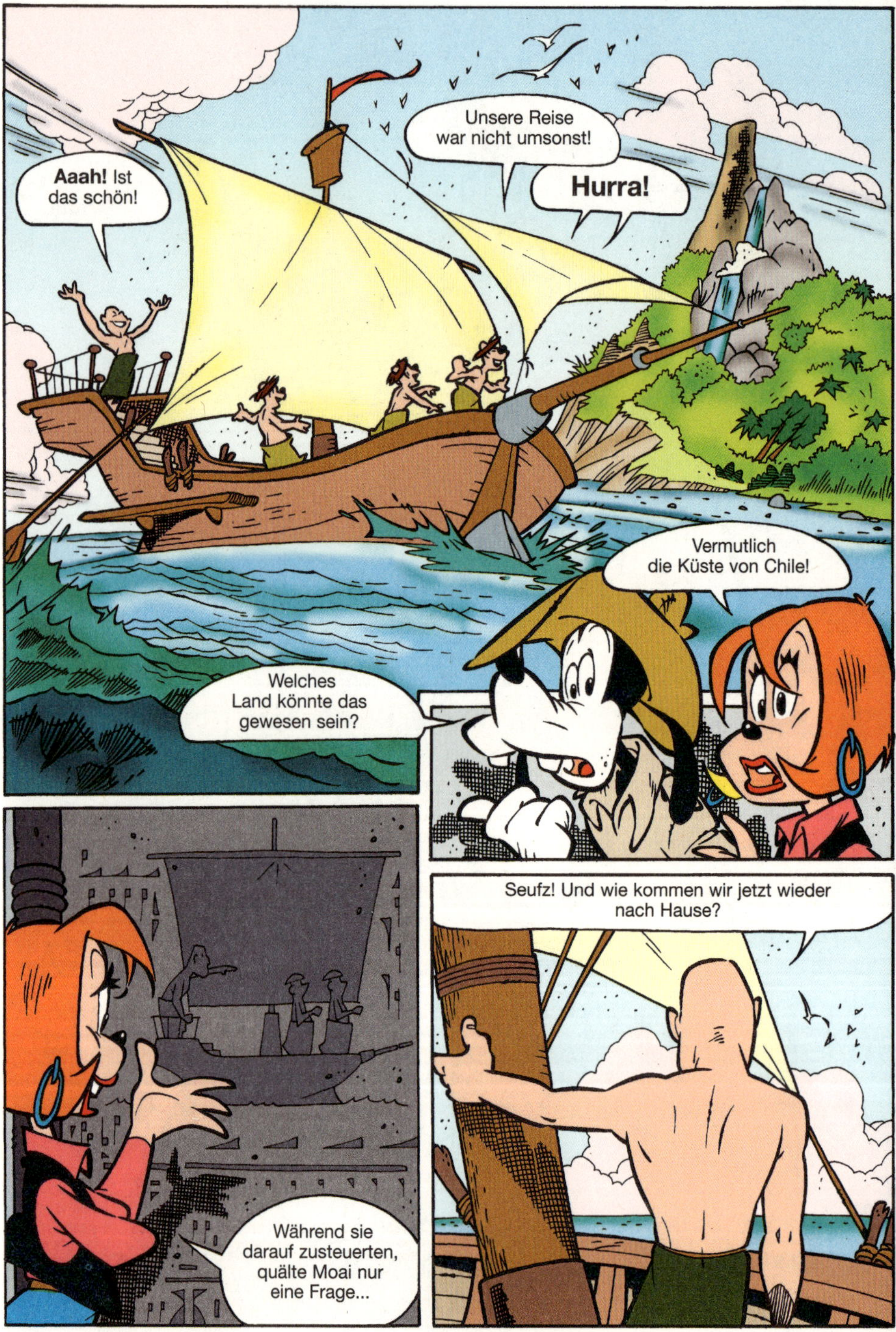

Aaah! Ist das schön!
Unsere Reise war nicht umsonst!
Hurra!
Vermutlich die Küste von Chile!
Welches Land könnte das gewesen sein?
Während sie darauf zusteuerten, quälte Moai nur eine Frage...
Seufz! Und wie kommen wir jetzt wieder nach Hause?

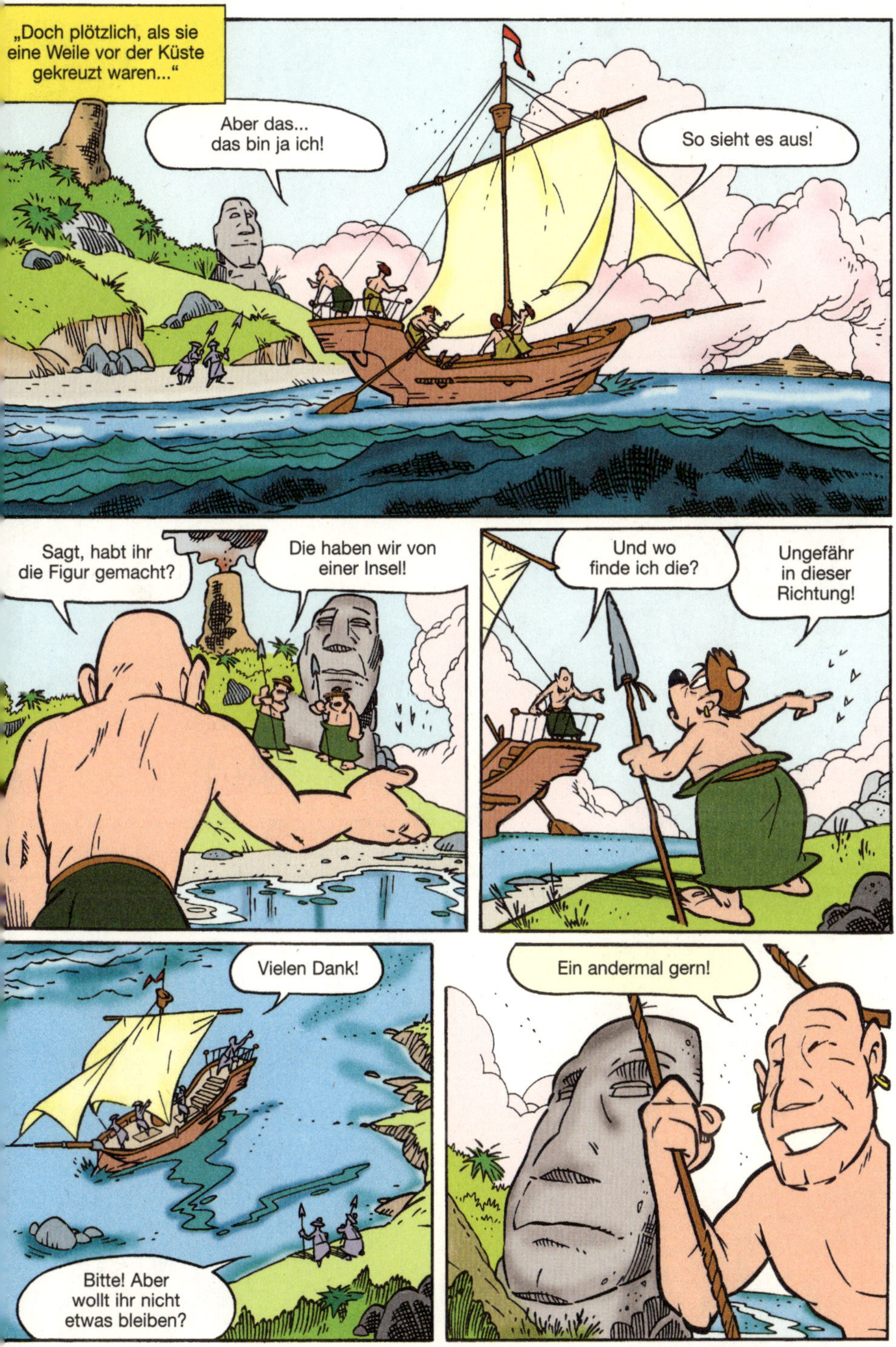
„Doch plötzlich, als sie eine Weile vor der Küste gekreuzt waren…“
Aber das… das bin ja ich!
So sieht es aus!
Sagt, habt ihr die Figur gemacht?
Die haben wir von einer Insel!
Und wo finde ich die?
Ungefähr in dieser Richtung!
Vielen Dank!
Bitte! Aber wollt ihr nicht etwas bleiben?
Ein andermal gern!

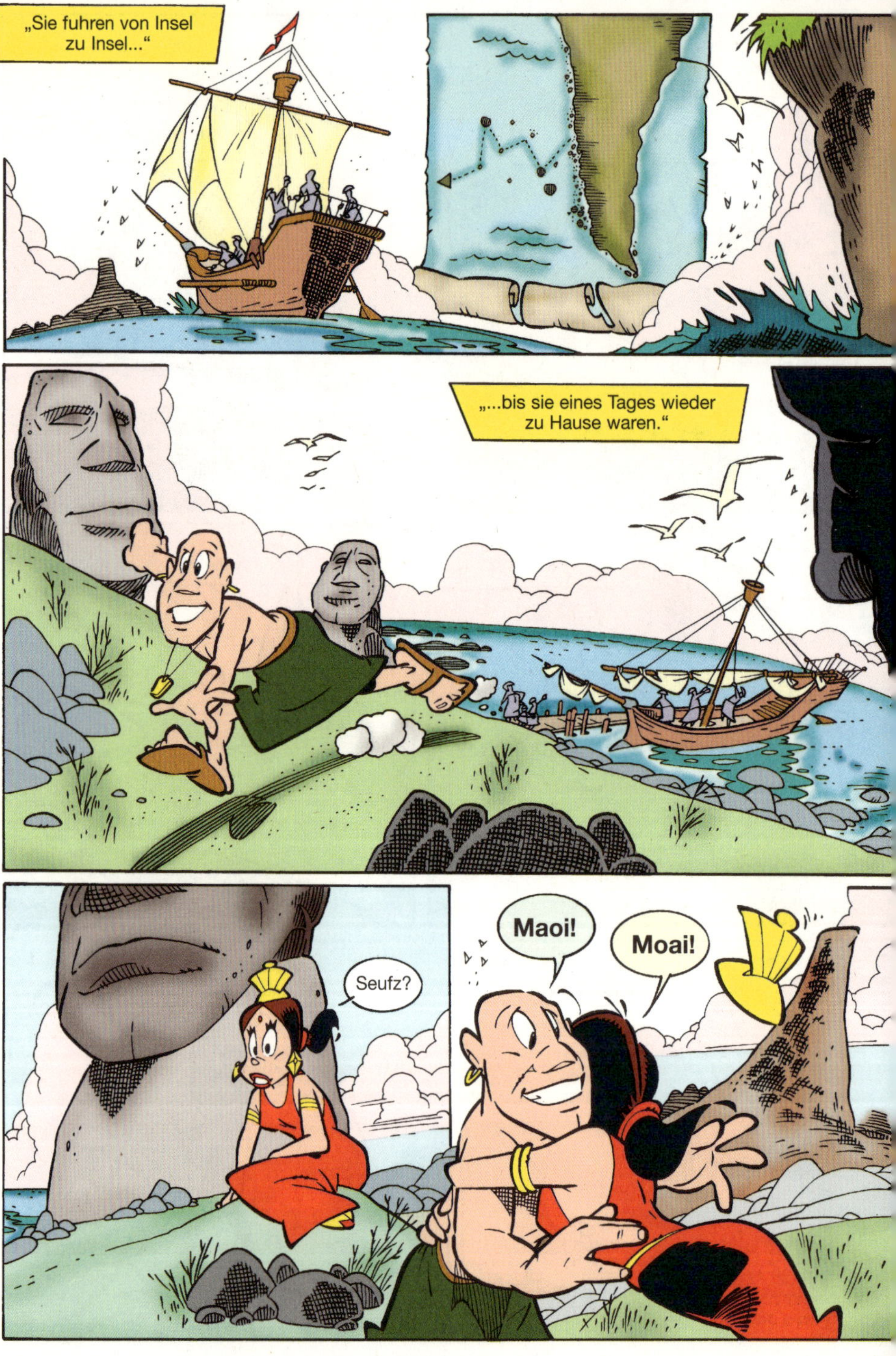
„Sie fuhren von Insel zu Insel..."
„...bis sie eines Tages wieder zu Hause waren."
Seufz?
Maoi!
Moai!

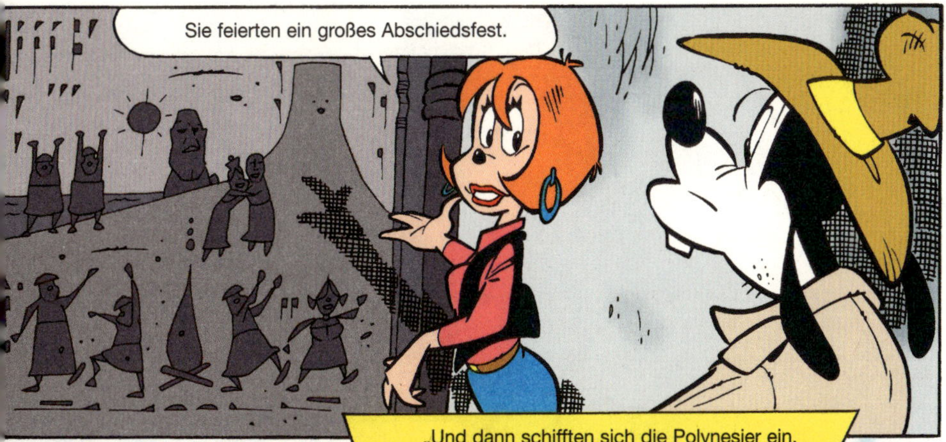
Sie feierten ein großes Abschiedsfest.
„Und dann schifften sich die Polynesier ein, um das neue Land zu besiedeln..."

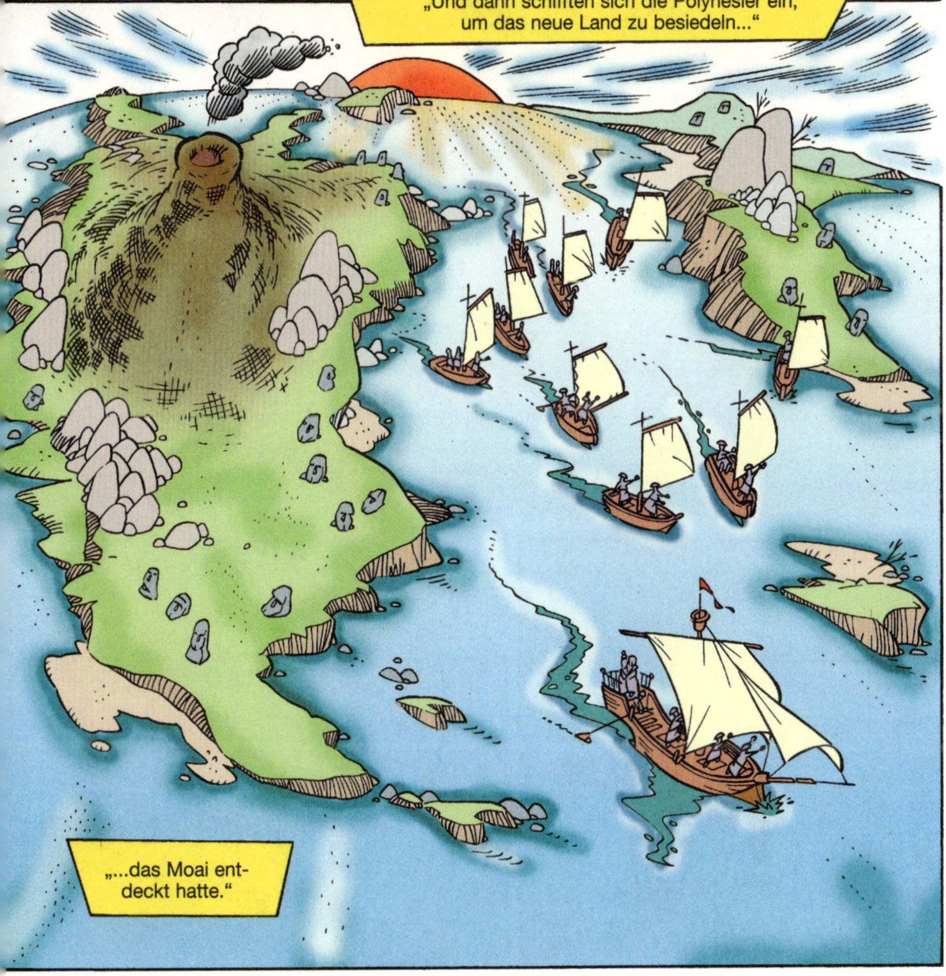
„...das Moai entdeckt hatte."

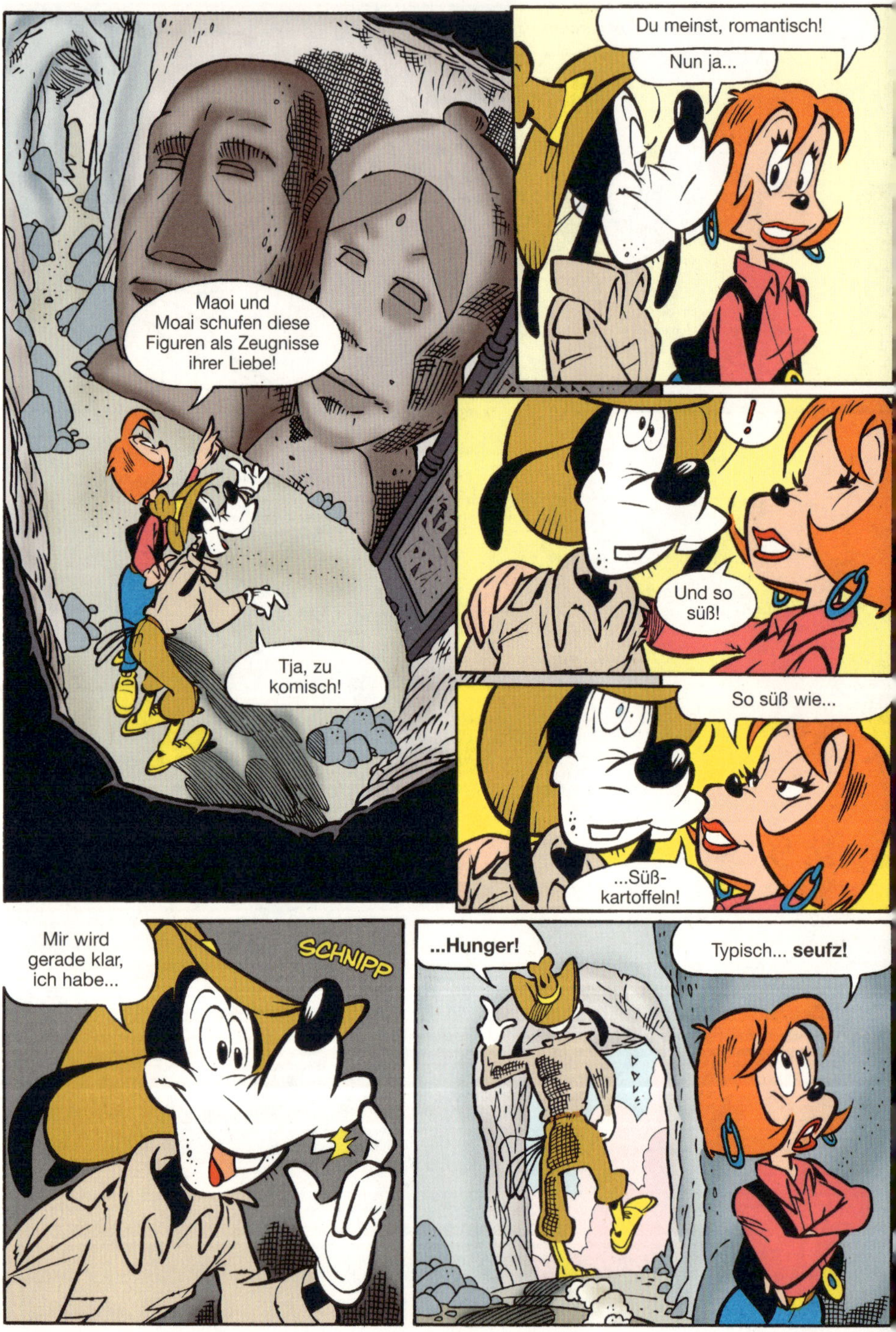
Maoi und Moai schufen diese Figuren als Zeugnisse ihrer Liebe!
Tja, zu komisch!
Du meinst, romantisch!
Nun ja...
!
Und so süß!
So süß wie...
...Süß-kartoffeln!
Mir wird gerade klar, ich habe...
SCHNIPP
...Hunger!
Typisch... **seufz!**

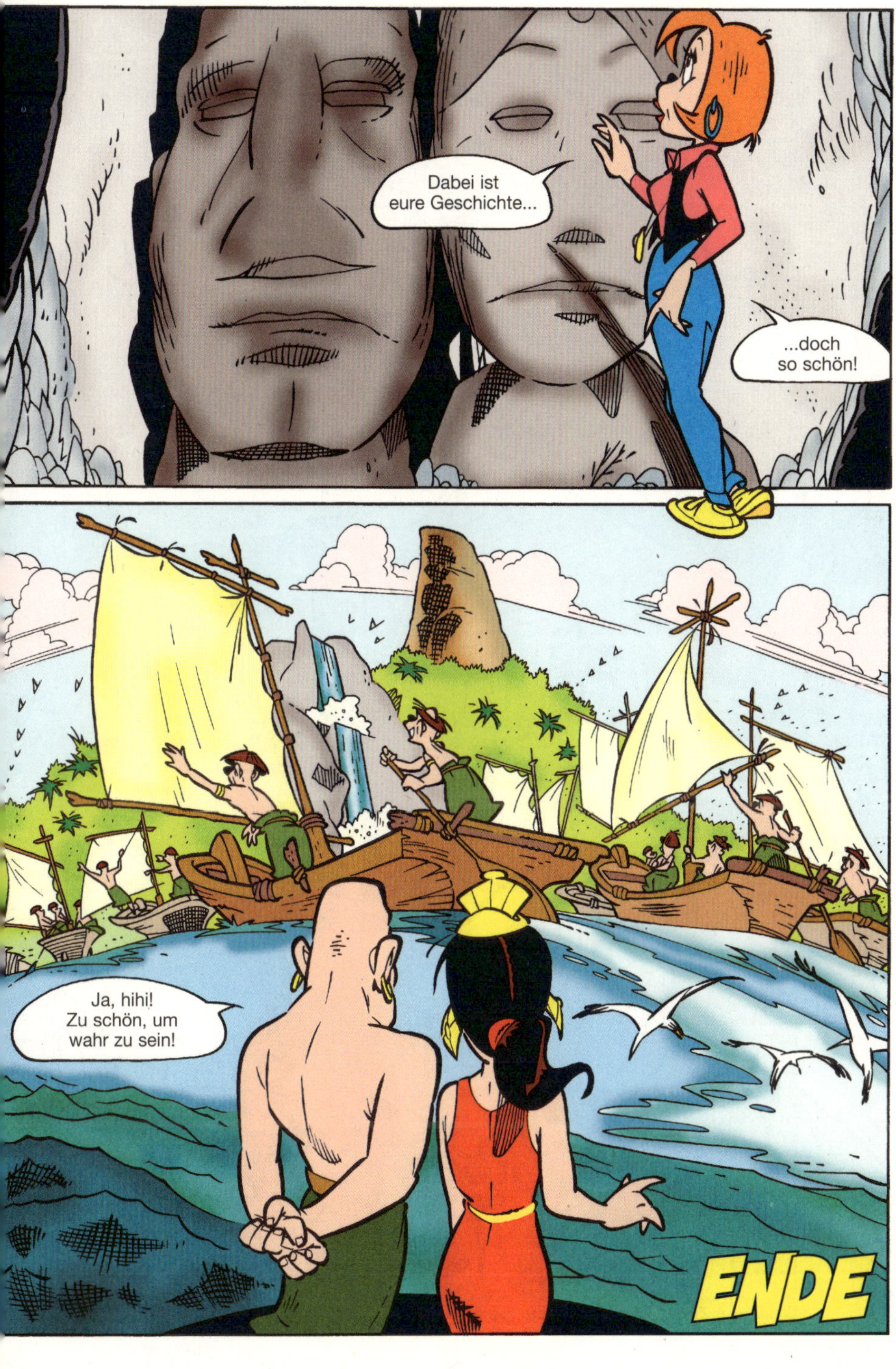
Dabei ist eure Geschichte...
...doch so schön!
Ja, hihi! Zu schön, um wahr zu sein!
ENDE

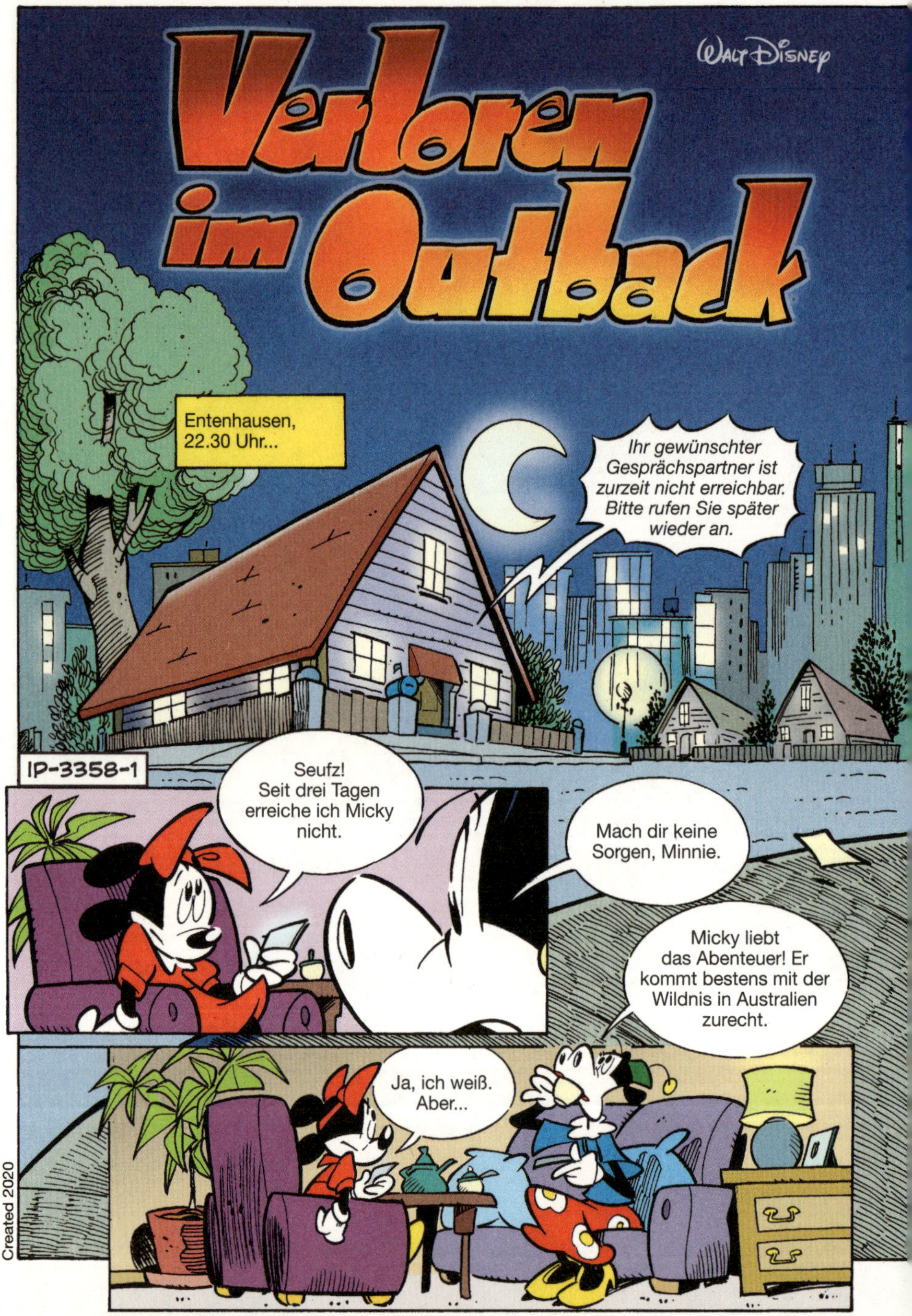

Created 2020

Giuseppe Zironi (Story & Zeichnungen)

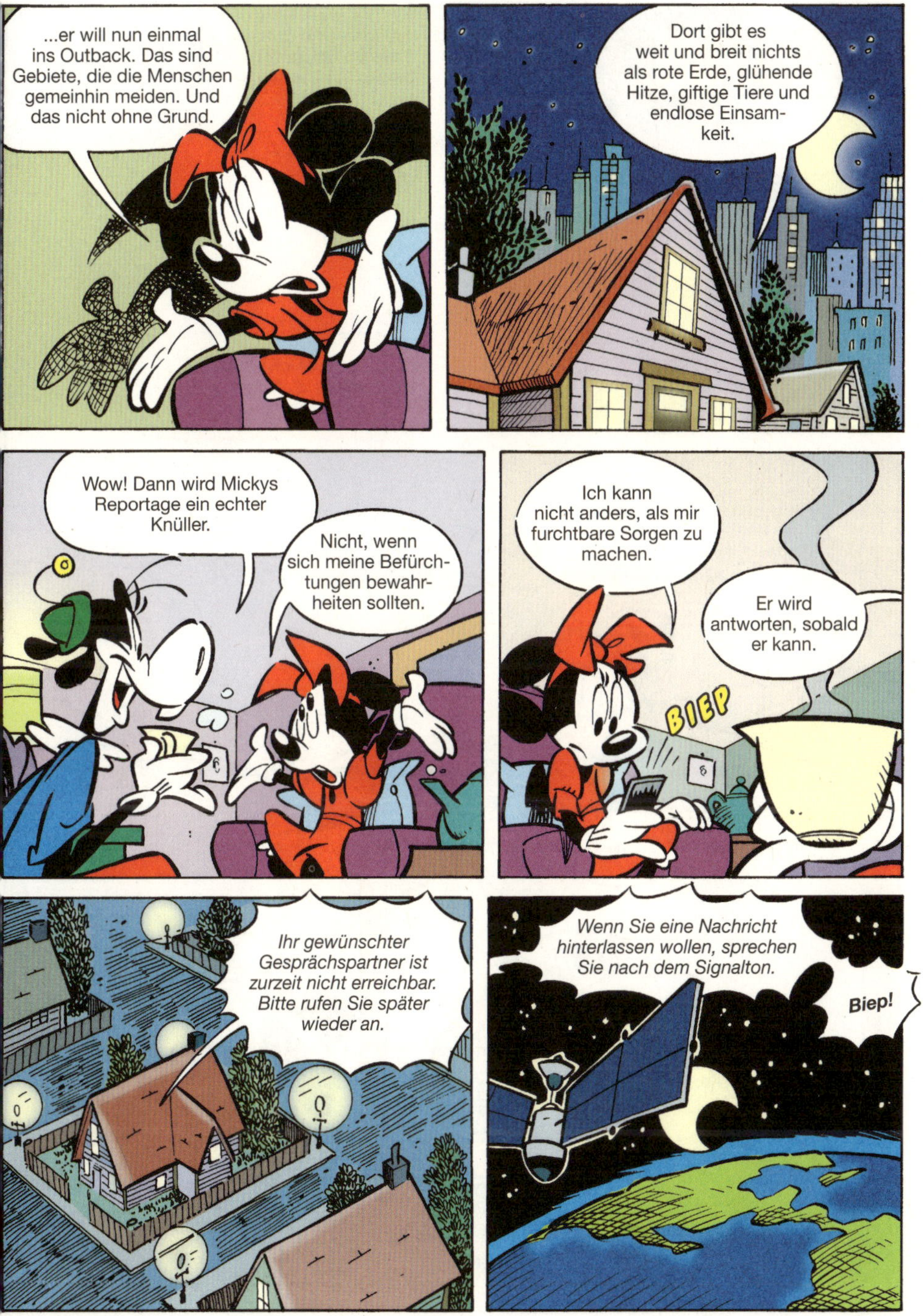
...er will nun einmal ins Outback. Das sind Gebiete, die die Menschen gemeinhin meiden. Und das nicht ohne Grund.
Dort gibt es weit und breit nichts als rote Erde, glühende Hitze, giftige Tiere und endlose Einsamkeit.
Wow! Dann wird Mickys Reportage ein echter Knüller.
Nicht, wenn sich meine Befürchtungen bewahrheiten sollten.
Ich kann nicht anders, als mir furchtbare Sorgen zu machen.
Er wird antworten, sobald er kann.
BIEP
Ihr gewünschter Gesprächspartner ist zurzeit nicht erreichbar. Bitte rufen Sie später wieder an.
Wenn Sie eine Nachricht hinterlassen wollen, sprechen Sie nach dem Signalton.
Biep!

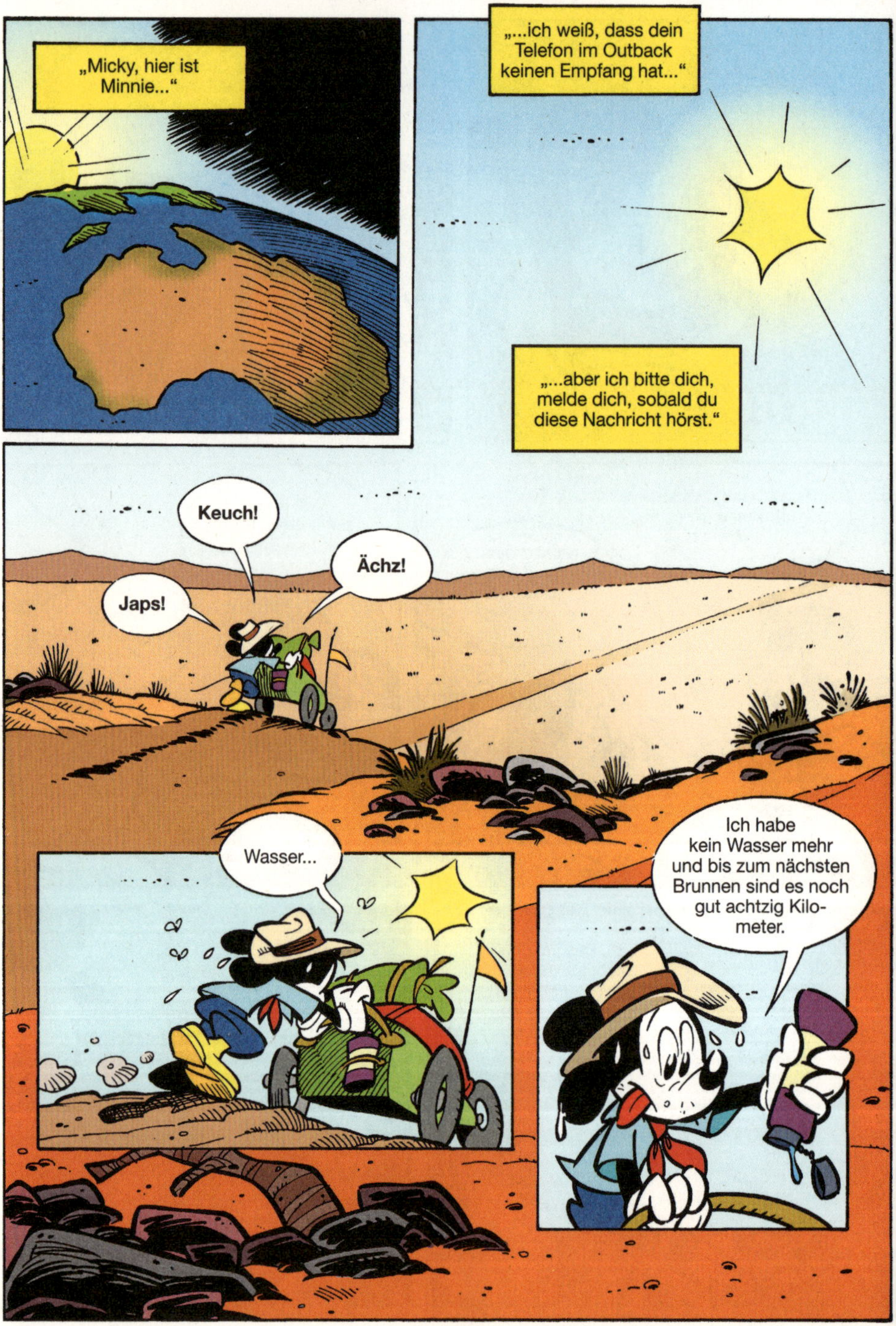
„Micky, hier ist Minnie...“
„...ich weiß, dass dein Telefon im Outback keinen Empfang hat...“
„...aber ich bitte dich, melde dich, sobald du diese Nachricht hörst.“
Keuch!
Japs!
Ächz!
Wasser...
Ich habe kein Wasser mehr und bis zum nächsten Brunnen sind es noch gut achtzig Kilometer.

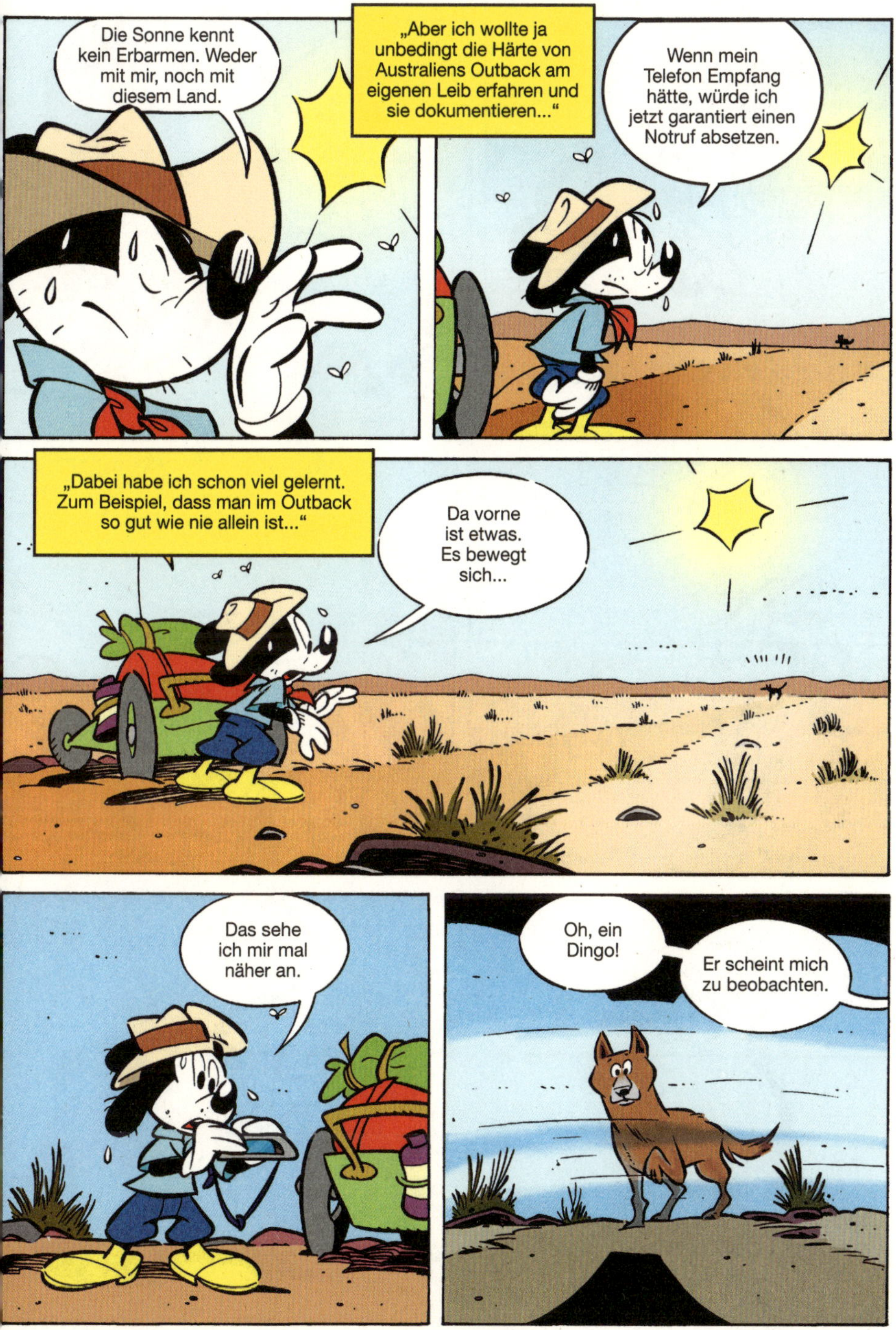

Die Sonne kennt kein Erbarmen. Weder mit mir, noch mit diesem Land.
„Aber ich wollte ja unbedingt die Härte von Australiens Outback am eigenen Leib erfahren und sie dokumentieren…“
Wenn mein Telefon Empfang hätte, würde ich jetzt garantiert einen Notruf absetzen.
„Dabei habe ich schon viel gelernt. Zum Beispiel, dass man im Outback so gut wie nie allein ist…“
Da vorne ist etwas. Es bewegt sich…
Das sehe ich mir mal näher an.
Oh, ein Dingo!
Er scheint mich zu beobachten.

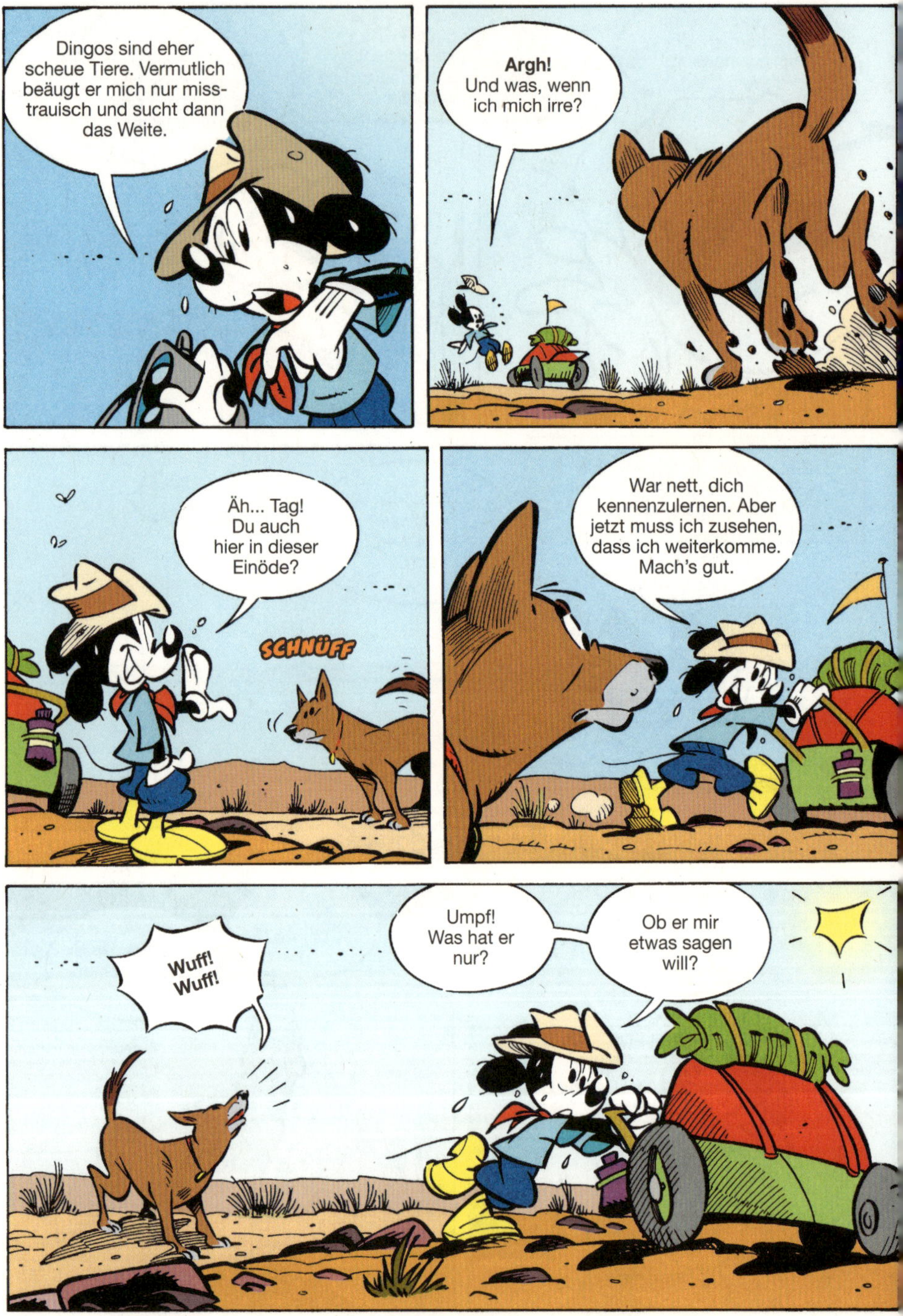
Dingos sind eher scheue Tiere. Vermutlich beäugt er mich nur misstrauisch und sucht dann das Weite.
Argh! Und was, wenn ich mich irre?
Äh... Tag! Du auch hier in dieser Einöde?
SCHNÜFF
War nett, dich kennenzulernen. Aber jetzt muss ich zusehen, dass ich weiterkomme. Mach's gut.
Wuff! Wuff!
Umpf! Was hat er nur?
Ob er mir etwas sagen will?

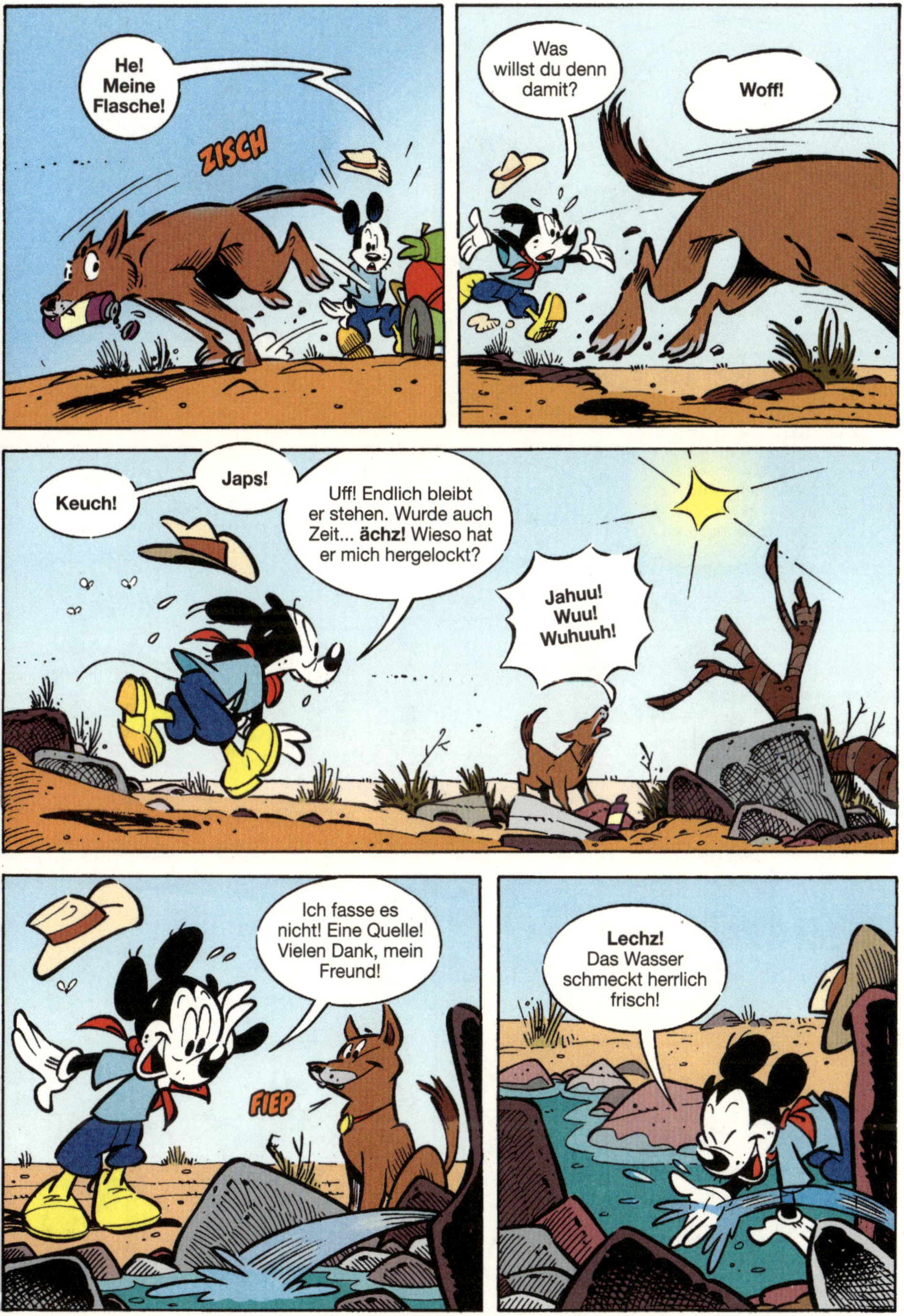
He! Meine Flasche!
ZISCH
Was willst du denn damit?
Woff!
Keuch!
Japs!
Uff! Endlich bleibt er stehen. Wurde auch Zeit... **ächz!** Wieso hat er mich hergelockt?
Jahuu! Wuu! Wuhuuh!
Ich fasse es nicht! Eine Quelle! Vielen Dank, mein Freund!
FIEP
Lechz! Das Wasser schmeckt herrlich frisch!

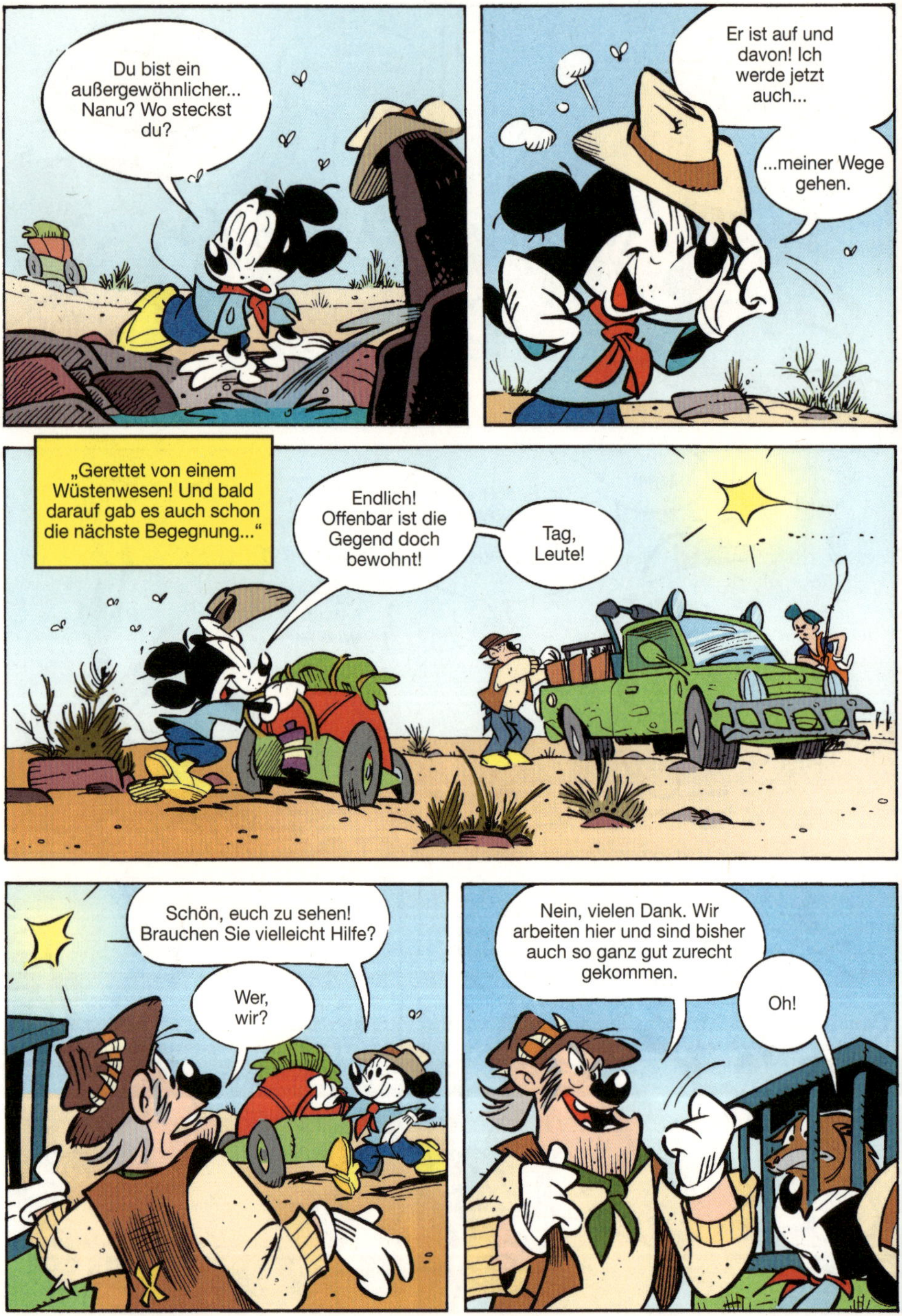
Du bist ein außergewöhnlicher... Nanu? Wo steckst du?
Er ist auf und davon! Ich werde jetzt auch...
...meiner Wege gehen.
„Gerettet von einem Wüstenwesen! Und bald darauf gab es auch schon die nächste Begegnung..."
Endlich! Offenbar ist die Gegend doch bewohnt!
Tag, Leute!
Schön, euch zu sehen! Brauchen Sie vielleicht Hilfe?
Wer, wir?
Nein, vielen Dank. Wir arbeiten hier und sind bisher auch so ganz gut zurecht gekommen.
Oh!

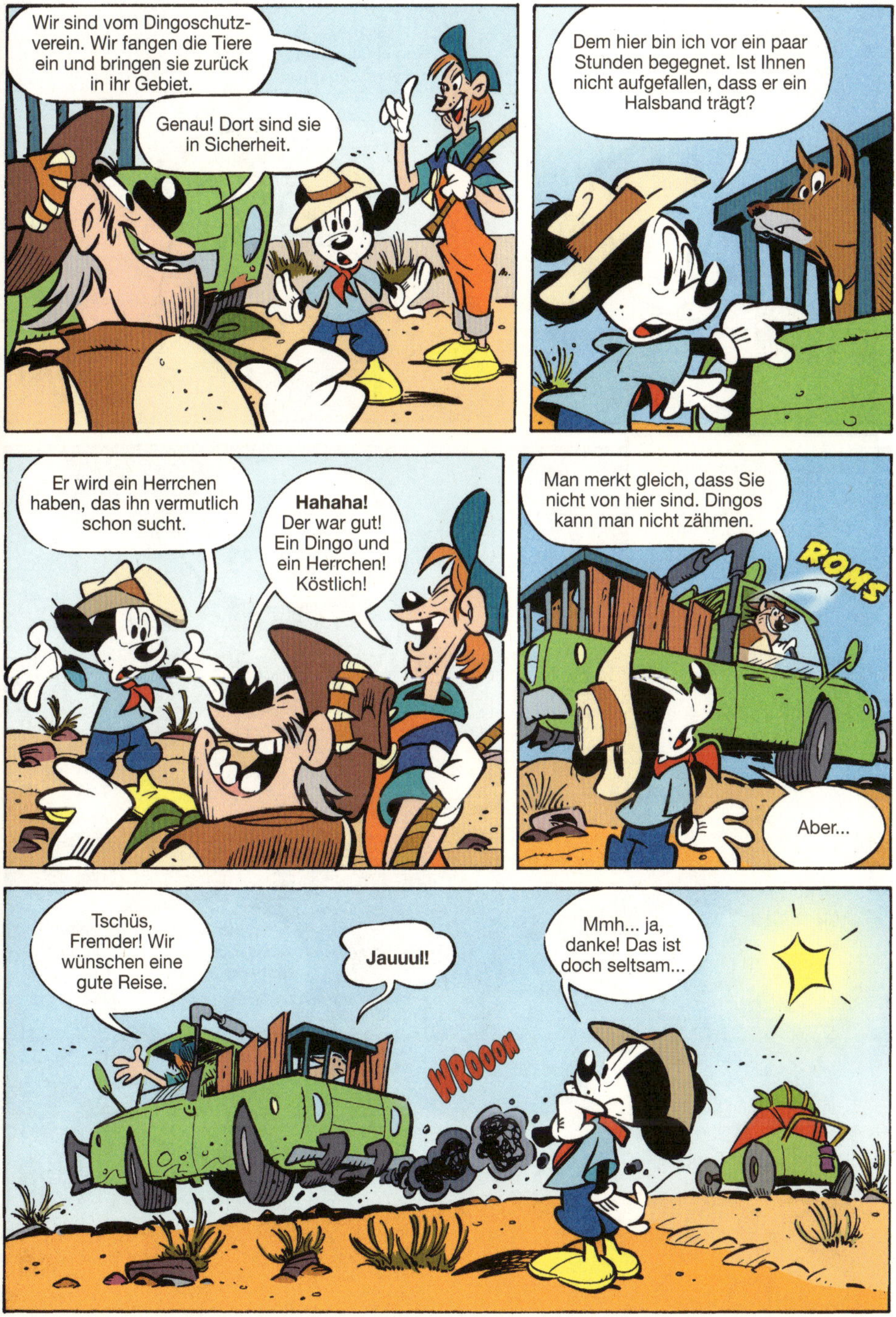
Wir sind vom Dingoschutz-verein. Wir fangen die Tiere ein und bringen sie zurück in ihr Gebiet.
Genau! Dort sind sie in Sicherheit.
Dem hier bin ich vor ein paar Stunden begegnet. Ist Ihnen nicht aufgefallen, dass er ein Halsband trägt?
Er wird ein Herrchen haben, das ihn vermutlich schon sucht.
Hahaha! Der war gut! Ein Dingo und ein Herrchen! Köstlich!
Man merkt gleich, dass Sie nicht von hier sind. Dingos kann man nicht zähmen.
ROMS
Aber...
Tschüs, Fremder! Wir wünschen eine gute Reise.
Jauuul!
WROOOM
Mmh... ja, danke! Das ist doch seltsam...

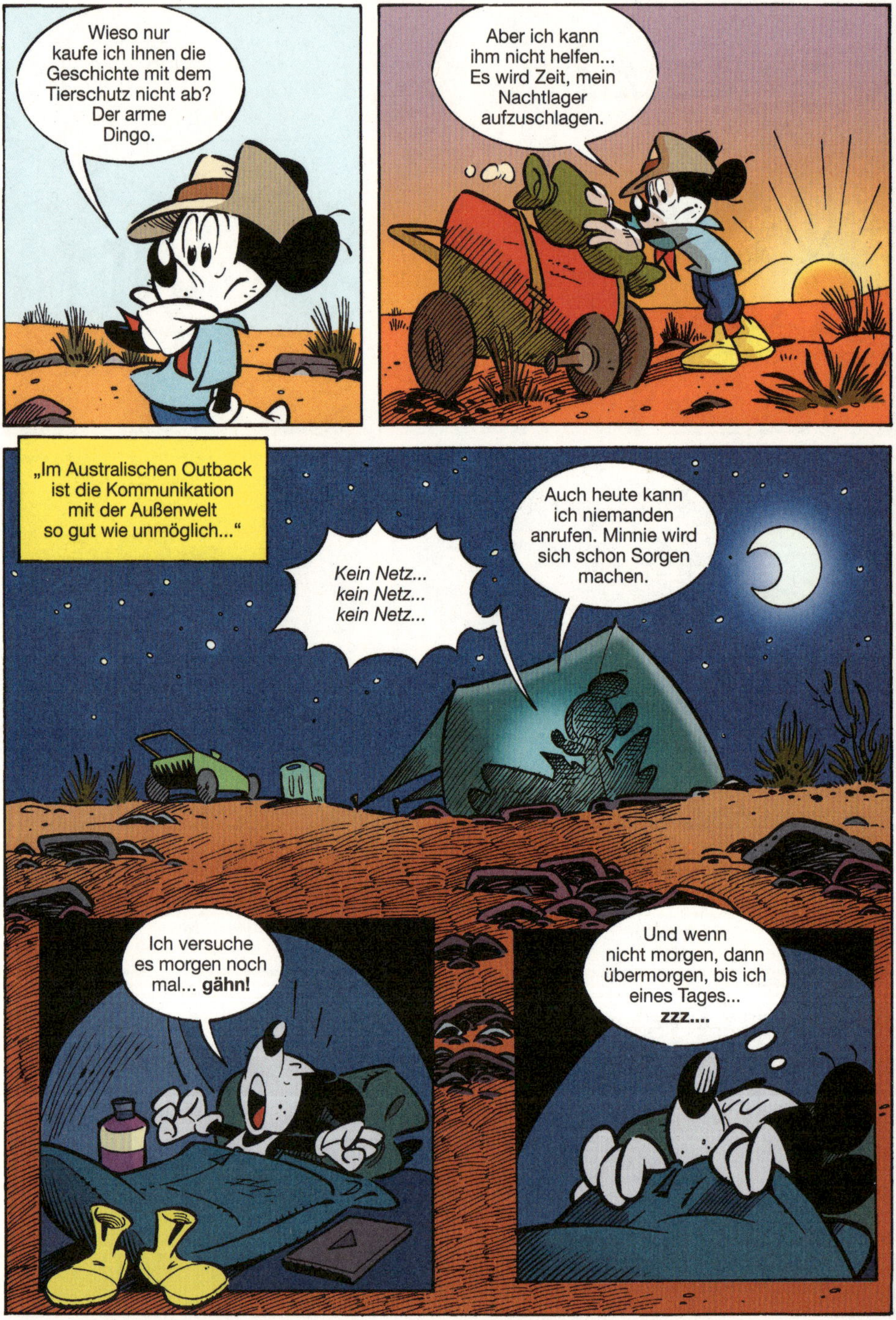
Wieso nur kaufe ich ihnen die Geschichte mit dem Tierschutz nicht ab? Der arme Dingo.
Aber ich kann ihm nicht helfen... Es wird Zeit, mein Nachtlager aufzuschlagen.
„Im Australischen Outback ist die Kommunikation mit der Außenwelt so gut wie unmöglich..."
Kein Netz... kein Netz... kein Netz...
Auch heute kann ich niemanden anrufen. Minnie wird sich schon Sorgen machen.
Ich versuche es morgen noch mal... **gähn!**
Und wenn nicht morgen, dann übermorgen, bis ich eines Tages... **zzz....**

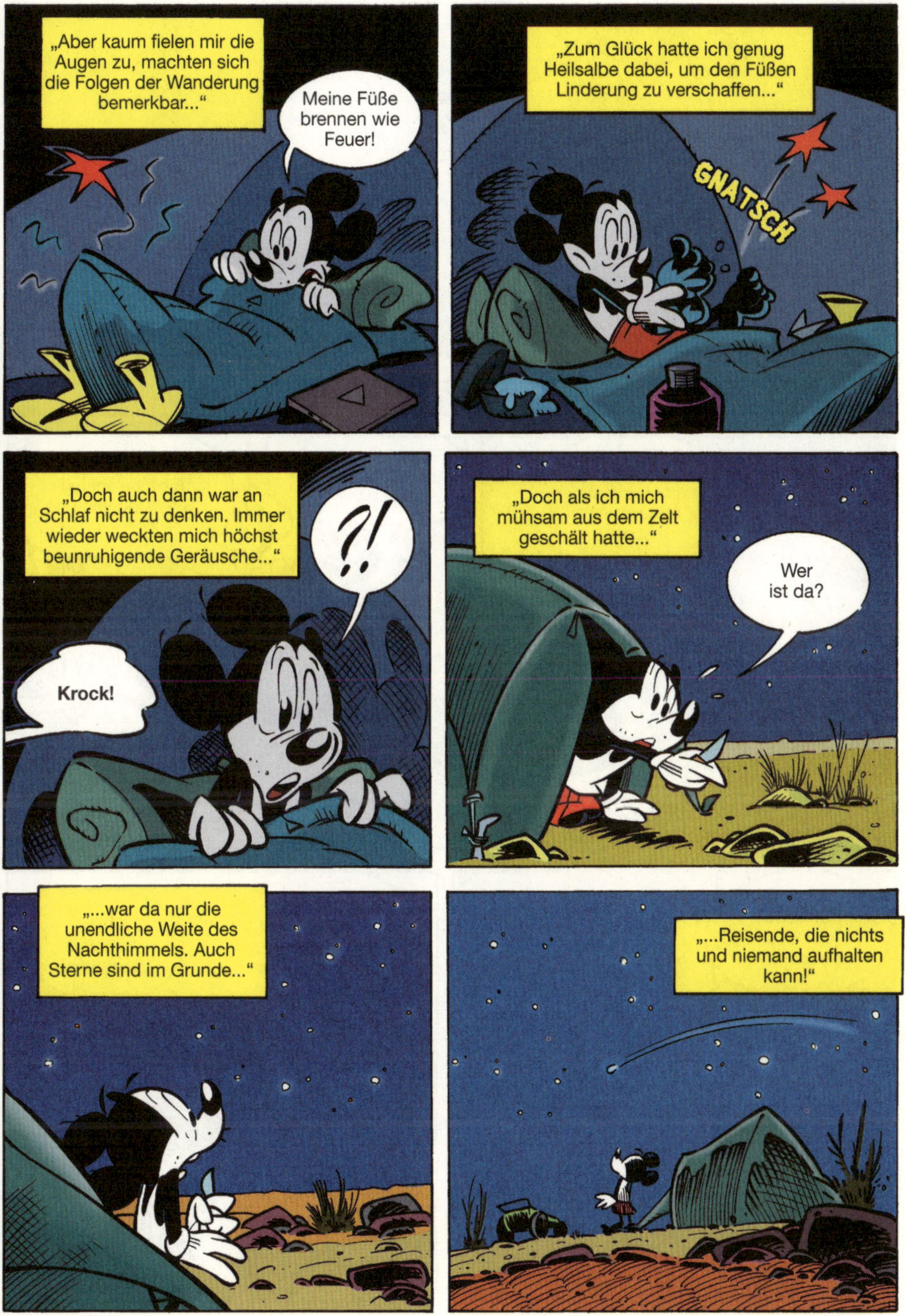
„Aber kaum fielen mir die Augen zu, machten sich die Folgen der Wanderung bemerkbar..."
Meine Füße brennen wie Feuer!
„Zum Glück hatte ich genug Heilsalbe dabei, um den Füßen Linderung zu verschaffen..."
GNATSCH
„Doch auch dann war an Schlaf nicht zu denken. Immer wieder weckten mich höchst beunruhigende Geräusche..."
?!
Krock!
„Doch als ich mich mühsam aus dem Zelt geschält hatte..."
Wer ist da?
„...war da nur die unendliche Weite des Nachthimmels. Auch Sterne sind im Grunde..."
„...Reisende, die nichts und niemand aufhalten kann!"

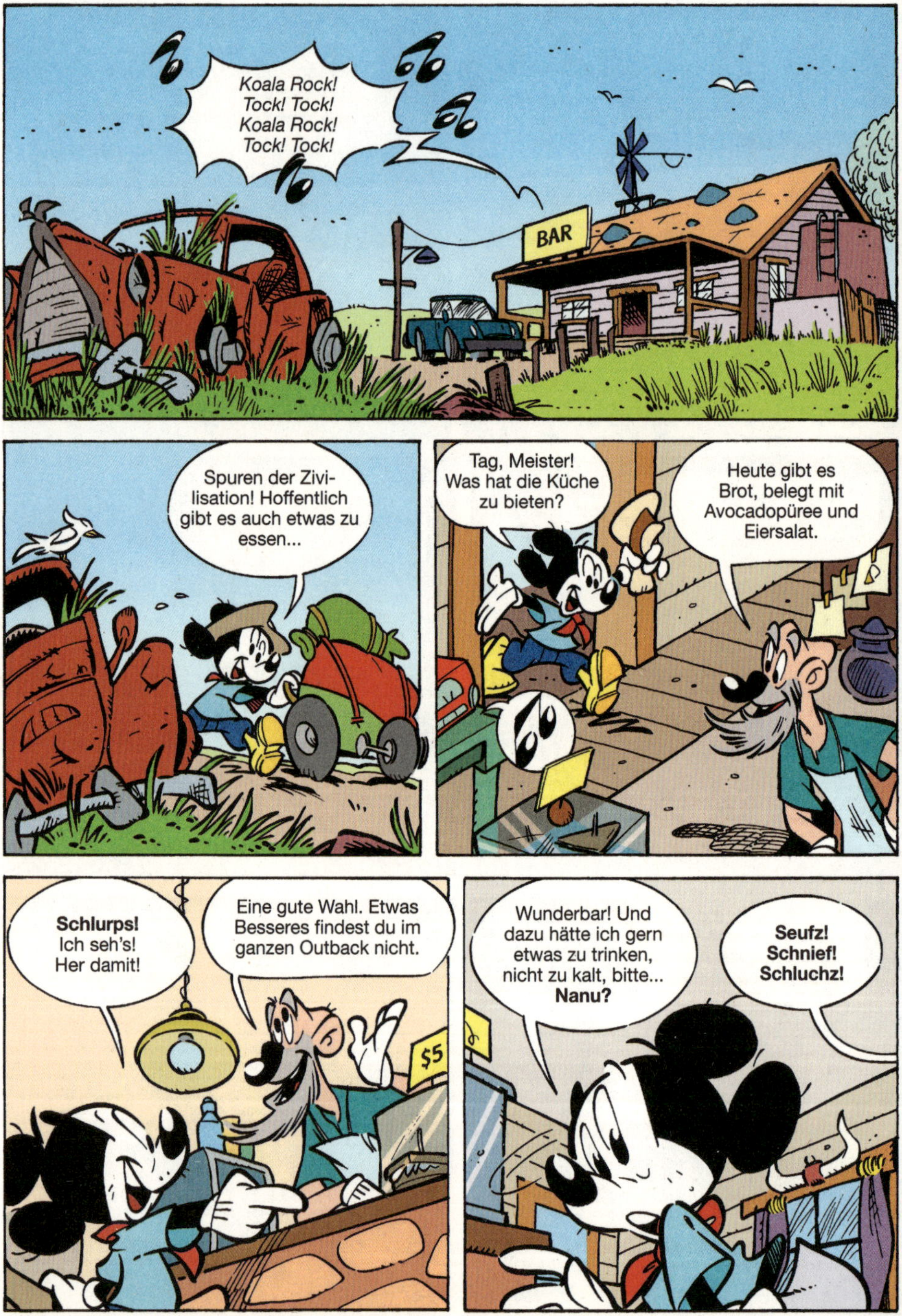
Koala Rock! Tock! Tock! Koala Rock! Tock! Tock!
BAR
Spuren der Zivilisation! Hoffentlich gibt es auch etwas zu essen...
Tag, Meister! Was hat die Küche zu bieten?
Heute gibt es Brot, belegt mit Avocadopüree und Eiersalat.
Schlurps! Ich seh's! Her damit!
Eine gute Wahl. Etwas Besseres findest du im ganzen Outback nicht.
$5
Wunderbar! Und dazu hätte ich gern etwas zu trinken, nicht zu kalt, bitte... **Nanu?**
Seufz! Schnief! Schluchz!

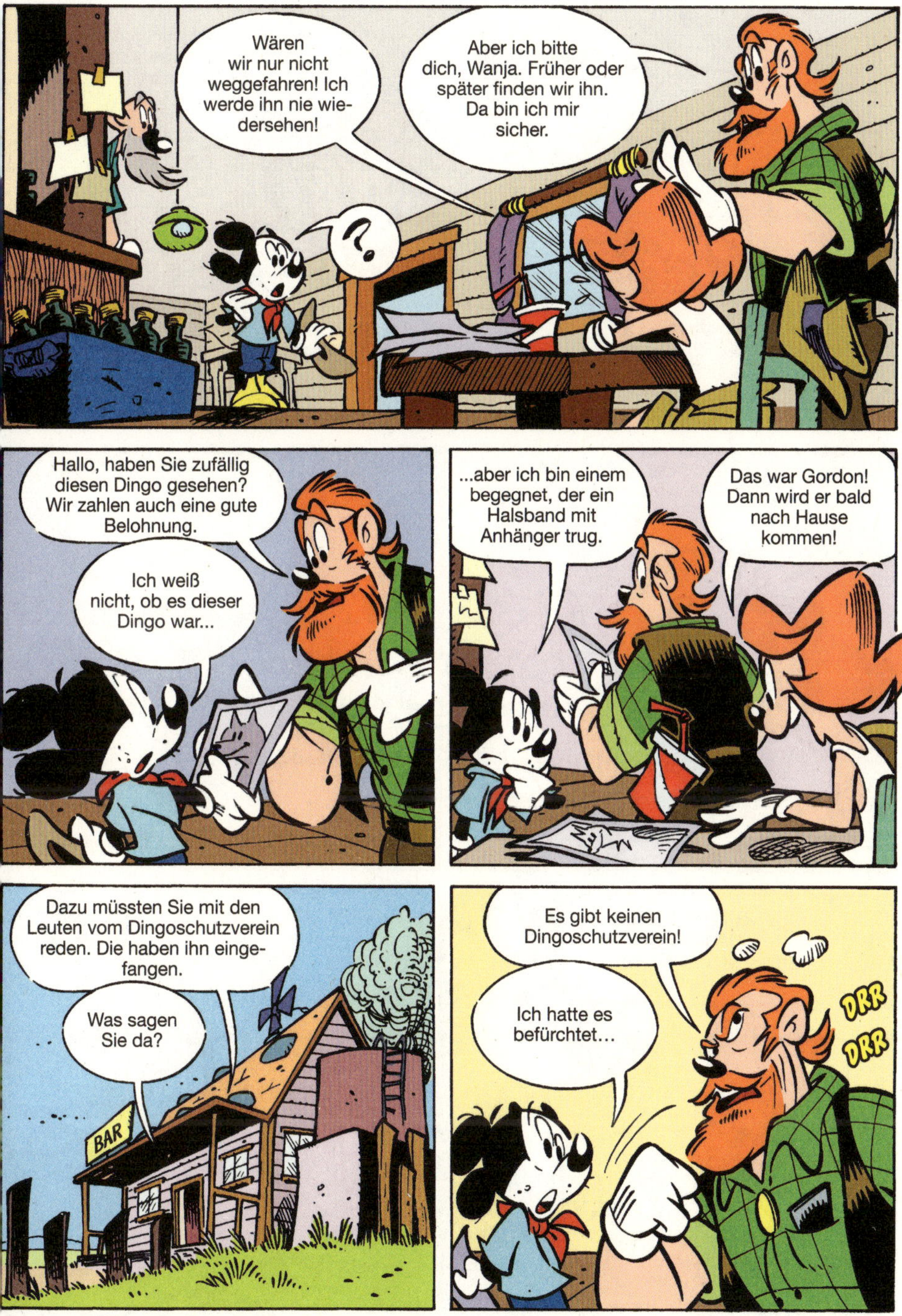
Wären wir nur nicht weggefahren! Ich werde ihn nie wiedersehen!
Aber ich bitte dich, Wanja. Früher oder später finden wir ihn. Da bin ich mir sicher.
?
Hallo, haben Sie zufällig diesen Dingo gesehen? Wir zahlen auch eine gute Belohnung.
Ich weiß nicht, ob es dieser Dingo war...
...aber ich bin einem begegnet, der ein Halsband mit Anhänger trug.
Das war Gordon! Dann wird er bald nach Hause kommen!
Dazu müssten Sie mit den Leuten vom Dingoschutzverein reden. Die haben ihn eingefangen.
Was sagen Sie da?
BAR
Es gibt keinen Dingoschutzverein!
Ich hatte es befürchtet...
DRR
DRR

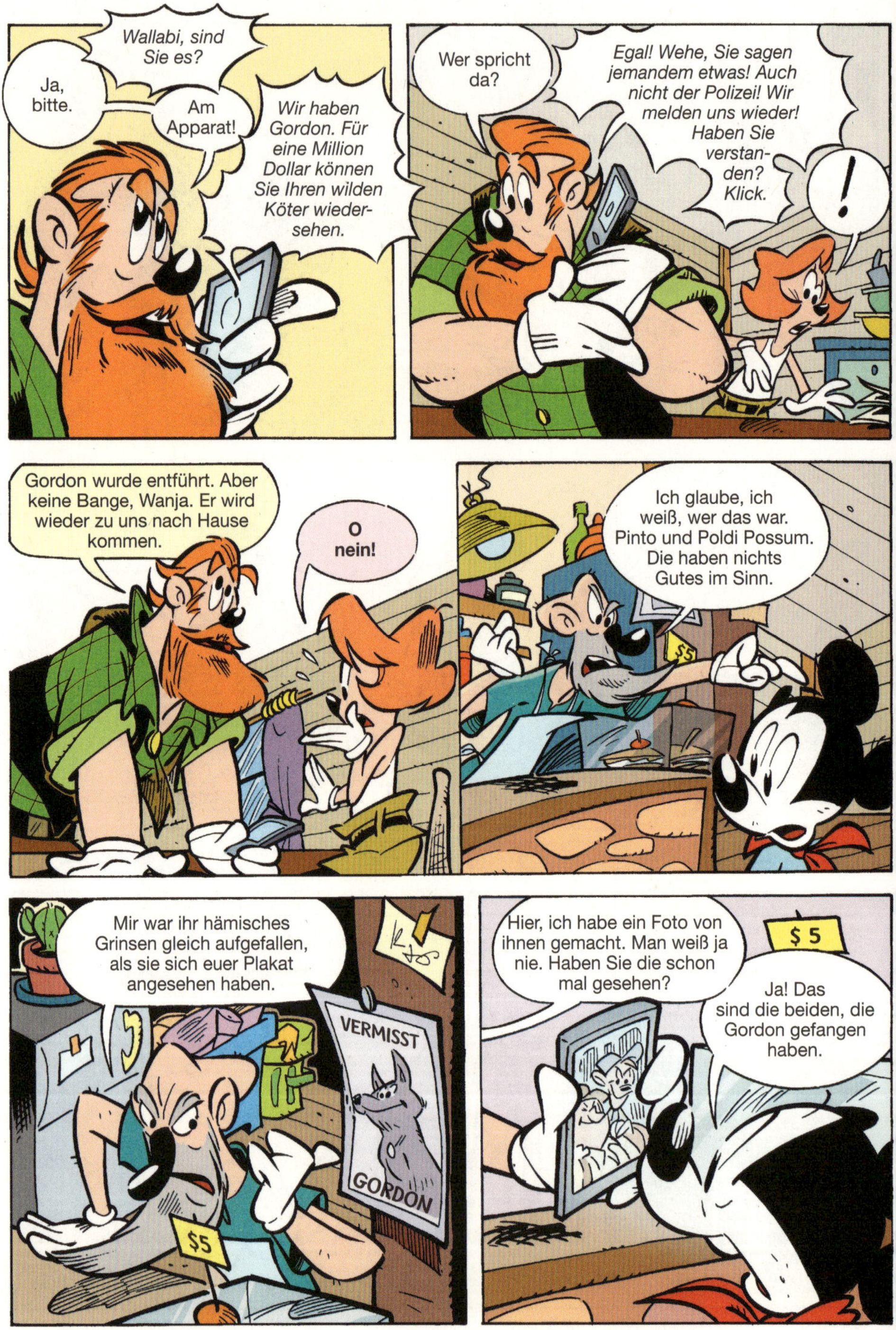
Ja, bitte.
Wallabi, sind Sie es?
Am Apparat!
Wir haben Gordon. Für eine Million Dollar können Sie Ihren wilden Köter wiedersehen.
Wer spricht da?
Egal! Wehe, Sie sagen jemandem etwas! Auch nicht der Polizei! Wir melden uns wieder! Haben Sie verstanden? Klick.
!
Gordon wurde entführt. Aber keine Bange, Wanja. Er wird wieder zu uns nach Hause kommen.
O nein!
Ich glaube, ich weiß, wer das war. Pinto und Poldi Possum. Die haben nichts Gutes im Sinn.
$5
Mir war ihr hämisches Grinsen gleich aufgefallen, als sie sich euer Plakat angesehen haben.
VERMISST
GORDON
$5
Hier, ich habe ein Foto von ihnen gemacht. Man weiß ja nie. Haben Sie die schon mal gesehen?
$ 5
Ja! Das sind die beiden, die Gordon gefangen haben.

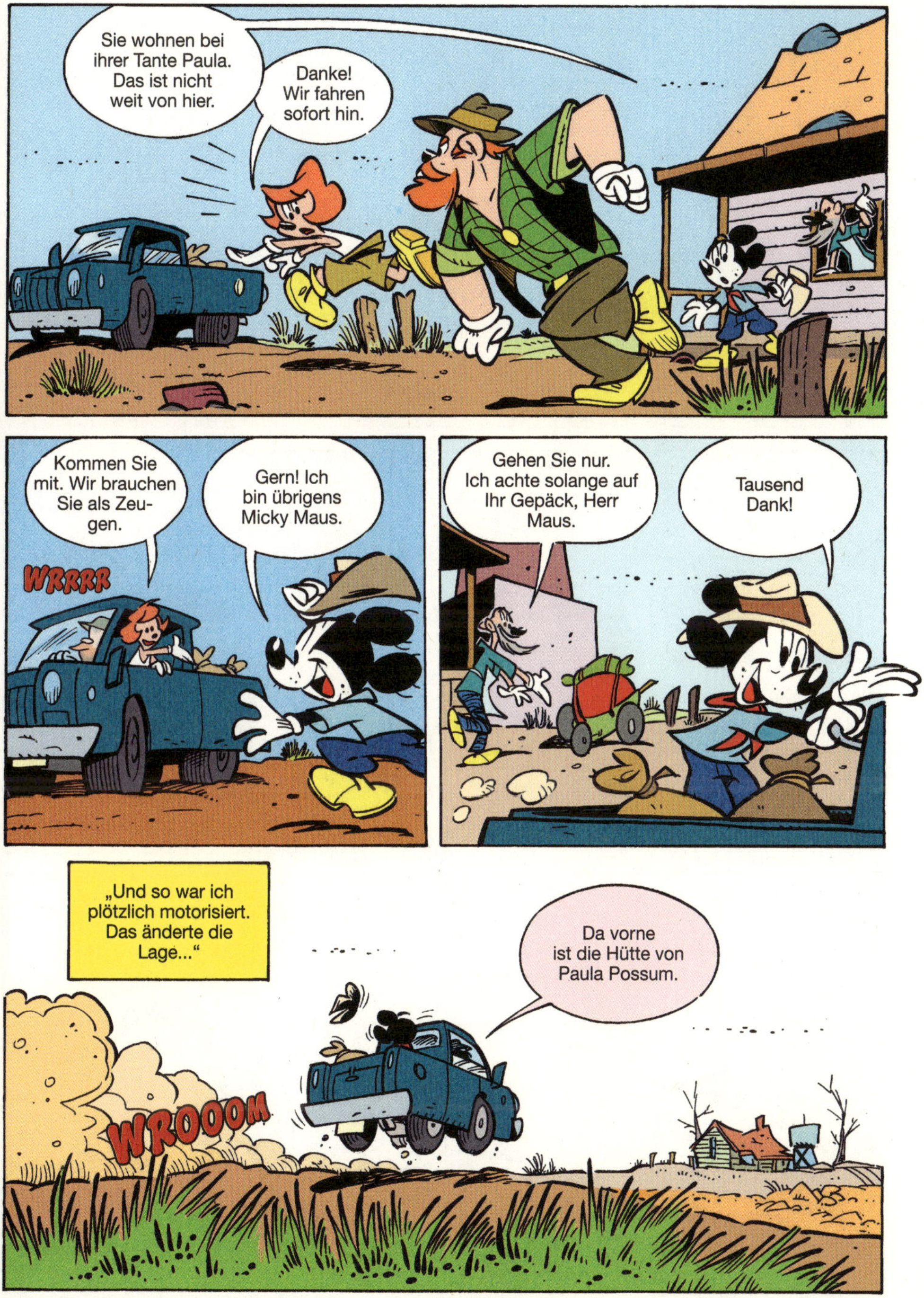
Sie wohnen bei ihrer Tante Paula. Das ist nicht weit von hier.
Danke! Wir fahren sofort hin.
Kommen Sie mit. Wir brauchen Sie als Zeu-gen.
WRRRR
Gern! Ich bin übrigens Micky Maus.
Gehen Sie nur. Ich achte solange auf Ihr Gepäck, Herr Maus.
Tausend Dank!
„Und so war ich plötzlich motorisiert. Das änderte die Lage...“
Da vorne ist die Hütte von Paula Possum.
WROOOM

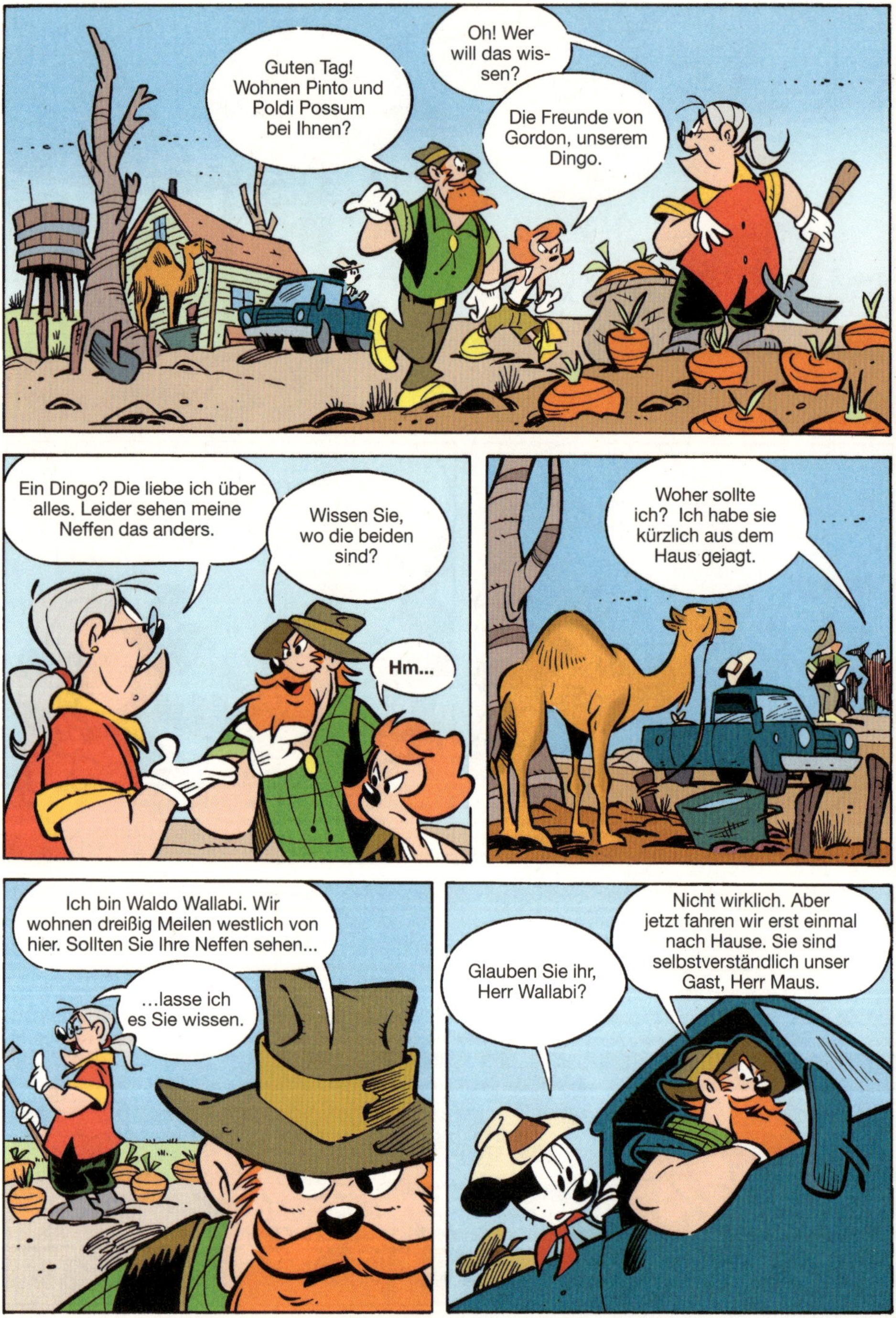
Guten Tag! Wohnen Pinto und Poldi Possum bei Ihnen?
Oh! Wer will das wissen?
Die Freunde von Gordon, unserem Dingo.
Ein Dingo? Die liebe ich über alles. Leider sehen meine Neffen das anders.
Wissen Sie, wo die beiden sind?
Hm...
Woher sollte ich? Ich habe sie kürzlich aus dem Haus gejagt.
Ich bin Waldo Wallabi. Wir wohnen dreißig Meilen westlich von hier. Sollten Sie Ihre Neffen sehen...
...lasse ich es Sie wissen.
Glauben Sie ihr, Herr Wallabi?
Nicht wirklich. Aber jetzt fahren wir erst einmal nach Hause. Sie sind selbstverständlich unser Gast, Herr Maus.

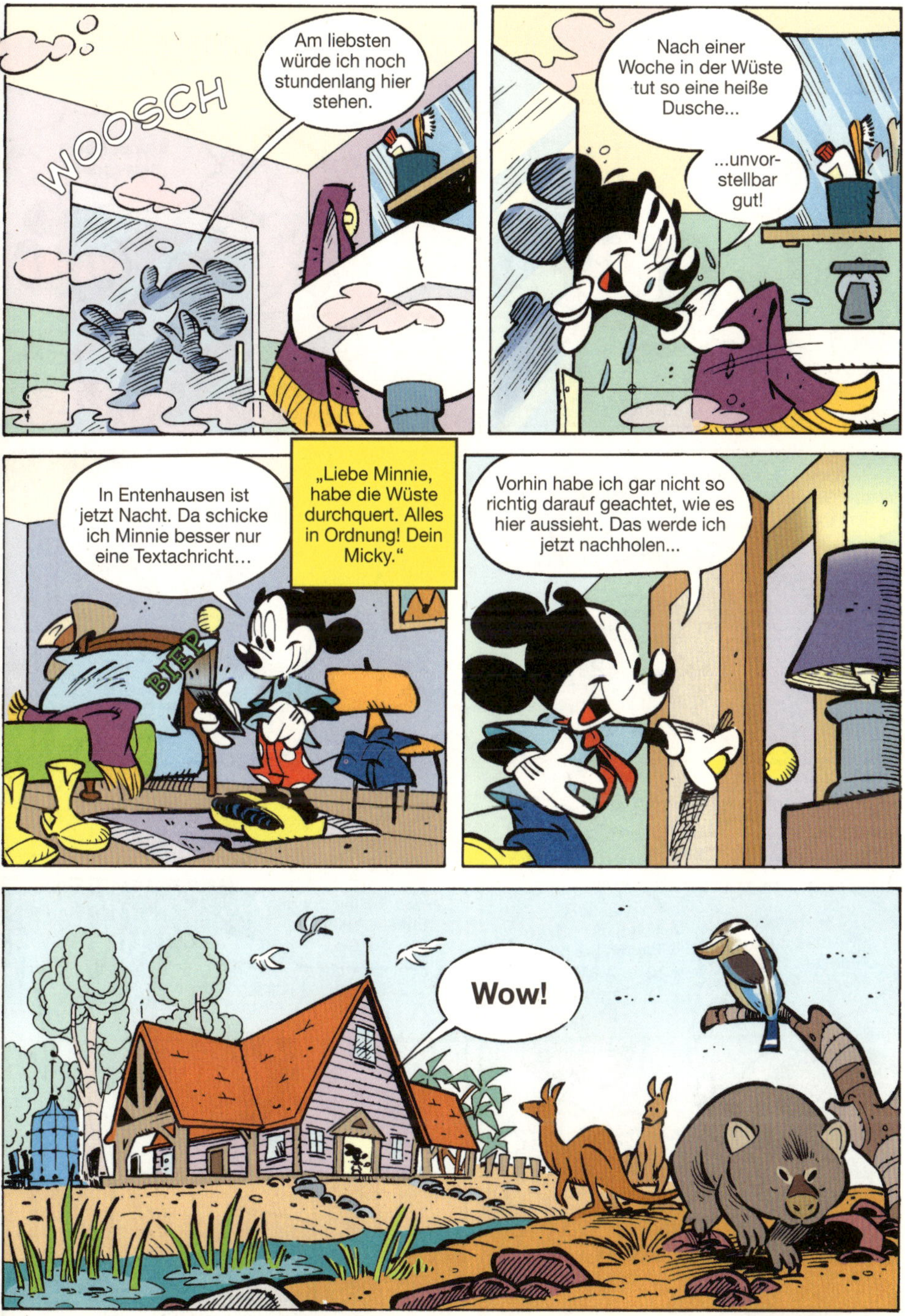
WOOSCH
Am liebsten würde ich noch stundenlang hier stehen.
Nach einer Woche in der Wüste tut so eine heiße Dusche...
...unvorstellbar gut!
In Entenhausen ist jetzt Nacht. Da schicke ich Minnie besser nur eine Textachricht…
BIEP
„Liebe Minnie, habe die Wüste durchquert. Alles in Ordnung! Dein Micky.“
Vorhin habe ich gar nicht so richtig darauf geachtet, wie es hier aussieht. Das werde ich jetzt nachholen...
Wow!

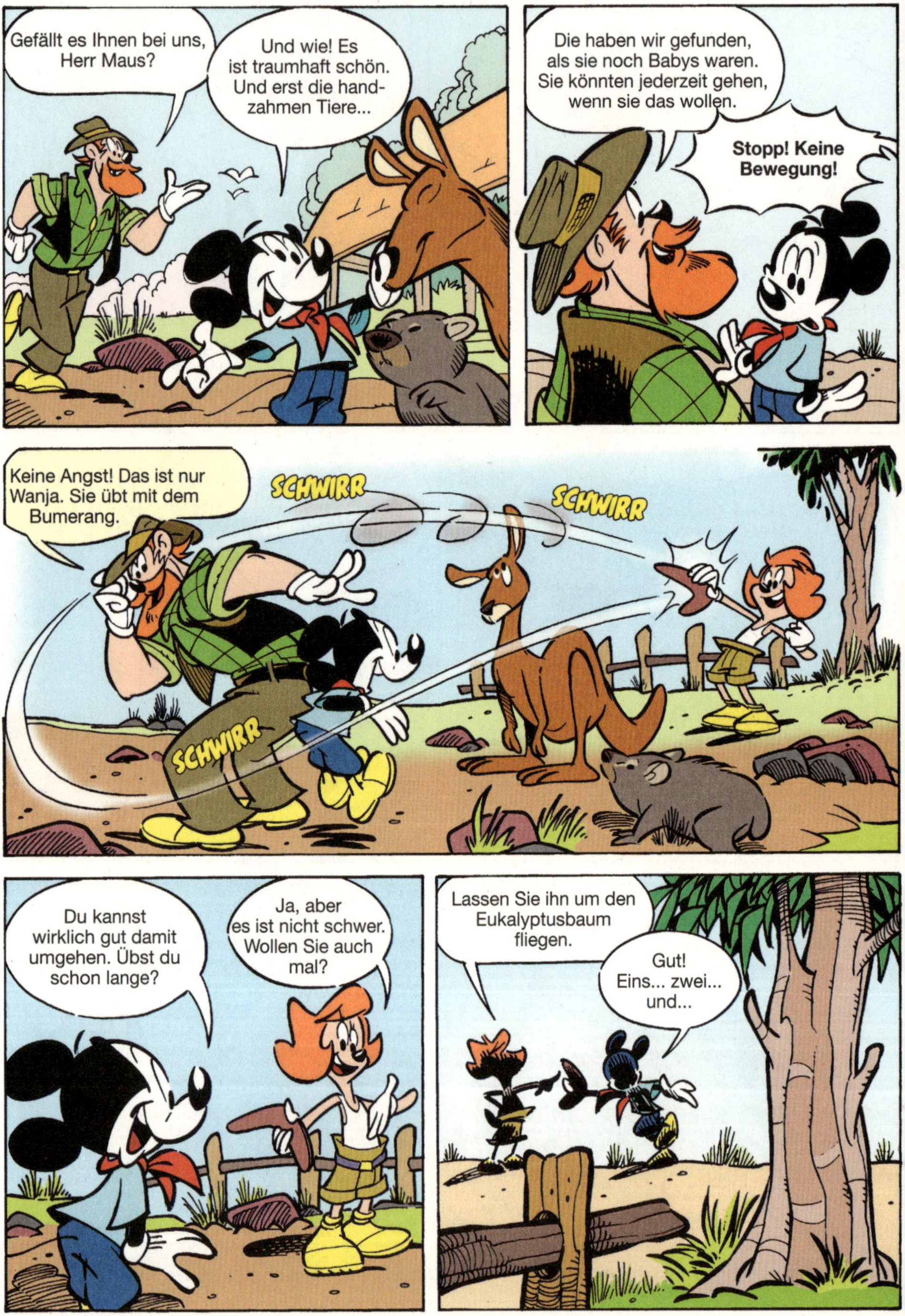
Gefällt es Ihnen bei uns, Herr Maus?
Und wie! Es ist traumhaft schön. Und erst die handzahmen Tiere...
Die haben wir gefunden, als sie noch Babys waren. Sie könnten jederzeit gehen, wenn sie das wollen.
Stopp! Keine Bewegung!
Keine Angst! Das ist nur Wanja. Sie übt mit dem Bumerang.
SCHWIRR
SCHWIRR
SCHWIRR
Du kannst wirklich gut damit umgehen. Übst du schon lange?
Ja, aber es ist nicht schwer. Wollen Sie auch mal?
Lassen Sie ihn um den Eukalyptusbaum fliegen.
Gut! Eins... zwei... und...

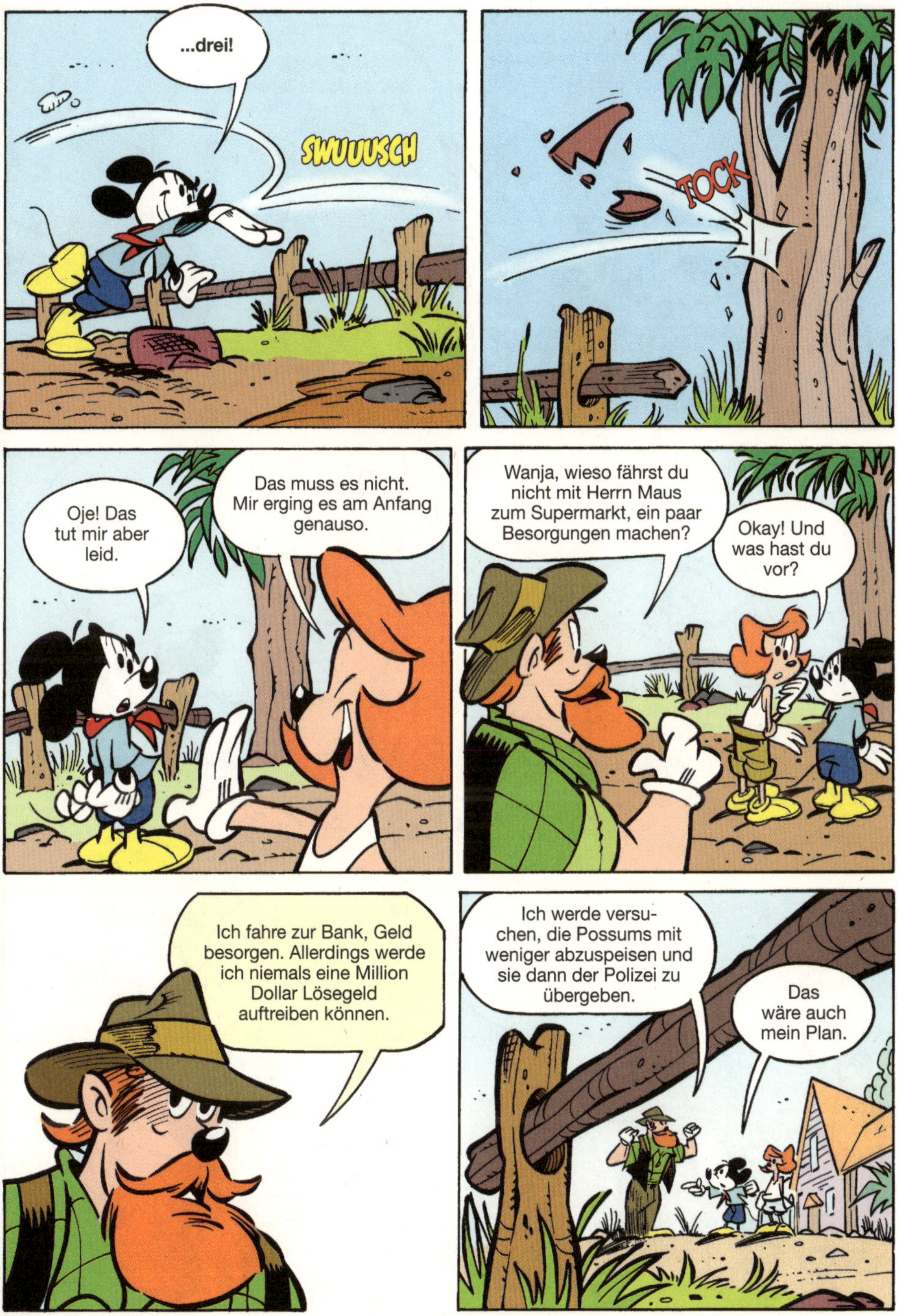
...drei!
SWUUUSCH
TOCK
Oje! Das tut mir aber leid.
Das muss es nicht. Mir erging es am Anfang genauso.
Wanja, wieso fährst du nicht mit Herrn Maus zum Supermarkt, ein paar Besorgungen machen?
Okay! Und was hast du vor?
Ich fahre zur Bank, Geld besorgen. Allerdings werde ich niemals eine Million Dollar Lösegeld auftreiben können.
Ich werde versuchen, die Possums mit weniger abzuspeisen und sie dann der Polizei zu übergeben.
Das wäre auch mein Plan.

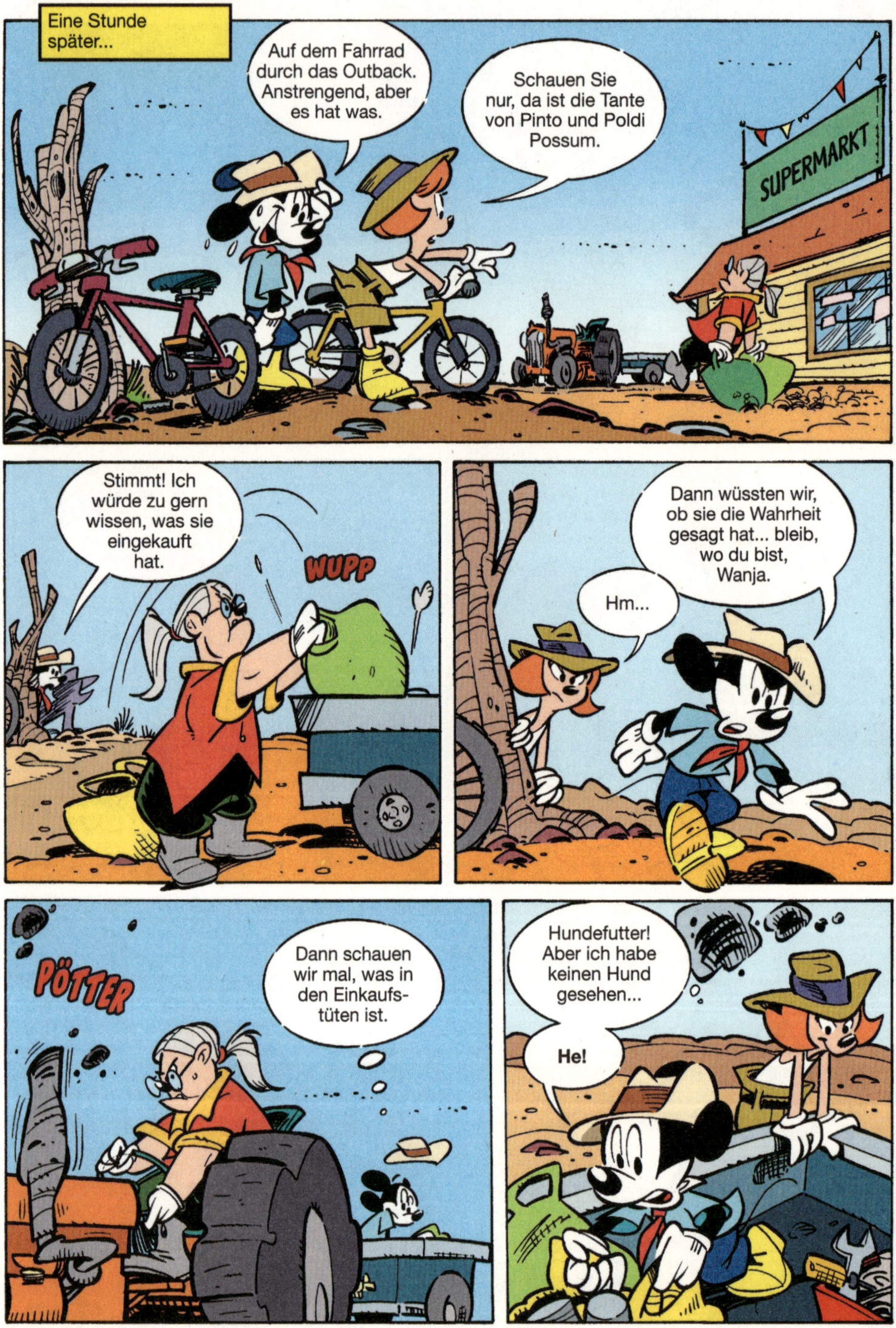

Eine Stunde später...
Auf dem Fahrrad durch das Outback. Anstrengend, aber es hat was.
Schauen Sie nur, da ist die Tante von Pinto und Poldi Possum.
SUPERMARKT
Stimmt! Ich würde zu gern wissen, was sie eingekauft hat.
WUPP
Dann wüssten wir, ob sie die Wahrheit gesagt hat... bleib, wo du bist, Wanja.
Hm...
PÖTTER
Dann schauen wir mal, was in den Einkaufstüten ist.
Hundefutter! Aber ich habe keinen Hund gesehen...
He!

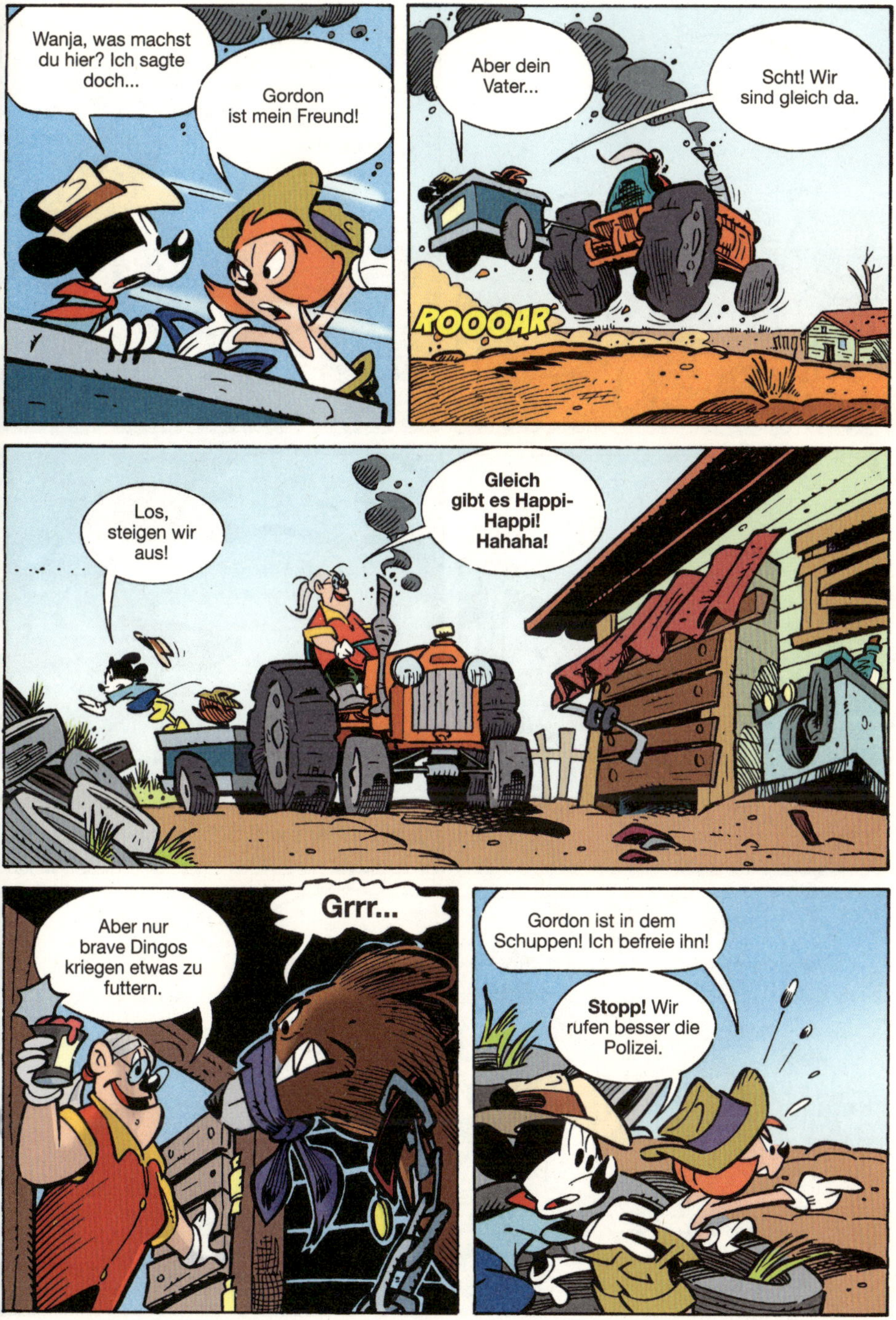
Wanja, was machst du hier? Ich sagte doch...
Gordon ist mein Freund!
Aber dein Vater...
Scht! Wir sind gleich da.
ROOOAR
Los, steigen wir aus!
Gleich gibt es Happi-Happi! Hahaha!
Aber nur brave Dingos kriegen etwas zu futtern.
Grrr...
Gordon ist in dem Schuppen! Ich befreie ihn!
Stopp! Wir rufen besser die Polizei.

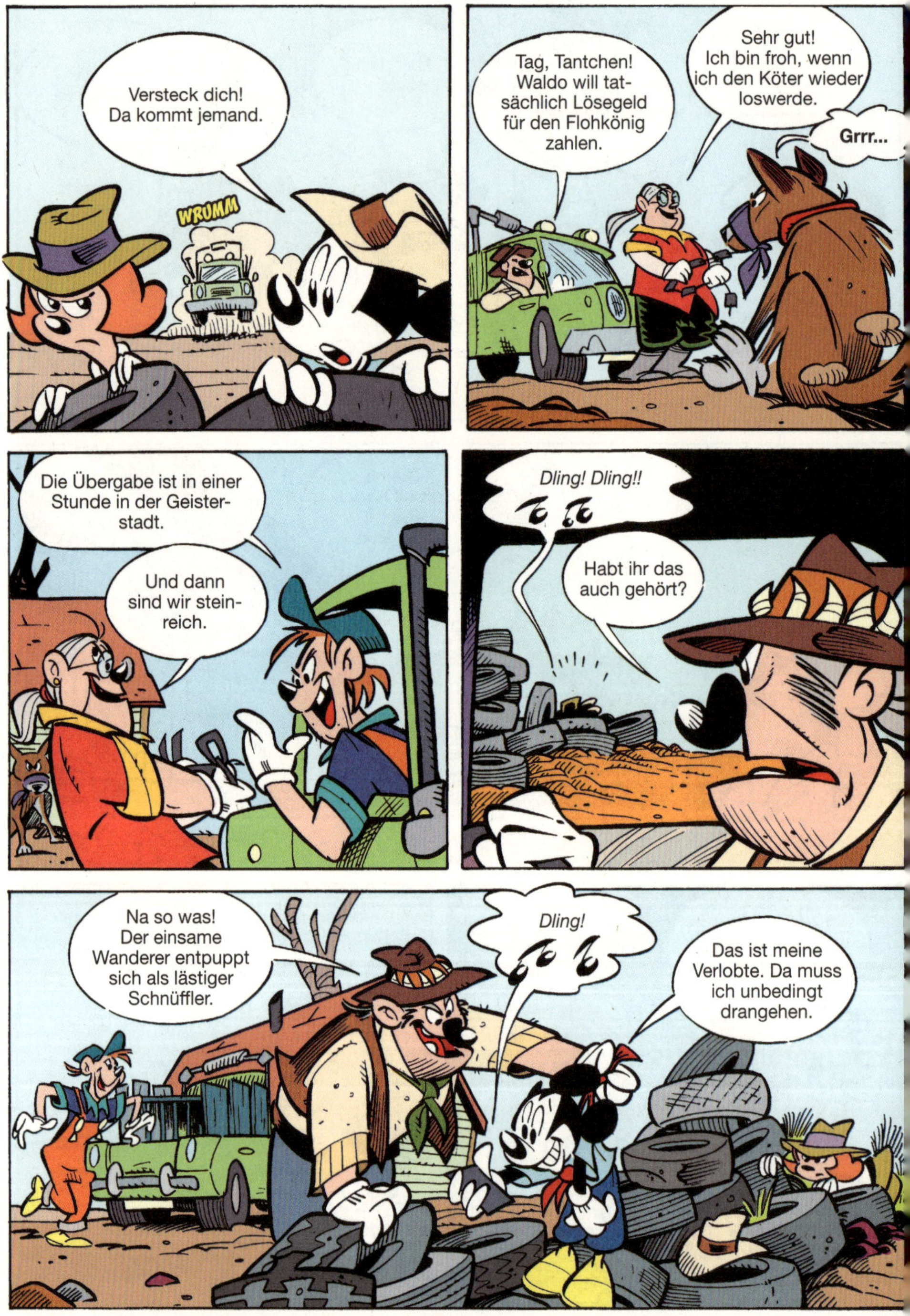
Versteck dich! Da kommt jemand.
WROMM
Tag, Tantchen! Waldo will tatsächlich Lösegeld für den Flohkönig zahlen.
Sehr gut! Ich bin froh, wenn ich den Köter wieder loswerde.
Grrr...
Die Übergabe ist in einer Stunde in der Geisterstadt.
Und dann sind wir steinreich.
Dling! Dling!!
Habt ihr das auch gehört?
Na so was! Der einsame Wanderer entpuppt sich als lästiger Schnüffler.
Dling!
Das ist meine Verlobte. Da muss ich unbedingt drangehen.

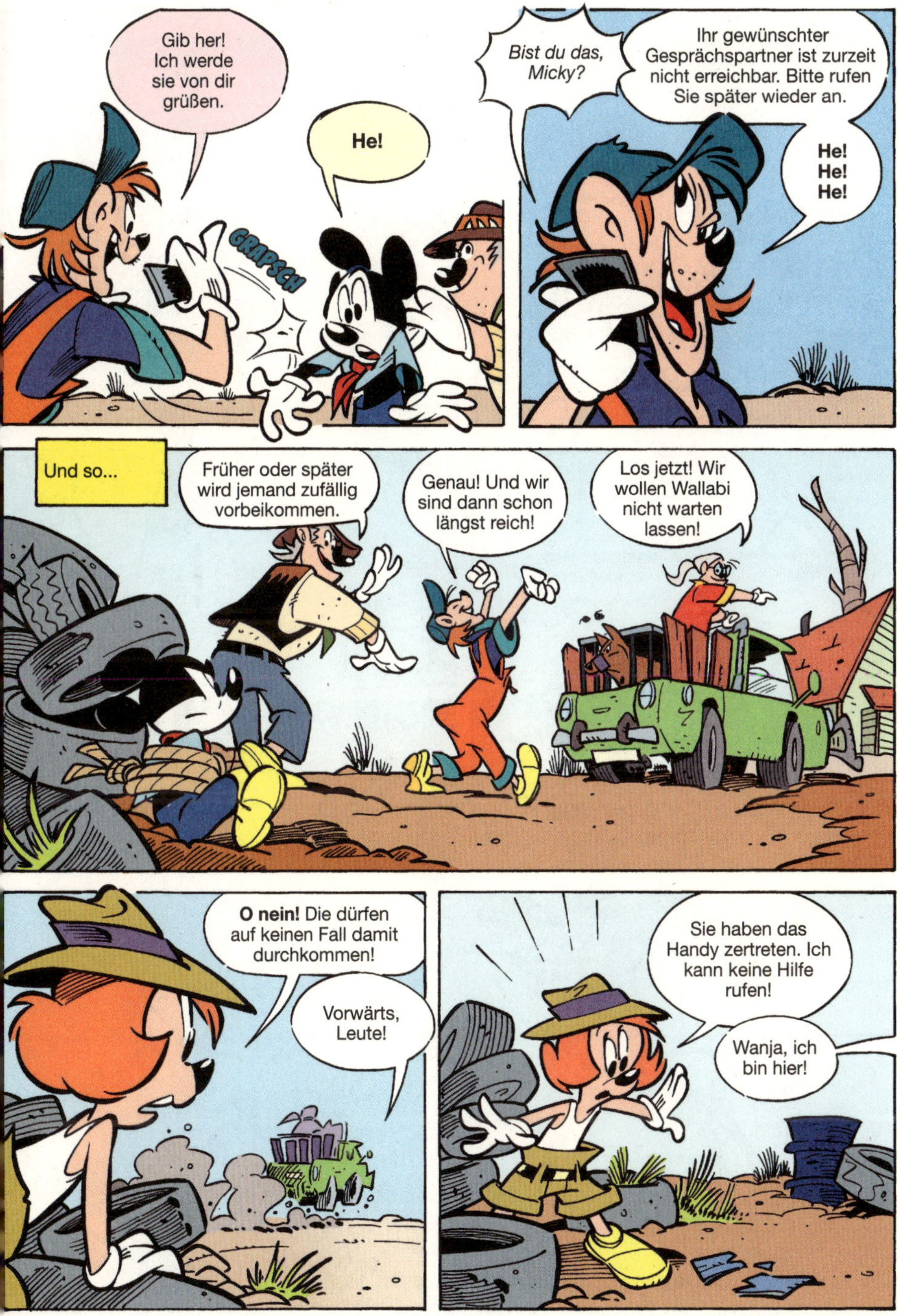
Gib her! Ich werde sie von dir grüßen.
GRAPSCH
He!
Bist du das, Micky?
Ihr gewünschter Gesprächspartner ist zurzeit nicht erreichbar. Bitte rufen Sie später wieder an.
He! He! He!
Und so...
Früher oder später wird jemand zufällig vorbeikommen.
Genau! Und wir sind dann schon längst reich!
Los jetzt! Wir wollen Wallabi nicht warten lassen!
O nein! Die dürfen auf keinen Fall damit durchkommen!
Vorwärts, Leute!
Sie haben das Handy zertreten. Ich kann keine Hilfe rufen!
Wanja, ich bin hier!

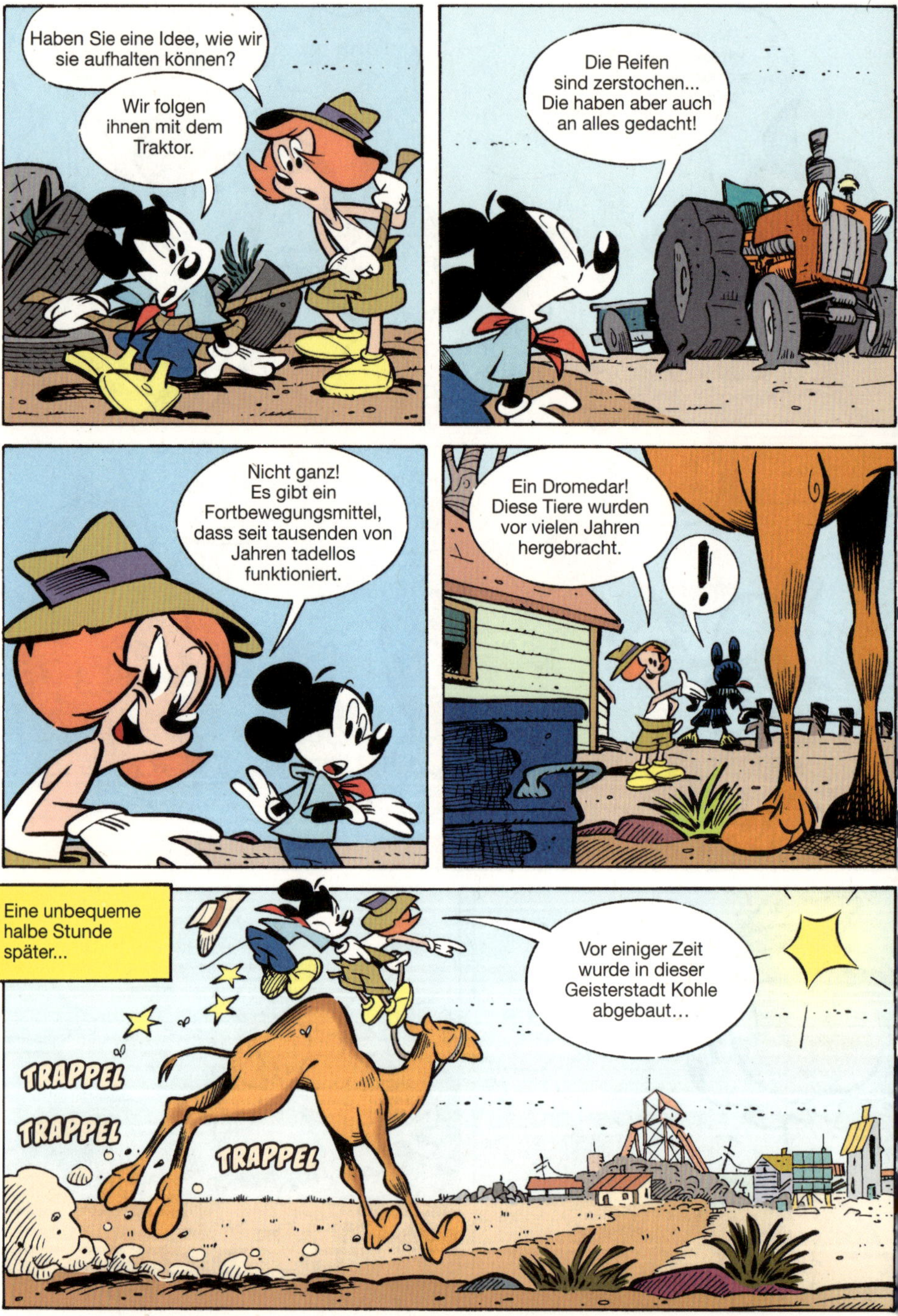

Haben Sie eine Idee, wie wir sie aufhalten können?
Wir folgen ihnen mit dem Traktor.
Die Reifen sind zerstochen... Die haben aber auch an alles gedacht!
Nicht ganz! Es gibt ein Fortbewegungsmittel, dass seit tausenden von Jahren tadellos funktioniert.
Ein Dromedar! Diese Tiere wurden vor vielen Jahren hergebracht.
!
Eine unbequeme halbe Stunde später...
Vor einiger Zeit wurde in dieser Geisterstadt Kohle abgebaut...
TRAPPEL
TRAPPEL
TRAPPEL

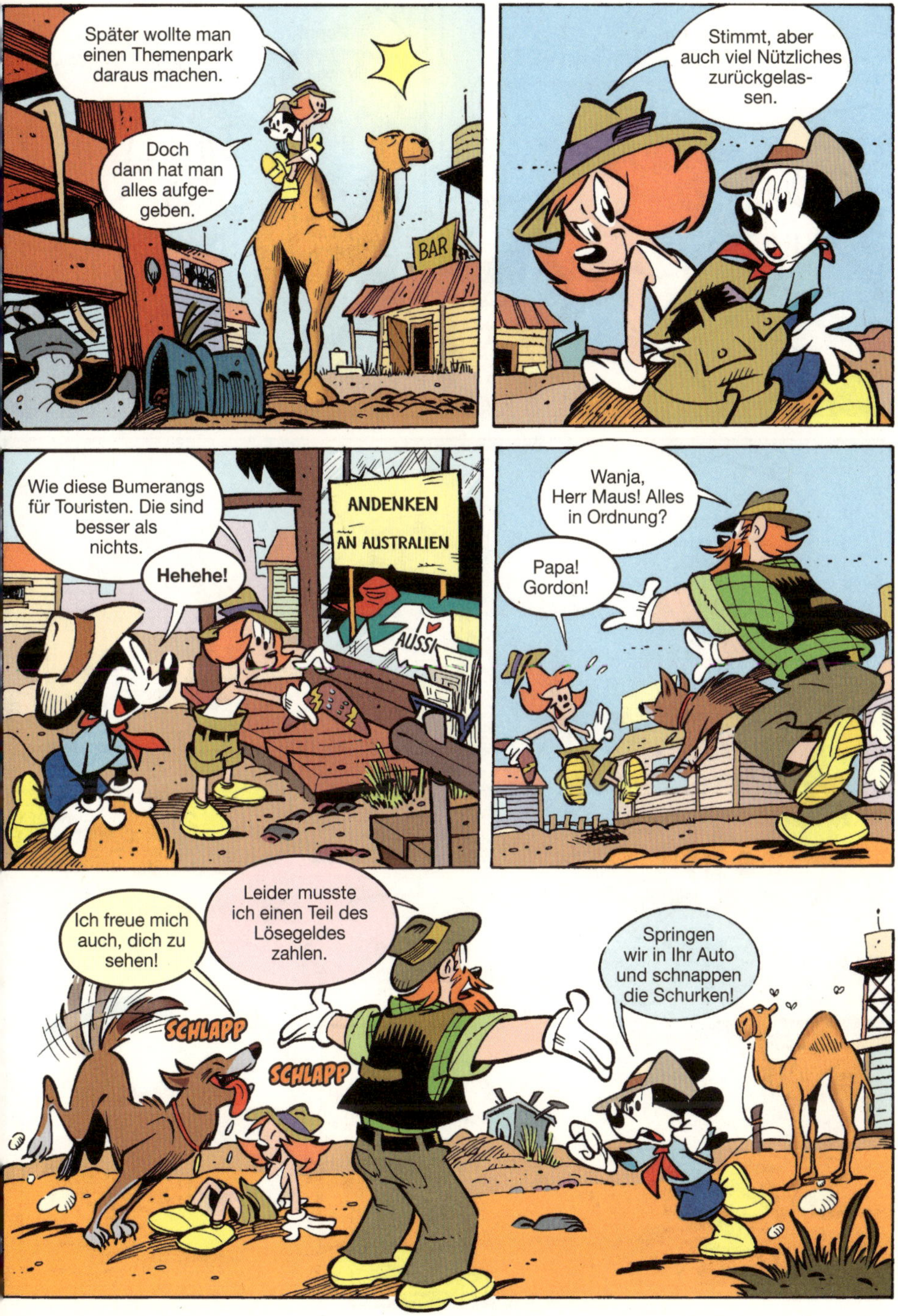
Später wollte man einen Themenpark daraus machen.
Doch dann hat man alles aufgegeben.
BAR
Stimmt, aber auch viel Nützliches zurückgelassen.
Wie diese Bumerangs für Touristen. Die sind besser als nichts.
Hehehe!
ANDENKEN AN AUSTRALIEN
I AUSSI
Wanja, Herr Maus! Alles in Ordnung?
Papa! Gordon!
Ich freue mich auch, dich zu sehen!
Leider musste ich einen Teil des Lösegeldes zahlen.
SCHLAPP
SCHLAPP
Springen wir in Ihr Auto und schnappen die Schurken!

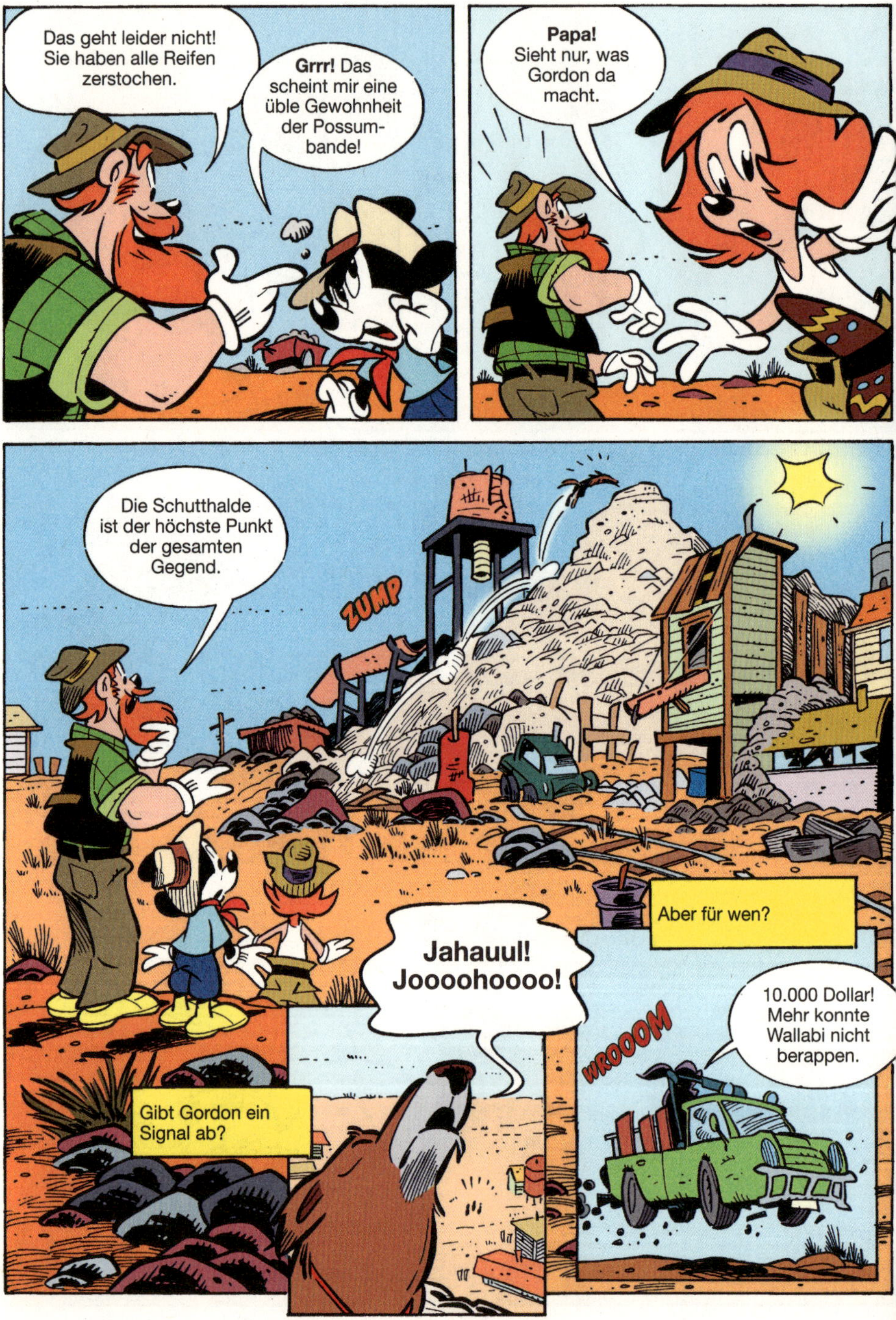
Das geht leider nicht! Sie haben alle Reifen zerstochen.
Grrr! Das scheint mir eine üble Gewohnheit der Possumbande!
Papa! Sieht nur, was Gordon da macht.
ZUMP
Die Schutthalde ist der höchste Punkt der gesamten Gegend.
Gibt Gordon ein Signal ab?
Jahauul! Joooohoooo!
Aber für wen?
WROOOM
10.000 Dollar! Mehr konnte Wallabi nicht berappen.

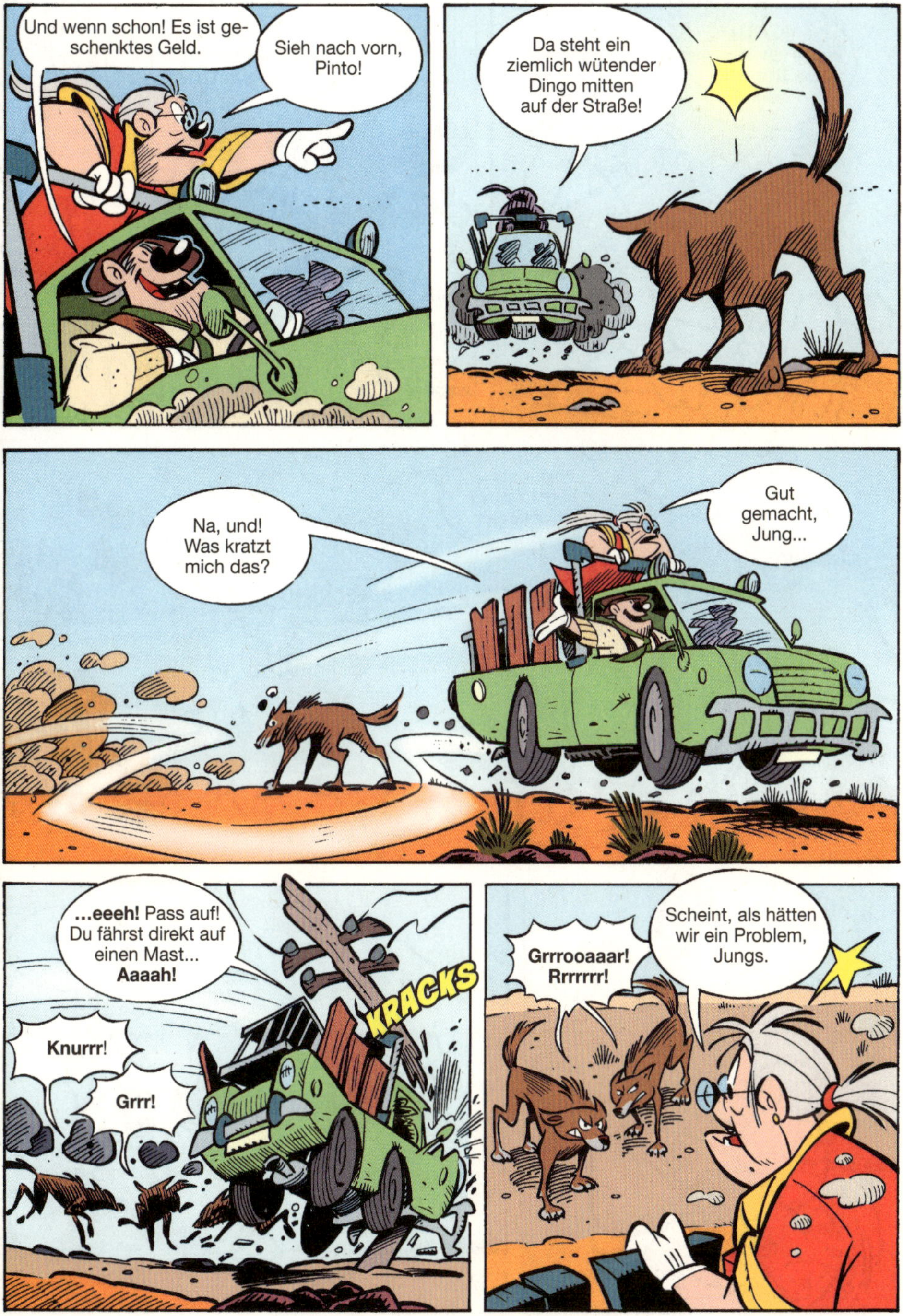

Und wenn schon! Es ist geschenktes Geld.
Sieh nach vorn, Pinto!
Da steht ein ziemlich wütender Dingo mitten auf der Straße!
Na, und! Was kratzt mich das?
Gut gemacht, Jung...
...eeeh! Pass auf! Du fährst direkt auf einen Mast... Aaaah!
KRACKS
Knurrr!
Grrr!
Grrrooaaar! Rrrrrrr!
Scheint, als hätten wir ein Problem, Jungs.

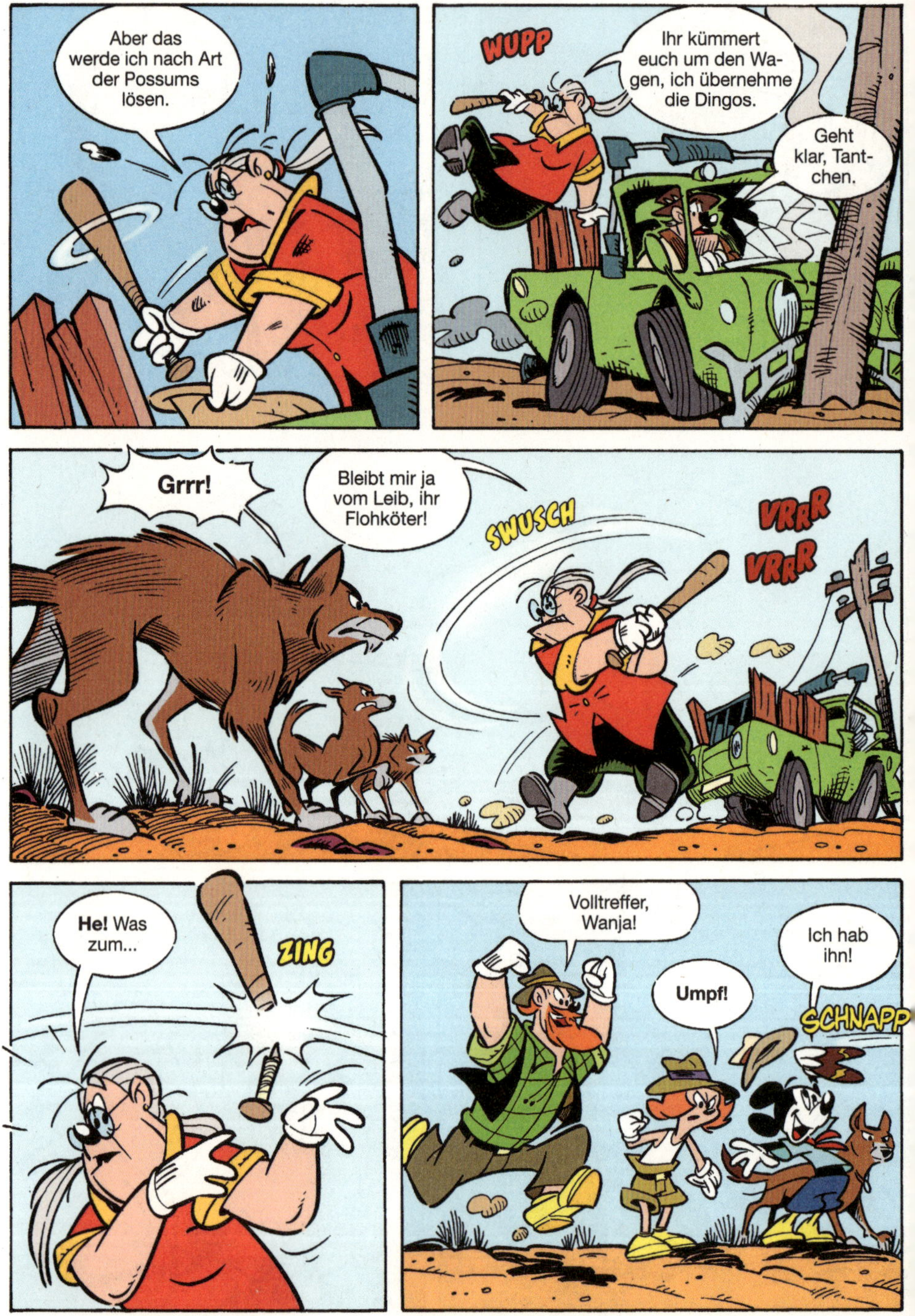
Aber das werde ich nach Art der Possums lösen.
WUPP
Ihr kümmert euch um den Wagen, ich übernehme die Dingos.
Geht klar, Tantchen.
Grrr!
Bleibt mir ja vom Leib, ihr Flohköter!
SWUSCH
VRRR
VRRR
He! Was zum...
ZING
Volltreffer, Wanja!
Umpf!
Ich hab ihn!
SCHNAPP

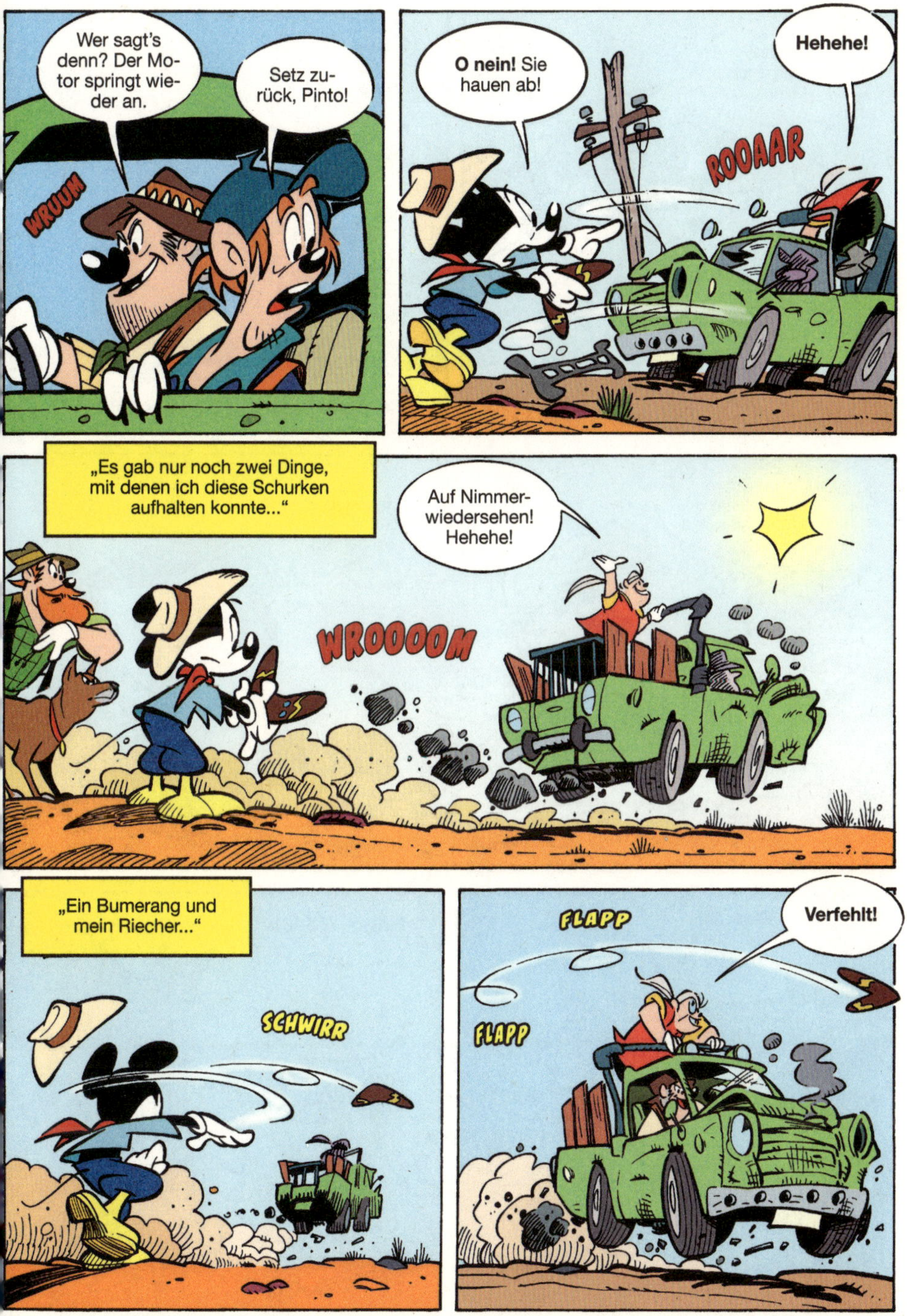
WRUUM
Wer sagt's denn? Der Motor springt wieder an.
Setz zurück, Pinto!
O nein! Sie hauen ab!
Hehehe!
ROOAAR
„Es gab nur noch zwei Dinge, mit denen ich diese Schurken aufhalten konnte..."
Auf Nimmerwiedersehen! Hehehe!
WROOOOM
„Ein Bumerang und mein Riecher..."
SCHWIRR
FLAPP
FLAPP
Verfehlt!

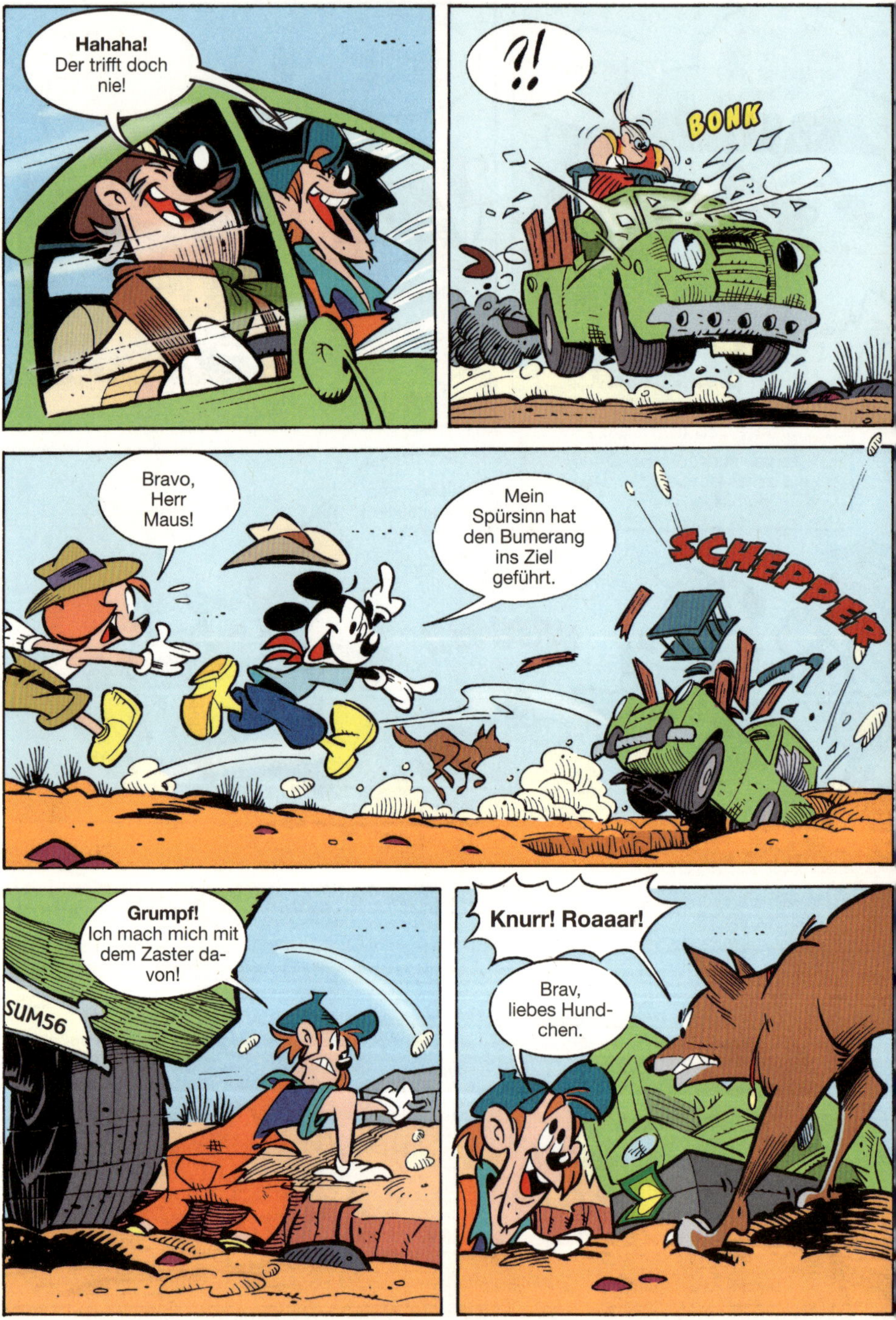
Hahaha! Der trifft doch nie!
?!
BONK
Bravo, Herr Maus!
Mein Spürsinn hat den Bumerang ins Ziel geführt.
SCHEPPER
Grumpf! Ich mach mich mit dem Zaster davon!
SUM56
Knurr! Roaaar!
Brav, liebes Hundchen.

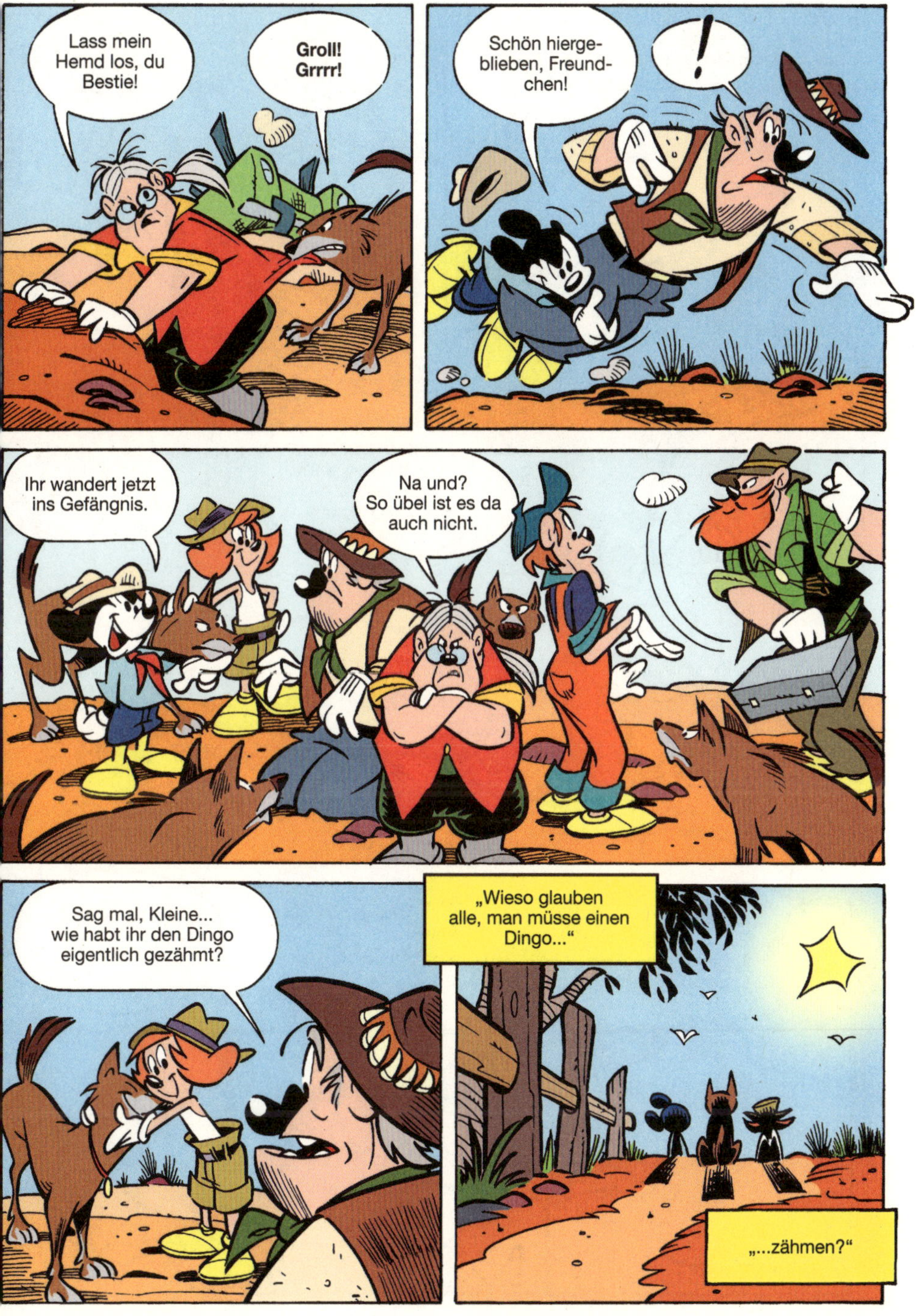
Lass mein Hemd los, du Bestie!
Groll! Grrrr!
Schön hierge-blieben, Freund-chen!
!
Ihr wandert jetzt ins Gefängnis.
Na und? So übel ist es da auch nicht.
Sag mal, Kleine... wie habt ihr den Dingo eigentlich gezähmt?
„Wieso glauben alle, man müsse einen Dingo..."
„...zähmen?"

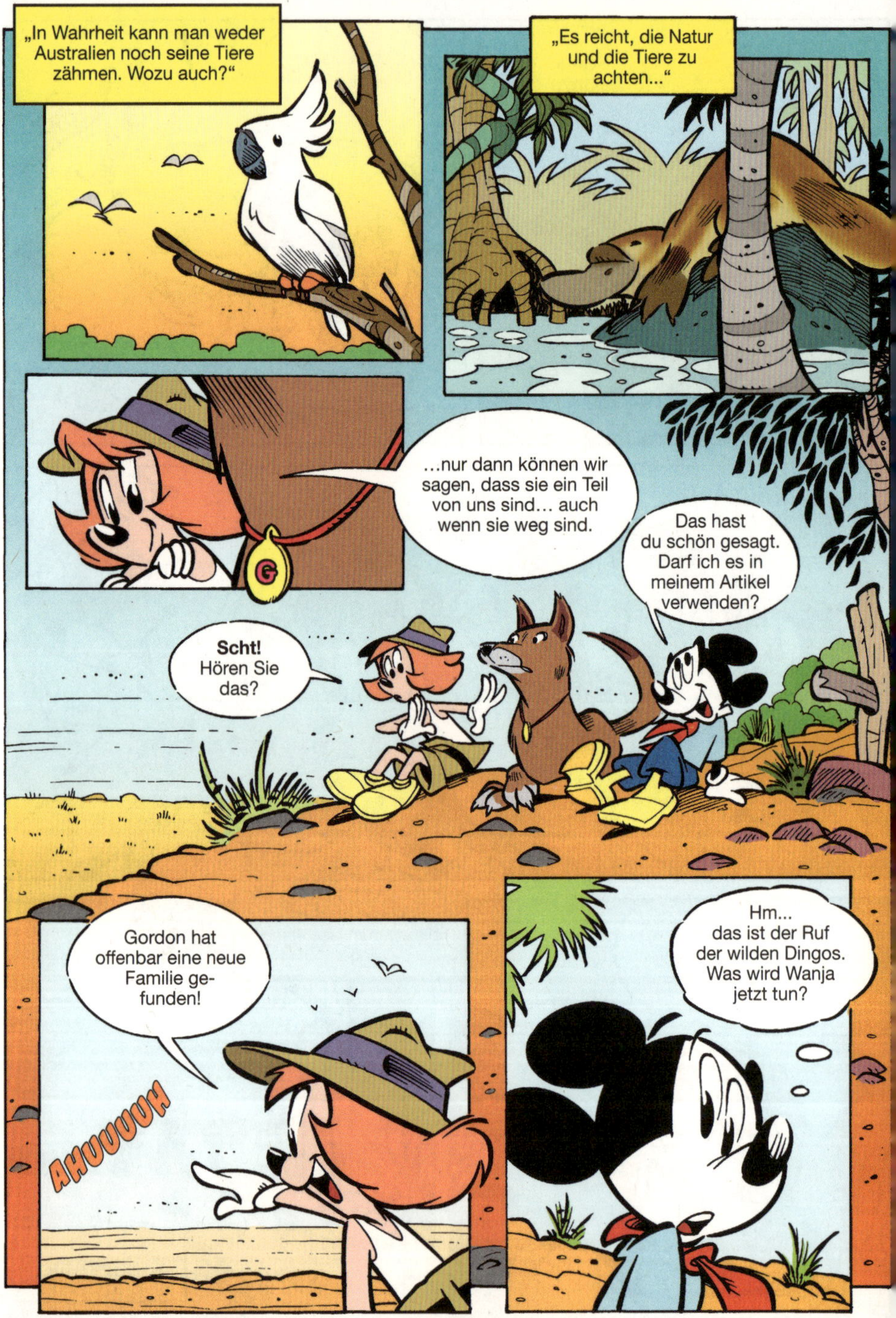
„In Wahrheit kann man weder Australien noch seine Tiere zähmen. Wozu auch?“
„Es reicht, die Natur und die Tiere zu achten...“
...nur dann können wir sagen, dass sie ein Teil von uns sind... auch wenn sie weg sind.
Das hast du schön gesagt. Darf ich es in meinem Artikel verwenden?
Scht! Hören Sie das?
Gordon hat offenbar eine neue Familie gefunden!
AHUUUUUH
Hm... das ist der Ruf der wilden Dingos. Was wird Wanja jetzt tun?
G

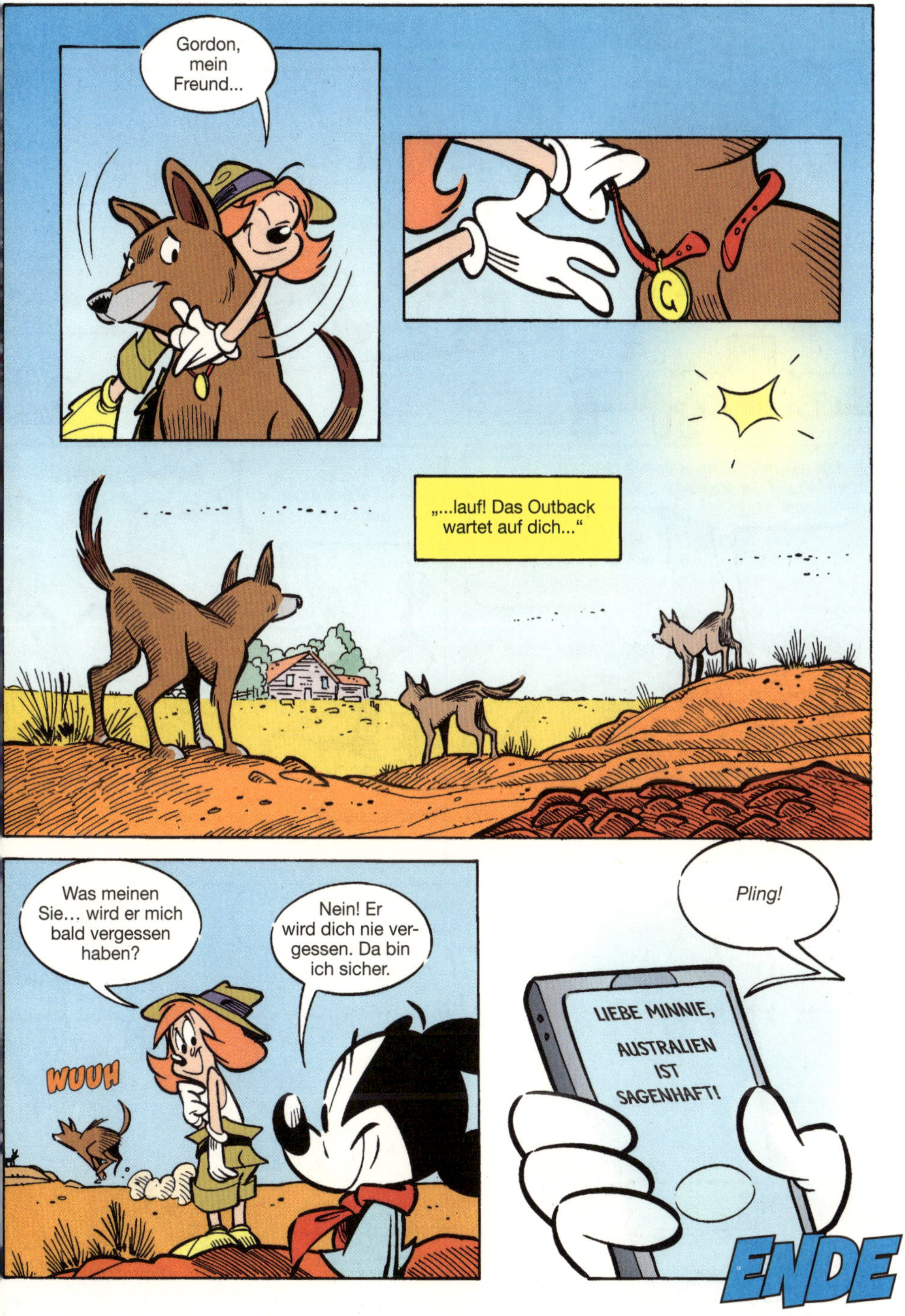
Gordon, mein Freund...
„...lauf! Das Outback wartet auf dich..."
Was meinen Sie… wird er mich bald vergessen haben?
Nein! Er wird dich nie vergessen. Da bin ich sicher.
WUUH
Pling!
LIEBE MINNIE,
AUSTRALIEN IST SAGENHAFT!
ENDE

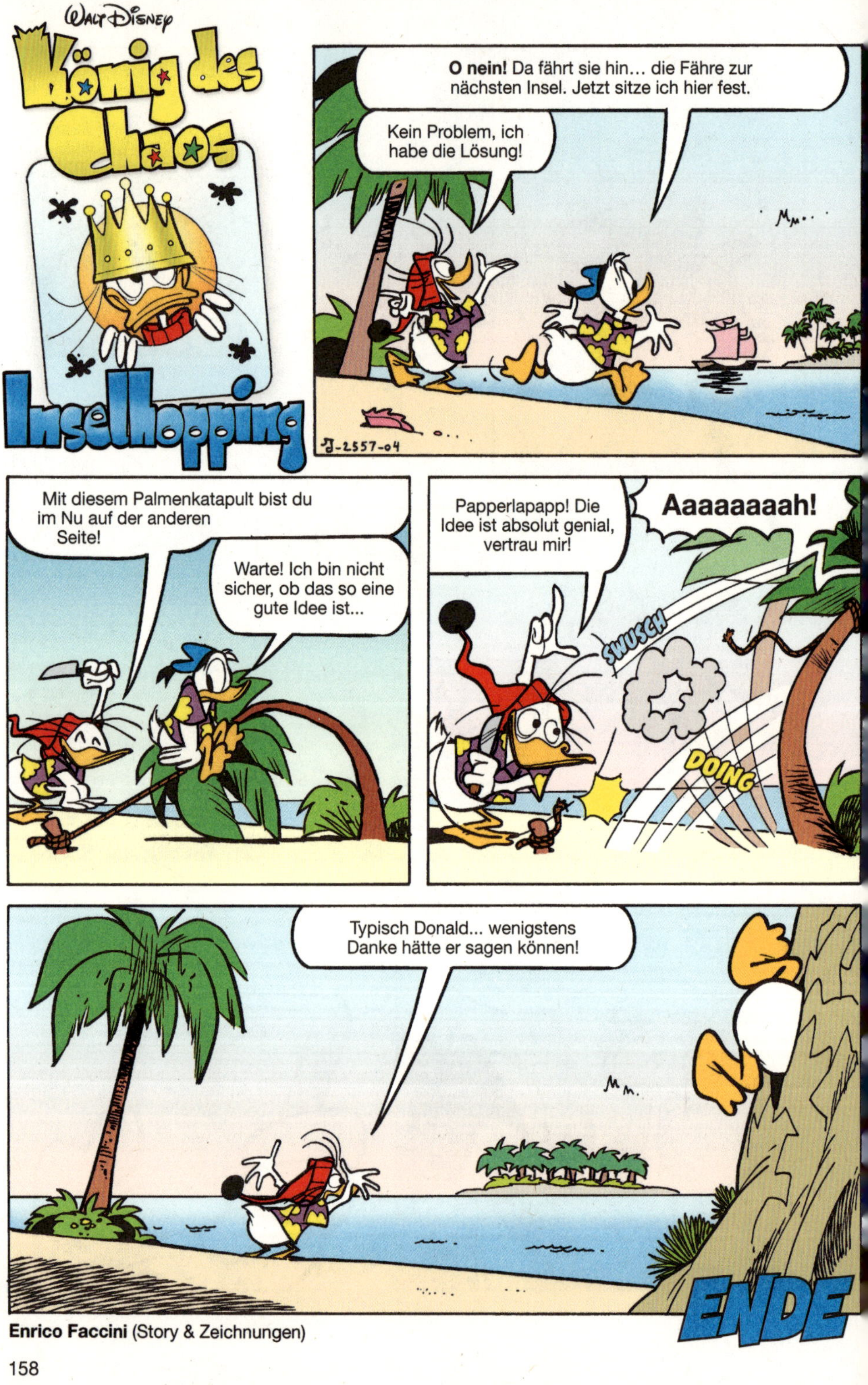

Created 2004

Enrico Faccini (Story & Zeichnungen)

Kapitän Blubbers Glücksstein

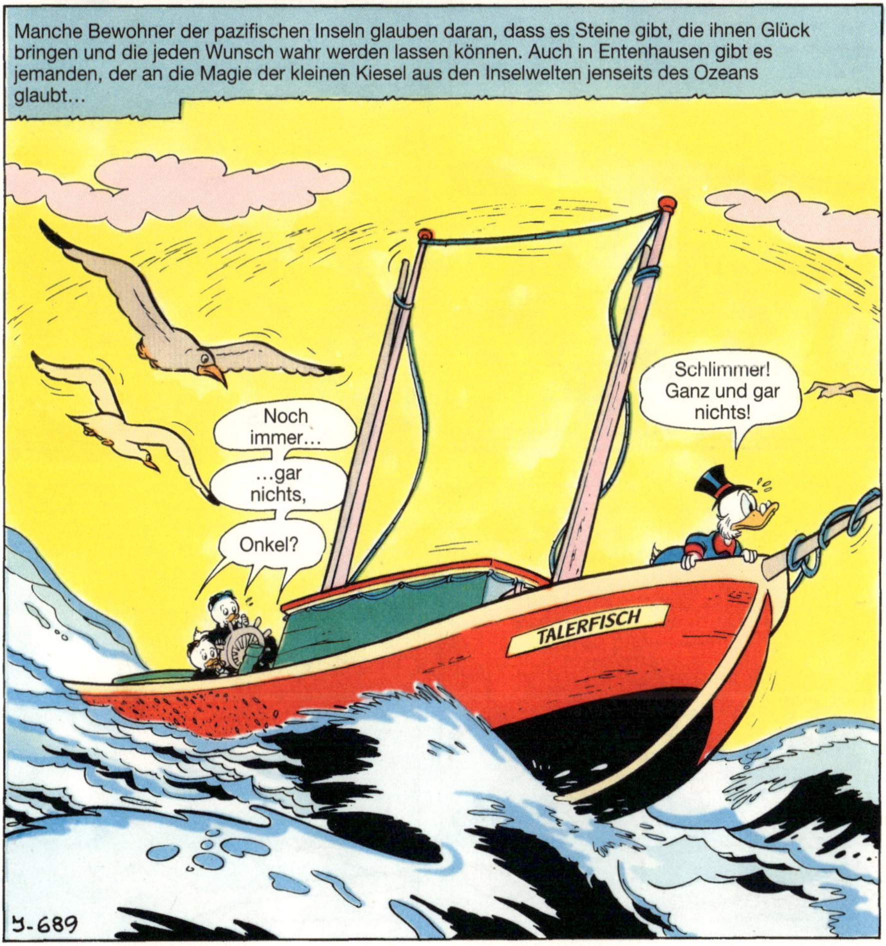

Created 1969

Unbekannt (Story), **Luciano Capitanio** (Zeichnungen)

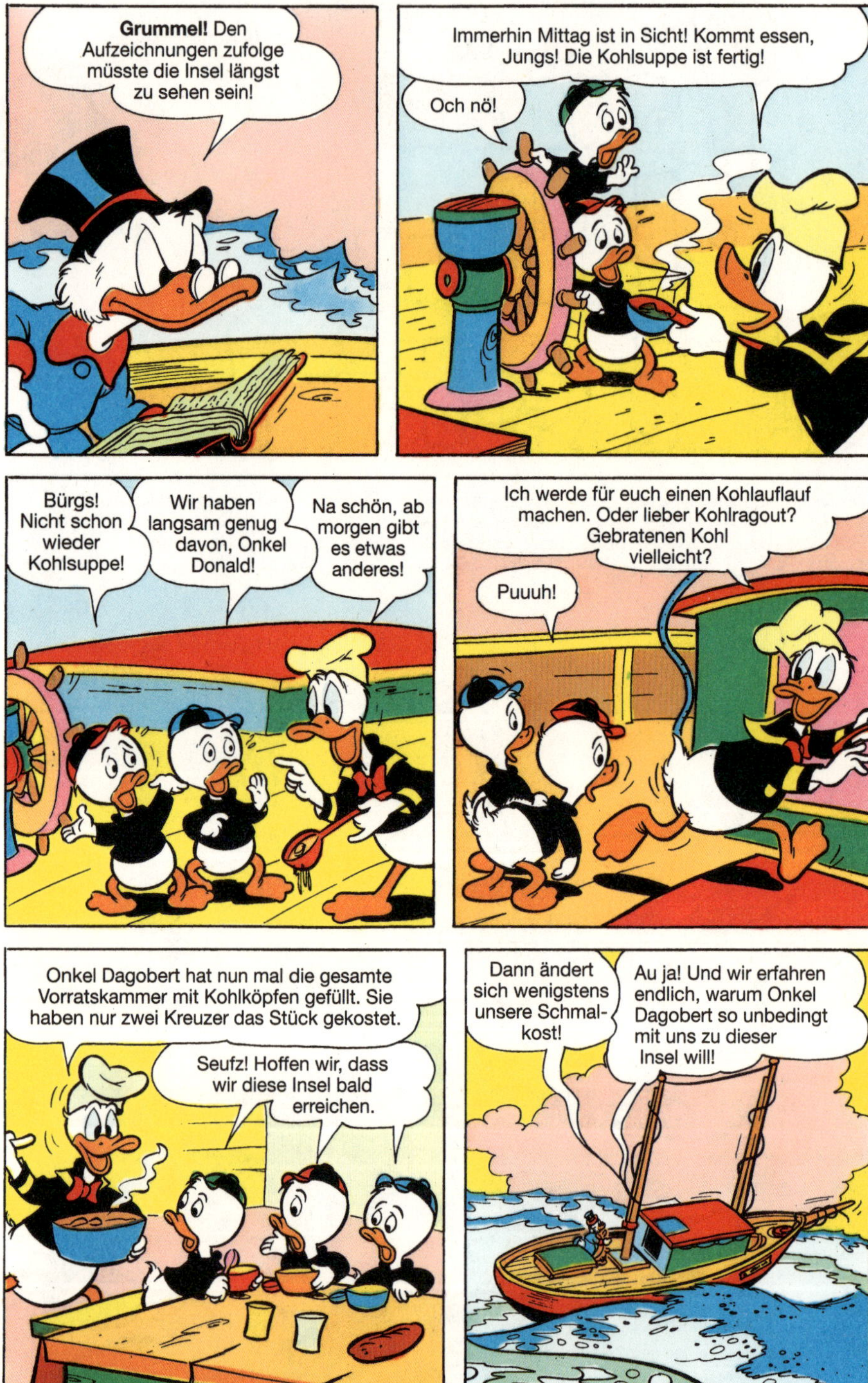
Grummel! Den Aufzeichnungen zufolge müsste die Insel längst zu sehen sein!
Immerhin Mittag ist in Sicht! Kommt essen, Jungs! Die Kohlsuppe ist fertig!
Och nö!
Bürgs! Nicht schon wieder Kohlsuppe!
Wir haben langsam genug davon, Onkel Donald!
Na schön, ab morgen gibt es etwas anderes!
Ich werde für euch einen Kohlauflauf machen. Oder lieber Kohlragout? Gebratenen Kohl vielleicht?
Puuuh!
Onkel Dagobert hat nun mal die gesamte Vorratskammer mit Kohlköpfen gefüllt. Sie haben nur zwei Kreuzer das Stück gekostet.
Seufz! Hoffen wir, dass wir diese Insel bald erreichen.
Dann ändert sich wenigstens unsere Schmalkost!
Au ja! Und wir erfahren endlich, warum Onkel Dagobert so unbedingt mit uns zu dieser Insel will!

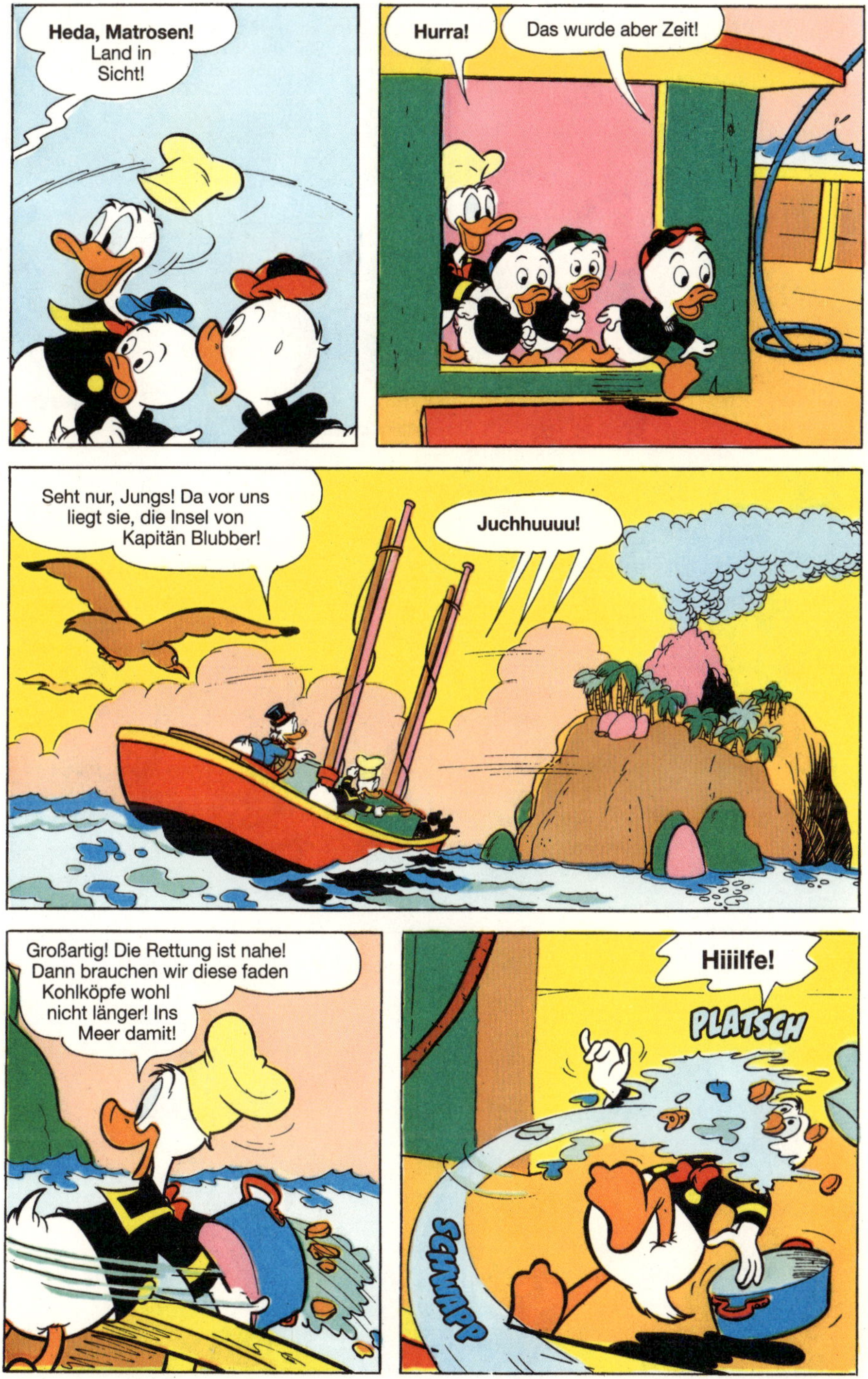

Heda, Matrosen! Land in Sicht!
Hurra!
Das wurde aber Zeit!
Seht nur, Jungs! Da vor uns liegt sie, die Insel von Kapitän Blubber!
Juchhuuuu!
Großartig! Die Rettung ist nahe! Dann brauchen wir diese faden Kohlköpfe wohl nicht länger! Ins Meer damit!
Hiiilfe!
PLATSCH
SCHWAPP

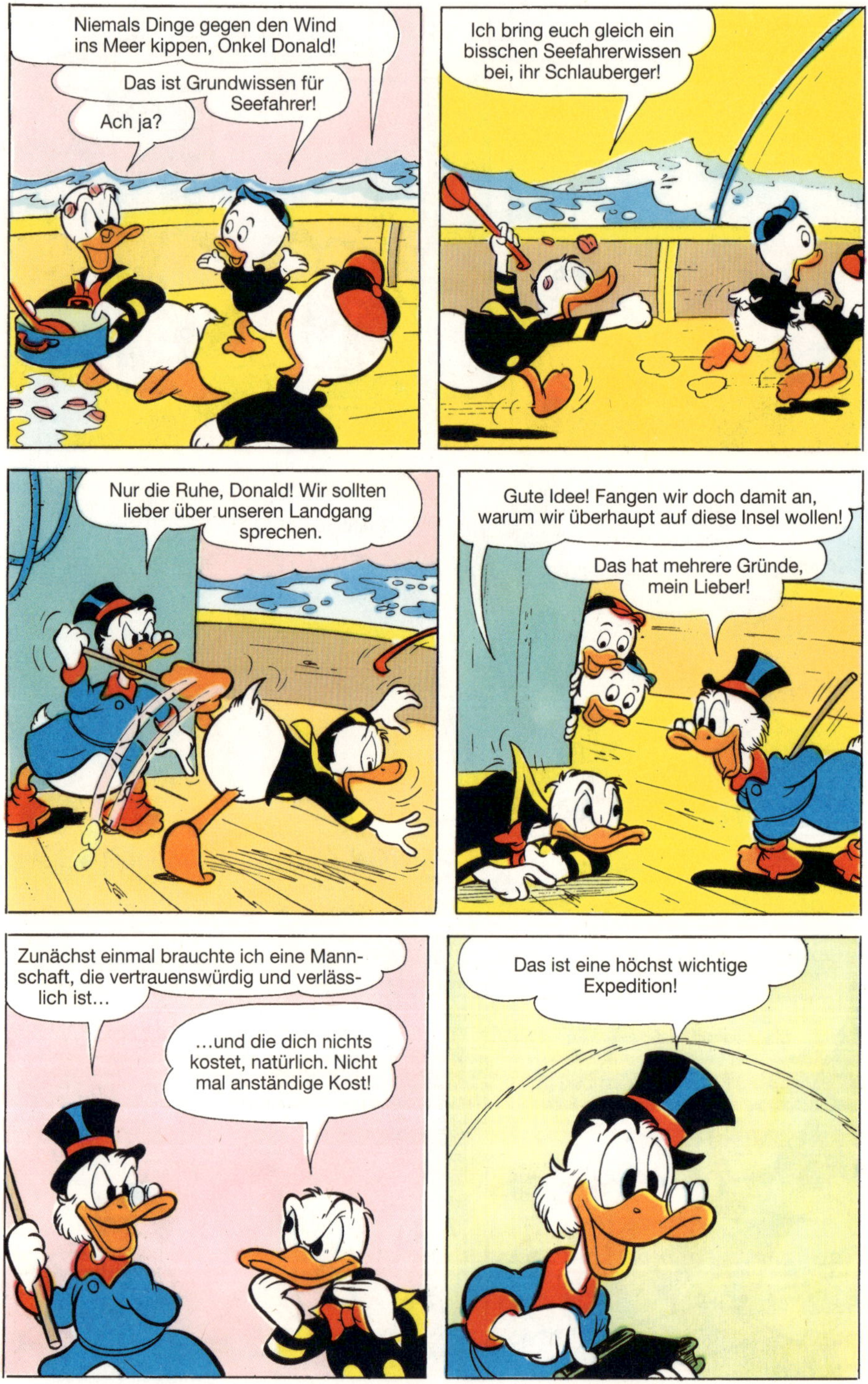
Niemals Dinge gegen den Wind ins Meer kippen, Onkel Donald!
Das ist Grundwissen für Seefahrer!
Ach ja?
Ich bring euch gleich ein bisschen Seefahrerwissen bei, ihr Schlauberger!
Nur die Ruhe, Donald! Wir sollten lieber über unseren Landgang sprechen.
Gute Idee! Fangen wir doch damit an, warum wir überhaupt auf diese Insel wollen!
Das hat mehrere Gründe, mein Lieber!
Zunächst einmal brauchte ich eine Mannschaft, die vertrauenswürdig und verlässlich ist…
…und die dich nichts kostet, natürlich. Nicht mal anständige Kost!
Das ist eine höchst wichtige Expedition!

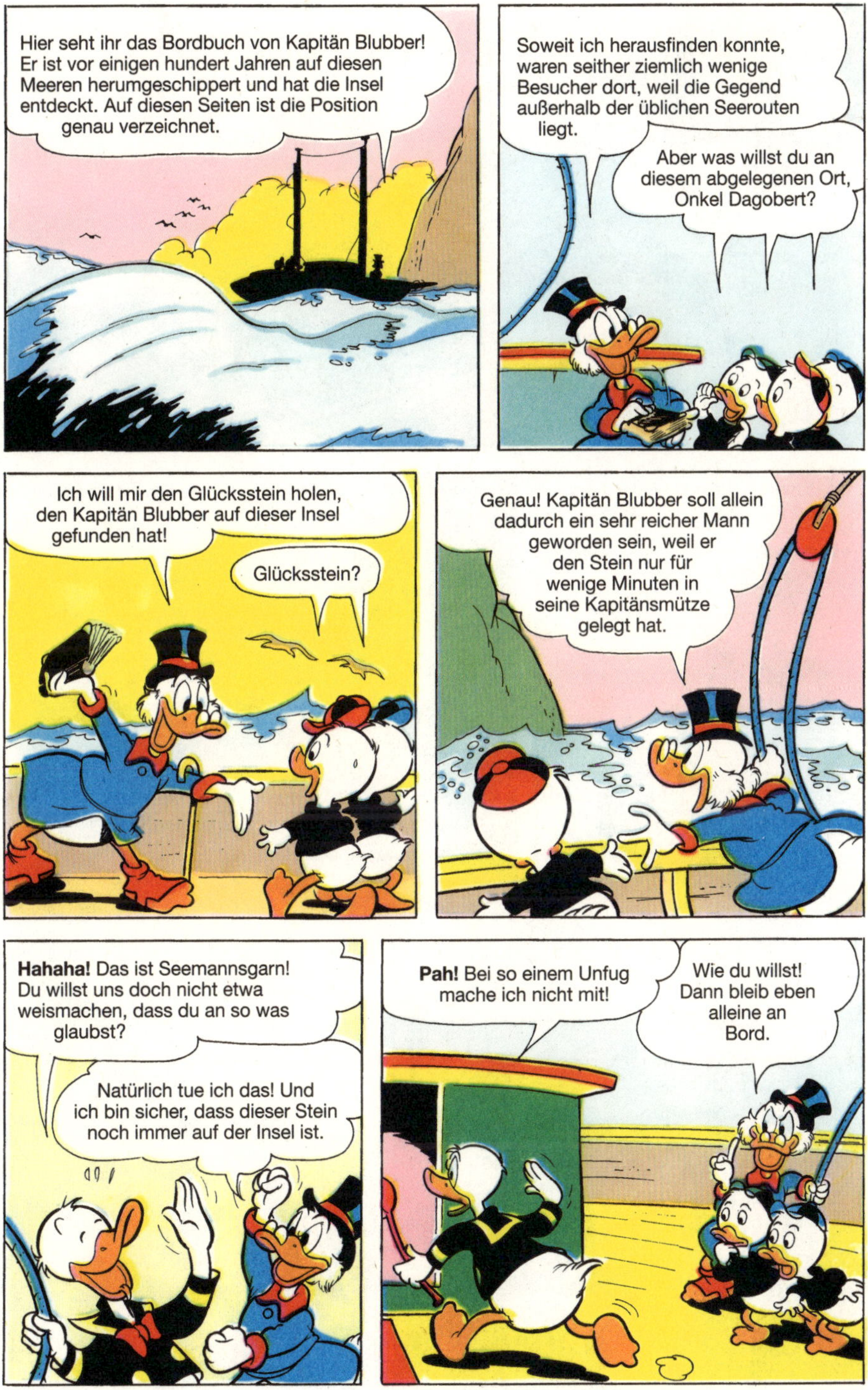
Hier seht ihr das Bordbuch von Kapitän Blubber! Er ist vor einigen hundert Jahren auf diesen Meeren herumgeschippert und hat die Insel entdeckt. Auf diesen Seiten ist die Position genau verzeichnet.
Soweit ich herausfinden konnte, waren seither ziemlich wenige Besucher dort, weil die Gegend außerhalb der üblichen Seerouten liegt.
Aber was willst du an diesem abgelegenen Ort, Onkel Dagobert?
Ich will mir den Glücksstein holen, den Kapitän Blubber auf dieser Insel gefunden hat!
Glücksstein?
Genau! Kapitän Blubber soll allein dadurch ein sehr reicher Mann geworden sein, weil er den Stein nur für wenige Minuten in seine Kapitänsmütze gelegt hat.
Hahaha! Das ist Seemannsgarn! Du willst uns doch nicht etwa weismachen, dass du an so was glaubst?
Natürlich tue ich das! Und ich bin sicher, dass dieser Stein noch immer auf der Insel ist.
Pah! Bei so einem Unfug mache ich nicht mit!
Wie du willst! Dann bleib eben alleine an Bord.

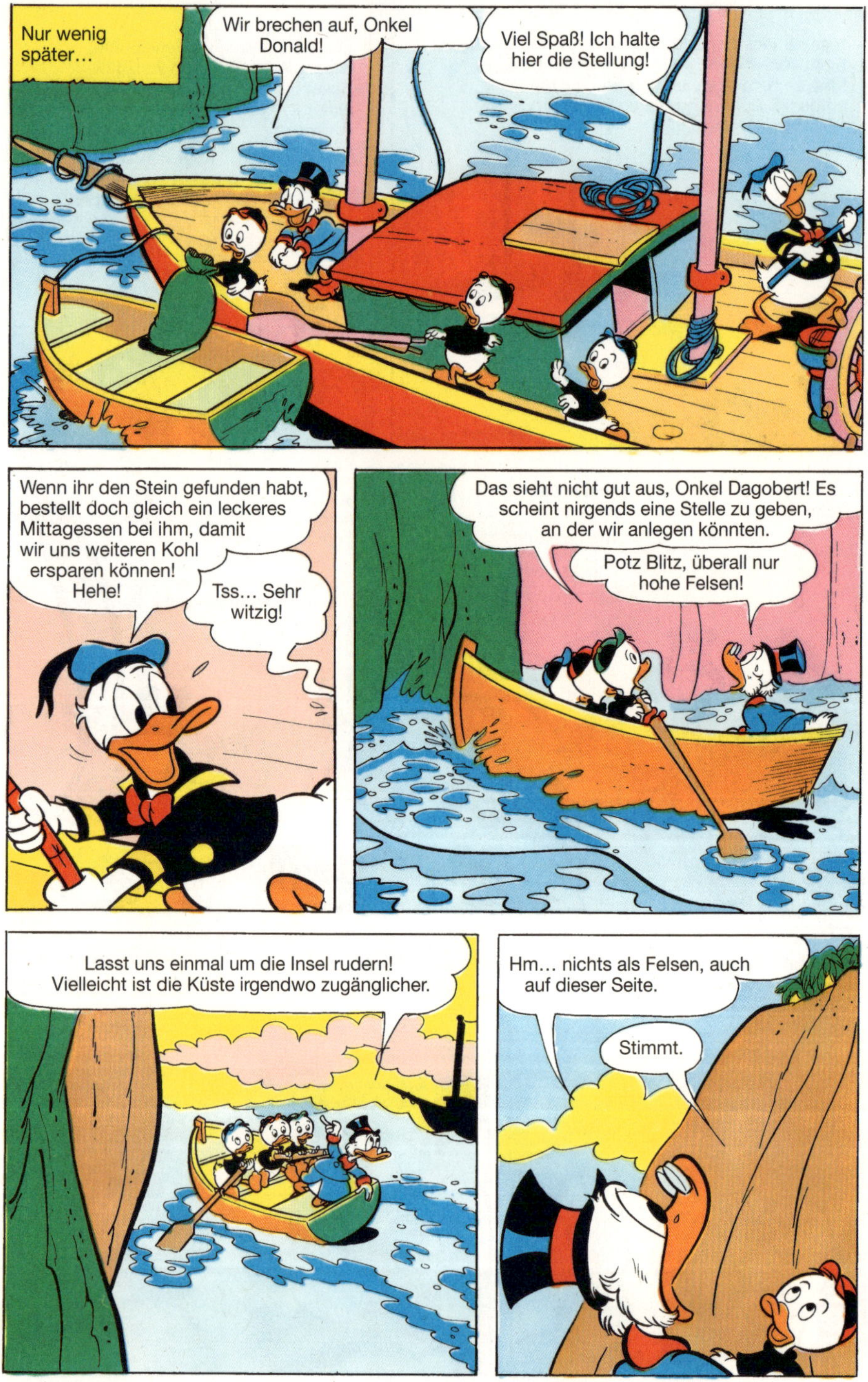
Nur wenig später…
Wir brechen auf, Onkel Donald!
Viel Spaß! Ich halte hier die Stellung!
Wenn ihr den Stein gefunden habt, bestellt doch gleich ein leckeres Mittagessen bei ihm, damit wir uns weiteren Kohl ersparen können! Hehe!
Tss… Sehr witzig!
Das sieht nicht gut aus, Onkel Dagobert! Es scheint nirgends eine Stelle zu geben, an der wir anlegen könnten.
Potz Blitz, überall nur hohe Felsen!
Lasst uns einmal um die Insel rudern! Vielleicht ist die Küste irgendwo zugänglicher.
Hm… nichts als Felsen, auch auf dieser Seite.
Stimmt.

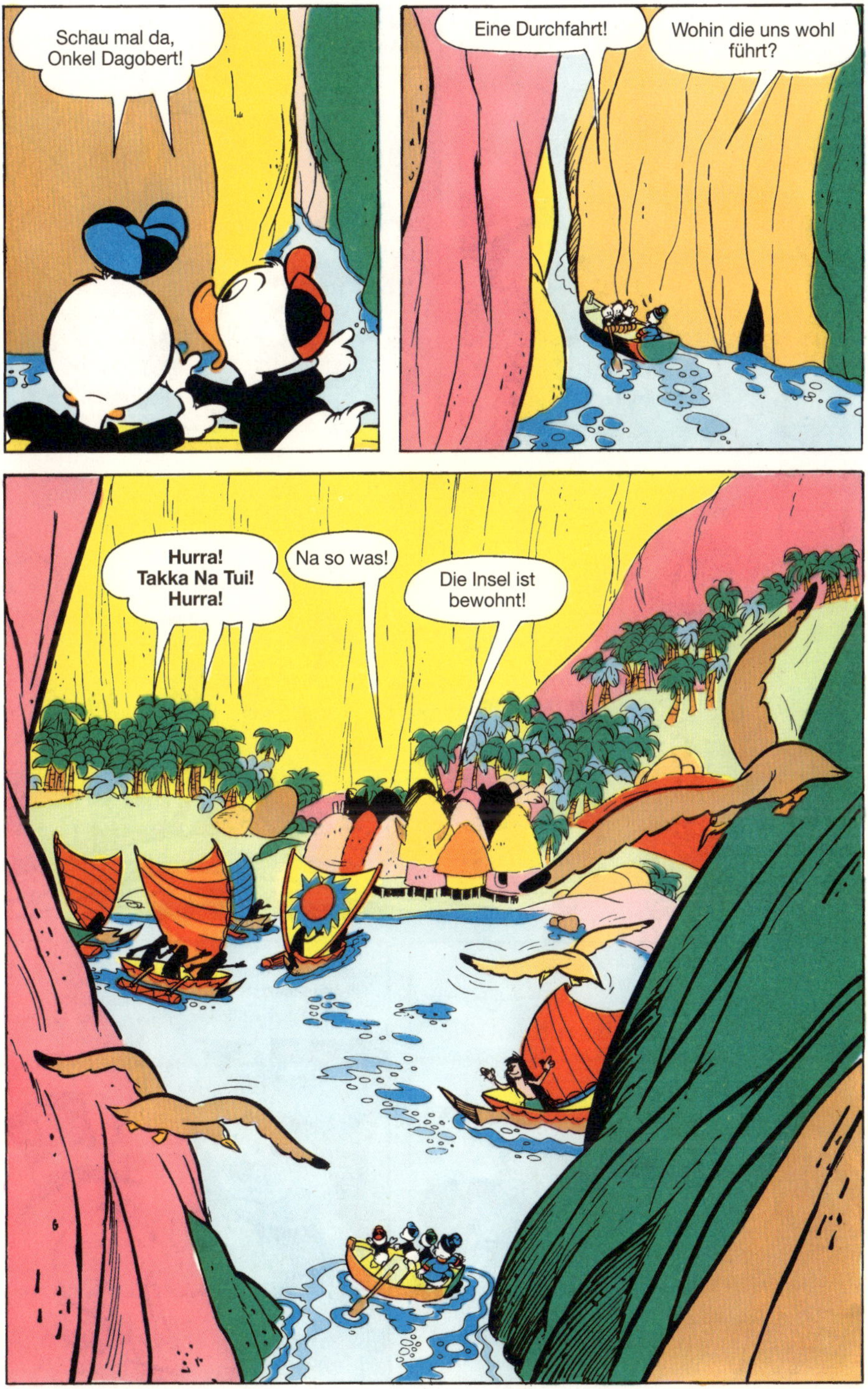
Schau mal da, Onkel Dagobert!
Eine Durchfahrt!
Wohin die uns wohl führt?
Hurra! Takka Na Tui! Hurra!
Na so was!
Die Insel ist bewohnt!

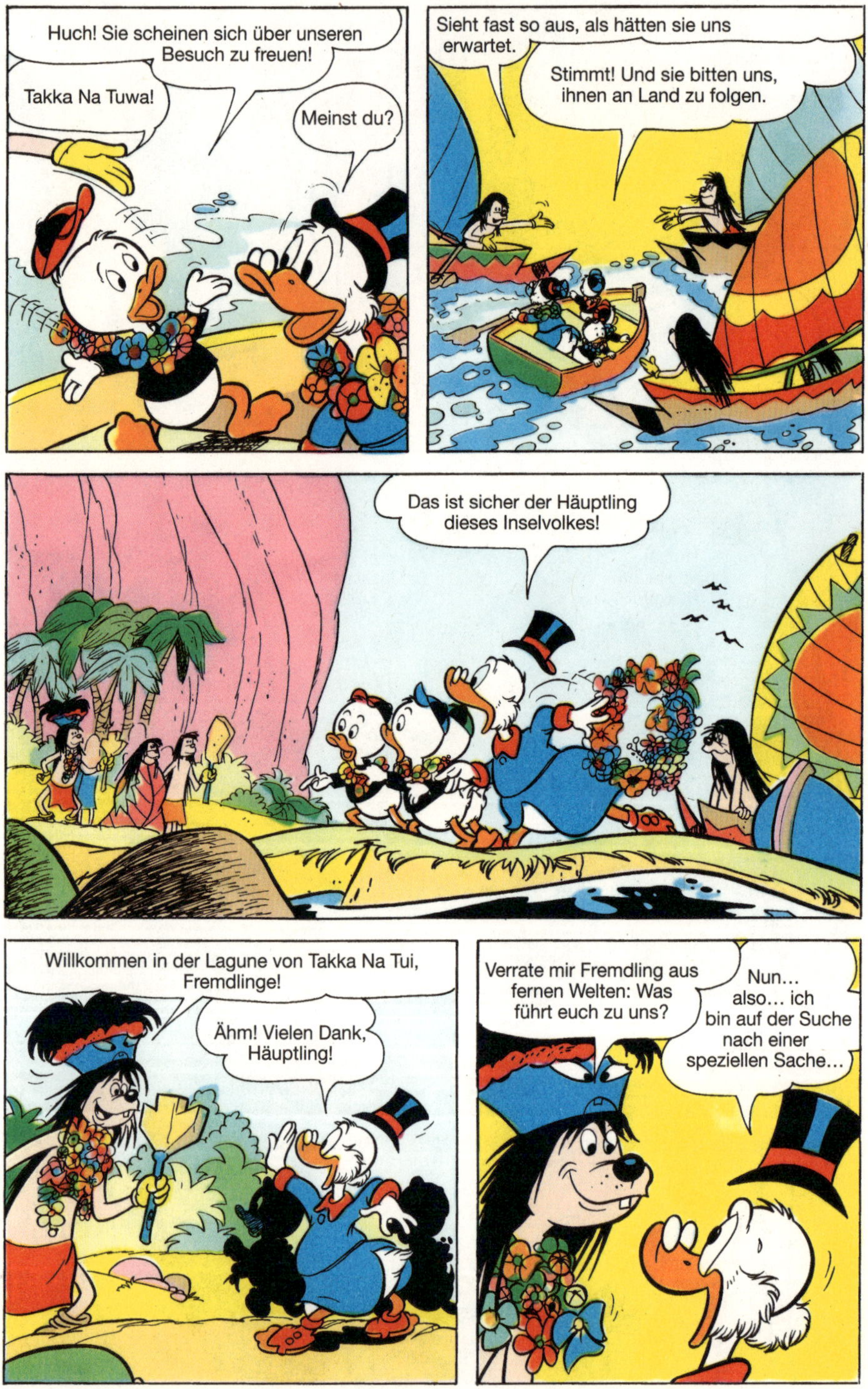
Huch! Sie scheinen sich über unseren Besuch zu freuen!
Takka Na Tuwa!
Meinst du?
Sieht fast so aus, als hätten sie uns erwartet.
Stimmt! Und sie bitten uns, ihnen an Land zu folgen.
Das ist sicher der Häuptling dieses Inselvolkes!
Willkommen in der Lagune von Takka Na Tui, Fremdlinge!
Ähm! Vielen Dank, Häuptling!
Verrate mir Fremdling aus fernen Welten: Was führt euch zu uns?
Nun… also… ich bin auf der Suche nach einer speziellen Sache…

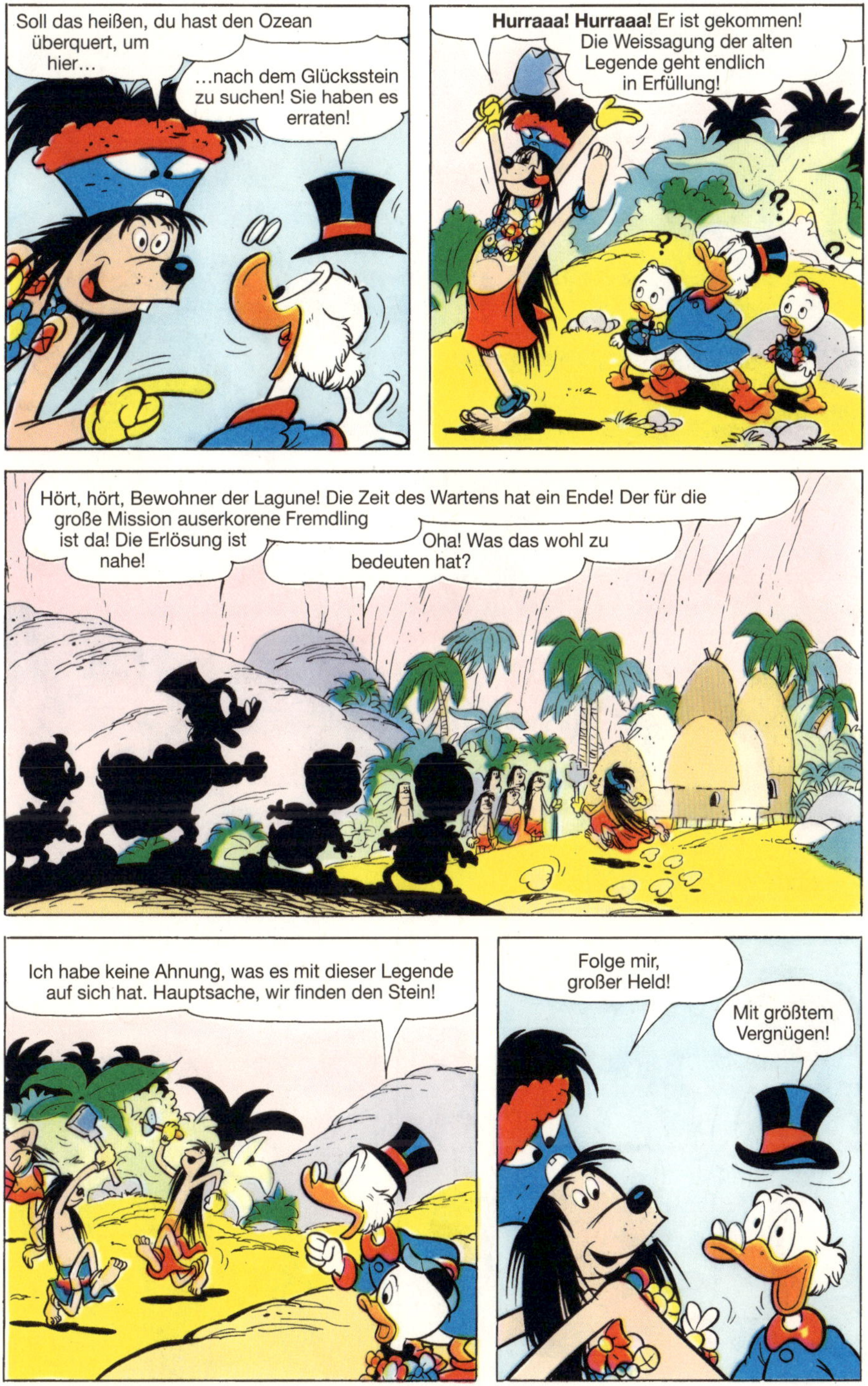

Soll das heißen, du hast den Ozean überquert, um hier…
…nach dem Glücksstein zu suchen! Sie haben es erraten!
Hurraaa! Hurraaa! Er ist gekommen! Die Weissagung der alten Legende geht endlich in Erfüllung!
Hört, hört, Bewohner der Lagune! Die Zeit des Wartens hat ein Ende! Der für die große Mission auserkorene Fremdling ist da! Die Erlösung ist nahe!
Oha! Was das wohl zu bedeuten hat?
Ich habe keine Ahnung, was es mit dieser Legende auf sich hat. Hauptsache, wir finden den Stein!
Folge mir, großer Held!
Mit größtem Vergnügen!

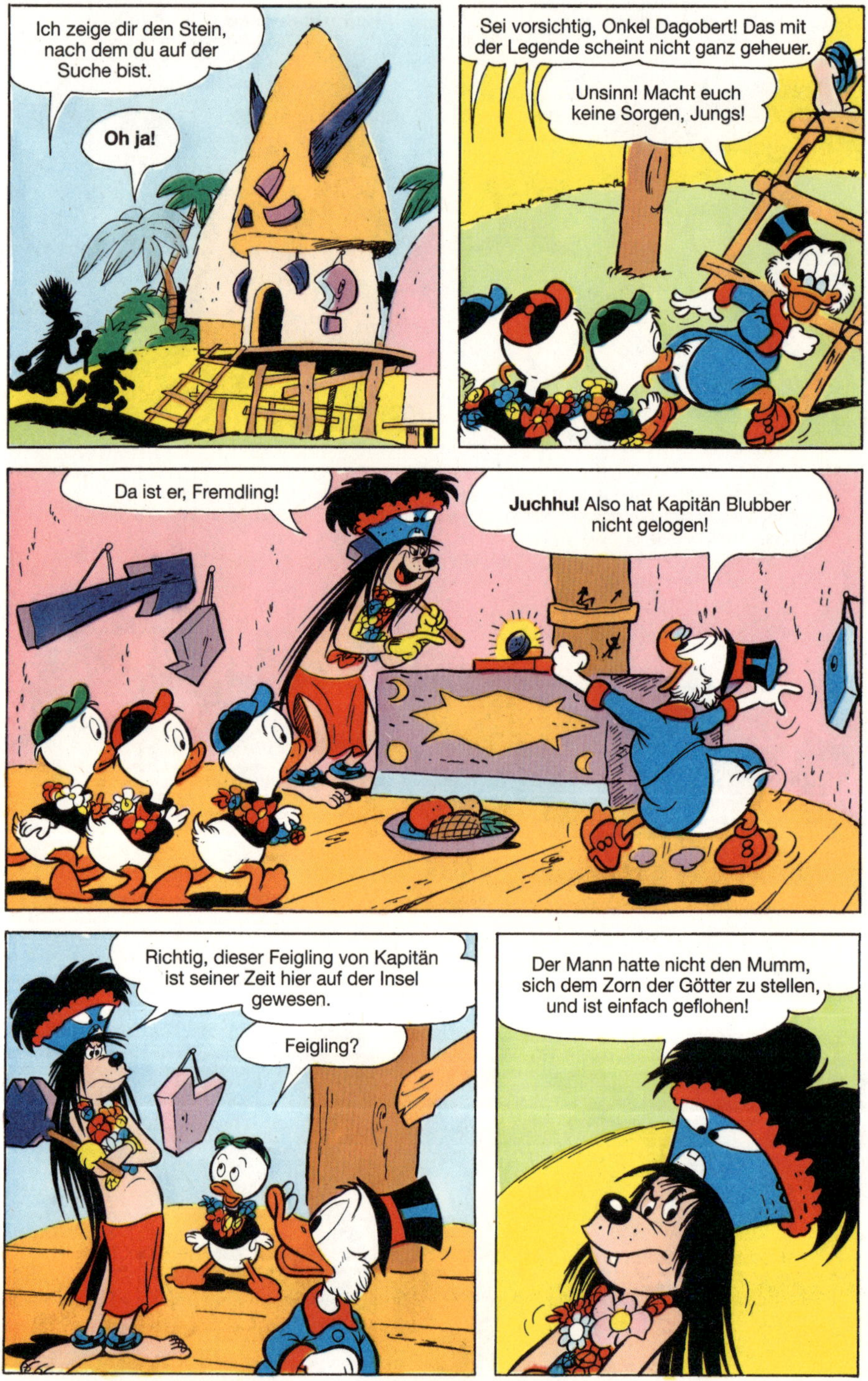
Ich zeige dir den Stein, nach dem du auf der Suche bist.
Oh ja!
Sei vorsichtig, Onkel Dagobert! Das mit der Legende scheint nicht ganz geheuer.
Unsinn! Macht euch keine Sorgen, Jungs!
Da ist er, Fremdling!
Juchhu! Also hat Kapitän Blubber nicht gelogen!
Richtig, dieser Feigling von Kapitän ist seiner Zeit hier auf der Insel gewesen.
Feigling?
Der Mann hatte nicht den Mumm, sich dem Zorn der Götter zu stellen, und ist einfach geflohen!

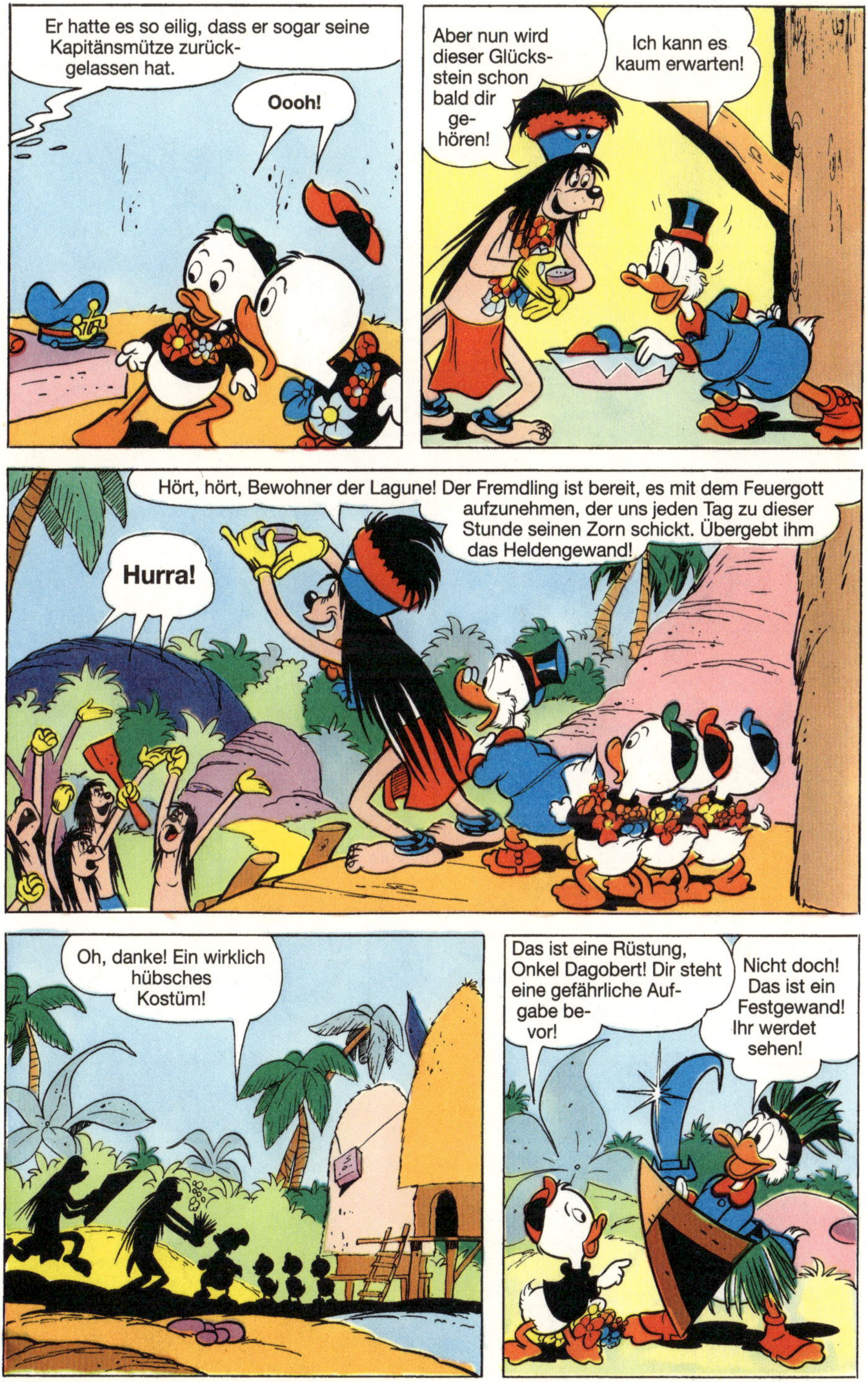
Er hatte es so eilig, dass er sogar seine Kapitänsmütze zurückgelassen hat.
Oooh!
Aber nun wird dieser Glücksstein schon bald dir gehören!
Ich kann es kaum erwarten!
Hört, hört, Bewohner der Lagune! Der Fremdling ist bereit, es mit dem Feuergott aufzunehmen, der uns jeden Tag zu dieser Stunde seinen Zorn schickt. Übergebt ihm das Heldengewand!
Hurra!
Oh, danke! Ein wirklich hübsches Kostüm!
Das ist eine Rüstung, Onkel Dagobert! Dir steht eine gefährliche Aufgabe bevor!
Nicht doch! Das ist ein Festgewand! Ihr werdet sehen!

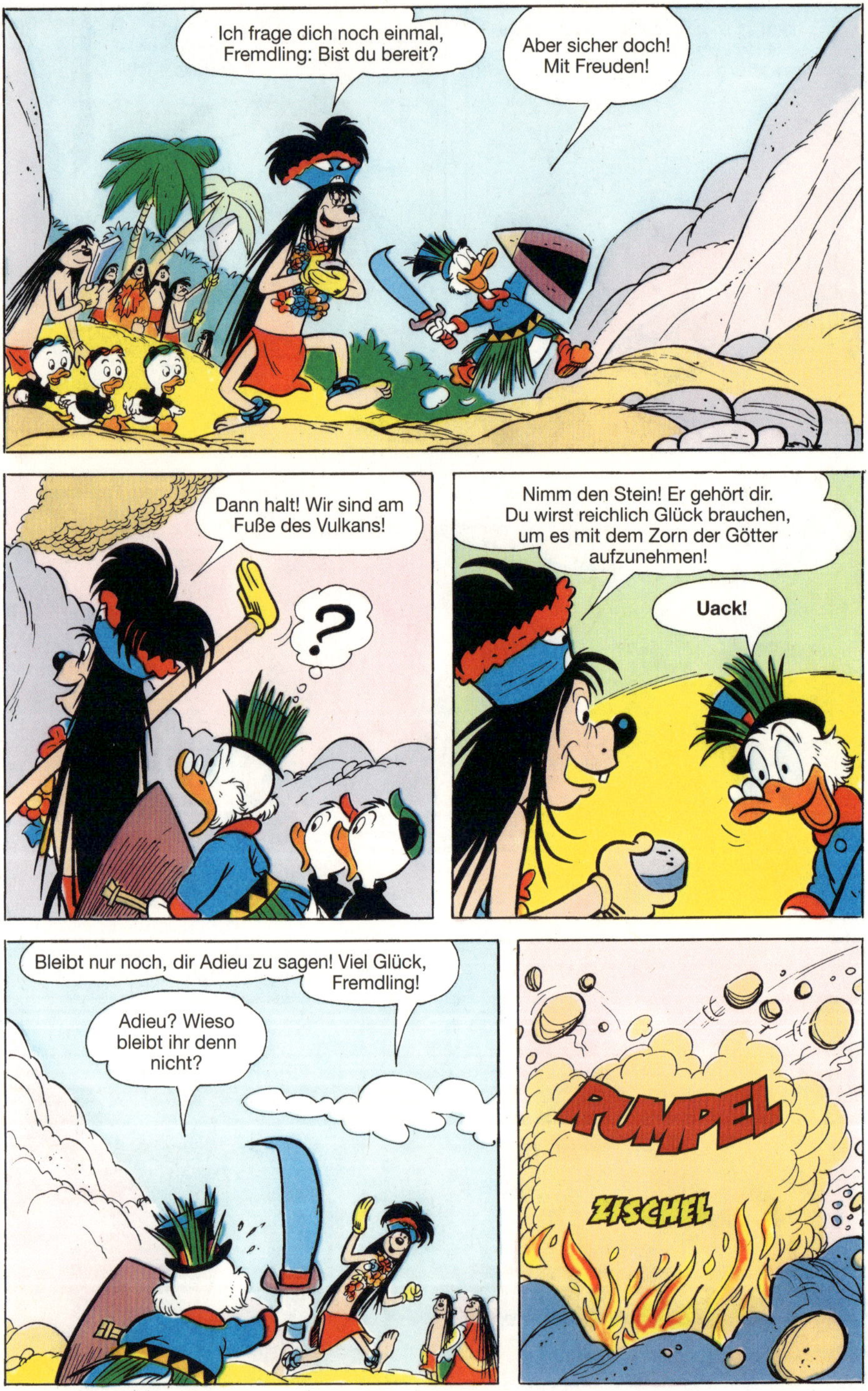
Ich frage dich noch einmal, Fremdling: Bist du bereit?
Aber sicher doch! Mit Freuden!
Dann halt! Wir sind am Fuße des Vulkans!
?
Nimm den Stein! Er gehört dir. Du wirst reichlich Glück brauchen, um es mit dem Zorn der Götter aufzunehmen!
Uack!
Bleibt nur noch, dir Adieu zu sagen! Viel Glück, Fremdling!
Adieu? Wieso bleibt ihr denn nicht?
RUMPEL
ZISCHEL

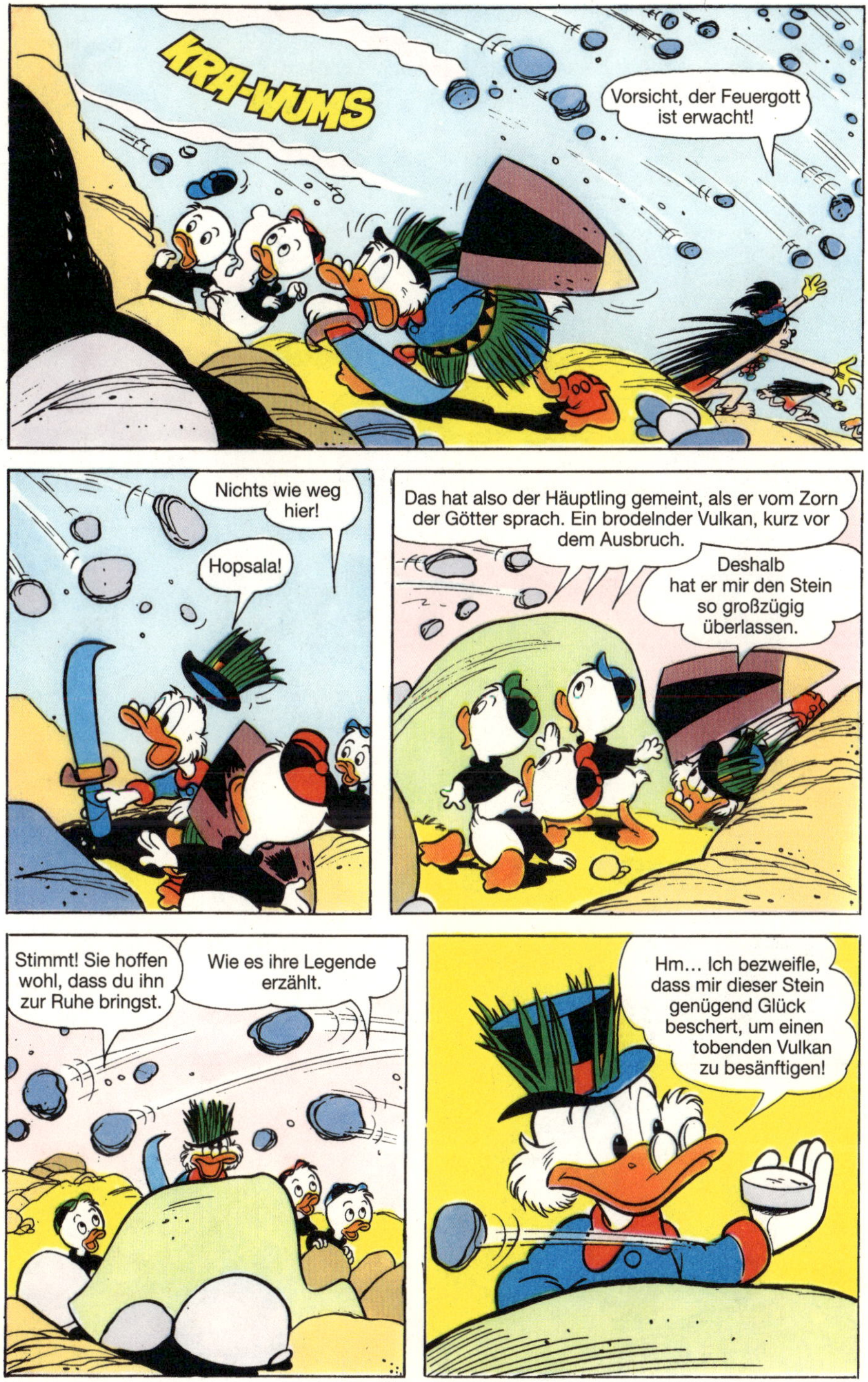
KRA-WUMS
Vorsicht, der Feuergott ist erwacht!
Nichts wie weg hier!
Hopsala!
Das hat also der Häuptling gemeint, als er vom Zorn der Götter sprach. Ein brodelnder Vulkan, kurz vor dem Ausbruch.
Deshalb hat er mir den Stein so großzügig überlassen.
Stimmt! Sie hoffen wohl, dass du ihn zur Ruhe bringst.
Wie es ihre Legende erzählt.
Hm… Ich bezweifle, dass mir dieser Stein genügend Glück beschert, um einen tobenden Vulkan zu besänftigen!

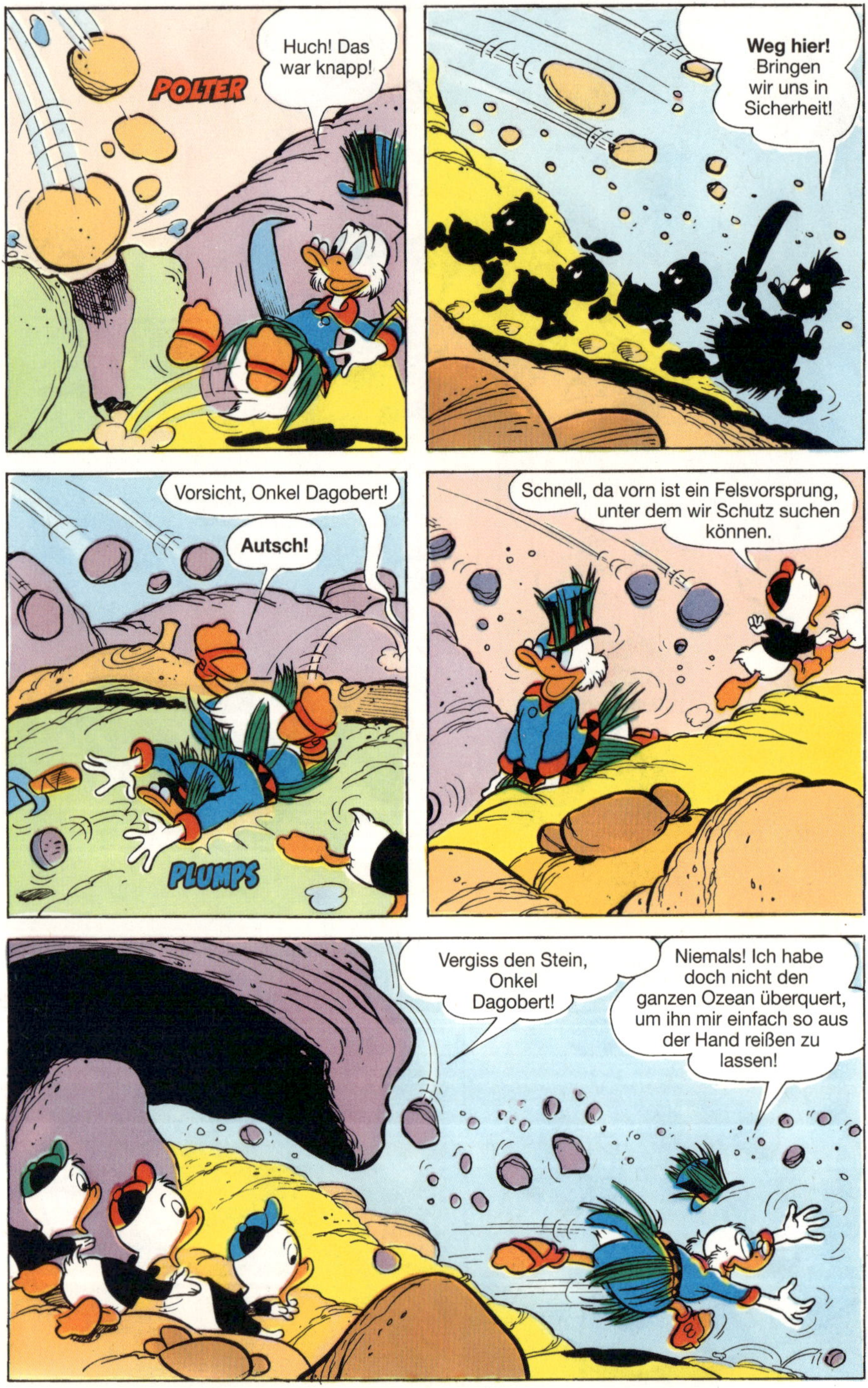
POLTER
Huch! Das war knapp!
Weg hier! Bringen wir uns in Sicherheit!
Vorsicht, Onkel Dagobert!
Autsch!
PLUMPS
Schnell, da vorn ist ein Felsvorsprung, unter dem wir Schutz suchen können.
Vergiss den Stein, Onkel Dagobert!
Niemals! Ich habe doch nicht den ganzen Ozean überquert, um ihn mir einfach so aus der Hand reißen zu lassen!

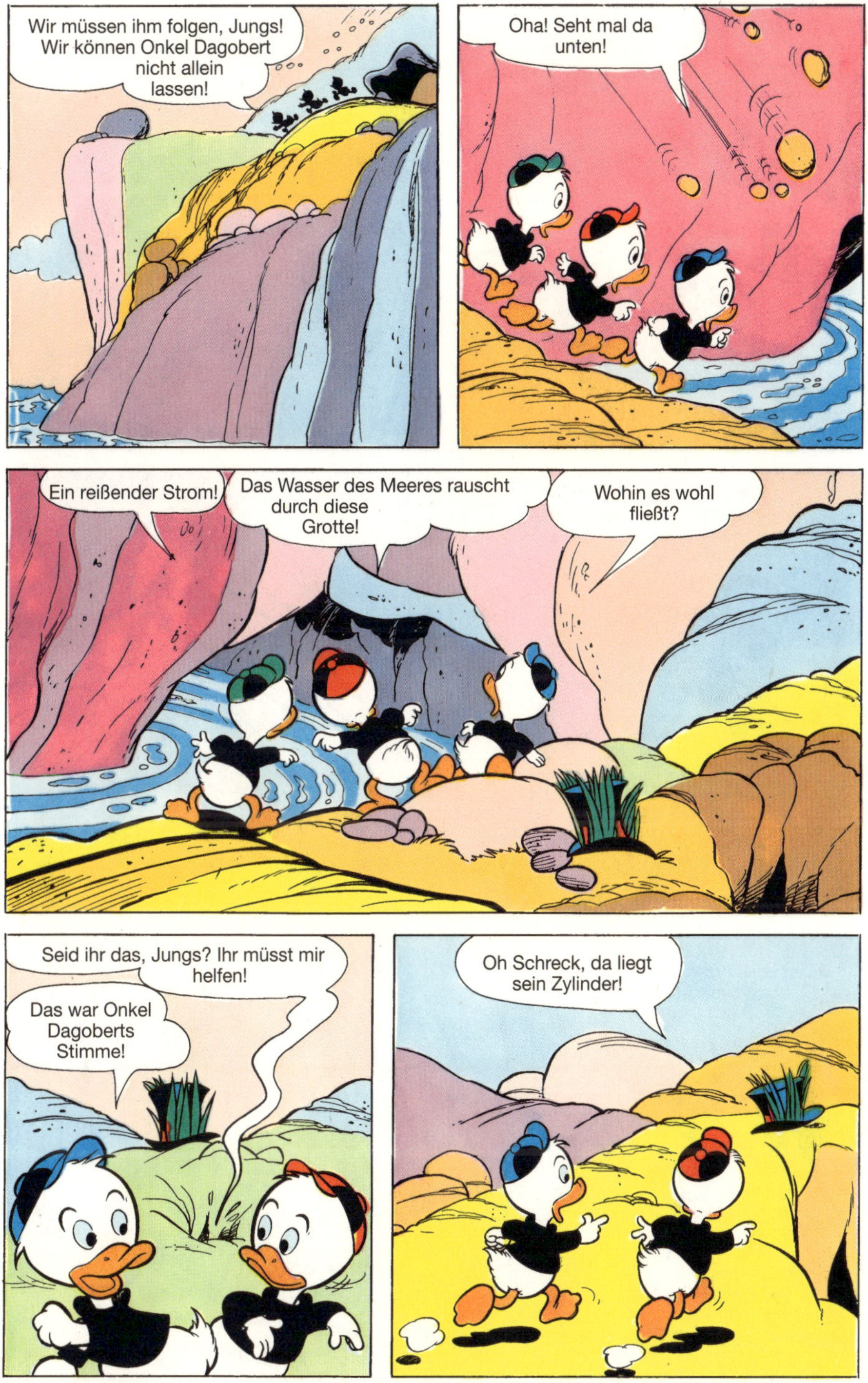
Wir müssen ihm folgen, Jungs! Wir können Onkel Dagobert nicht allein lassen!
Oha! Seht mal da unten!
Ein reißender Strom!
Das Wasser des Meeres rauscht durch diese Grotte!
Wohin es wohl fließt?
Seid ihr das, Jungs? Ihr müsst mir helfen!
Das war Onkel Dagoberts Stimme!
Oh Schreck, da liegt sein Zylinder!

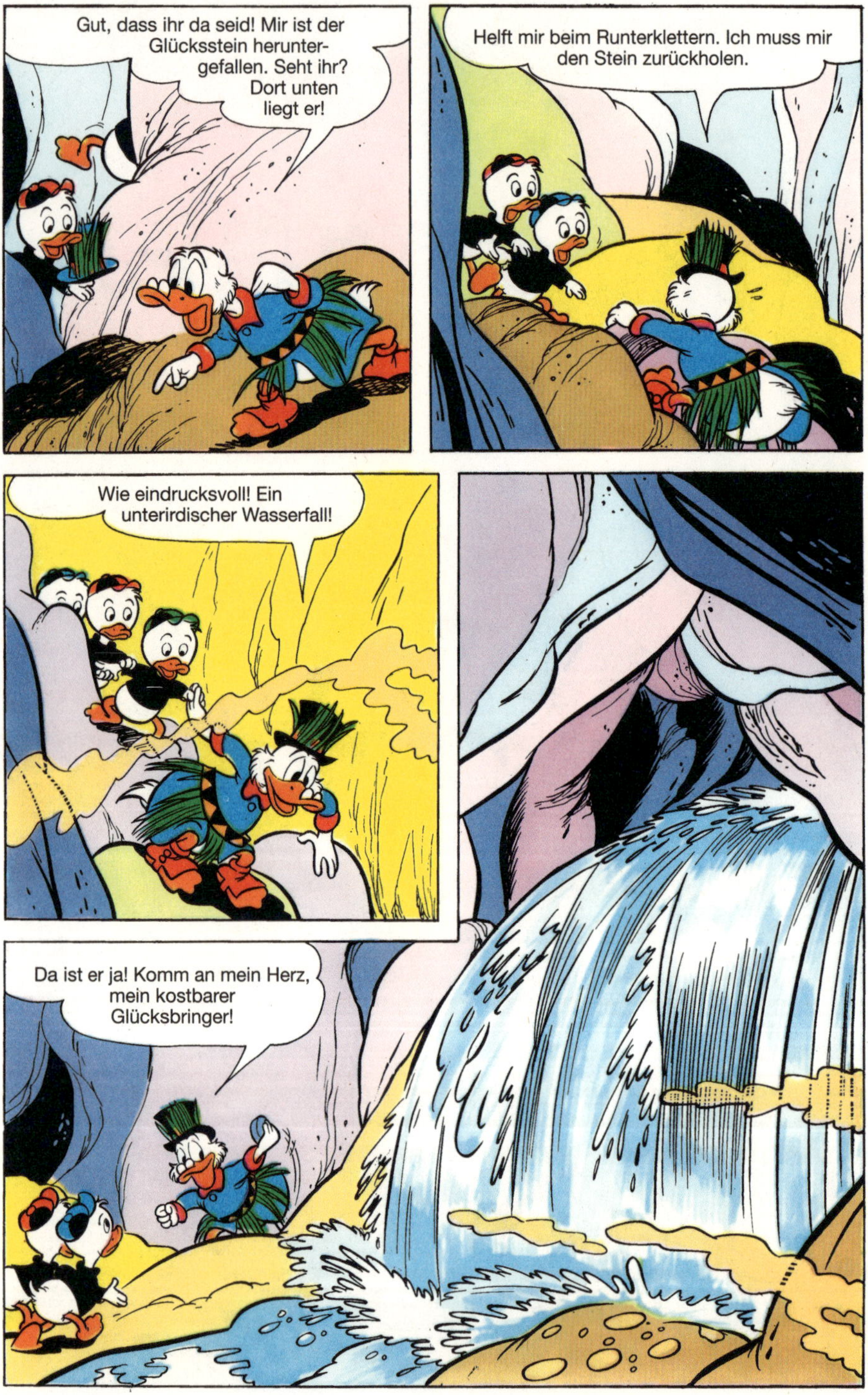
Gut, dass ihr da seid! Mir ist der Glücksstein herunter-gefallen. Seht ihr? Dort unten liegt er!
Helft mir beim Runterklettern. Ich muss mir den Stein zurückholen.
Wie eindrucksvoll! Ein unterirdischer Wasserfall!
Da ist er ja! Komm an mein Herz, mein kostbarer Glücksbringer!

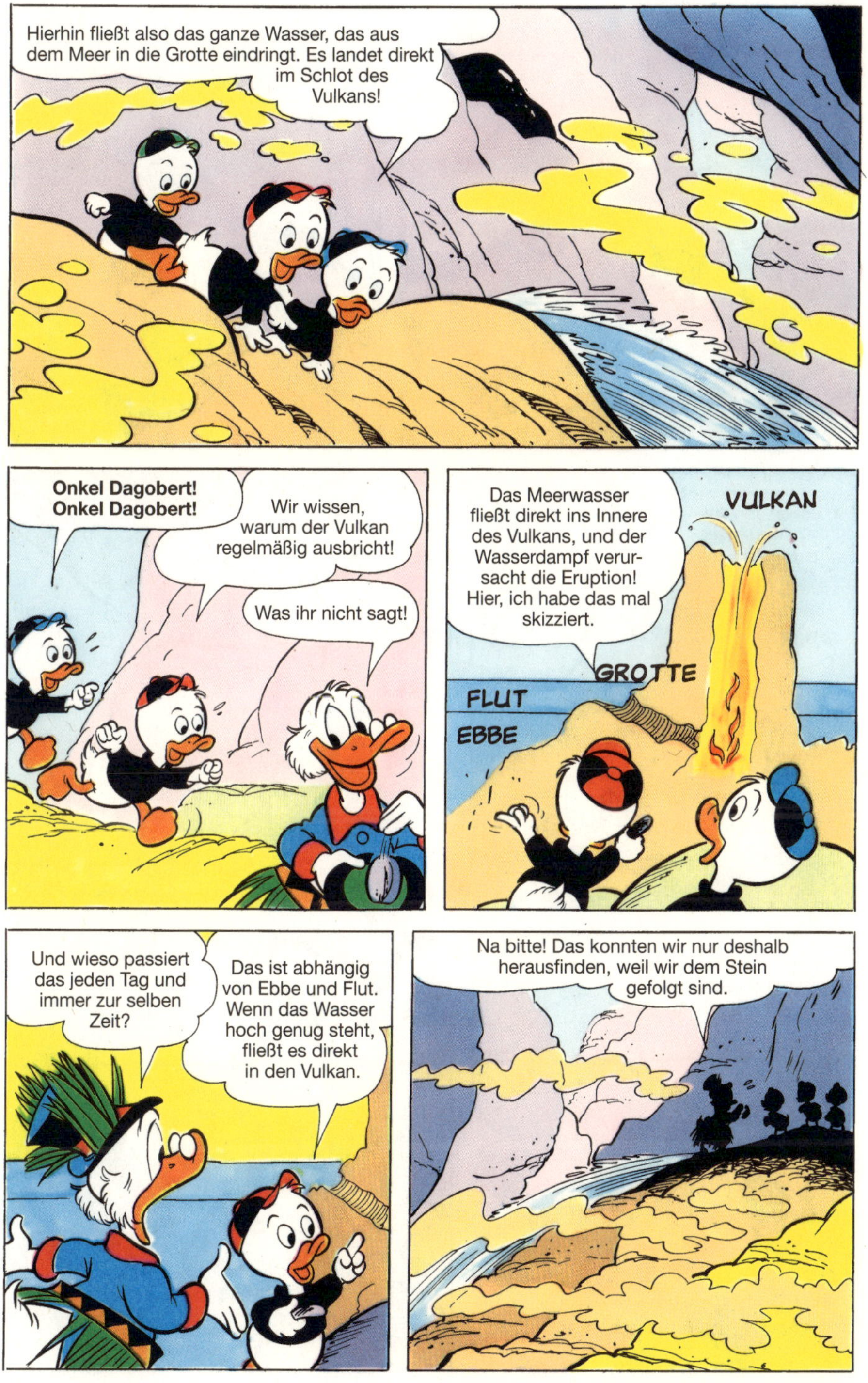
Hierhin fließt also das ganze Wasser, das aus dem Meer in die Grotte eindringt. Es landet direkt im Schlot des Vulkans!
Onkel Dagobert! Onkel Dagobert!
Wir wissen, warum der Vulkan regelmäßig ausbricht!
Was ihr nicht sagt!
Das Meerwasser fließt direkt ins Innere des Vulkans, und der Wasserdampf verursacht die Eruption! Hier, ich habe das mal skizziert.
VULKAN
GROTTE
FLUT
EBBE
Und wieso passiert das jeden Tag und immer zur selben Zeit?
Das ist abhängig von Ebbe und Flut. Wenn das Wasser hoch genug steht, fließt es direkt in den Vulkan.
Na bitte! Das konnten wir nur deshalb herausfinden, weil wir dem Stein gefolgt sind.

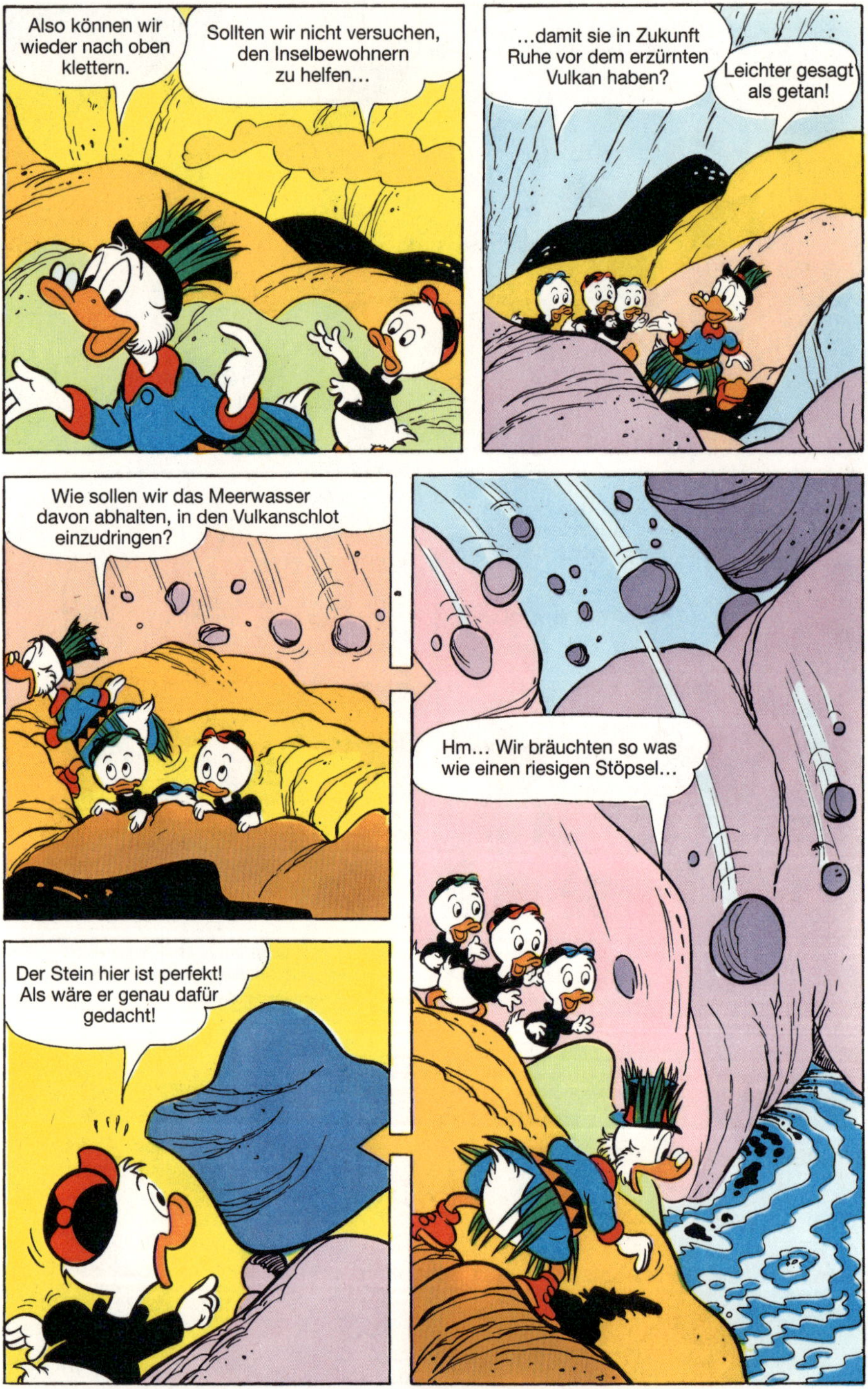
Also können wir wieder nach oben klettern.
Sollten wir nicht versuchen, den Inselbewohnern zu helfen…
…damit sie in Zukunft Ruhe vor dem erzürnten Vulkan haben?
Leichter gesagt als getan!
Wie sollen wir das Meerwasser davon abhalten, in den Vulkanschlot einzudringen?
Hm… Wir bräuchten so was wie einen riesigen Stöpsel…
Der Stein hier ist perfekt! Als wäre er genau dafür gedacht!

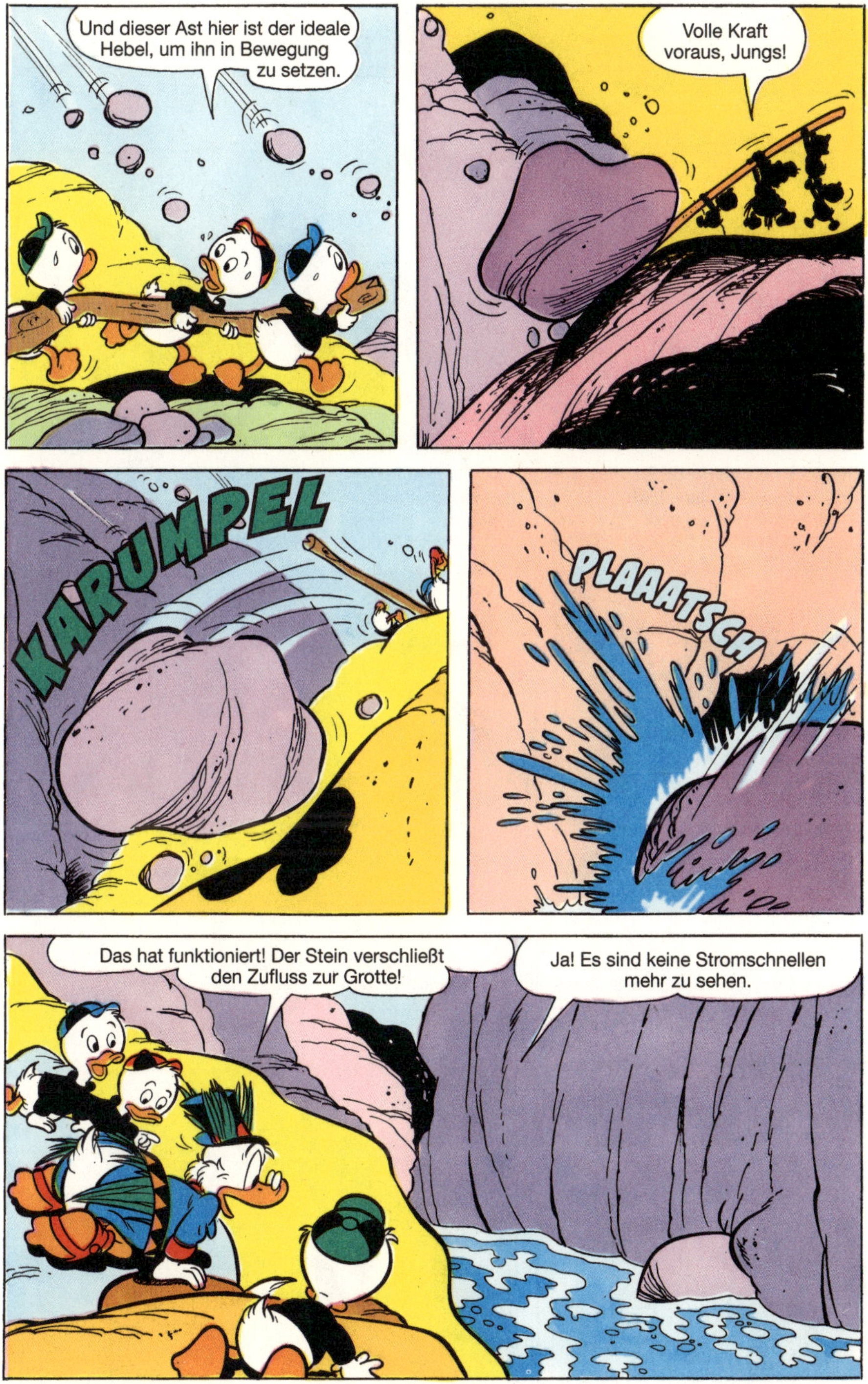

Und dieser Ast hier ist der ideale Hebel, um ihn in Bewegung zu setzen.
Volle Kraft voraus, Jungs!
KARUMPEL
PLAAATSCH
Das hat funktioniert! Der Stein verschließt den Zufluss zur Grotte!
Ja! Es sind keine Stromschnellen mehr zu sehen.

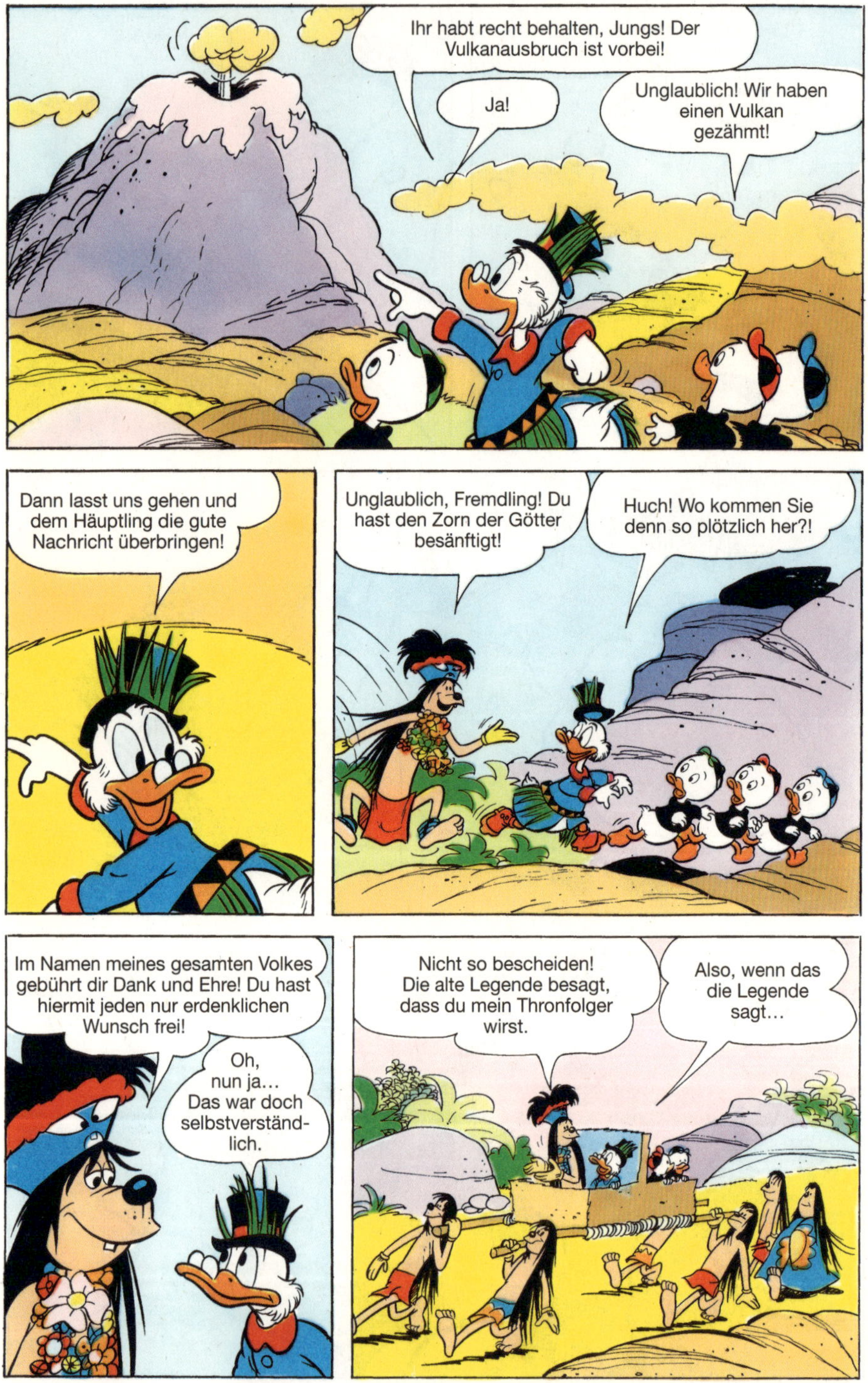

Ihr habt recht behalten, Jungs! Der Vulkanausbruch ist vorbei!
Ja!
Unglaublich! Wir haben einen Vulkan gezähmt!
Dann lasst uns gehen und dem Häuptling die gute Nachricht überbringen!
Unglaublich, Fremdling! Du hast den Zorn der Götter besänftigt!
Huch! Wo kommen Sie denn so plötzlich her?!
Im Namen meines gesamten Volkes gebührt dir Dank und Ehre! Du hast hiermit jeden nur erdenklichen Wunsch frei!
Oh, nun ja… Das war doch selbstverständlich.
Nicht so bescheiden! Die alte Legende besagt, dass du mein Thronfolger wirst.
Also, wenn das die Legende sagt…

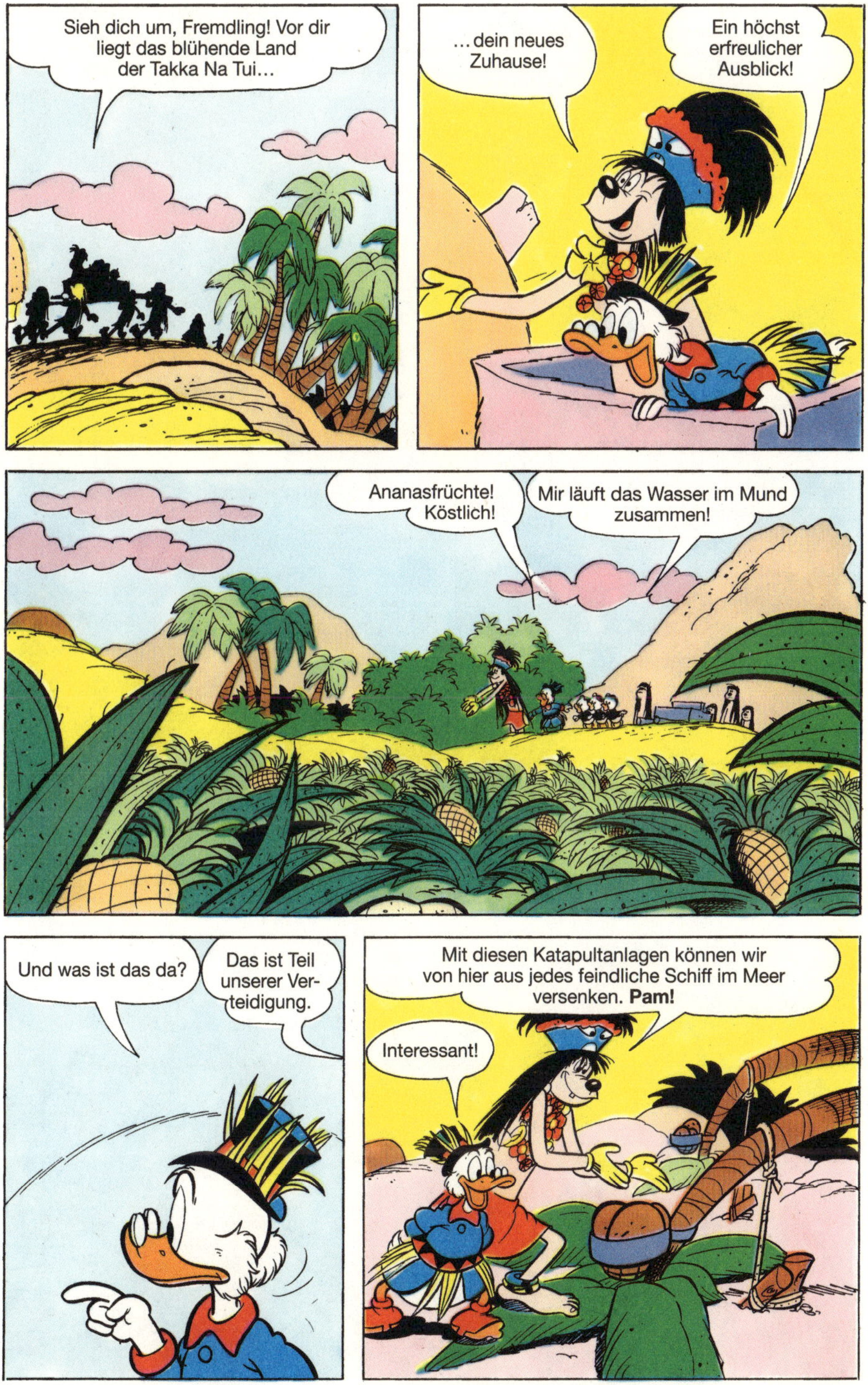
Sieh dich um, Fremdling! Vor dir liegt das blühende Land der Takka Na Tui…
…dein neues Zuhause!
Ein höchst erfreulicher Ausblick!
Ananasfrüchte! Köstlich!
Mir läuft das Wasser im Mund zusammen!
Und was ist das da?
Das ist Teil unserer Verteidigung.
Mit diesen Katapultanlagen können wir von hier aus jedes feindliche Schiff im Meer versenken. **Pam!**
Interessant!

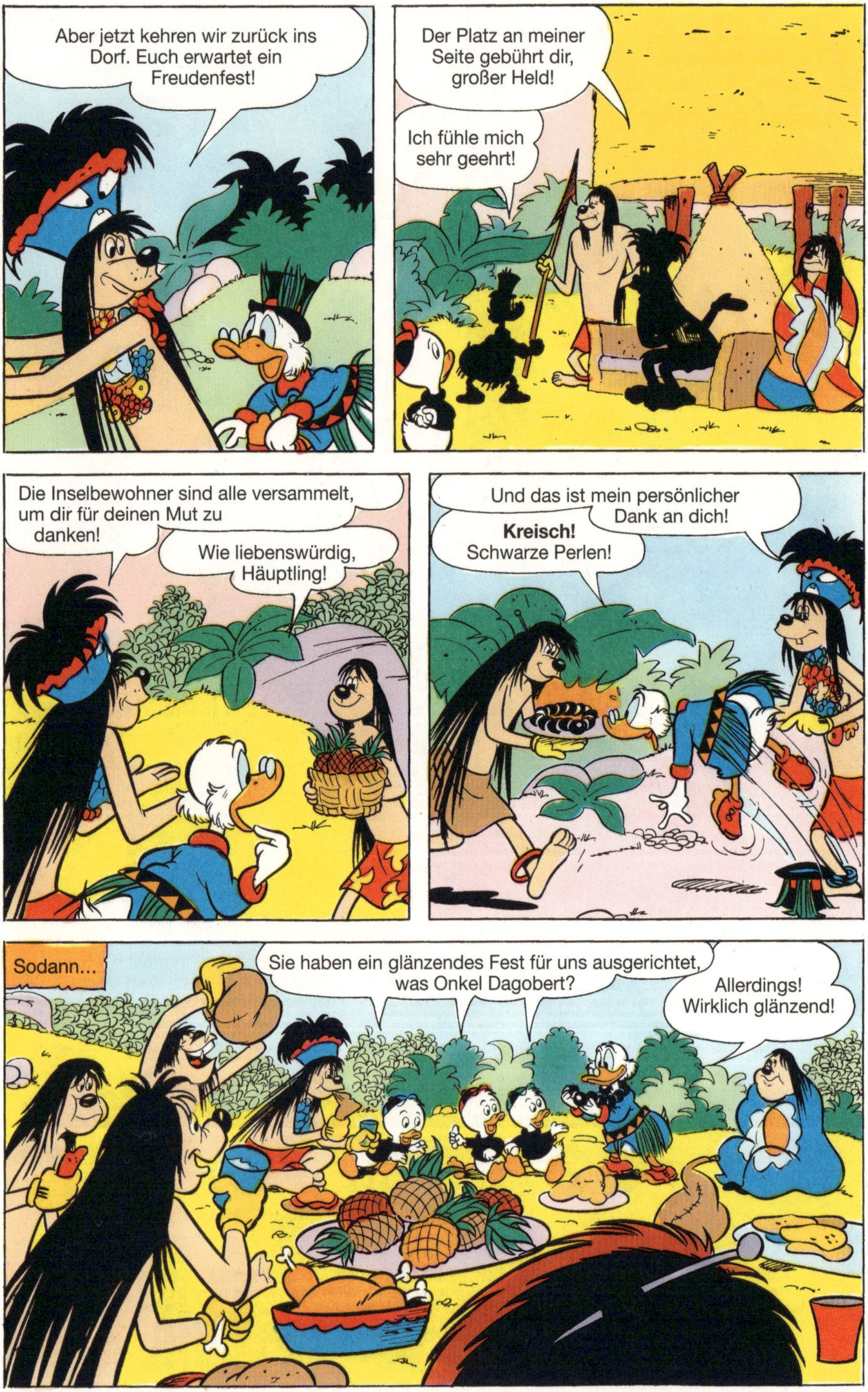
Aber jetzt kehren wir zurück ins Dorf. Euch erwartet ein Freudenfest!
Der Platz an meiner Seite gebührt dir, großer Held!
Ich fühle mich sehr geehrt!
Die Inselbewohner sind alle versammelt, um dir für deinen Mut zu danken!
Wie liebenswürdig, Häuptling!
Und das ist mein persönlicher Dank an dich!
Kreisch! Schwarze Perlen!
Sodann...
Sie haben ein glänzendes Fest für uns ausgerichtet, was Onkel Dagobert?
Allerdings! Wirklich glänzend!

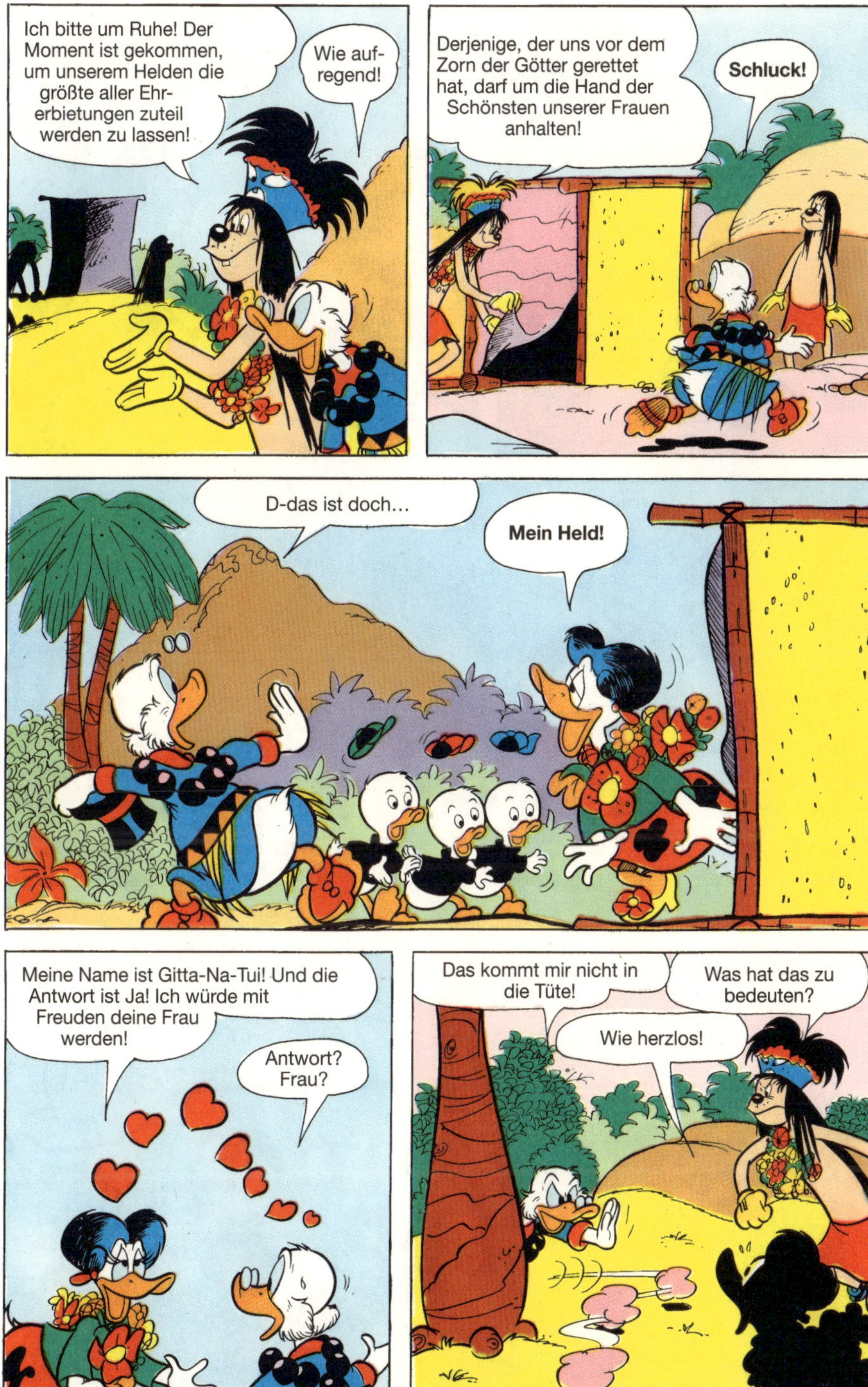
Ich bitte um Ruhe! Der Moment ist gekommen, um unserem Helden die größte aller Ehrerbietungen zuteil werden zu lassen!
Wie aufregend!
Derjenige, der uns vor dem Zorn der Götter gerettet hat, darf um die Hand der Schönsten unserer Frauen anhalten!
Schluck!
D-das ist doch…
Mein Held!
Meine Name ist Gitta-Na-Tui! Und die Antwort ist Ja! Ich würde mit Freuden deine Frau werden!
Antwort? Frau?
Das kommt mir nicht in die Tüte!
Was hat das zu bedeuten?
Wie herzlos!

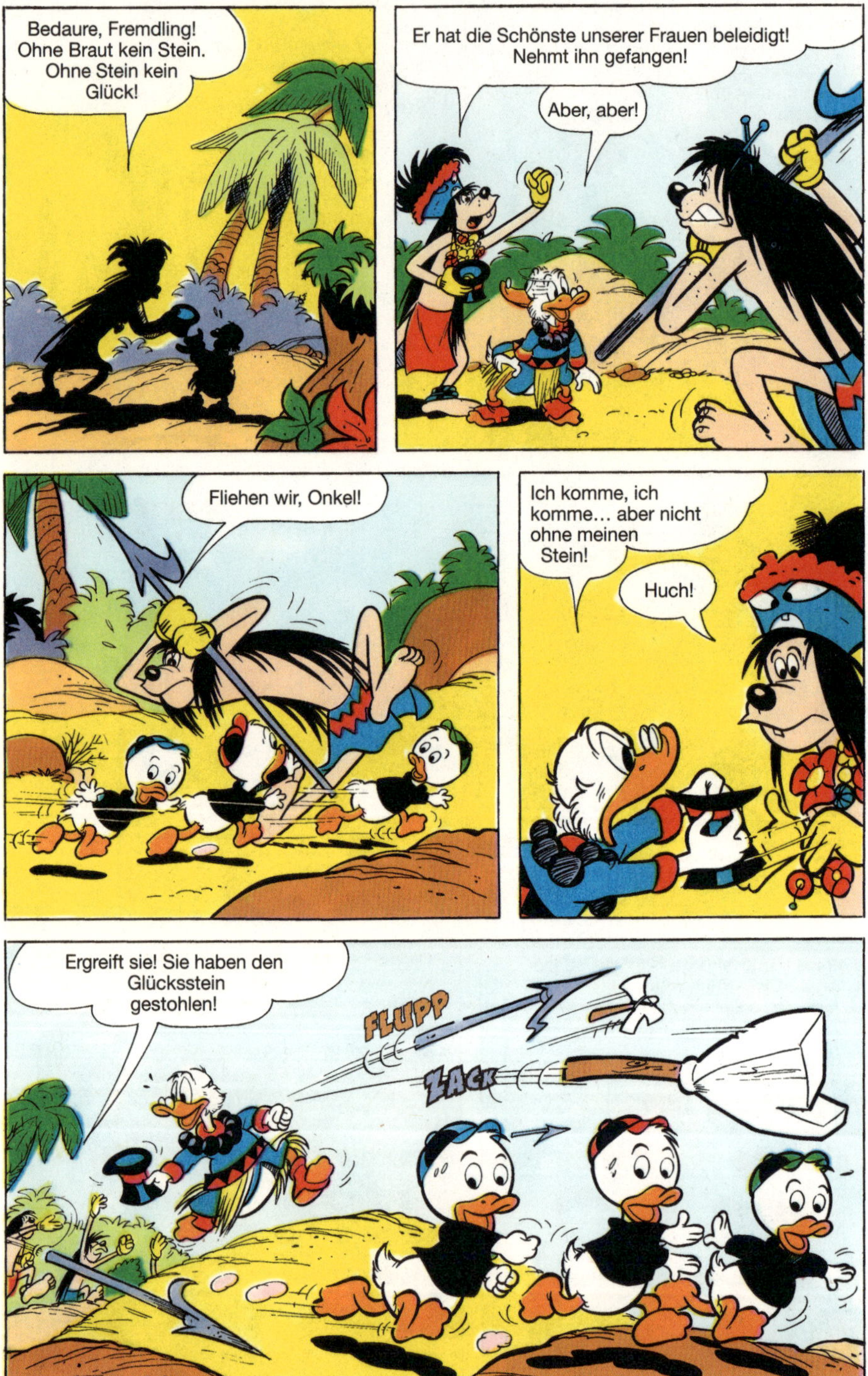
Bedaure, Fremdling! Ohne Braut kein Stein. Ohne Stein kein Glück!
Er hat die Schönste unserer Frauen beleidigt! Nehmt ihn gefangen!
Aber, aber!
Fliehen wir, Onkel!
Ich komme, ich komme… aber nicht ohne meinen Stein!
Huch!
Ergreift sie! Sie haben den Glücksstein gestohlen!
FLUPP
ZACK

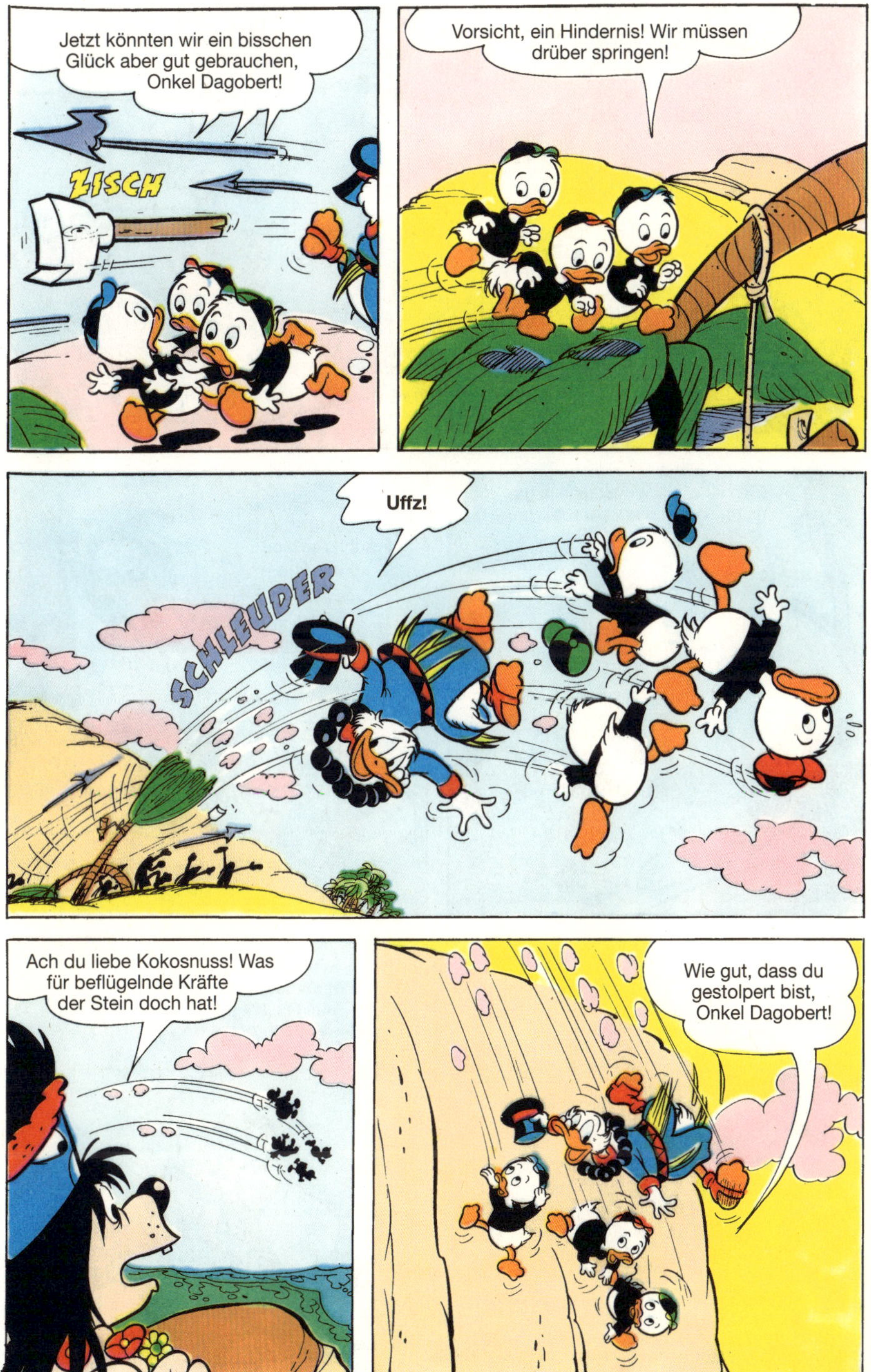

Jetzt könnten wir ein bisschen Glück aber gut gebrauchen, Onkel Dagobert!
ZISCH
Vorsicht, ein Hindernis! Wir müssen drüber springen!
Uffz!
SCHLEUDER
Ach du liebe Kokosnuss! Was für beflügelnde Kräfte der Stein doch hat!
Wie gut, dass du gestolpert bist, Onkel Dagobert!

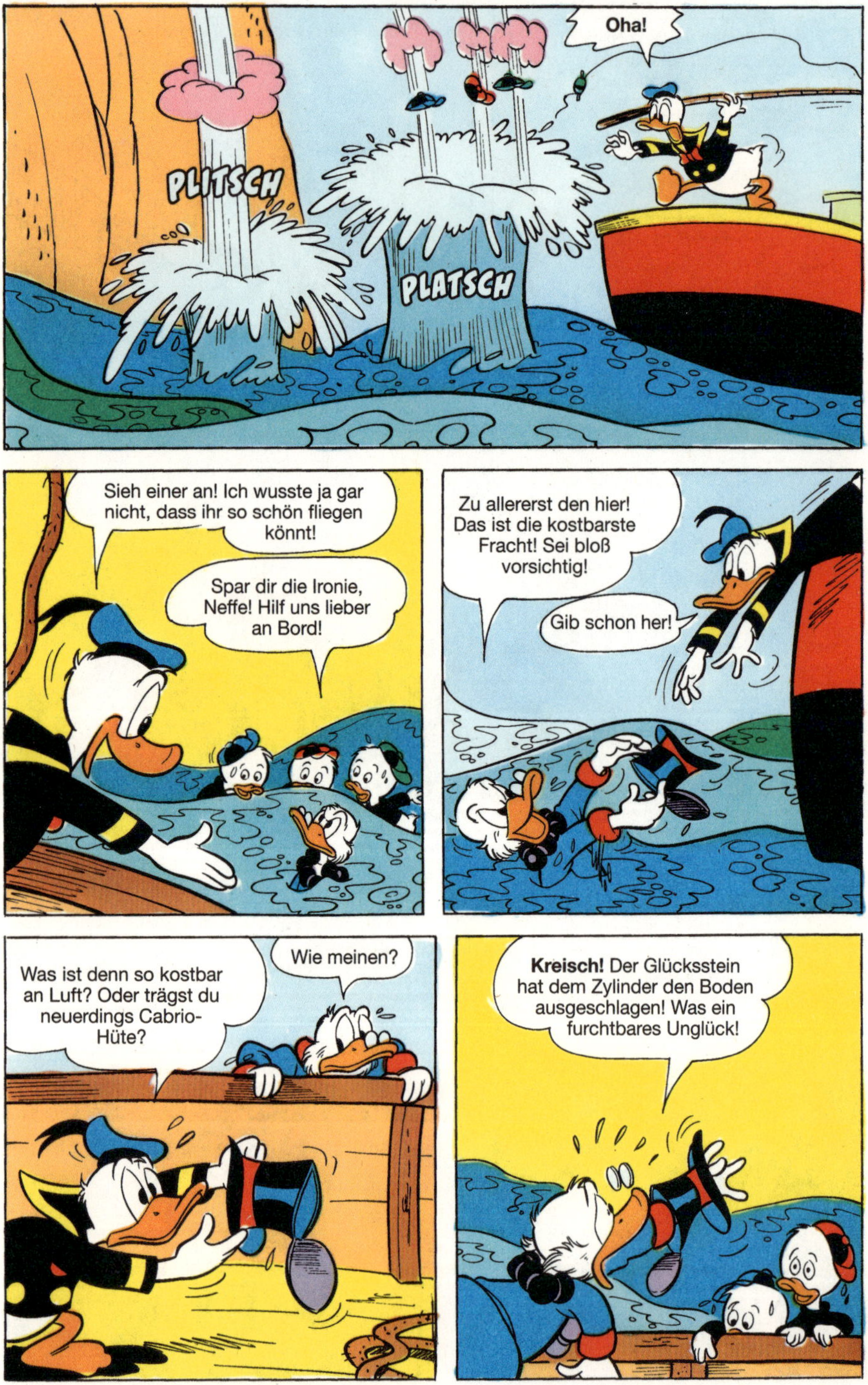
PLITSCH
PLATSCH
Oha!
Sieh einer an! Ich wusste ja gar nicht, dass ihr so schön fliegen könnt!
Spar dir die Ironie, Neffe! Hilf uns lieber an Bord!
Zu allererst den hier! Das ist die kostbarste Fracht! Sei bloß vorsichtig!
Gib schon her!
Was ist denn so kostbar an Luft? Oder trägst du neuerdings Cabrio-Hüte?
Wie meinen?
Kreisch! Der Glücksstein hat dem Zylinder den Boden ausgeschlagen! Was ein furchtbares Unglück!

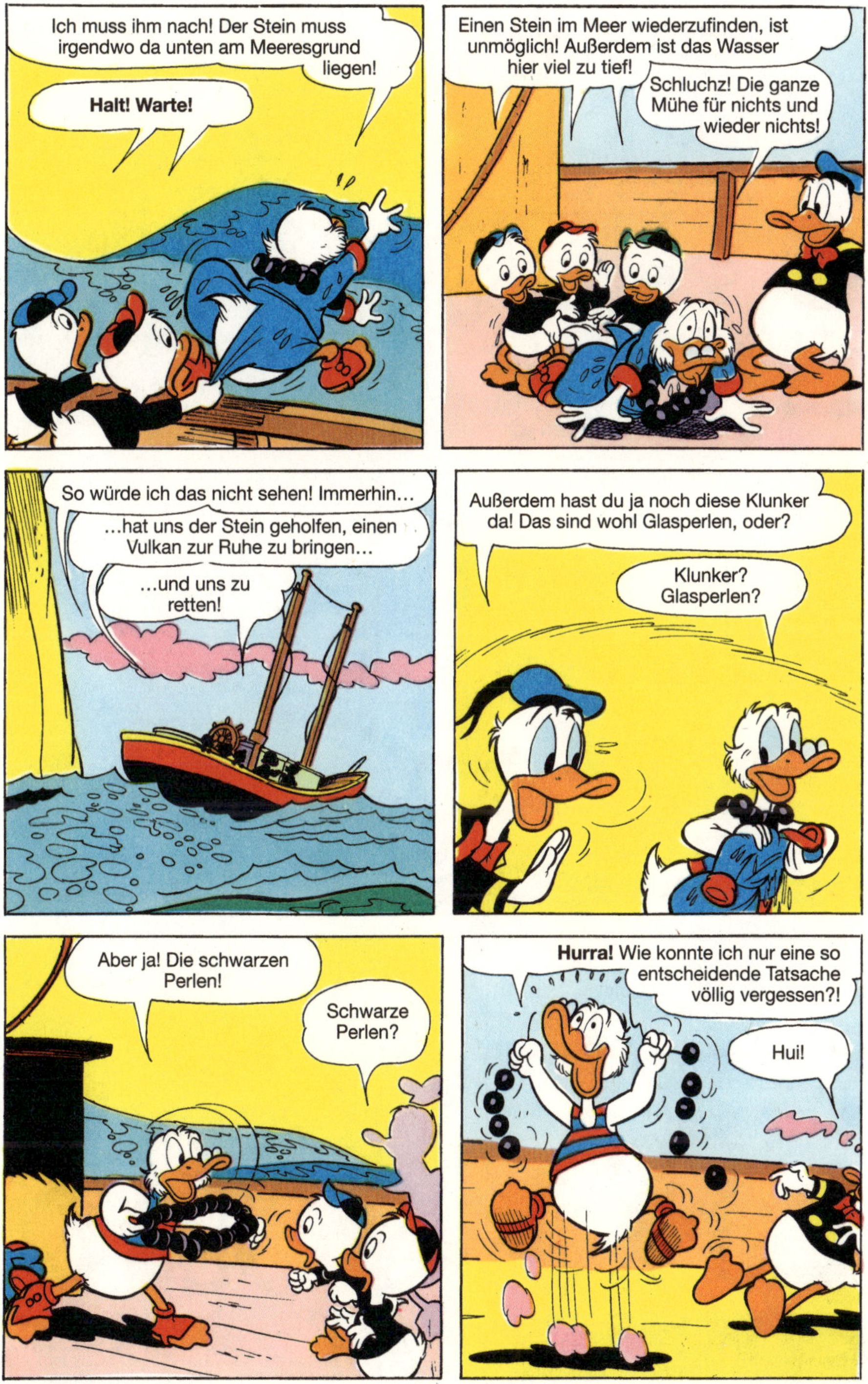
Ich muss ihm nach! Der Stein muss irgendwo da unten am Meeresgrund liegen!
Halt! Warte!
Einen Stein im Meer wiederzufinden, ist unmöglich! Außerdem ist das Wasser hier viel zu tief!
Schluchz! Die ganze Mühe für nichts und wieder nichts!
So würde ich das nicht sehen! Immerhin…
…hat uns der Stein geholfen, einen Vulkan zur Ruhe zu bringen…
…und uns zu retten!
Außerdem hast du ja noch diese Klunker da! Das sind wohl Glasperlen, oder?
Klunker? Glasperlen?
Aber ja! Die schwarzen Perlen!
Schwarze Perlen?
Hurra! Wie konnte ich nur eine so entscheidende Tatsache völlig vergessen?!
Hui!

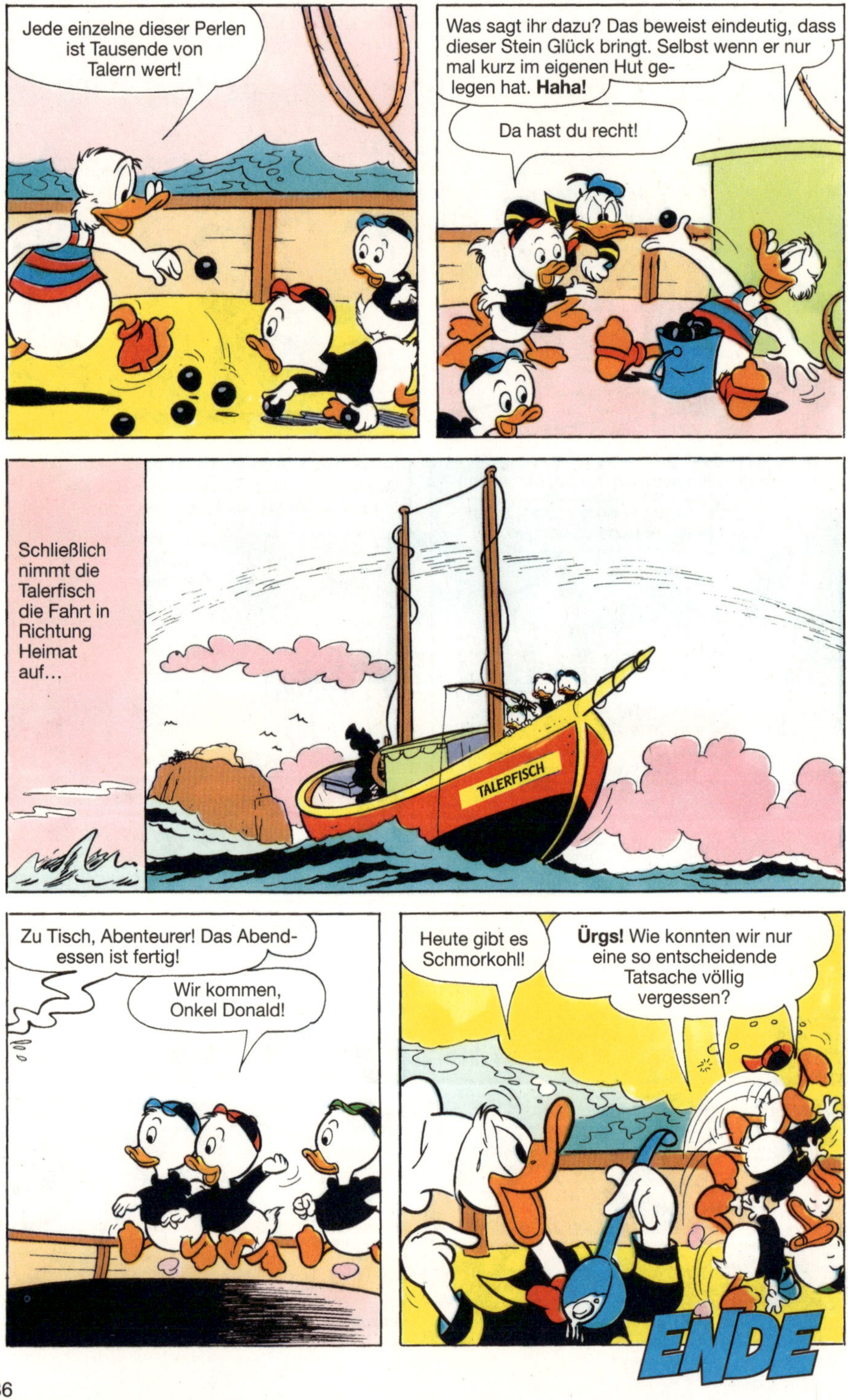
Jede einzelne dieser Perlen ist Tausende von Talern wert!
Was sagt ihr dazu? Das beweist eindeutig, dass dieser Stein Glück bringt. Selbst wenn er nur mal kurz im eigenen Hut gelegen hat. **Haha!**
Da hast du recht!
Schließlich nimmt die Talerfisch die Fahrt in Richtung Heimat auf…
TALERFISCH
Zu Tisch, Abenteurer! Das Abendessen ist fertig!
Wir kommen, Onkel Donald!
Heute gibt es Schmorkohl!
Ürgs! Wie konnten wir nur eine so entscheidende Tatsache völlig vergessen?
ENDE

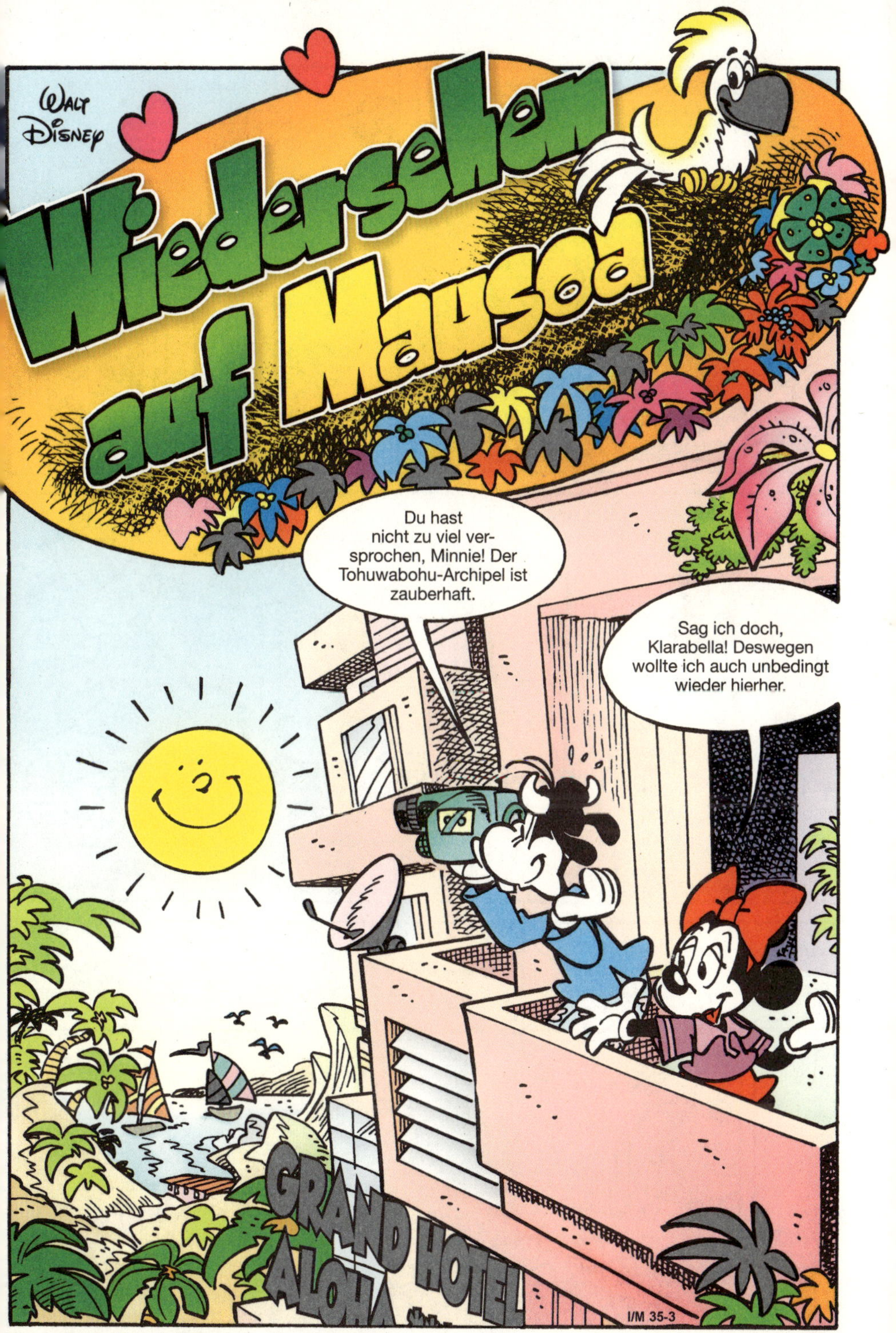

Bruno Sarda (Story), **Alessandro Gottardo** (Zeichnungen)

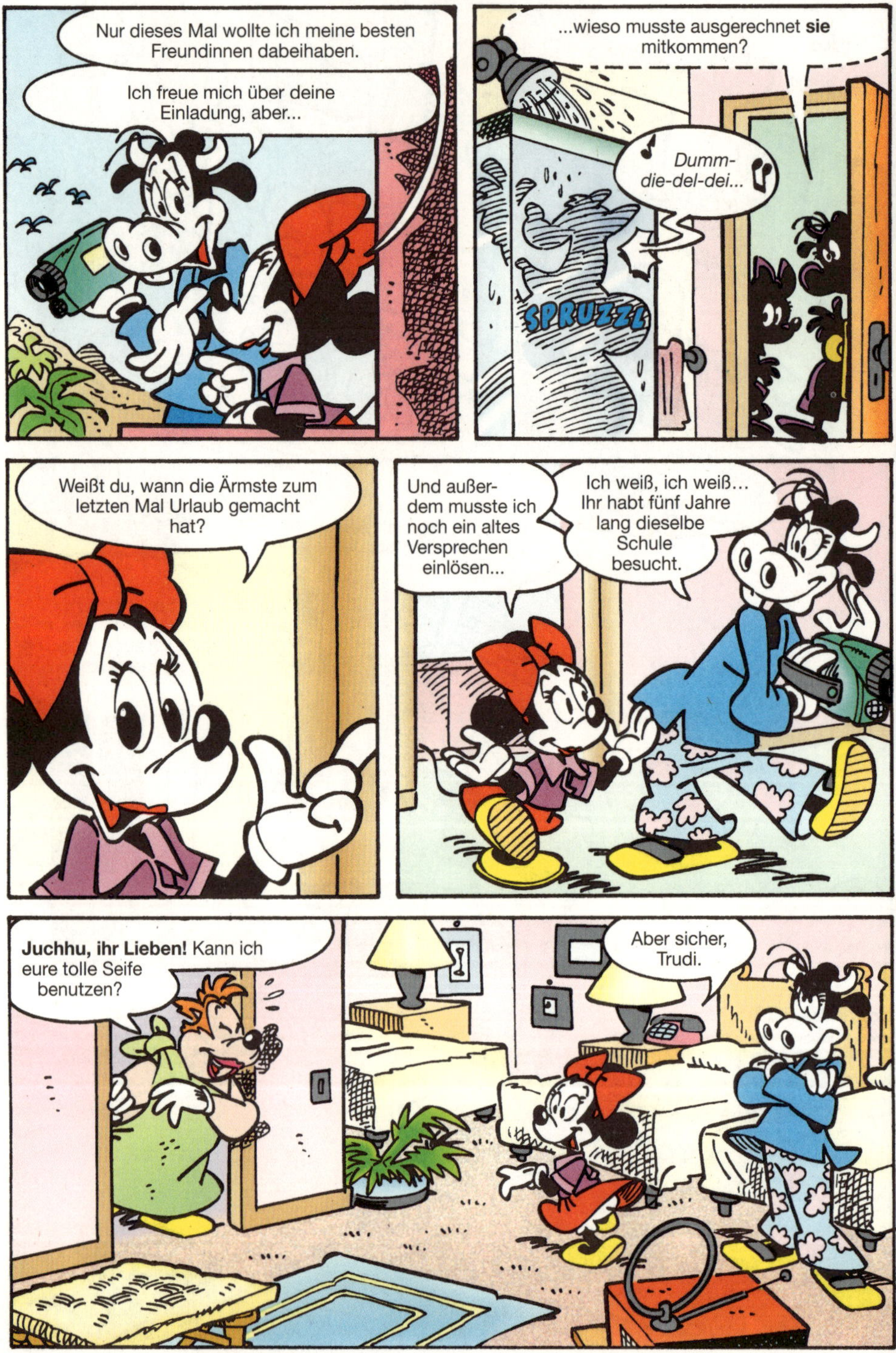
Nur dieses Mal wollte ich meine besten Freundinnen dabeihaben.
Ich freue mich über deine Einladung, aber...
...wieso musste ausgerechnet **sie** mitkommen?
Dumm-die-del-dei...
SPRUZZL
Weißt du, wann die Ärmste zum letzten Mal Urlaub gemacht hat?
Und außerdem musste ich noch ein altes Versprechen einlösen...
Ich weiß, ich weiß... Ihr habt fünf Jahre lang dieselbe Schule besucht.
Juchhu, ihr Lieben! Kann ich eure tolle Seife benutzen?
Aber sicher, Trudi.

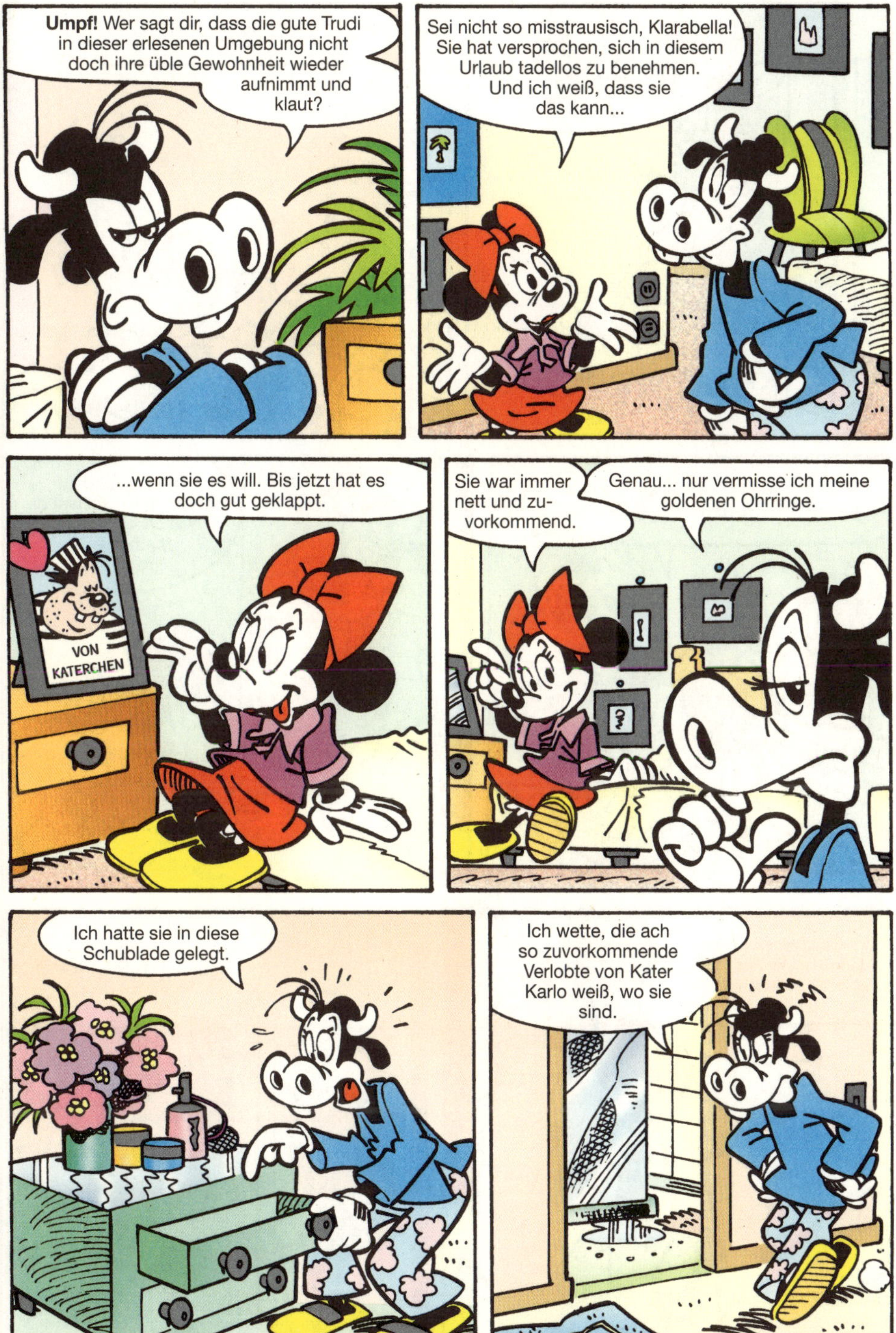
Umpf! Wer sagt dir, dass die gute Trudi in dieser erlesenen Umgebung nicht doch ihre üble Gewohnheit wieder aufnimmt und klaut?
Sei nicht so misstrauisch, Klarabella! Sie hat versprochen, sich in diesem Urlaub tadellos zu benehmen. Und ich weiß, dass sie das kann...
...wenn sie es will. Bis jetzt hat es doch gut geklappt.
VON KATERCHEN
Sie war immer nett und zuvorkommend.
Genau... nur vermisse ich meine goldenen Ohrringe.
Ich hatte sie in diese Schublade gelegt.
Ich wette, die ach so zuvorkommende Verlobte von Kater Karlo weiß, wo sie sind.

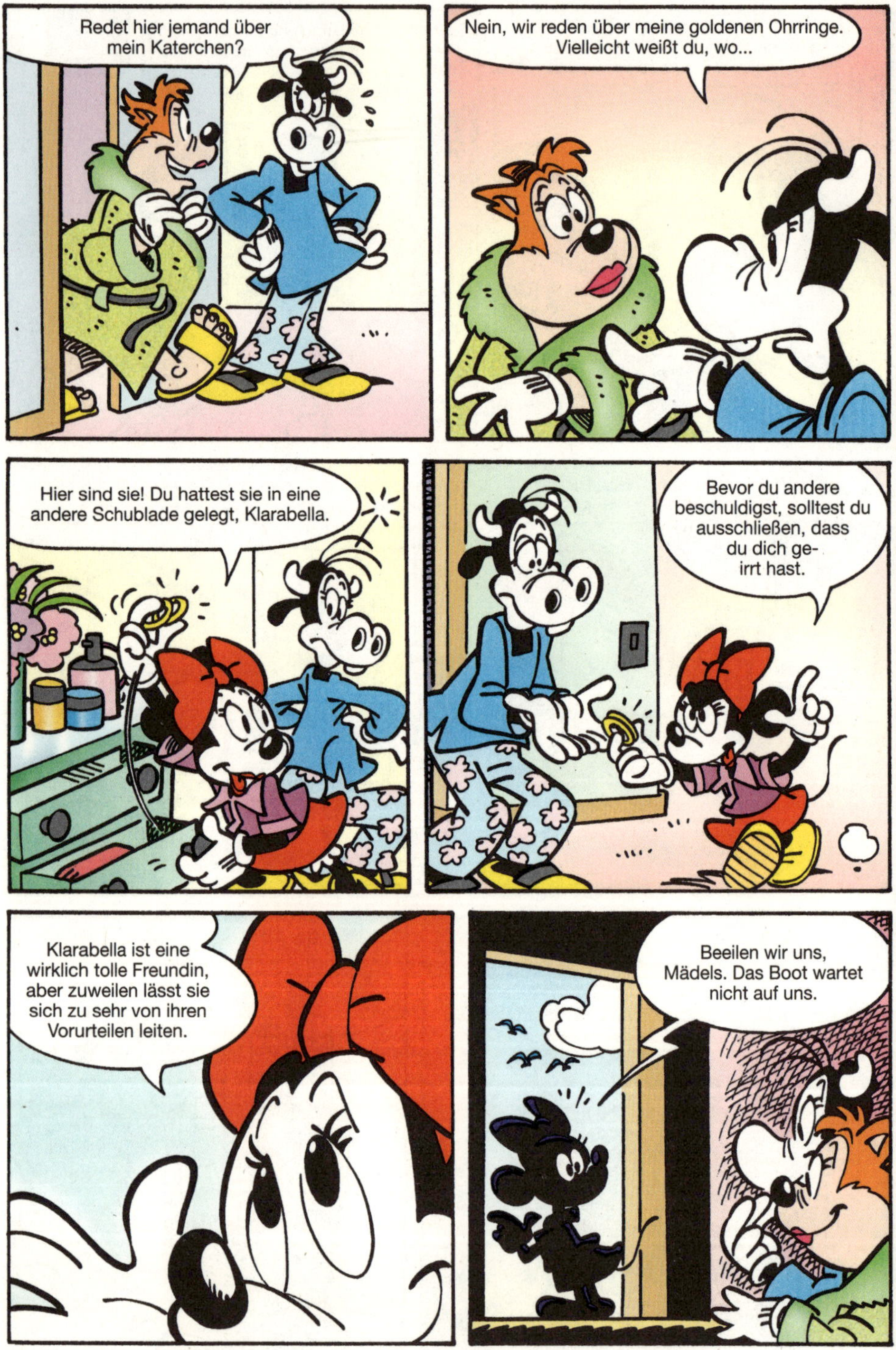
Redet hier jemand über mein Katerchen?
Nein, wir reden über meine goldenen Ohrringe. Vielleicht weißt du, wo...
Hier sind sie! Du hattest sie in eine andere Schublade gelegt, Klarabella.
Bevor du andere beschuldigst, solltest du ausschließen, dass du dich geirrt hast.
Klarabella ist eine wirklich tolle Freundin, aber zuweilen lässt sie sich zu sehr von ihren Vorurteilen leiten.
Beeilen wir uns, Mädels. Das Boot wartet nicht auf uns.

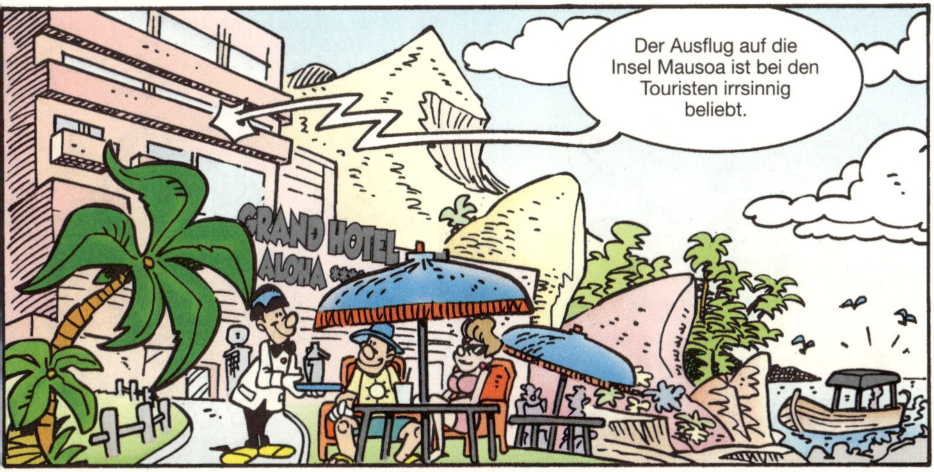
Der Ausflug auf die Insel Mausoa ist bei den Touristen irrsinnig beliebt.
GRAND HOTEL ALOHA

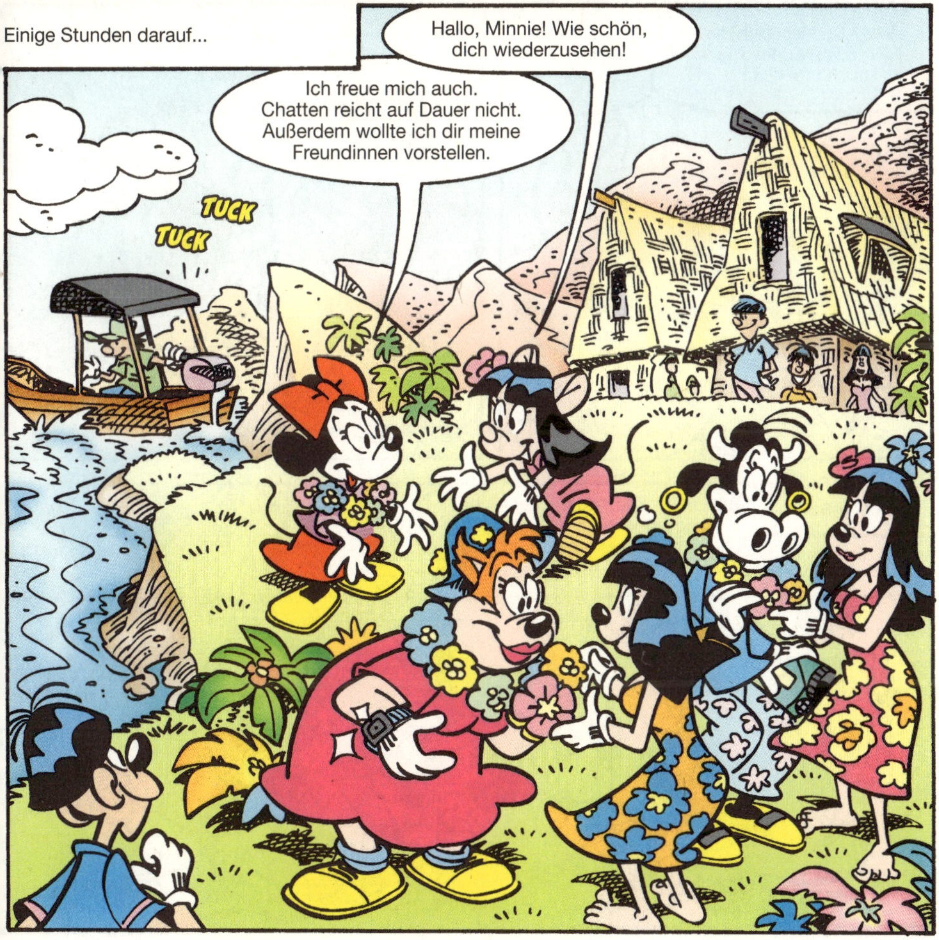
Einige Stunden darauf...
Hallo, Minnie! Wie schön, dich wiederzusehen!
Ich freue mich auch. Chatten reicht auf Dauer nicht. Außerdem wollte ich dir meine Freundinnen vorstellen.
TUCK
TUCK

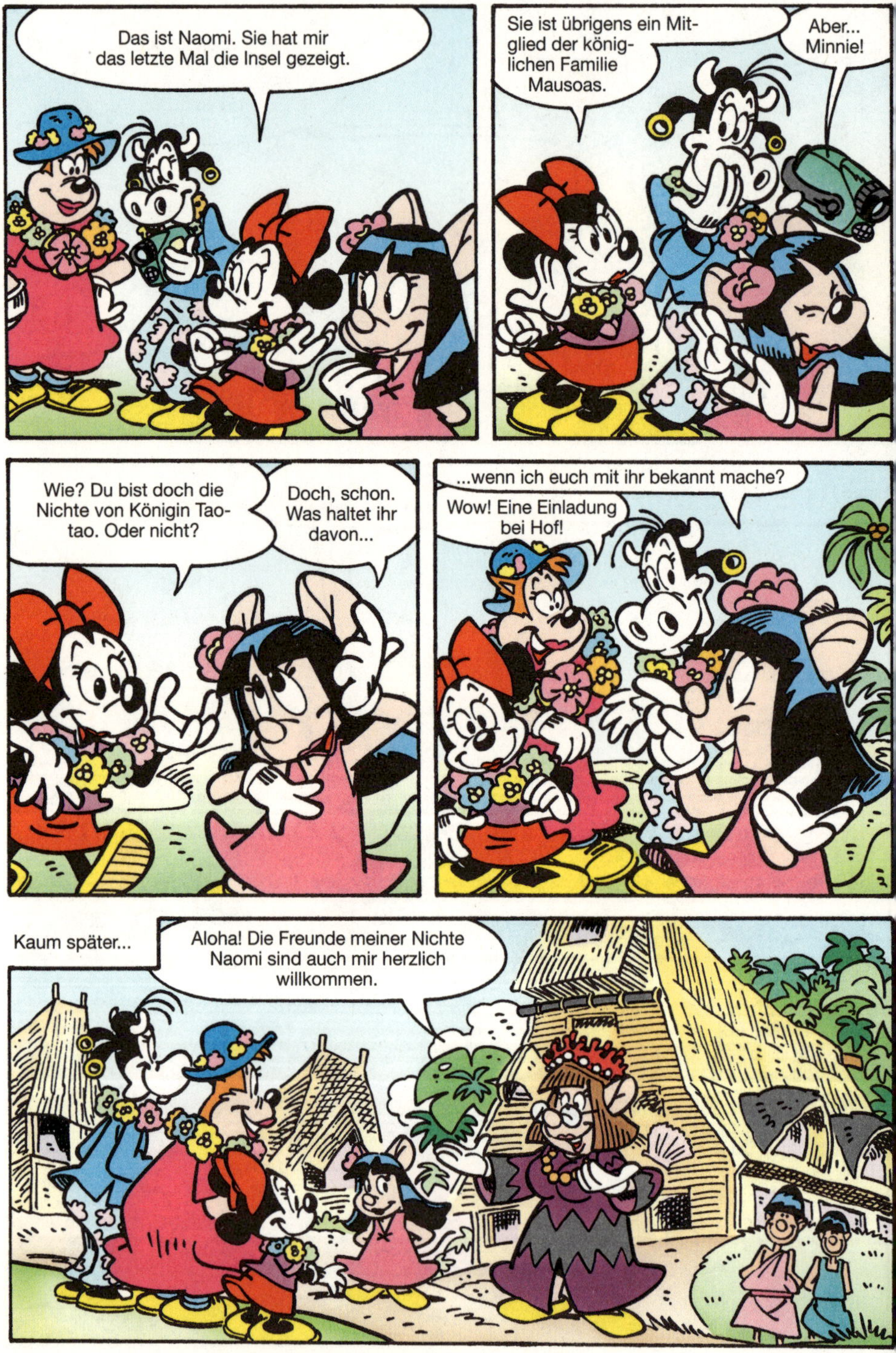

Das ist Naomi. Sie hat mir das letzte Mal die Insel gezeigt.
Sie ist übrigens ein Mitglied der königlichen Familie Mausoas.
Aber... Minnie!
Wie? Du bist doch die Nichte von Königin Taotao. Oder nicht?
Doch, schon. Was haltet ihr davon...
...wenn ich euch mit ihr bekannt mache?
Wow! Eine Einladung bei Hof!
Kaum später...
Aloha! Die Freunde meiner Nichte Naomi sind auch mir herzlich willkommen.

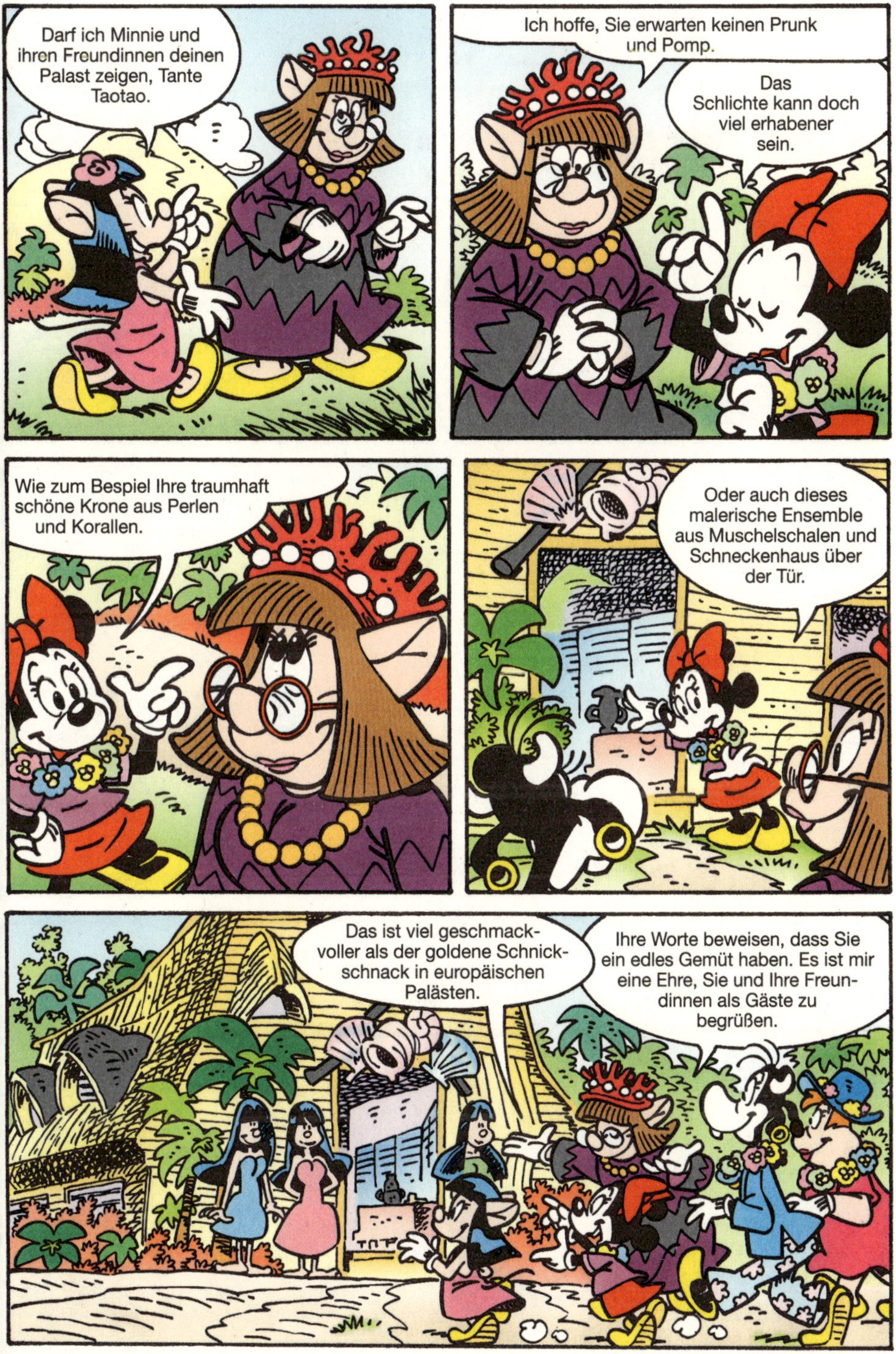
Darf ich Minnie und ihren Freundinnen deinen Palast zeigen, Tante Taotao.
Ich hoffe, Sie erwarten keinen Prunk und Pomp.
Das Schlichte kann doch viel erhabener sein.
Wie zum Bespiel Ihre traumhaft schöne Krone aus Perlen und Korallen.
Oder auch dieses malerische Ensemble aus Muschelschalen und Schneckenhaus über der Tür.
Das ist viel geschmackvoller als der goldene Schnickschnack in europäischen Palästen.
Ihre Worte beweisen, dass Sie ein edles Gemüt haben. Es ist mir eine Ehre, Sie und Ihre Freundinnen als Gäste zu begrüßen.

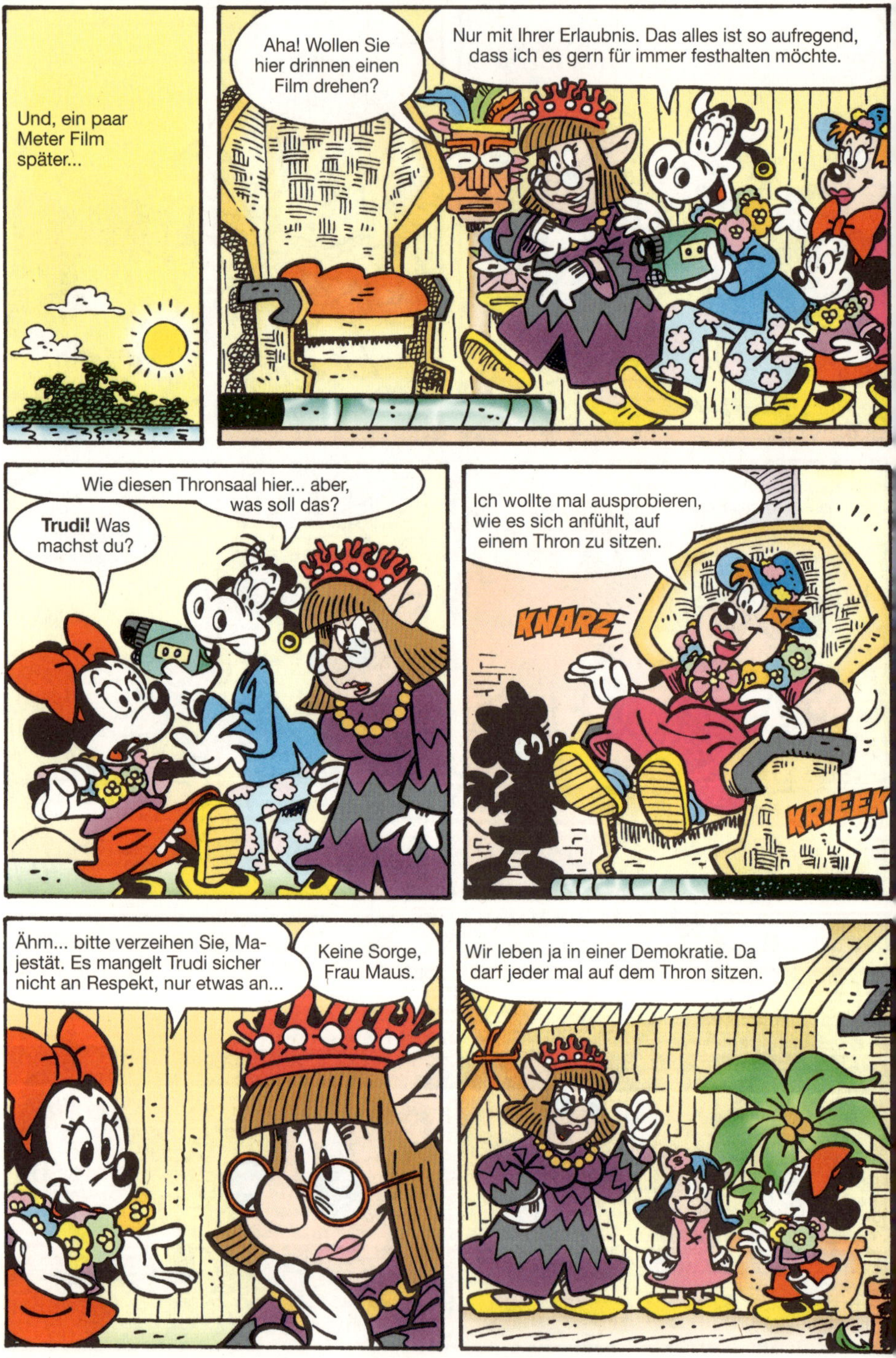

Und, ein paar Meter Film später...
Aha! Wollen Sie hier drinnen einen Film drehen?
Nur mit Ihrer Erlaubnis. Das alles ist so aufregend, dass ich es gern für immer festhalten möchte.
Wie diesen Thronsaal hier... aber, was soll das?
Trudi! Was machst du?
Ich wollte mal ausprobieren, wie es sich anfühlt, auf einem Thron zu sitzen.
KNARZ
KRIEEK
Ähm... bitte verzeihen Sie, Majestät. Es mangelt Trudi sicher nicht an Respekt, nur etwas an...
Keine Sorge, Frau Maus.
Wir leben ja in einer Demokratie. Da darf jeder mal auf dem Thron sitzen.

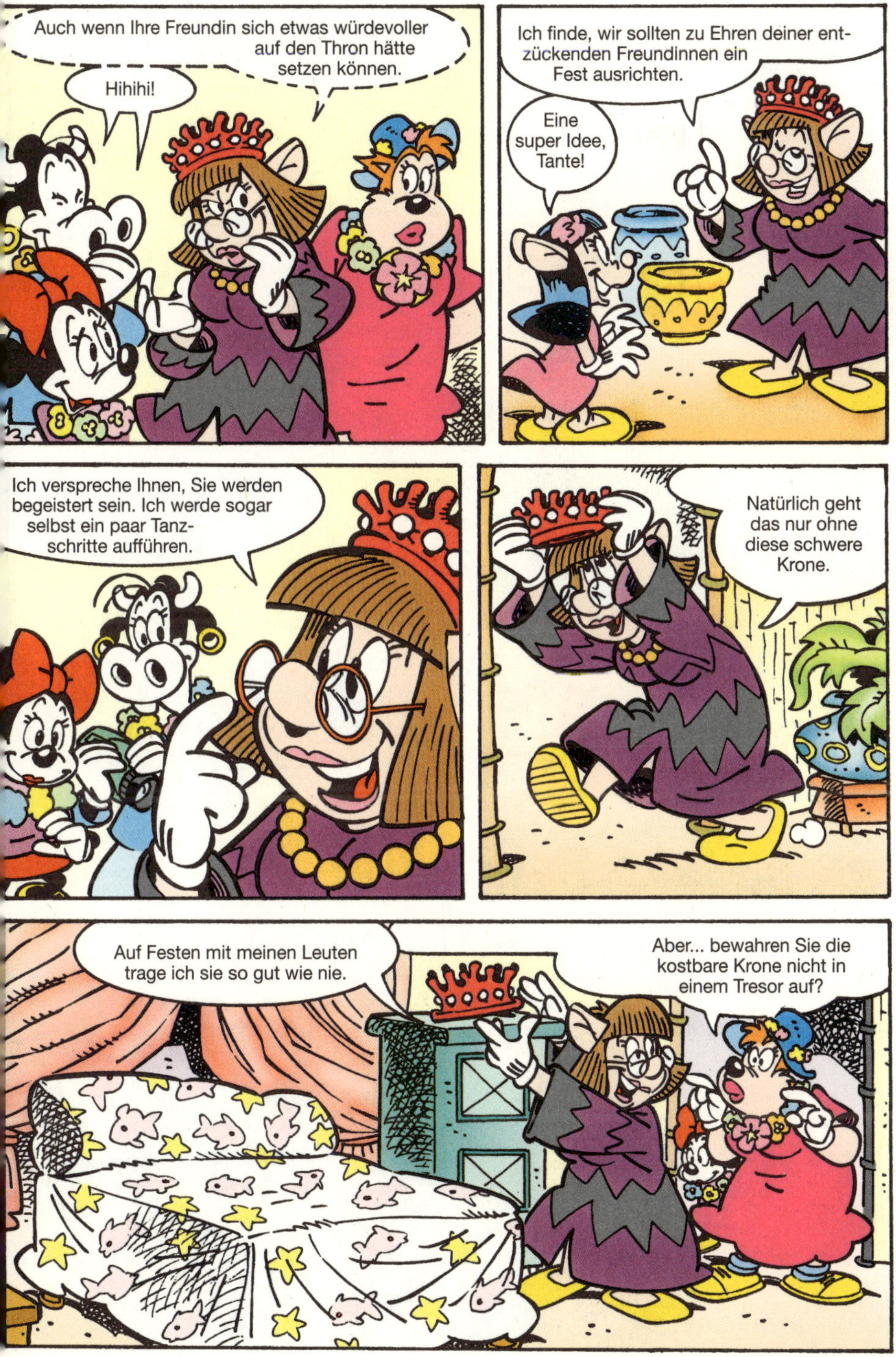
Auch wenn Ihre Freundin sich etwas würdevoller auf den Thron hätte setzen können.
Hihihi!
Ich finde, wir sollten zu Ehren deiner entzückenden Freundinnen ein Fest ausrichten.
Eine super Idee, Tante!
Ich verspreche Ihnen, Sie werden begeistert sein. Ich werde sogar selbst ein paar Tanzschritte aufführen.
Natürlich geht das nur ohne diese schwere Krone.
Auf Festen mit meinen Leuten trage ich sie so gut wie nie.
Aber... bewahren Sie die kostbare Krone nicht in einem Tresor auf?

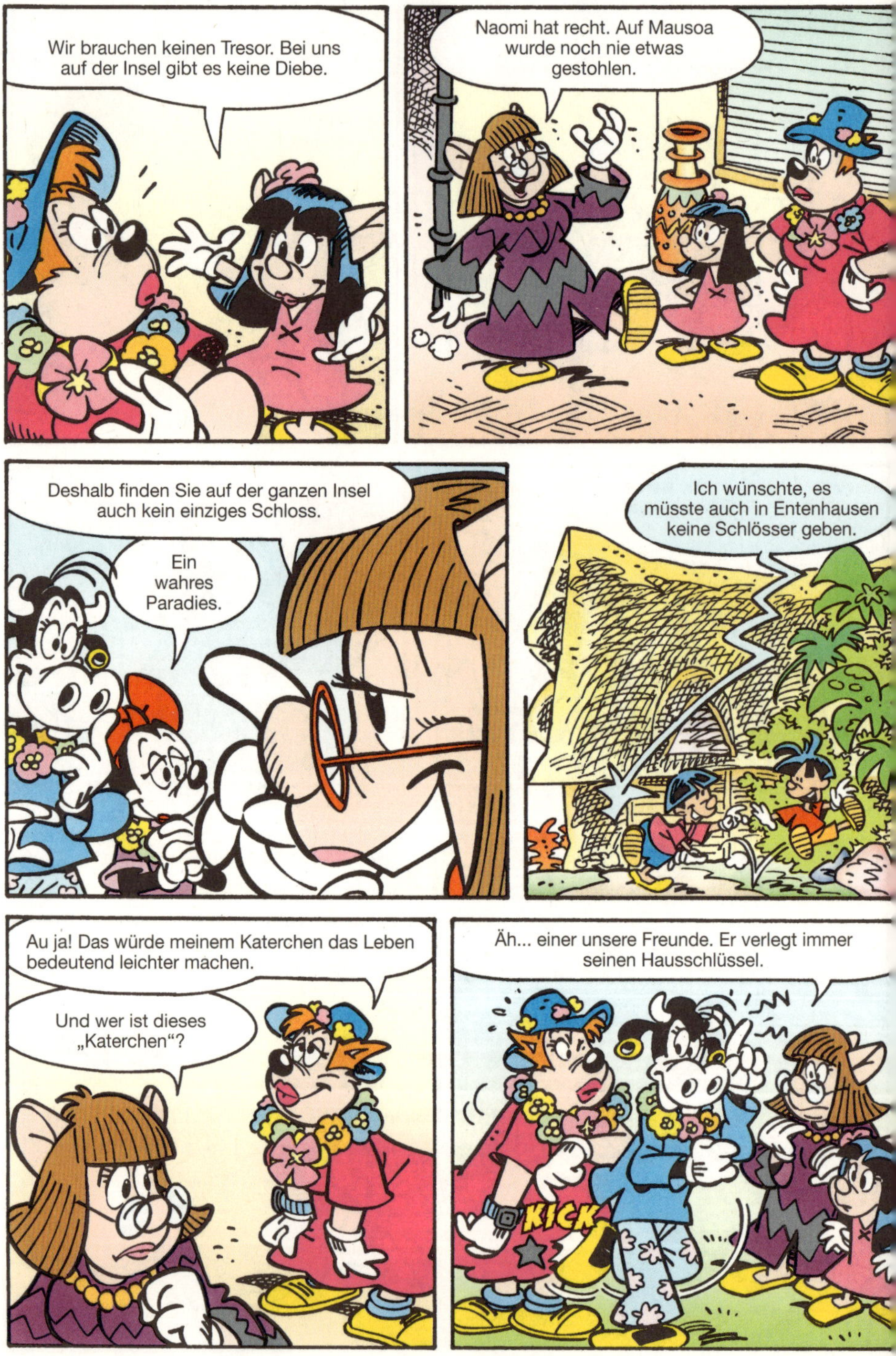
Wir brauchen keinen Tresor. Bei uns auf der Insel gibt es keine Diebe.
Naomi hat recht. Auf Mausoa wurde noch nie etwas gestohlen.
Deshalb finden Sie auf der ganzen Insel auch kein einziges Schloss.
Ein wahres Paradies.
Ich wünschte, es müsste auch in Entenhausen keine Schlösser geben.
Au ja! Das würde meinem Katerchen das Leben bedeutend leichter machen.
Und wer ist dieses „Katerchen“?
Äh... einer unsere Freunde. Er verlegt immer seinen Hausschlüssel.
KICK

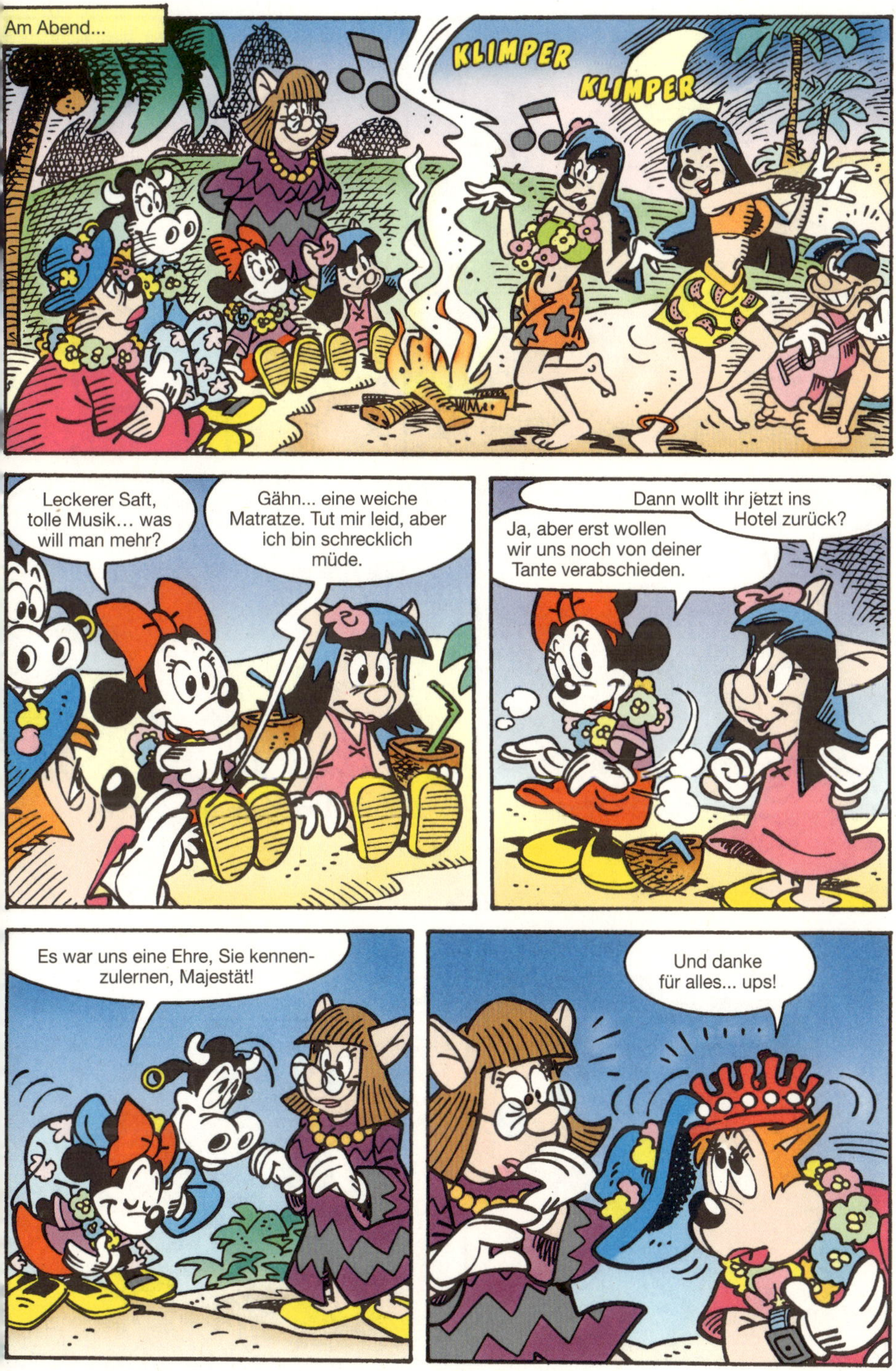
Am Abend...
KLIMPER
KLIMPER
Leckerer Saft, tolle Musik… was will man mehr?
Gähn... eine weiche Matratze. Tut mir leid, aber ich bin schrecklich müde.
Dann wollt ihr jetzt ins Hotel zurück?
Ja, aber erst wollen wir uns noch von deiner Tante verabschieden.
Es war uns eine Ehre, Sie kennenzulernen, Majestät!
Und danke für alles... ups!

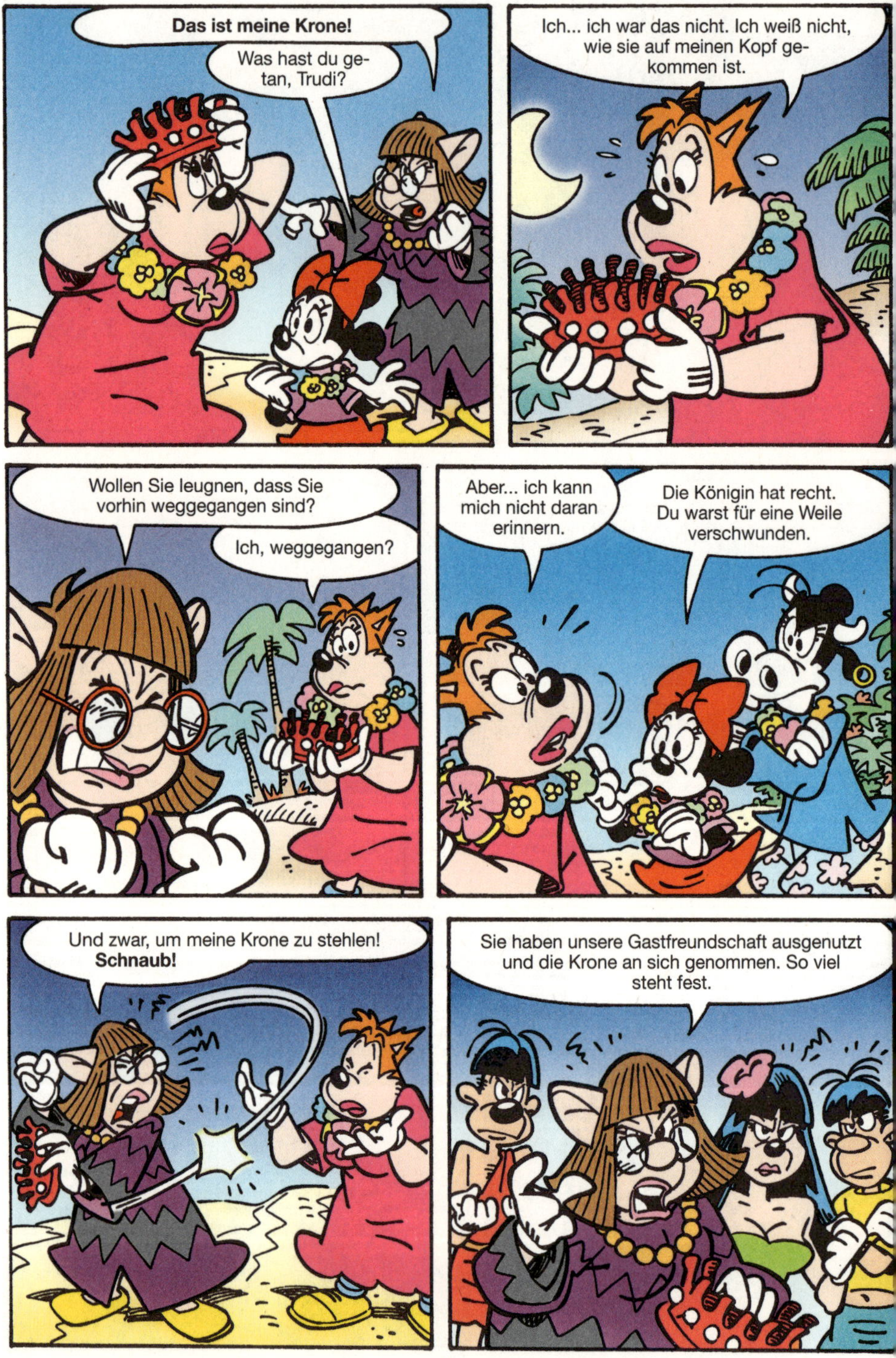
Das ist meine Krone!
Was hast du getan, Trudi?
Ich... ich war das nicht. Ich weiß nicht, wie sie auf meinen Kopf gekommen ist.
Wollen Sie leugnen, dass Sie vorhin weggegangen sind?
Ich, weggegangen?
Aber... ich kann mich nicht daran erinnern.
Die Königin hat recht. Du warst für eine Weile verschwunden.
Und zwar, um meine Krone zu stehlen! Schnaub!
Sie haben unsere Gastfreundschaft ausgenutzt und die Krone an sich genommen. So viel steht fest.

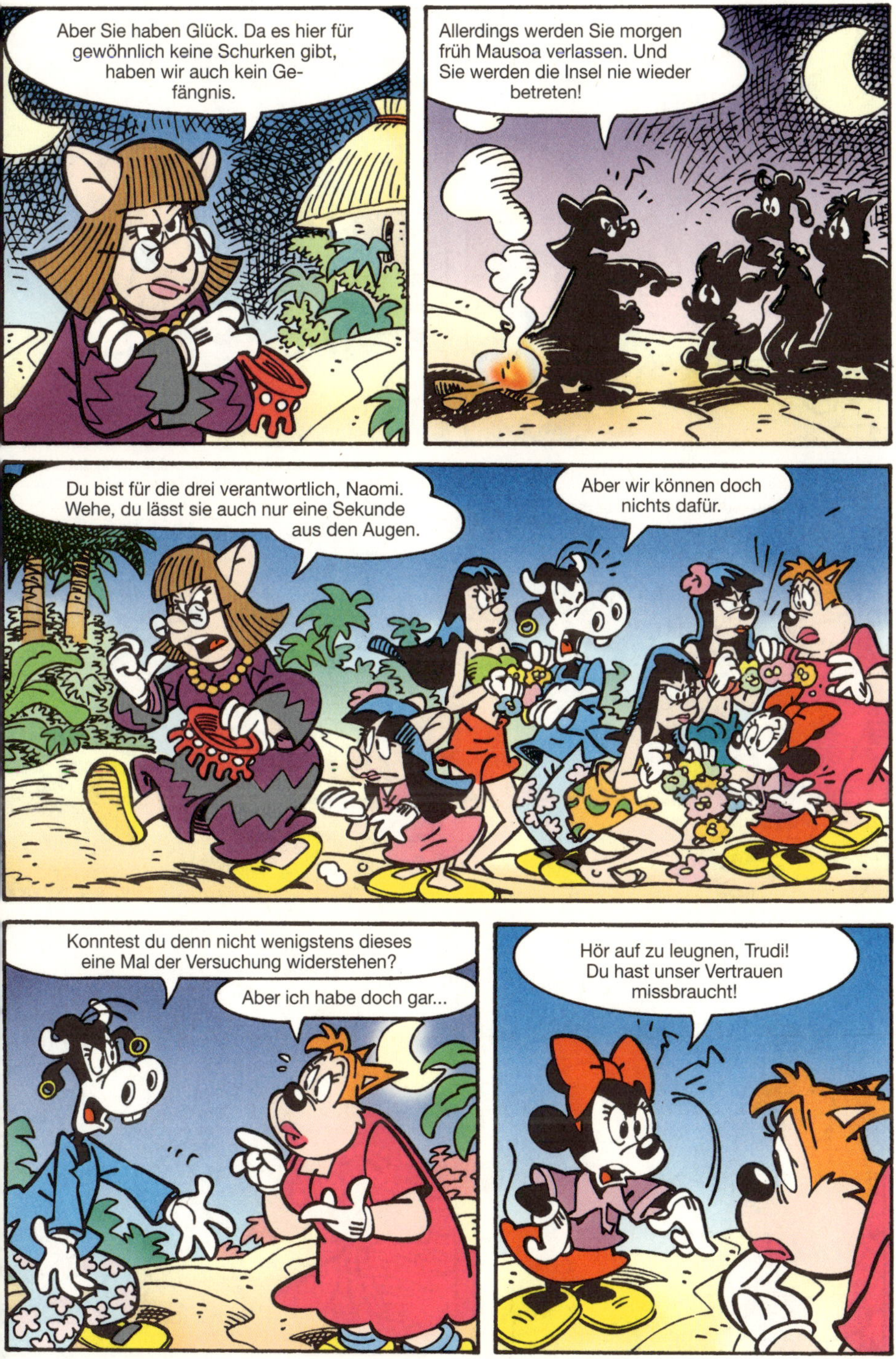

Aber Sie haben Glück. Da es hier für gewöhnlich keine Schurken gibt, haben wir auch kein Gefängnis.
Allerdings werden Sie morgen früh Mausoa verlassen. Und Sie werden die Insel nie wieder betreten!
Du bist für die drei verantwortlich, Naomi. Wehe, du lässt sie auch nur eine Sekunde aus den Augen.
Aber wir können doch nichts dafür.
Konntest du denn nicht wenigstens dieses eine Mal der Versuchung widerstehen?
Aber ich habe doch gar...
Hör auf zu leugnen, Trudi! Du hast unser Vertrauen missbraucht!

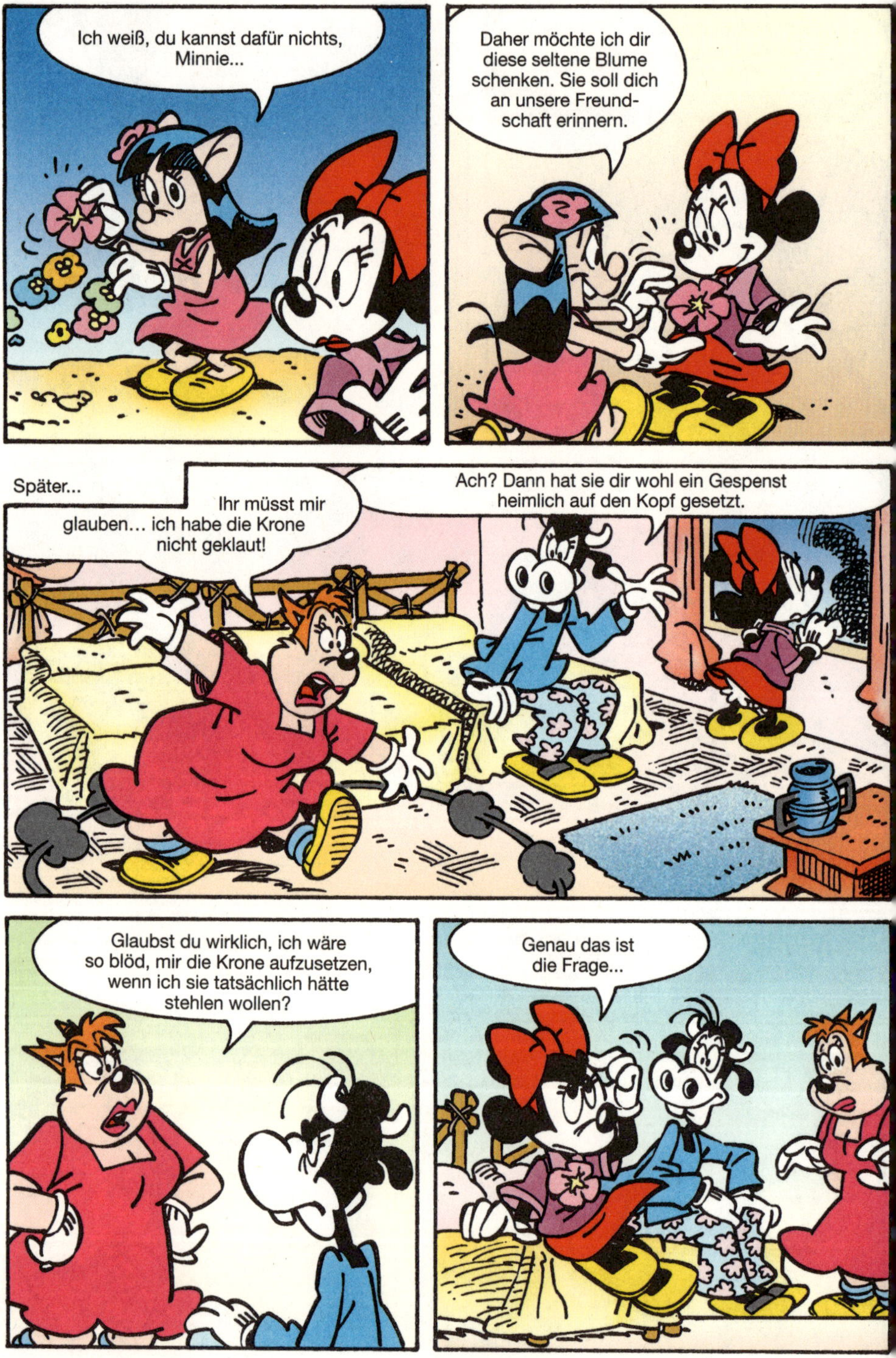
Ich weiß, du kannst dafür nichts, Minnie...
Daher möchte ich dir diese seltene Blume schenken. Sie soll dich an unsere Freundschaft erinnern.
Später...
Ihr müsst mir glauben… ich habe die Krone nicht geklaut!
Ach? Dann hat sie dir wohl ein Gespenst heimlich auf den Kopf gesetzt.
Glaubst du wirklich, ich wäre so blöd, mir die Krone aufzusetzen, wenn ich sie tatsächlich hätte stehlen wollen?
Genau das ist die Frage...

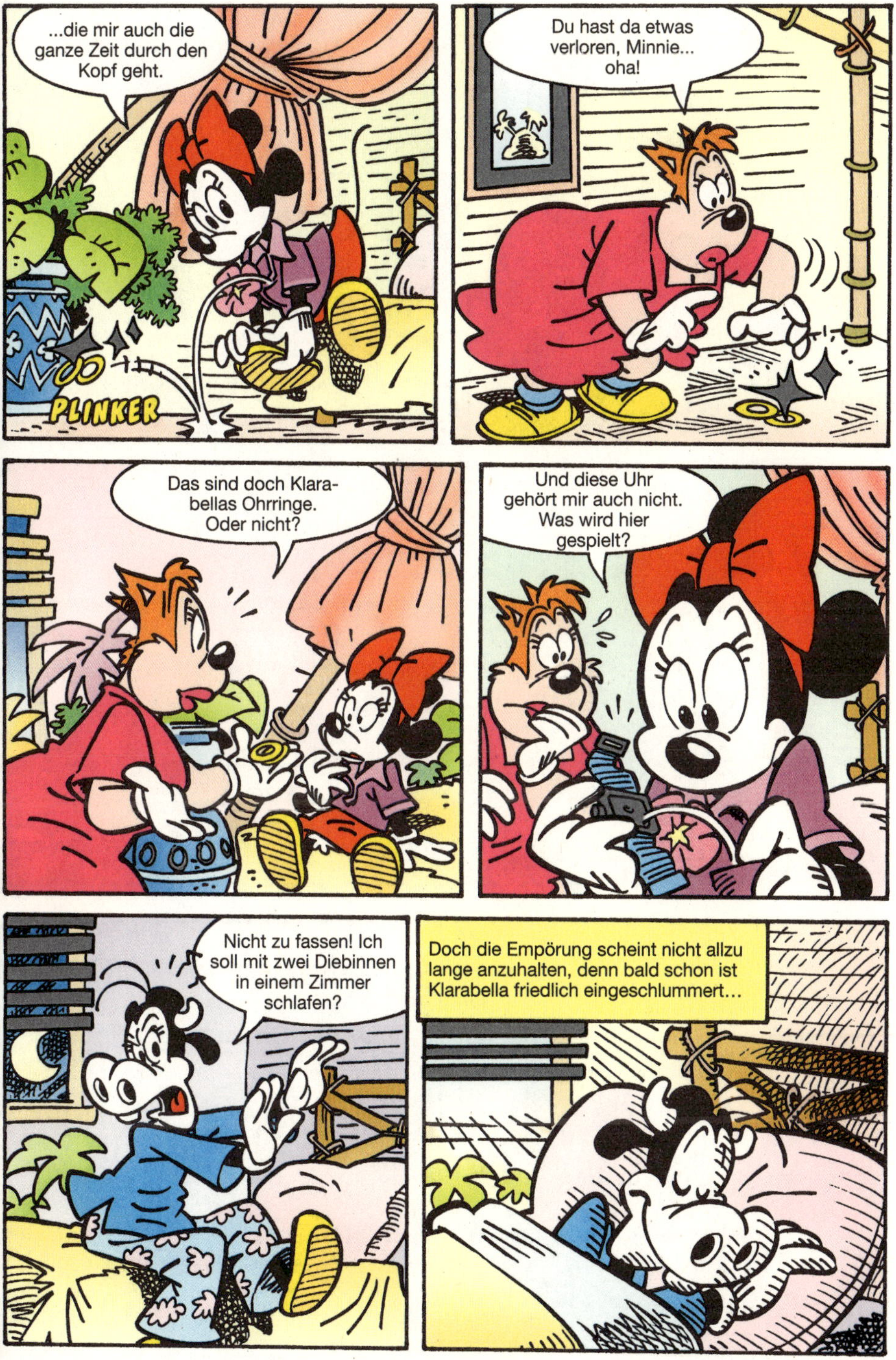

...die mir auch die ganze Zeit durch den Kopf geht.
PLINKER
Du hast da etwas verloren, Minnie... oha!
Das sind doch Klarabellas Ohrringe. Oder nicht?
Und diese Uhr gehört mir auch nicht. Was wird hier gespielt?
Nicht zu fassen! Ich soll mit zwei Diebinnen in einem Zimmer schlafen?
Doch die Empörung scheint nicht allzu lange anzuhalten, denn bald schon ist Klarabella friedlich eingeschlummert...

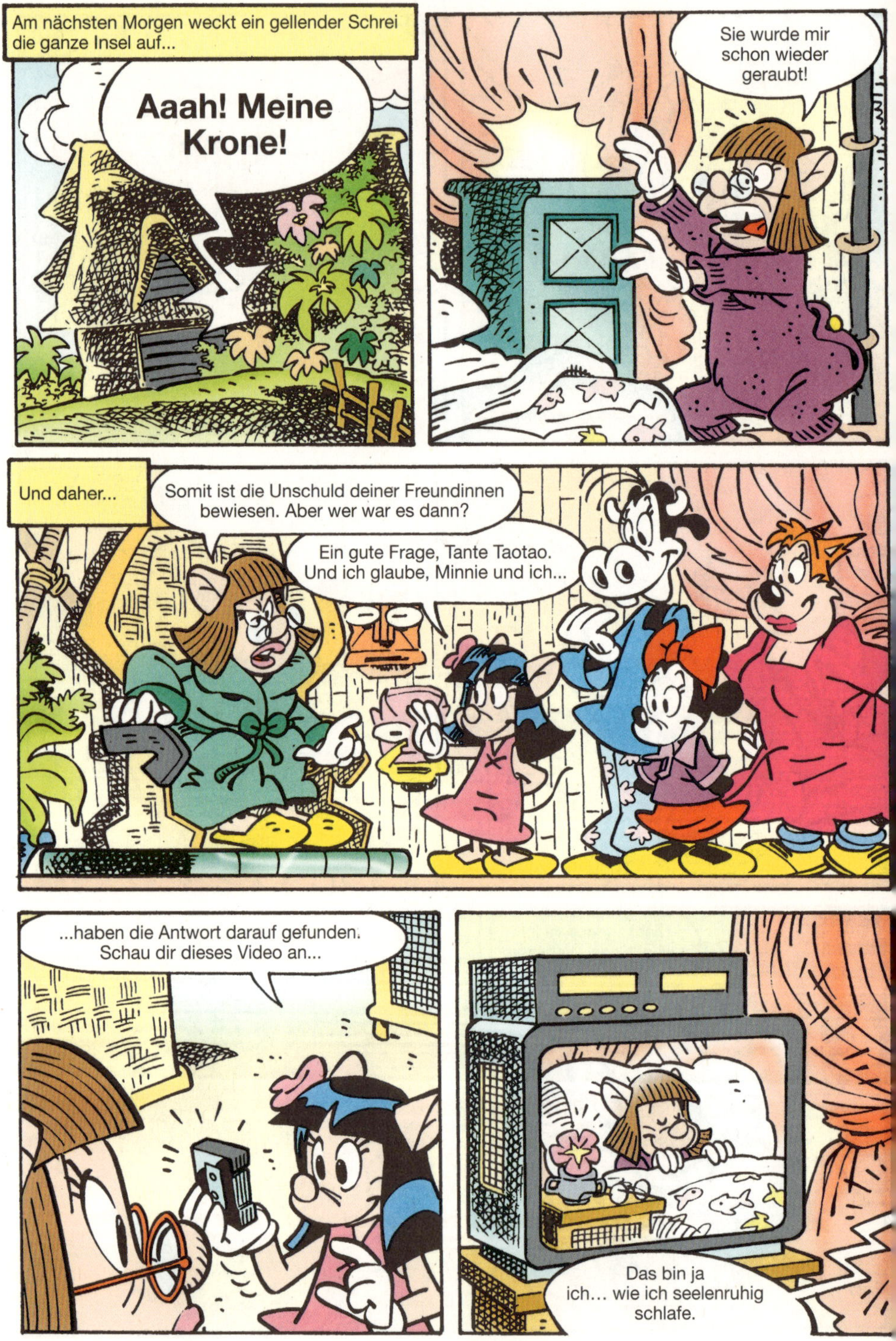
Am nächsten Morgen weckt ein gellender Schrei die ganze Insel auf...
Aaah! Meine Krone!
Sie wurde mir schon wieder geraubt!
Und daher...
Somit ist die Unschuld deiner Freundinnen bewiesen. Aber wer war es dann?
Ein gute Frage, Tante Taotao. Und ich glaube, Minnie und ich...
...haben die Antwort darauf gefunden. Schau dir dieses Video an...
Das bin ja ich… wie ich seelenruhig schlafe.

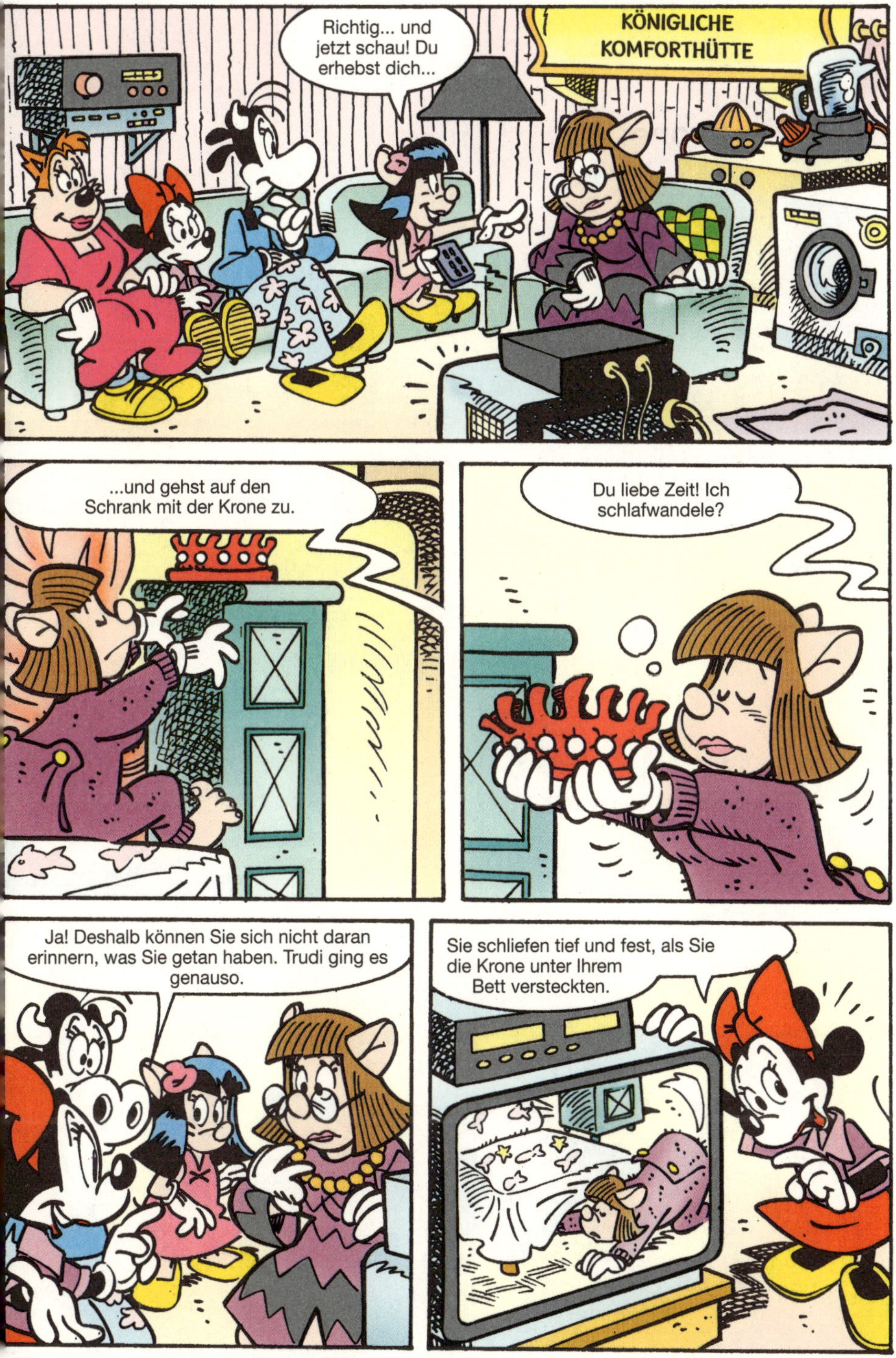
Richtig... und jetzt schau! Du erhebst dich...
KÖNIGLICHE KOMFORTHÜTTE
...und gehst auf den Schrank mit der Krone zu.
Du liebe Zeit! Ich schlafwandele?
Ja! Deshalb können Sie sich nicht daran erinnern, was Sie getan haben. Trudi ging es genauso.
Sie schliefen tief und fest, als Sie die Krone unter Ihrem Bett versteckten.

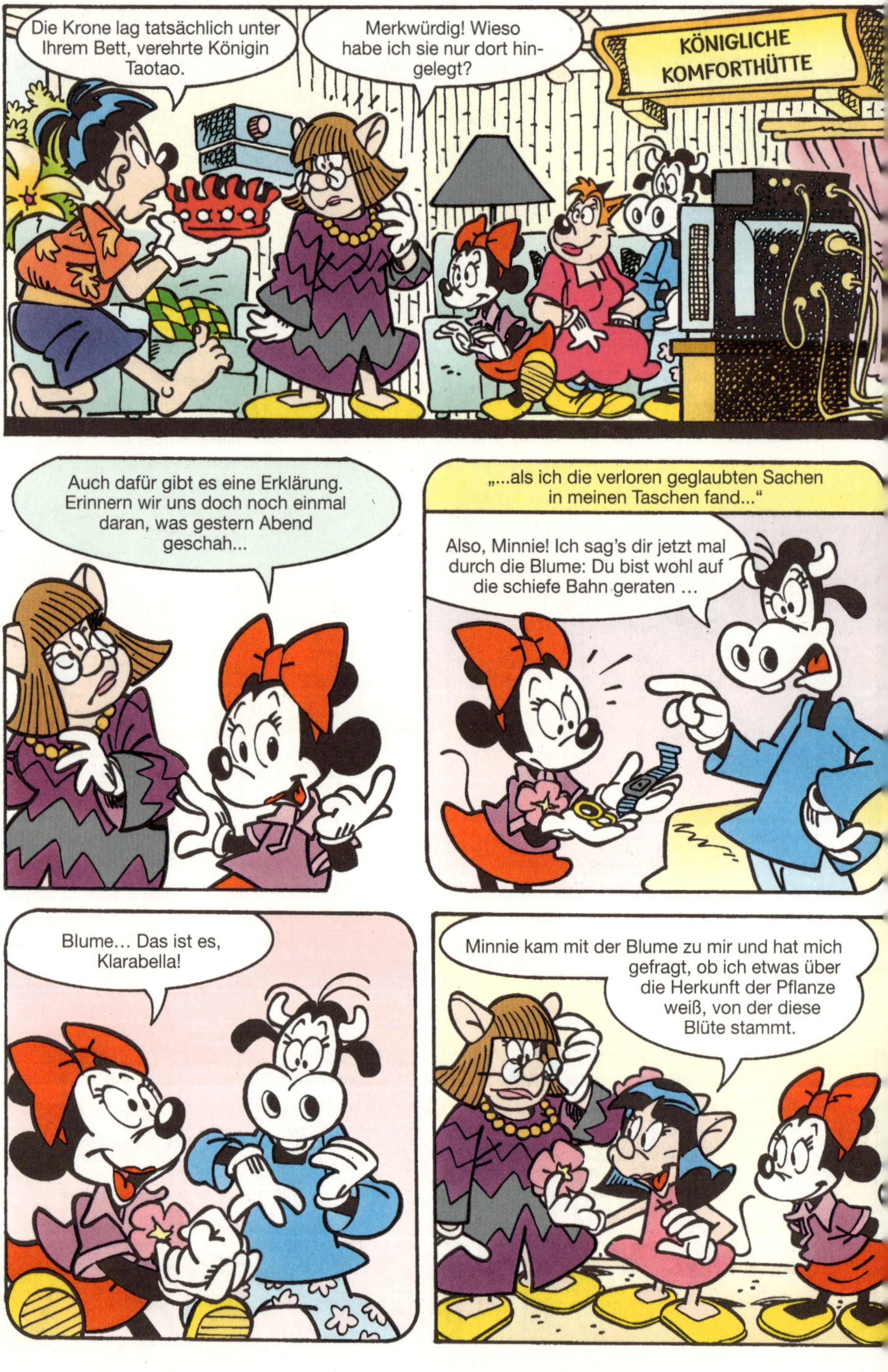
Die Krone lag tatsächlich unter Ihrem Bett, verehrte Königin Taotao.
Merkwürdig! Wieso habe ich sie nur dort hin-gelegt?
KÖNIGLICHE KOMFORTHÜTTE
Auch dafür gibt es eine Erklärung. Erinnern wir uns doch noch einmal daran, was gestern Abend geschah...
„...als ich die verloren geglaubten Sachen in meinen Taschen fand..."
Also, Minnie! Ich sag's dir jetzt mal durch die Blume: Du bist wohl auf die schiefe Bahn geraten ...
Blume... Das ist es, Klarabella!
Minnie kam mit der Blume zu mir und hat mich gefragt, ob ich etwas über die Herkunft der Pflanze weiß, von der diese Blüte stammt.

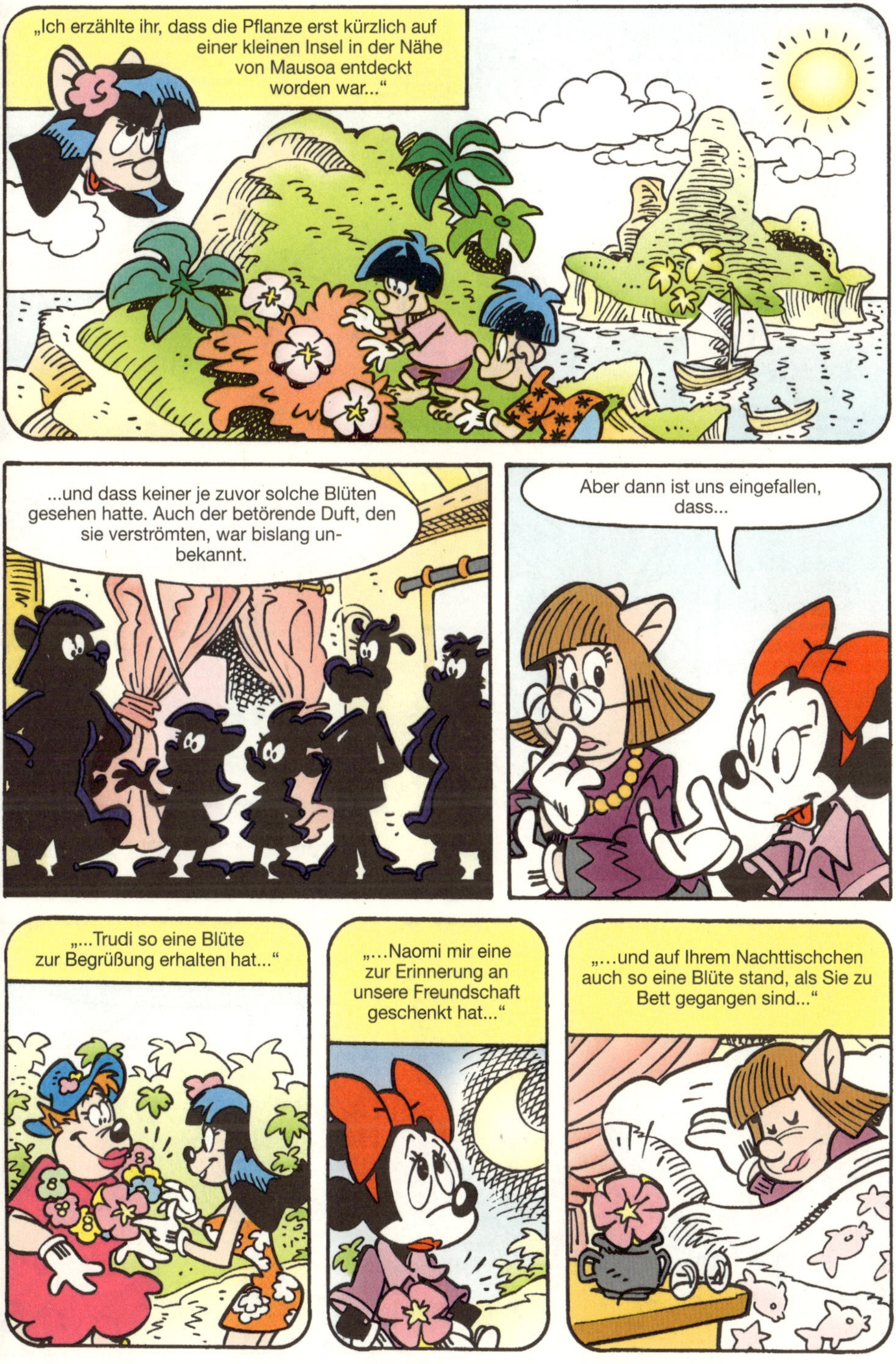
„Ich erzählte ihr, dass die Pflanze erst kürzlich auf einer kleinen Insel in der Nähe von Mausoa entdeckt worden war…“
…und dass keiner je zuvor solche Blüten gesehen hatte. Auch der betörende Duft, den sie verströmten, war bislang unbekannt.
Aber dann ist uns eingefallen, dass…
„…Trudi so eine Blüte zur Begrüßung erhalten hat…“
„…Naomi mir eine zur Erinnerung an unsere Freundschaft geschenkt hat…“
„…und auf Ihrem Nachttischchen auch so eine Blüte stand, als Sie zu Bett gegangen sind…“

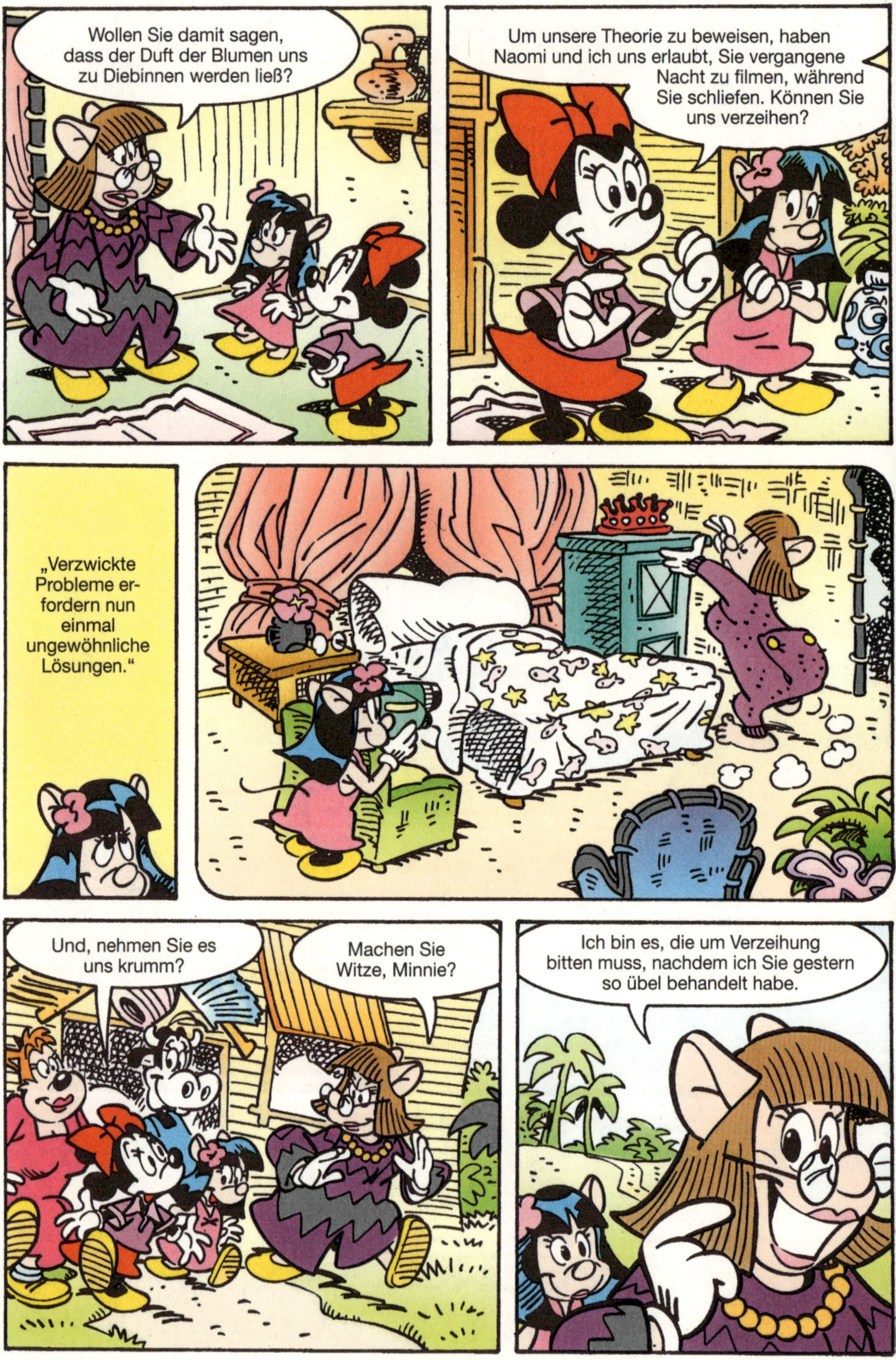

Wollen Sie damit sagen, dass der Duft der Blumen uns zu Diebinnen werden ließ?
Um unsere Theorie zu beweisen, haben Naomi und ich uns erlaubt, Sie vergangene Nacht zu filmen, während Sie schliefen. Können Sie uns verzeihen?
„Verzwickte Probleme erfordern nun einmal ungewöhnliche Lösungen."
Und, nehmen Sie es uns krumm?
Machen Sie Witze, Minnie?
Ich bin es, die um Verzeihung bitten muss, nachdem ich Sie gestern so übel behandelt habe.

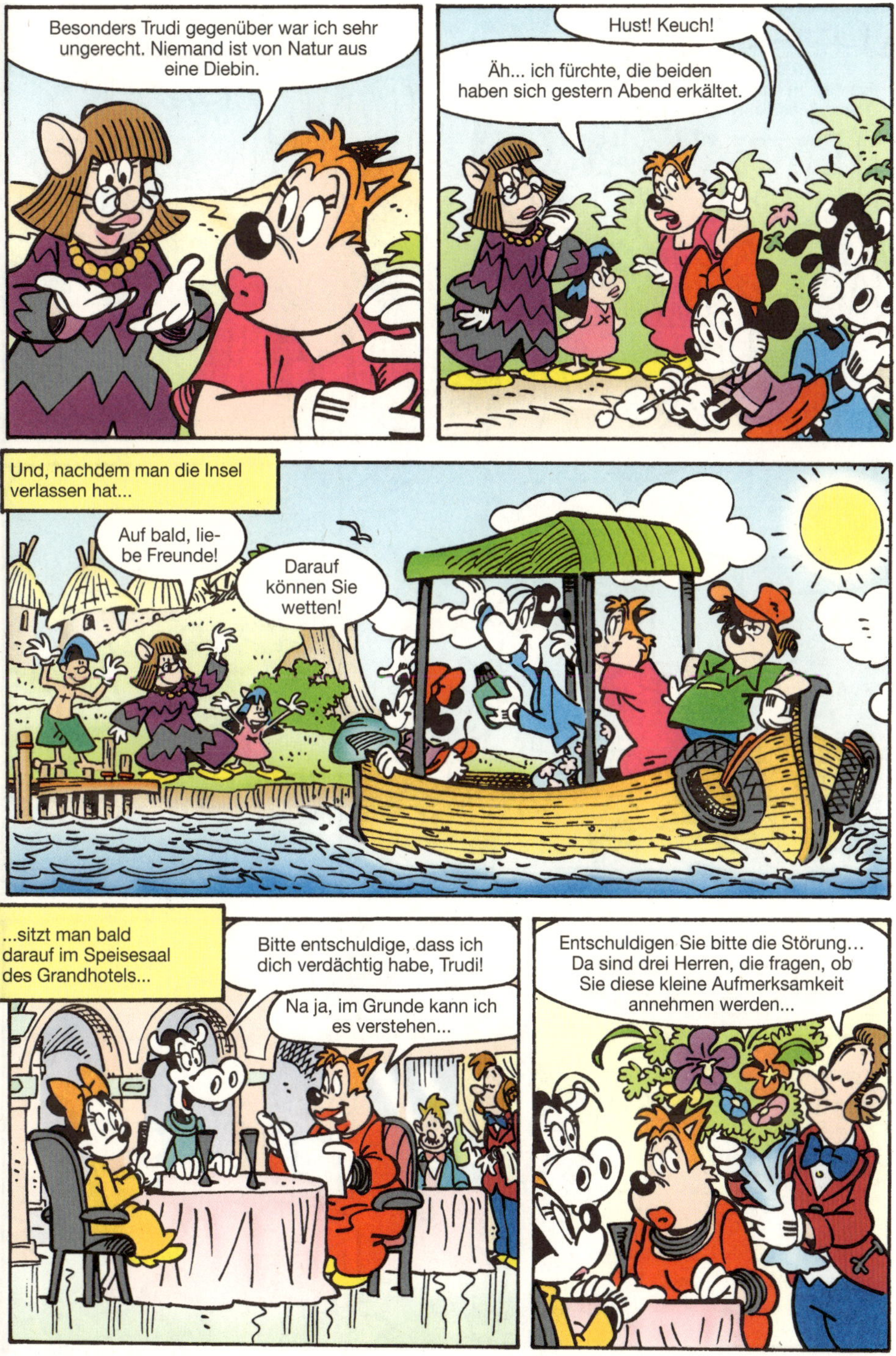
Besonders Trudi gegenüber war ich sehr ungerecht. Niemand ist von Natur aus eine Diebin.
Hust! Keuch!
Äh... ich fürchte, die beiden haben sich gestern Abend erkältet.
Und, nachdem man die Insel verlassen hat...
Auf bald, liebe Freunde!
Darauf können Sie wetten!
...sitzt man bald darauf im Speisesaal des Grandhotels...
Bitte entschuldige, dass ich dich verdächtig habe, Trudi!
Na ja, im Grunde kann ich es verstehen...
Entschuldigen Sie bitte die Störung... Da sind drei Herren, die fragen, ob Sie diese kleine Aufmerksamkeit annehmen werden...

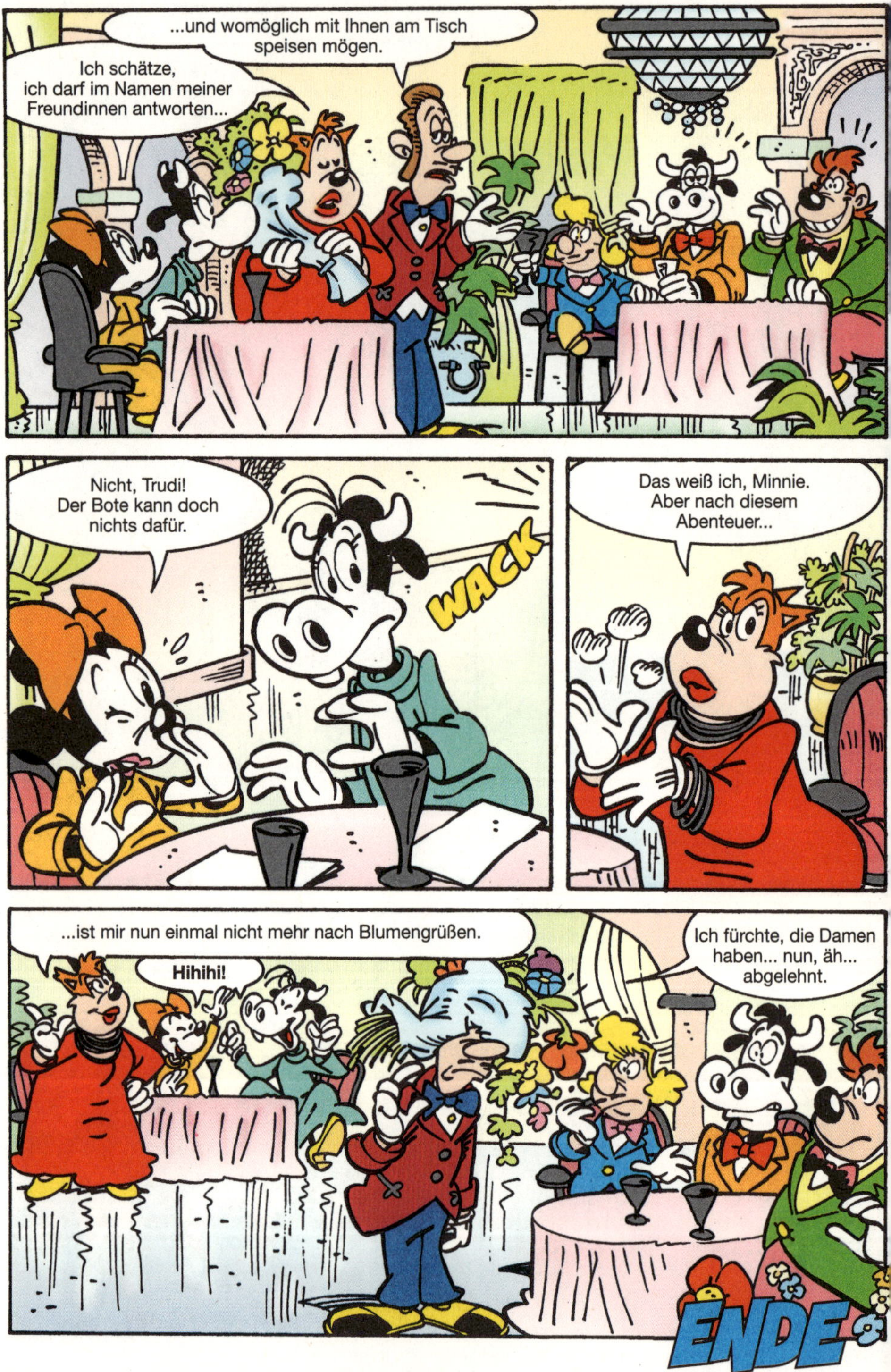

...und womöglich mit Ihnen am Tisch speisen mögen.
Ich schätze, ich darf im Namen meiner Freundinnen antworten...
Nicht, Trudi! Der Bote kann doch nichts dafür.
WACK
Das weiß ich, Minnie. Aber nach diesem Abenteuer...
...ist mir nun einmal nicht mehr nach Blumengrüßen.
Hihihi!
Ich fürchte, die Damen haben... nun, äh... abgelehnt.
ENDE

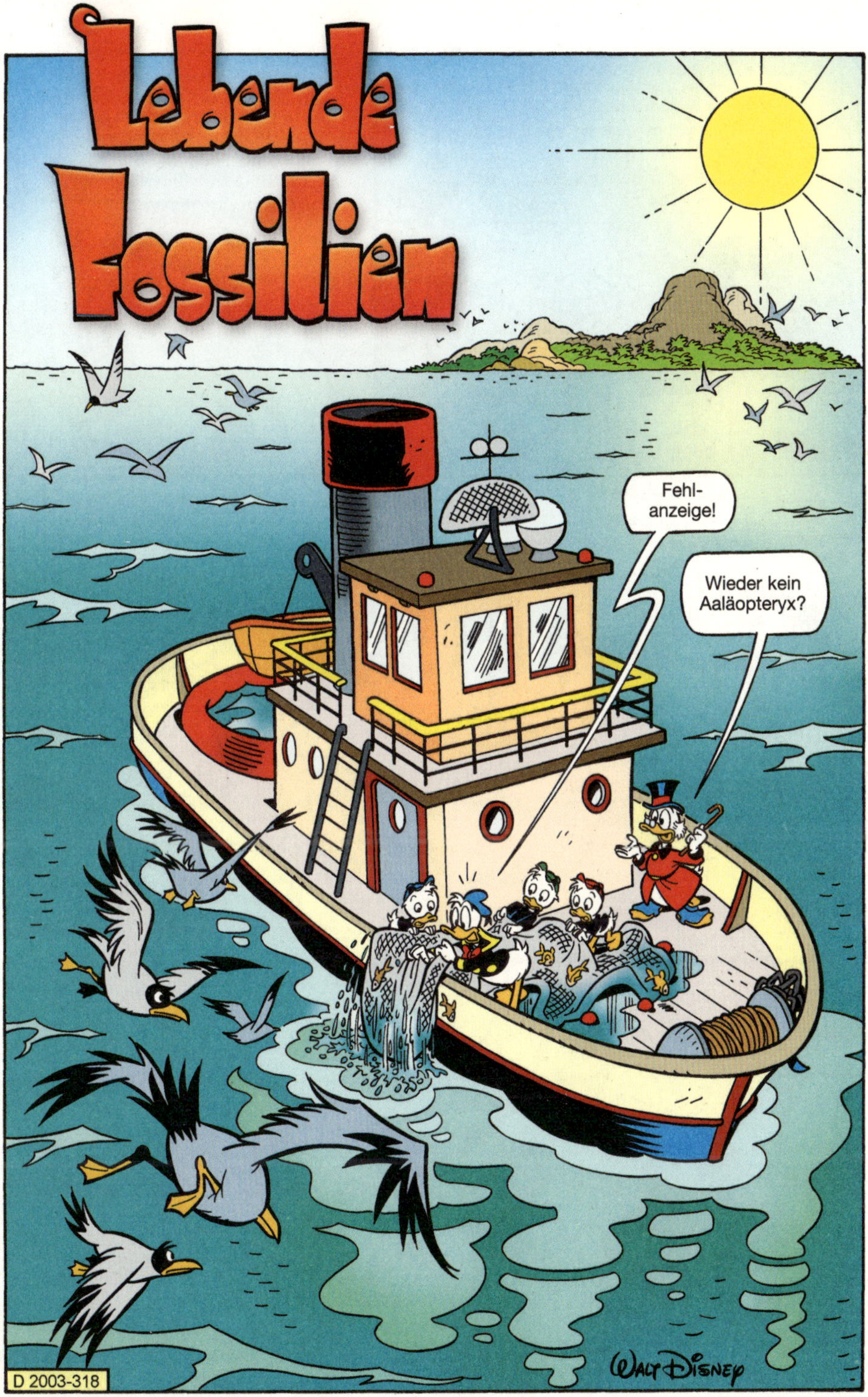

Paul Halas (Story), Antoni Bancells Pujadas (Zeichnungen)

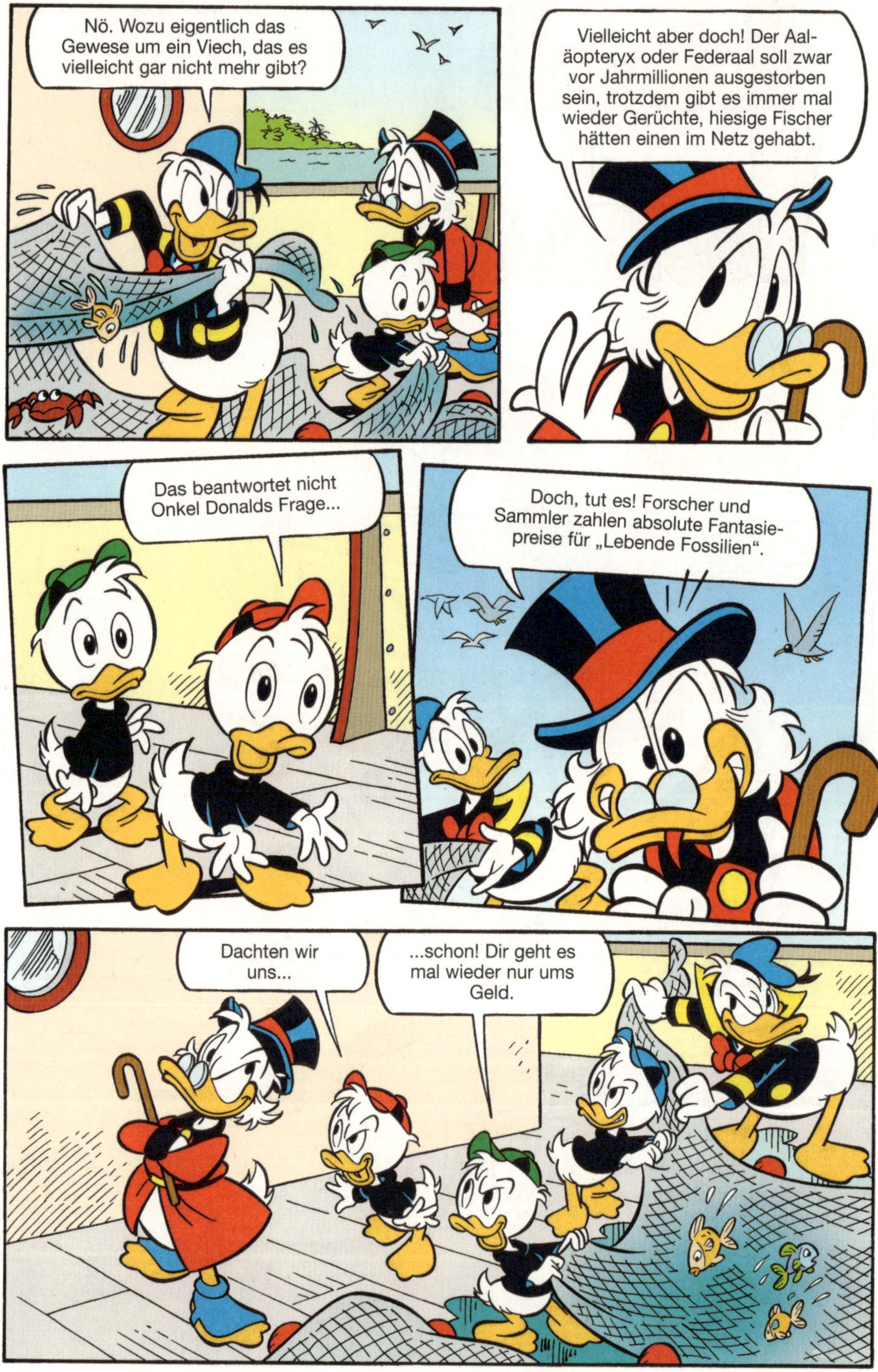
Nö. Wozu eigentlich das Gewese um ein Viech, das es vielleicht gar nicht mehr gibt?
Vielleicht aber doch! Der Aal-äopteryx oder Federaal soll zwar vor Jahrmillionen ausgestorben sein, trotzdem gibt es immer mal wieder Gerüchte, hiesige Fischer hätten einen im Netz gehabt.
Das beantwortet nicht Onkel Donalds Frage...
Doch, tut es! Forscher und Sammler zahlen absolute Fantasie-preise für „Lebende Fossilien".
Dachten wir uns...
...schon! Dir geht es mal wieder nur ums Geld.

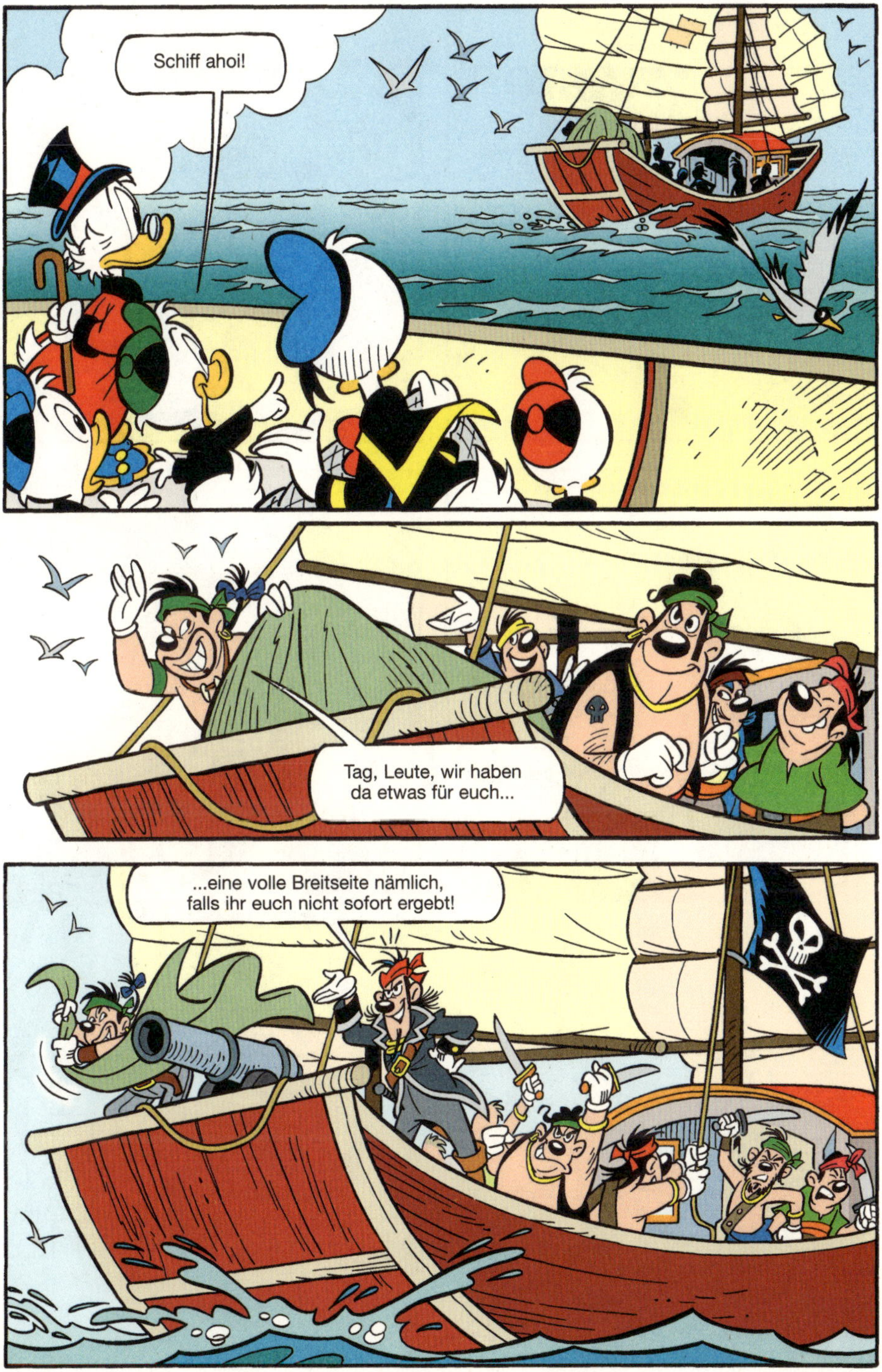
Schiff ahoi!
Tag, Leute, wir haben da etwas für euch...
...eine volle Breitseite nämlich, falls ihr euch nicht sofort ergebt!

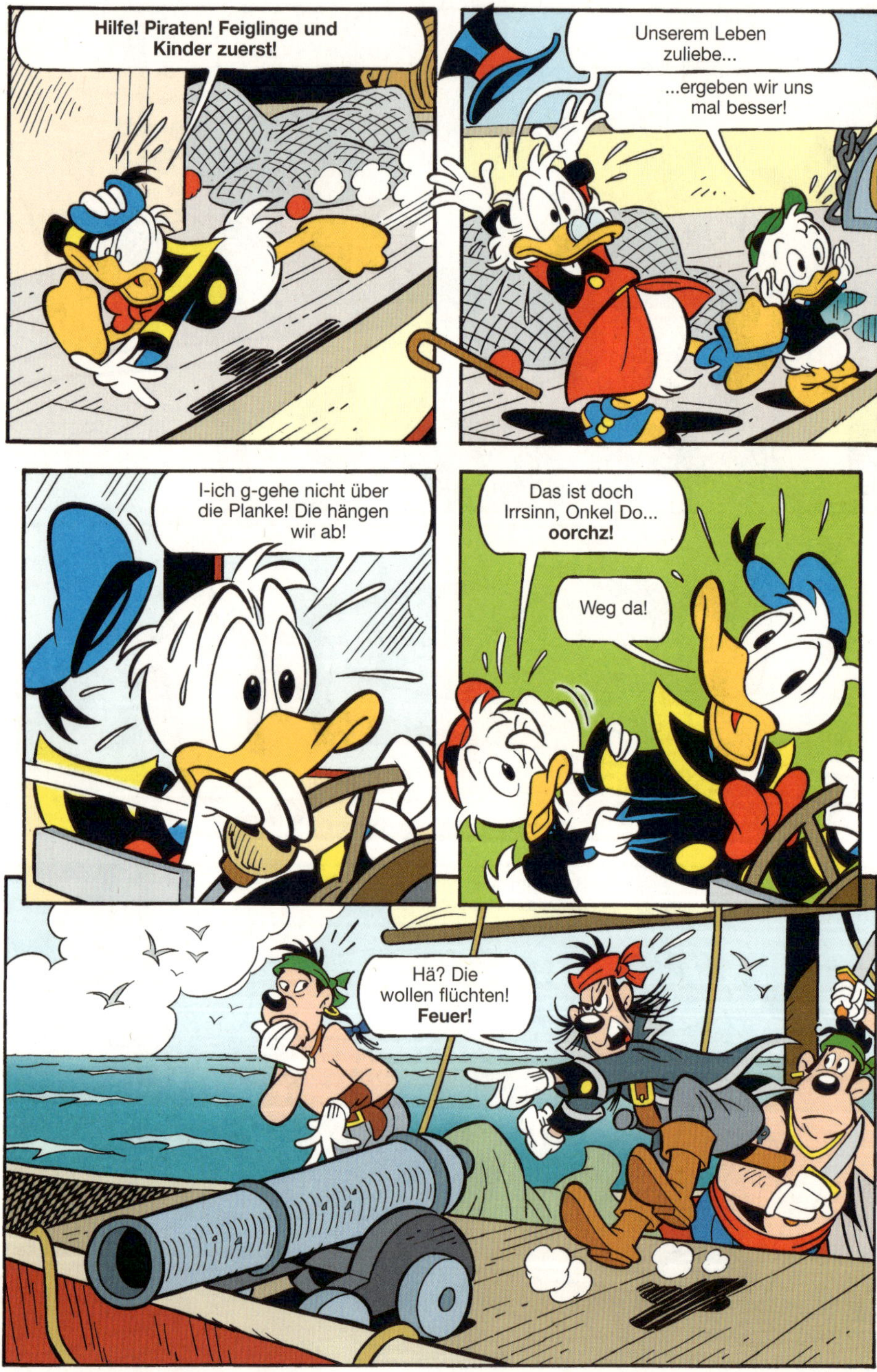

Hilfe! Piraten! Feiglinge und Kinder zuerst!
Unserem Leben zuliebe...
...ergeben wir uns mal besser!
I-ich g-gehe nicht über die Planke! Die hängen wir ab!
Das ist doch Irrsinn, Onkel Do... **oorchz!**
Weg da!
Hä? Die wollen flüchten! **Feuer!**

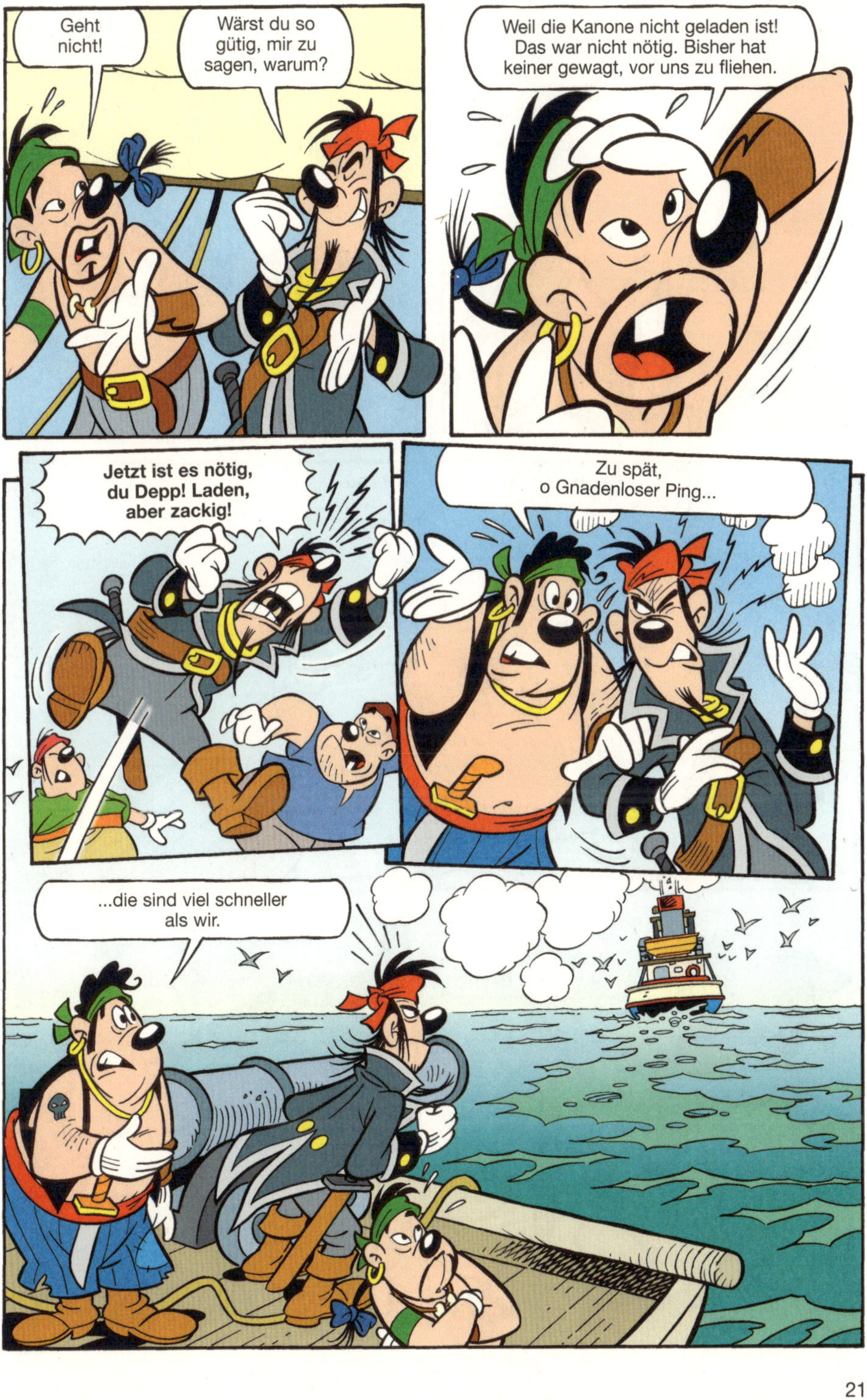
Geht nicht!
Wärst du so gütig, mir zu sagen, warum?
Weil die Kanone nicht geladen ist! Das war nicht nötig. Bisher hat keiner gewagt, vor uns zu fliehen.
Jetzt ist es nötig, du Depp! Laden, aber zackig!
Zu spät, o Gnadenloser Ping...
...die sind viel schneller als wir.

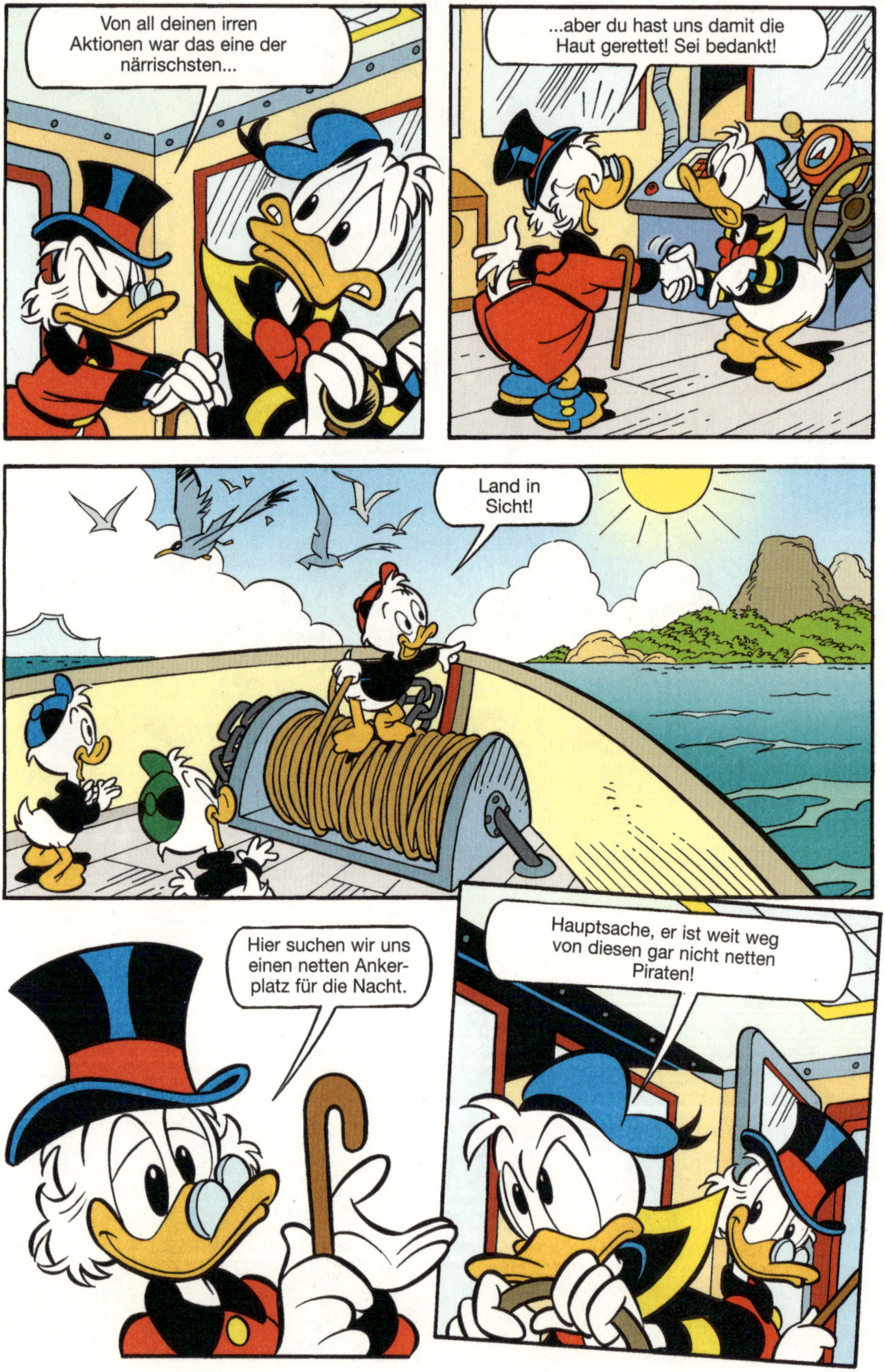
Von all deinen irren Aktionen war das eine der närrischsten...
...aber du hast uns damit die Haut gerettet! Sei bedankt!
Land in Sicht!
Hier suchen wir uns einen netten Ankerplatz für die Nacht.
Hauptsache, er ist weit weg von diesen gar nicht netten Piraten!

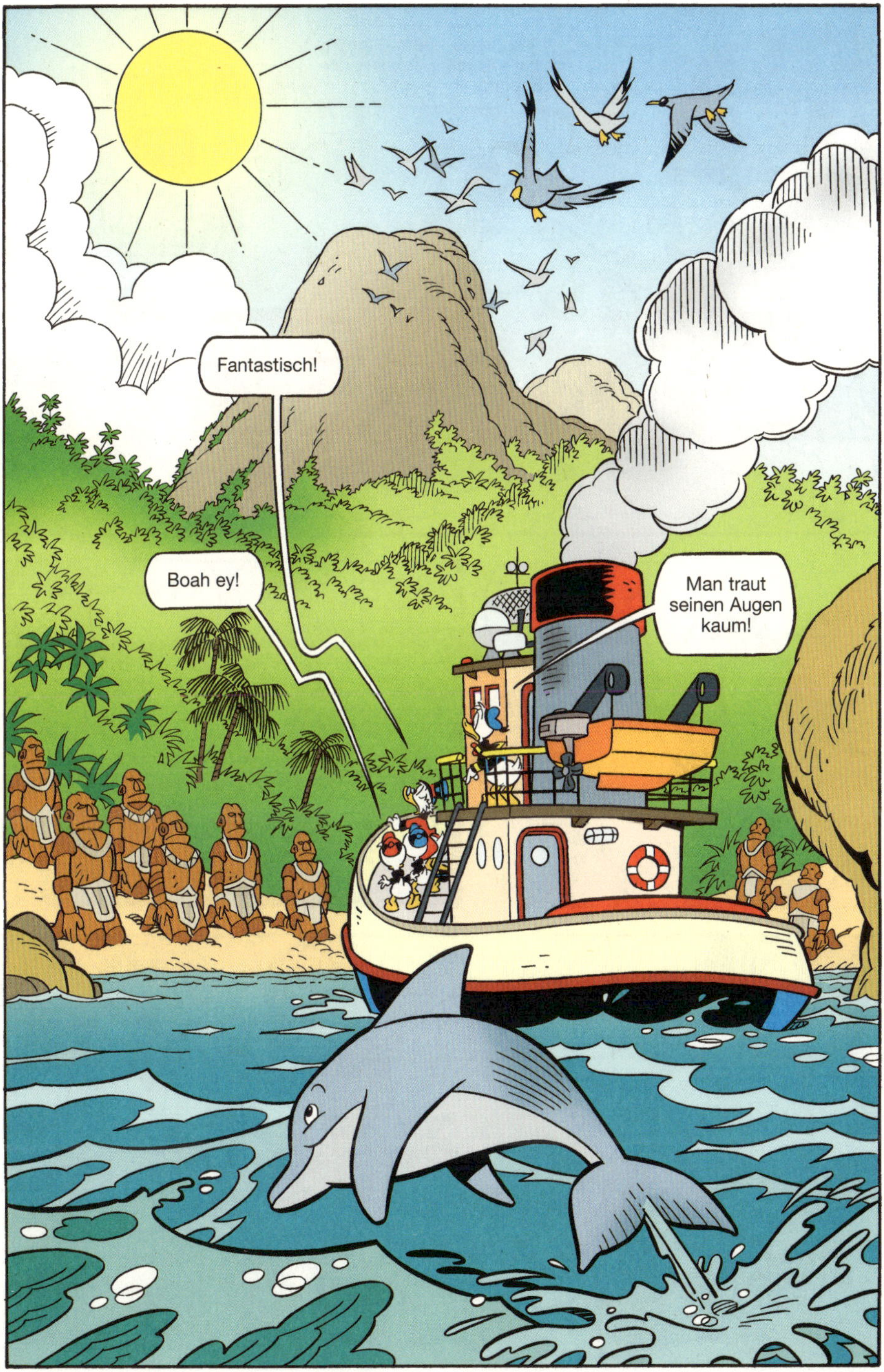
Fantastisch!
Boah ey!
Man traut seinen Augen kaum!

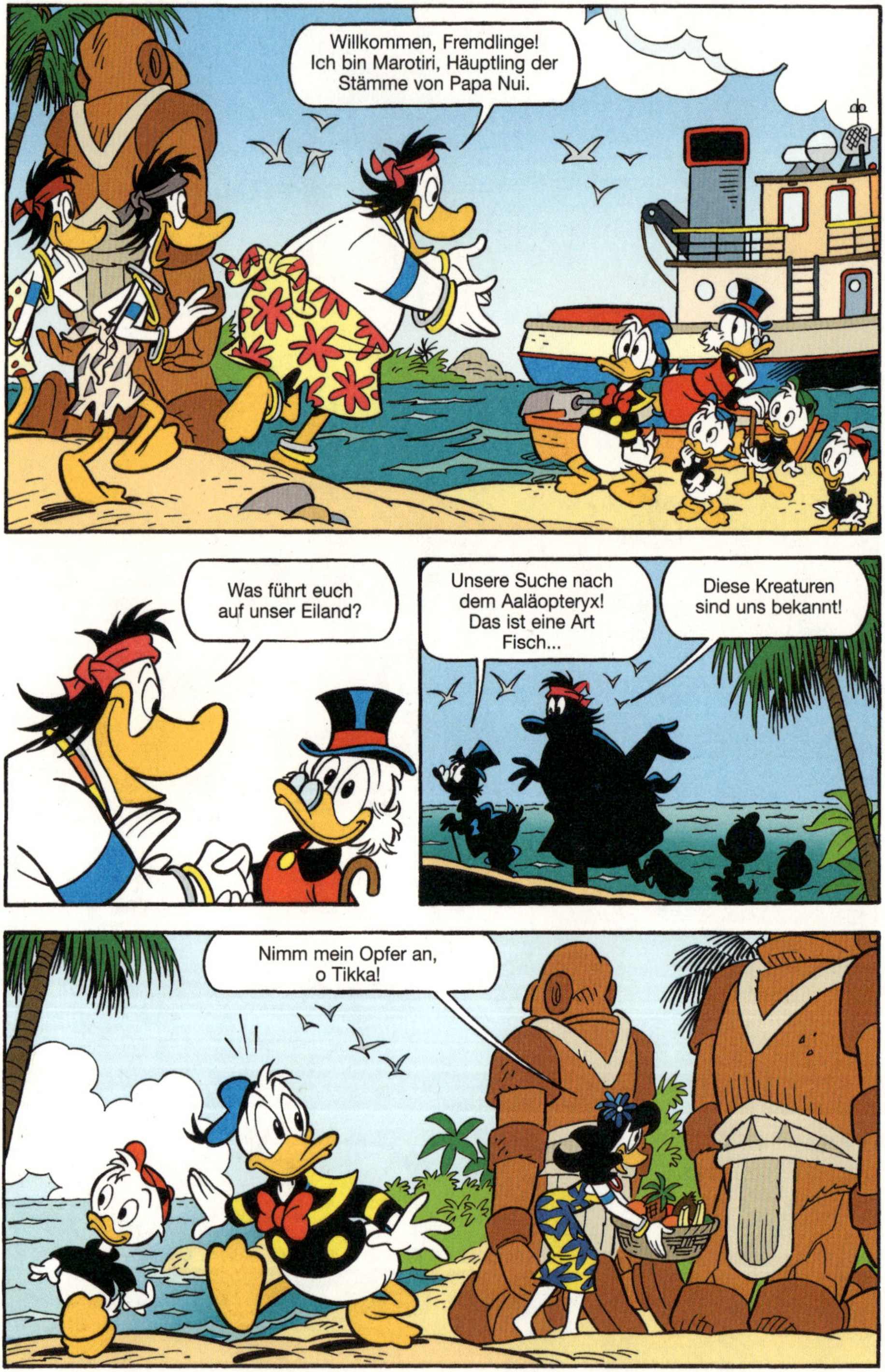
Willkommen, Fremdlinge! Ich bin Marotiri, Häuptling der Stämme von Papa Nui.
Was führt euch auf unser Eiland?
Unsere Suche nach dem Aaläopteryx! Das ist eine Art Fisch...
Diese Kreaturen sind uns bekannt!
Nimm mein Opfer an, o Tikka!

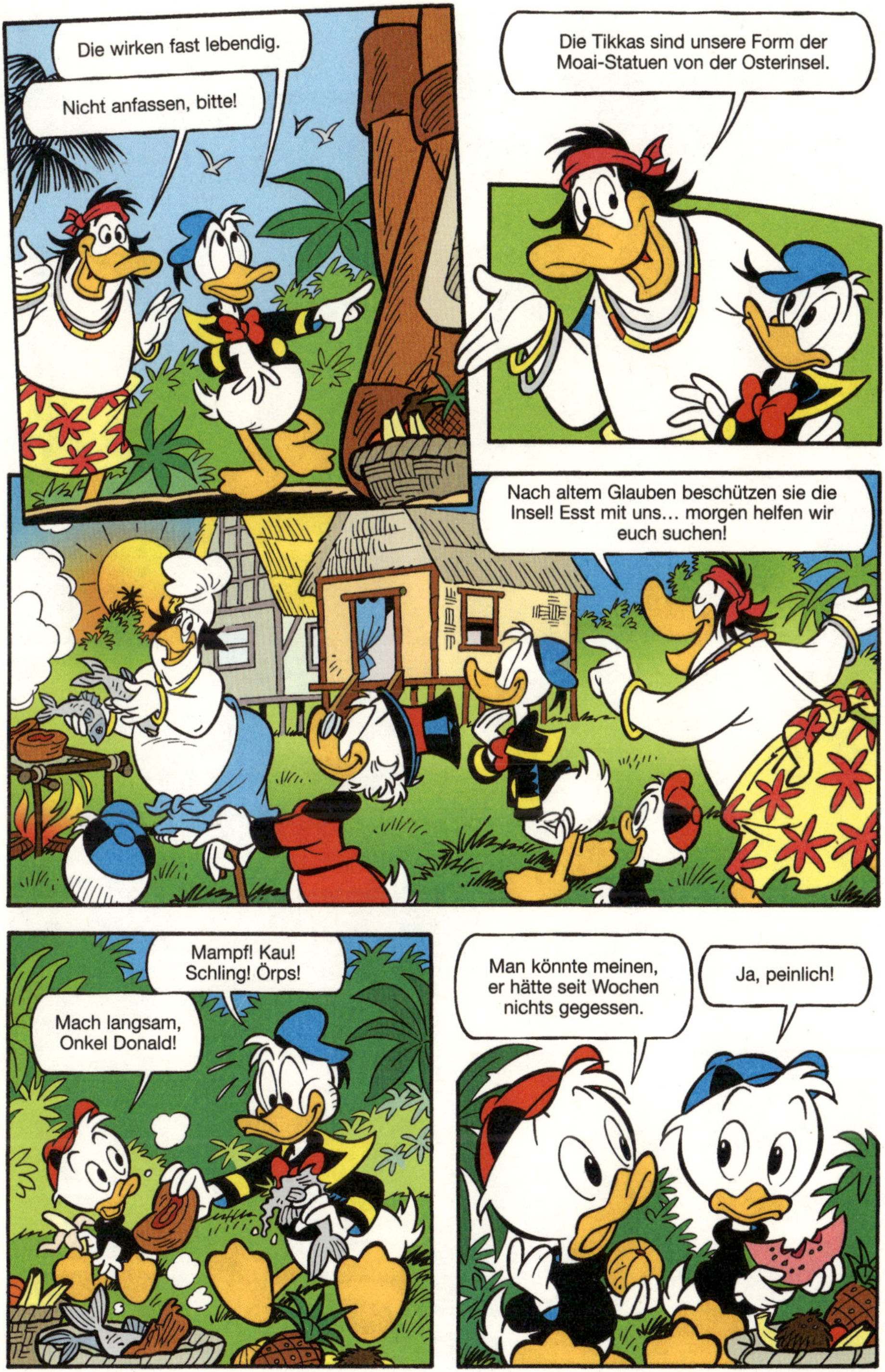
Die wirken fast lebendig.
Nicht anfassen, bitte!
Die Tikkas sind unsere Form der Moai-Statuen von der Osterinsel.
Nach altem Glauben beschützen sie die Insel! Esst mit uns... morgen helfen wir euch suchen!
Mampf! Kau! Schling! Örps!
Mach langsam, Onkel Donald!
Man könnte meinen, er hätte seit Wochen nichts gegessen.
Ja, peinlich!

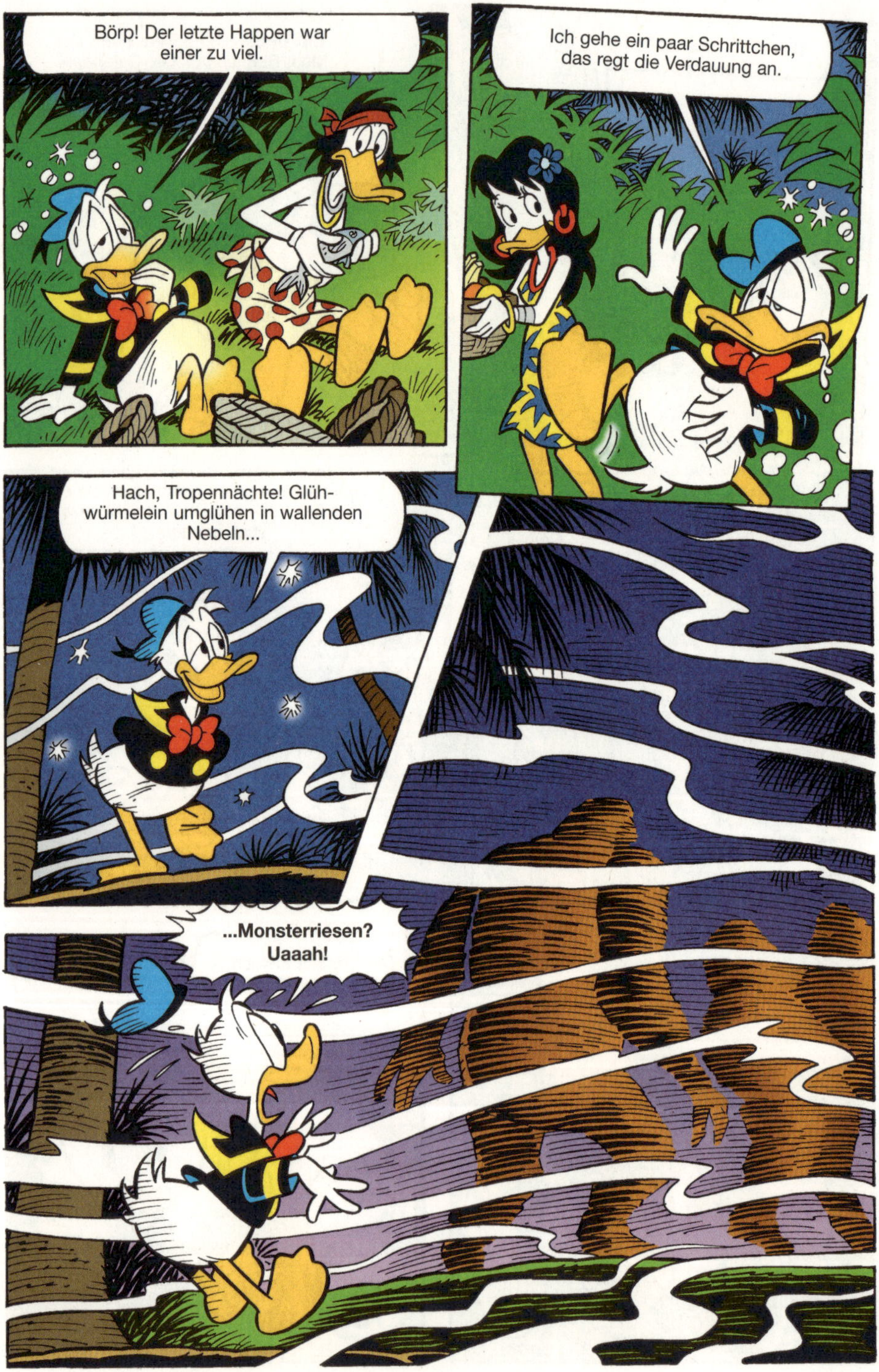
Börp! Der letzte Happen war einer zu viel.
Ich gehe ein paar Schrittchen, das regt die Verdauung an.
Hach, Tropennächte! Glühwürmelein umglühen in wallenden Nebeln...
...Monsterriesen? Uaaah!

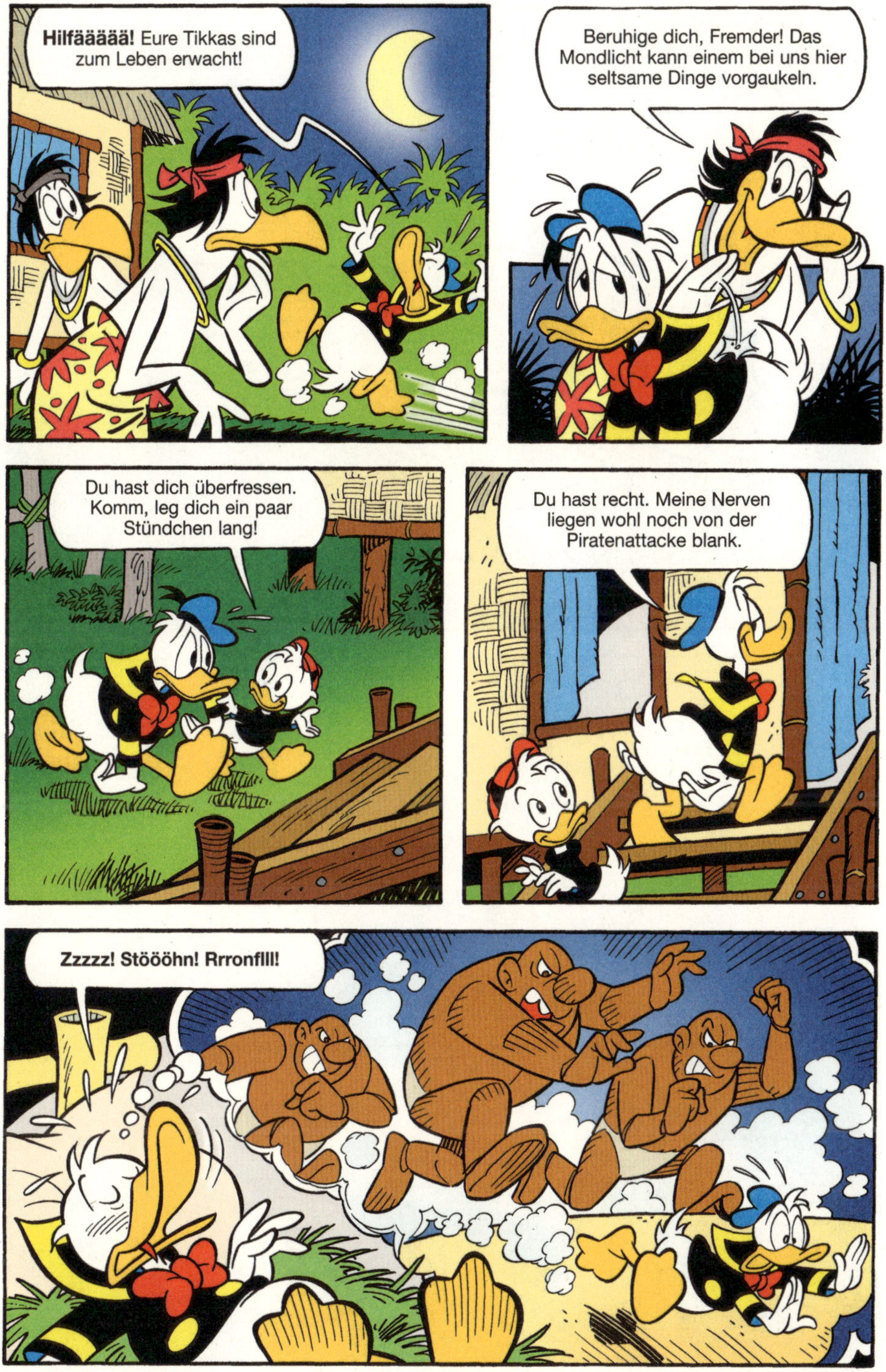
Hilfäääää! Eure Tikkas sind zum Leben erwacht!
Beruhige dich, Fremder! Das Mondlicht kann einem bei uns hier seltsame Dinge vorgaukeln.
Du hast dich überfressen. Komm, leg dich ein paar Stündchen lang!
Du hast recht. Meine Nerven liegen wohl noch von der Piratenattacke blank.
Zzzzz! Stööööhn! Rrronflll!

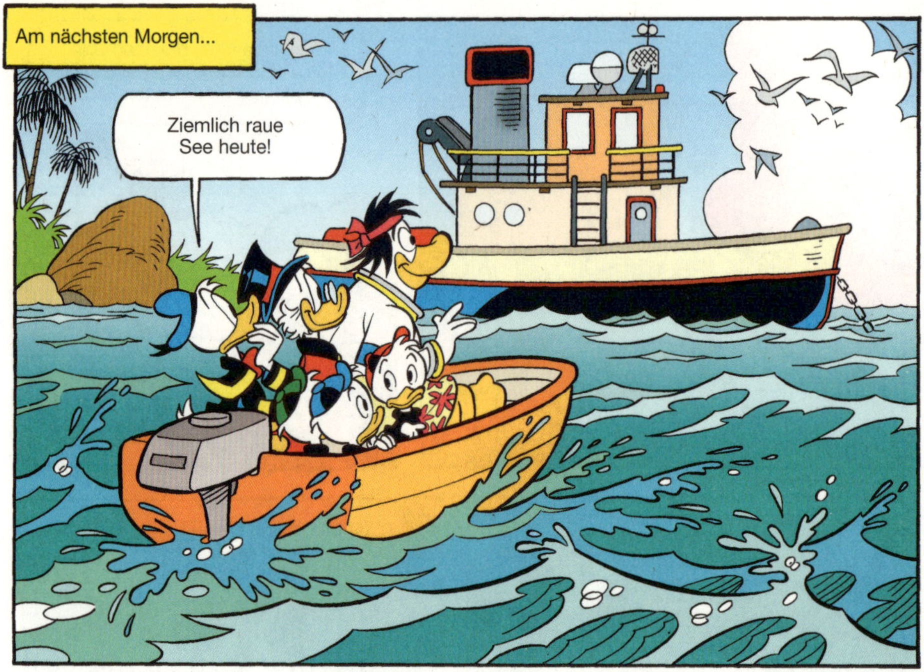
Am nächsten Morgen...
Ziemlich raue See heute!

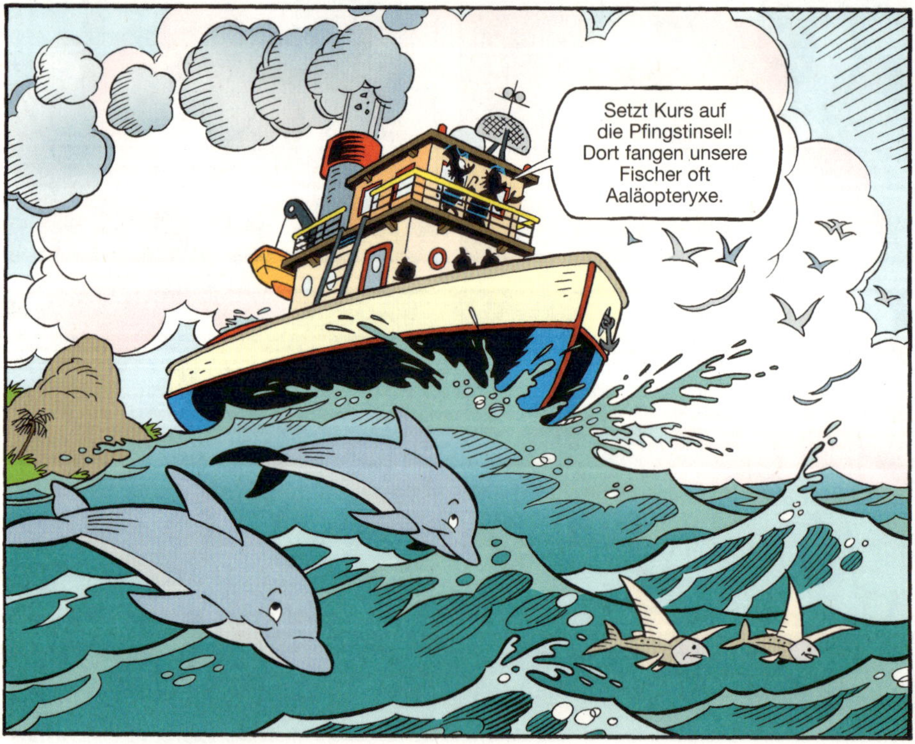
Setzt Kurs auf die Pfingstinsel! Dort fangen unsere Fischer oft Aaläopteryxe.

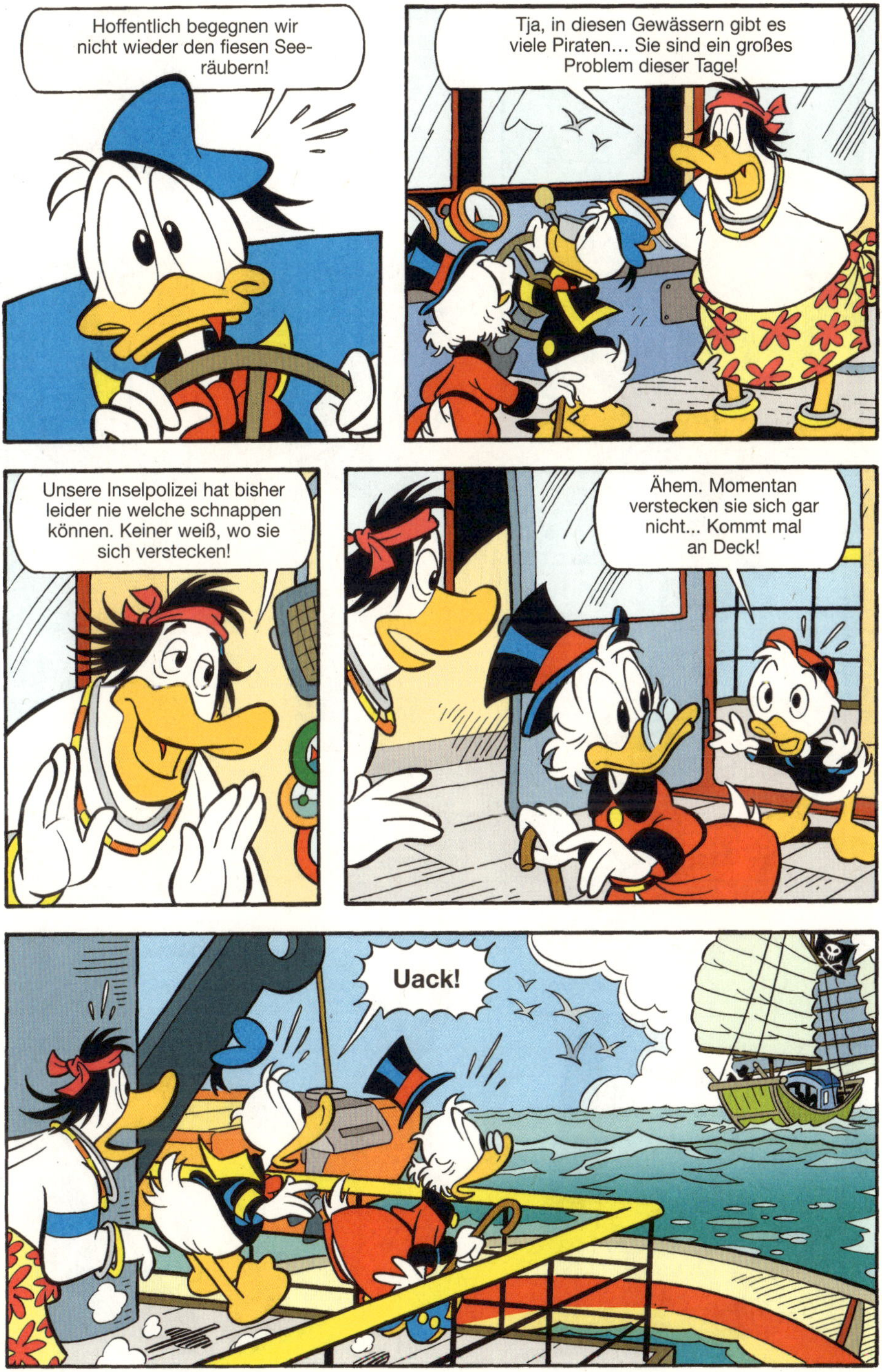

Hoffentlich begegnen wir nicht wieder den fiesen Seeräubern!
Tja, in diesen Gewässern gibt es viele Piraten… Sie sind ein großes Problem dieser Tage!
Unsere Inselpolizei hat bisher leider nie welche schnappen können. Keiner weiß, wo sie sich verstecken!
Ähem. Momentan verstecken sie sich gar nicht... Kommt mal an Deck!
Uack!

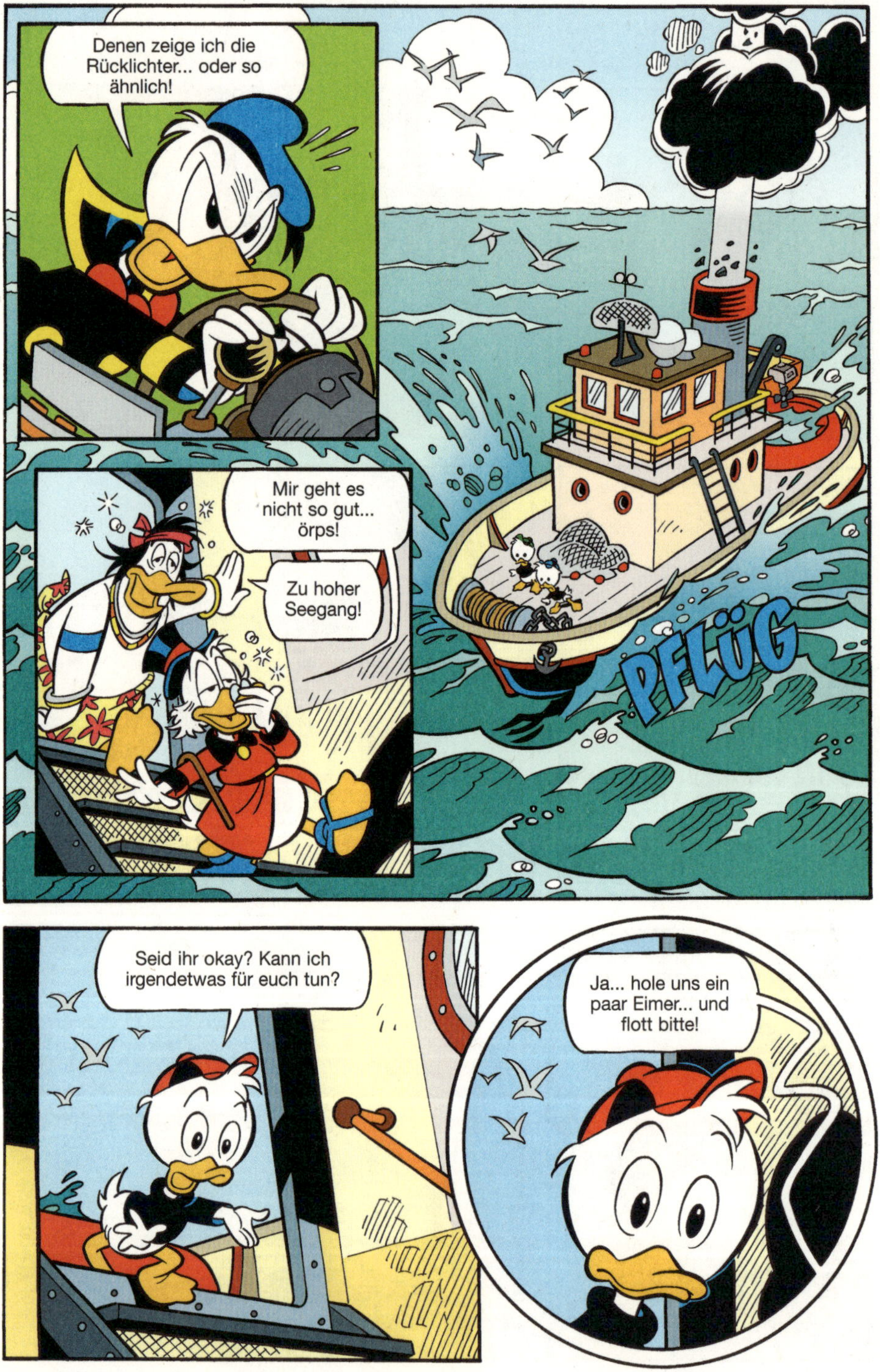

Denen zeige ich die Rücklichter... oder so ähnlich!
Mir geht es nicht so gut... örps!
Zu hoher Seegang!
PFLÜG
Seid ihr okay? Kann ich irgendetwas für euch tun?
Ja... hole uns ein paar Eimer... und flott bitte!

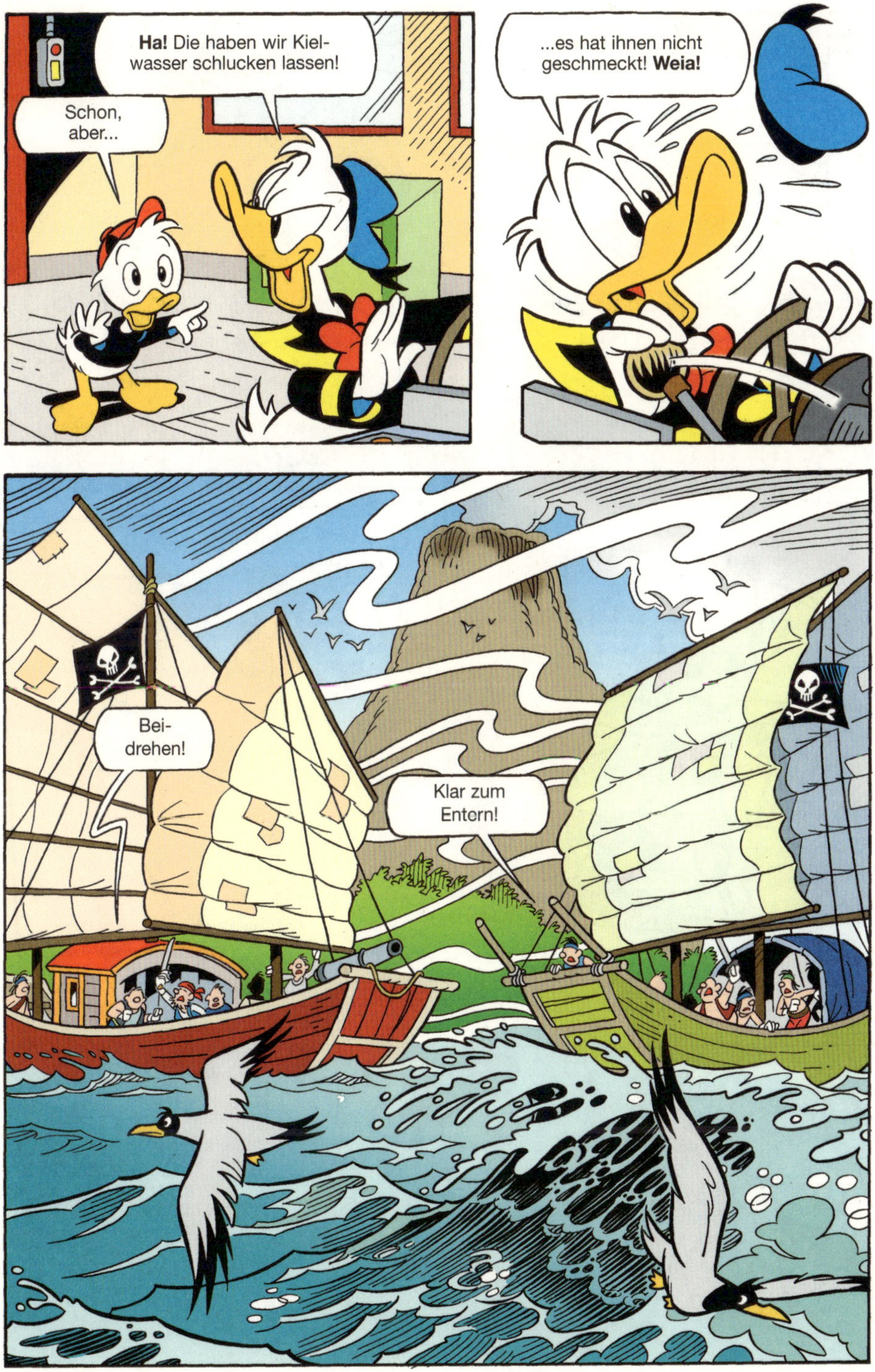
Ha! Die haben wir Kiel-
wasser schlucken lassen!
Schon,
aber...
...es hat ihnen nicht
geschmeckt! **Weia!**
Bei-
drehen!
Klar zum
Entern!

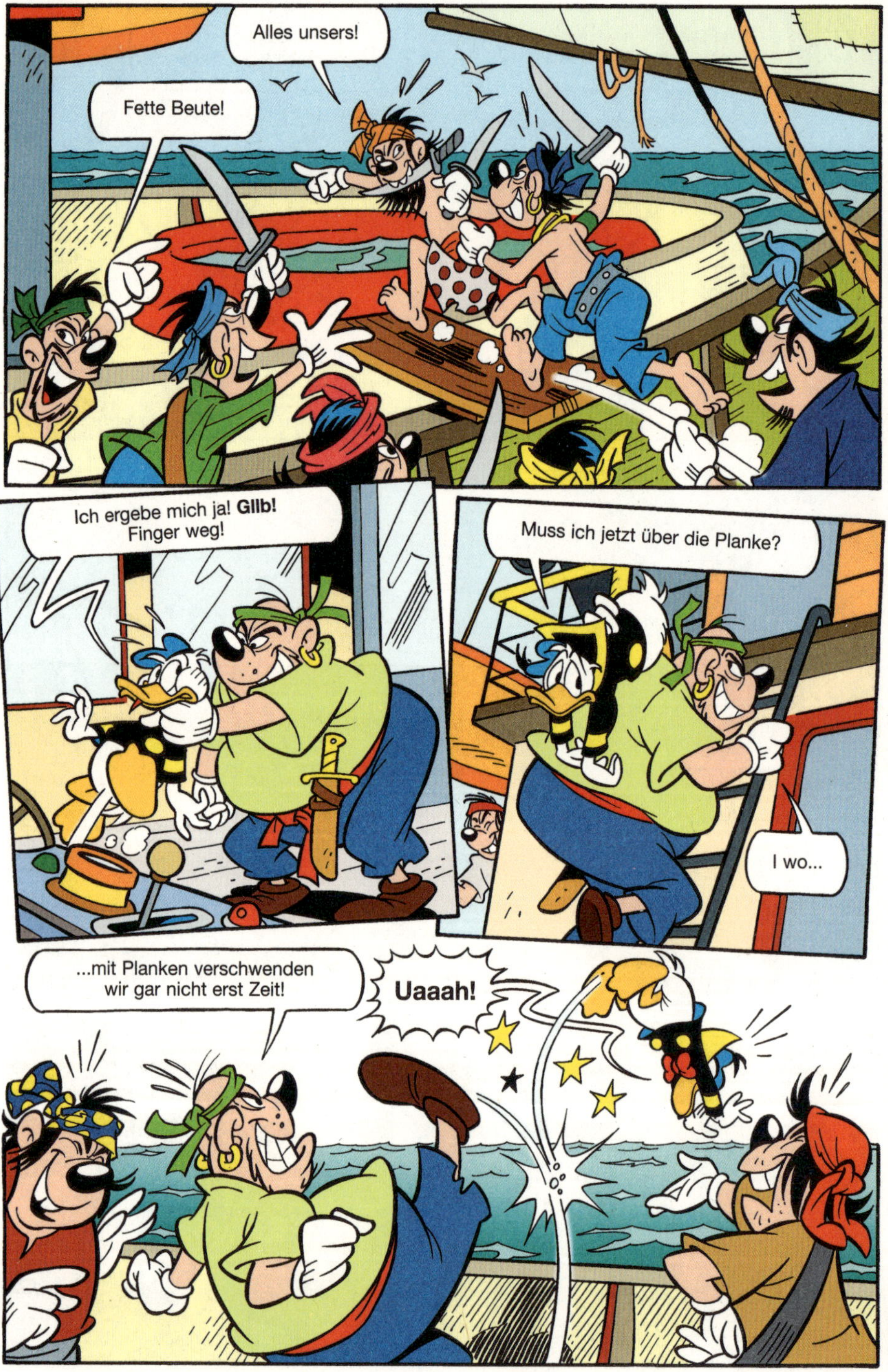
Alles unsers!
Fette Beute!
Ich ergebe mich ja! **Gllb!** Finger weg!
Muss ich jetzt über die Planke?
I wo...
...mit Planken verschwenden wir gar nicht erst Zeit!
Uaaah!

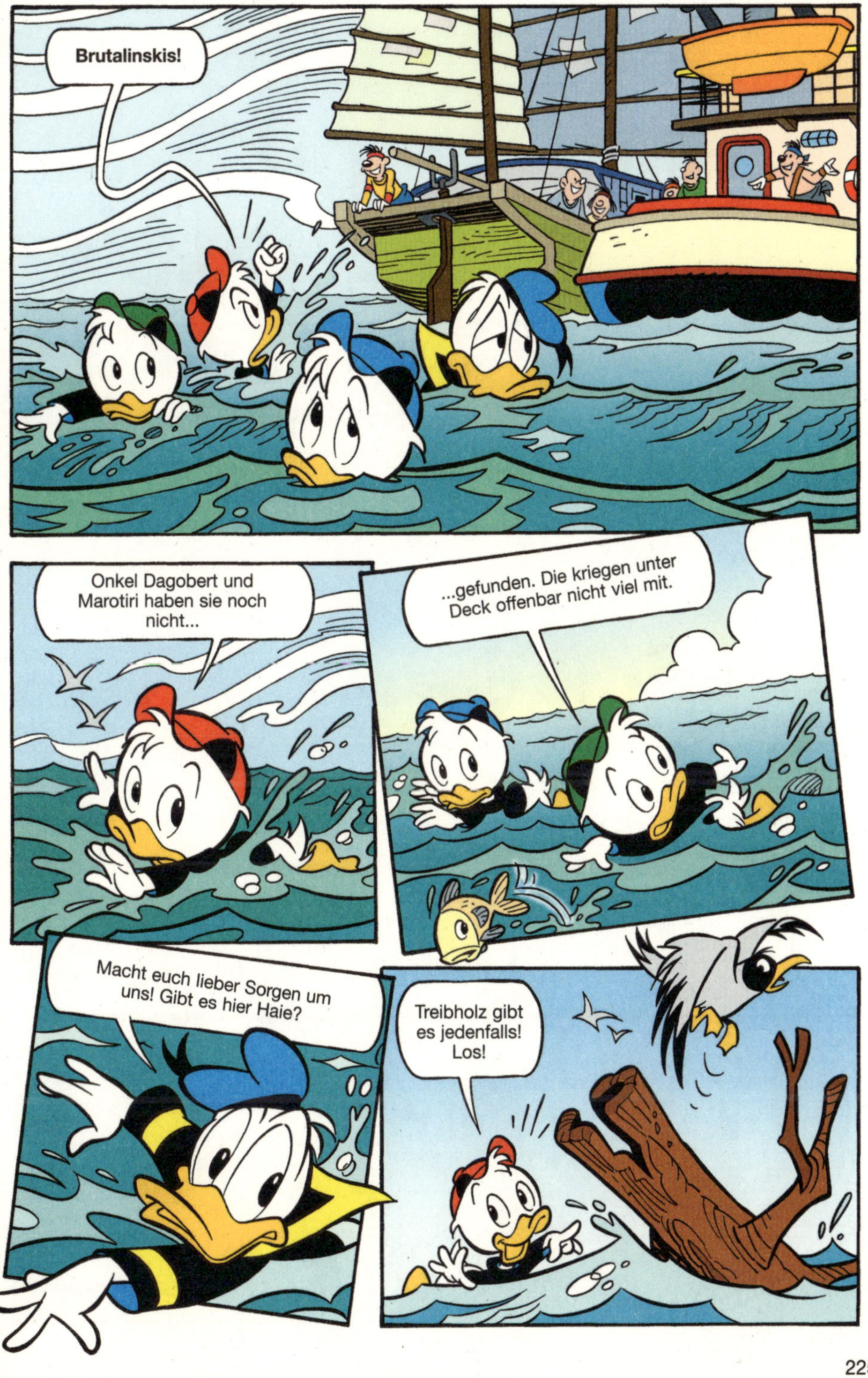

Brutalinskis!
Onkel Dagobert und Marotiri haben sie noch nicht...
...gefunden. Die kriegen unter Deck offenbar nicht viel mit.
Macht euch lieber Sorgen um uns! Gibt es hier Haie?
Treibholz gibt es jedenfalls! Los!

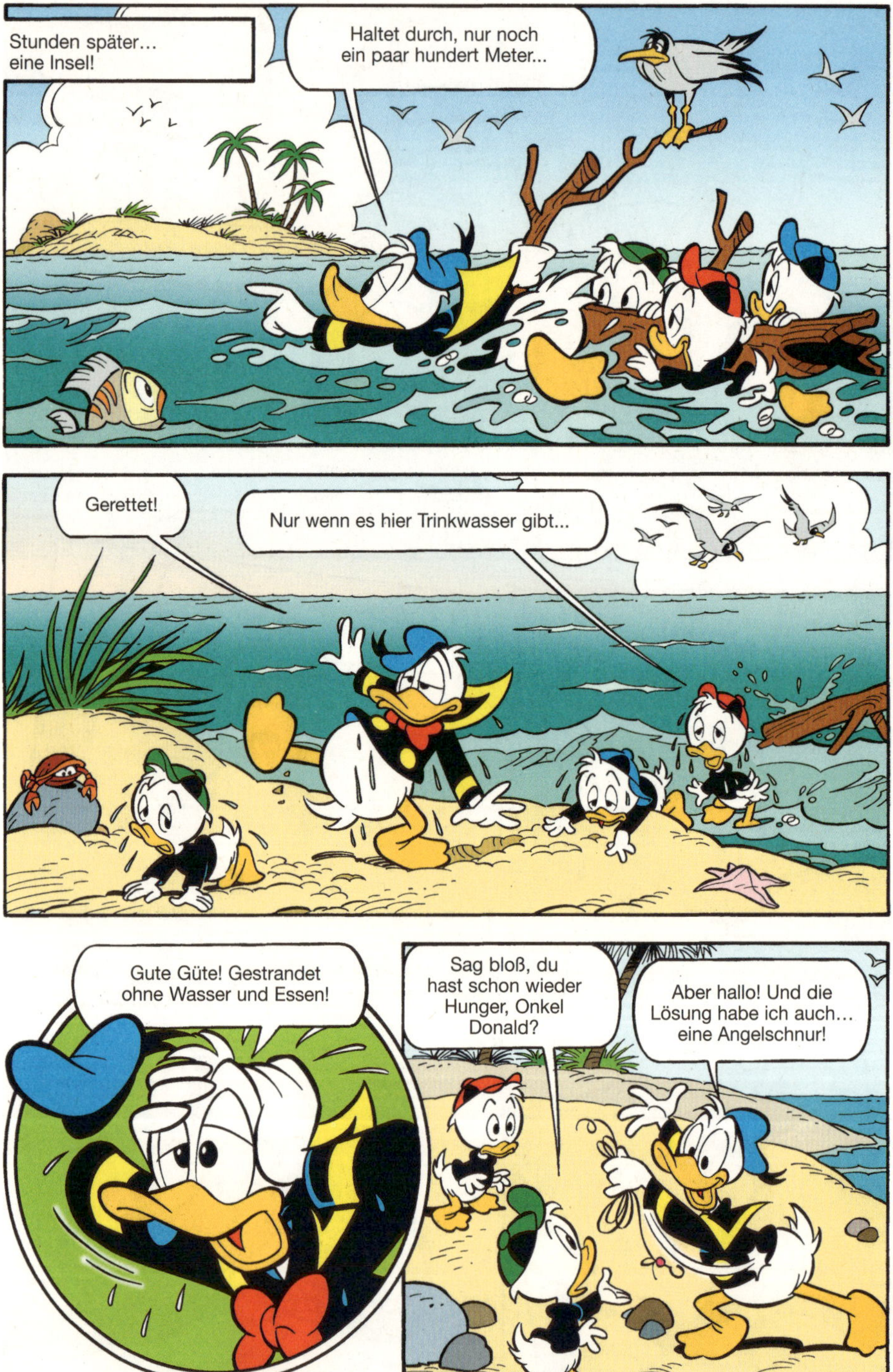
Stunden später… eine Insel!
Haltet durch, nur noch ein paar hundert Meter...
Gerettet!
Nur wenn es hier Trinkwasser gibt...
Gute Güte! Gestrandet ohne Wasser und Essen!
Sag bloß, du hast schon wieder Hunger, Onkel Donald?
Aber hallo! Und die Lösung habe ich auch… eine Angelschnur!

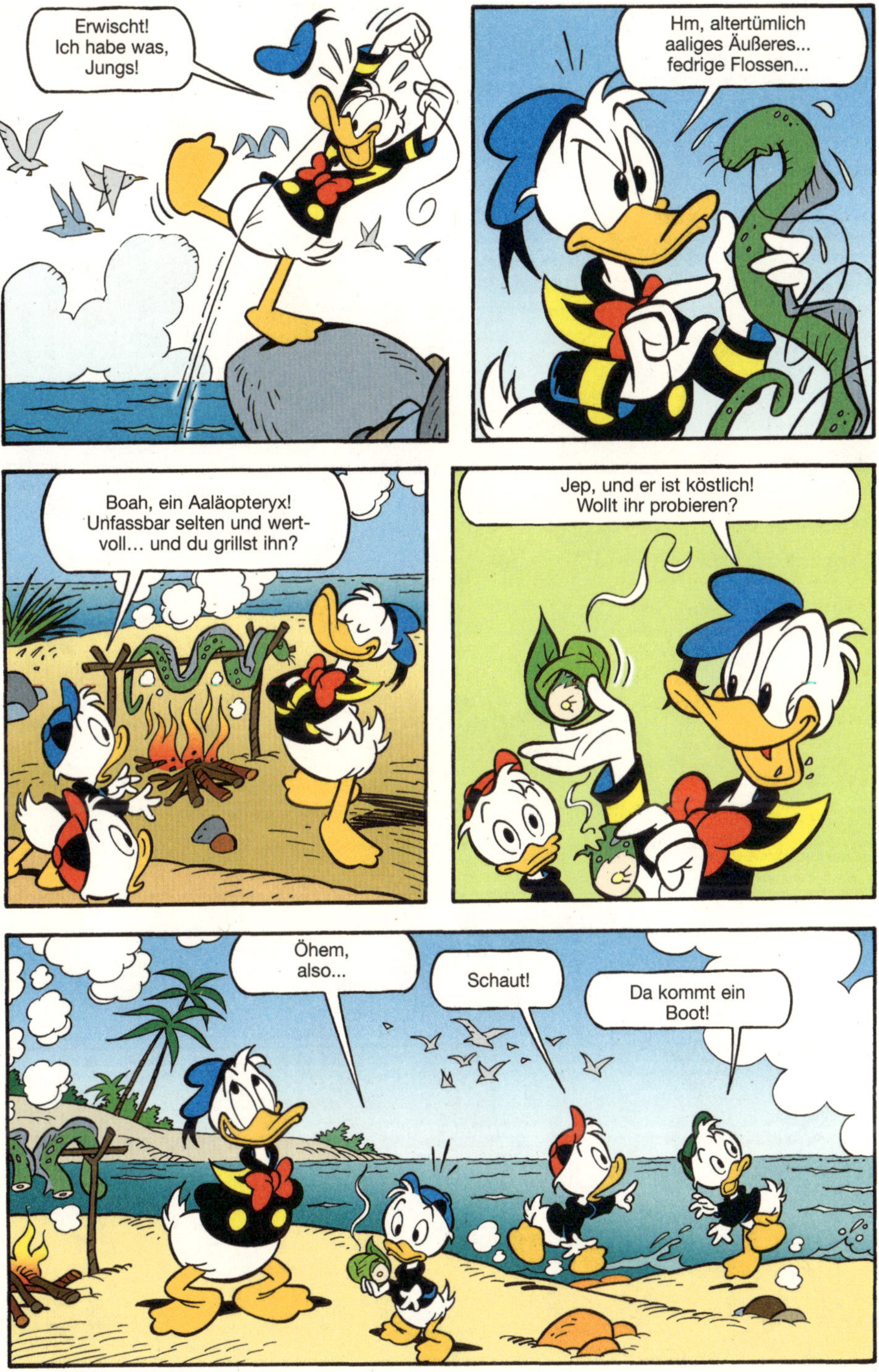
Erwischt! Ich habe was, Jungs!
Hm, altertümlich aaliges Äußeres... fedrige Flossen...
Boah, ein Aaläopteryx! Unfassbar selten und wertvoll... und du grillst ihn?
Jep, und er ist köstlich! Wollt ihr probieren?
Öhem, also...
Schaut!
Da kommt ein Boot!

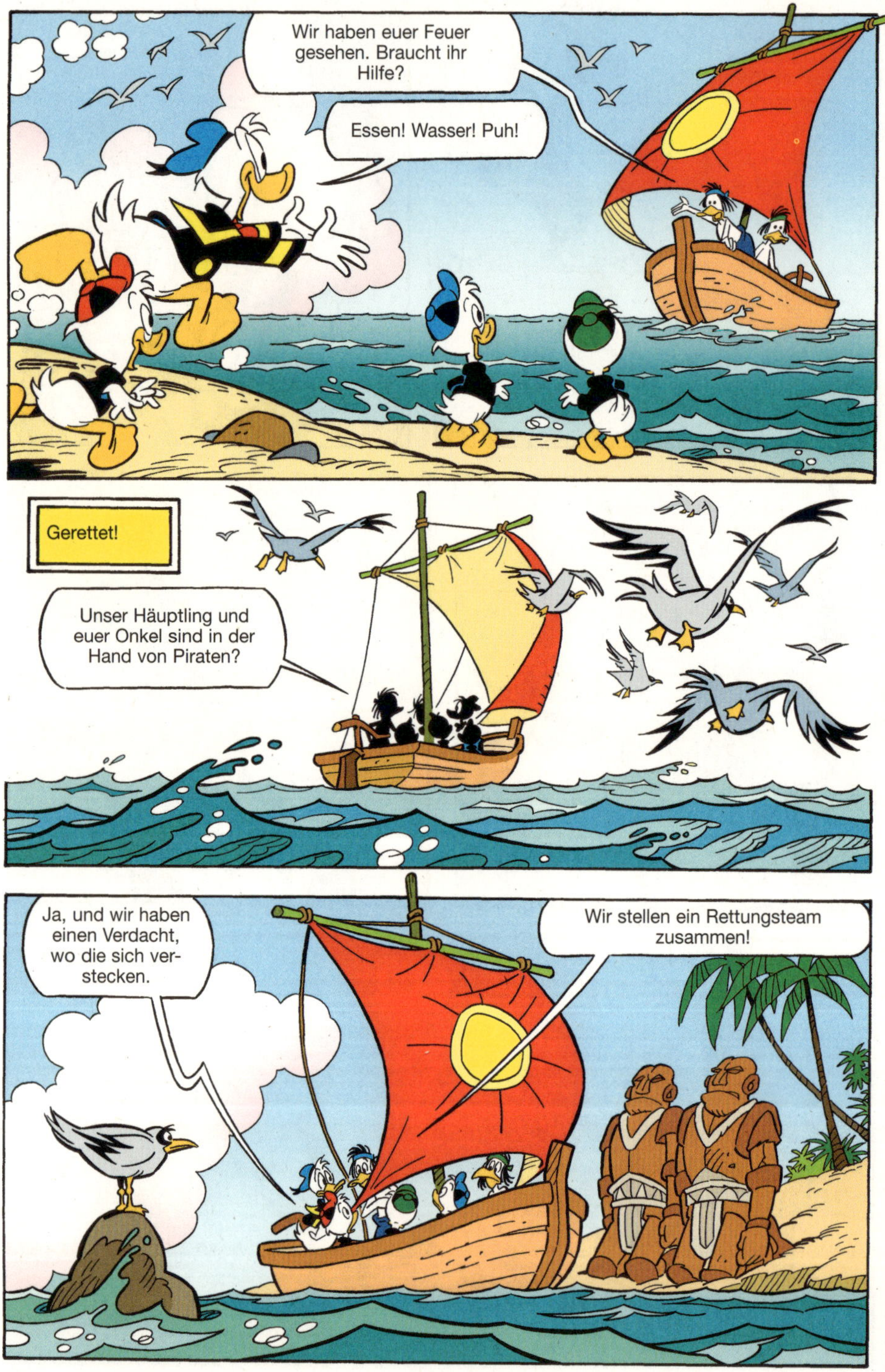
Wir haben euer Feuer gesehen. Braucht ihr Hilfe?
Essen! Wasser! Puh!
Gerettet!
Unser Häuptling und euer Onkel sind in der Hand von Piraten?
Ja, und wir haben einen Verdacht, wo die sich verstecken.
Wir stellen ein Rettungsteam zusammen!

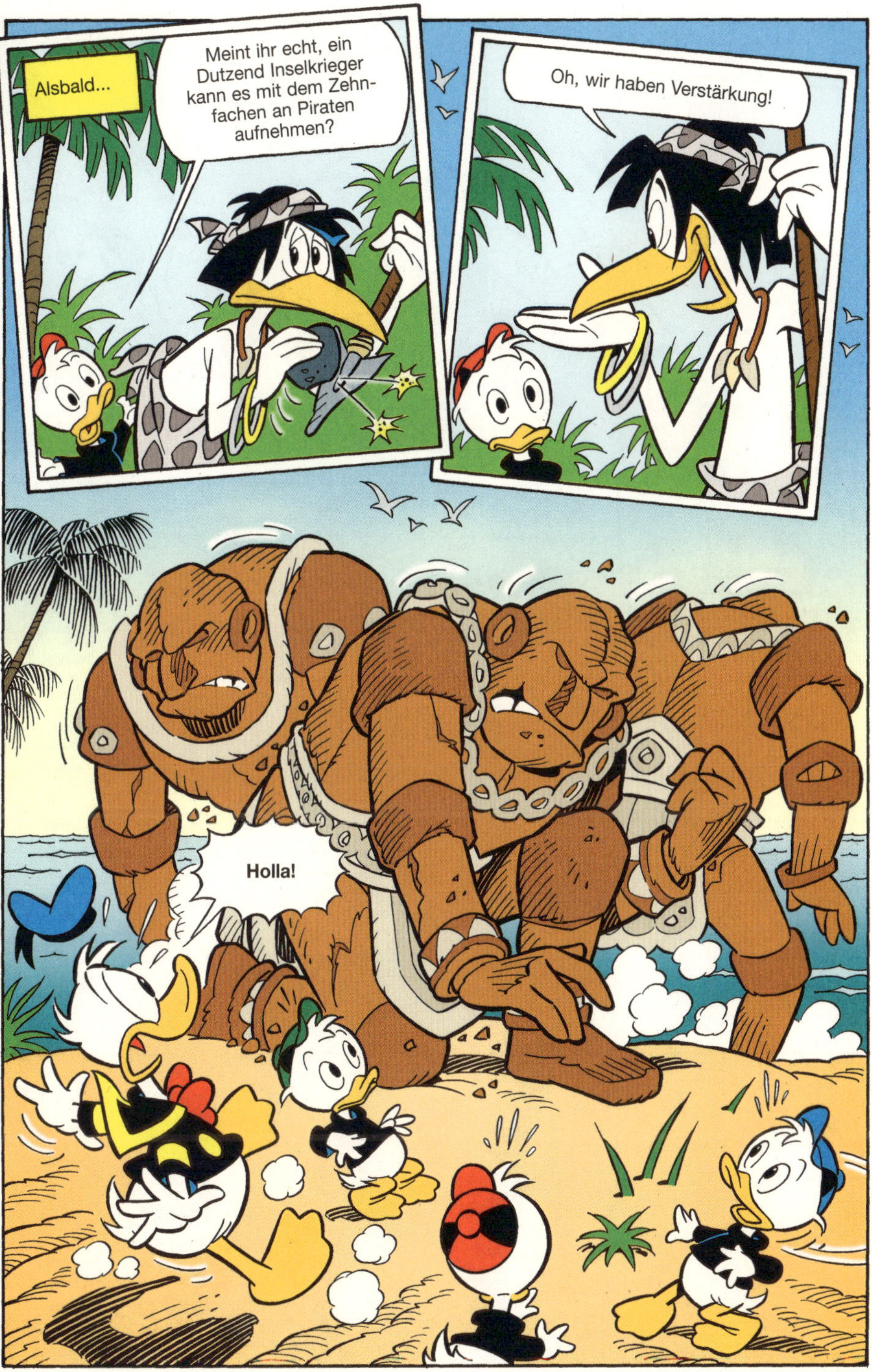

Alsbald...
Meint ihr echt, ein Dutzend Inselkrieger kann es mit dem Zehnfachen an Piraten aufnehmen?
Oh, wir haben Verstärkung!
Holla!

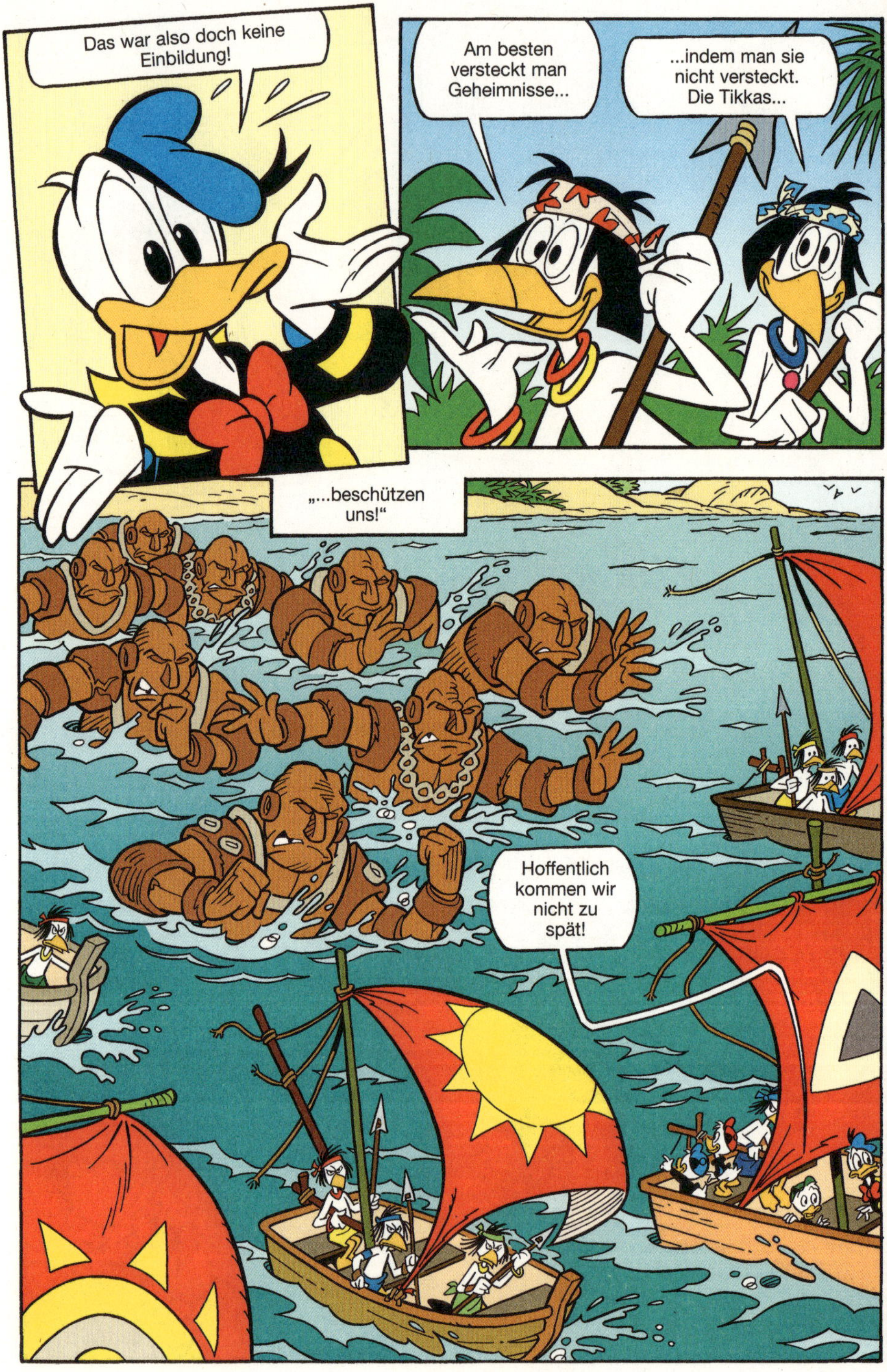
Das war also doch keine Einbildung!
Am besten versteckt man Geheimnisse...
...indem man sie nicht versteckt. Die Tikkas...
„...beschützen uns!“
Hoffentlich kommen wir nicht zu spät!

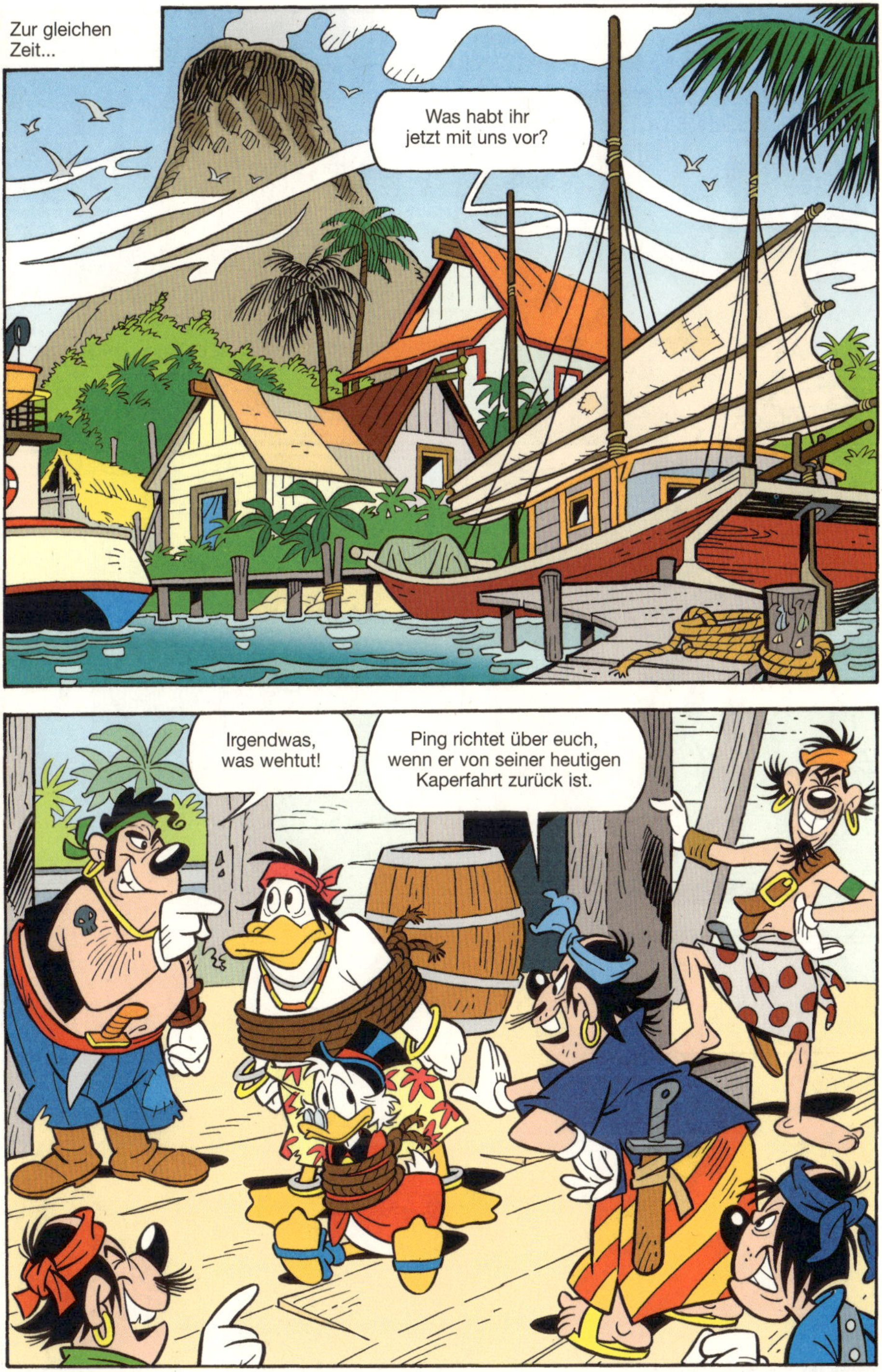
Zur gleichen Zeit...
Was habt ihr jetzt mit uns vor?
Irgendwas, was wehtut!
Ping richtet über euch, wenn er von seiner heutigen Kaperfahrt zurück ist.

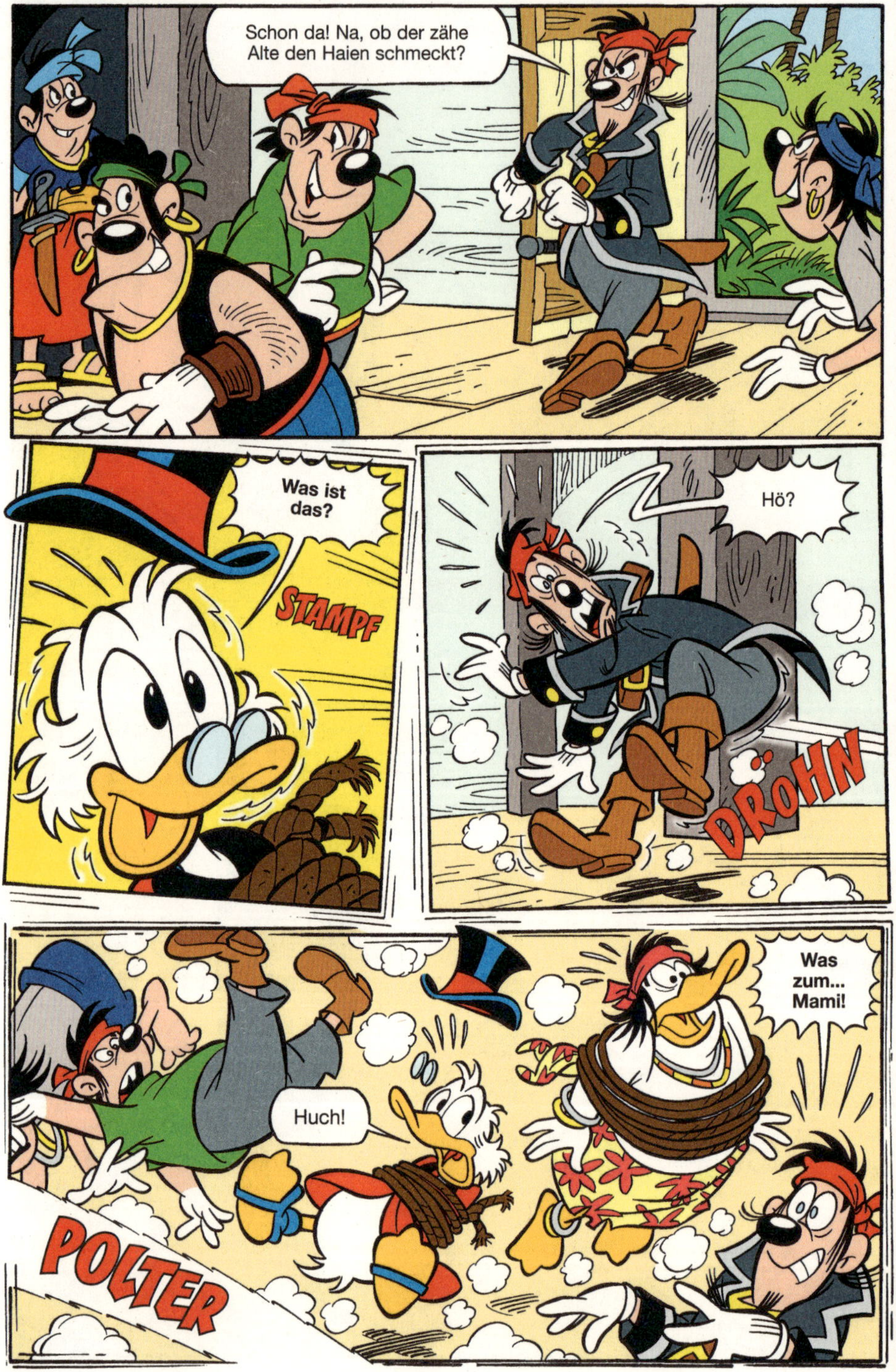
Schon da! Na, ob der zähe Alte den Haien schmeckt?
Was ist das?
STAMPF
Hö?
DROHN
Was zum... Mami!
Huch!
POLTER

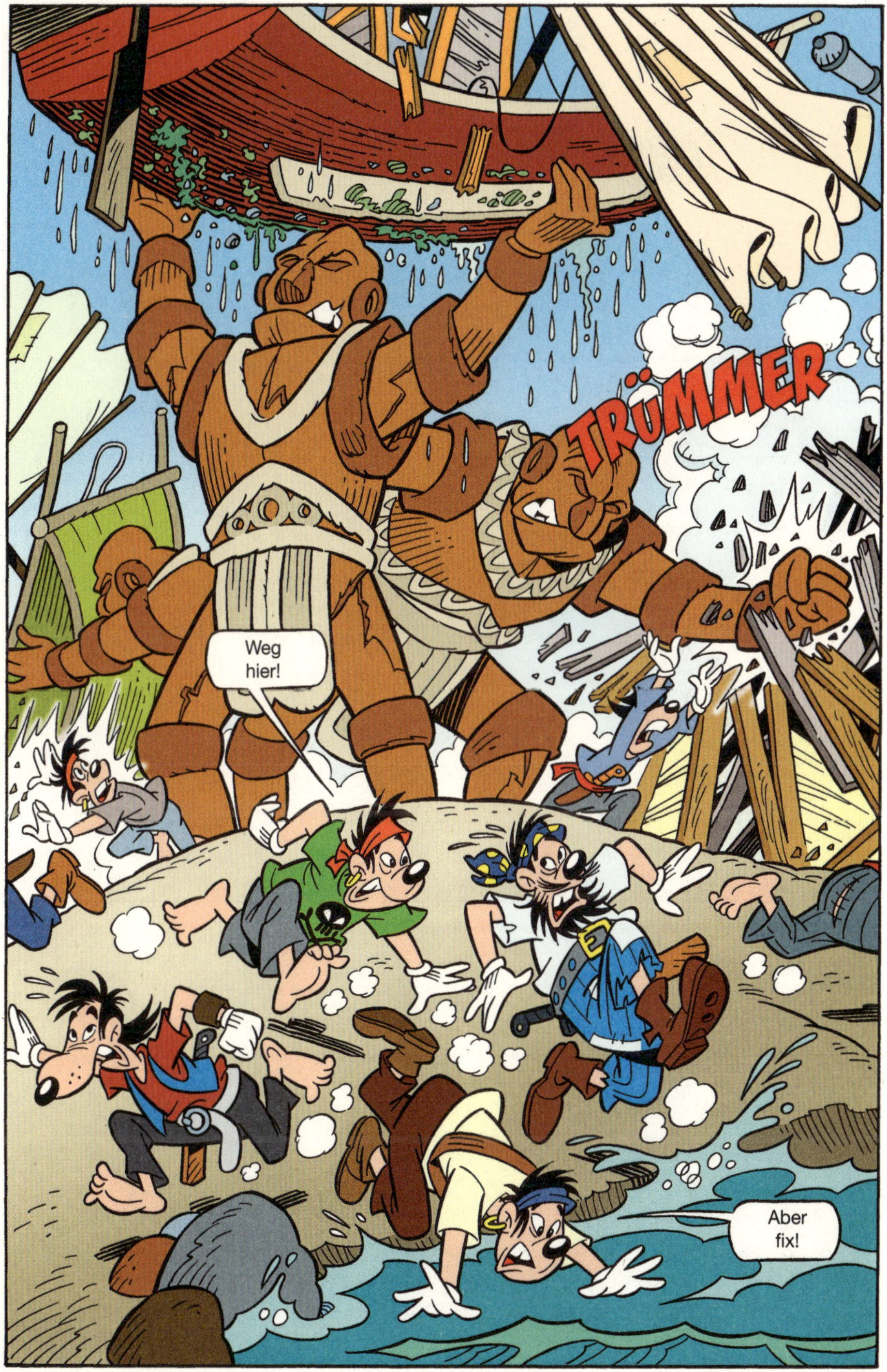
TRÜMMER
Weg hier!
Aber fix!

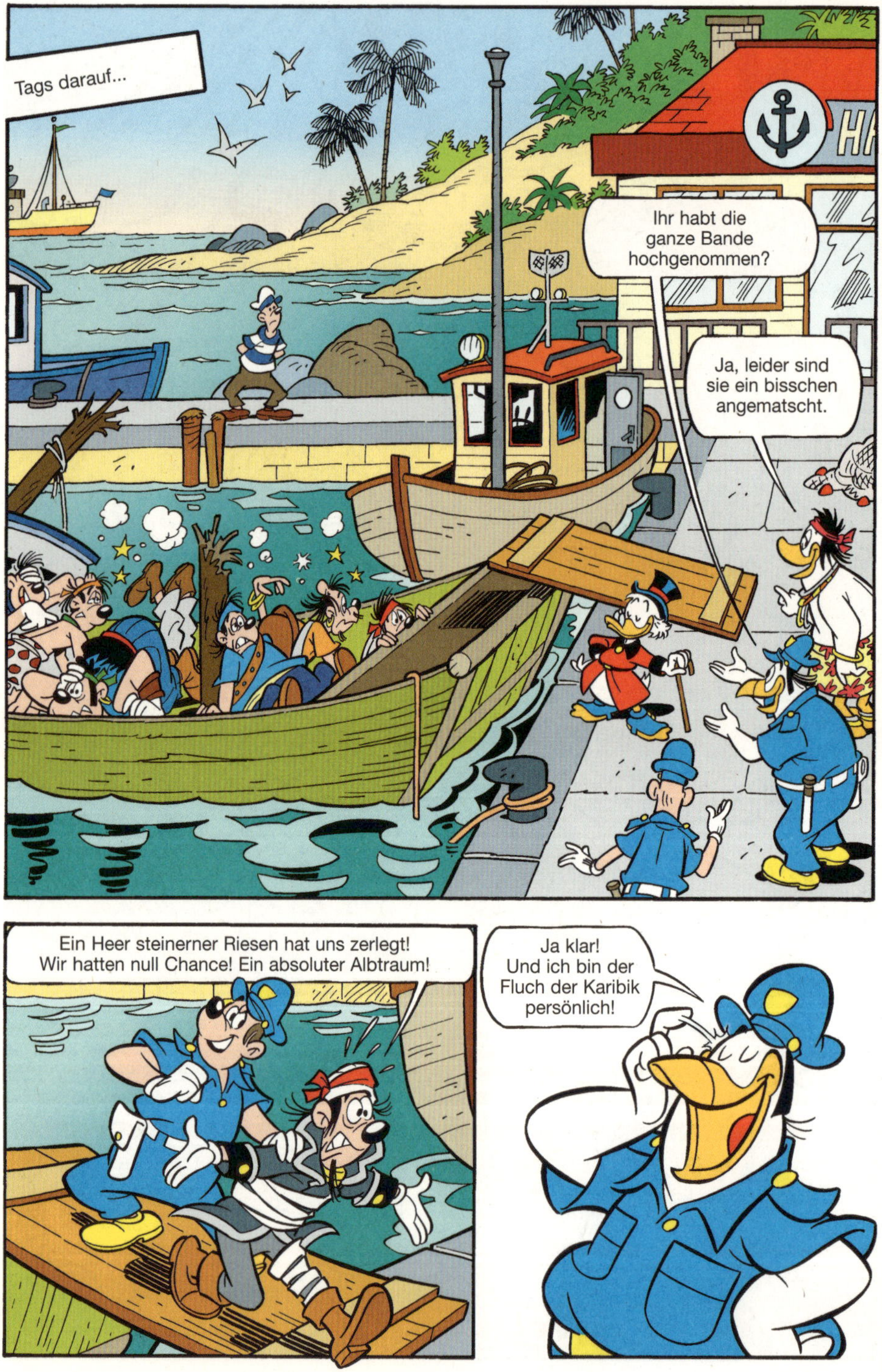
Tags darauf...
Ihr habt die ganze Bande hochgenommen?
Ja, leider sind sie ein bisschen angematscht.
Ein Heer steinerner Riesen hat uns zerlegt! Wir hatten null Chance! Ein absoluter Albtraum!
Ja klar! Und ich bin der Fluch der Karibik persönlich!

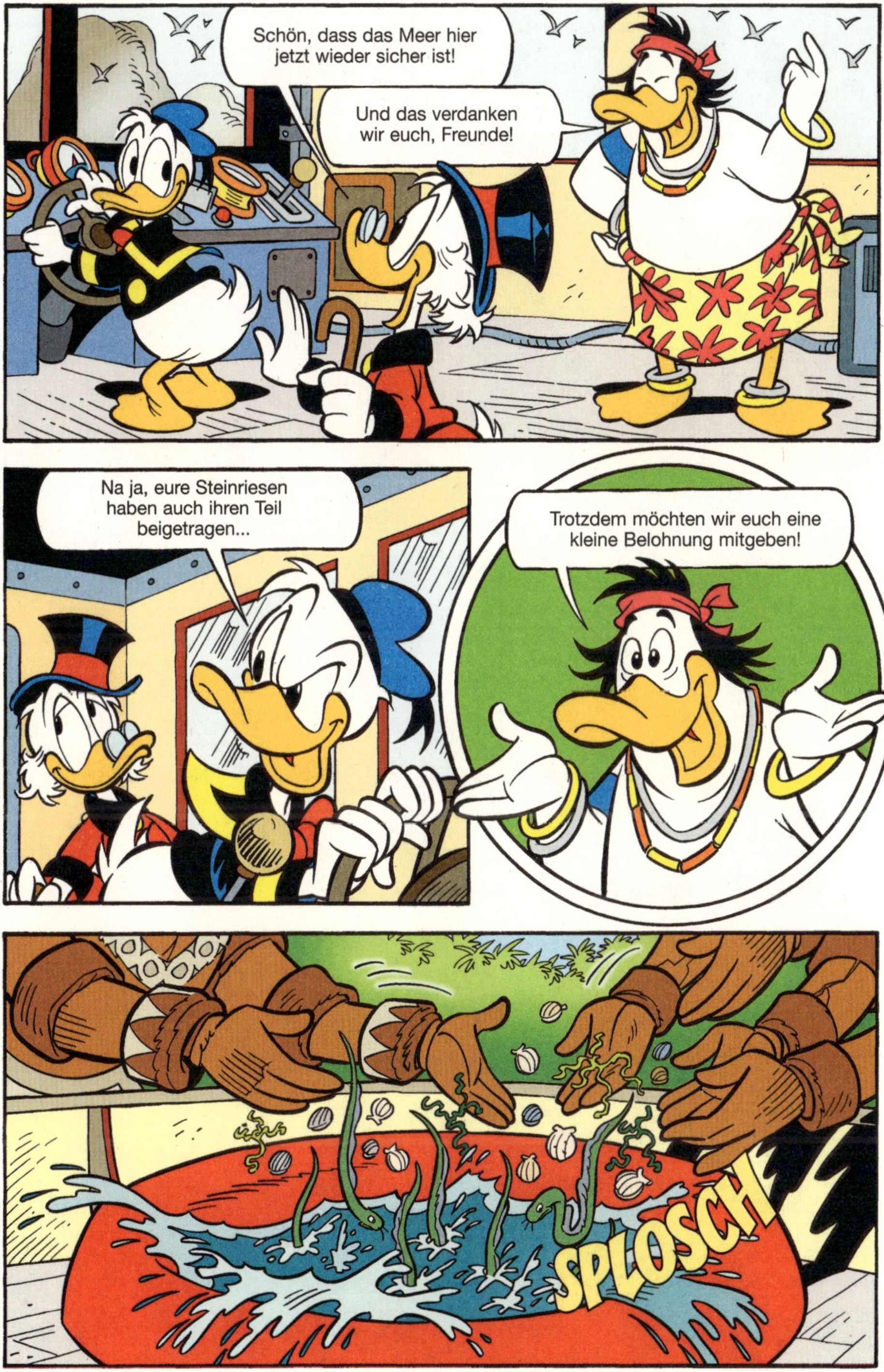
Schön, dass das Meer hier jetzt wieder sicher ist!
Und das verdanken wir euch, Freunde!
Na ja, eure Steinriesen haben auch ihren Teil beigetragen...
Trotzdem möchten wir euch eine kleine Belohnung mitgeben!
SPLOSCH

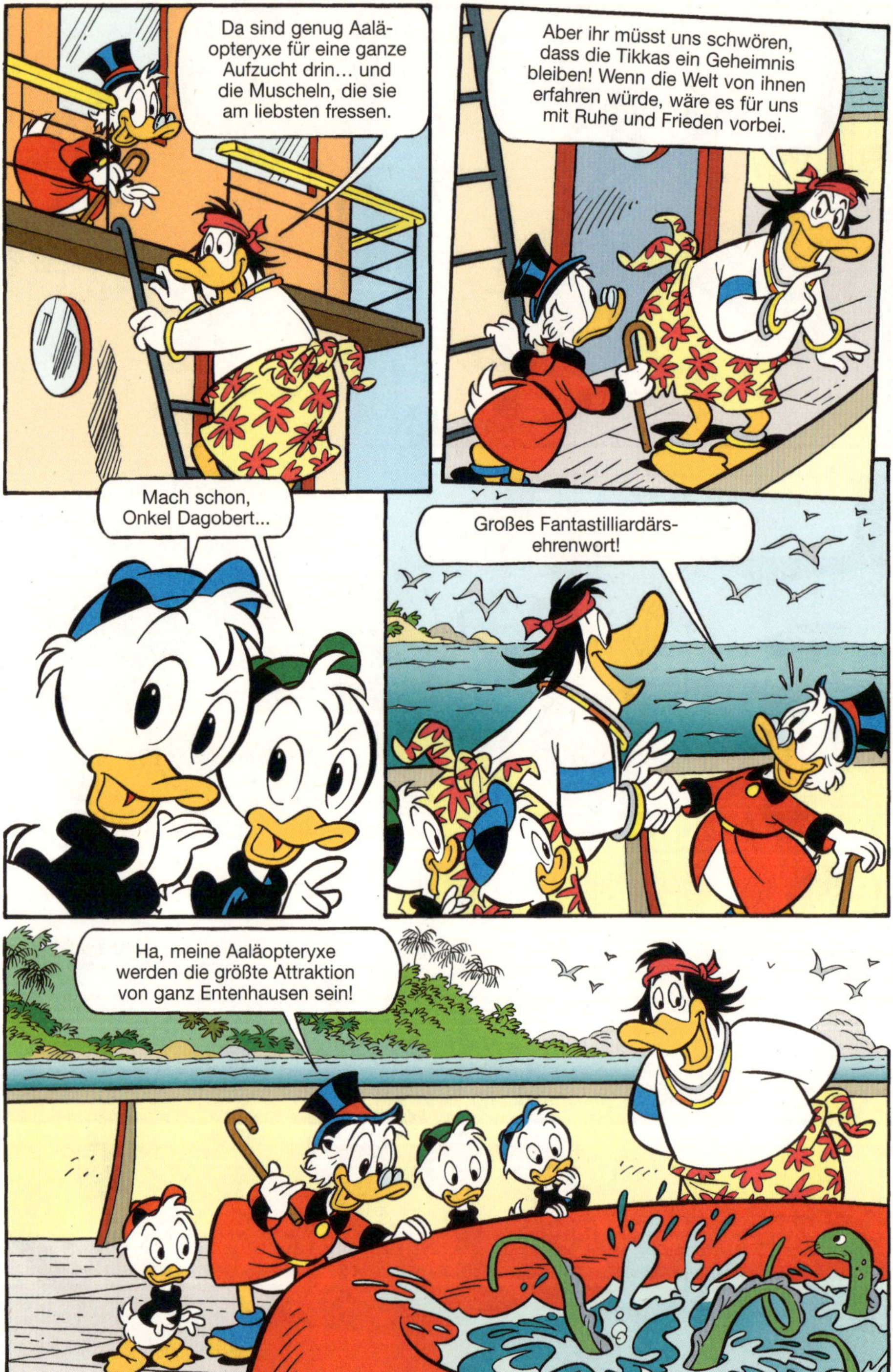

Da sind genug Aaläopteryxe für eine ganze Aufzucht drin… und die Muscheln, die sie am liebsten fressen.
Aber ihr müsst uns schwören, dass die Tikkas ein Geheimnis bleiben! Wenn die Welt von ihnen erfahren würde, wäre es für uns mit Ruhe und Frieden vorbei.
Mach schon, Onkel Dagobert...
Großes Fantastilliardärsehrenwort!
Ha, meine Aaläopteryxe werden die größte Attraktion von ganz Entenhausen sein!

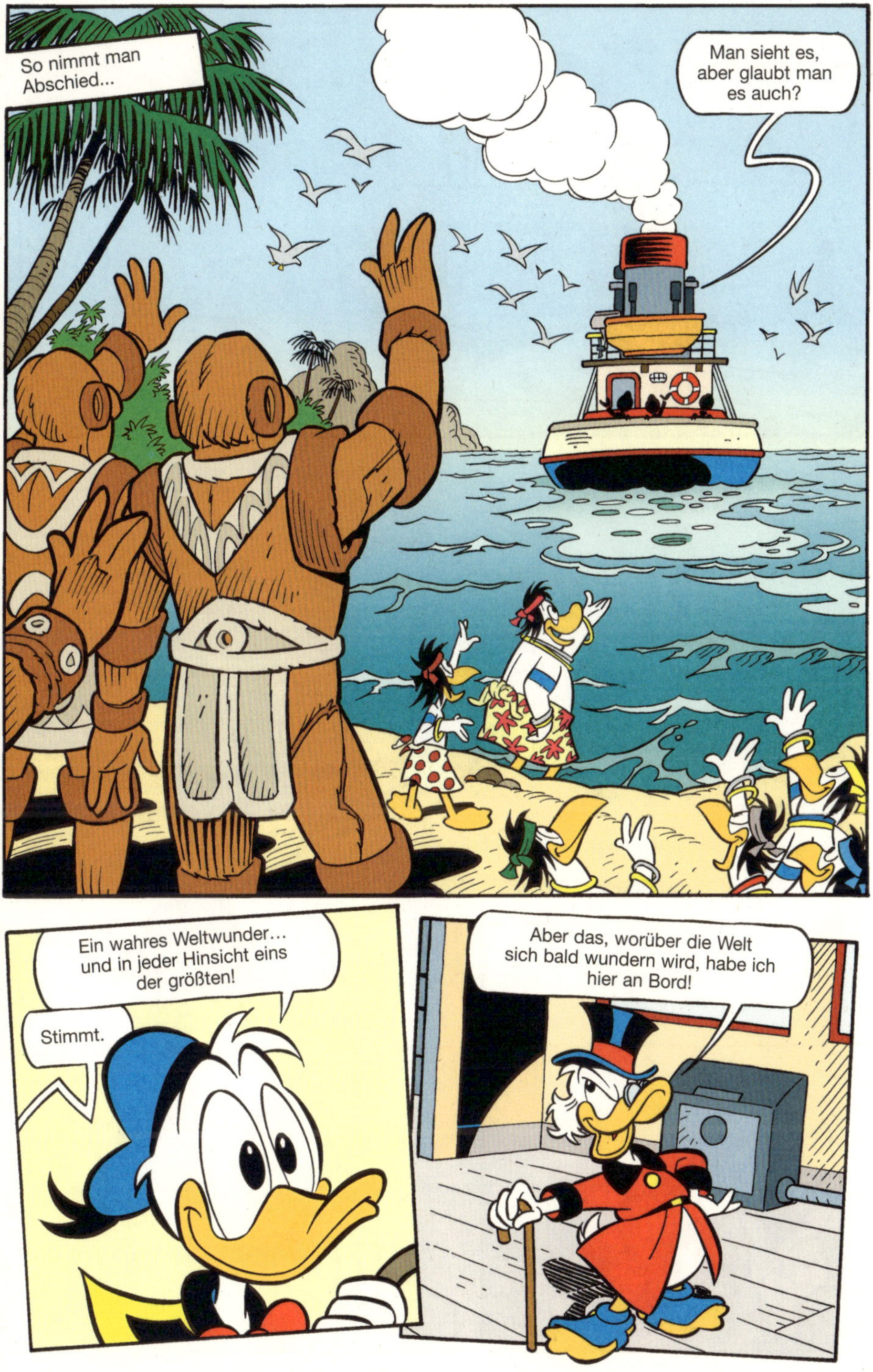
So nimmt man Abschied...
Man sieht es, aber glaubt man es auch?
Ein wahres Weltwunder... und in jeder Hinsicht eins der größten!
Stimmt.
Aber das, worüber die Welt sich bald wundern wird, habe ich hier an Bord!

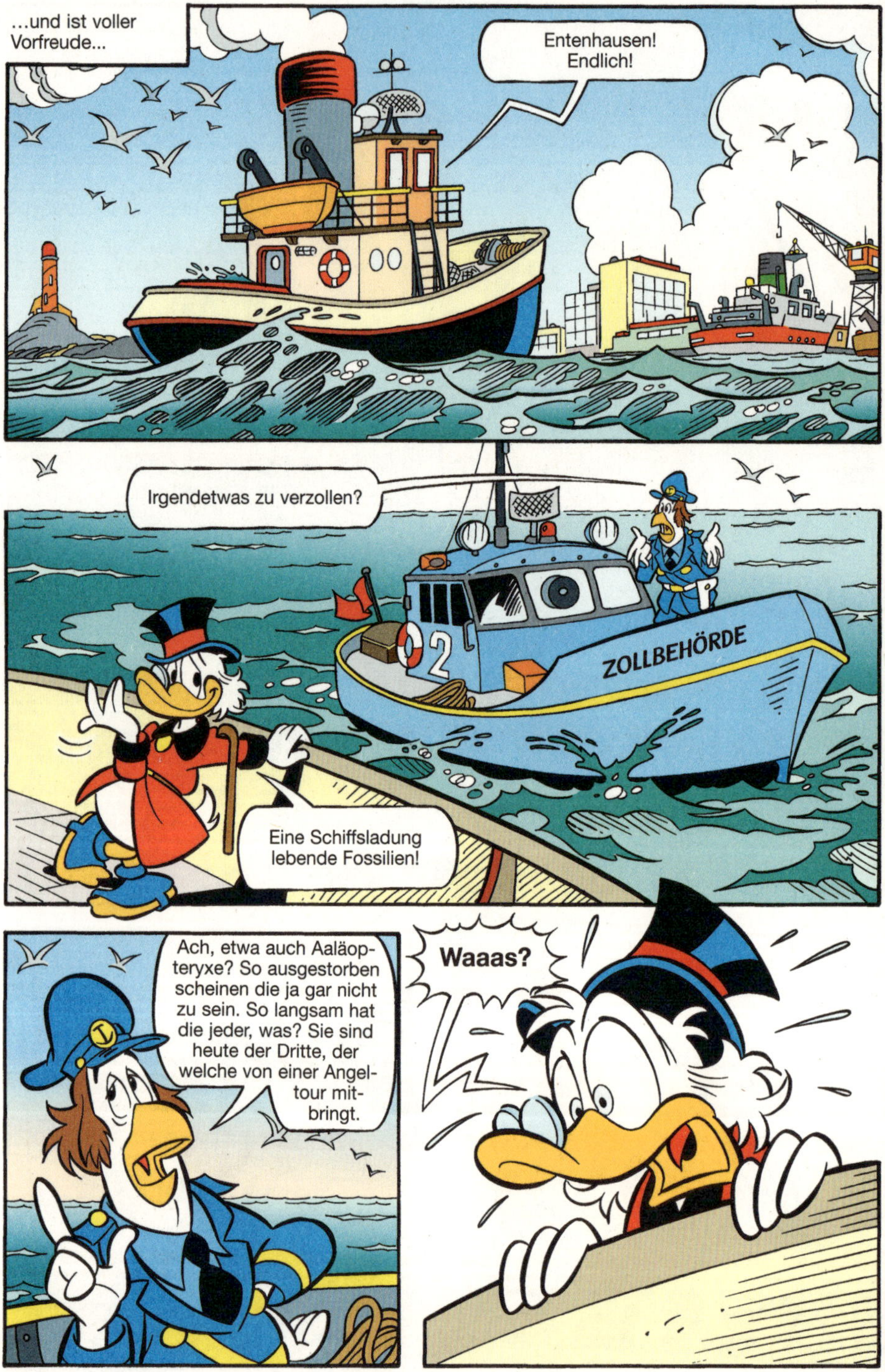
…und ist voller Vorfreude…
Entenhausen! Endlich!
Irgendetwas zu verzollen?
ZOLLBEHÖRDE
Eine Schiffsladung lebende Fossilien!
Ach, etwa auch Aaläopteryxe? So ausgestorben scheinen die ja gar nicht zu sein. So langsam hat die jeder, was? Sie sind heute der Dritte, der welche von einer Angeltour mitbringt.
Waaas?

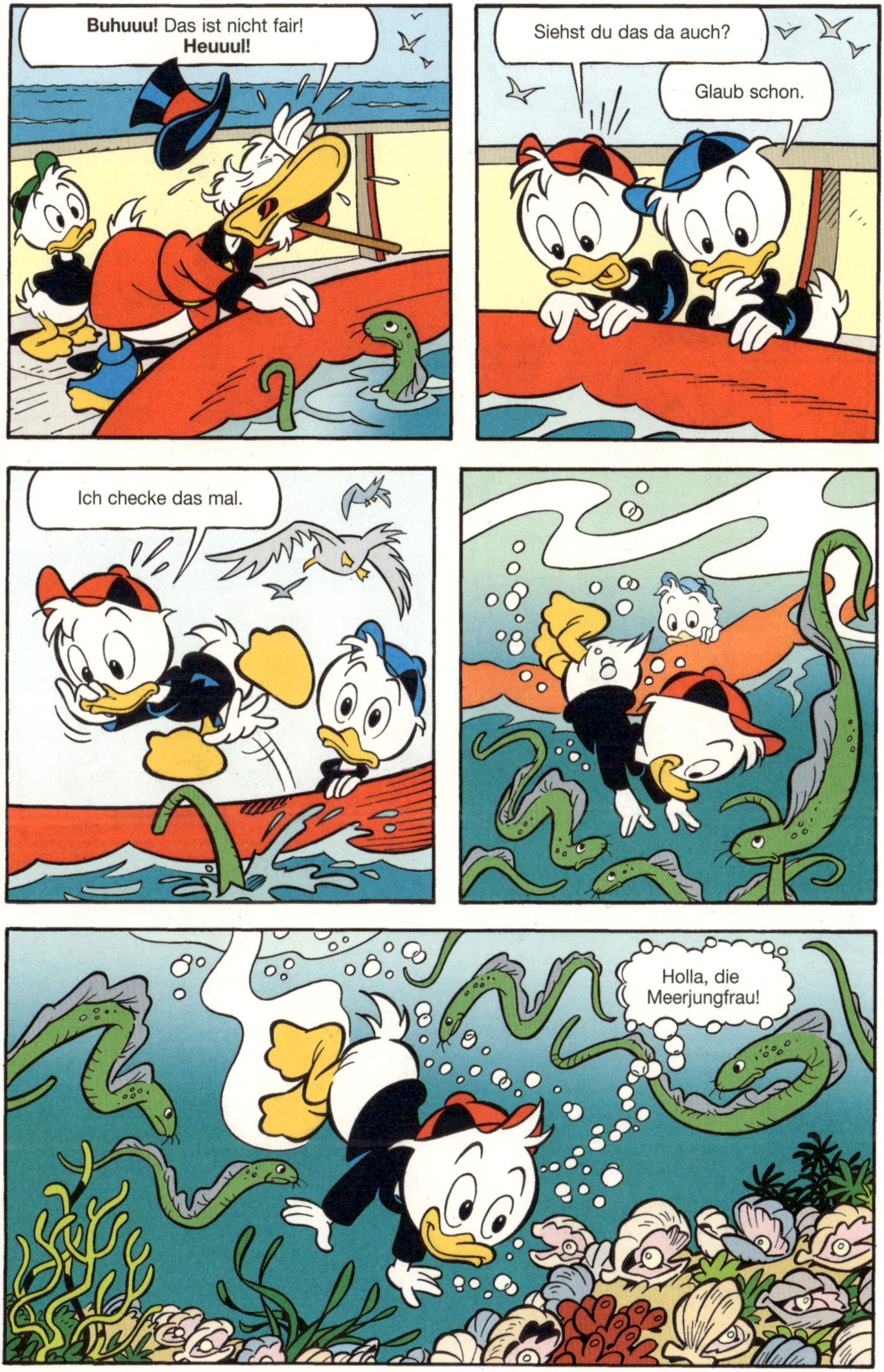
Buhuuu! Das ist nicht fair! **Heuuul!**
Siehst du das da auch?
Glaub schon.
Ich checke das mal.
Holla, die Meerjungfrau!

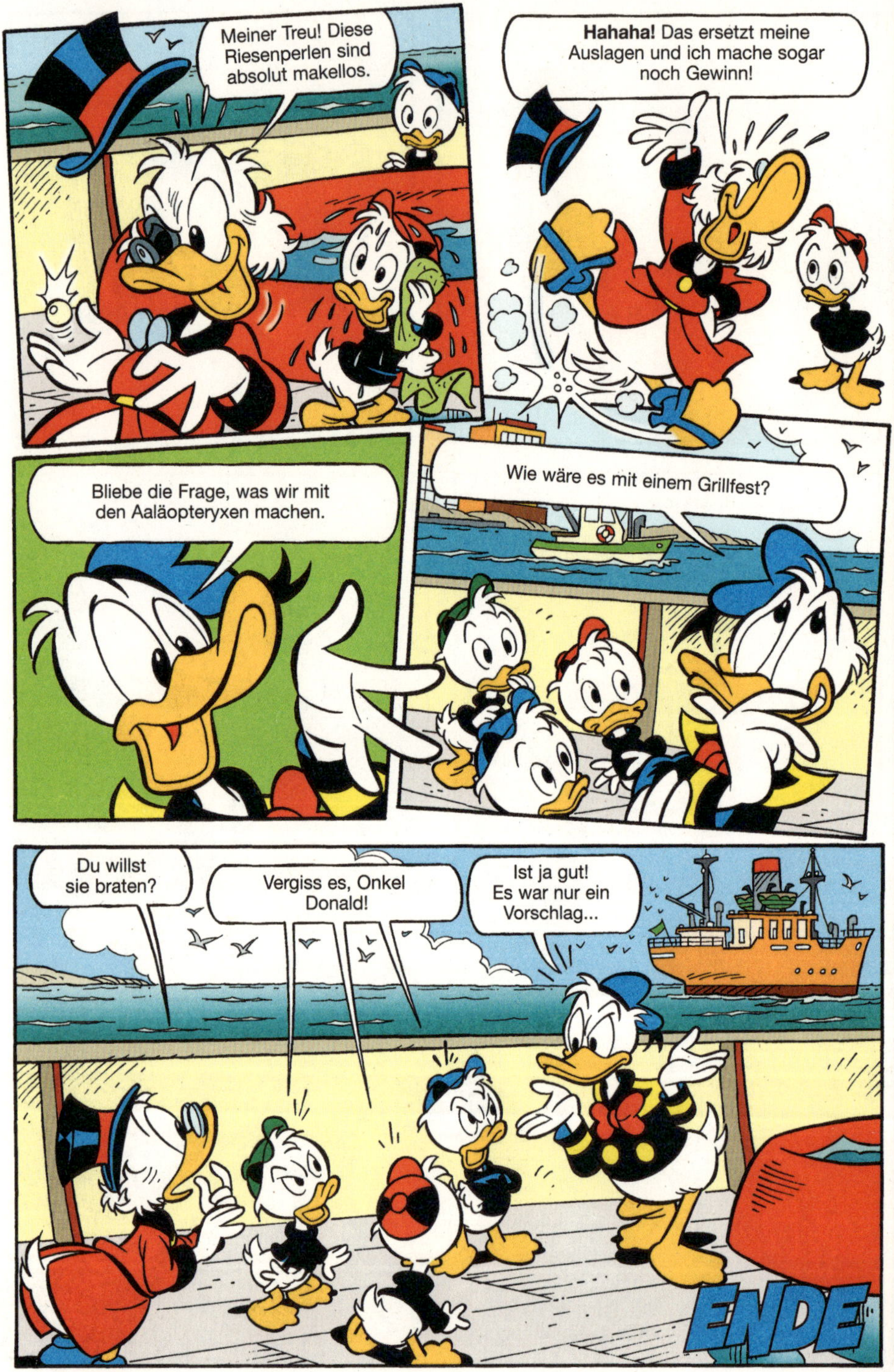

Meiner Treu! Diese Riesenperlen sind absolut makellos.
Hahaha! Das ersetzt meine Auslagen und ich mache sogar noch Gewinn!
Bliebe die Frage, was wir mit den Aaläopteryxen machen.
Wie wäre es mit einem Grillfest?
Du willst sie braten?
Vergiss es, Onkel Donald!
Ist ja gut! Es war nur ein Vorschlag...
ENDE

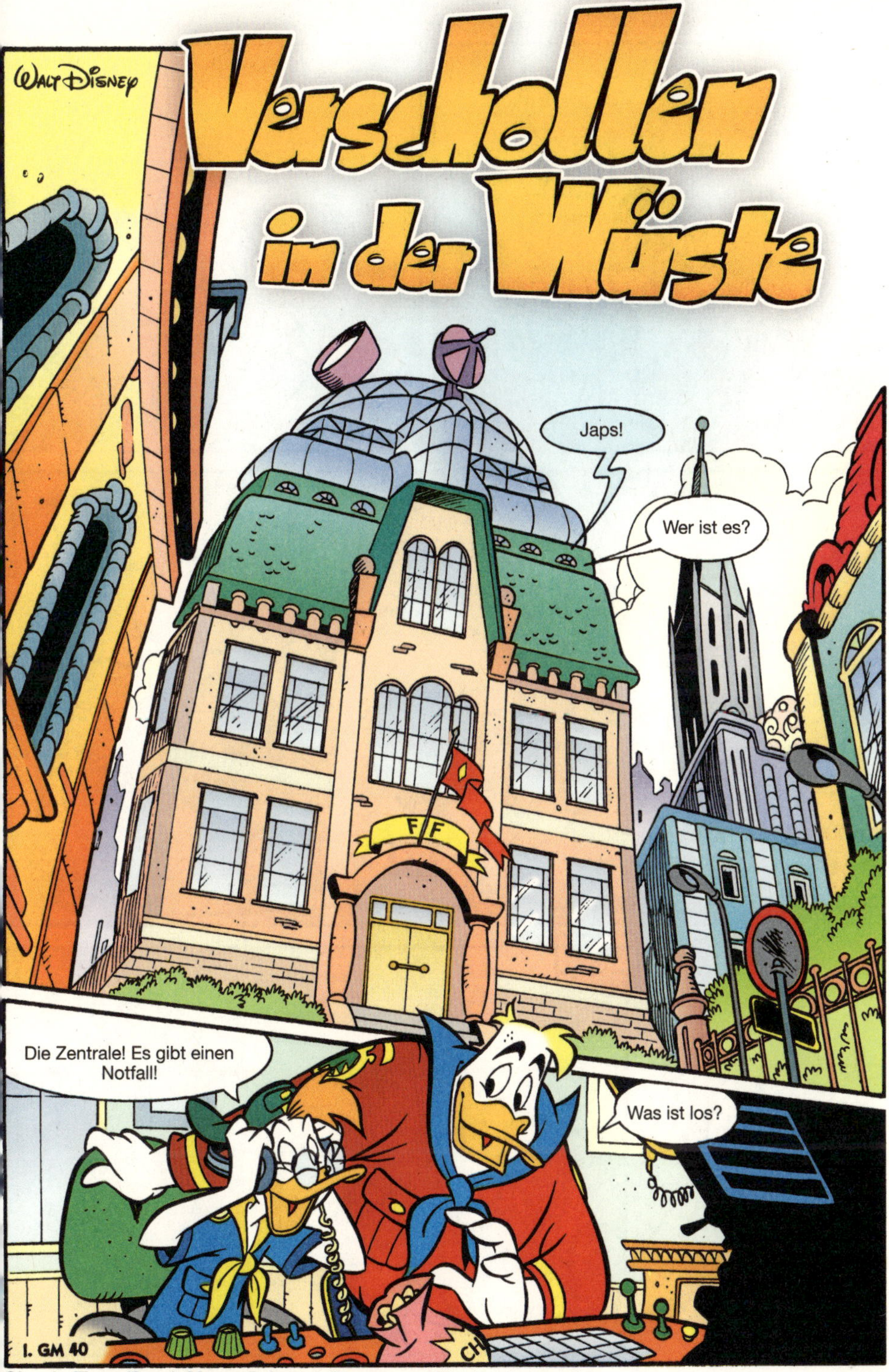

Giorgio Figus (Story), **Marco Palazzi** & **Gianmarco Villa** (Zeichnungen)

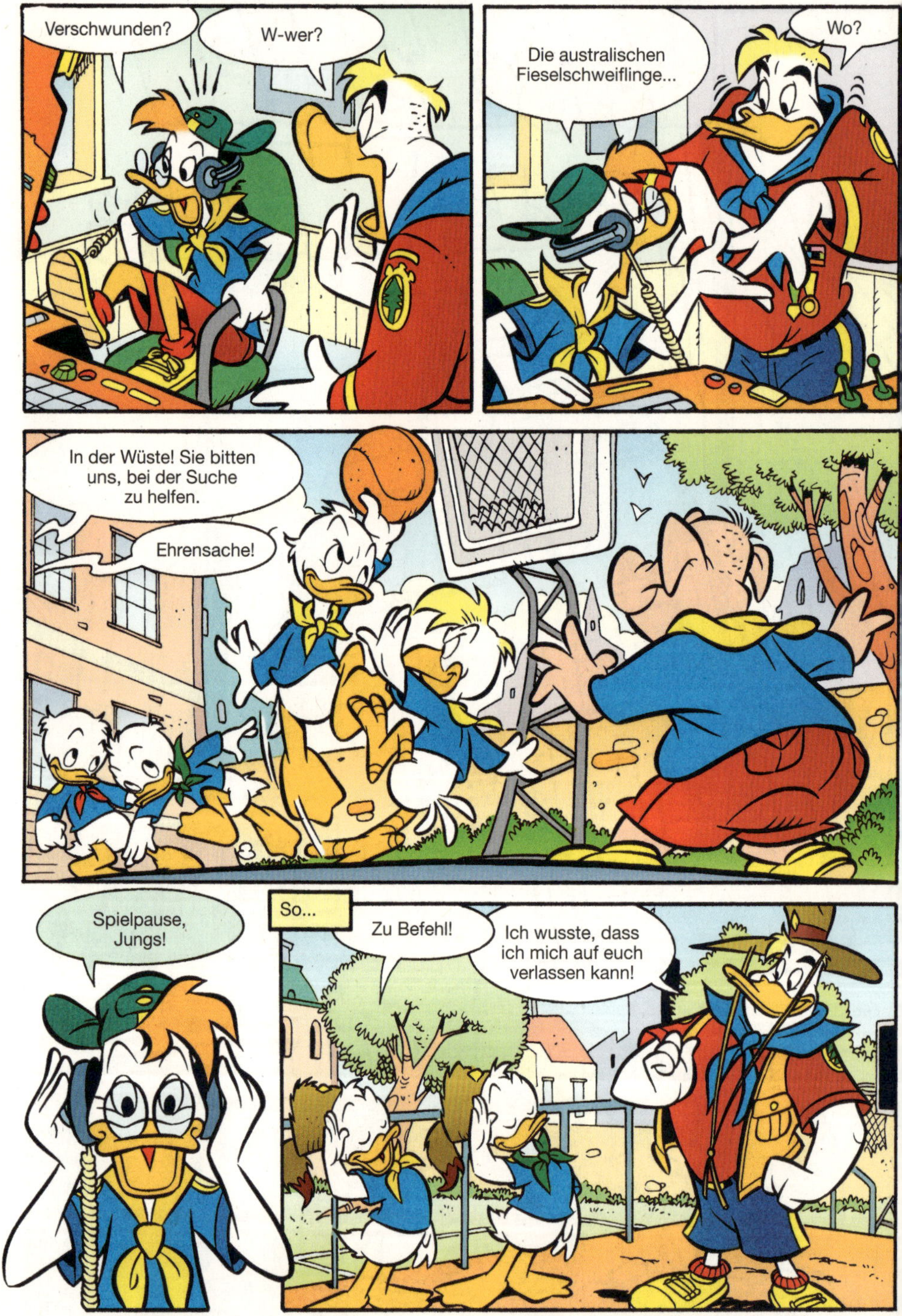
Verschwunden?
W-wer?
Die australischen Fieselschweiflinge...
Wo?
In der Wüste! Sie bitten uns, bei der Suche zu helfen.
Ehrensache!
Spielpause, Jungs!
So...
Zu Befehl!
Ich wusste, dass ich mich auf euch verlassen kann!

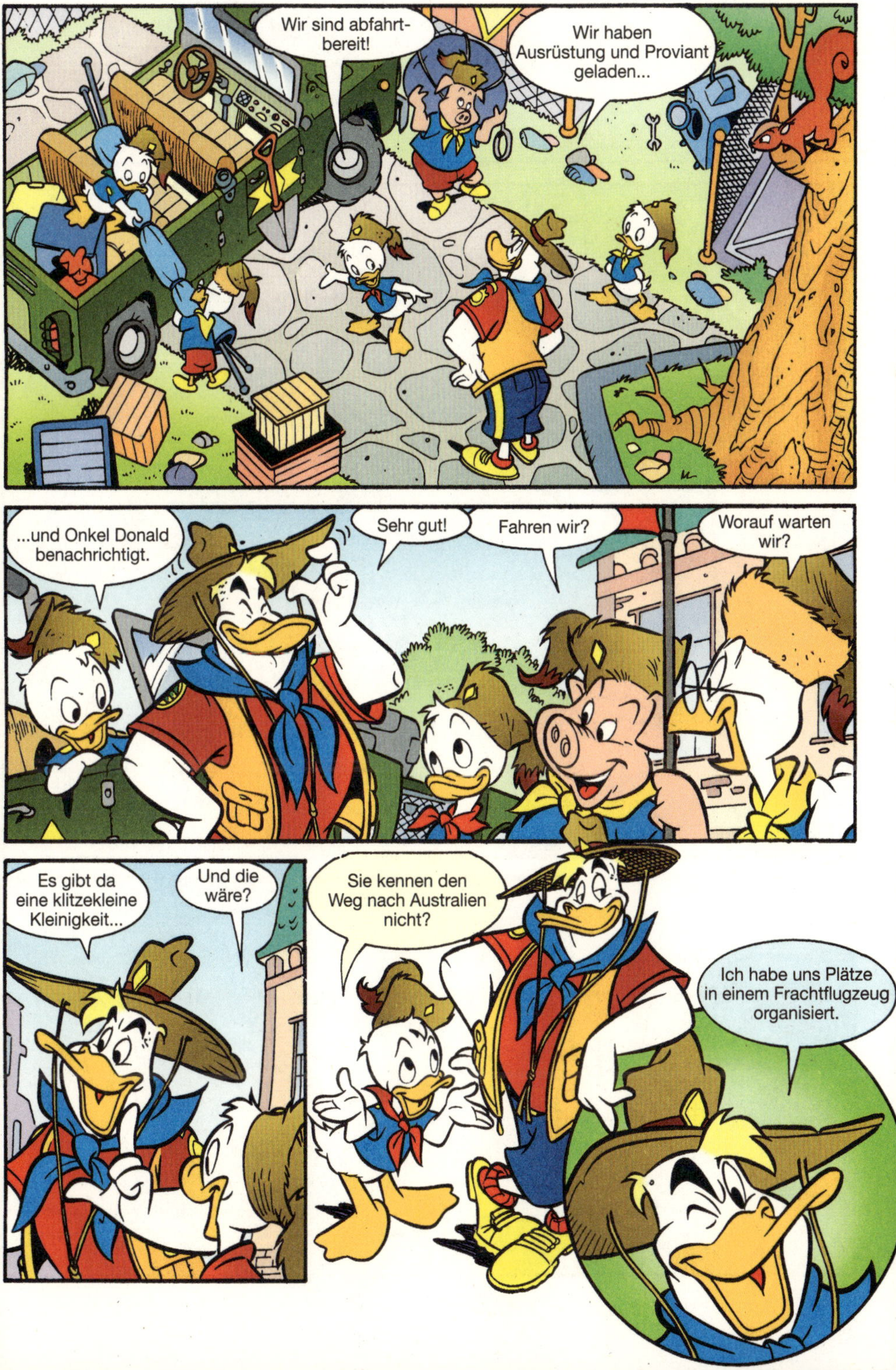
Wir sind abfahrt-
bereit!
Wir haben
Ausrüstung und Proviant
geladen...
...und Onkel Donald
benachrichtigt.
Sehr gut!
Fahren wir?
Worauf warten
wir?
Es gibt da
eine klitzekleine
Kleinigkeit...
Und die
wäre?
Sie kennen den
Weg nach Australien
nicht?
Ich habe uns Plätze
in einem Frachtflugzeug
organisiert.

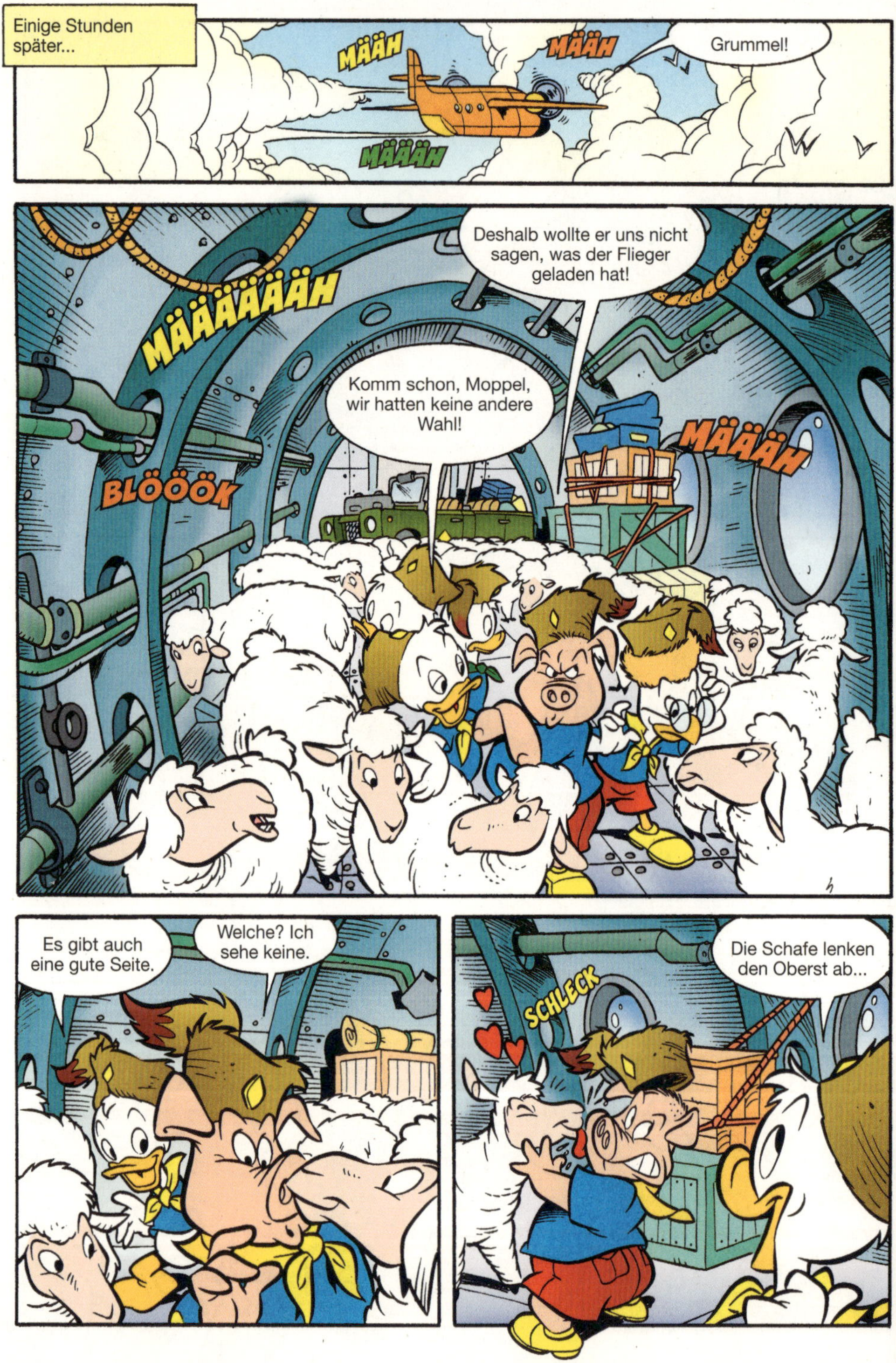
Einige Stunden später...
MÄÄH
MÄÄH
MÄÄÄH
Grummel!
MÄÄÄÄÄÄH
Deshalb wollte er uns nicht sagen, was der Flieger geladen hat!
Komm schon, Moppel, wir hatten keine andere Wahl!
MÄÄÄH
BLÖÖÖK
Es gibt auch eine gute Seite.
Welche? Ich sehe keine.
SCHLECK
Die Schafe lenken den Oberst ab...

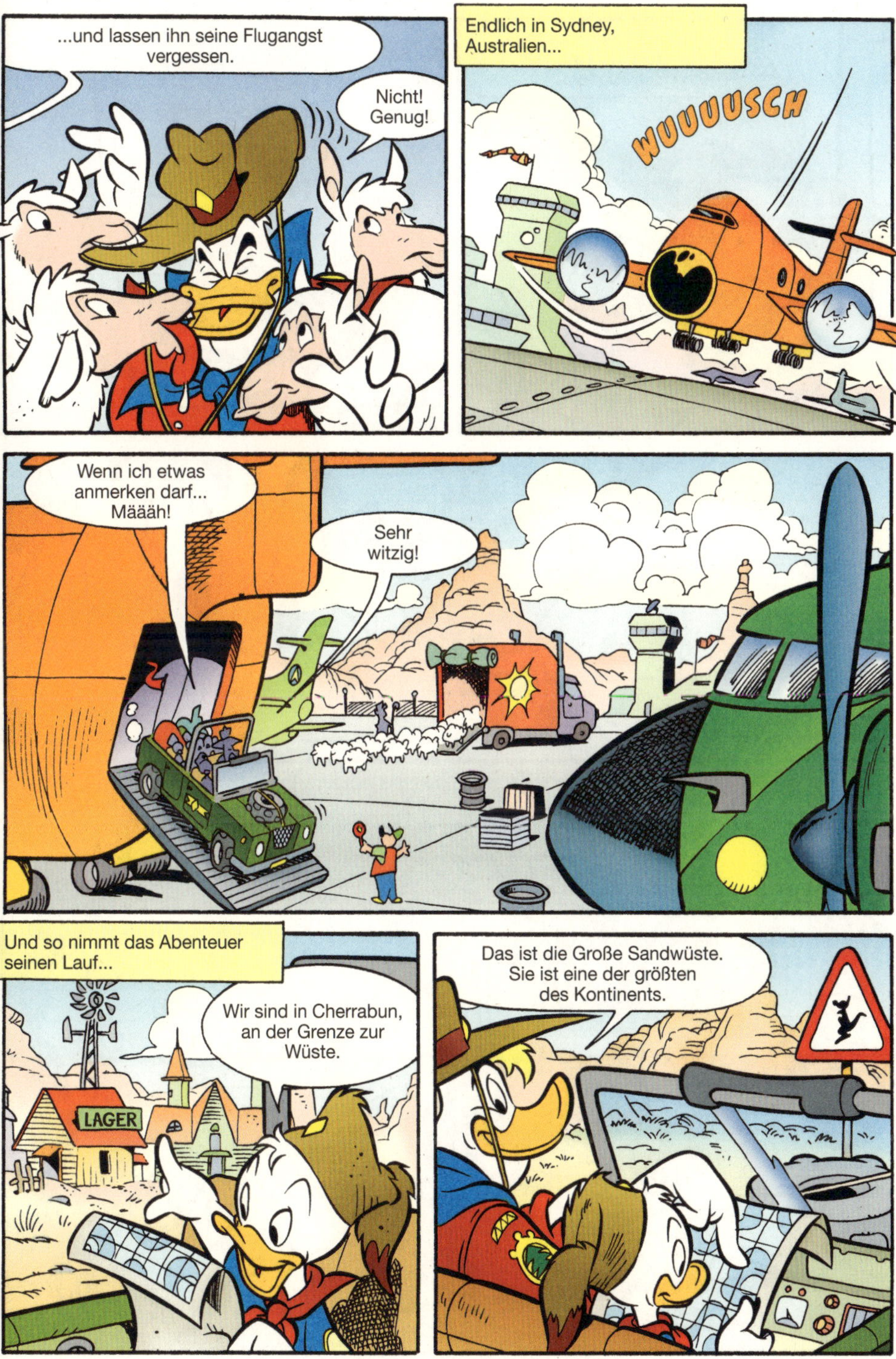
...und lassen ihn seine Flugangst vergessen.
Nicht! Genug!
Endlich in Sydney, Australien...
WUUUUSCH
Wenn ich etwas anmerken darf... Määäh!
Sehr witzig!
Und so nimmt das Abenteuer seinen Lauf...
Wir sind in Cherrabun, an der Grenze zur Wüste.
LAGER
Das ist die Große Sandwüste. Sie ist eine der größten des Kontinents.

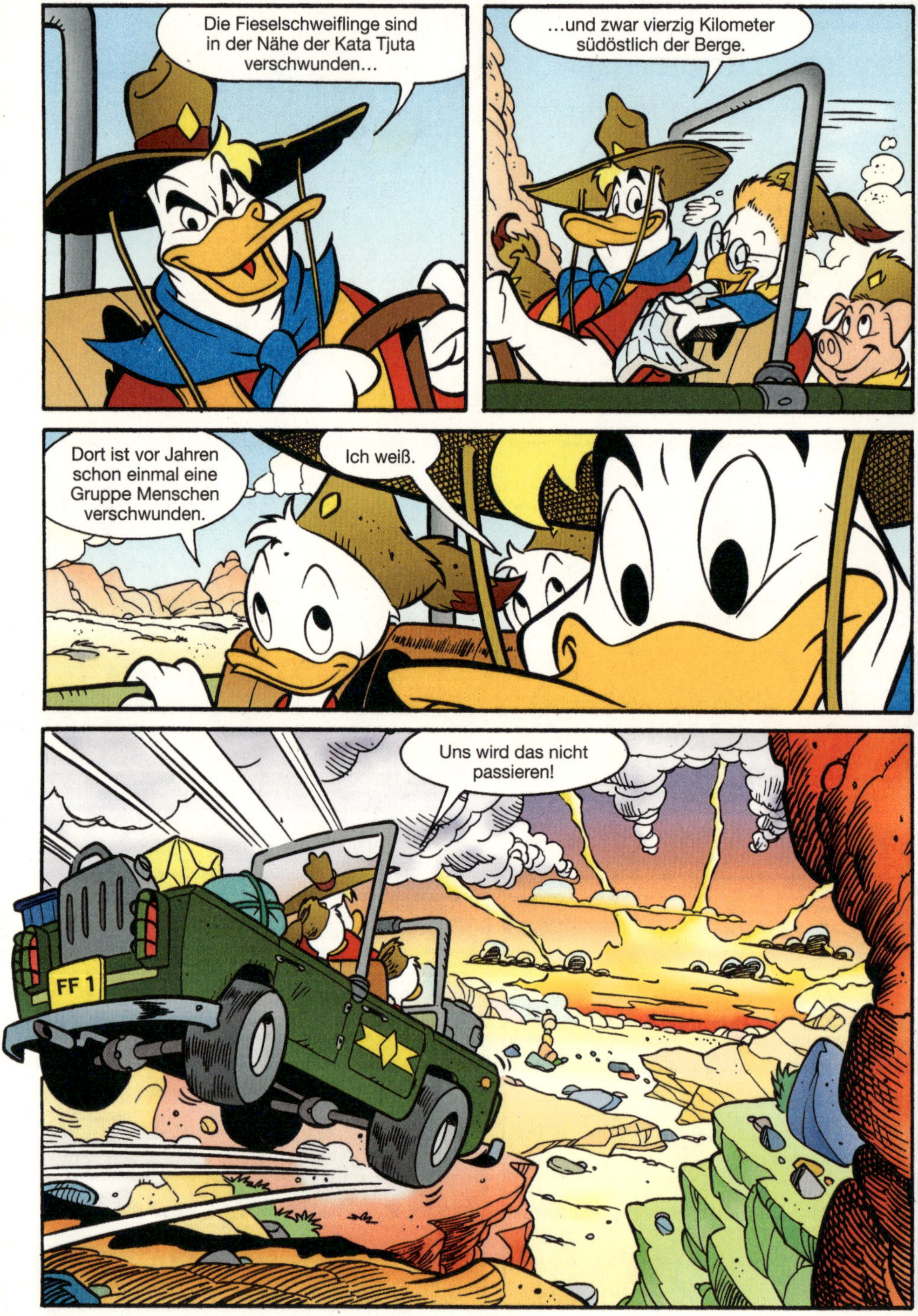
Die Fieselschweiflinge sind in der Nähe der Kata Tjuta verschwunden…
…und zwar vierzig Kilometer südöstlich der Berge.
Dort ist vor Jahren schon einmal eine Gruppe Menschen verschwunden.
Ich weiß.
Uns wird das nicht passieren!
FF 1

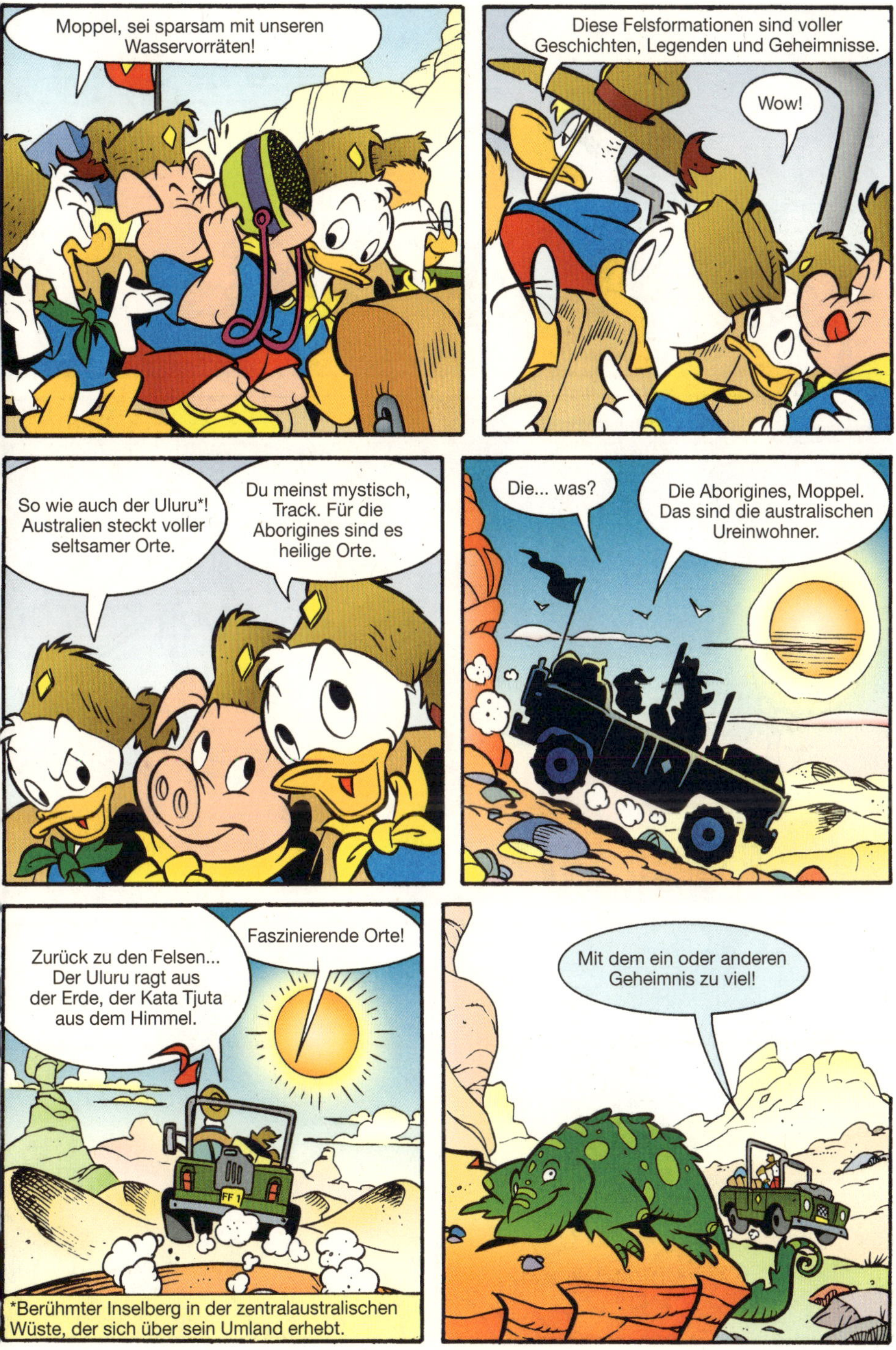

*Berühmter Inselberg in der zentralaustralischen Wüste, der sich über sein Umland erhebt.

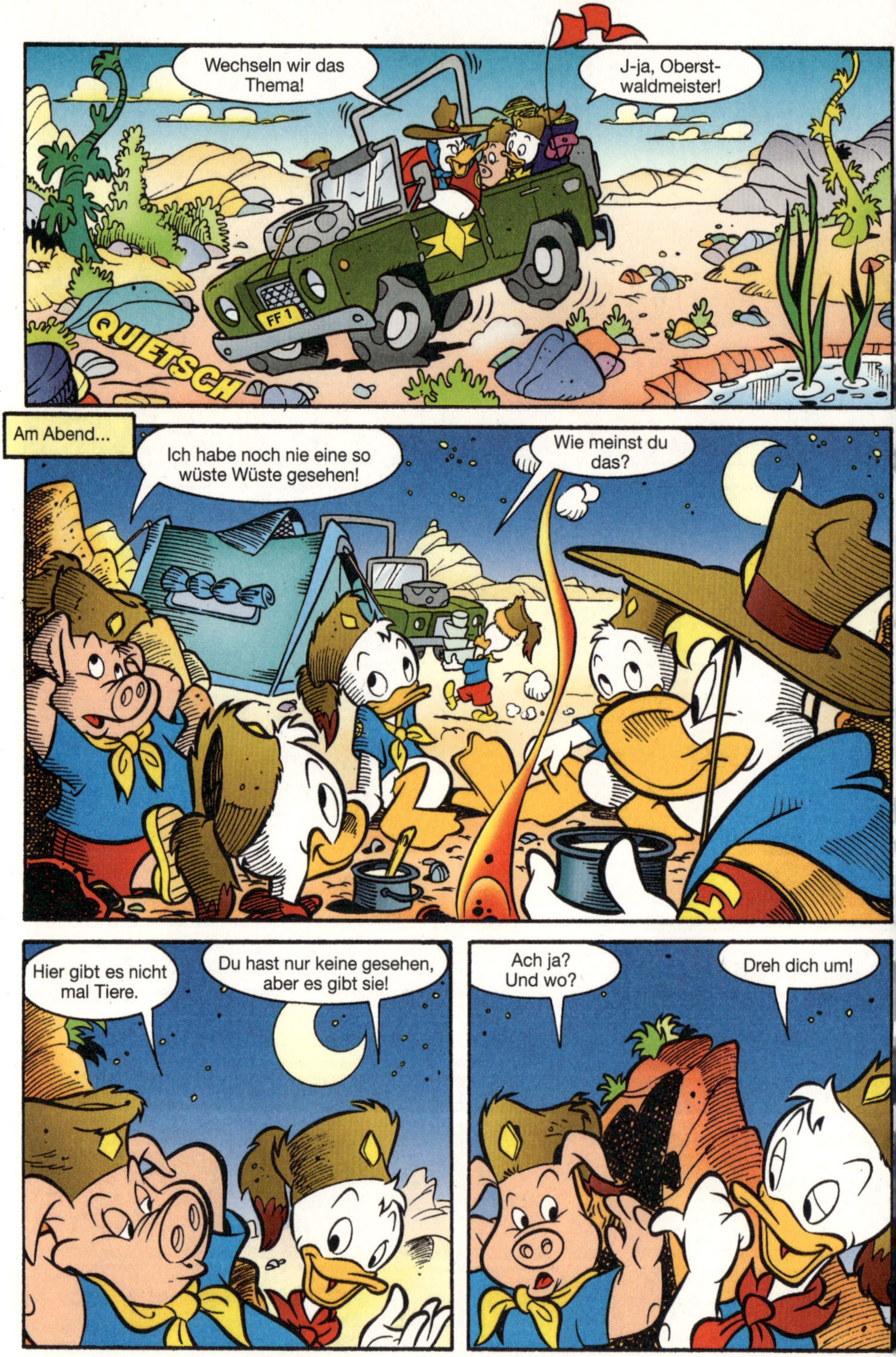
Wechseln wir das Thema!
J-ja, Oberst-waldmeister!
QUIETSCH
FF 1
Am Abend...
Ich habe noch nie eine so wüste Wüste gesehen!
Wie meinst du das?
Hier gibt es nicht mal Tiere.
Du hast nur keine gesehen, aber es gibt sie!
Ach ja? Und wo?
Dreh dich um!

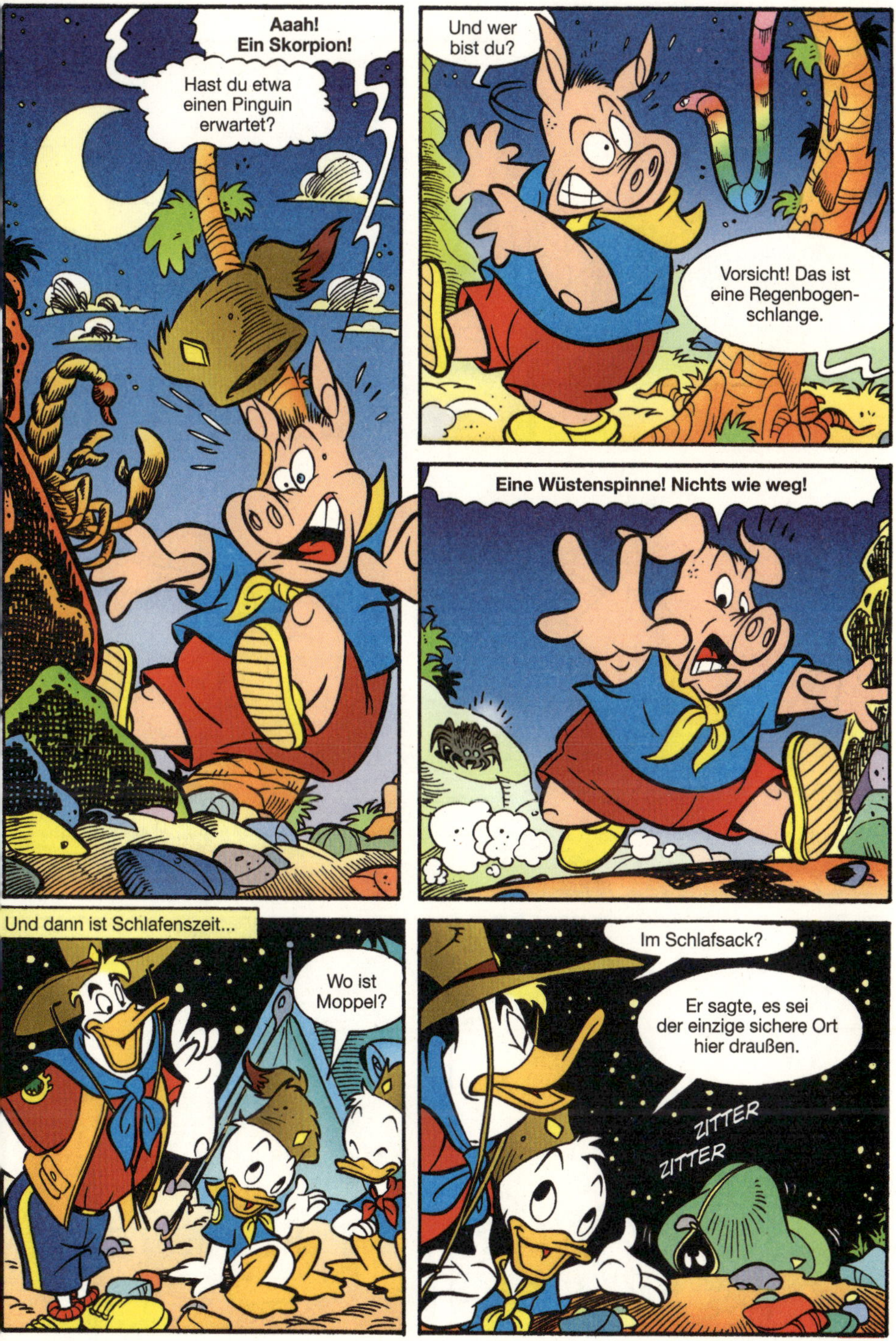
Aaah! Ein Skorpion!
Hast du etwa einen Pinguin erwartet?
Und wer bist du?
Vorsicht! Das ist eine Regenbogen-schlange.
Eine Wüstenspinne! Nichts wie weg!
Und dann ist Schlafenszeit...
Wo ist Moppel?
Im Schlafsack?
Er sagte, es sei der einzige sichere Ort hier draußen.
ZITTER
ZITTER

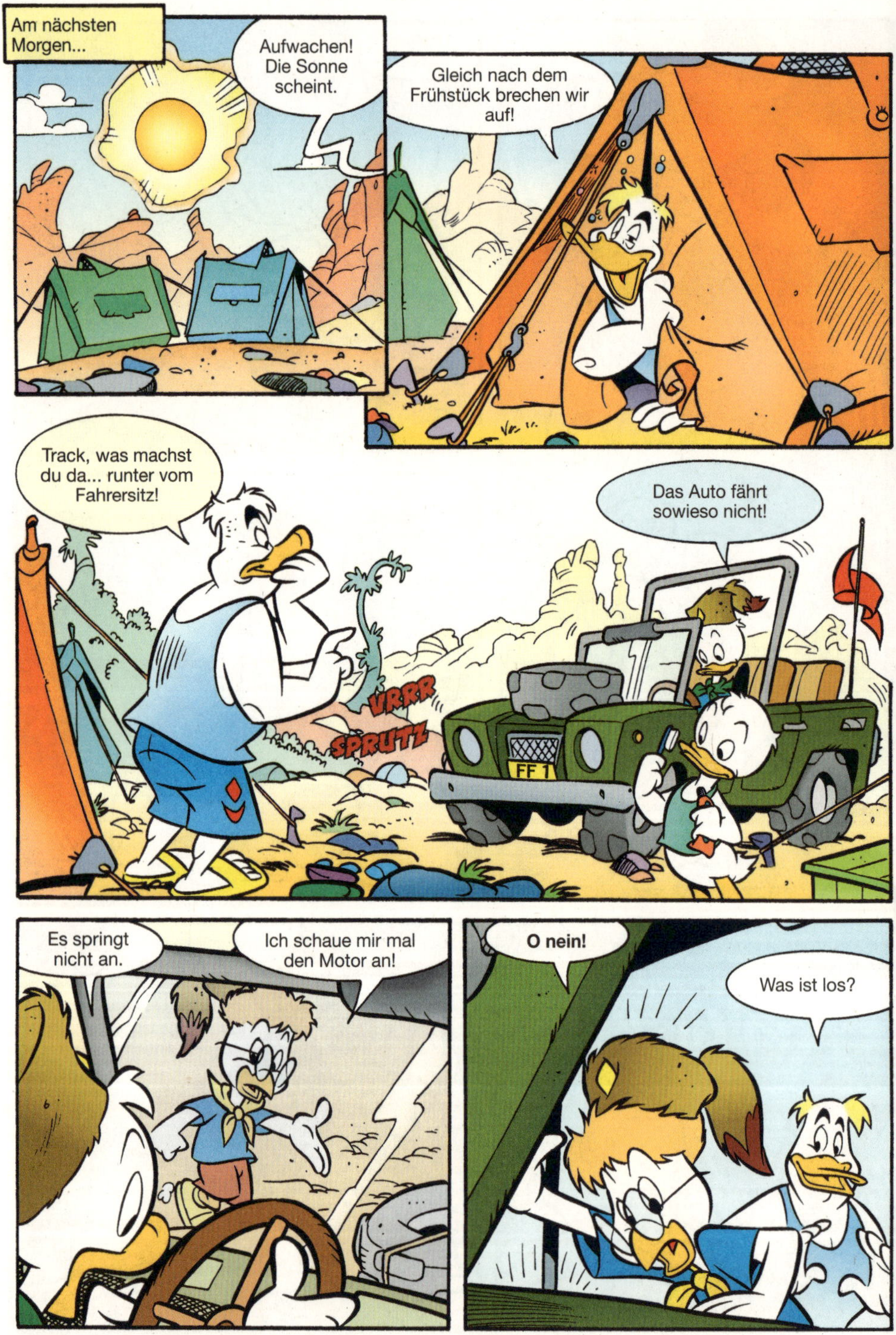
Am nächsten Morgen...
Aufwachen! Die Sonne scheint.
Gleich nach dem Frühstück brechen wir auf!
Track, was machst du da... runter vom Fahrersitz!
Das Auto fährt sowieso nicht!
VRRR
SPRUTZ
FF 1
Es springt nicht an.
Ich schaue mir mal den Motor an!
O nein!
Was ist los?

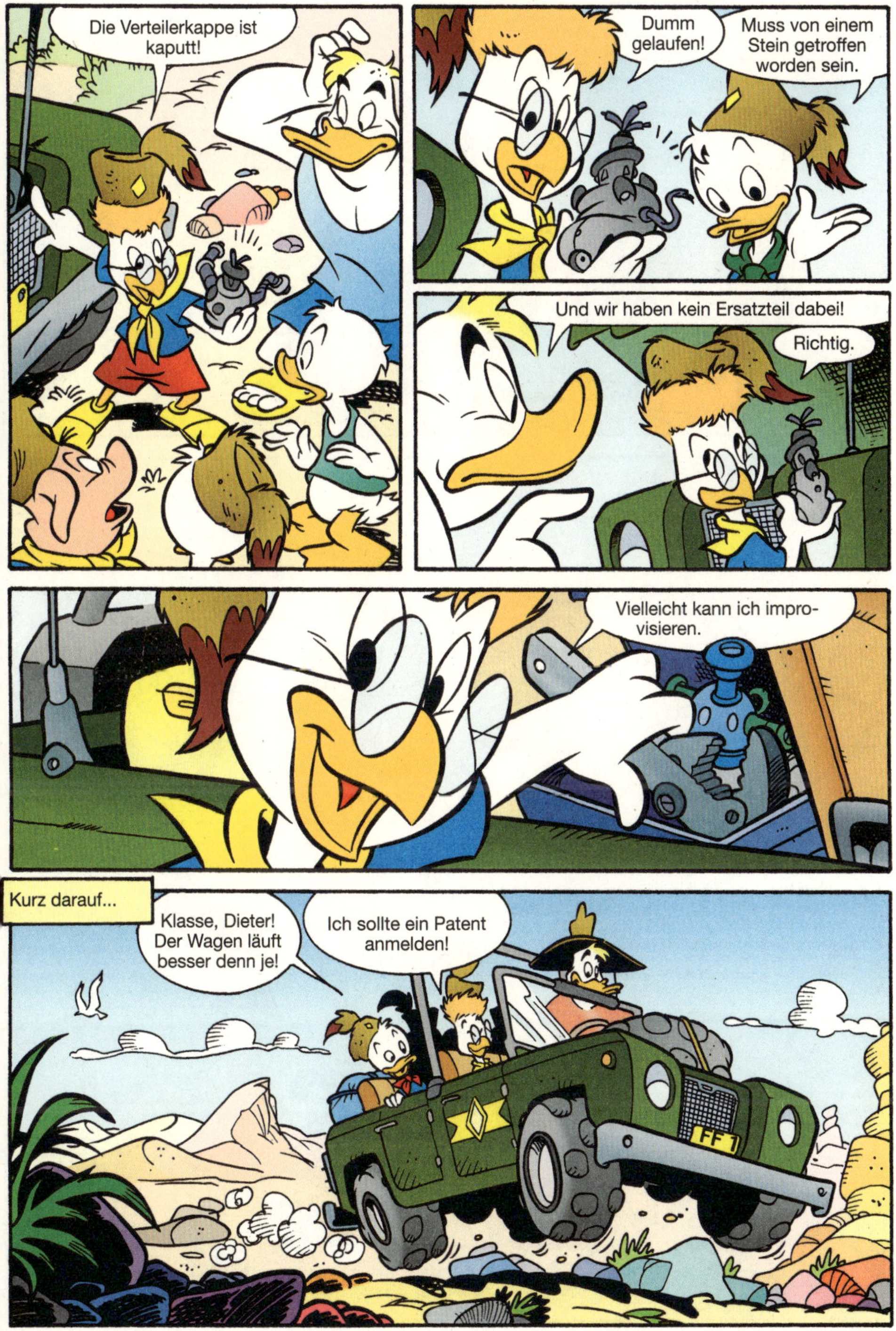
Die Verteilerkappe ist kaputt!
Dumm gelaufen!
Muss von einem Stein getroffen worden sein.
Und wir haben kein Ersatzteil dabei!
Richtig.
Vielleicht kann ich improvisieren.
Kurz darauf...
Klasse, Dieter! Der Wagen läuft besser denn je!
Ich sollte ein Patent anmelden!
FF 1

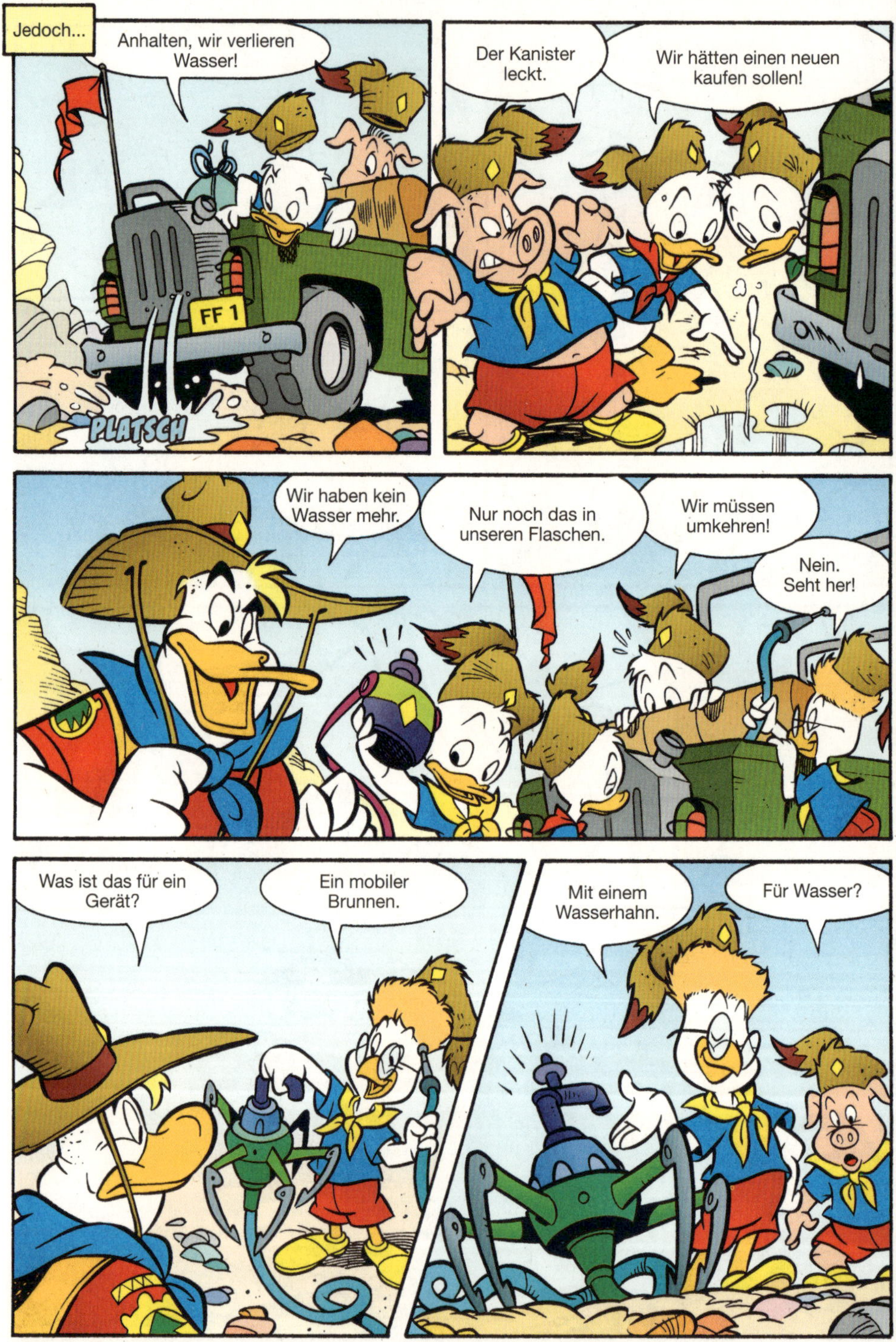
Jedoch...
Anhalten, wir verlieren Wasser!
PLATSCH
Der Kanister leckt.
Wir hätten einen neuen kaufen sollen!
Wir haben kein Wasser mehr.
Nur noch das in unseren Flaschen.
Wir müssen umkehren!
Nein. Seht her!
Was ist das für ein Gerät?
Ein mobiler Brunnen.
Mit einem Wasserhahn.
Für Wasser?

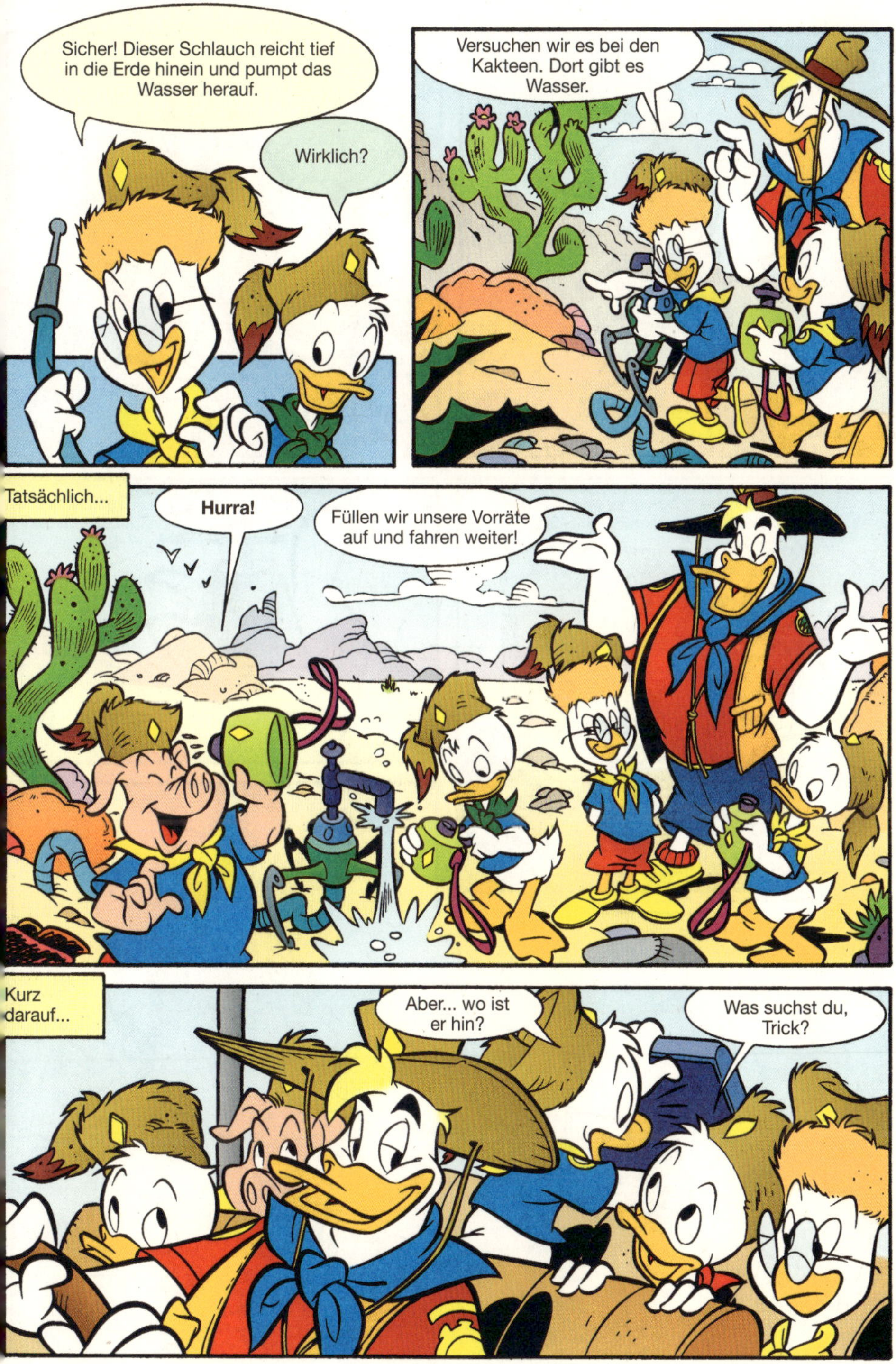
Sicher! Dieser Schlauch reicht tief in die Erde hinein und pumpt das Wasser herauf.
Wirklich?
Versuchen wir es bei den Kakteen. Dort gibt es Wasser.
Tatsächlich...
Hurra!
Füllen wir unsere Vorräte auf und fahren weiter!
Kurz darauf...
Aber... wo ist er hin?
Was suchst du, Trick?

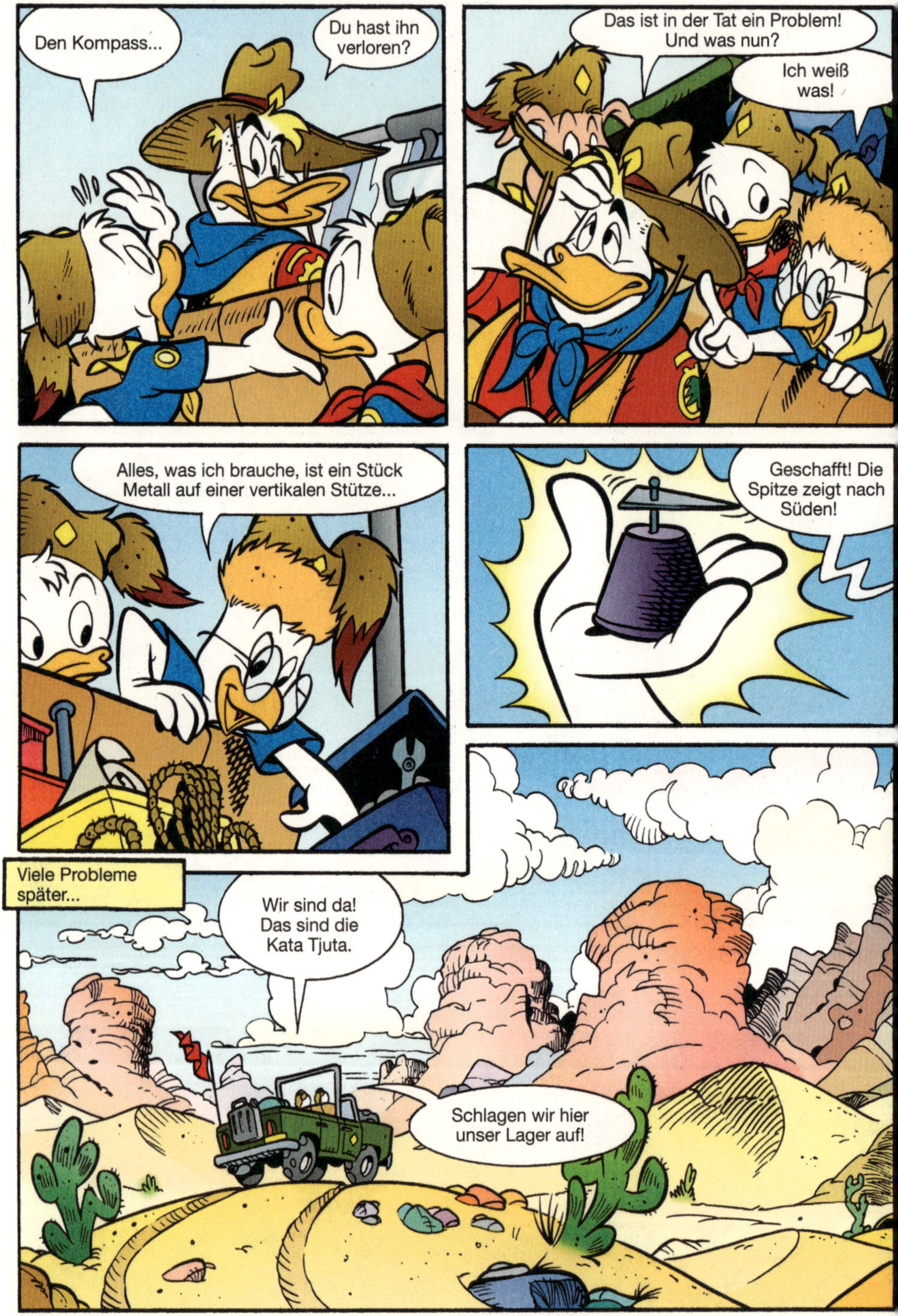

Den Kompass...
Du hast ihn verloren?
Das ist in der Tat ein Problem! Und was nun?
Ich weiß was!
Alles, was ich brauche, ist ein Stück Metall auf einer vertikalen Stütze...
Geschafft! Die Spitze zeigt nach Süden!
Viele Probleme später...
Wir sind da! Das sind die Kata Tjuta.
Schlagen wir hier unser Lager auf!

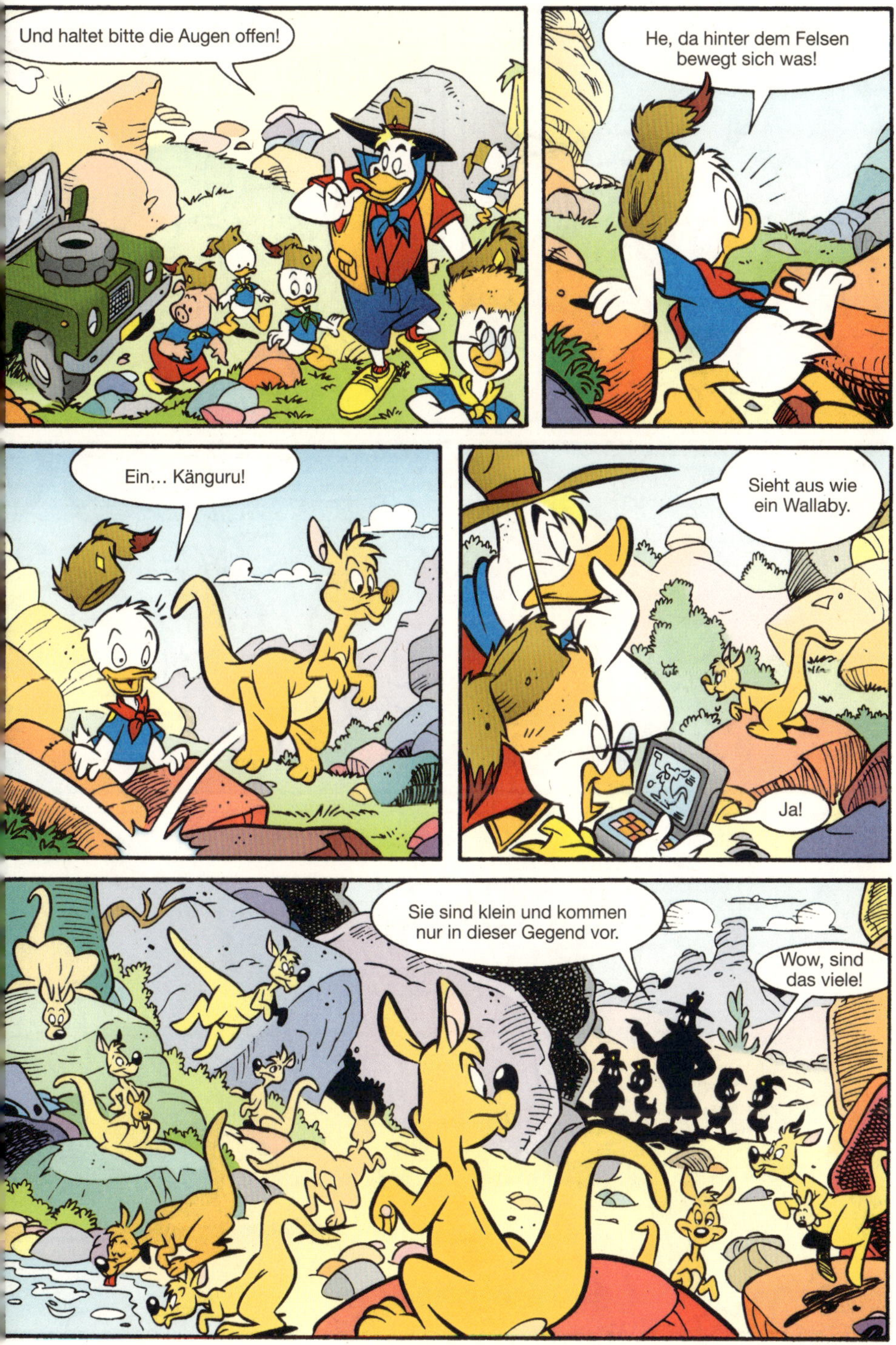
Und haltet bitte die Augen offen!
He, da hinter dem Felsen bewegt sich was!
Ein… Känguru!
Sieht aus wie ein Wallaby.
Ja!
Sie sind klein und kommen nur in dieser Gegend vor.
Wow, sind das viele!

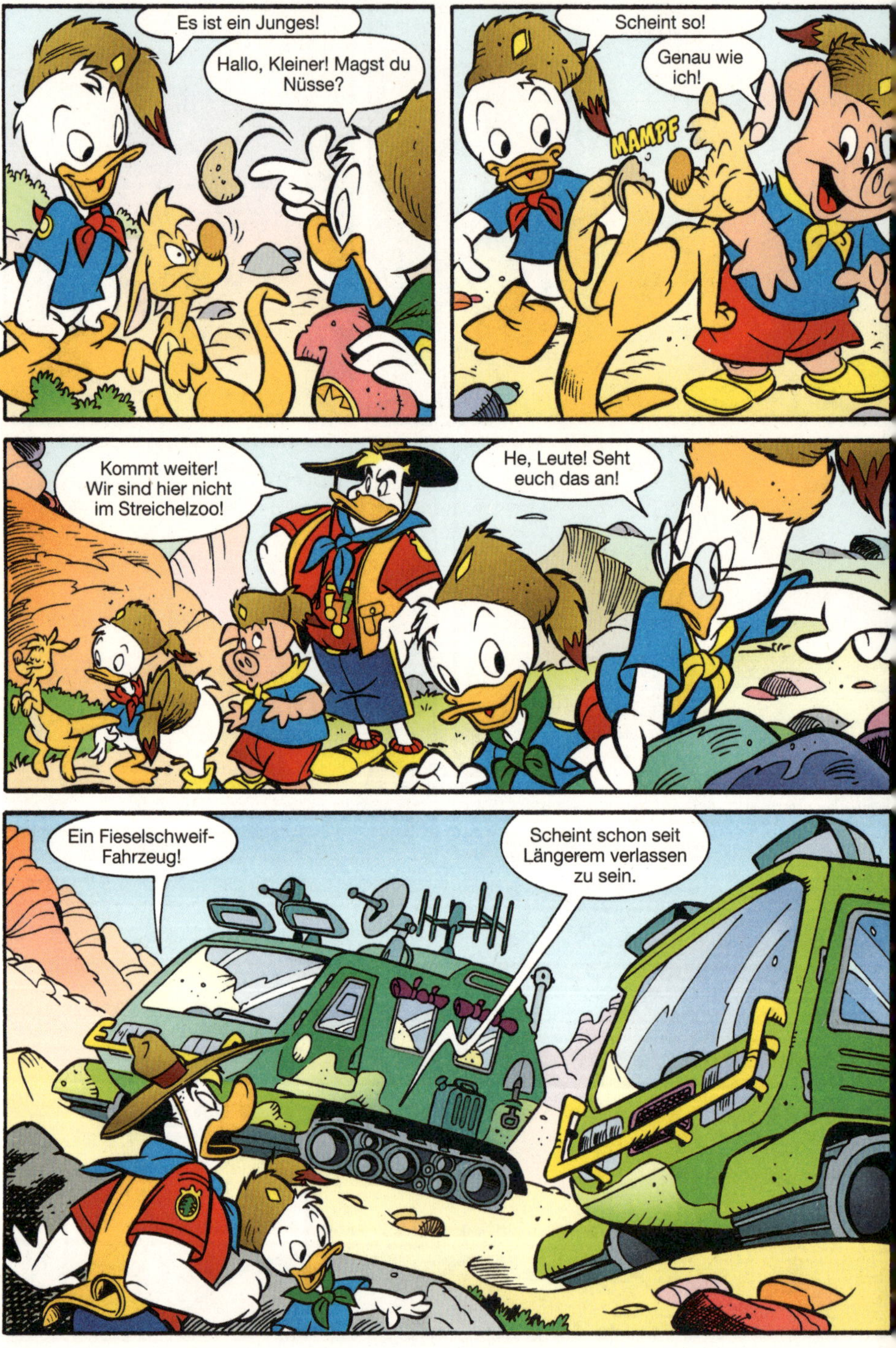
Es ist ein Junges!
Hallo, Kleiner! Magst du Nüsse?
Scheint so!
Genau wie ich!
MAMPF
Kommt weiter! Wir sind hier nicht im Streichelzoo!
He, Leute! Seht euch das an!
Ein Fieselschweif-Fahrzeug!
Scheint schon seit Längerem verlassen zu sein.

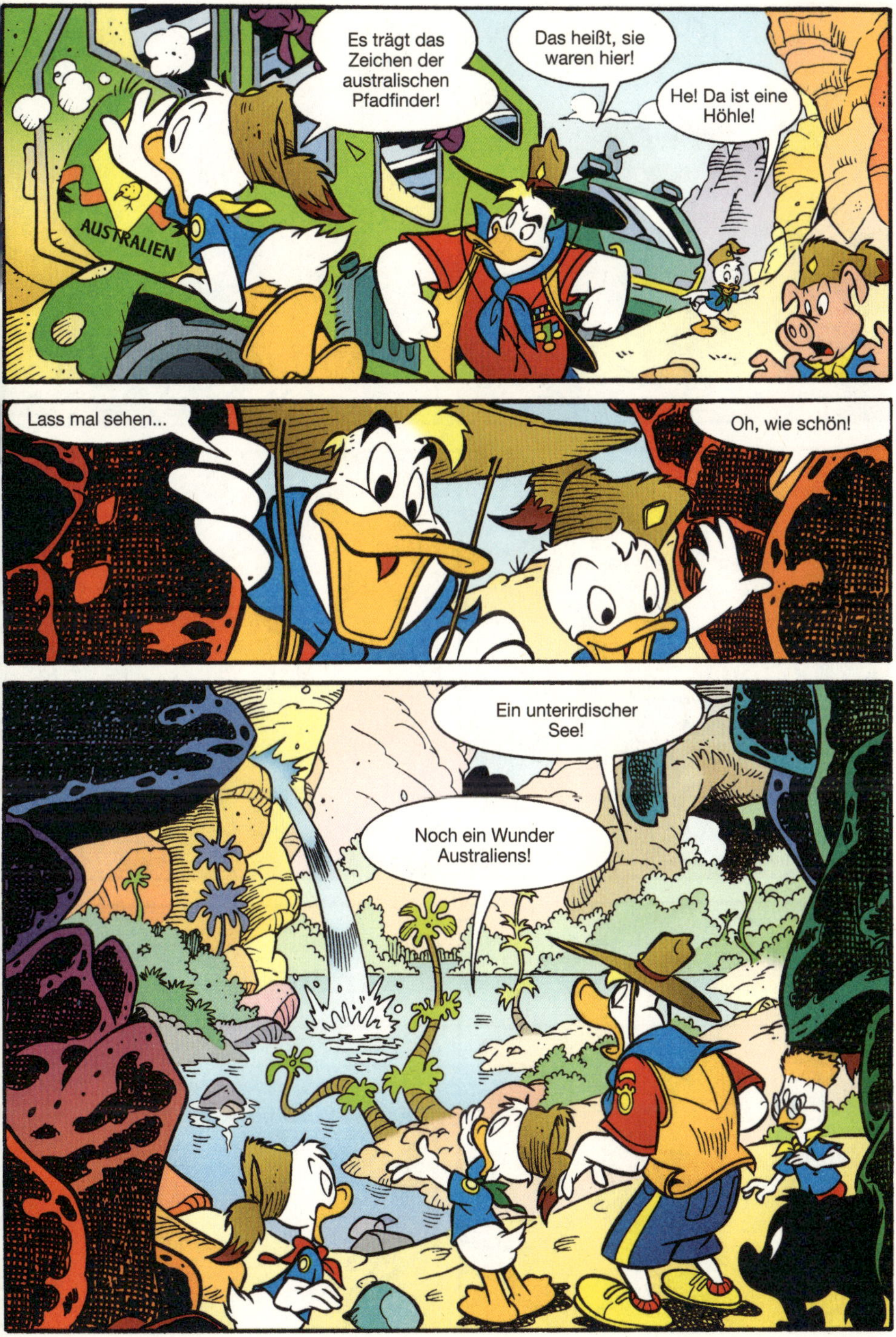
Es trägt das Zeichen der australischen Pfadfinder!
Das heißt, sie waren hier!
He! Da ist eine Höhle!
AUSTRALIEN
Lass mal sehen...
Oh, wie schön!
Ein unterirdischer See!
Noch ein Wunder Australiens!

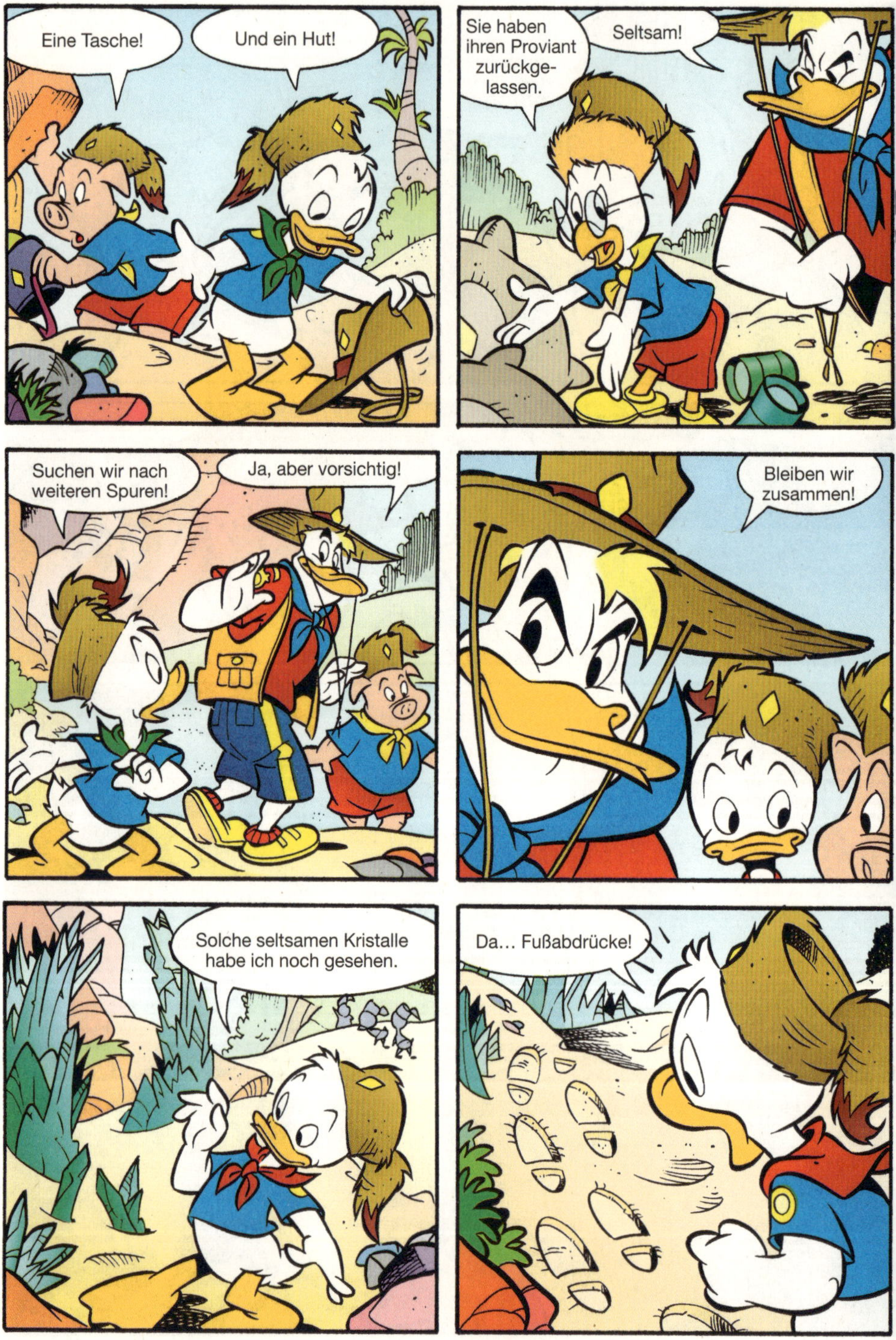
Eine Tasche!
Und ein Hut!
Sie haben ihren Proviant zurückgelassen.
Seltsam!
Suchen wir nach weiteren Spuren!
Ja, aber vorsichtig!
Bleiben wir zusammen!
Solche seltsamen Kristalle habe ich noch gesehen.
Da… Fußabdrücke!

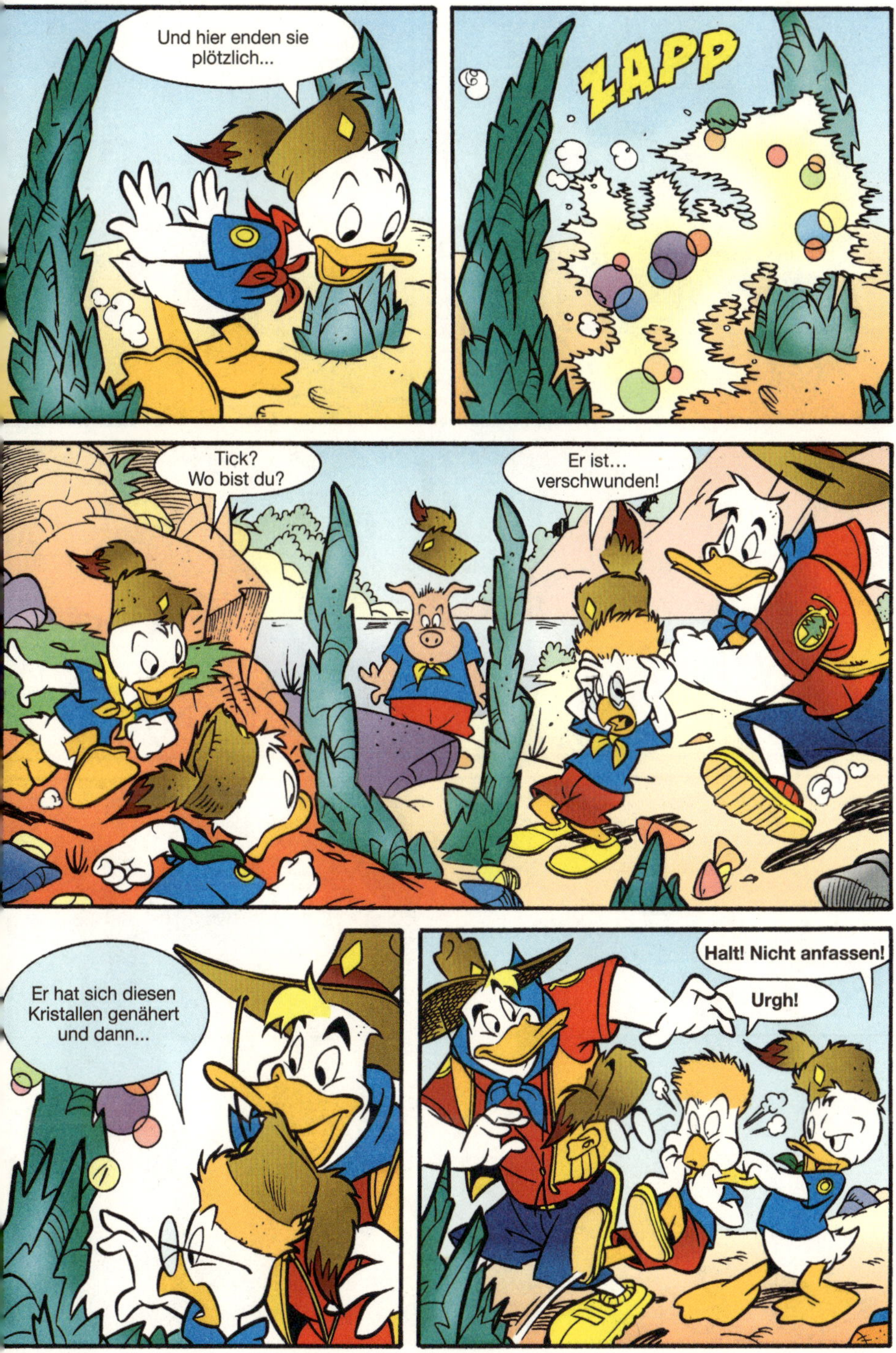
Und hier enden sie plötzlich...
ZAPP
Tick? Wo bist du?
Er ist... verschwunden!
Er hat sich diesen Kristallen genähert und dann...
Halt! Nicht anfassen!
Urgh!

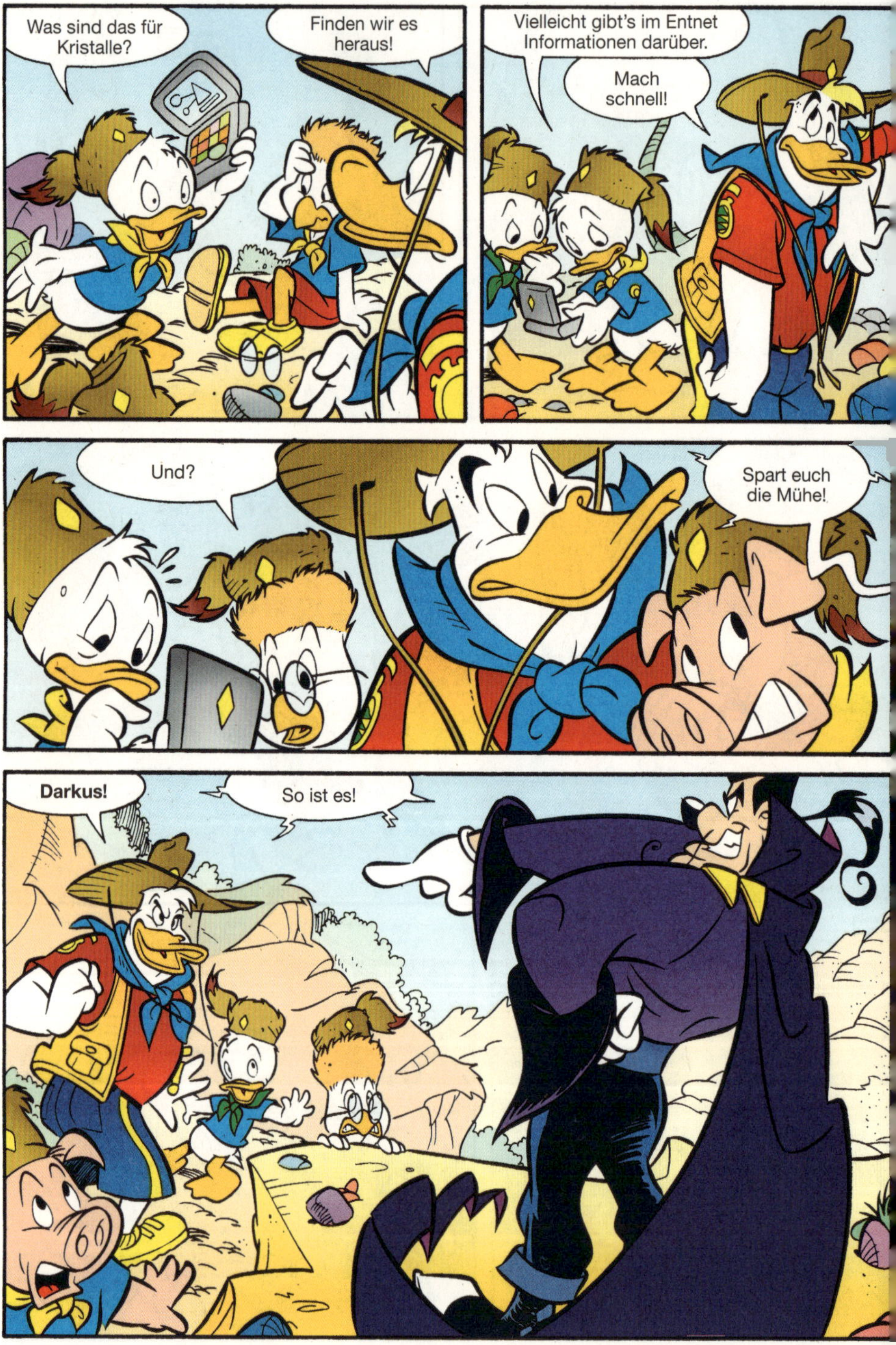
Was sind das für Kristalle?
Finden wir es heraus!
Vielleicht gibt's im Entnet Informationen darüber.
Mach schnell!
Und?
Spart euch die Mühe!
Darkus!
So ist es!

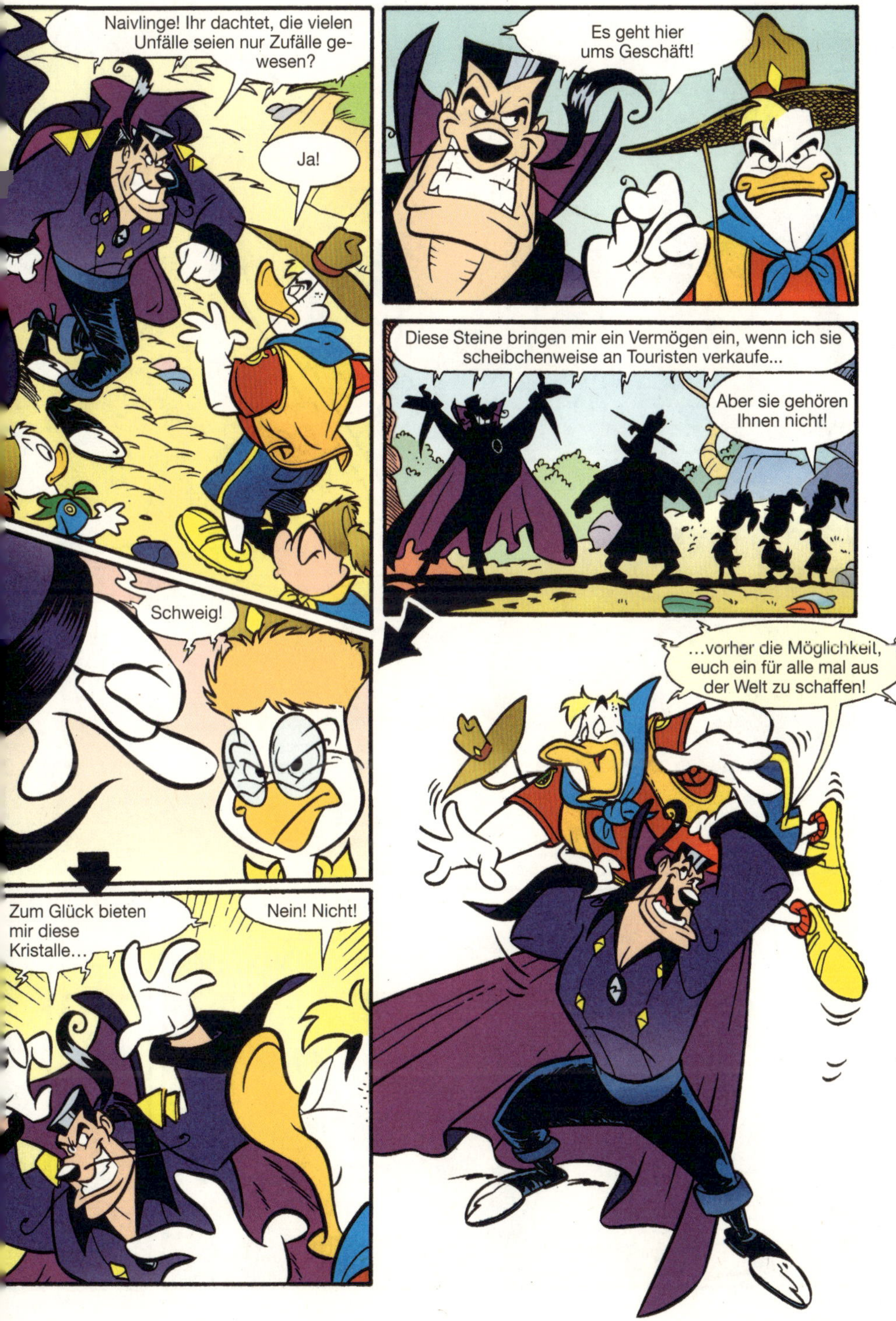

Naivlinge! Ihr dachtet, die vielen Unfälle seien nur Zufälle gewesen?
Ja!
Es geht hier ums Geschäft!
Diese Steine bringen mir ein Vermögen ein, wenn ich sie scheibchenweise an Touristen verkaufe...
Aber sie gehören Ihnen nicht!
Schweig!
Zum Glück bieten mir diese Kristalle…
Nein! Nicht!
…vorher die Möglichkeit, euch ein für alle mal aus der Welt zu schaffen!

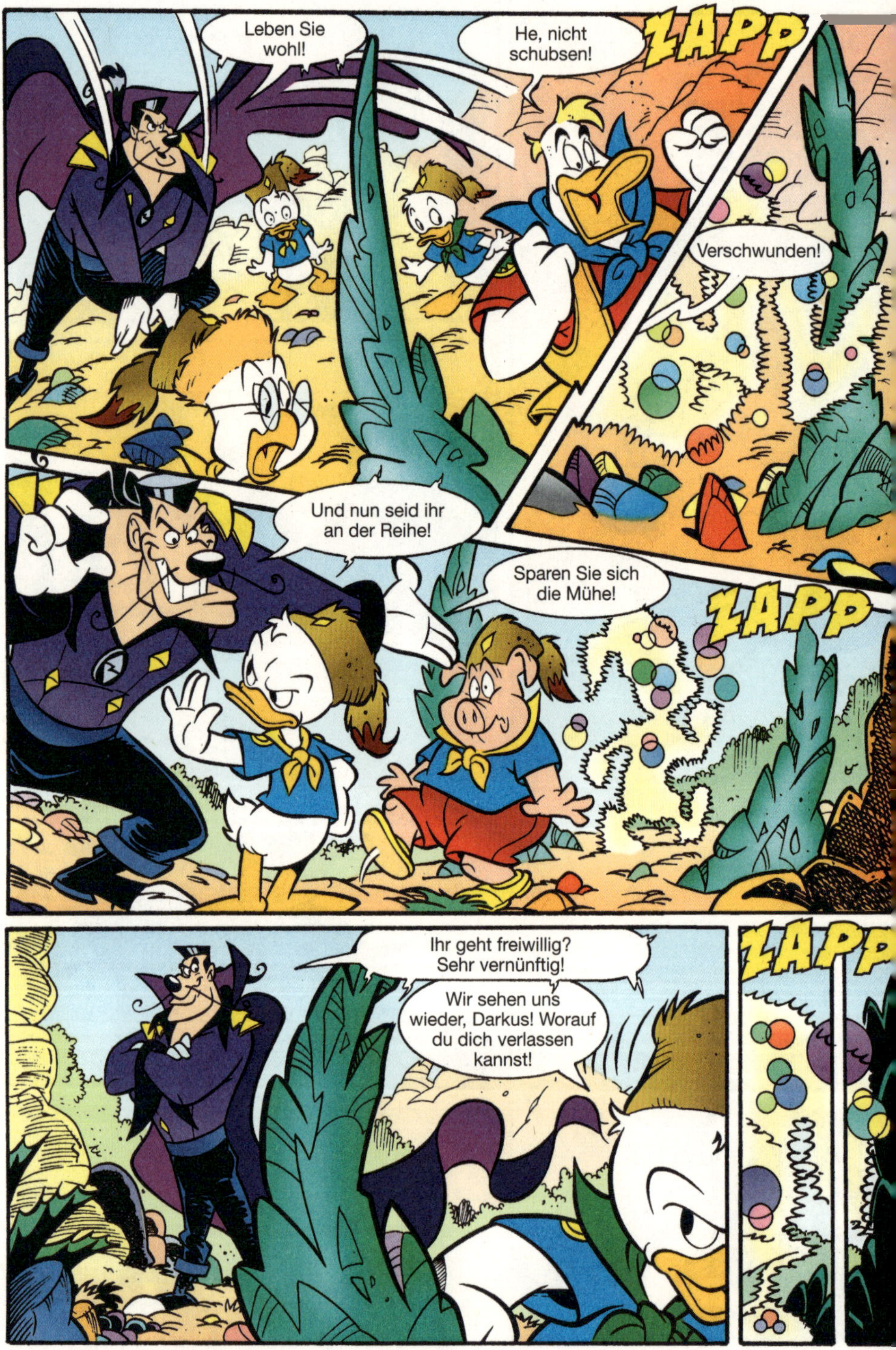
Leben Sie wohl!
He, nicht schubsen!
ZAPP
Verschwunden!
Und nun seid ihr an der Reihe!
Sparen Sie sich die Mühe!
ZAPP
Ihr geht freiwillig? Sehr vernünftig!
Wir sehen uns wieder, Darkus! Worauf du dich verlassen kannst!
ZAPP

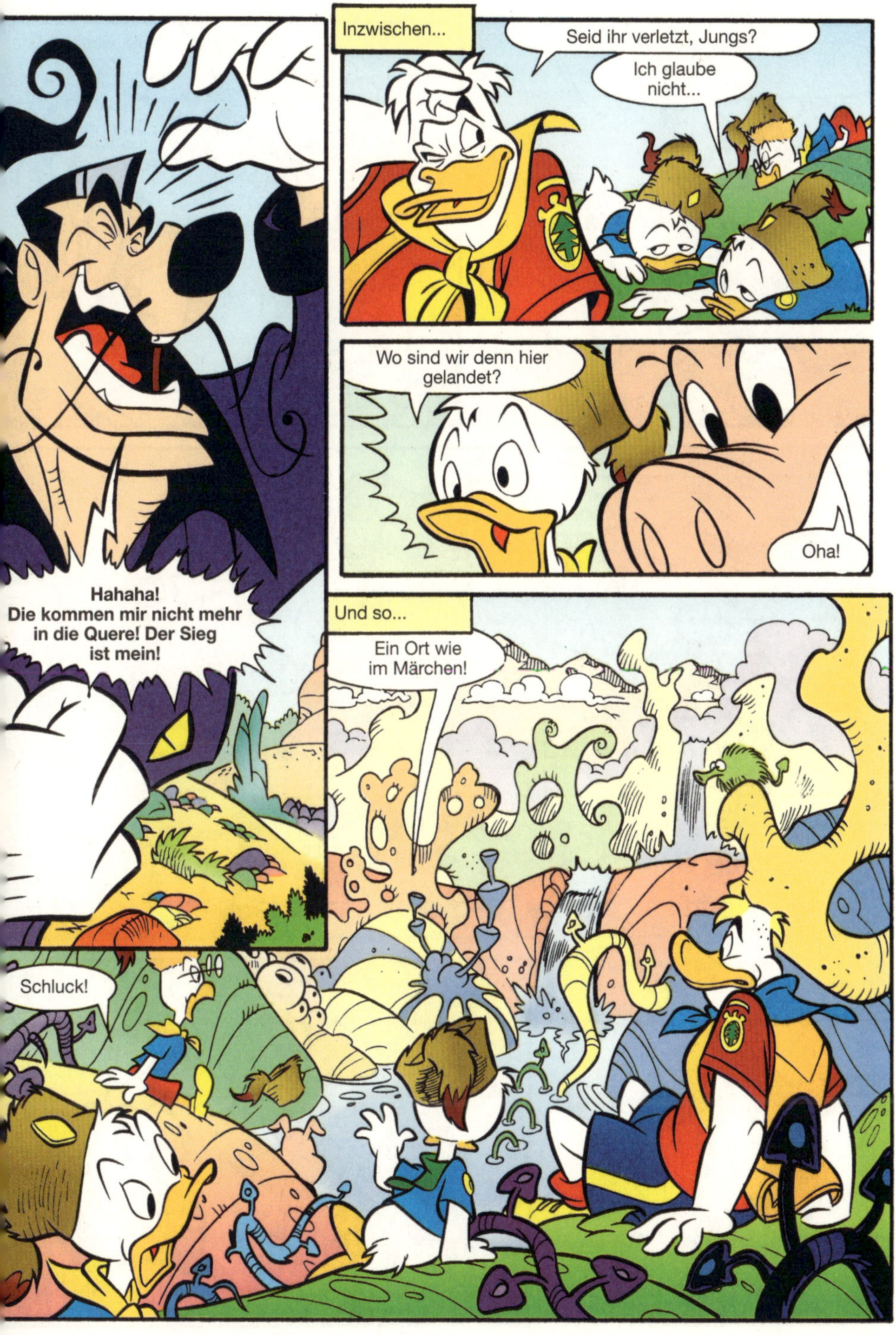
Hahaha!
Die kommen mir nicht mehr in die Quere! Der Sieg ist mein!
Inzwischen...
Seid ihr verletzt, Jungs?
Ich glaube nicht...
Wo sind wir denn hier gelandet?
Oha!
Und so...
Ein Ort wie im Märchen!
Schluck!

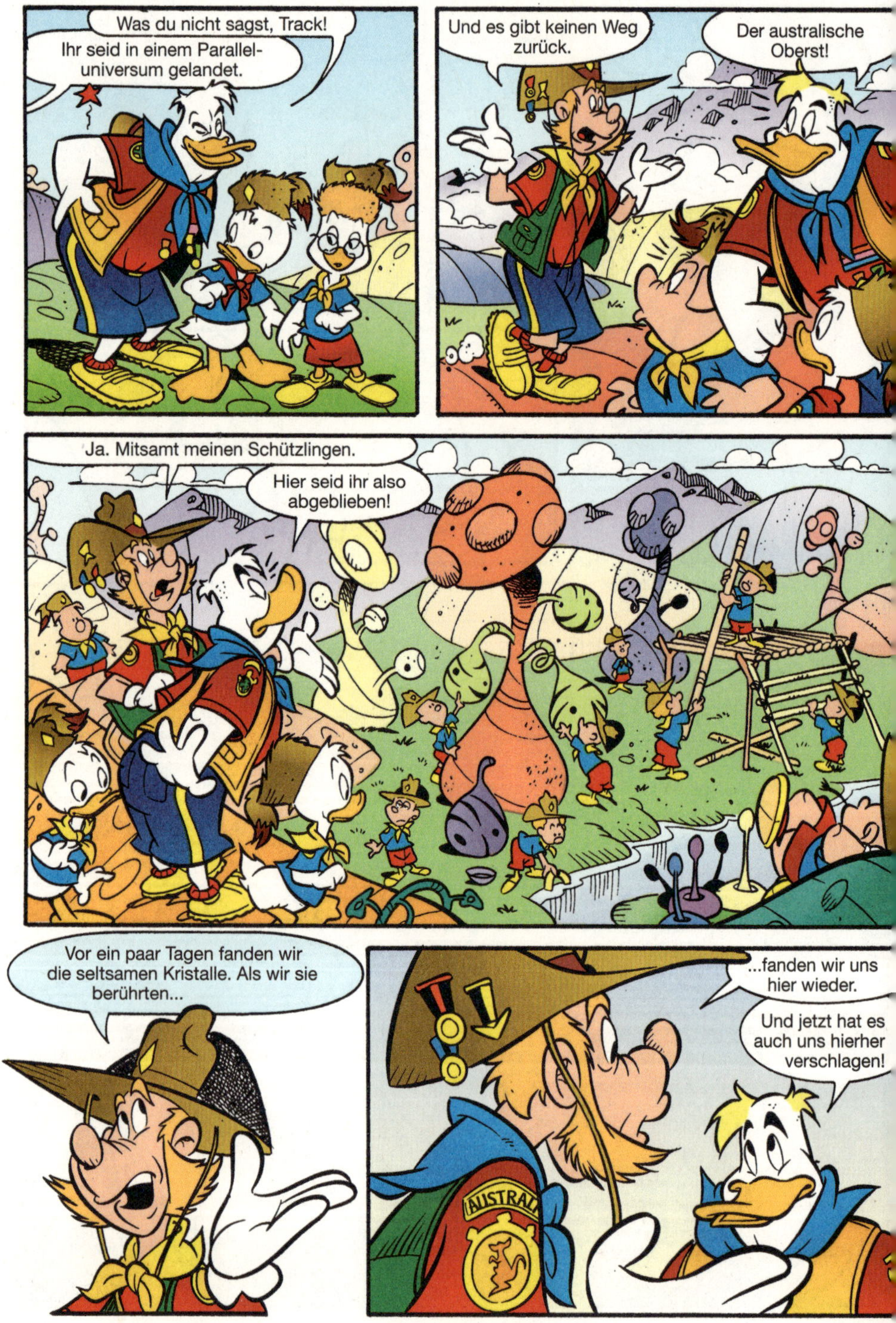
Was du nicht sagst, Track!
Ihr seid in einem Parallel-universum gelandet.
Und es gibt keinen Weg zurück.
Der australische Oberst!
Ja. Mitsamt meinen Schützlingen.
Hier seid ihr also abgeblieben!
Vor ein paar Tagen fanden wir die seltsamen Kristalle. Als wir sie berührten...
...fanden wir uns hier wieder.
Und jetzt hat es auch uns hierher verschlagen!
AUSTRALI

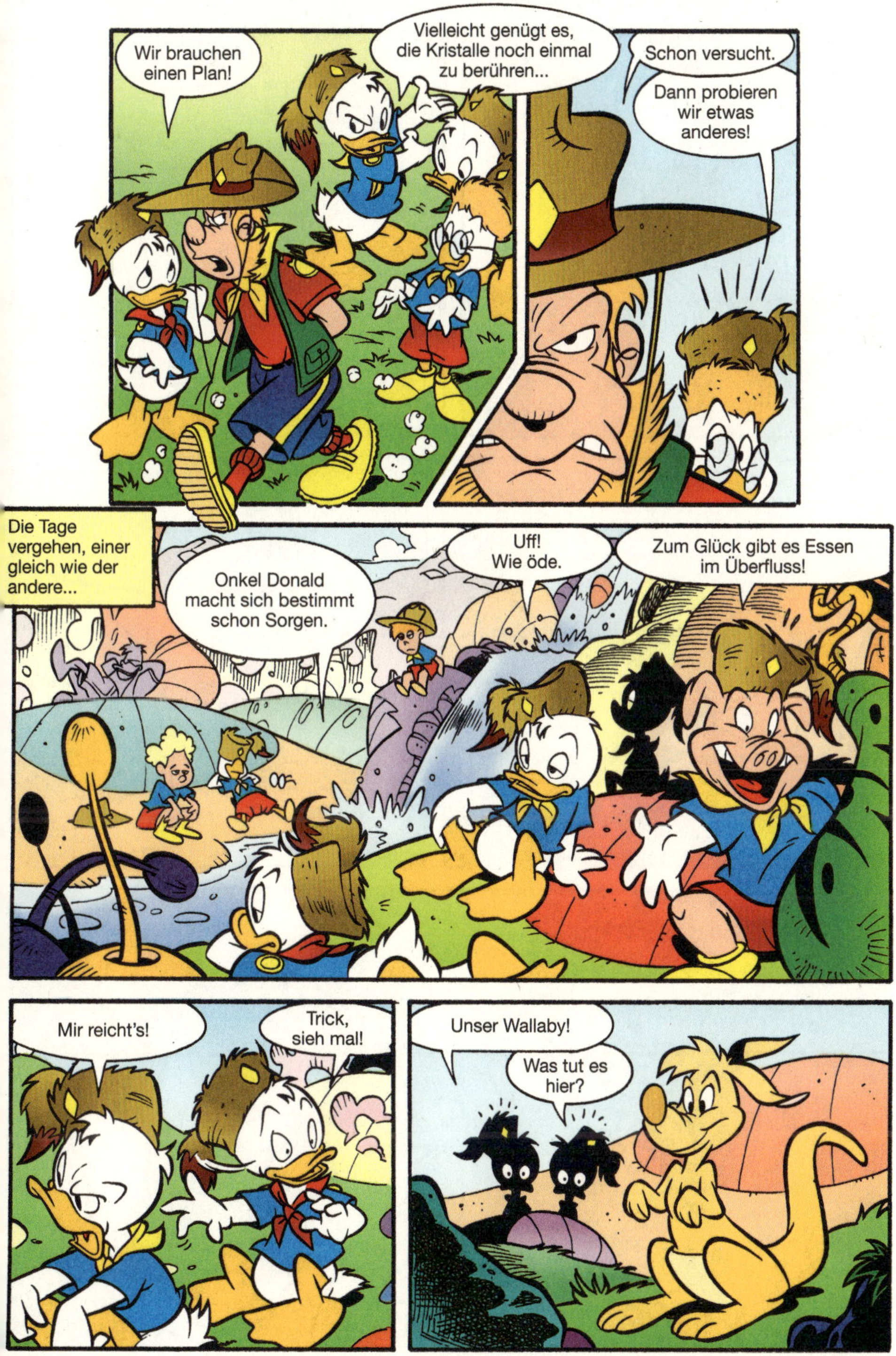
Wir brauchen einen Plan!
Vielleicht genügt es, die Kristalle noch einmal zu berühren...
Schon versucht.
Dann probieren wir etwas anderes!
Die Tage vergehen, einer gleich wie der andere...
Onkel Donald macht sich bestimmt schon Sorgen.
Uff! Wie öde.
Zum Glück gibt es Essen im Überfluss!
Mir reicht's!
Trick, sieh mal!
Unser Wallaby!
Was tut es hier?

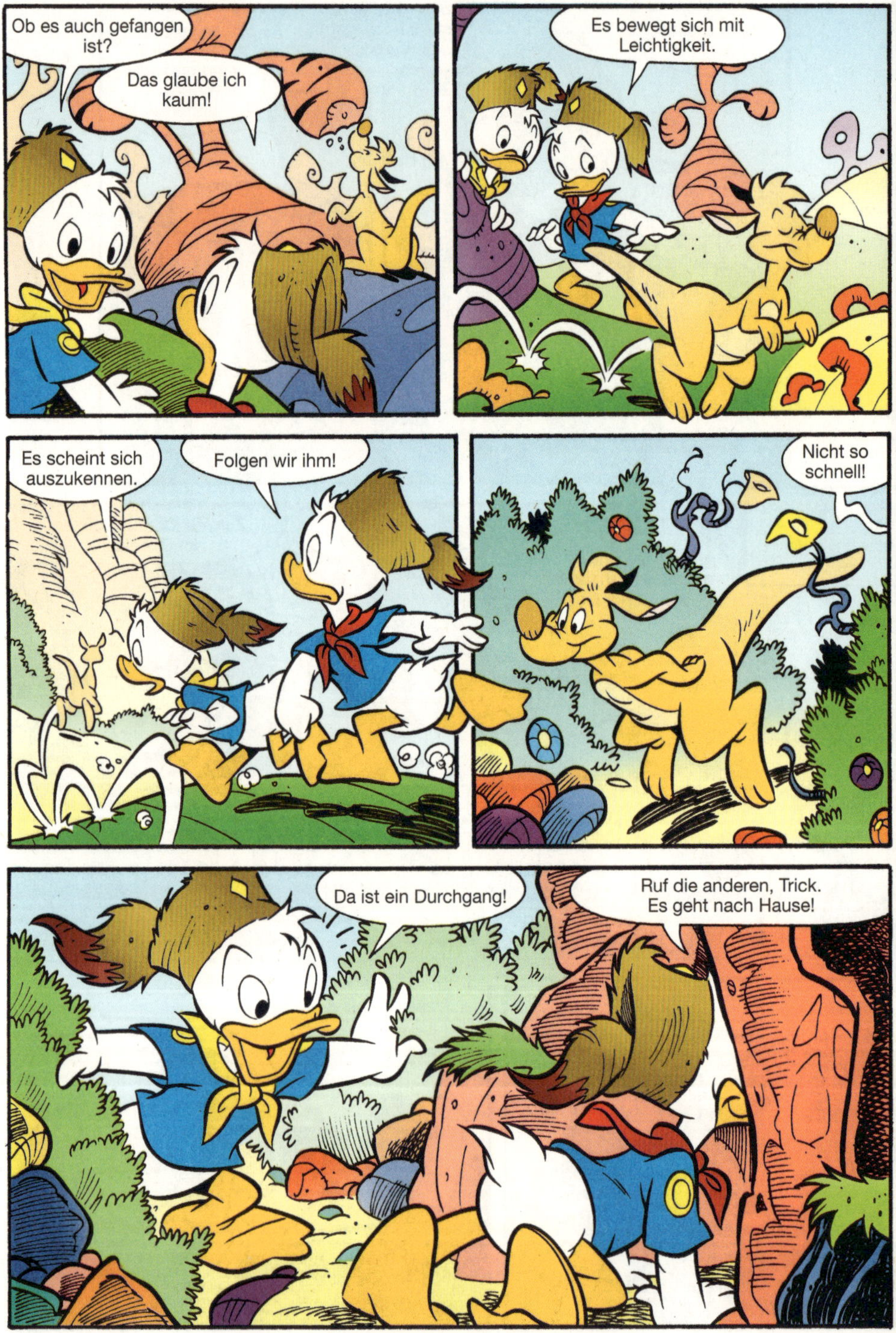
Ob es auch gefangen ist?
Das glaube ich kaum!
Es bewegt sich mit Leichtigkeit.
Es scheint sich auszukennen.
Folgen wir ihm!
Nicht so schnell!
Da ist ein Durchgang!
Ruf die anderen, Trick. Es geht nach Hause!

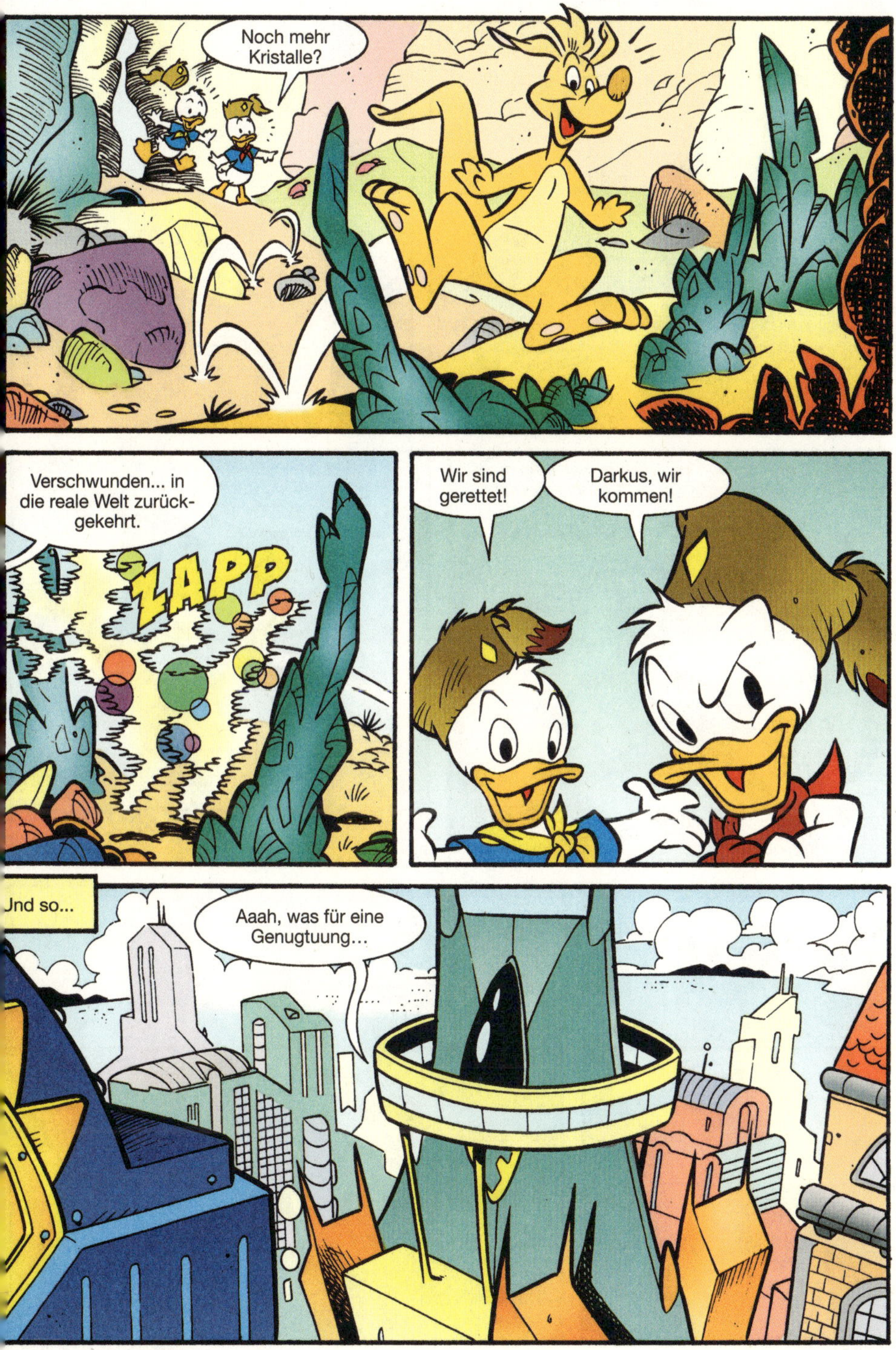
Noch mehr Kristalle?
Verschwunden... in die reale Welt zurückgekehrt.
ZAPP
Wir sind gerettet!
Darkus, wir kommen!
Und so...
Aaah, was für eine Genugtuung...

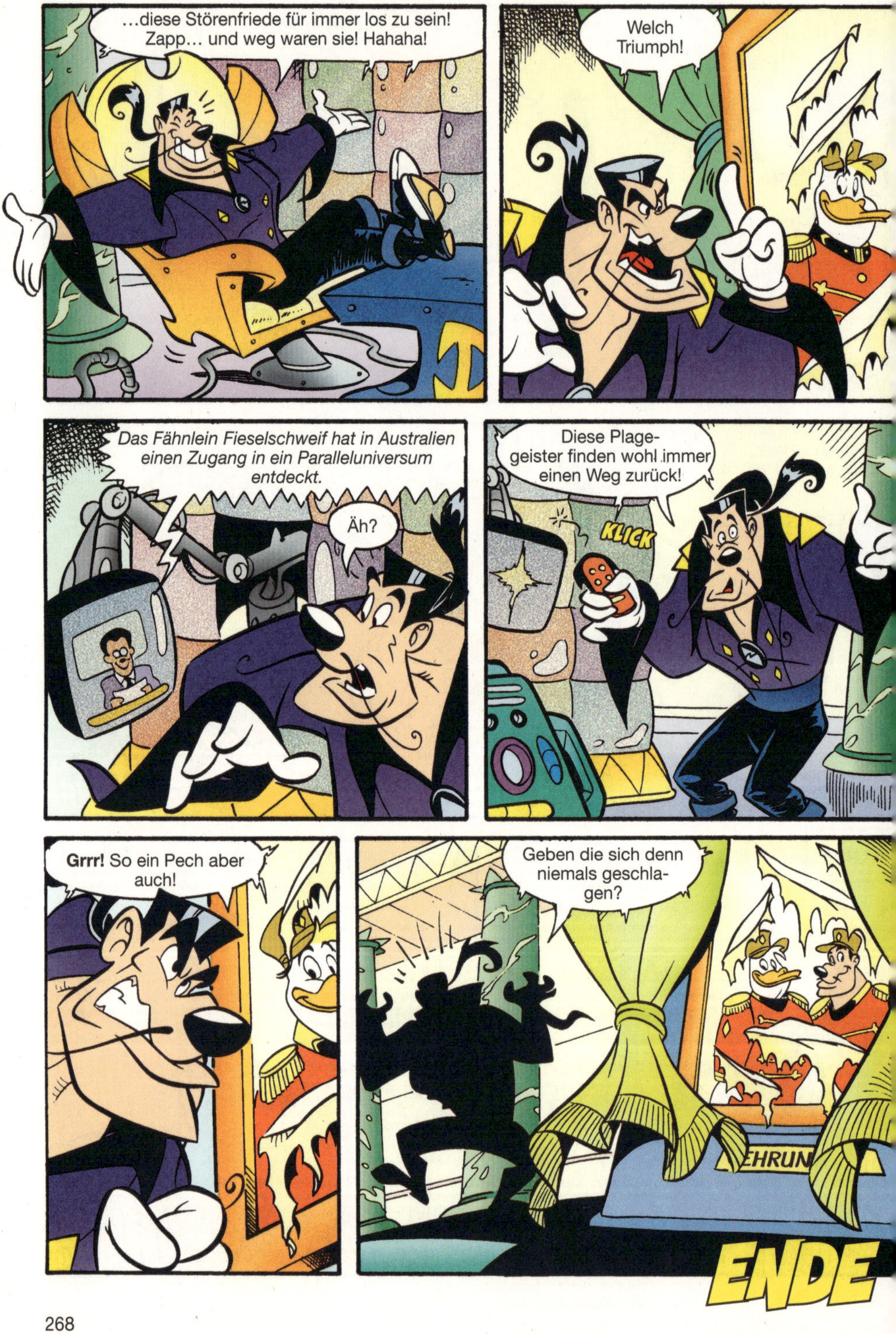
...diese Störenfriede für immer los zu sein! Zapp... und weg waren sie! Hahaha!
Welch Triumph!
Das Fähnlein Fieselschweif hat in Australien einen Zugang in ein Paralleluniversum entdeckt.
Äh?
Diese Plage-geister finden wohl immer einen Weg zurück!
KLICK
Grrr! So ein Pech aber auch!
Geben die sich denn niemals geschla-gen?
EHRUN
ENDE

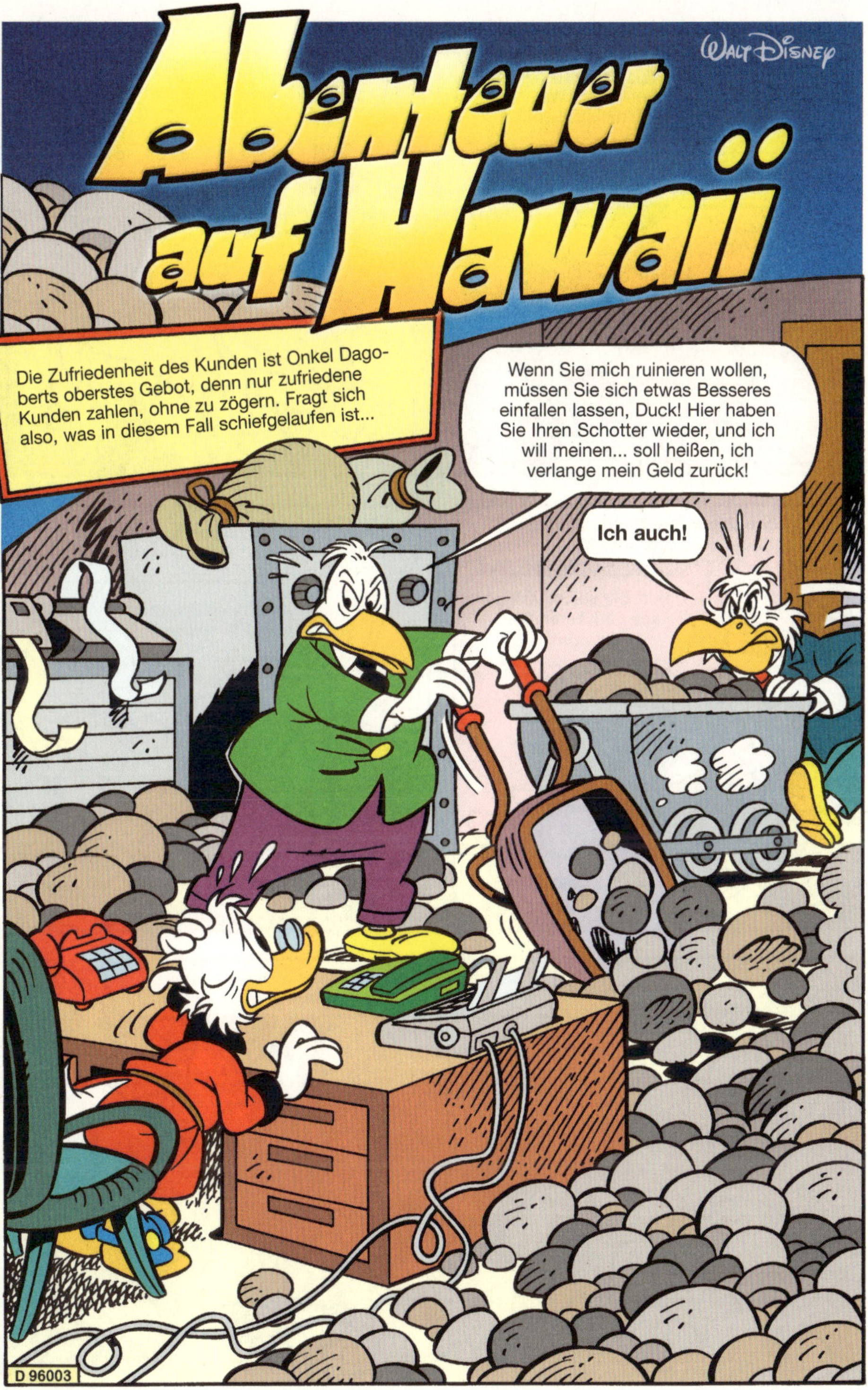

Pat McGreal (Story), **Antoni Bancells Pujadas** (Zeichnungen)

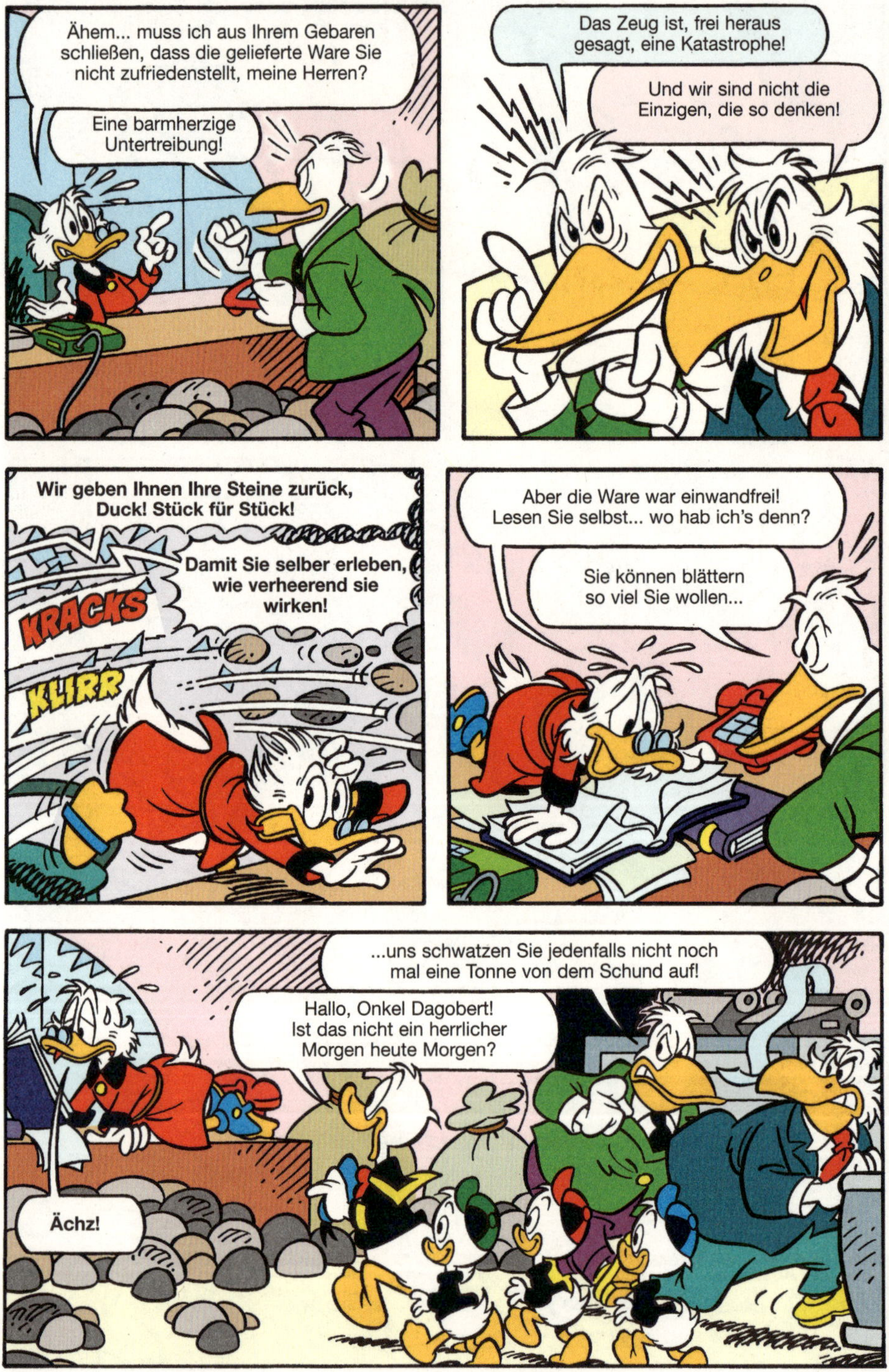

Ähem... muss ich aus Ihrem Gebaren schließen, dass die gelieferte Ware Sie nicht zufriedenstellt, meine Herren?
Eine barmherzige Untertreibung!
Das Zeug ist, frei heraus gesagt, eine Katastrophe!
Und wir sind nicht die Einzigen, die so denken!
Wir geben Ihnen Ihre Steine zurück, Duck! Stück für Stück!
Damit Sie selber erleben, wie verheerend sie wirken!
KRACKS
KLIRR
Aber die Ware war einwandfrei! Lesen Sie selbst... wo hab ich's denn?
Sie können blättern so viel Sie wollen...
...uns schwatzen Sie jedenfalls nicht noch mal eine Tonne von dem Schund auf!
Hallo, Onkel Dagobert! Ist das nicht ein herrlicher Morgen heute Morgen?
Ächz!

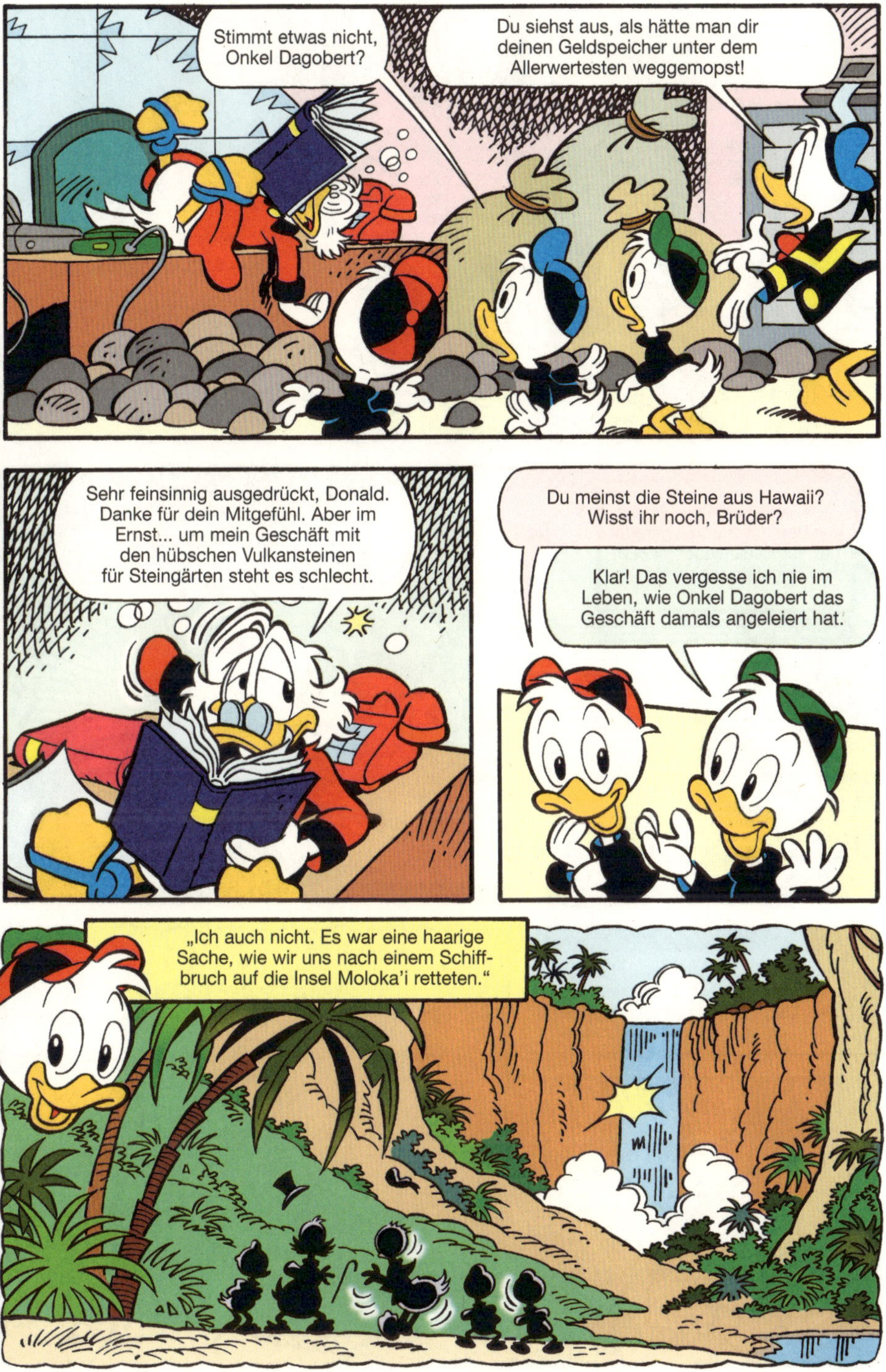
Stimmt etwas nicht, Onkel Dagobert?
Du siehst aus, als hätte man dir deinen Geldspeicher unter dem Allerwertesten weggemopst!
Sehr feinsinnig ausgedrückt, Donald. Danke für dein Mitgefühl. Aber im Ernst... um mein Geschäft mit den hübschen Vulkansteinen für Steingärten steht es schlecht.
Du meinst die Steine aus Hawaii? Wisst ihr noch, Brüder?
Klar! Das vergesse ich nie im Leben, wie Onkel Dagobert das Geschäft damals angeleiert hat.
„Ich auch nicht. Es war eine haarige Sache, wie wir uns nach einem Schiffbruch auf die Insel Moloka'i retteten."

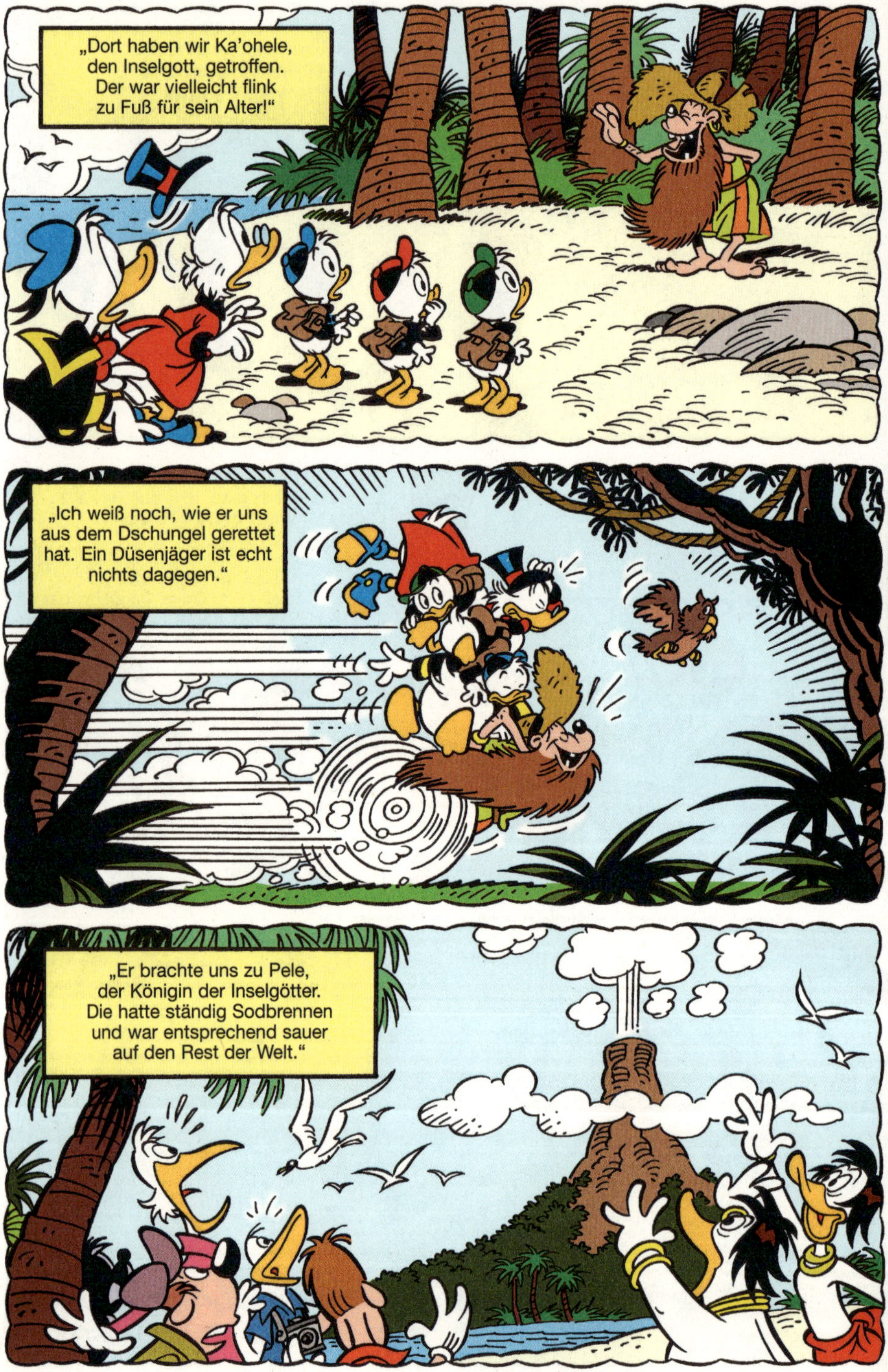
„Dort haben wir Ka'ohele, den Inselgott, getroffen. Der war vielleicht flink zu Fuß für sein Alter!“
„Ich weiß noch, wie er uns aus dem Dschungel gerettet hat. Ein Düsenjäger ist echt nichts dagegen.“
„Er brachte uns zu Pele, der Königin der Inselgötter. Die hatte ständig Sodbrennen und war entsprechend sauer auf den Rest der Welt.“

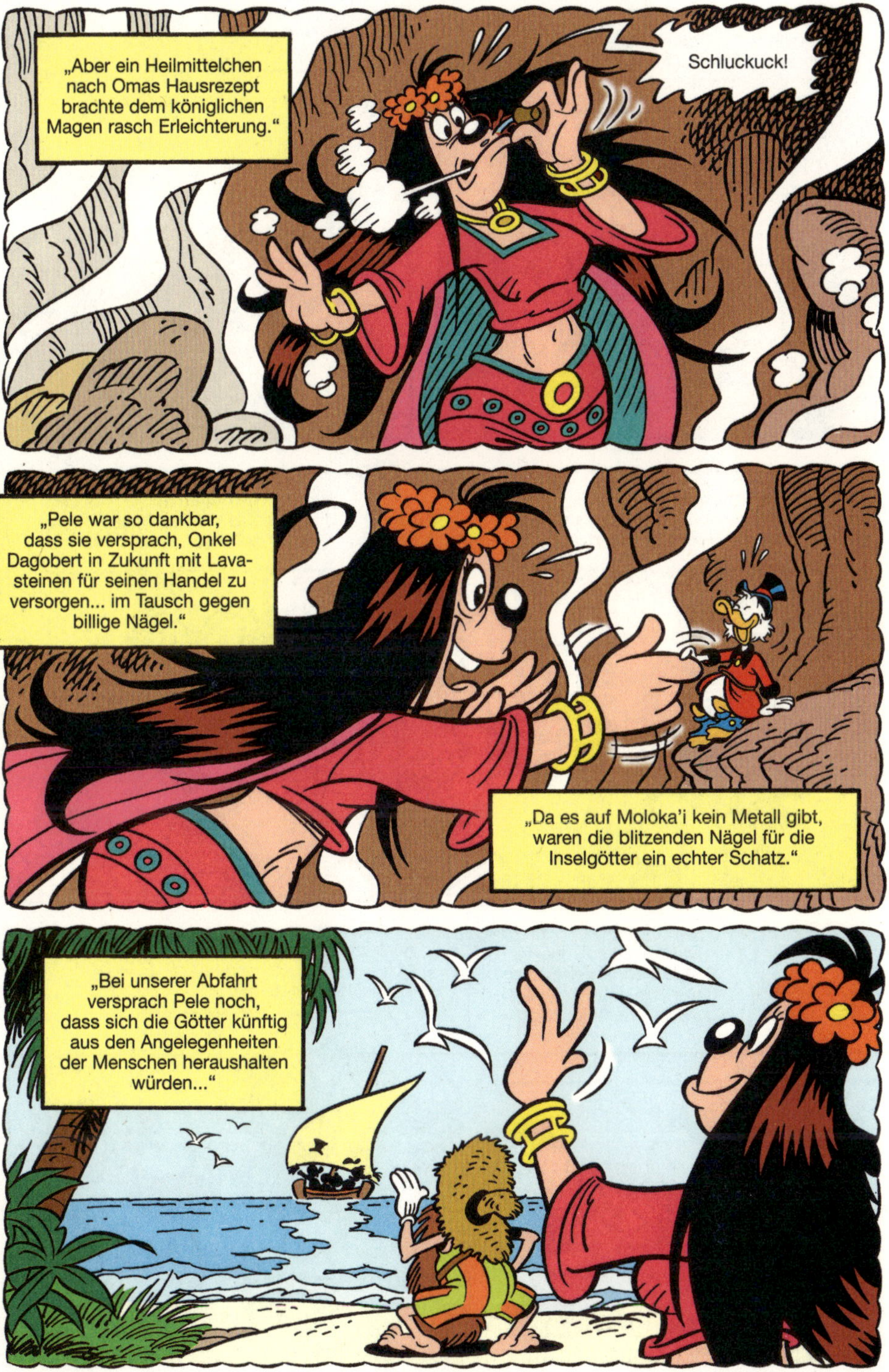
„Aber ein Heilmittelchen nach Omas Hausrezept brachte dem königlichen Magen rasch Erleichterung.“
Schluckuck!
„Pele war so dankbar, dass sie versprach, Onkel Dagobert in Zukunft mit Lavasteinen für seinen Handel zu versorgen... im Tausch gegen billige Nägel.“
„Da es auf Moloka'i kein Metall gibt, waren die blitzenden Nägel für die Inselgötter ein echter Schatz.“
„Bei unserer Abfahrt versprach Pele noch, dass sich die Götter künftig aus den Angelegenheiten der Menschen heraushalten würden...“

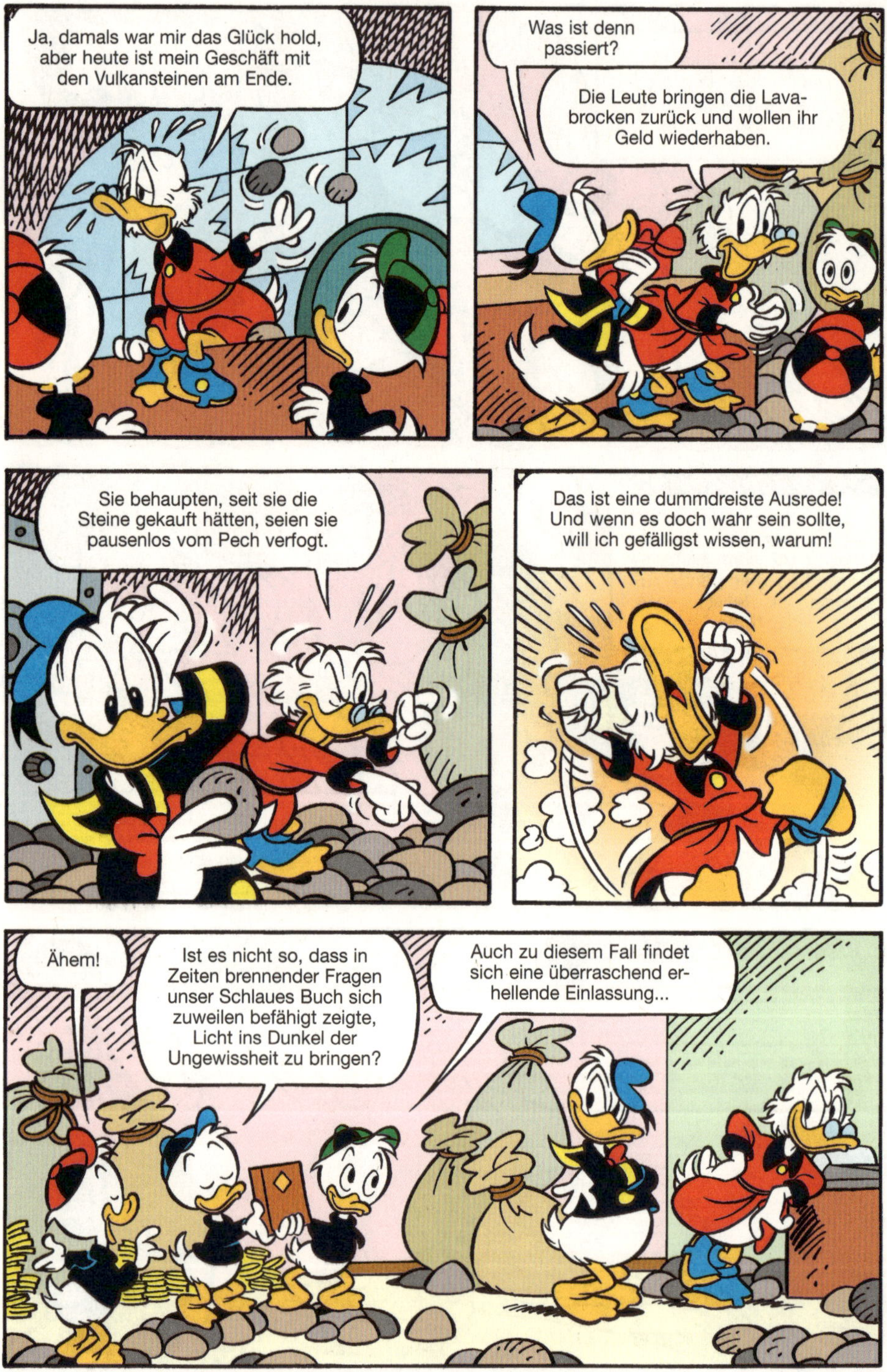
Ja, damals war mir das Glück hold, aber heute ist mein Geschäft mit den Vulkansteinen am Ende.
Was ist denn passiert?
Die Leute bringen die Lava-brocken zurück und wollen ihr Geld wiederhaben.
Sie behaupten, seit sie die Steine gekauft hätten, seien sie pausenlos vom Pech verfogt.
Das ist eine dummdreiste Ausrede! Und wenn es doch wahr sein sollte, will ich gefälligst wissen, warum!
Ähem!
Ist es nicht so, dass in Zeiten brennender Fragen unser Schlaues Buch sich zuweilen befähigt zeigte, Licht ins Dunkel der Ungewissheit zu bringen?
Auch zu diesem Fall findet sich eine überraschend er-hellende Einlassung...

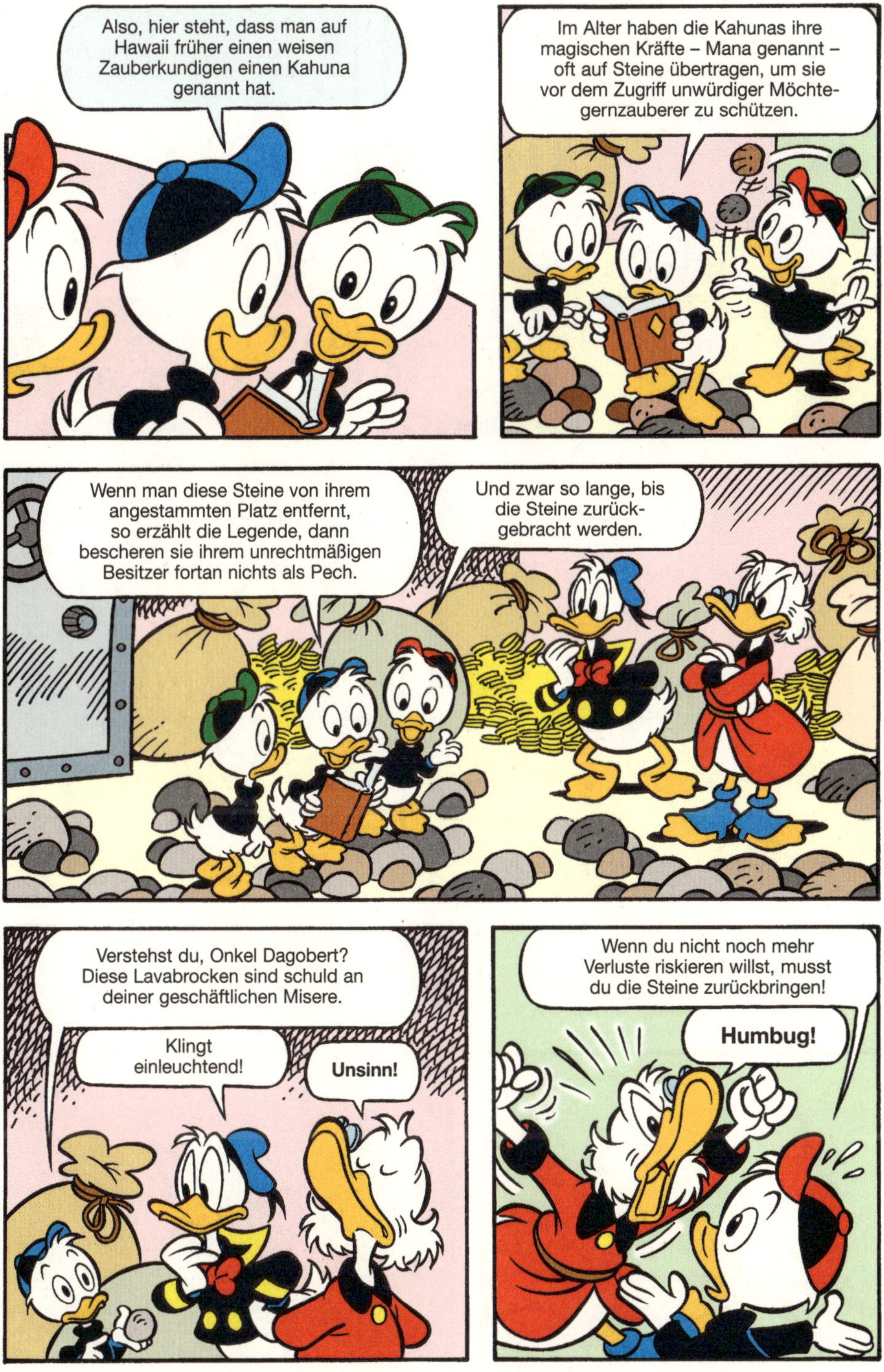
Also, hier steht, dass man auf Hawaii früher einen weisen Zauberkundigen einen Kahuna genannt hat.
Im Alter haben die Kahunas ihre magischen Kräfte – Mana genannt – oft auf Steine übertragen, um sie vor dem Zugriff unwürdiger Möchtegernzauberer zu schützen.
Wenn man diese Steine von ihrem angestammten Platz entfernt, so erzählt die Legende, dann bescheren sie ihrem unrechtmäßigen Besitzer fortan nichts als Pech.
Und zwar so lange, bis die Steine zurückgebracht werden.
Verstehst du, Onkel Dagobert? Diese Lavabrocken sind schuld an deiner geschäftlichen Misere.
Klingt einleuchtend!
Unsinn!
Wenn du nicht noch mehr Verluste riskieren willst, musst du die Steine zurückbringen!
Humbug!

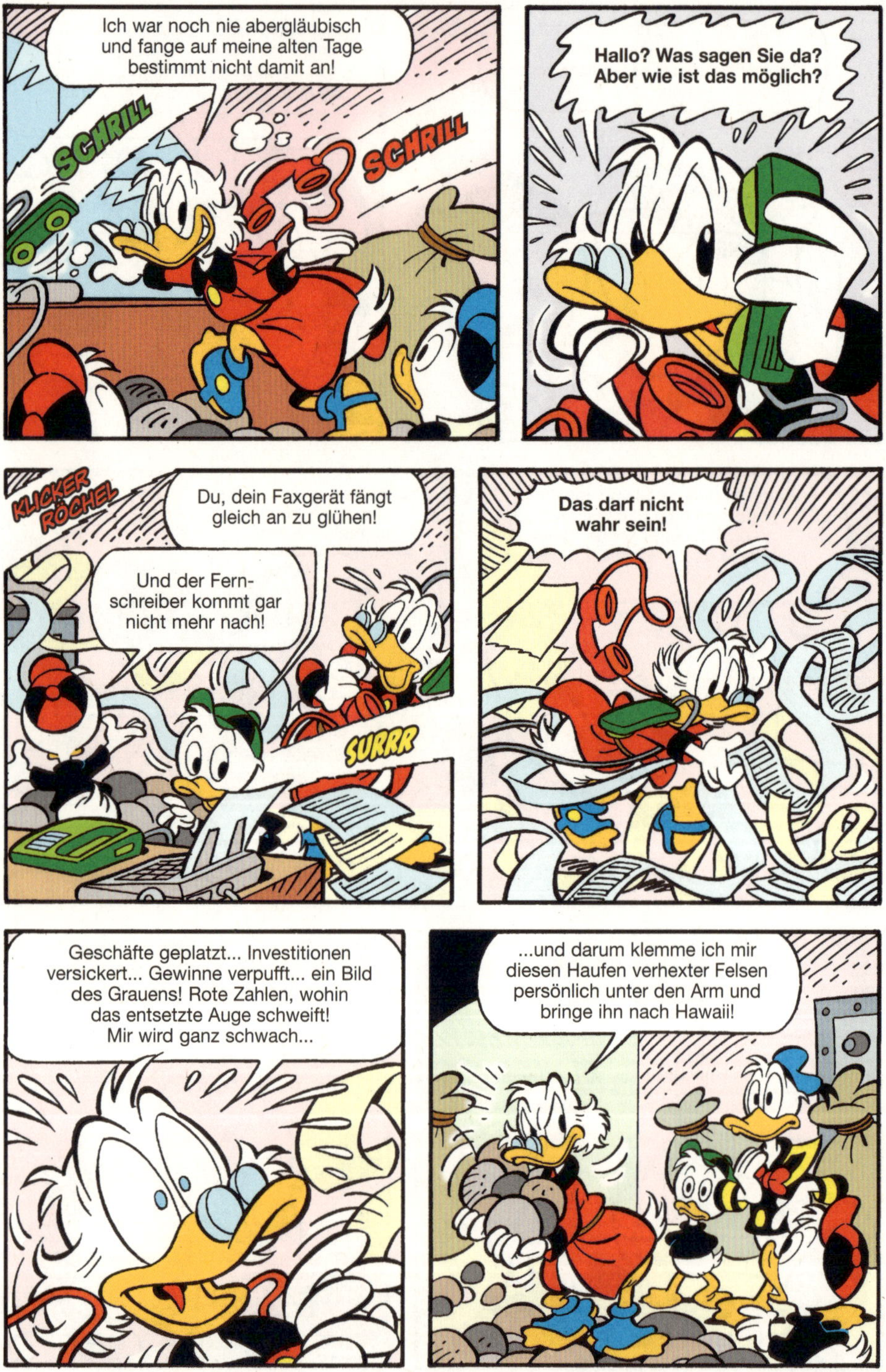
Ich war noch nie abergläubisch und fange auf meine alten Tage bestimmt nicht damit an!
SCHRILL
SCHRILL
Hallo? Was sagen Sie da? Aber wie ist das möglich?
KLICKER
RÖCHEL
Du, dein Faxgerät fängt gleich an zu glühen!
Und der Fernschreiber kommt gar nicht mehr nach!
SURRR
Das darf nicht wahr sein!
Geschäfte geplatzt... Investitionen versickert... Gewinne verpufft... ein Bild des Grauens! Rote Zahlen, wohin das entsetzte Auge schweift! Mir wird ganz schwach...
...und darum klemme ich mir diesen Haufen verhexter Felsen persönlich unter den Arm und bringe ihn nach Hawaii!

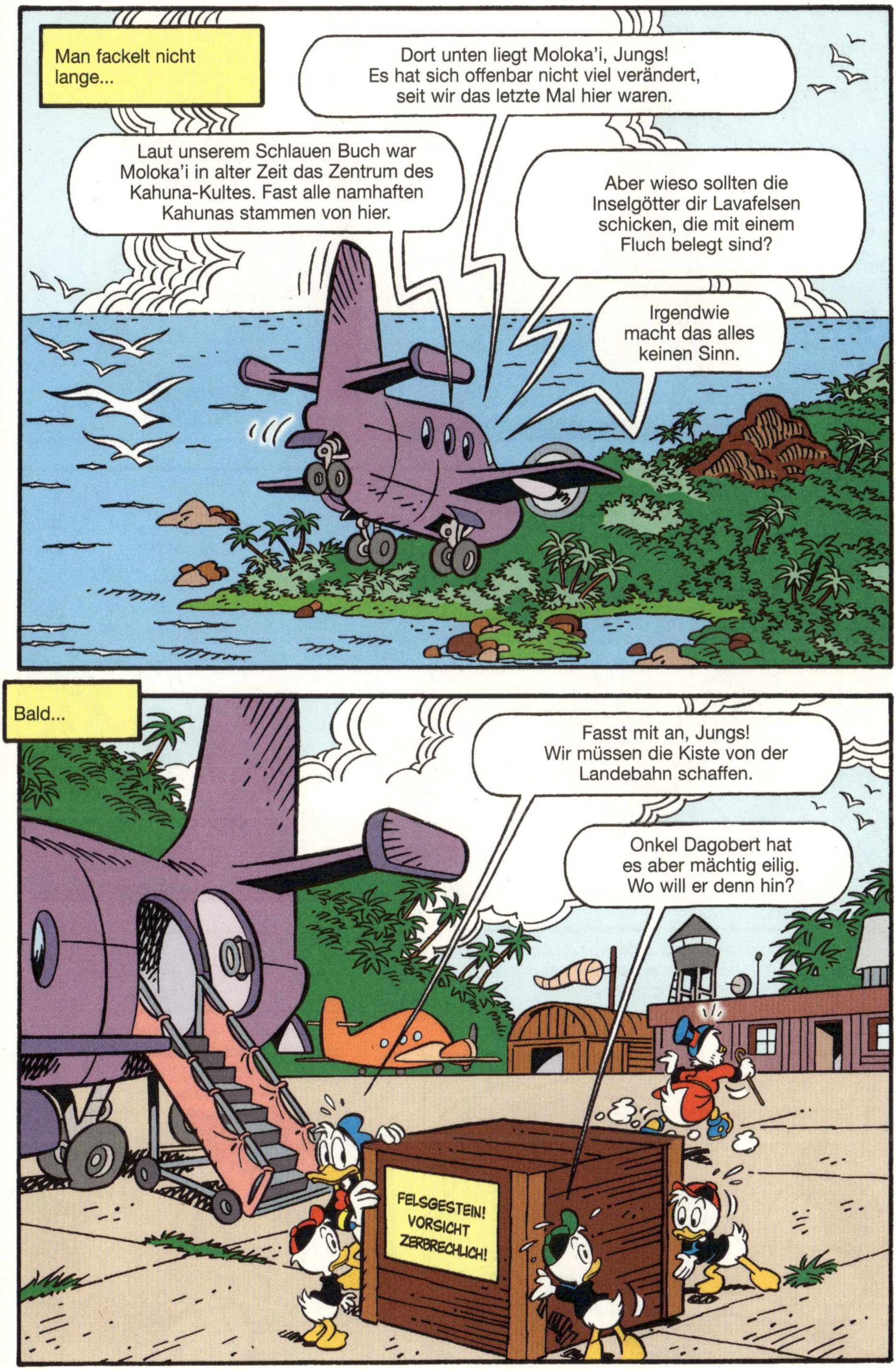
Man fackelt nicht lange...
Dort unten liegt Moloka'i, Jungs! Es hat sich offenbar nicht viel verändert, seit wir das letzte Mal hier waren.
Laut unserem Schlauen Buch war Moloka'i in alter Zeit das Zentrum des Kahuna-Kultes. Fast alle namhaften Kahunas stammen von hier.
Aber wieso sollten die Inselgötter dir Lavafelsen schicken, die mit einem Fluch belegt sind?
Irgendwie macht das alles keinen Sinn.
Bald...
Fasst mit an, Jungs! Wir müssen die Kiste von der Landebahn schaffen.
Onkel Dagobert hat es aber mächtig eilig. Wo will er denn hin?
FELSGESTEIN! VORSICHT ZERBRECHLICH!

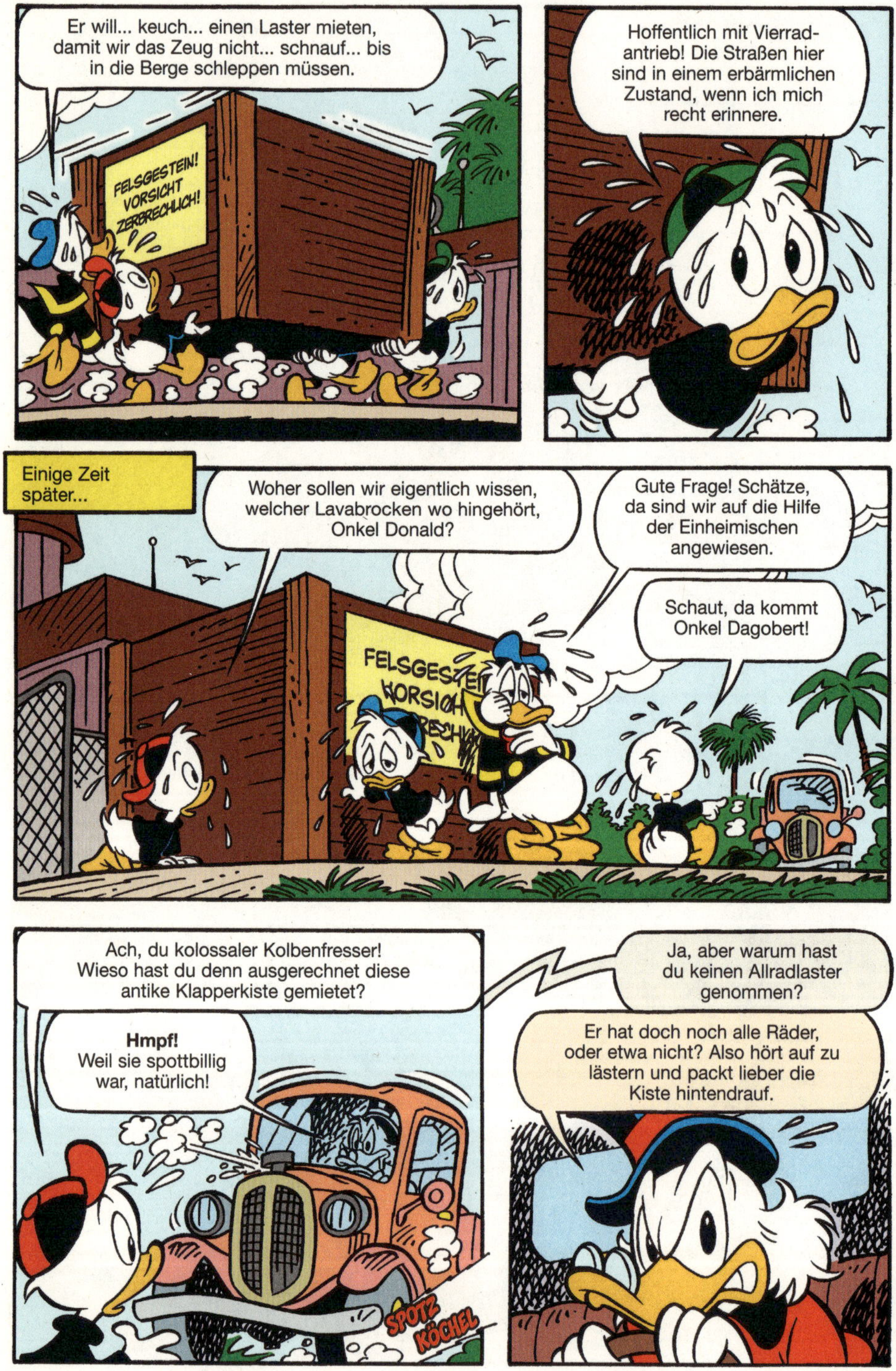

Er will... keuch... einen Laster mieten, damit wir das Zeug nicht... schnauf... bis in die Berge schleppen müssen.
FELSGESTEIN! VORSICHT ZERBRECHLICH!
Hoffentlich mit Vierrad-antrieb! Die Straßen hier sind in einem erbärmlichen Zustand, wenn ich mich recht erinnere.
Einige Zeit später...
Woher sollen wir eigentlich wissen, welcher Lavabrocken wo hingehört, Onkel Donald?
Gute Frage! Schätze, da sind wir auf die Hilfe der Einheimischen angewiesen.
Schaut, da kommt Onkel Dagobert!
Ach, du kolossaler Kolbenfresser! Wieso hast du denn ausgerechnet diese antike Klapperkiste gemietet?
Hmpf! Weil sie spottbillig war, natürlich!
SPOTZ KÖCHEL
Ja, aber warum hast du keinen Allradlaster genommen?
Er hat doch noch alle Räder, oder etwa nicht? Also hört auf zu lästern und packt lieber die Kiste hintendrauf.

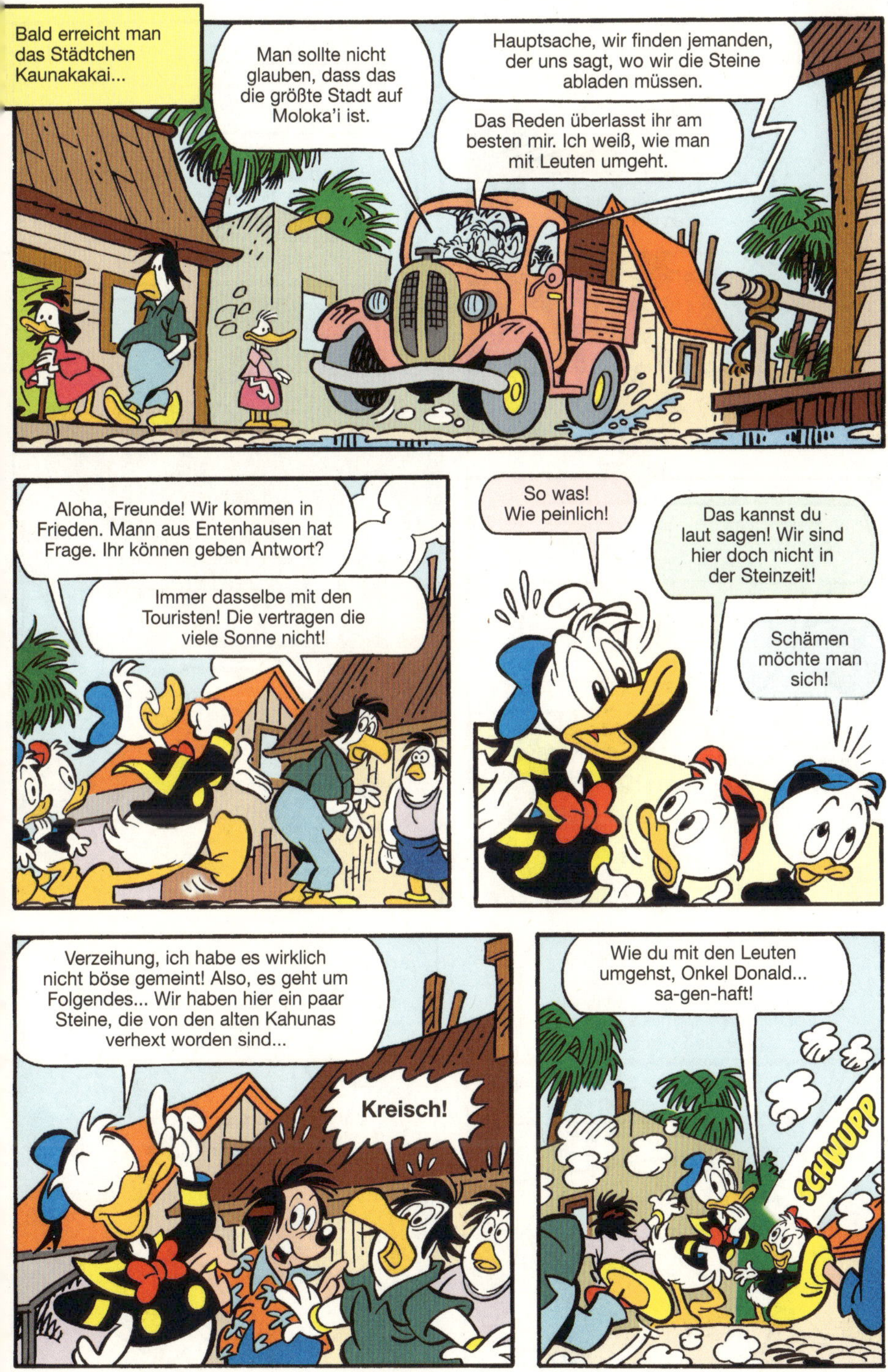

Bald erreicht man das Städtchen Kaunakakai...
Man sollte nicht glauben, dass das die größte Stadt auf Moloka'i ist.
Hauptsache, wir finden jemanden, der uns sagt, wo wir die Steine abladen müssen.
Das Reden überlasst ihr am besten mir. Ich weiß, wie man mit Leuten umgeht.
Aloha, Freunde! Wir kommen in Frieden. Mann aus Entenhausen hat Frage. Ihr können geben Antwort?
Immer dasselbe mit den Touristen! Die vertragen die viele Sonne nicht!
So was! Wie peinlich!
Das kannst du laut sagen! Wir sind hier doch nicht in der Steinzeit!
Schämen möchte man sich!
Verzeihung, ich habe es wirklich nicht böse gemeint! Also, es geht um Folgendes... Wir haben hier ein paar Steine, die von den alten Kahunas verhext worden sind...
Kreisch!
Wie du mit den Leuten umgehst, Onkel Donald... sa-gen-haft!
SCHWUPP

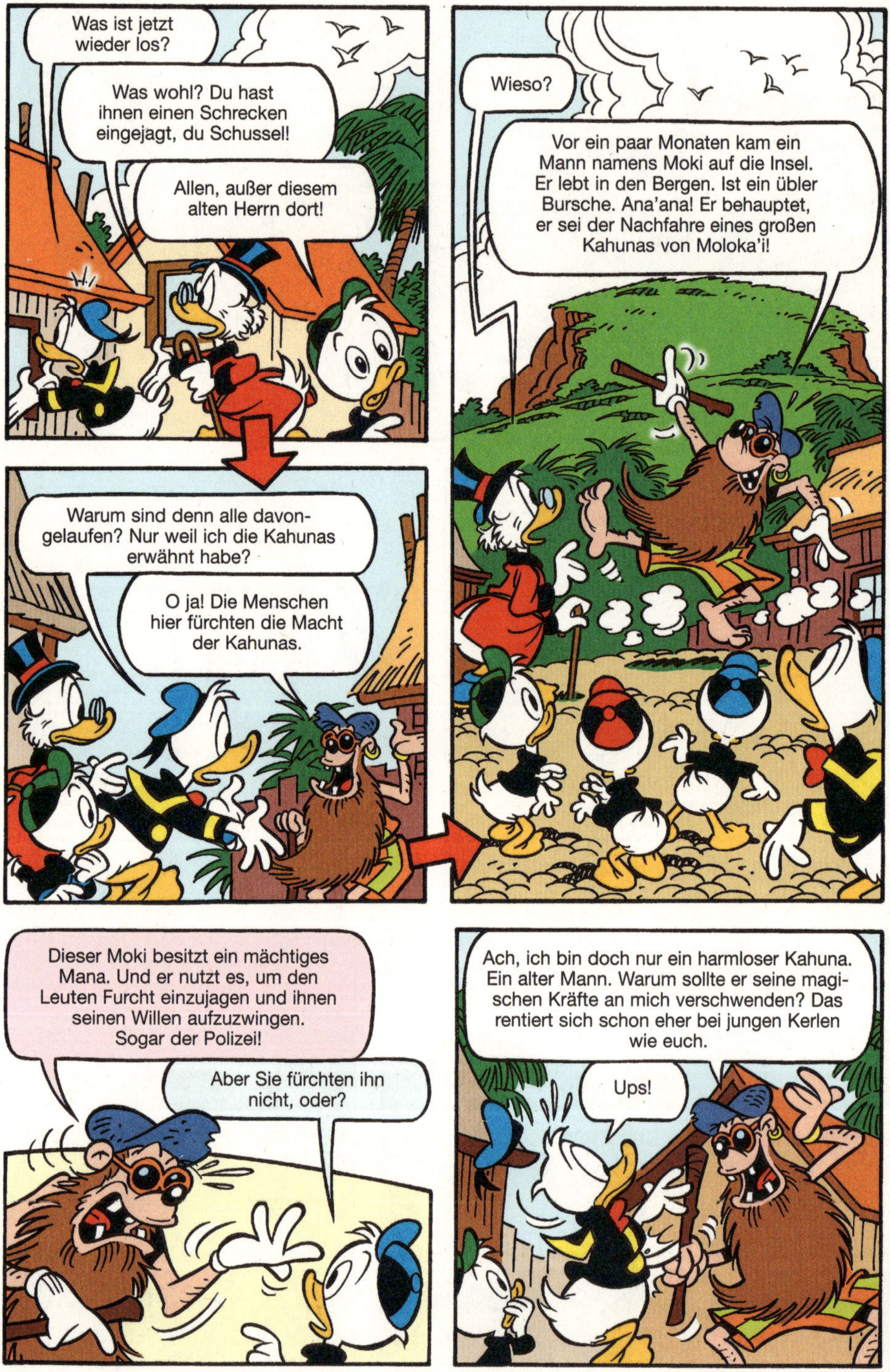
Was ist jetzt wieder los?
Was wohl? Du hast ihnen einen Schrecken eingejagt, du Schussel!
Allen, außer diesem alten Herrn dort!
Warum sind denn alle davongelaufen? Nur weil ich die Kahunas erwähnt habe?
O ja! Die Menschen hier fürchten die Macht der Kahunas.
Wieso?
Vor ein paar Monaten kam ein Mann namens Moki auf die Insel. Er lebt in den Bergen. Ist ein übler Bursche. Ana'ana! Er behauptet, er sei der Nachfahre eines großen Kahunas von Moloka'i!
Dieser Moki besitzt ein mächtiges Mana. Und er nutzt es, um den Leuten Furcht einzujagen und ihnen seinen Willen aufzuzwingen. Sogar der Polizei!
Aber Sie fürchten ihn nicht, oder?
Ach, ich bin doch nur ein harmloser Kahuna. Ein alter Mann. Warum sollte er seine magischen Kräfte an mich verschwenden? Das rentiert sich schon eher bei jungen Kerlen wie euch.
Ups!

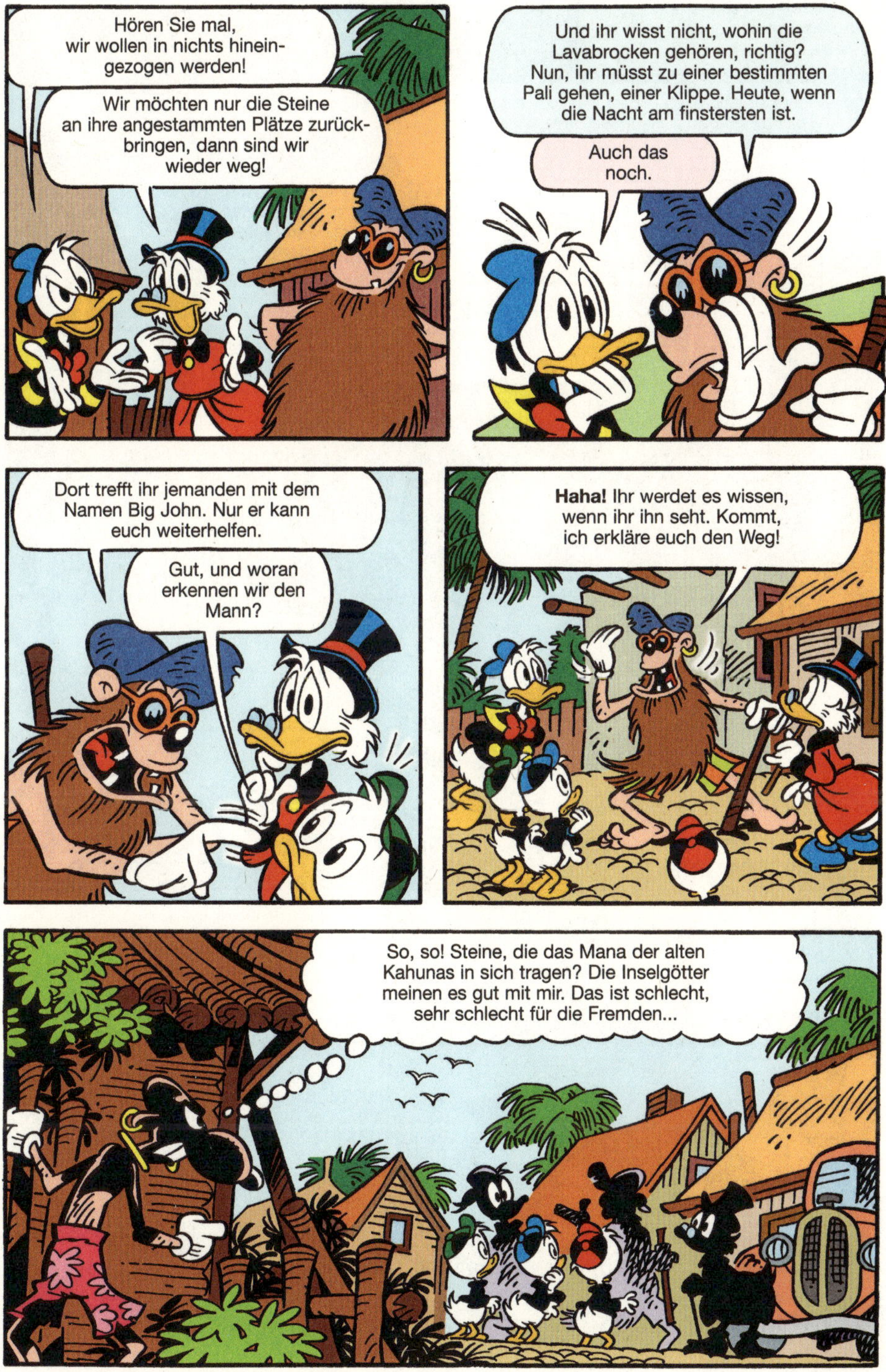

Hören Sie mal, wir wollen in nichts hineingezogen werden!
Wir möchten nur die Steine an ihre angestammten Plätze zurückbringen, dann sind wir wieder weg!
Und ihr wisst nicht, wohin die Lavabrocken gehören, richtig? Nun, ihr müsst zu einer bestimmten Pali gehen, einer Klippe. Heute, wenn die Nacht am finstersten ist.
Auch das noch.
Dort trefft ihr jemanden mit dem Namen Big John. Nur er kann euch weiterhelfen.
Gut, und woran erkennen wir den Mann?
Haha! Ihr werdet es wissen, wenn ihr ihn seht. Kommt, ich erkläre euch den Weg!
So, so! Steine, die das Mana der alten Kahunas in sich tragen? Die Inselgötter meinen es gut mit mir. Das ist schlecht, sehr schlecht für die Fremden...

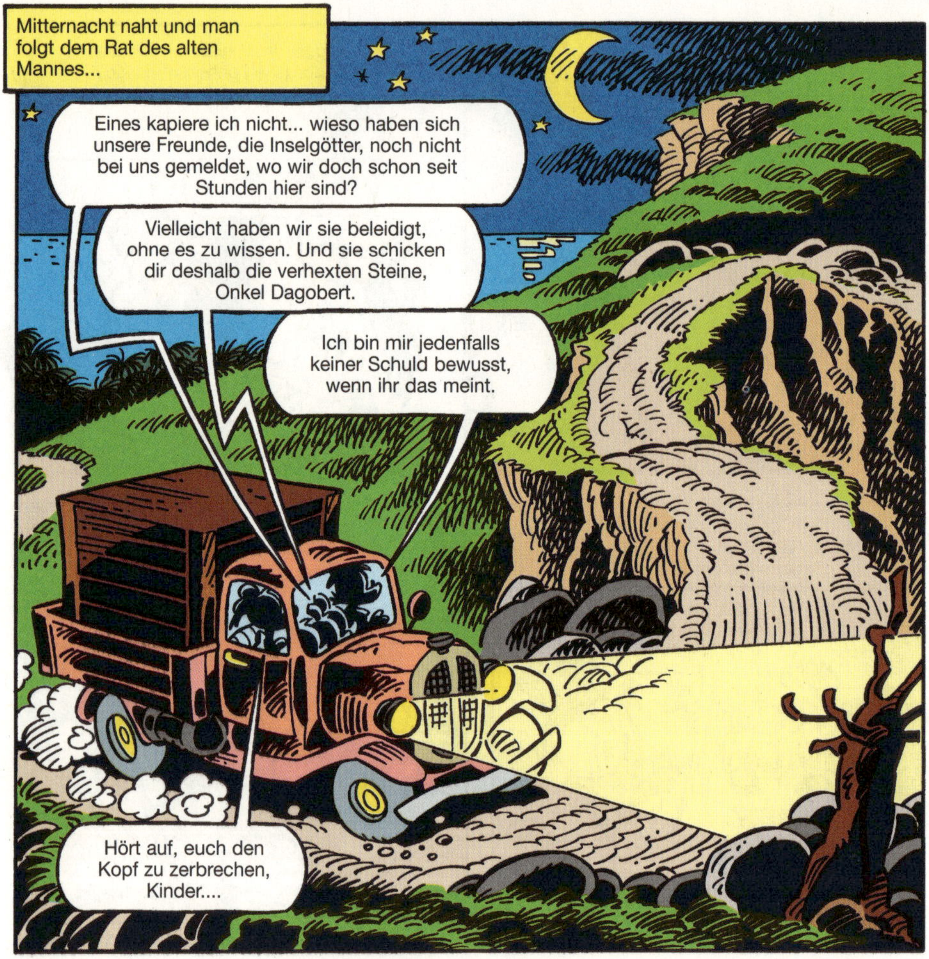
Mitternacht naht und man folgt dem Rat des alten Mannes...
Eines kapiere ich nicht... wieso haben sich unsere Freunde, die Inselgötter, noch nicht bei uns gemeldet, wo wir doch schon seit Stunden hier sind?
Vielleicht haben wir sie beleidigt, ohne es zu wissen. Und sie schicken dir deshalb die verhexten Steine, Onkel Dagobert.
Ich bin mir jedenfalls keiner Schuld bewusst, wenn ihr das meint.
Hört auf, euch den Kopf zu zerbrechen, Kinder....

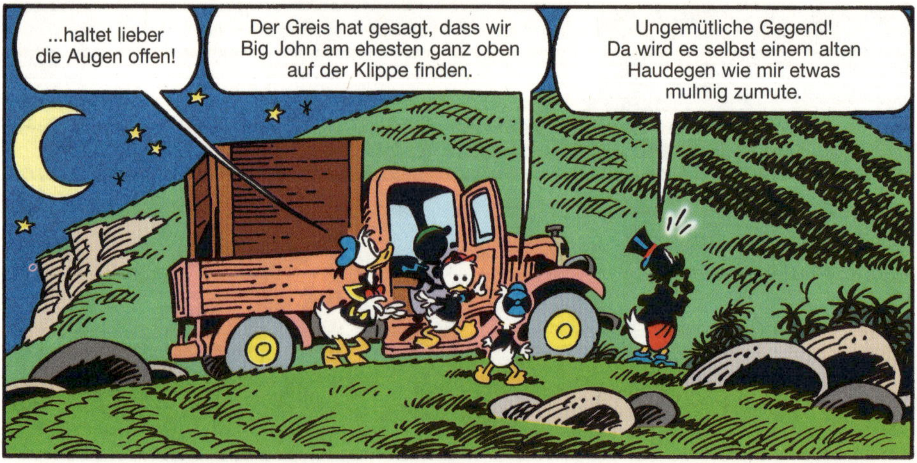
...haltet lieber die Augen offen!
Der Greis hat gesagt, dass wir Big John am ehesten ganz oben auf der Klippe finden.
Ungemütliche Gegend! Da wird es selbst einem alten Haudegen wie mir etwas mulmig zumute.

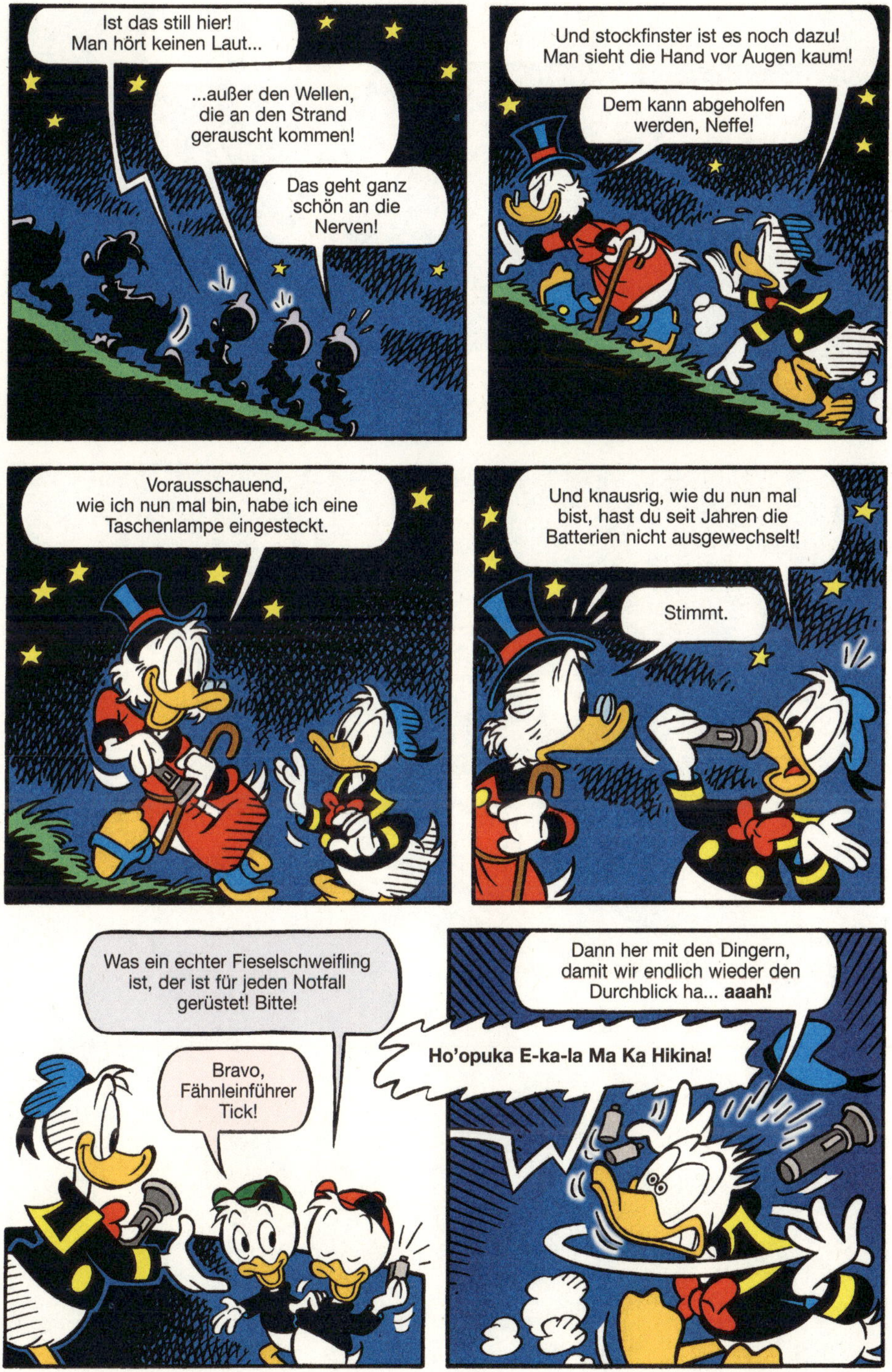
Ist das still hier!
Man hört keinen Laut...
...außer den Wellen, die an den Strand gerauscht kommen!
Das geht ganz schön an die Nerven!
Und stockfinster ist es noch dazu! Man sieht die Hand vor Augen kaum!
Dem kann abgeholfen werden, Neffe!
Vorausschauend, wie ich nun mal bin, habe ich eine Taschenlampe eingesteckt.
Und knausrig, wie du nun mal bist, hast du seit Jahren die Batterien nicht ausgewechselt!
Stimmt.
Was ein echter Fieselschweifling ist, der ist für jeden Notfall gerüstet! Bitte!
Bravo, Fähnleinführer Tick!
Dann her mit den Dingern, damit wir endlich wieder den Durchblick ha... **aaah!**
Ho'opuka E-ka-la Ma Ka Hikina!

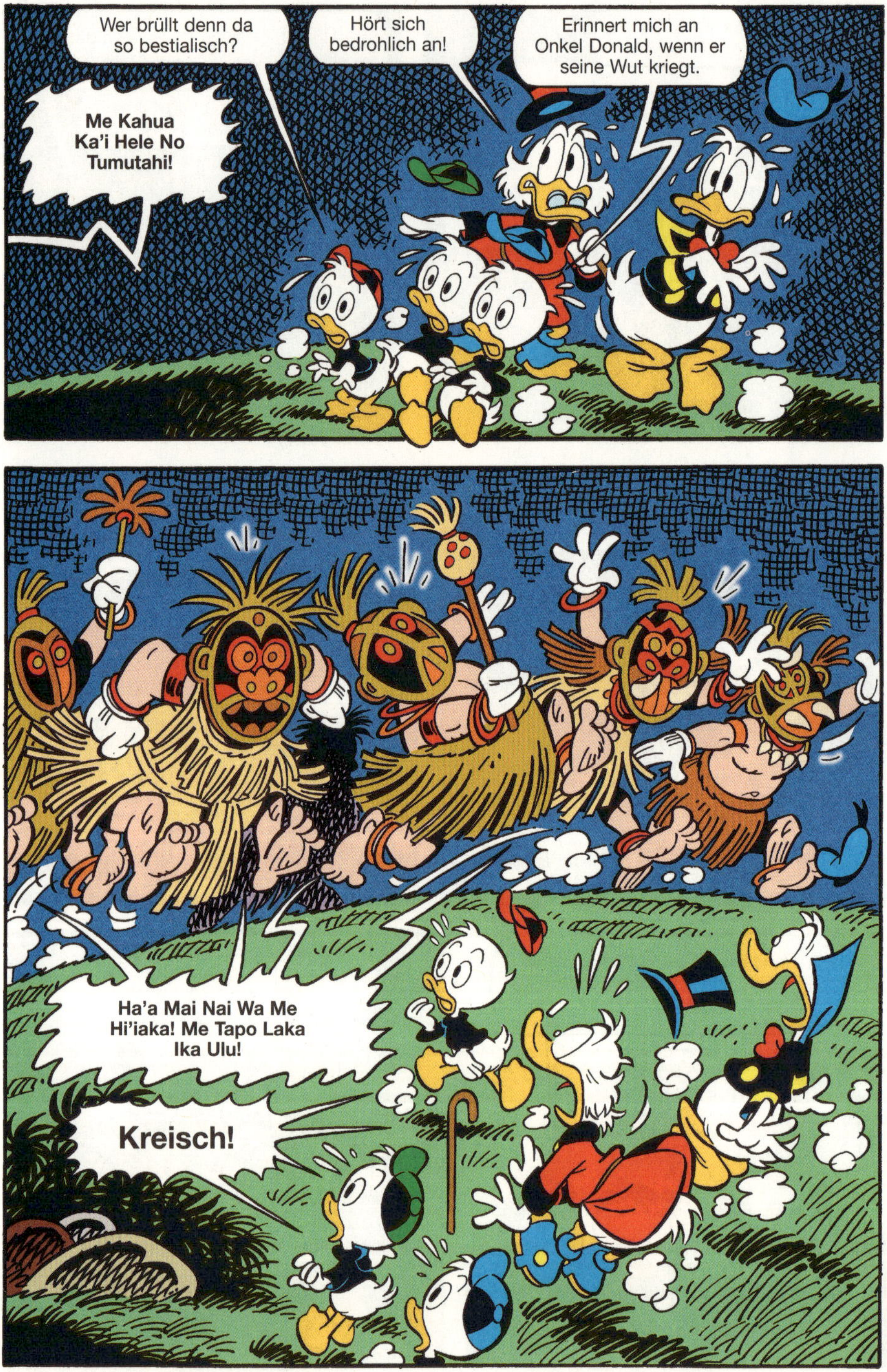
Wer brüllt denn da so bestialisch?
Hört sich bedrohlich an!
Erinnert mich an Onkel Donald, wenn er seine Wut kriegt.
Me Kahua Ka'i Hele No Tumutahi!
Ha'a Mai Nai Wa Me Hi'iaka! Me Tapo Laka Ika Ulu!
Kreisch!

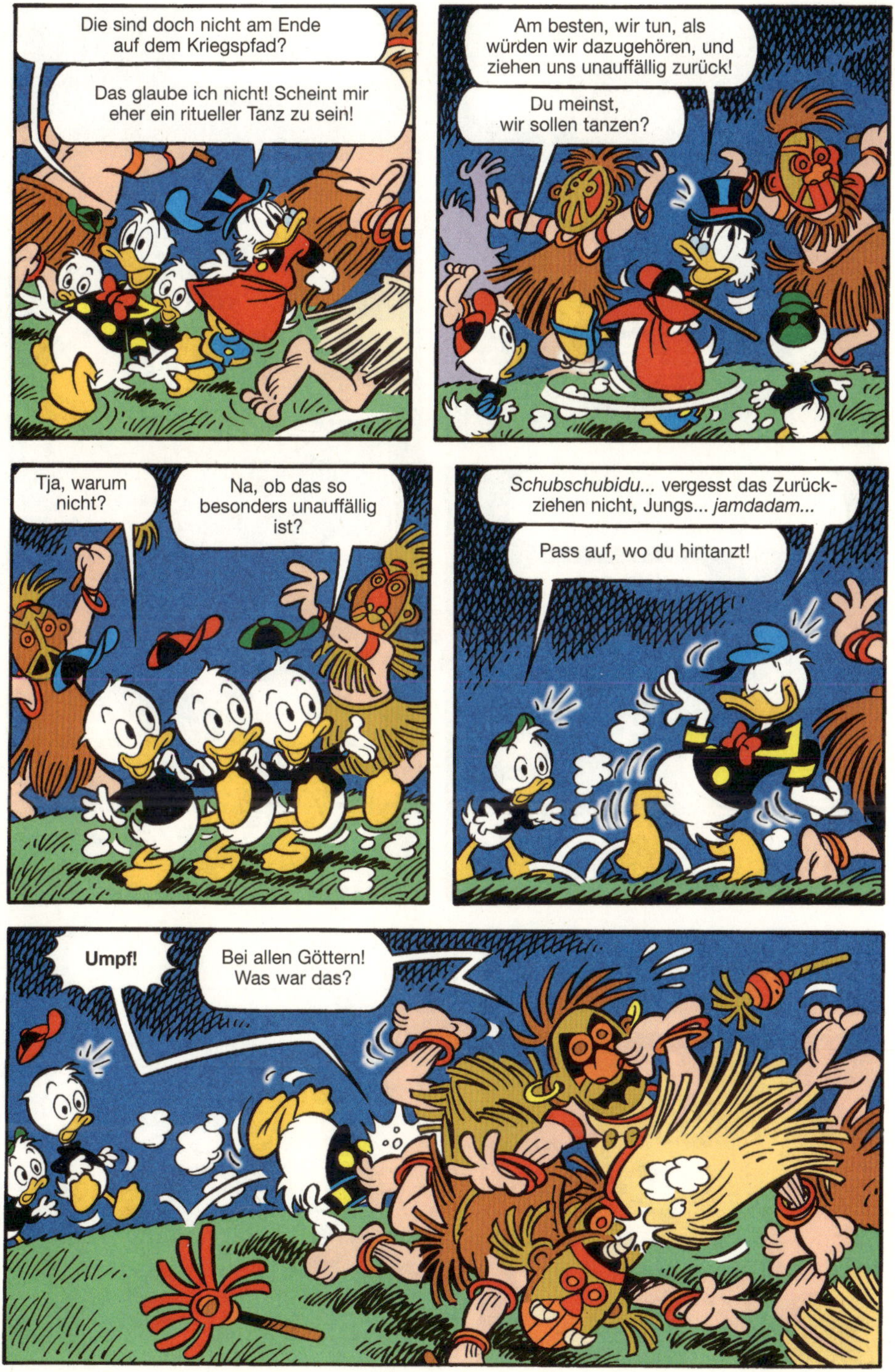
Die sind doch nicht am Ende auf dem Kriegspfad?
Das glaube ich nicht! Scheint mir eher ein ritueller Tanz zu sein!
Am besten, wir tun, als würden wir dazugehören, und ziehen uns unauffällig zurück!
Du meinst, wir sollen tanzen?
Tja, warum nicht?
Na, ob das so besonders unauffällig ist?
Schubschubidu... vergesst das Zurückziehen nicht, Jungs... *jamdadam...*
Pass auf, wo du hintanzt!
Umpf!
Bei allen Göttern! Was war das?

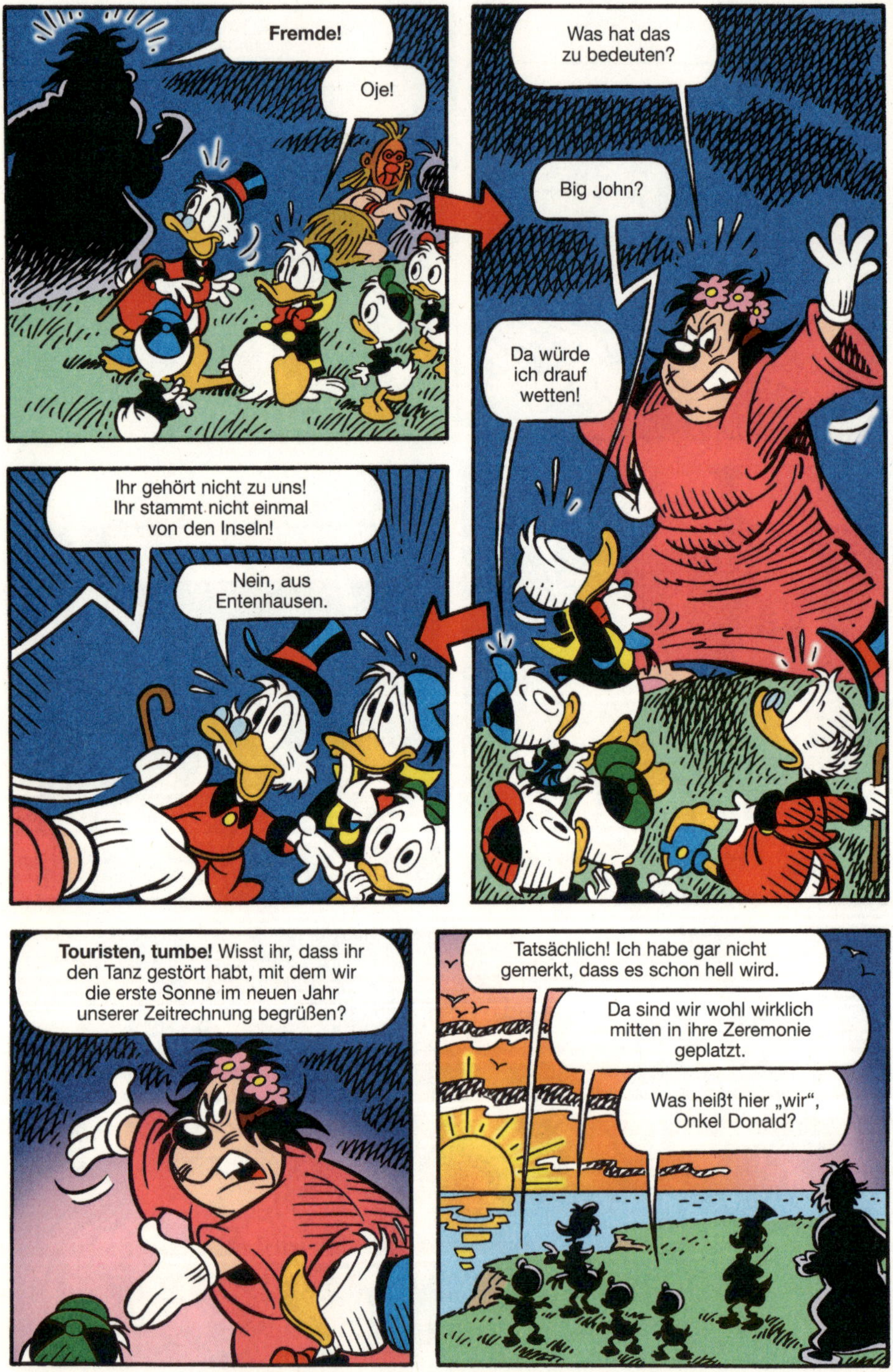
Fremde!
Oje!
Was hat das zu bedeuten?
Big John?
Da würde ich drauf wetten!
Ihr gehört nicht zu uns! Ihr stammt nicht einmal von den Inseln!
Nein, aus Entenhausen.
Touristen, tumbe! Wisst ihr, dass ihr den Tanz gestört habt, mit dem wir die erste Sonne im neuen Jahr unserer Zeitrechnung begrüßen?
Tatsächlich! Ich habe gar nicht gemerkt, dass es schon hell wird.
Da sind wir wohl wirklich mitten in ihre Zeremonie geplatzt.
Was heißt hier „wir“, Onkel Donald?

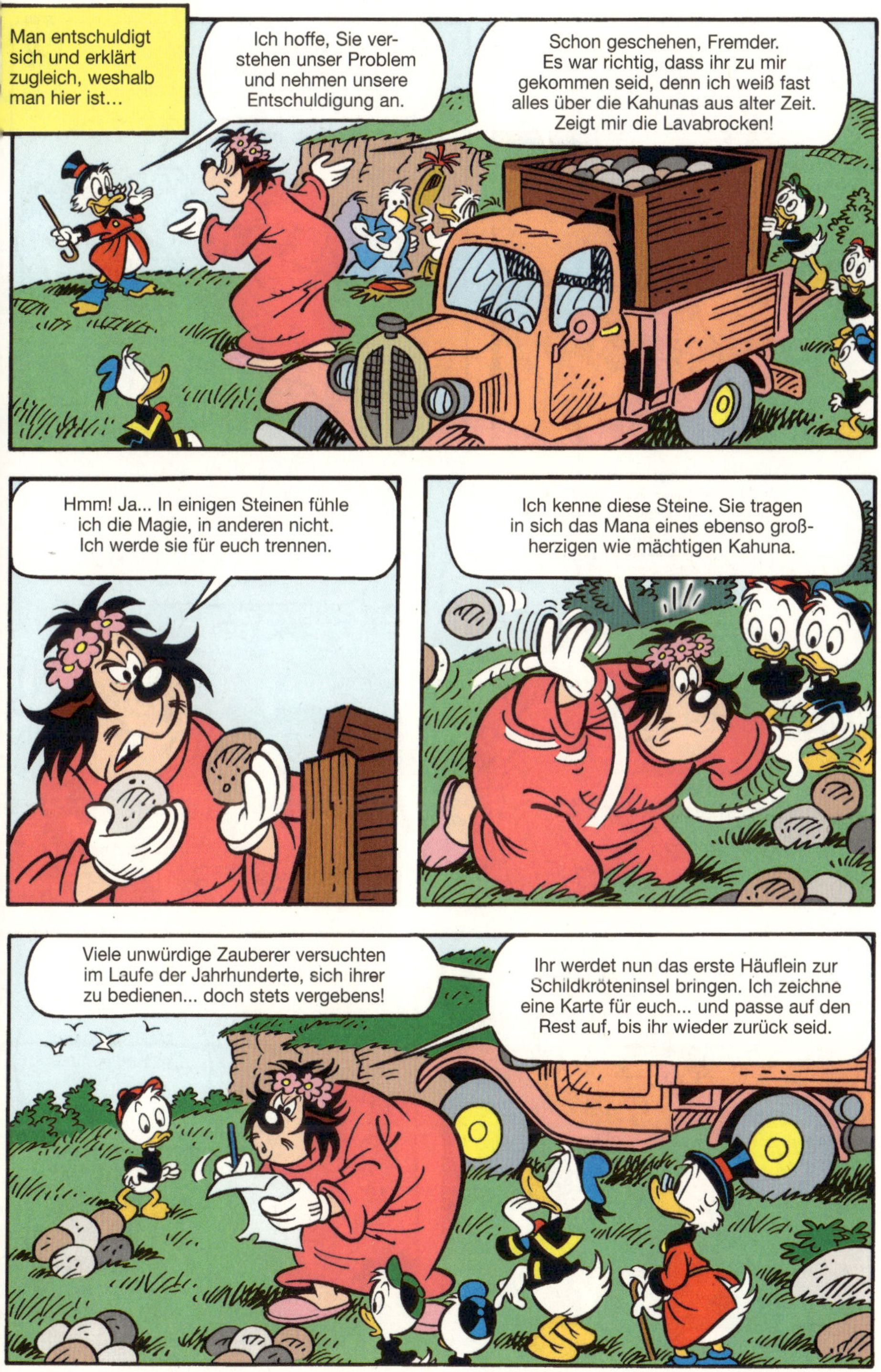

Man entschuldigt sich und erklärt zugleich, weshalb man hier ist…
Ich hoffe, Sie verstehen unser Problem und nehmen unsere Entschuldigung an.
Schon geschehen, Fremder. Es war richtig, dass ihr zu mir gekommen seid, denn ich weiß fast alles über die Kahunas aus alter Zeit. Zeigt mir die Lavabrocken!
Hmm! Ja... In einigen Steinen fühle ich die Magie, in anderen nicht. Ich werde sie für euch trennen.
Ich kenne diese Steine. Sie tragen in sich das Mana eines ebenso großherzigen wie mächtigen Kahuna.
Viele unwürdige Zauberer versuchten im Laufe der Jahrhunderte, sich ihrer zu bedienen... doch stets vergebens!
Ihr werdet nun das erste Häuflein zur Schildkröteninsel bringen. Ich zeichne eine Karte für euch... und passe auf den Rest auf, bis ihr wieder zurück seid.

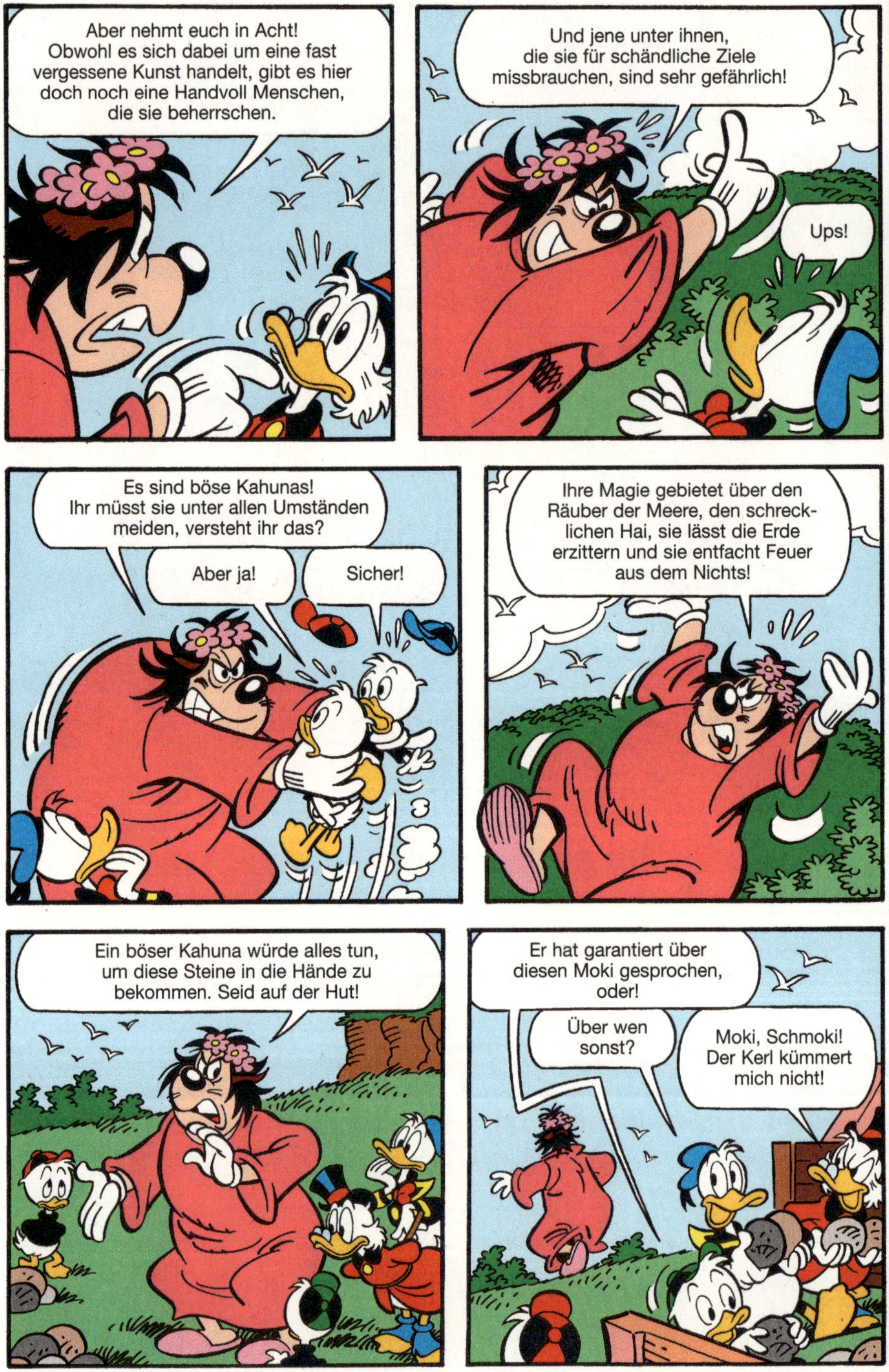

Aber nehmt euch in Acht! Obwohl es sich dabei um eine fast vergessene Kunst handelt, gibt es hier doch noch eine Handvoll Menschen, die sie beherrschen.
Und jene unter ihnen, die sie für schändliche Ziele missbrauchen, sind sehr gefährlich!
Ups!
Es sind böse Kahunas! Ihr müsst sie unter allen Umständen meiden, versteht ihr das?
Aber ja!
Sicher!
Ihre Magie gebietet über den Räuber der Meere, den schreck-lichen Hai, sie lässt die Erde erzittern und sie entfacht Feuer aus dem Nichts!
Ein böser Kahuna würde alles tun, um diese Steine in die Hände zu bekommen. Seid auf der Hut!
Er hat garantiert über diesen Moki gesprochen, oder!
Über wen sonst?
Moki, Schmoki! Der Kerl kümmert mich nicht!

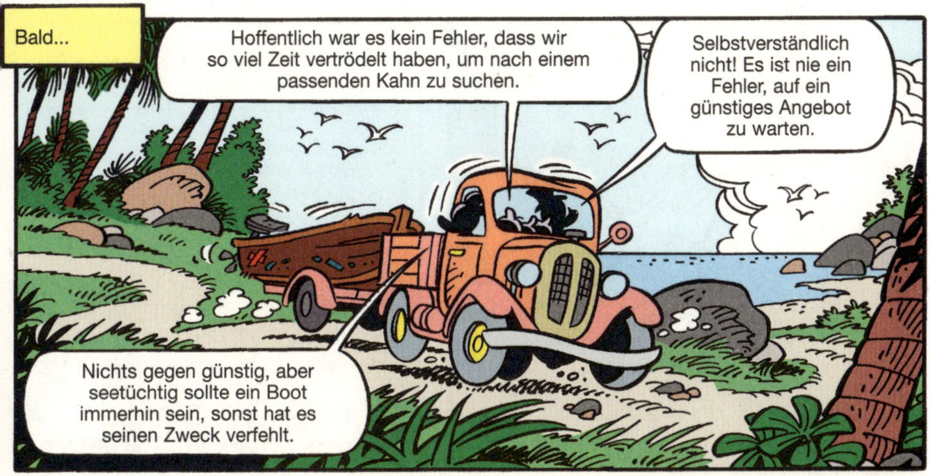
Bald...
Hoffentlich war es kein Fehler, dass wir so viel Zeit vertrödelt haben, um nach einem passenden Kahn zu suchen.
Selbstverständlich nicht! Es ist nie ein Fehler, auf ein günstiges Angebot zu warten.
Nichts gegen günstig, aber seetüchtig sollte ein Boot immerhin sein, sonst hat es seinen Zweck verfehlt.

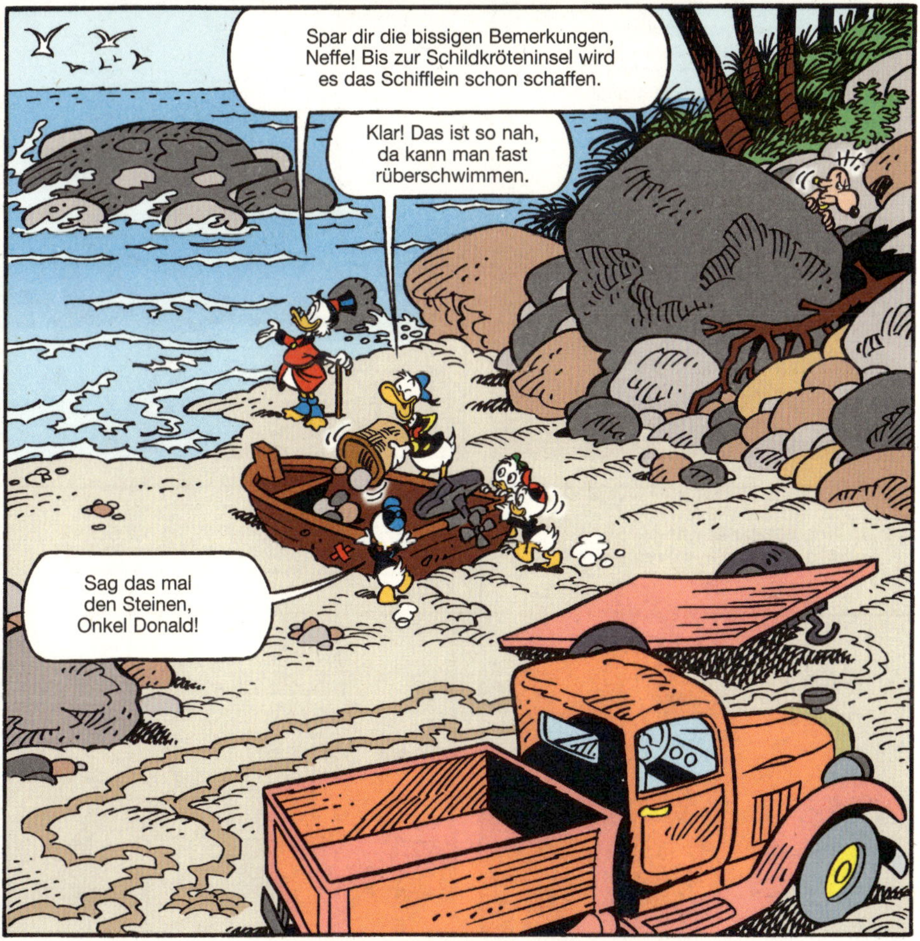
Spar dir die bissigen Bemerkungen, Neffe! Bis zur Schildkröteninsel wird es das Schifflein schon schaffen.
Klar! Das ist so nah, da kann man fast rüberschwimmen.
Sag das mal den Steinen, Onkel Donald!

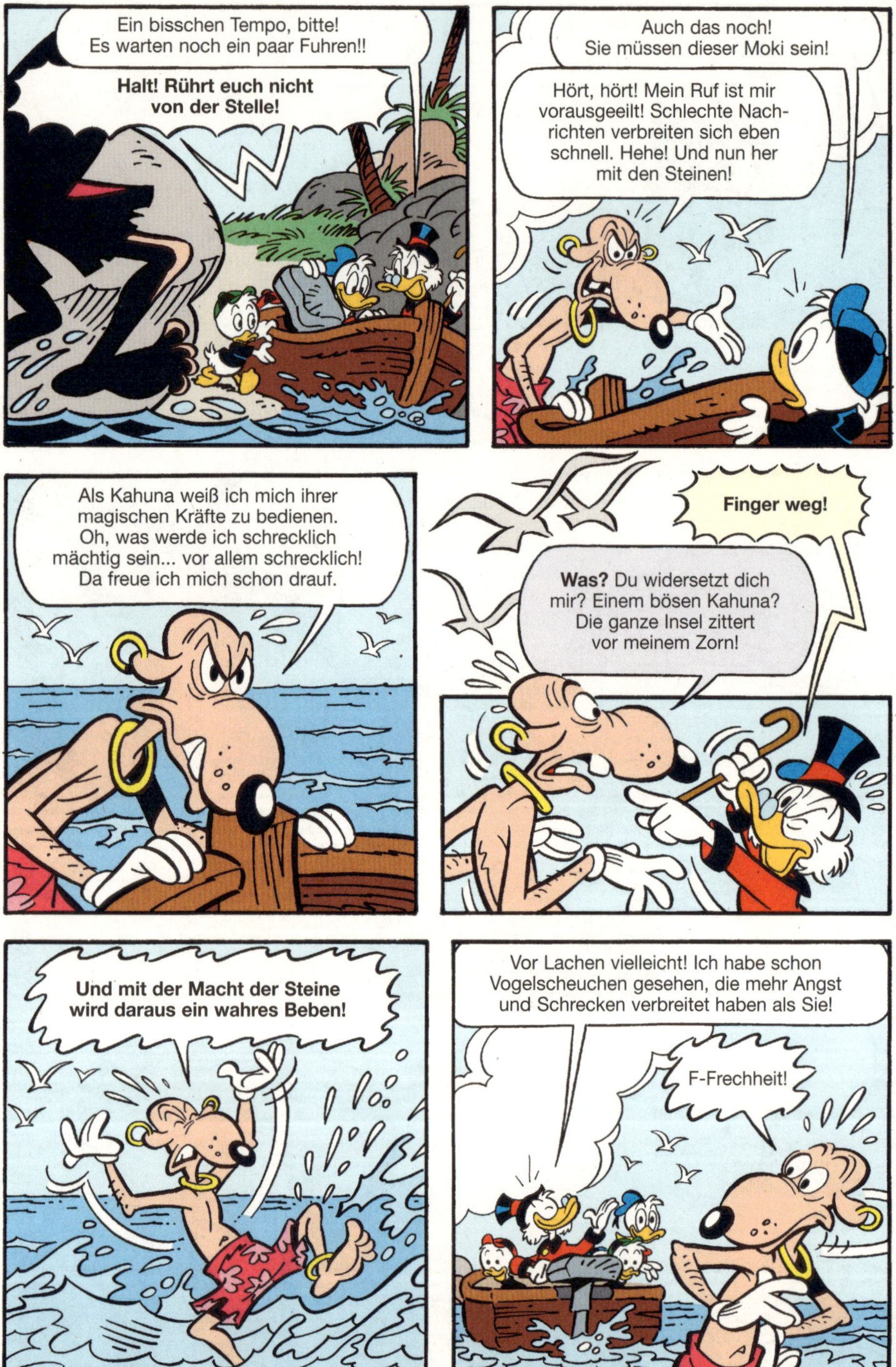
Ein bisschen Tempo, bitte! Es warten noch ein paar Fuhren!!
Halt! Rührt euch nicht von der Stelle!
Auch das noch! Sie müssen dieser Moki sein!
Hört, hört! Mein Ruf ist mir vorausgeeilt! Schlechte Nachrichten verbreiten sich eben schnell. Hehe! Und nun her mit den Steinen!
Als Kahuna weiß ich mich ihrer magischen Kräfte zu bedienen. Oh, was werde ich schrecklich mächtig sein... vor allem schrecklich! Da freue ich mich schon drauf.
Finger weg!
Was? Du widersetzt dich mir? Einem bösen Kahuna? Die ganze Insel zittert vor meinem Zorn!
Und mit der Macht der Steine wird daraus ein wahres Beben!
Vor Lachen vielleicht! Ich habe schon Vogelscheuchen gesehen, die mehr Angst und Schrecken verbreitet haben als Sie!
F-Frechheit!

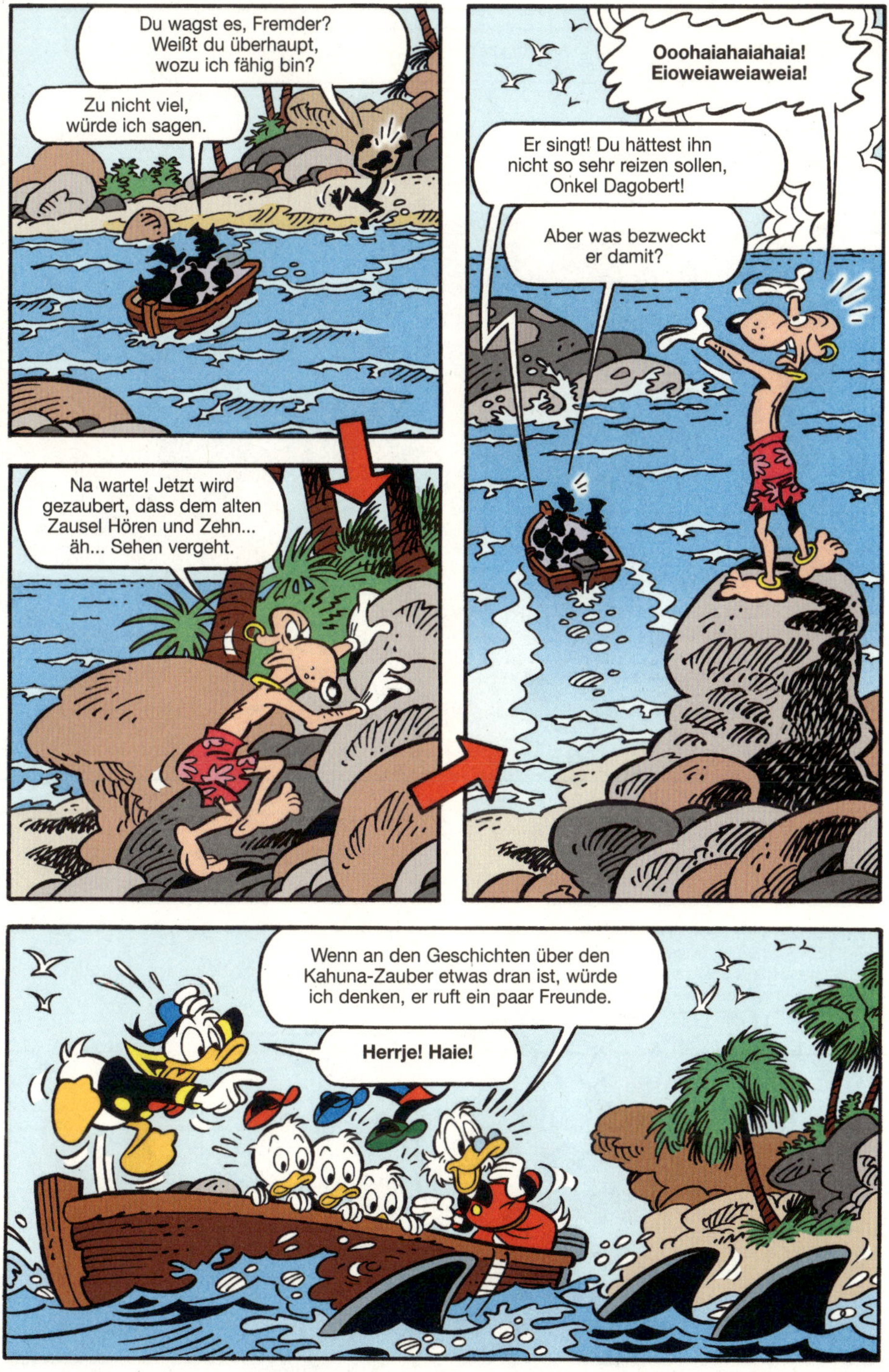
Du wagst es, Fremder? Weißt du überhaupt, wozu ich fähig bin?
Zu nicht viel, würde ich sagen.
Na warte! Jetzt wird gezaubert, dass dem alten Zausel Hören und Zehn... äh... Sehen vergeht.
Ooohaiahaiahaia! Eioweiaweiaweia!
Er singt! Du hättest ihn nicht so sehr reizen sollen, Onkel Dagobert!
Aber was bezweckt er damit?
Wenn an den Geschichten über den Kahuna-Zauber etwas dran ist, würde ich denken, er ruft ein paar Freunde.
Herrje! Haie!

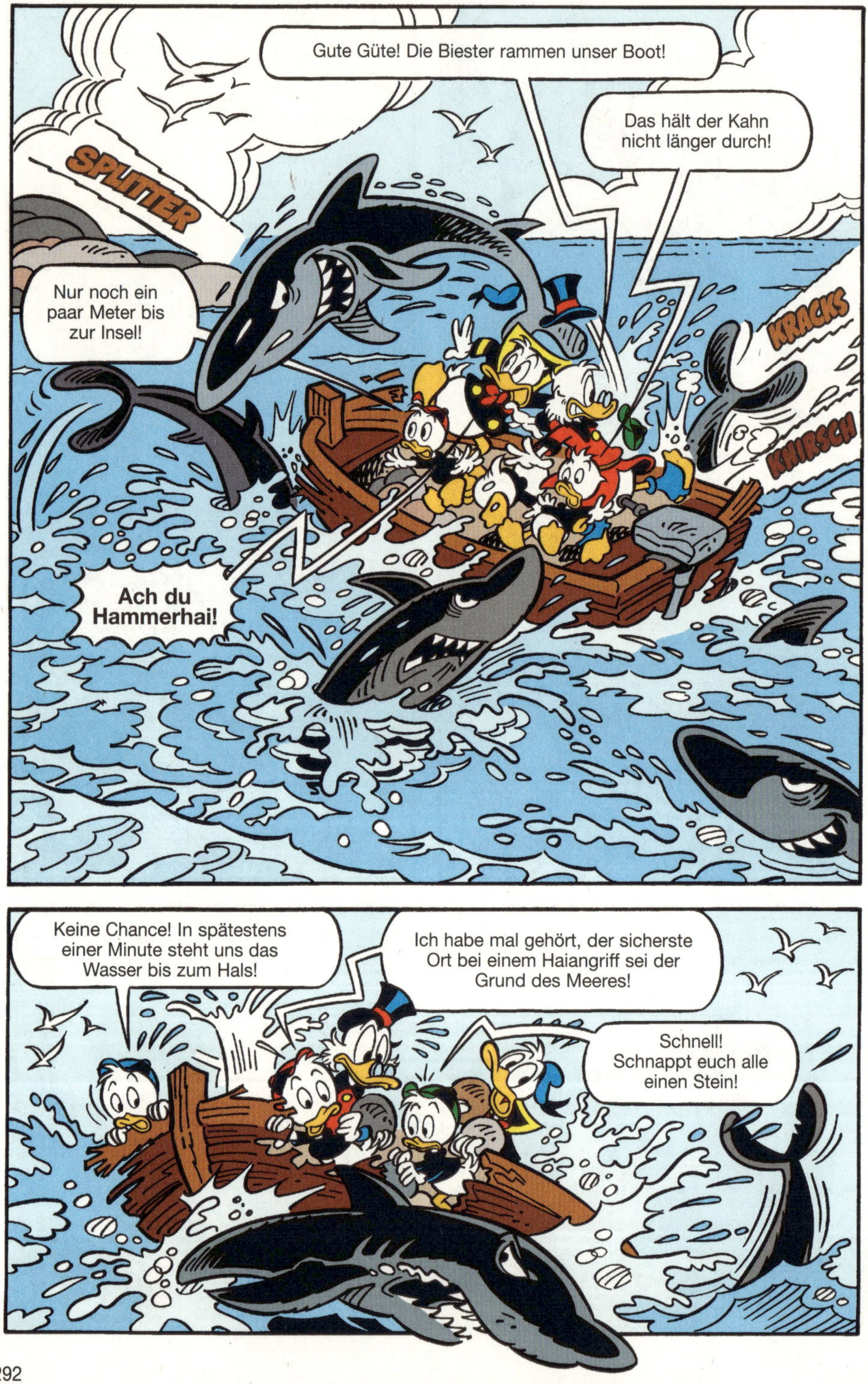
SPLITTER
Gute Güte! Die Biester rammen unser Boot!
Das hält der Kahn nicht länger durch!
Nur noch ein paar Meter bis zur Insel!
KRACKS
KNIRSCH
Ach du Hammerhai!
Keine Chance! In spätestens einer Minute steht uns das Wasser bis zum Hals!
Ich habe mal gehört, der sicherste Ort bei einem Haiangriff sei der Grund des Meeres!
Schnell! Schnappt euch alle einen Stein!

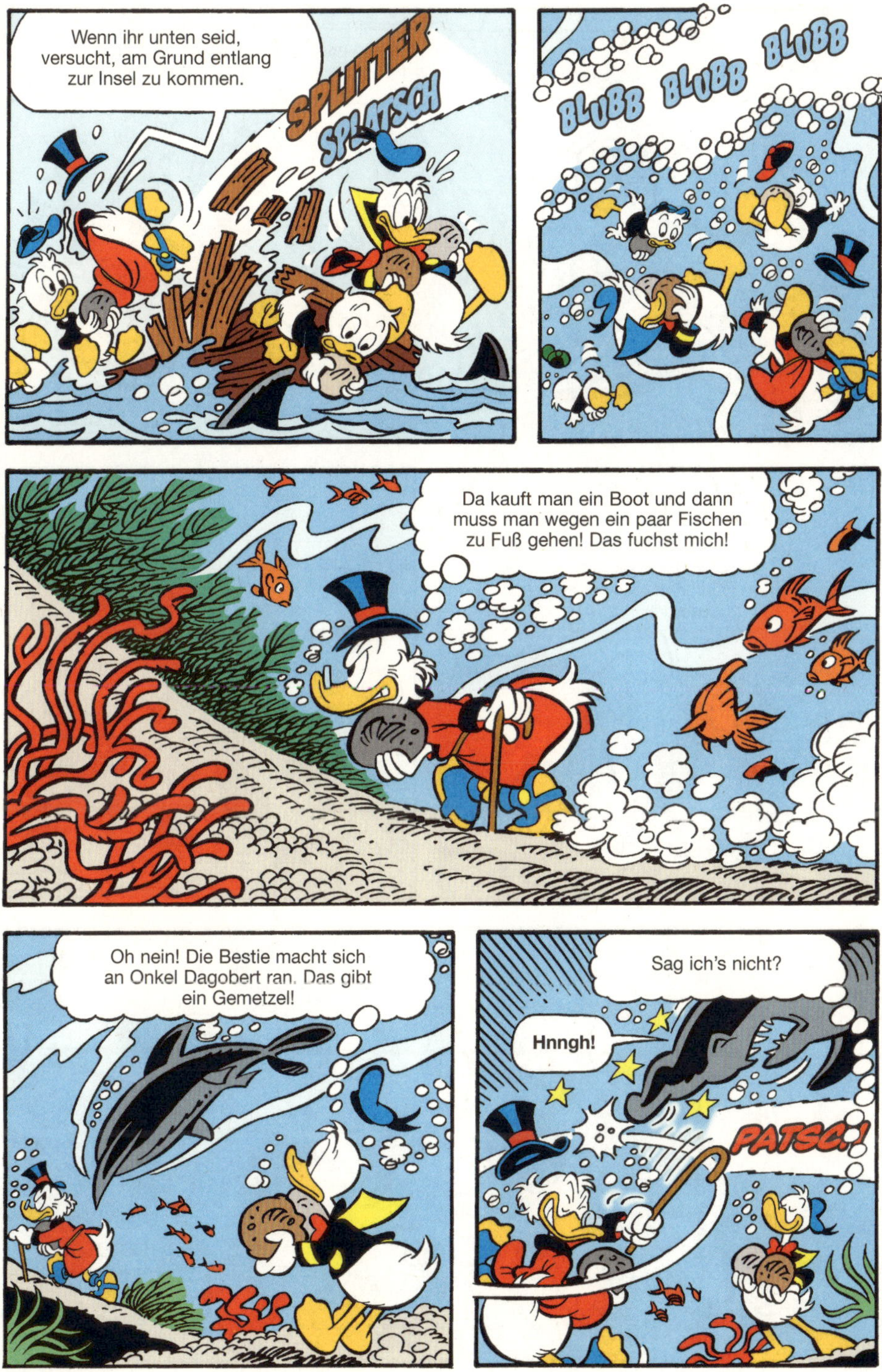
Wenn ihr unten seid, versucht, am Grund entlang zur Insel zu kommen.
SPLITTER
SPLATSCH
BLUBB BLUBB BLUBB
Da kauft man ein Boot und dann muss man wegen ein paar Fischen zu Fuß gehen! Das fuchst mich!
Oh nein! Die Bestie macht sich an Onkel Dagobert ran. Das gibt ein Gemetzel!
Sag ich's nicht?
Hnngh!
PATSCH!

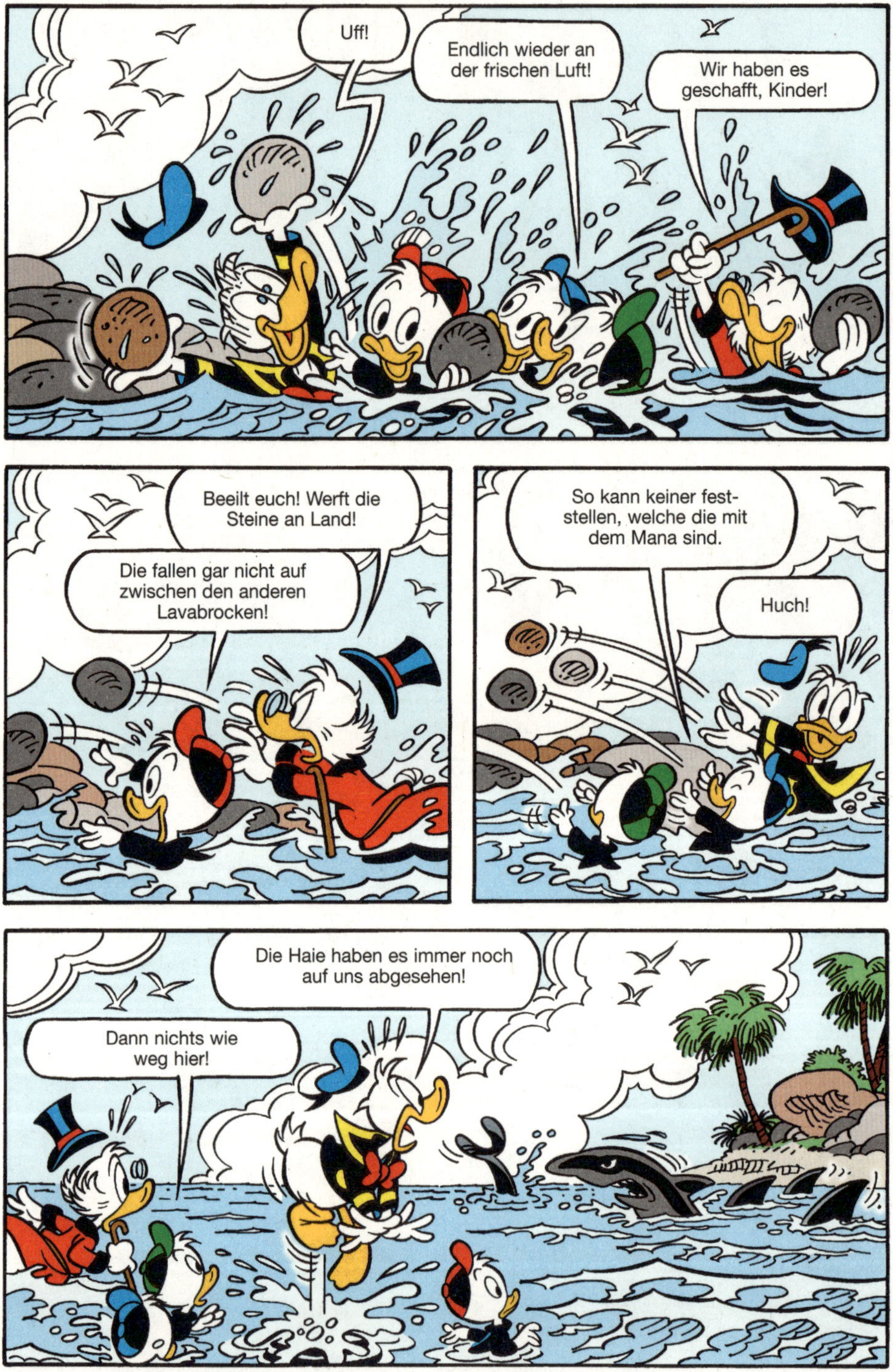
Uff!
Endlich wieder an der frischen Luft!
Wir haben es geschafft, Kinder!
Beeilt euch! Werft die Steine an Land!
Die fallen gar nicht auf zwischen den anderen Lavabrocken!
So kann keiner feststellen, welche die mit dem Mana sind.
Huch!
Die Haie haben es immer noch auf uns abgesehen!
Dann nichts wie weg hier!

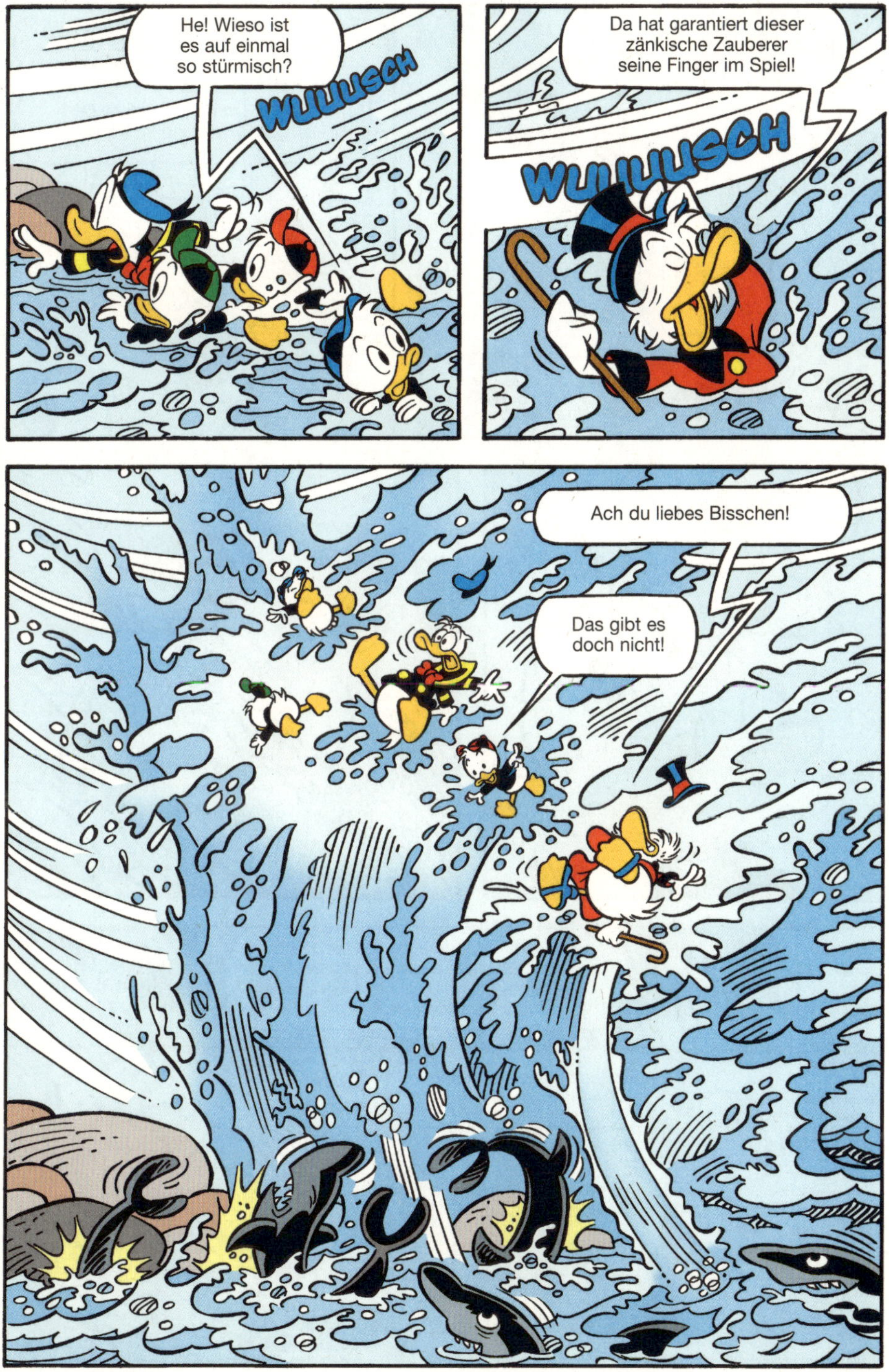
He! Wieso ist es auf einmal so stürmisch?
WUUUSCH
Da hat garantiert dieser zänkische Zauberer seine Finger im Spiel!
WUUUUUSCH
Ach du liebes Bisschen!
Das gibt es doch nicht!

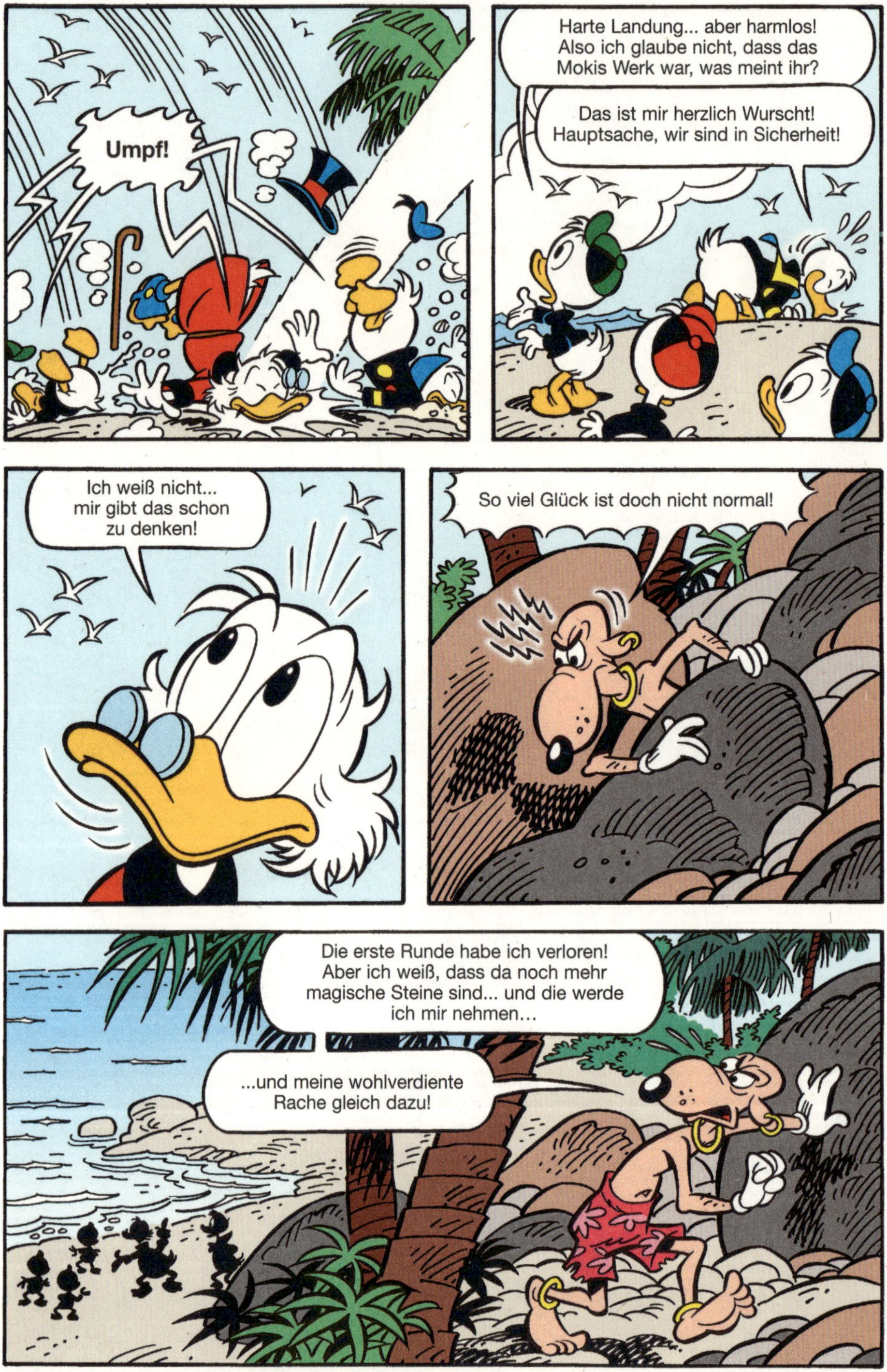
Umpf!
Harte Landung... aber harmlos! Also ich glaube nicht, dass das Mokis Werk war, was meint ihr?
Das ist mir herzlich Wurscht! Hauptsache, wir sind in Sicherheit!
Ich weiß nicht... mir gibt das schon zu denken!
So viel Glück ist doch nicht normal!
Die erste Runde habe ich verloren! Aber ich weiß, dass da noch mehr magische Steine sind... und die werde ich mir nehmen...
...und meine wohlverdiente Rache gleich dazu!

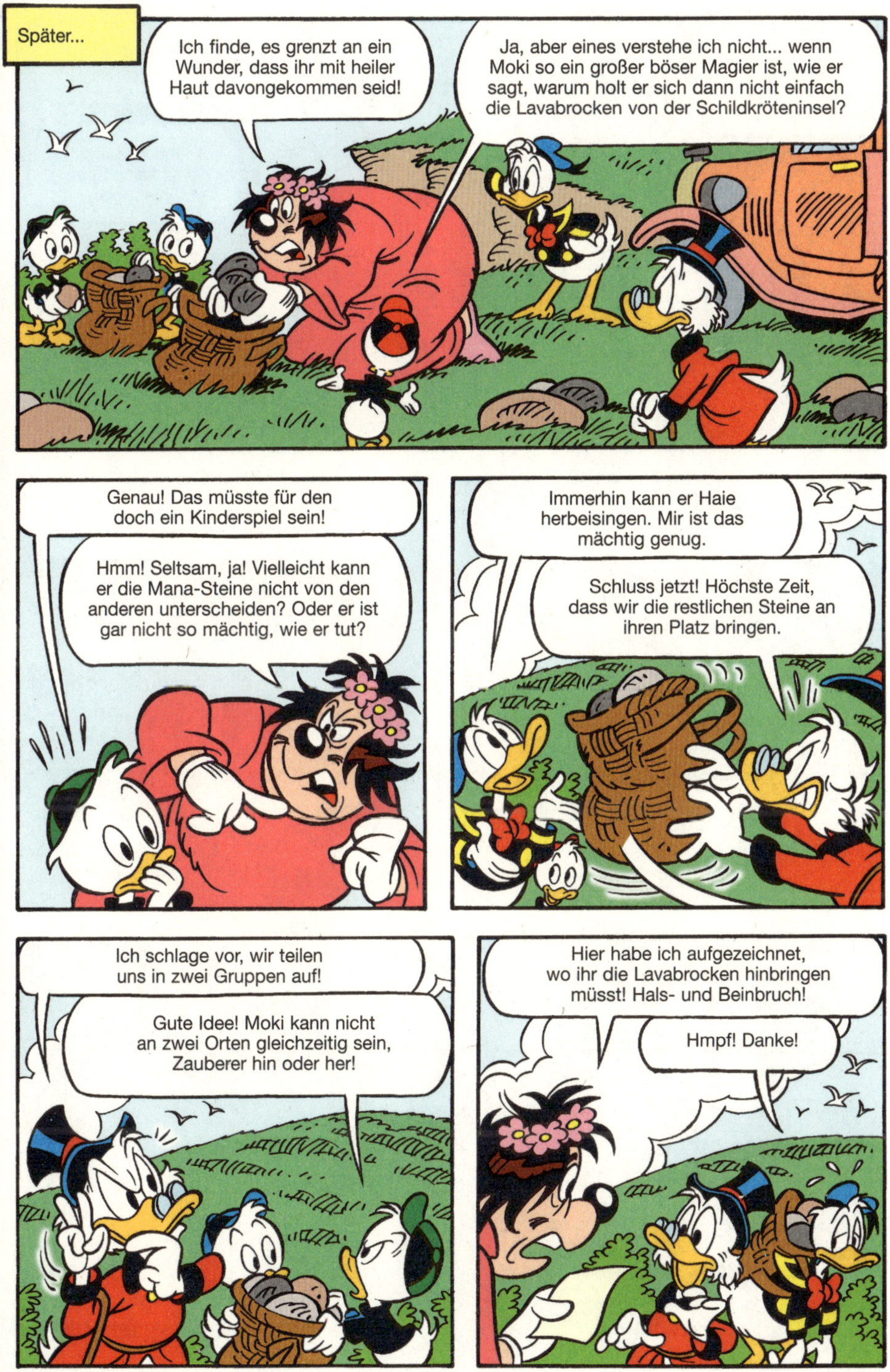
Später...
Ich finde, es grenzt an ein Wunder, dass ihr mit heiler Haut davongekommen seid!
Ja, aber eines verstehe ich nicht... wenn Moki so ein großer böser Magier ist, wie er sagt, warum holt er sich dann nicht einfach die Lavabrocken von der Schildkröteninsel?
Genau! Das müsste für den doch ein Kinderspiel sein!
Hmm! Seltsam, ja! Vielleicht kann er die Mana-Steine nicht von den anderen unterscheiden? Oder er ist gar nicht so mächtig, wie er tut?
Immerhin kann er Haie herbeisingen. Mir ist das mächtig genug.
Schluss jetzt! Höchste Zeit, dass wir die restlichen Steine an ihren Platz bringen.
Ich schlage vor, wir teilen uns in zwei Gruppen auf!
Gute Idee! Moki kann nicht an zwei Orten gleichzeitig sein, Zauberer hin oder her!
Hier habe ich aufgezeichnet, wo ihr die Lavabrocken hinbringen müsst! Hals- und Beinbruch!
Hmpf! Danke!

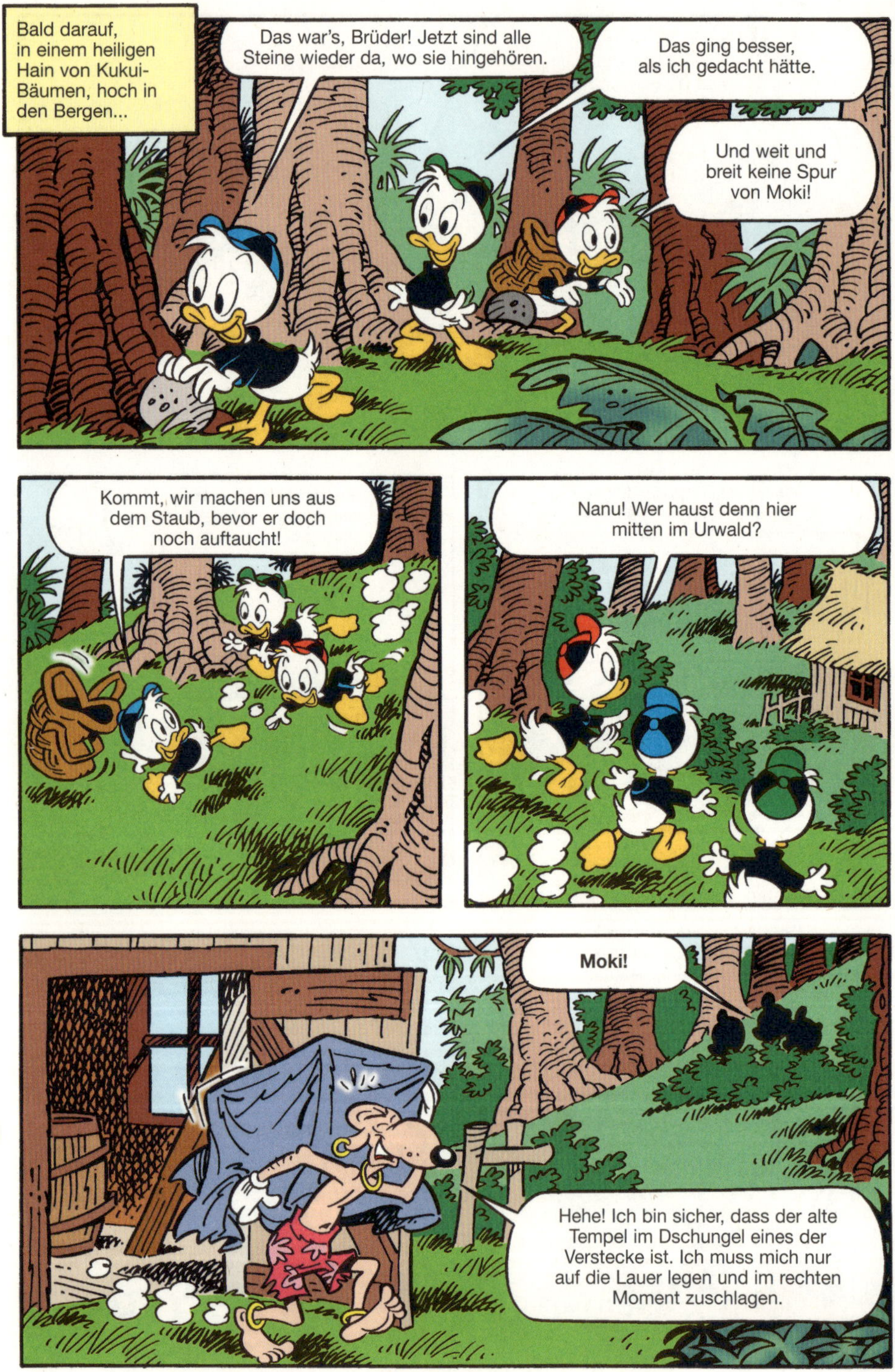
Bald darauf, in einem heiligen Hain von Kukui-Bäumen, hoch in den Bergen...
Das war's, Brüder! Jetzt sind alle Steine wieder da, wo sie hingehören.
Das ging besser, als ich gedacht hätte.
Und weit und breit keine Spur von Moki!
Kommt, wir machen uns aus dem Staub, bevor er doch noch auftaucht!
Nanu! Wer haust denn hier mitten im Urwald?
Moki!
Hehe! Ich bin sicher, dass der alte Tempel im Dschungel eines der Verstecke ist. Ich muss mich nur auf die Lauer legen und im rechten Moment zuschlagen.

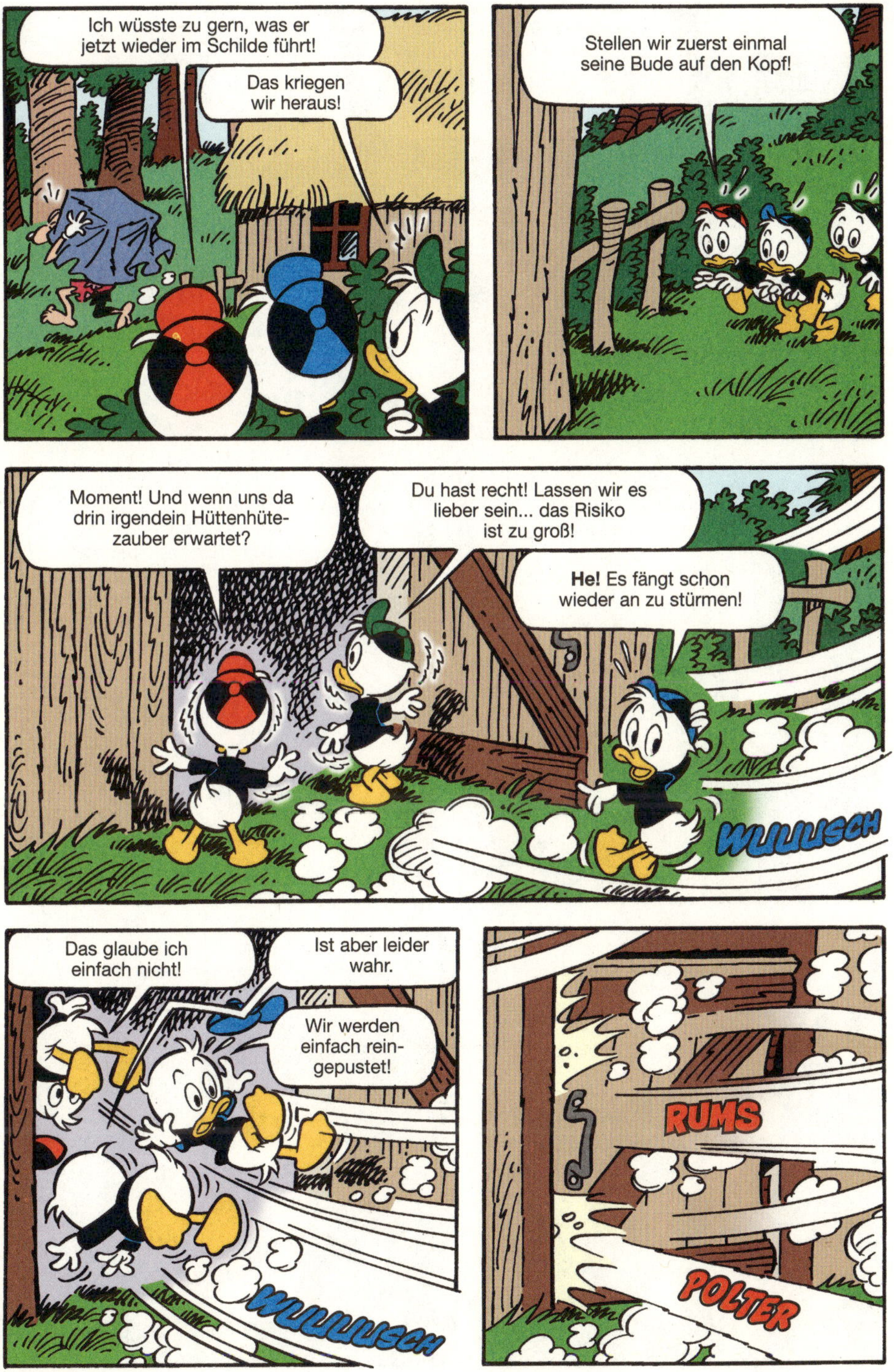
Ich wüsste zu gern, was er jetzt wieder im Schilde führt!
Das kriegen wir heraus!
Stellen wir zuerst einmal seine Bude auf den Kopf!
Moment! Und wenn uns da drin irgendein Hüttenhütezauber erwartet?
Du hast recht! Lassen wir es lieber sein... das Risiko ist zu groß!
He! Es fängt schon wieder an zu stürmen!
WUUUUSCH
Das glaube ich einfach nicht!
Ist aber leider wahr.
Wir werden einfach reingepustet!
WUUUUUSCH
RUMS
POLTER

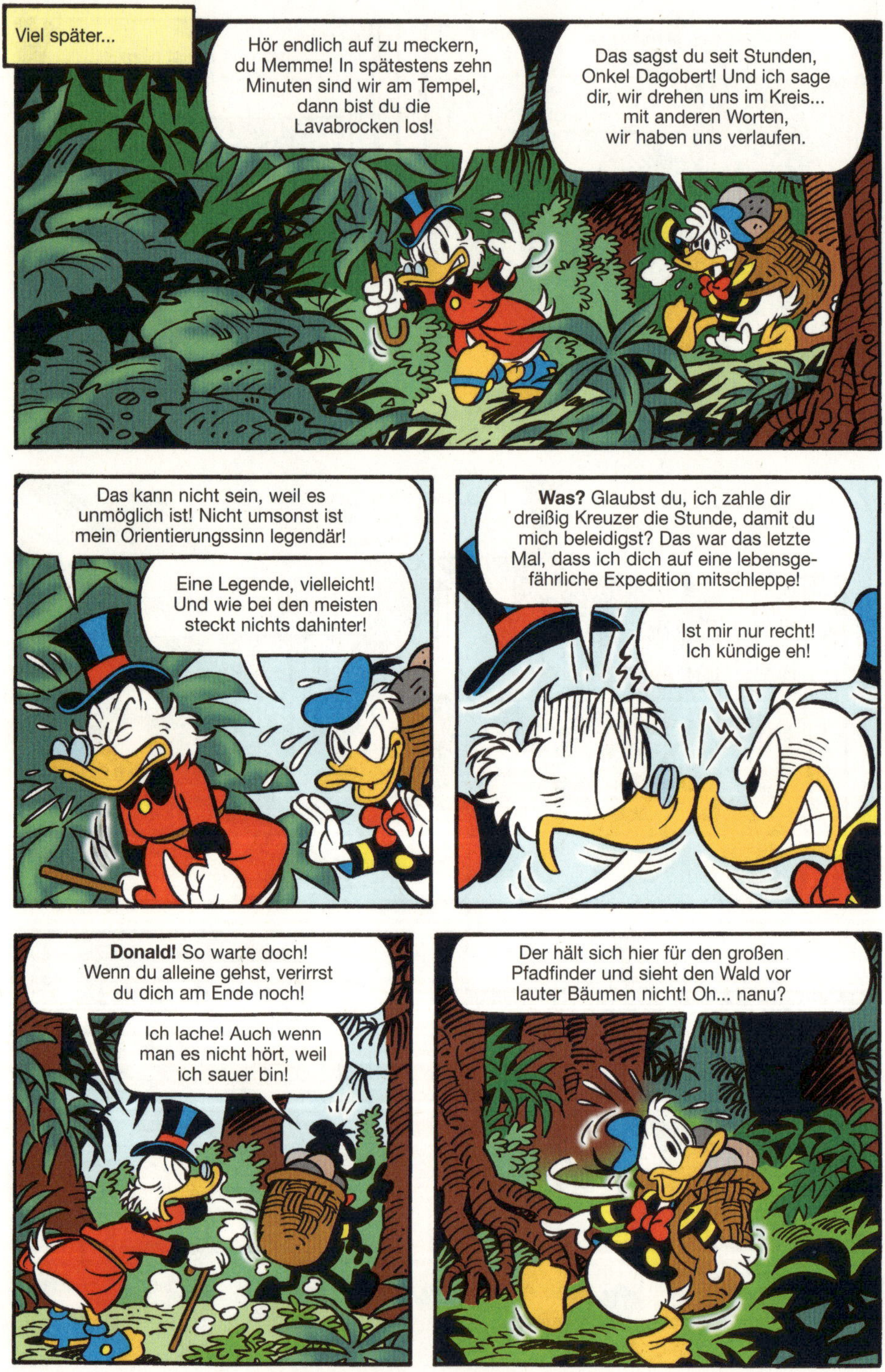
Viel später...
Hör endlich auf zu meckern, du Memme! In spätestens zehn Minuten sind wir am Tempel, dann bist du die Lavabrocken los!
Das sagst du seit Stunden, Onkel Dagobert! Und ich sage dir, wir drehen uns im Kreis... mit anderen Worten, wir haben uns verlaufen.
Das kann nicht sein, weil es unmöglich ist! Nicht umsonst ist mein Orientierungssinn legendär!
Eine Legende, vielleicht! Und wie bei den meisten steckt nichts dahinter!
Was? Glaubst du, ich zahle dir dreißig Kreuzer die Stunde, damit du mich beleidigst? Das war das letzte Mal, dass ich dich auf eine lebensgefährliche Expedition mitschleppe!
Ist mir nur recht! Ich kündige eh!
Donald! So warte doch! Wenn du alleine gehst, verirrst du dich am Ende noch!
Ich lache! Auch wenn man es nicht hört, weil ich sauer bin!
Der hält sich hier für den großen Pfadfinder und sieht den Wald vor lauter Bäumen nicht! Oh... nanu?

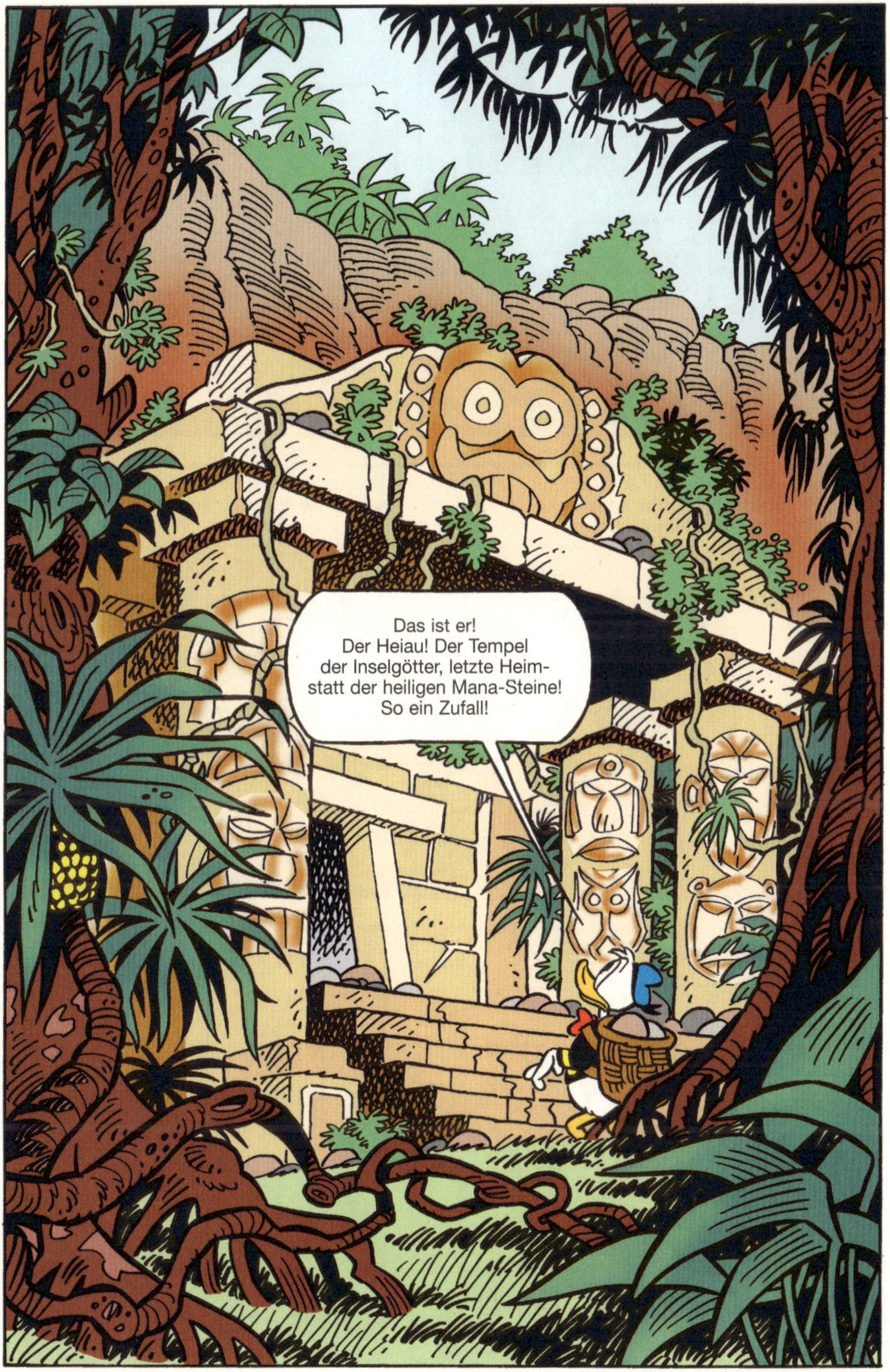
Das ist er!
Der Heiau! Der Tempel
der Inselgötter, letzte Heim-
statt der heiligen Mana-Steine!
So ein Zufall!

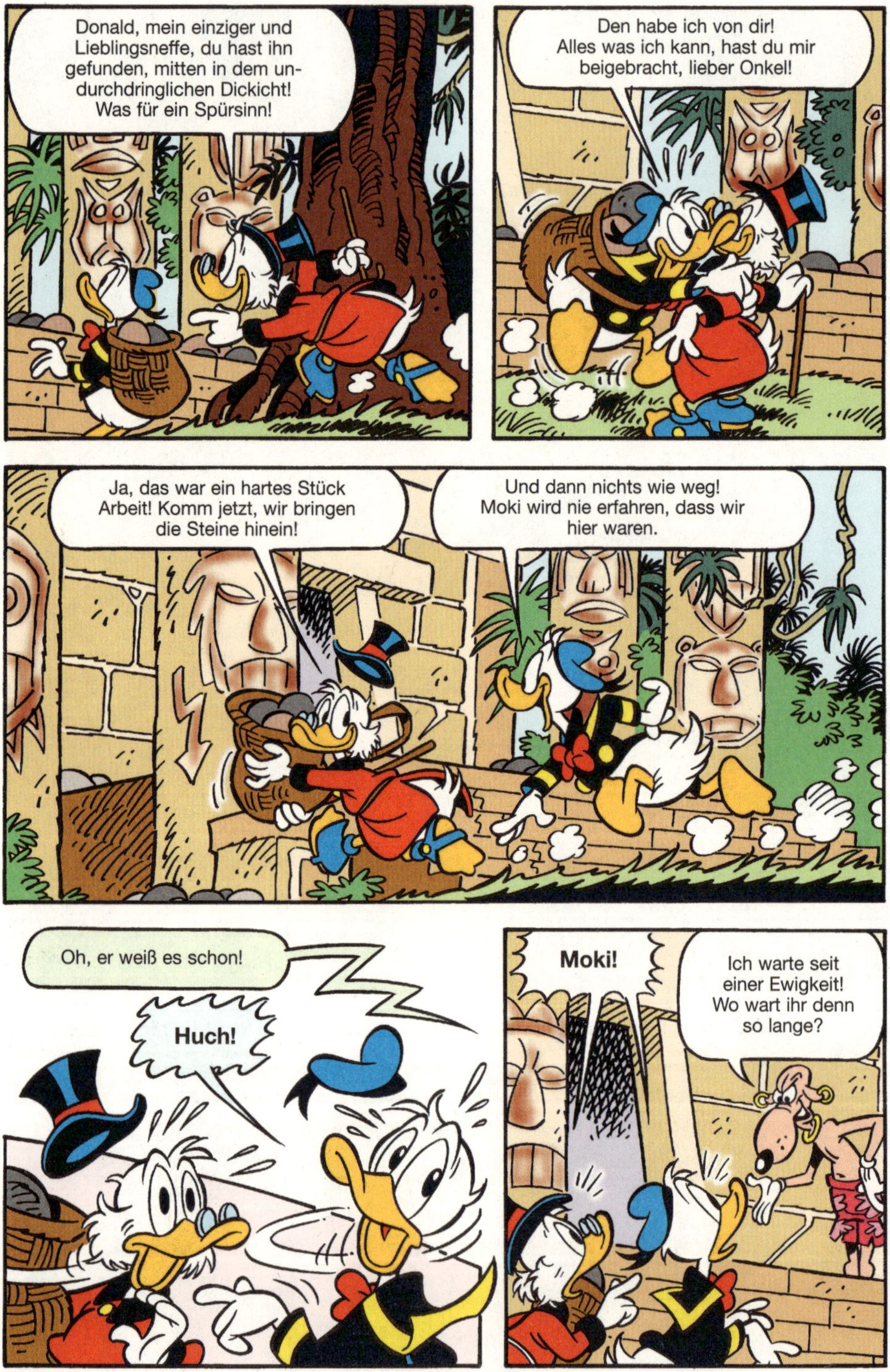
Donald, mein einziger und Lieblingsneffe, du hast ihn gefunden, mitten in dem undurchdringlichen Dickicht! Was für ein Spürsinn!
Den habe ich von dir! Alles was ich kann, hast du mir beigebracht, lieber Onkel!
Ja, das war ein hartes Stück Arbeit! Komm jetzt, wir bringen die Steine hinein!
Und dann nichts wie weg! Moki wird nie erfahren, dass wir hier waren.
Oh, er weiß es schon!
Huch!
Moki!
Ich warte seit einer Ewigkeit! Wo wart ihr denn so lange?

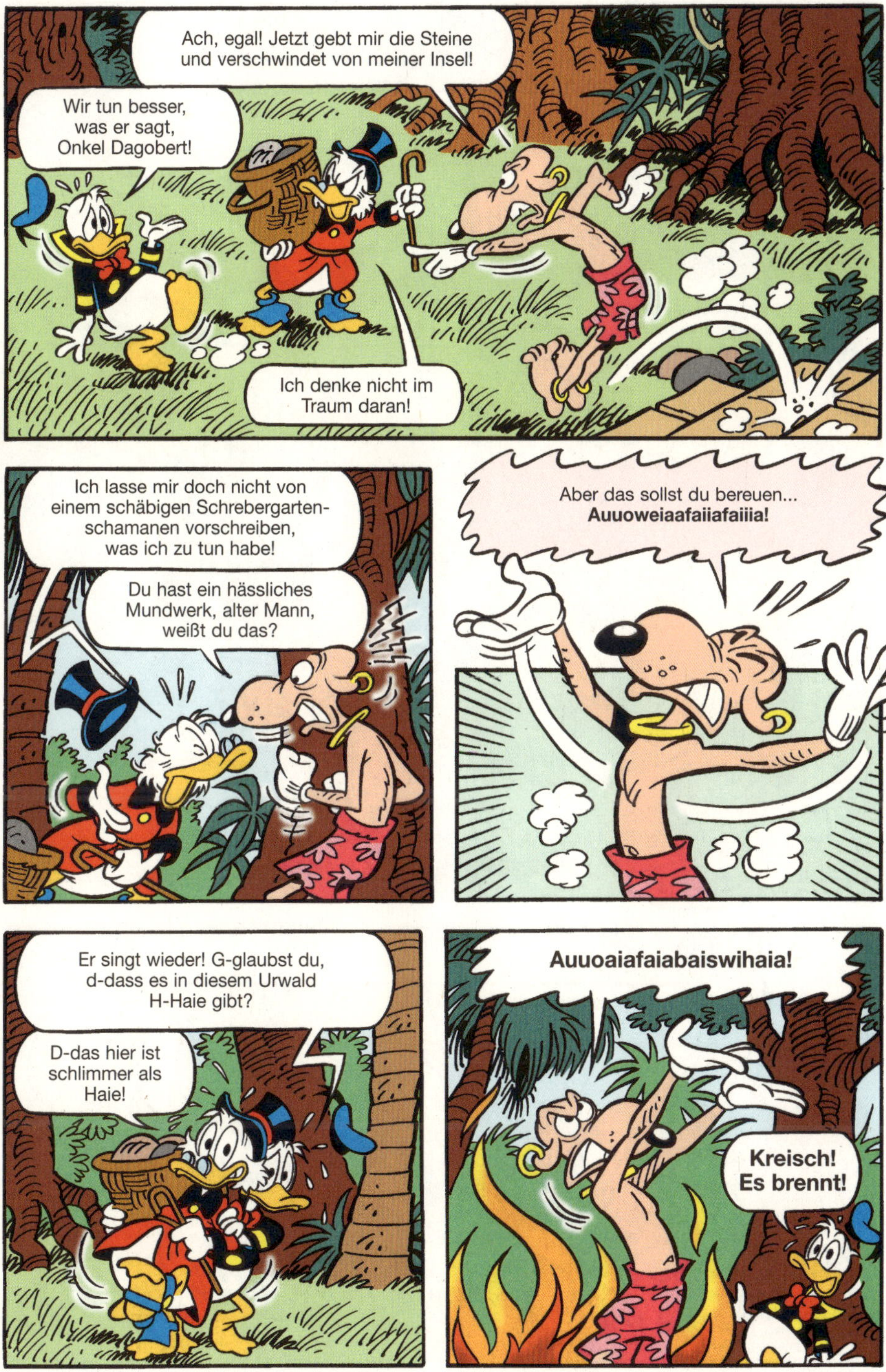
Ach, egal! Jetzt gebt mir die Steine und verschwindet von meiner Insel!
Wir tun besser, was er sagt, Onkel Dagobert!
Ich denke nicht im Traum daran!
Ich lasse mir doch nicht von einem schäbigen Schrebergarten-schamanen vorschreiben, was ich zu tun habe!
Du hast ein hässliches Mundwerk, alter Mann, weißt du das?
Aber das sollst du bereuen... **Auuoweiaafaiiafaiiia!**
Er singt wieder! G-glaubst du, d-dass es in diesem Urwald H-Haie gibt?
D-das hier ist schlimmer als Haie!
Auuoaiafaiabaiswihaia!
Kreisch! Es brennt!

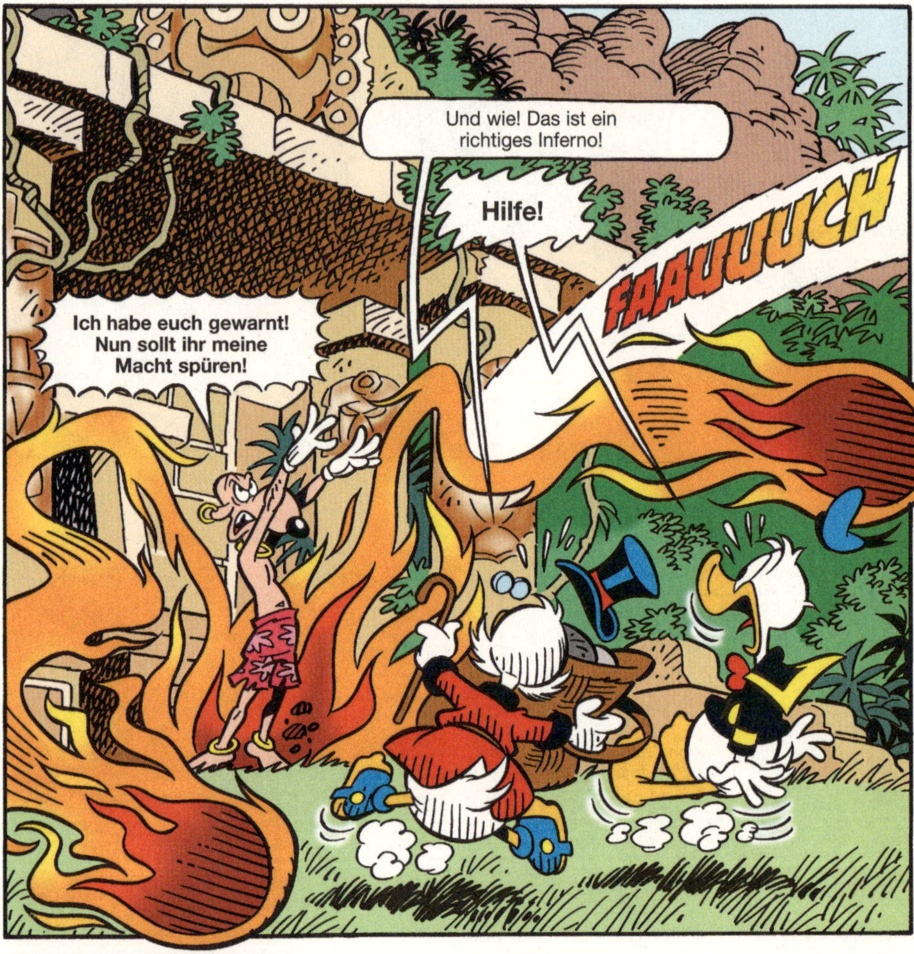
Ich habe euch gewarnt! Nun sollt ihr meine Macht spüren!
Und wie! Das ist ein richtiges Inferno!
Hilfe!
FAAUUUUCH

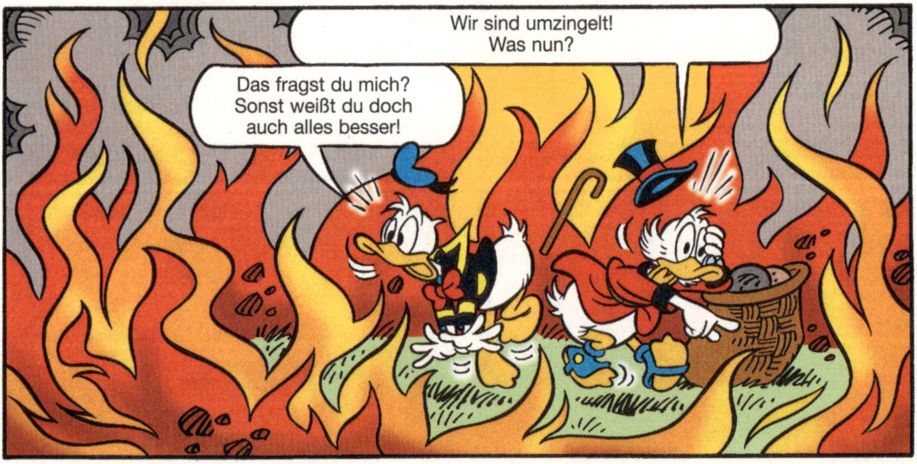
Wir sind umzingelt! Was nun?
Das fragst du mich? Sonst weißt du doch auch alles besser!

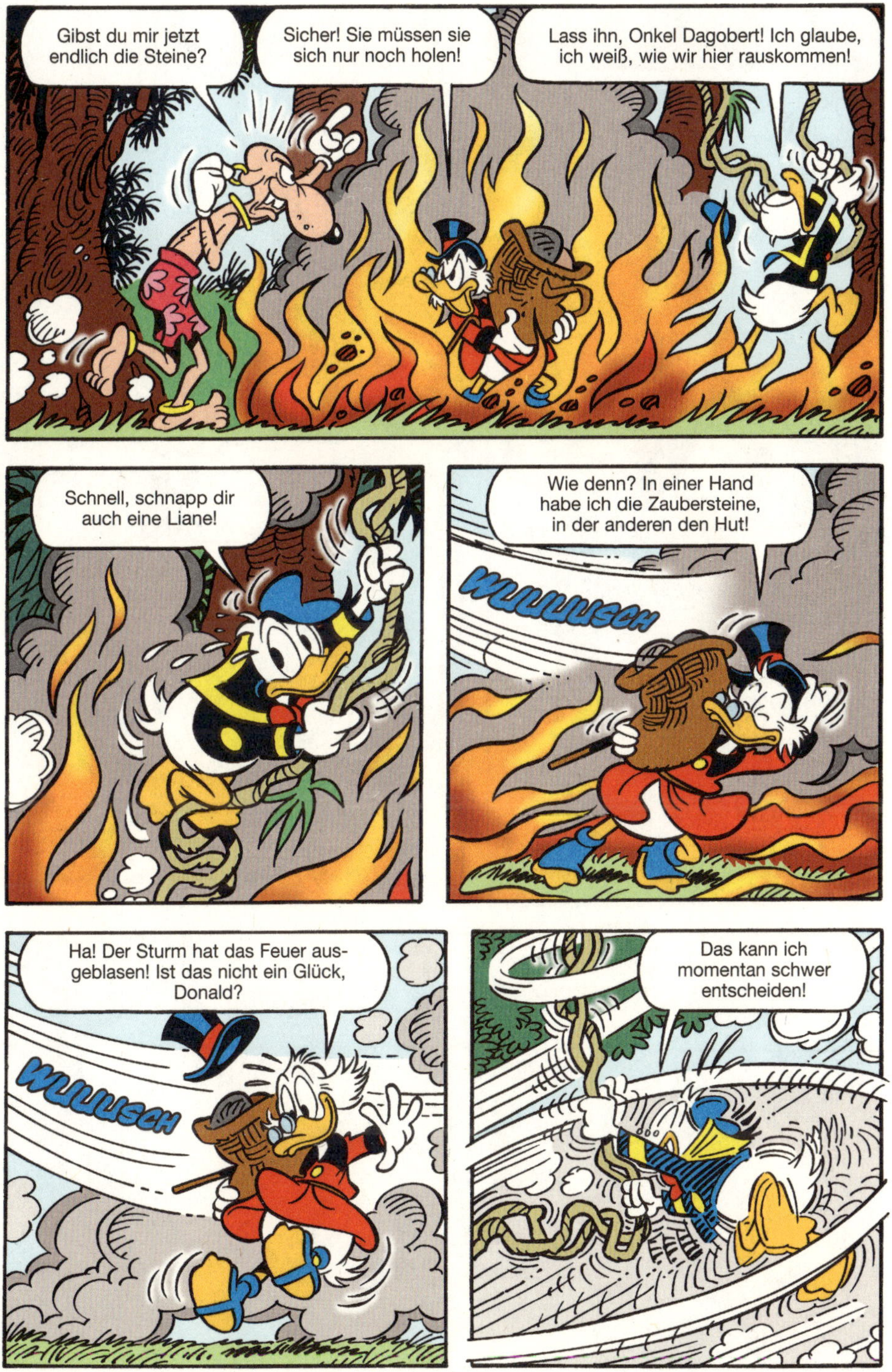
Gibst du mir jetzt endlich die Steine?
Sicher! Sie müssen sie sich nur noch holen!
Lass ihn, Onkel Dagobert! Ich glaube, ich weiß, wie wir hier rauskommen!
Schnell, schnapp dir auch eine Liane!
Wie denn? In einer Hand habe ich die Zaubersteine, in der anderen den Hut!
WUUUUUSCH
Ha! Der Sturm hat das Feuer ausgeblasen! Ist das nicht ein Glück, Donald?
WUUUUSCH
Das kann ich momentan schwer entscheiden!

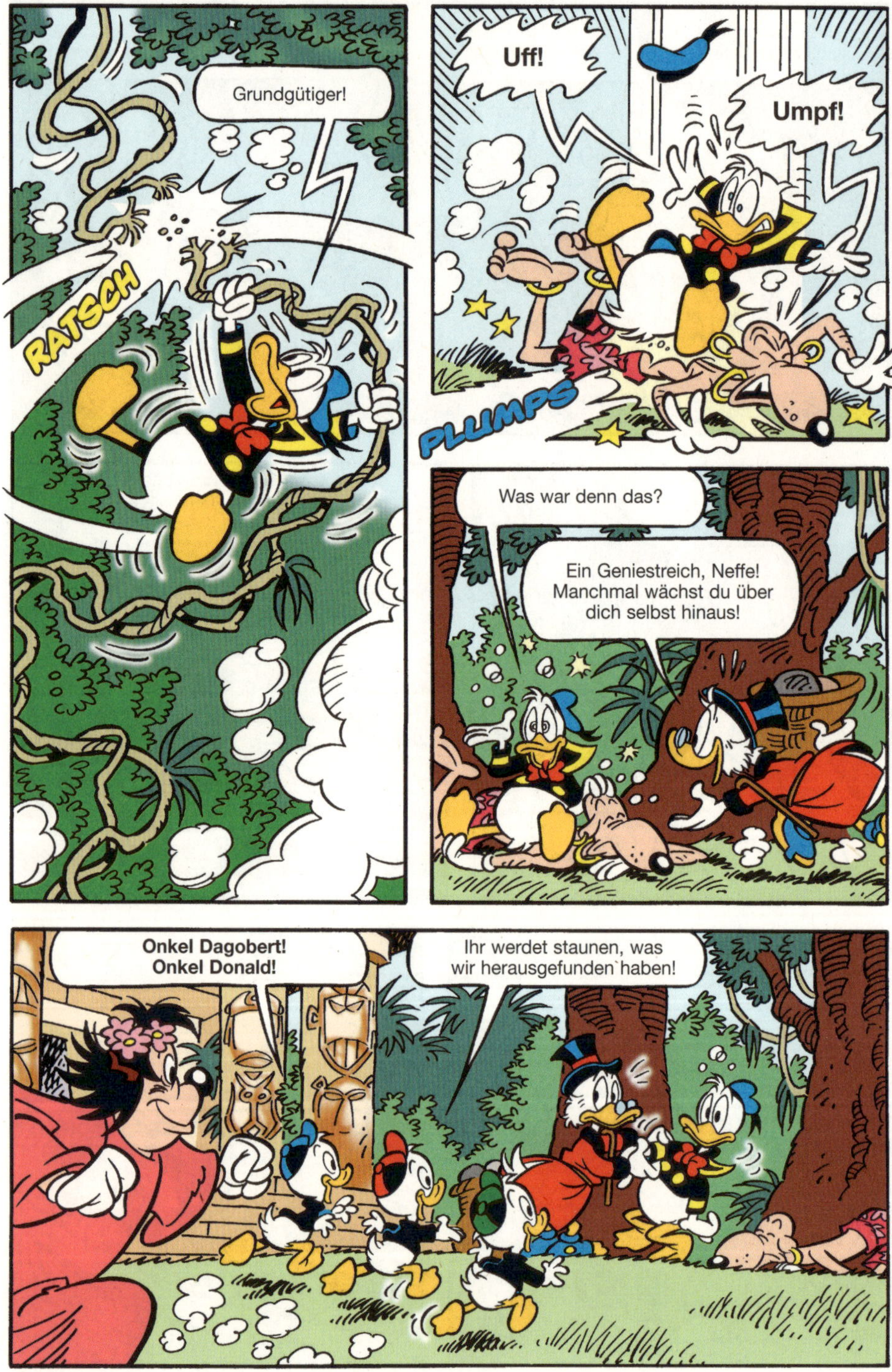
Grundgütiger!
RATSCH
Uff!
Umpf!
PLUMPS
Was war denn das?
Ein Geniestreich, Neffe! Manchmal wächst du über dich selbst hinaus!
Onkel Dagobert! Onkel Donald!
Ihr werdet staunen, was wir herausgefunden`haben!

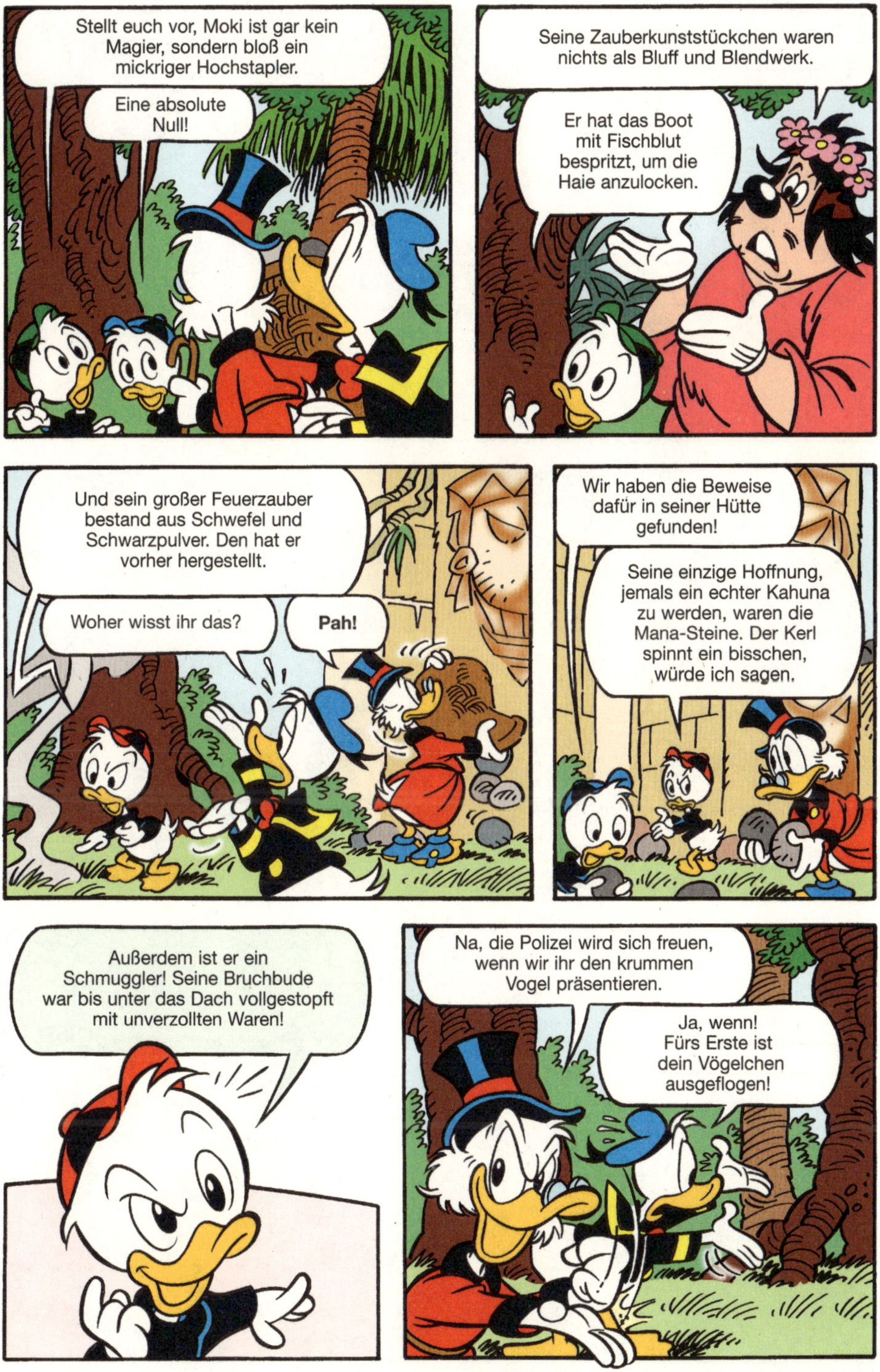
Stellt euch vor, Moki ist gar kein Magier, sondern bloß ein mickriger Hochstapler.
Eine absolute Null!
Seine Zauberkunststückchen waren nichts als Bluff und Blendwerk.
Er hat das Boot mit Fischblut bespritzt, um die Haie anzulocken.
Und sein großer Feuerzauber bestand aus Schwefel und Schwarzpulver. Den hat er vorher hergestellt.
Woher wisst ihr das?
Pah!
Wir haben die Beweise dafür in seiner Hütte gefunden!
Seine einzige Hoffnung, jemals ein echter Kahuna zu werden, waren die Mana-Steine. Der Kerl spinnt ein bisschen, würde ich sagen.
Außerdem ist er ein Schmuggler! Seine Bruchbude war bis unter das Dach vollgestopft mit unverzollten Waren!
Na, die Polizei wird sich freuen, wenn wir ihr den krummen Vogel präsentieren.
Ja, wenn! Fürs Erste ist dein Vögelchen ausgeflogen!

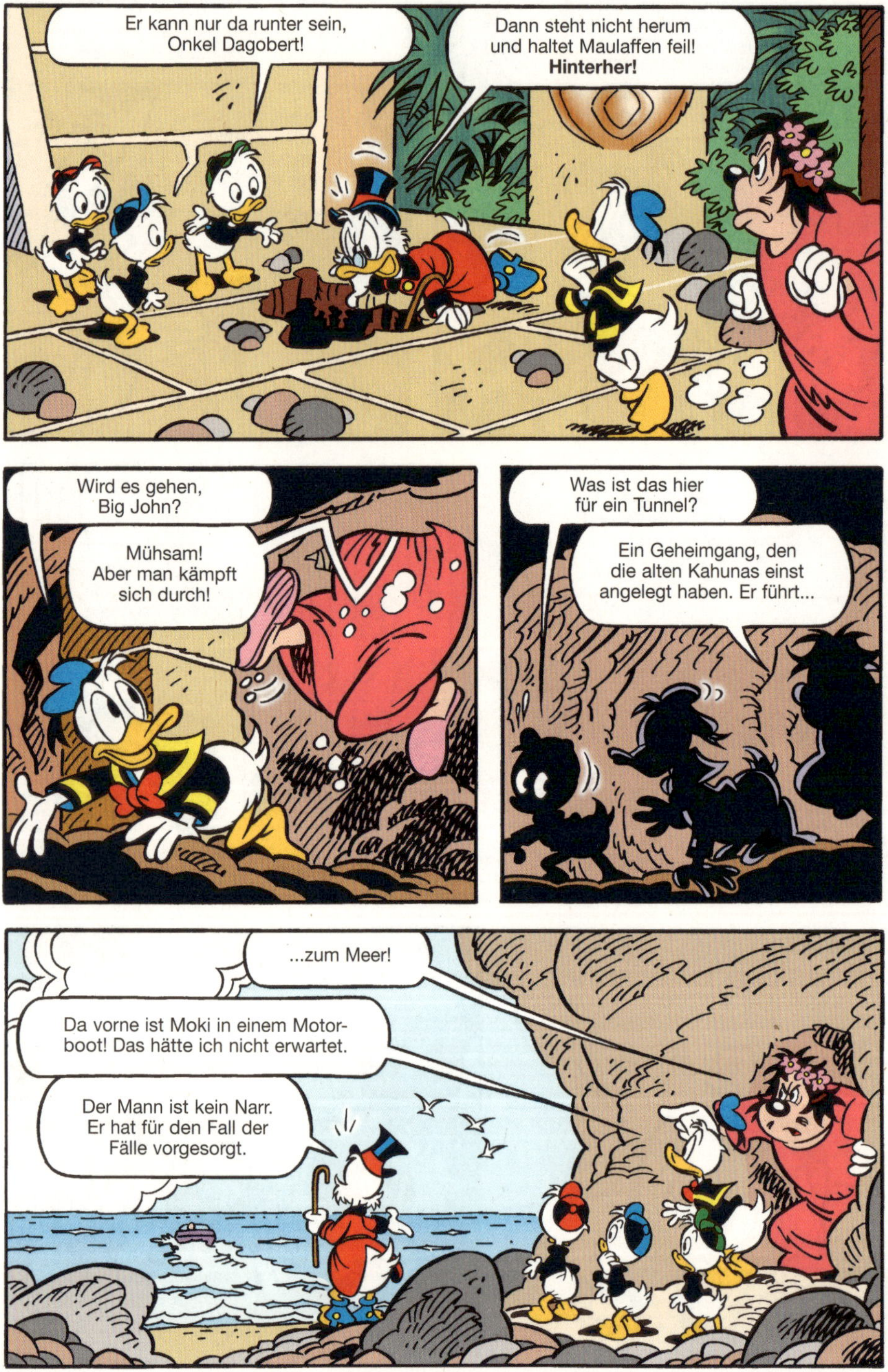
Er kann nur da runter sein, Onkel Dagobert!
Dann steht nicht herum und haltet Maulaffen feil! **Hinterher!**
Wird es gehen, Big John?
Mühsam! Aber man kämpft sich durch!
Was ist das hier für ein Tunnel?
Ein Geheimgang, den die alten Kahunas einst angelegt haben. Er führt...
...zum Meer!
Da vorne ist Moki in einem Motorboot! Das hätte ich nicht erwartet.
Der Mann ist kein Narr. Er hat für den Fall der Fälle vorgesorgt.

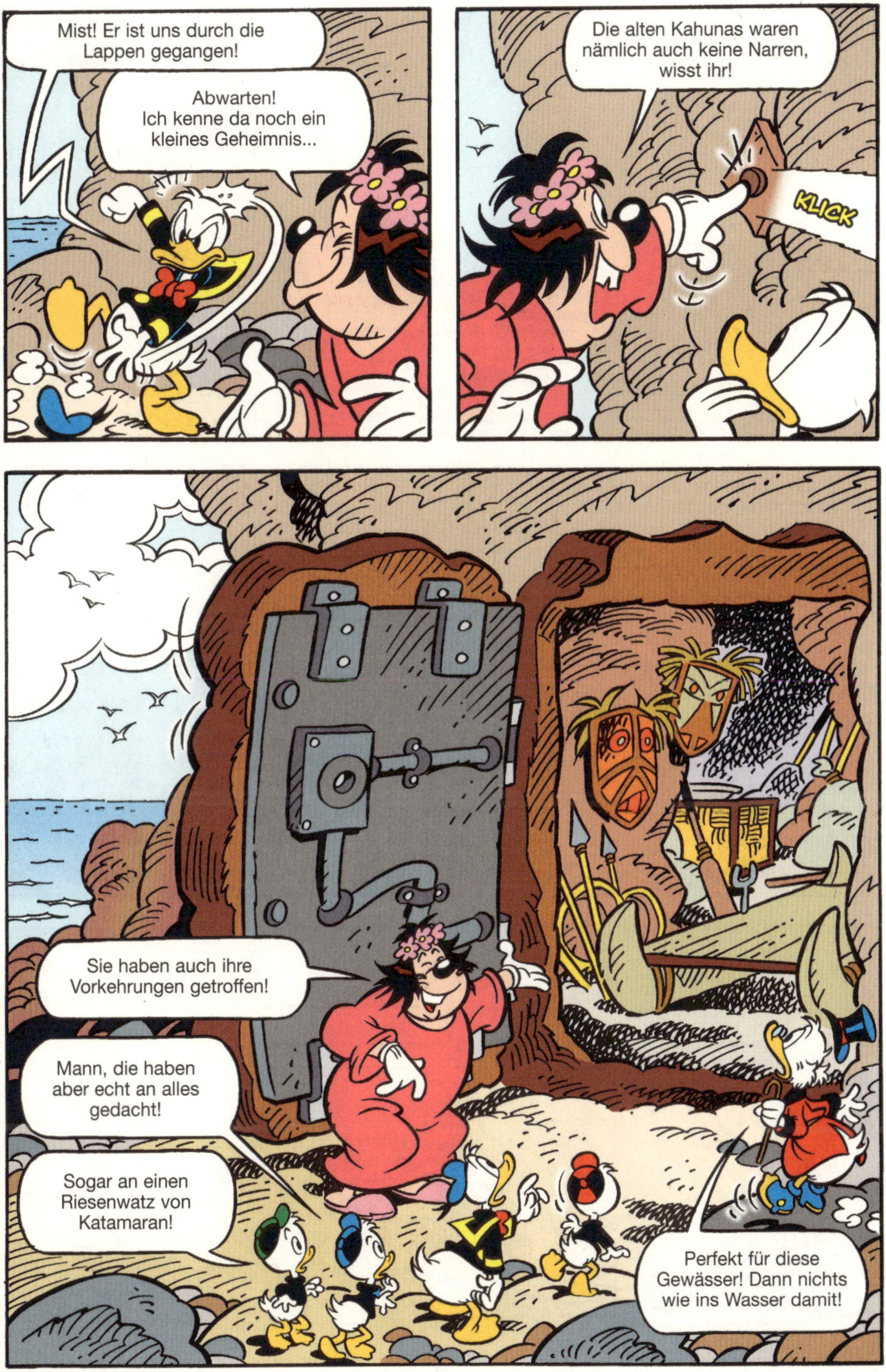
Mist! Er ist uns durch die Lappen gegangen!
Abwarten! Ich kenne da noch ein kleines Geheimnis...
Die alten Kahunas waren nämlich auch keine Narren, wisst ihr!
KLICK
Sie haben auch ihre Vorkehrungen getroffen!
Mann, die haben aber echt an alles gedacht!
Sogar an einen Riesenwatz von Katamaran!
Perfekt für diese Gewässer! Dann nichts wie ins Wasser damit!

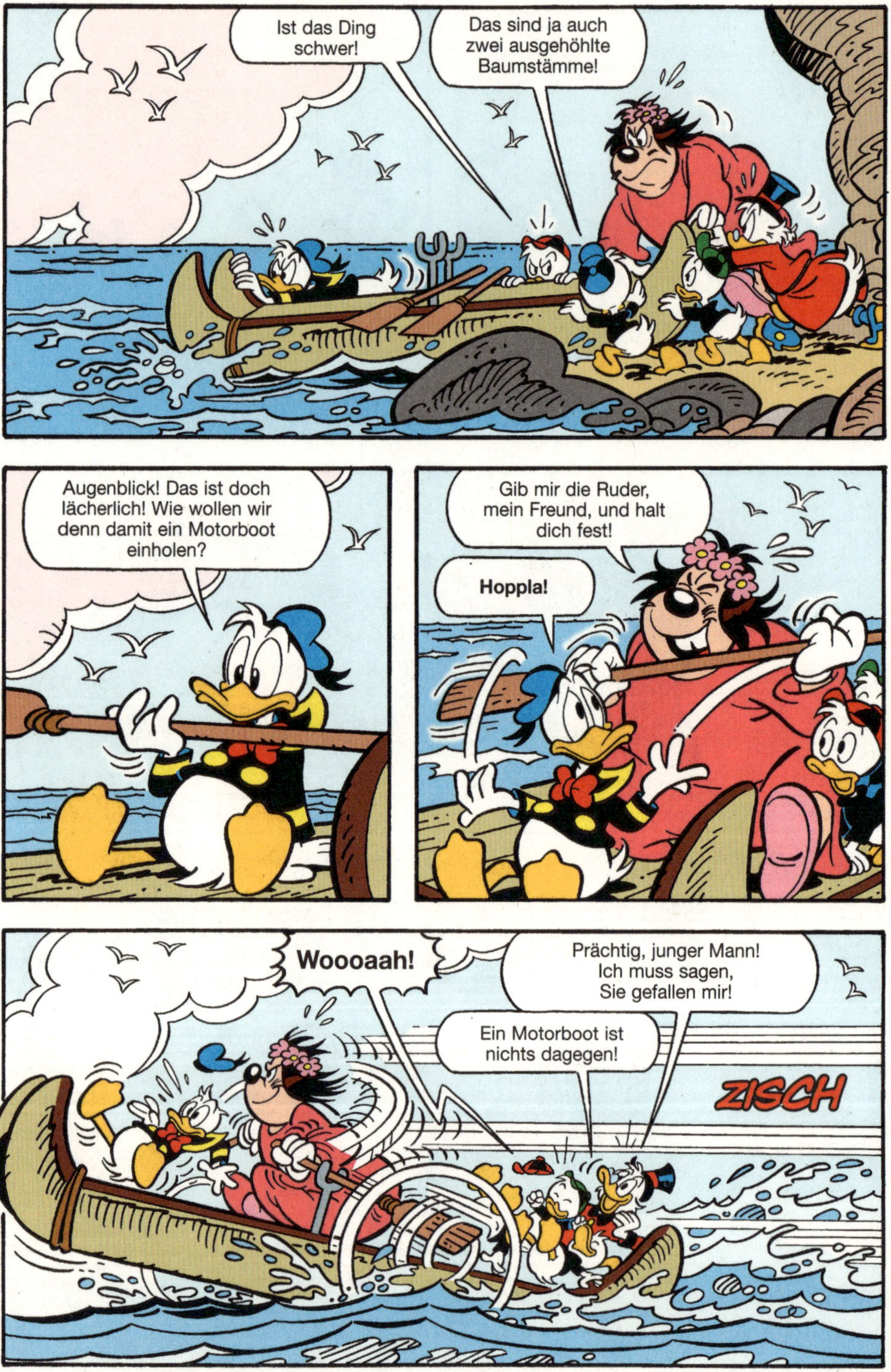
Ist das Ding schwer!
Das sind ja auch zwei ausgehöhlte Baumstämme!
Augenblick! Das ist doch lächerlich! Wie wollen wir denn damit ein Motorboot einholen?
Gib mir die Ruder, mein Freund, und halt dich fest!
Hoppla!
Wooaah!
Prächtig, junger Mann! Ich muss sagen, Sie gefallen mir!
Ein Motorboot ist nichts dagegen!
ZISCH

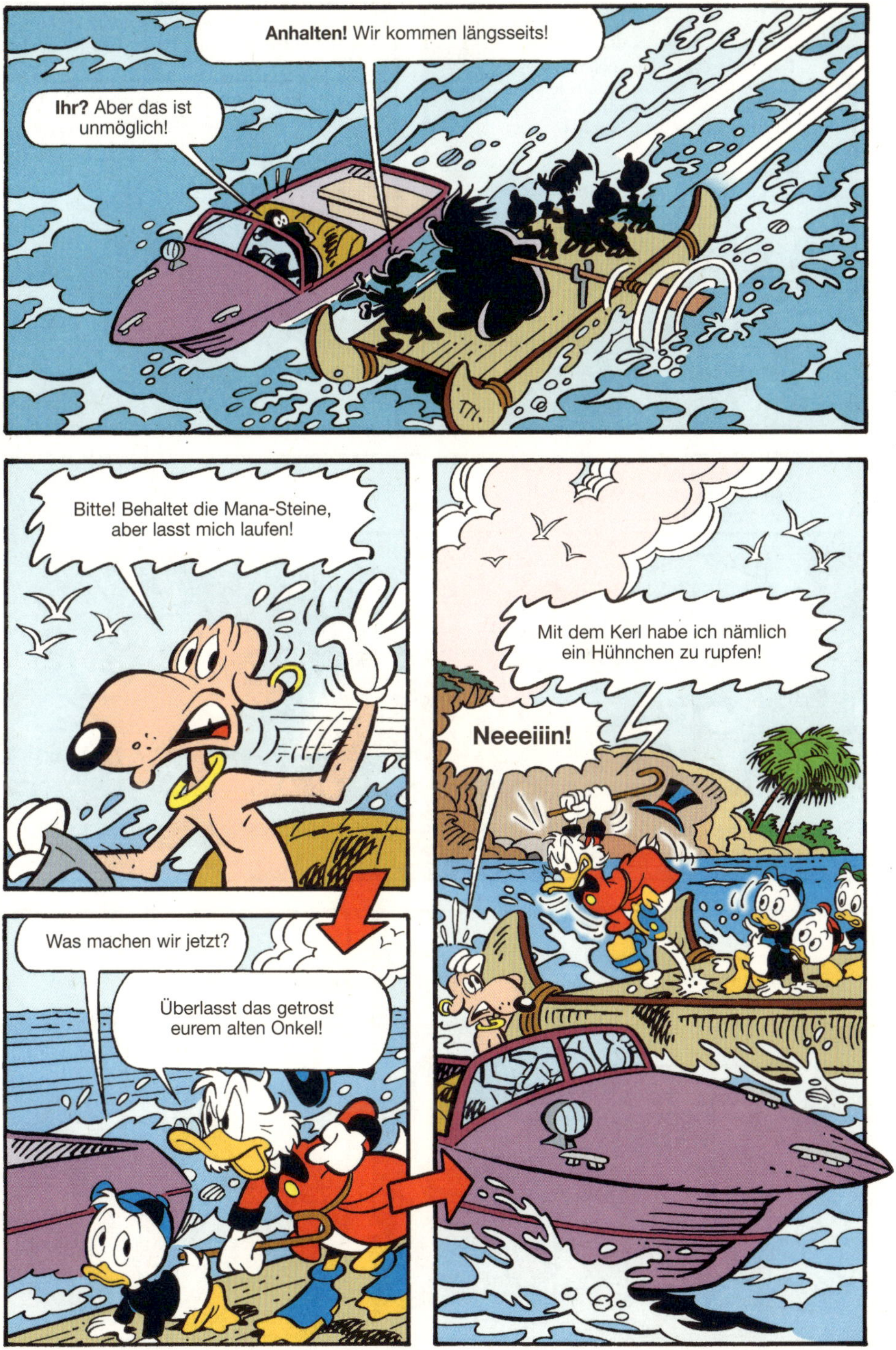
Anhalten! Wir kommen längsseits!
Ihr? Aber das ist unmöglich!
Bitte! Behaltet die Mana-Steine, aber lasst mich laufen!
Was machen wir jetzt?
Überlasst das getrost eurem alten Onkel!
Mit dem Kerl habe ich nämlich ein Hühnchen zu rupfen!
Neeeiiin!

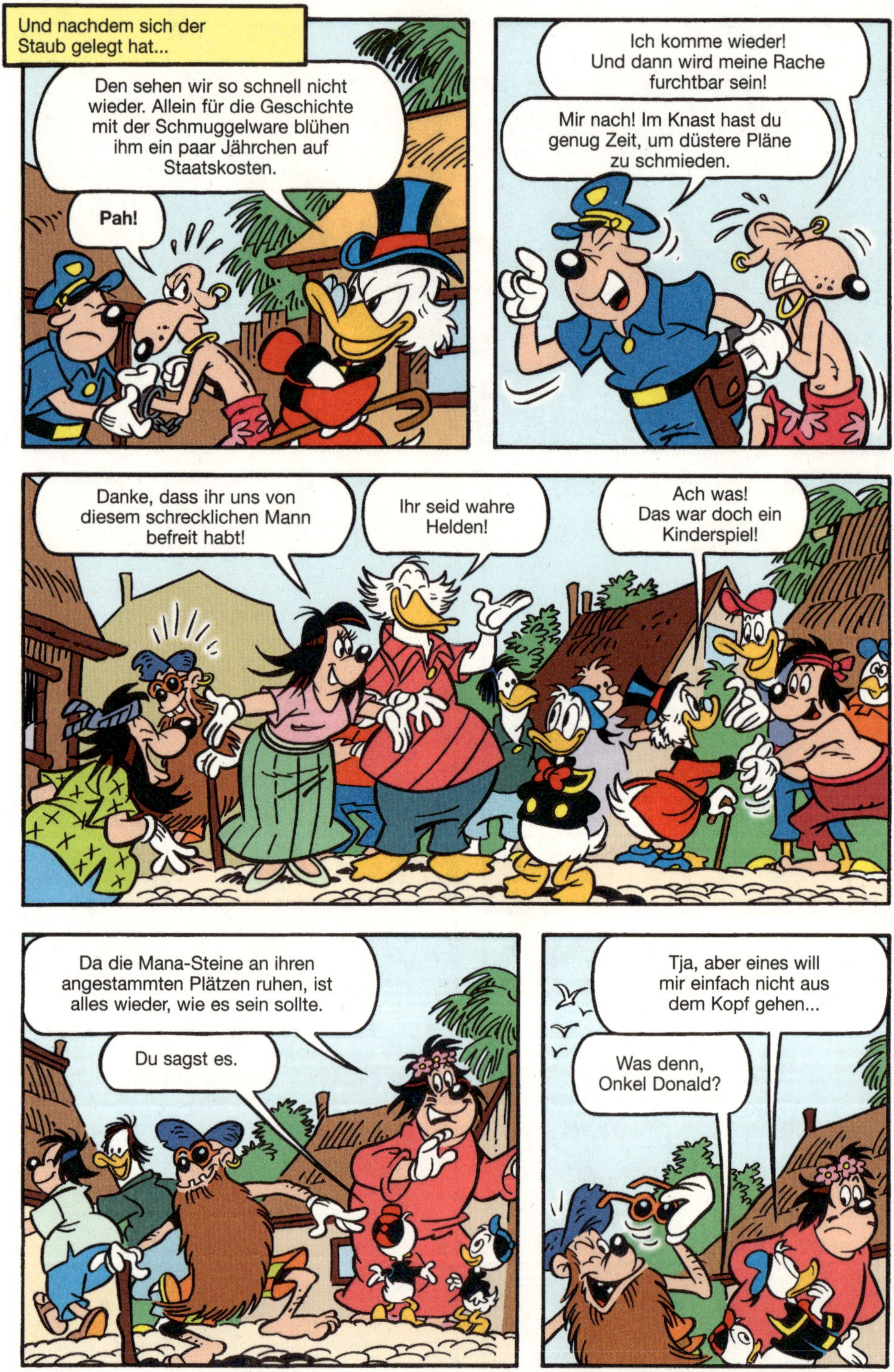
Und nachdem sich der Staub gelegt hat...
Den sehen wir so schnell nicht wieder. Allein für die Geschichte mit der Schmuggelware blühen ihm ein paar Jährchen auf Staatskosten.
Pah!
Ich komme wieder! Und dann wird meine Rache furchtbar sein!
Mir nach! Im Knast hast du genug Zeit, um düstere Pläne zu schmieden.
Danke, dass ihr uns von diesem schrecklichen Mann befreit habt!
Ihr seid wahre Helden!
Ach was! Das war doch ein Kinderspiel!
Da die Mana-Steine an ihren angestammten Plätzen ruhen, ist alles wieder, wie es sein sollte.
Du sagst es.
Tja, aber eines will mir einfach nicht aus dem Kopf gehen...
Was denn, Onkel Donald?

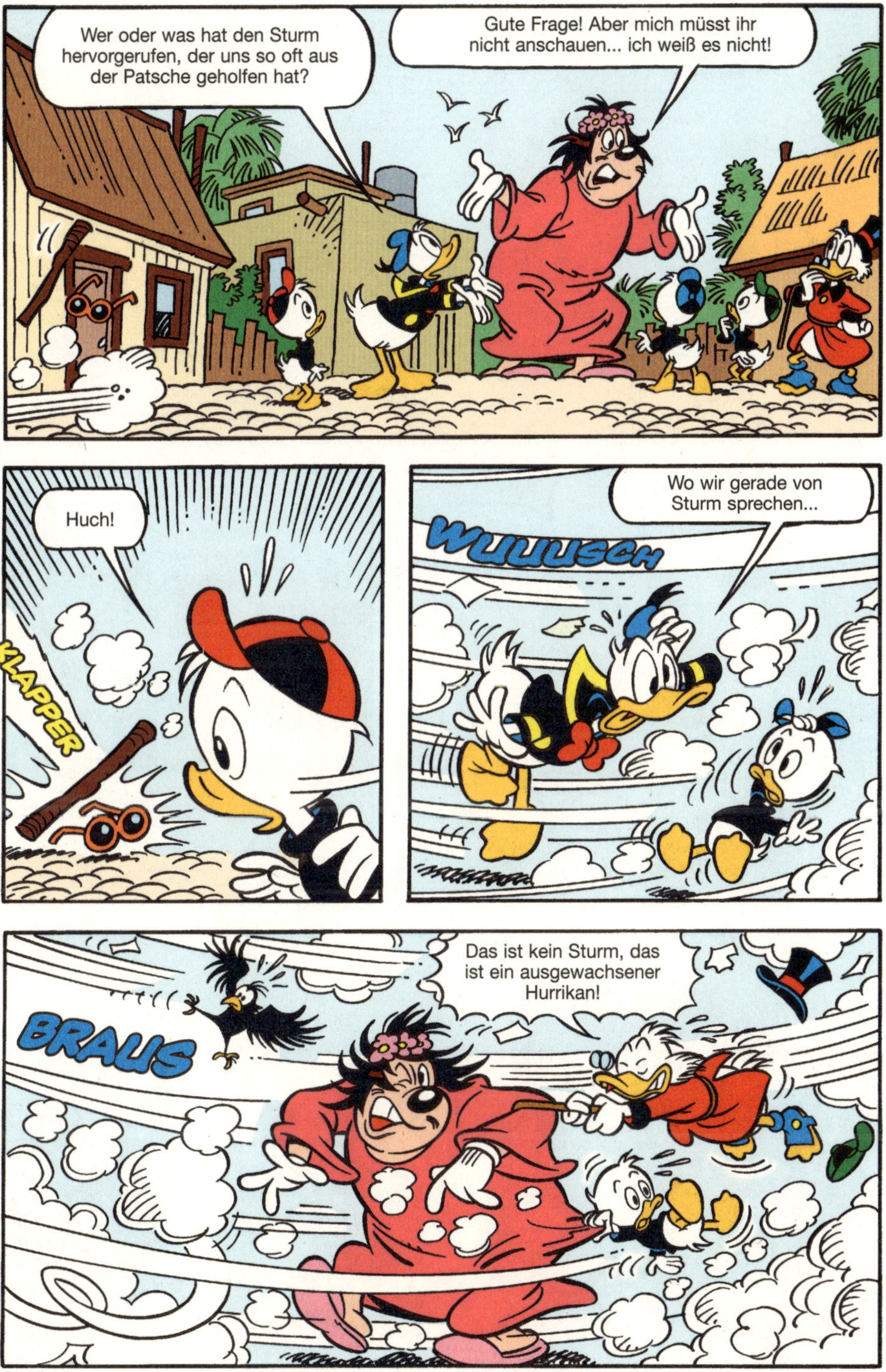
Wer oder was hat den Sturm hervorgerufen, der uns so oft aus der Patsche geholfen hat?
Gute Frage! Aber mich müsst ihr nicht anschauen... ich weiß es nicht!
Huch!
KLAPPER
WUUUSCH
Wo wir gerade von Sturm sprechen...
BRAUS
Das ist kein Sturm, das ist ein ausgewachsener Hurrikan!

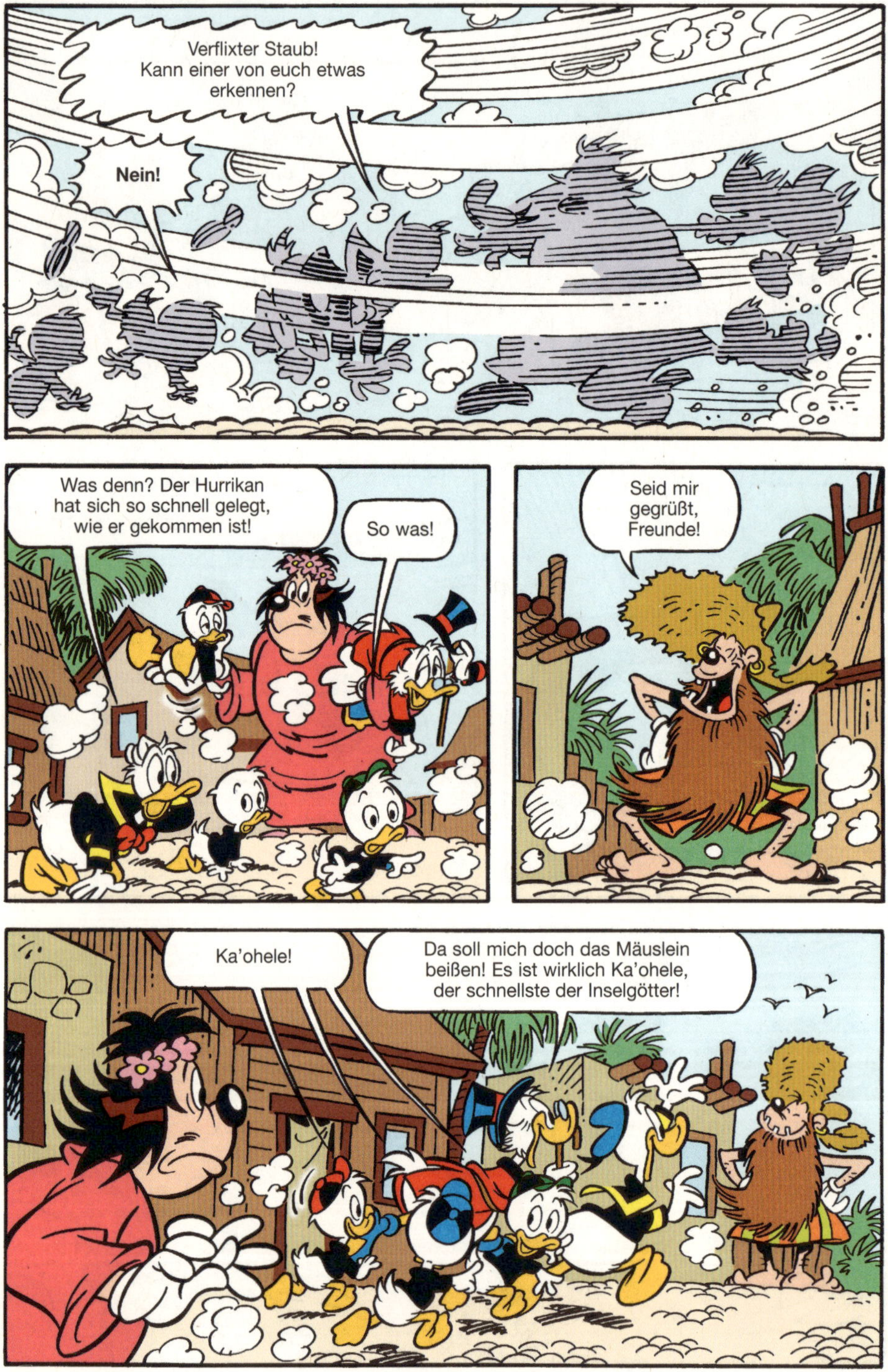

Verflixter Staub!
Kann einer von euch etwas erkennen?
Nein!
Was denn? Der Hurrikan hat sich so schnell gelegt, wie er gekommen ist!
So was!
Seid mir gegrüßt, Freunde!
Ka'ohele!
Da soll mich doch das Mäuslein beißen! Es ist wirklich Ka'ohele, der schnellste der Inselgötter!

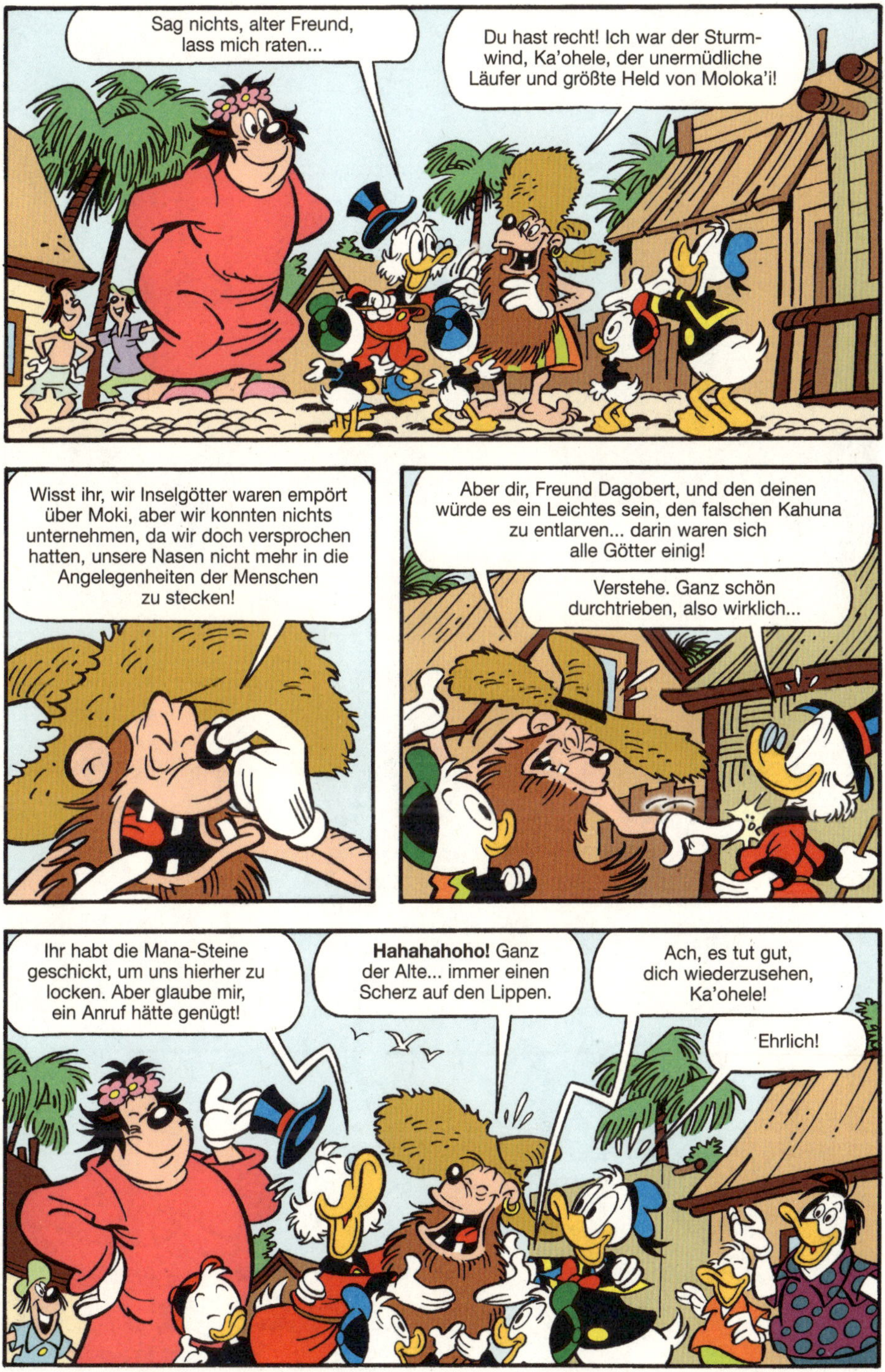
Sag nichts, alter Freund, lass mich raten...
Du hast recht! Ich war der Sturmwind, Ka'ohele, der unermüdliche Läufer und größte Held von Moloka'i!
Wisst ihr, wir Inselgötter waren empört über Moki, aber wir konnten nichts unternehmen, da wir doch versprochen hatten, unsere Nasen nicht mehr in die Angelegenheiten der Menschen zu stecken!
Aber dir, Freund Dagobert, und den deinen würde es ein Leichtes sein, den falschen Kahuna zu entlarven... darin waren sich alle Götter einig!
Verstehe. Ganz schön durchtrieben, also wirklich...
Ihr habt die Mana-Steine geschickt, um uns hierher zu locken. Aber glaube mir, ein Anruf hätte genügt!
Hahahahoho! Ganz der Alte... immer einen Scherz auf den Lippen.
Ach, es tut gut, dich wiederzusehen, Ka'ohele!
Ehrlich!

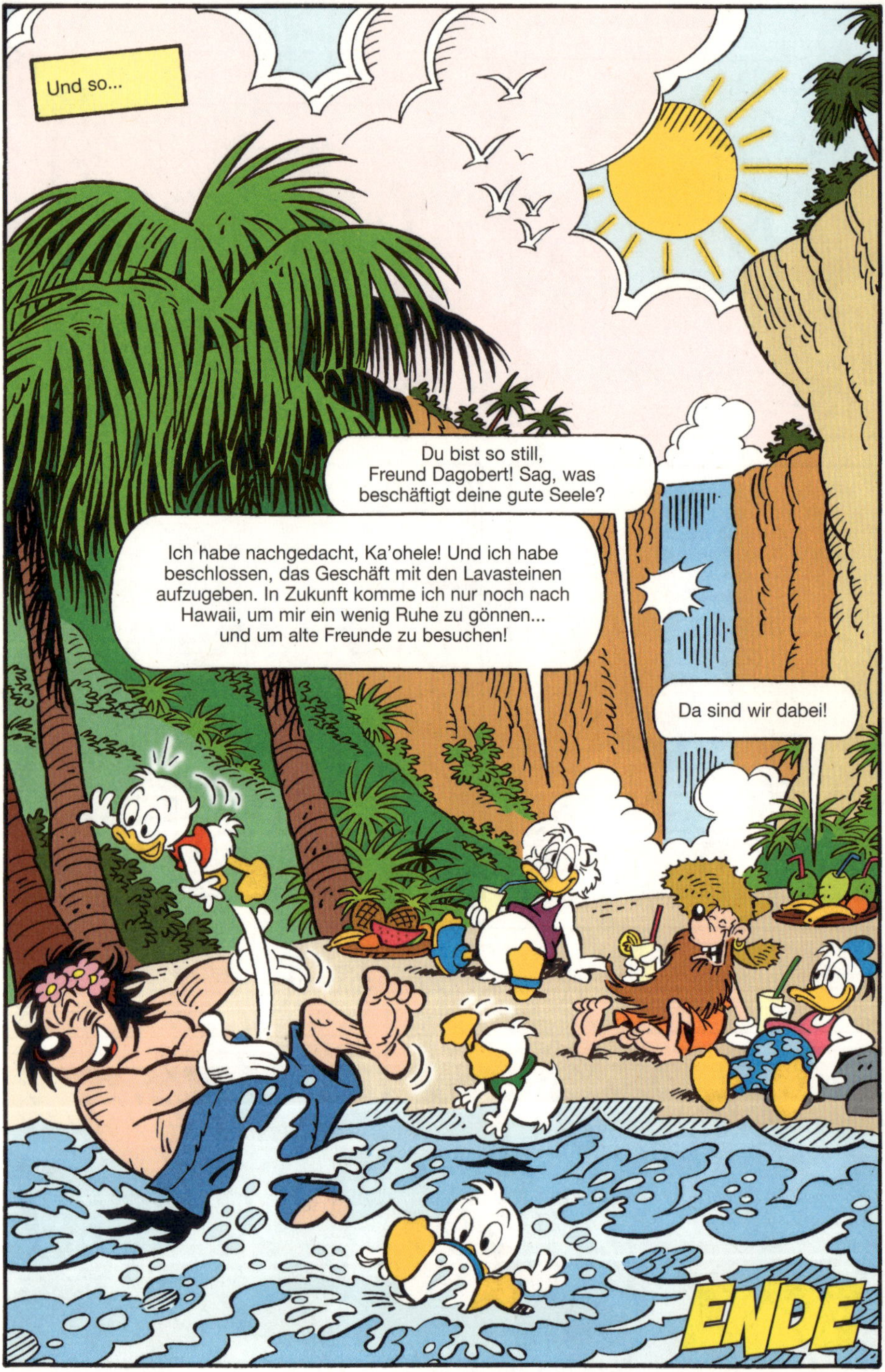
Und so...
Du bist so still, Freund Dagobert! Sag, was beschäftigt deine gute Seele?
Ich habe nachgedacht, Ka'ohele! Und ich habe beschlossen, das Geschäft mit den Lavasteinen aufzugeben. In Zukunft komme ich nur noch nach Hawaii, um mir ein wenig Ruhe zu gönnen... und um alte Freunde zu besuchen!
Da sind wir dabei!
ENDE

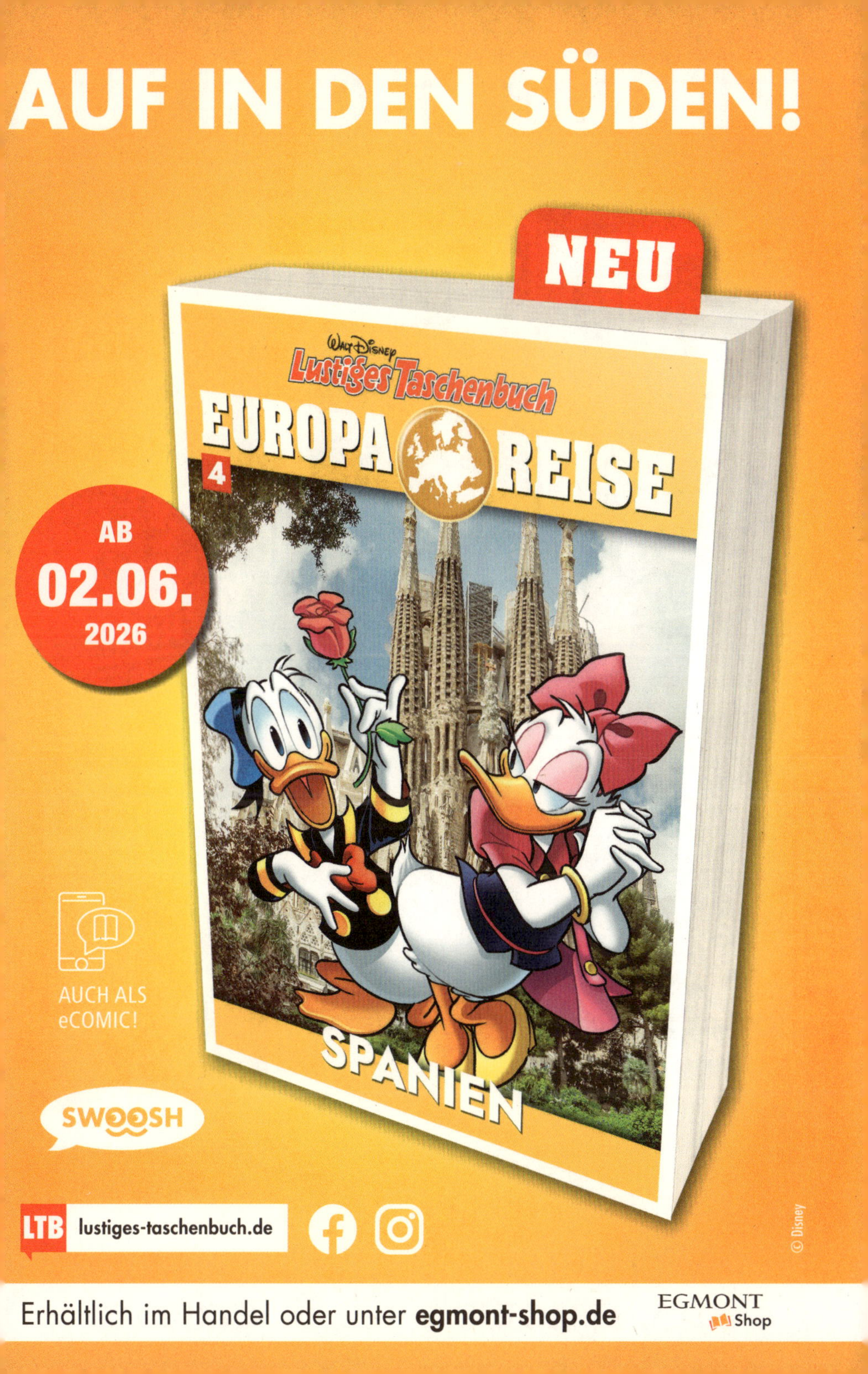

AUF IN DEN SÜDEN!
NEU
Walt Disney
Lustiges Taschenbuch
EUROPA REISE
4
SPANIEN
AB
02.06.
2026
AUCH ALS
eCOMIC!
SWOOSH
LTB
lustiges-taschenbuch.de
© Disney
Erhältlich im Handel oder unter egmont-shop.de
EGMONT
Shop

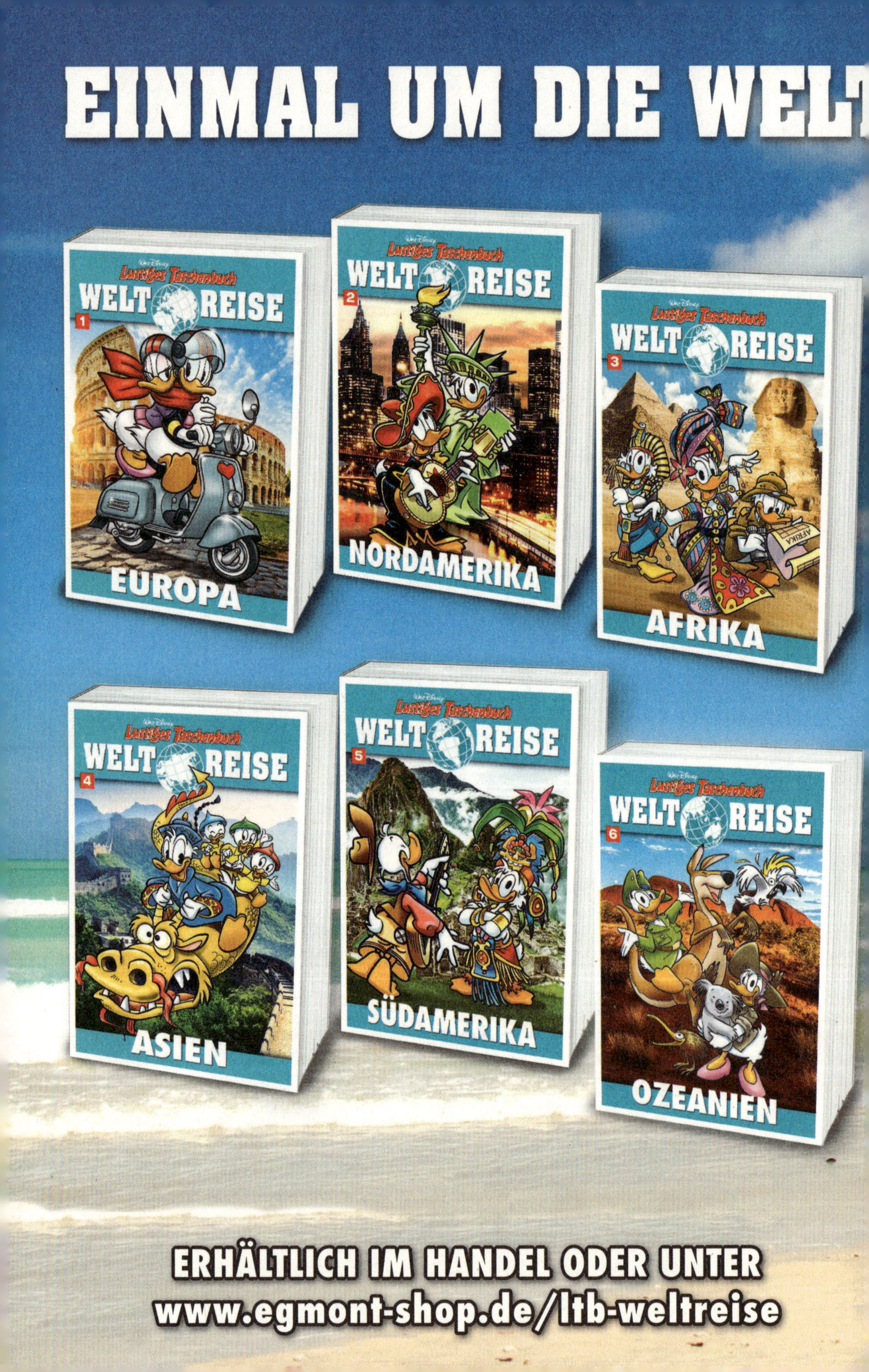
EINMAL UM DIE WELT
Lustiges Taschenbuch
WELT REISE
1
EUROPA
Lustiges Taschenbuch
WELT REISE
2
NORDAMERIKA
Lustiges Taschenbuch
WELT REISE
3
AFRIKA
Lustiges Taschenbuch
WELT REISE
4
ASIEN
Lustiges Taschenbuch
WELT REISE
5
SÜDAMERIKA
Lustiges Taschenbuch
WELT REISE
6
OZEANIEN
ERHÄLTLICH IM HANDEL ODER UNTER
www.egmont-shop.de/ltb-weltreise

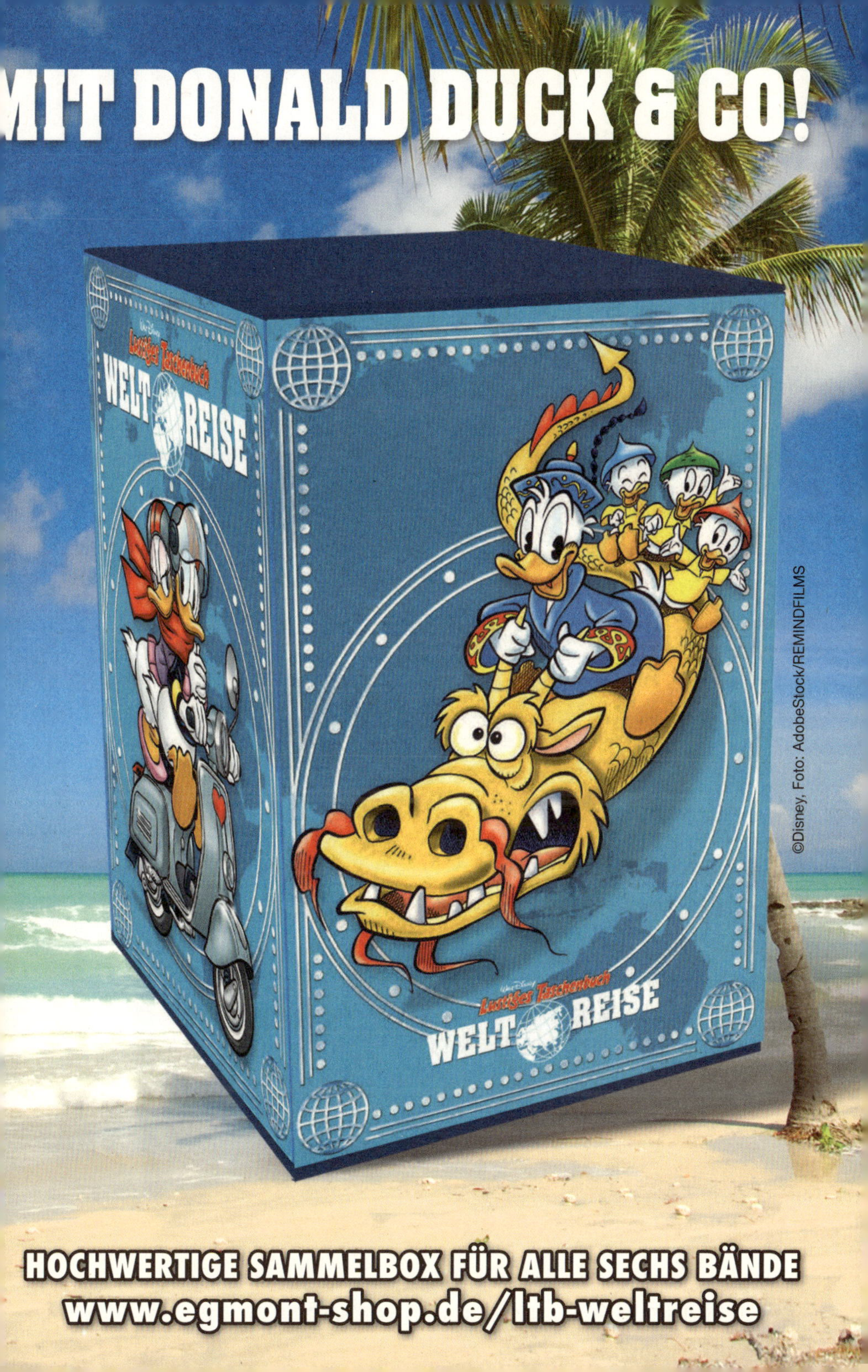
MIT DONALD DUCK & CO!
Lustiges Taschenbuch
WELT REISE
Lustiges Taschenbuch
WELT REISE
©Disney, Foto: AdobeStock/REMINDFILMS
HOCHWERTIGE SAMMELBOX FÜR ALLE SECHS BÄNDE
www.egmont-shop.de/ltb-weltreise

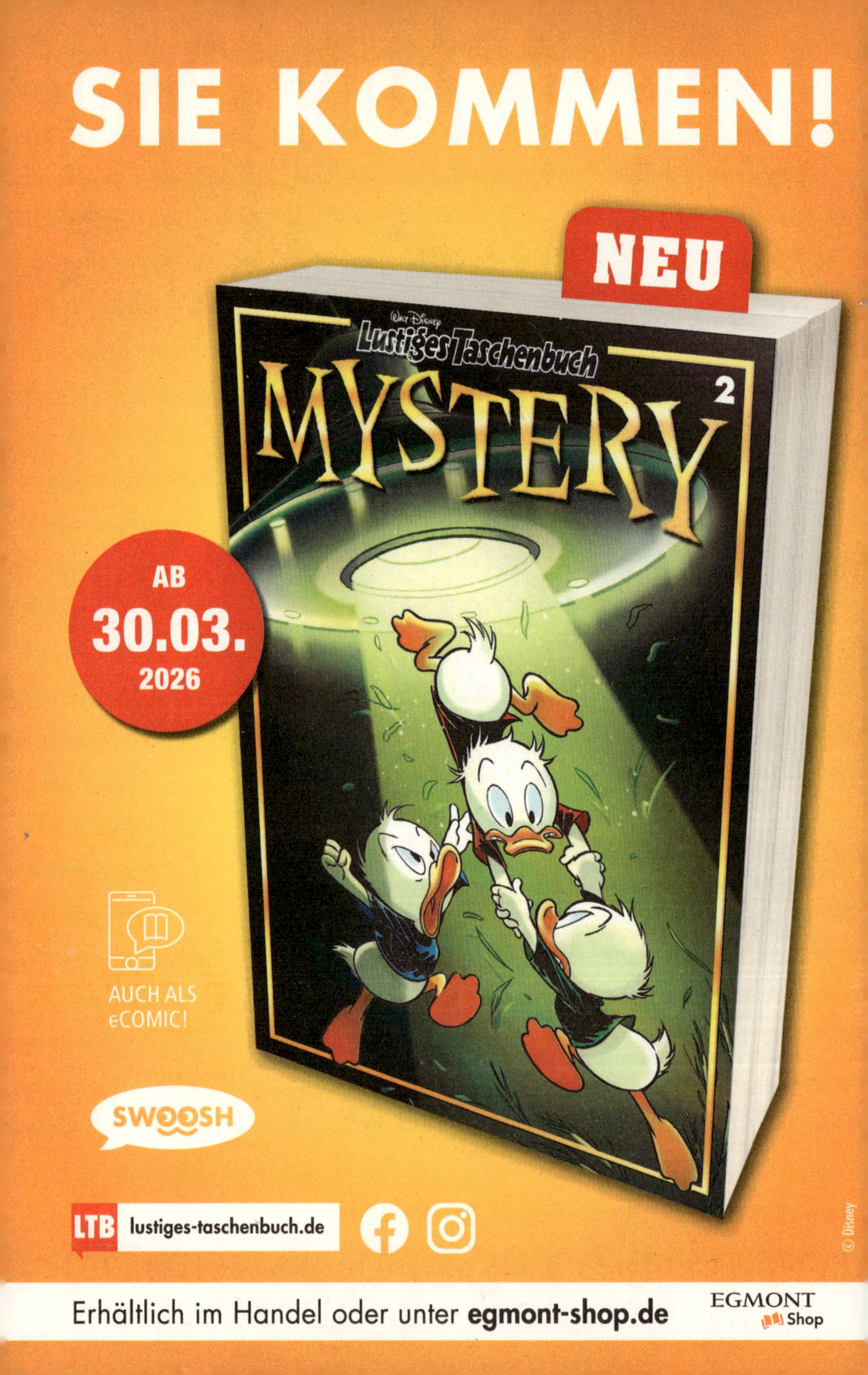
SIE KOMMEN!
NEU
Walt Disney
Lustiges Taschenbuch
MYSTERY 2
AB
30.03.
2026
AUCH ALS
eCOMIC!
SWOOSH
LTB lustiges-taschenbuch.de
© Disney
Erhältlich im Handel oder unter egmont-shop.de
EGMONT
Shop